GUINNESS WORLD RECORDS™ 2002

IL GUINNESS DEI PRIMATI

MONDADORI

www.guinnessworldrecords.com

ISBN 88-04-49721-1

Managing Editor
Antonia Cunningham

Editors
Jackie Freshfield
Carla Masson
Virginia Robins
James Bradley

Research Director
Chris Sheedy

Researchers
Stuart Claxton
Jerramy Fine
David Hawksett
Della Howes
Hein le Roux
Stewart Newport
Louise Whetter

Research Assistants
Keely Hopkins
Jo Violette

Proofreading
Sasha Heseltine
Susan Niner Janes

Americaniser
Marion Dent

Index
Indexing Specialists

Fulfilment Co-ordinator
Claire Curtice

Design Concept
Lesley Horowitz and Dominic Sinesio at Office Group NYC

Design and Production
Karen Wilks
Juliet MacDonald

Picture Manager
Betty Halvagi

Picture Librarian
Roger Wemyss Brooks

Picture Assistant
James Thackwell

Production Director
Patricia Langton

Production Co-ordinator
David D'Arcy

Website
Jennifer Banks
Samantha Harris
John Harry
Anthony Liu
Joe Lynham
Simon Rasalingham
Daniel Stott

Colour Origination
Colour Systems, London, UK

Printing and Binding
Printer Industria Grafica, SA, Barcelona, Spain

Director of Television
Michael Feldman

Vice President Media
Ian Castello-Cortes

Edizione italiana a cura di
Studio Editoriale Menabò, Como

Avvertenza

Cercare di battere o stabilire nuovi record può essere pericoloso. I tentativi di primato devono essere accompagnati da tutte le precauzioni possibili e sono interamente sotto la responsabilità degli aspiranti primatisti. In nessun caso la Guinness World Records Ltd può essere ritenuta responsabile di incidenti o casi di morte verificatisi nel tentativo di superare un primato. La pubblicazione in questo volume di primati di qualsiasi genere avviene a insindacabile giudizio della Guinness World Records Ltd.

La Guinness World Records Ltd impiega complesse procedure per la verifica dei record, ma non può essere ritenuta responsabile per eventuali errori o imprecisioni contenuti in quest'opera. Saranno gradite osservazioni in merito da parte dei lettori.

GUINNESS WORLD RECORDS™ 2002

IL GUINNESS DEI PRIMATI

MONDADORI

www.guinnessworldrecords.com

introduzione

Benvenuti nel *Guinness World Records 2002*! Quest'anno abbiamo aggiunto centinaia di nuovi, incredibili record e categorie. Venite a scoprire tutto sull'incredibile salto dalla rampa con BMX a motore di Colin Winkelmann (pag. 221), sulle imprese di Mikael Bigersson che frantuma lastre di cemento a mani nude (pag. 241), sullo scatto incontenibile del campione di football americano Corey Dillon (pag. 198) e sul pubblico più numeroso a un concerto di Madonna (pag. 168)!

Non soltanto nuovi record: il 2002 è più interattivo che mai. Ogni volta che vedrete il simbolo potrete accedere al sito web per trovare altre notizie e mettervi in contatto con altri appassionati del Guinness dei Primati di tutto il mondo.

Potrete inoltre scaricare icone e suonerie fantastiche per il vostro cellulare! Le icone si trovano sotto il simbolo mentre le suonerie sotto il simbolo .

In senso orario dall'alto:
La stanza da bagno più costosa
Il corpo umano con il maggior numero di pietre artificiali, Tina-Marie Stoker
Il più giovane rapper al primo posto nella classifica americana, Lil Bow Wow

Chi desidera conoscere ogni dettaglio di un particolare record o argomento, tramite i nuovi codici troverà subito la rotta più diretta per discutere con altri appassionati l'argomento scelto! Non si sa mai, potreste trovarvi online proprio con la persona che ha stabilito il record.

Realizzare l'edizione di quest'anno è stato un grande piacere per noi, e ci auguriamo che sarà di vostro gradimento.

In senso orario dall'alto:
Salto con gli sci sopra spazzaneve, Candide Tovex
Il più giovane giocatore dell'NBA, Kobe Bryant
Il mangiatore di spade, Brad Byers
Il tiro con l'arco con i piedi, Hang Thu Thi Ngyuen
L'uomo più tatuato, Tom Leppard
Record di contorsionisti in una scatola
Record di salti di un cane, Olive Oyl
Record di vittorie della Coppa dei Campioni, Real Madrid (nella foto Luis Figo)
Larry e Danny Ramos Gomez, della famiglia più pelosa del mondo

GUINNESS WORLD RECORDS™

come usare questo libro

Il *Guinness World Records 2002* è più che mai pieno di novità, con tantissimi nuovi modi per saperne di più sui nostri stupefacenti record. Oltre a tutti i nuovi record importanti che avete imparato ad aspettarvi, l'edizione di quest'anno è piena di informazioni extra e di occasioni per interagire con altri appassionati del *Guinness dei Primati* sul nostro nuovissimo e interessantissimo sito web. Seguite i nostri simboli per scoprire che cosa è stato trasmesso alla TV, dove sono i link più veloci ai record e dove trovare fantastiche icone e suonerie da scaricare sul vostro telefonino!

URL DELL'ARGOMENTO
La URL che compare qui si riferisce a un argomento specifico. Accedendo al nostro sito web **www.guinnessworldrecords.com** e digitando questo indirizzo arriverete direttamente alla sezione del sito dedicata al tema trattato nella pagina.

CODICI DI ACCESSO
Digitando questo numero nel sito web del Guinness, arriverete direttamente al record riportato nel riquadro e troverete ulteriori informazioni, suonerie e icone SMS ad esso associate.

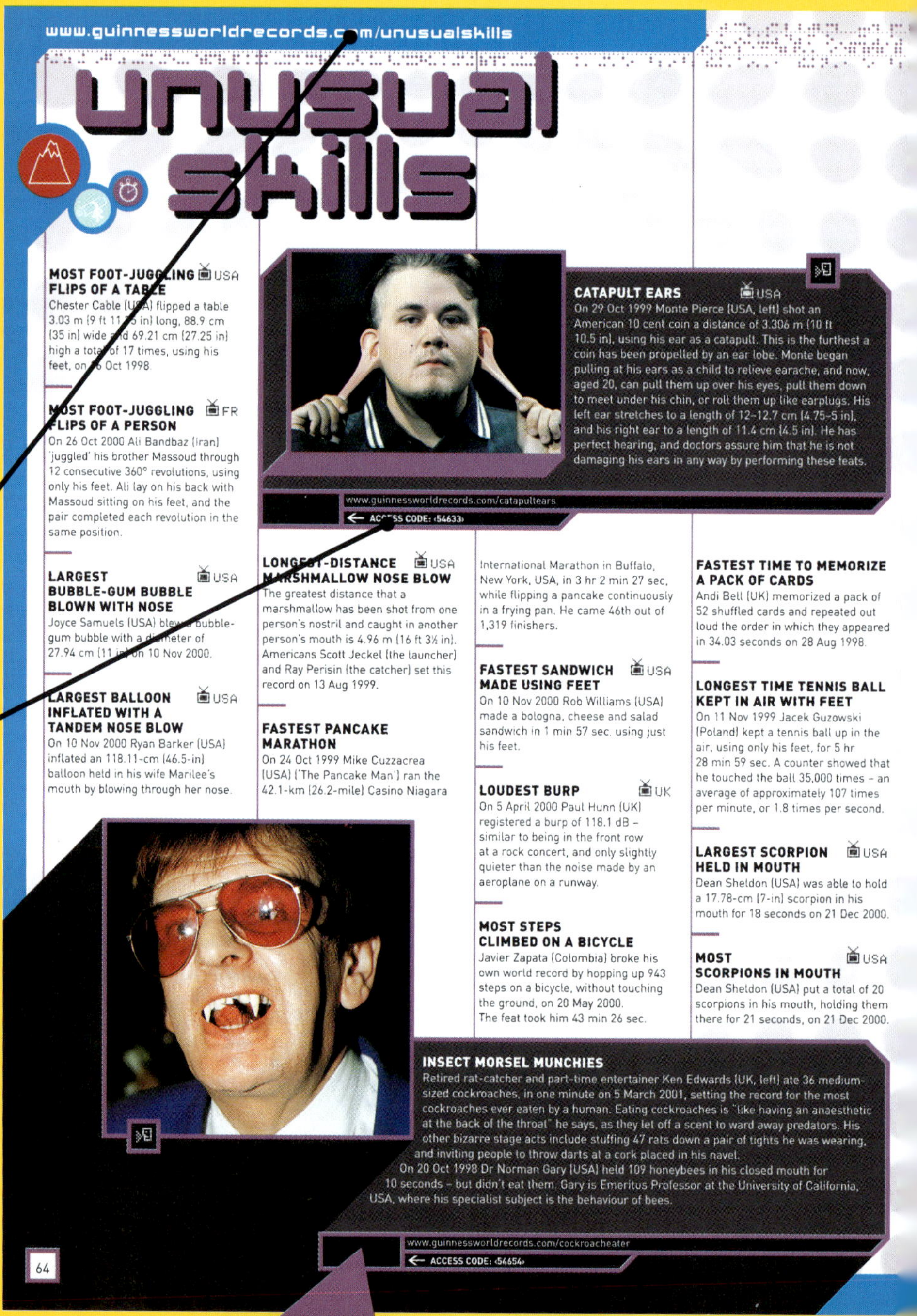
www.guinnessworldrecords.com/unusualskills

unusual skills

MOST FOOT-JUGGLING FLIPS OF A TABLE USA
Chester Cable (USA) flipped a table 3.03 m (9 ft 11.[illegible]5 in) long, 88.9 cm (35 in) wide and 69.21 cm (27.25 in) high a total of 17 times, using his feet, on [illegible]6 Oct 1998.

MOST FOOT-JUGGLING FLIPS OF A PERSON FR
On 26 Oct 2000 Ali Bandbaz (Iran) 'juggled' his brother Massoud through 12 consecutive 360° revolutions, using only his feet. Ali lay on his back with Massoud sitting on his feet, and the pair completed each revolution in the same position.

LARGEST BUBBLE-GUM BUBBLE BLOWN WITH NOSE USA
Joyce Samuels (USA) blew a bubble-gum bubble with a diameter of 27.94 cm (11 in) on 10 Nov 2000.

LARGEST BALLOON INFLATED WITH A TANDEM NOSE BLOW USA
On 10 Nov 2000 Ryan Barker (USA) inflated an 118.11-cm (46.5-in) balloon held in his wife Marilee's mouth by blowing through her nose.

CATAPULT EARS USA
On 29 Oct 1999 Monte Pierce (USA, left) shot an American 10 cent coin a distance of 3.306 m (10 ft 10.5 in), using his ear as a catapult. This is the furthest a coin has been propelled by an ear lobe. Monte began pulling at his ears as a child to relieve earache, and now, aged 20, can pull them up over his eyes, pull them down to meet under his chin, or roll them up like earplugs. His left ear stretches to a length of 12–12.7 cm (4.75–5 in), and his right ear to a length of 11.4 cm (4.5 in). He has perfect hearing, and doctors assure him that he is not damaging his ears in any way by performing these feats.

www.guinnessworldrecords.com/catapultears
ACCESS CODE: ‹54633›

LONGEST-DISTANCE MARSHMALLOW NOSE BLOW USA
The greatest distance that a marshmallow has been shot from one person's nostril and caught in another person's mouth is 4.96 m (16 ft 3½ in). Americans Scott Jeckel (the launcher) and Ray Perisin (the catcher) set this record on 13 Aug 1999.

FASTEST PANCAKE MARATHON
On 24 Oct 1999 Mike Cuzzacrea (USA) ('The Pancake Man') ran the 42.1-km (26.2-mile) Casino Niagara International Marathon in Buffalo, New York, USA, in 3 hr 2 min 27 sec, while flipping a pancake continuously in a frying pan. He came 46th out of 1,319 finishers.

FASTEST SANDWICH MADE USING FEET USA
On 10 Nov 2000 Rob Williams (USA) made a bologna, cheese and salad sandwich in 1 min 57 sec, using just his feet.

LOUDEST BURP UK
On 5 April 2000 Paul Hunn (UK) registered a burp of 118.1 dB – similar to being in the front row at a rock concert, and only slightly quieter than the noise made by an aeroplane on a runway.

MOST STEPS CLIMBED ON A BICYCLE
Javier Zapata (Colombia) broke his own world record by hopping up 943 steps on a bicycle, without touching the ground, on 20 May 2000. The feat took him 43 min 26 sec.

FASTEST TIME TO MEMORIZE A PACK OF CARDS
Andi Bell (UK) memorized a pack of 52 shuffled cards and repeated out loud the order in which they appeared in 34.03 seconds on 28 Aug 1998.

LONGEST TIME TENNIS BALL KEPT IN AIR WITH FEET
On 11 Nov 1999 Jacek Guzowski (Poland) kept a tennis ball up in the air, using only his feet, for 5 hr 28 min 59 sec. A counter showed that he touched the ball 35,000 times – an average of approximately 107 times per minute, or 1.8 times per second.

LARGEST SCORPION HELD IN MOUTH USA
Dean Sheldon (USA) was able to hold a 17.78-cm (7-in) scorpion in his mouth for 18 seconds on 21 Dec 2000.

MOST SCORPIONS IN MOUTH USA
Dean Sheldon (USA) put a total of 20 scorpions in his mouth, holding them there for 21 seconds, on 21 Dec 2000.

INSECT MORSEL MUNCHIES
Retired rat-catcher and part-time entertainer Ken Edwards (UK, left) ate 36 medium-sized cockroaches, in one minute on 5 March 2001, setting the record for the most cockroaches ever eaten by a human. Eating cockroaches is "like having an anaesthetic at the back of the throat" he says, as they let off a scent to ward away predators. His other bizarre stage acts include stuffing 47 rats down a pair of tights he was wearing, and inviting people to throw darts at a cork placed in his navel.
On 20 Oct 1998 Dr Norman Gary (USA) held 109 honeybees in his closed mouth for 10 seconds – but didn't eat them. Gary is Emeritus Professor at the University of California, USA, where his specialist subject is the behaviour of bees.

www.guinnessworldrecords.com/cockroacheater
ACCESS CODE: ‹54654›

64

NUOVE, FANTASTICHE ICONE
Quest'anno abbiamo realizzato centinaia di nuove icone relative ai record, tutte da scaricare. Potrete accedervi seguendo la procedura di registrazione direttamente dal sito.

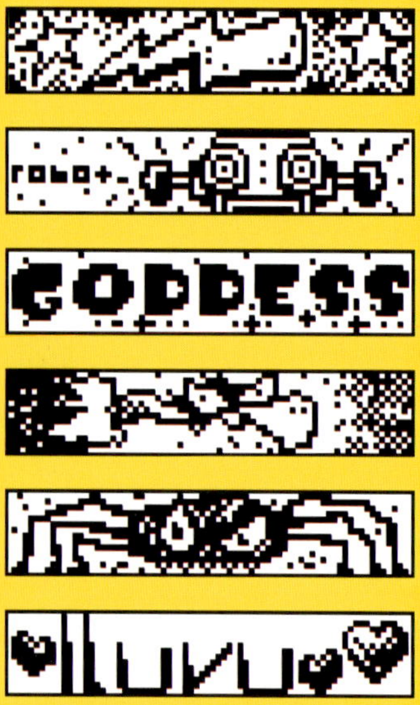

ICONE SMS
Ogni volta che incontrate questo simbolo, potete scaricare una curiosa icona sul vostro telefonino. Basta accedere al sito Guinness e digitare il codice di accesso che compare in questo spazio. Per avere questo ripugnante scarafaggio, per esempio, digitare /cockroacheater. Seguite le istruzioni e sarà tutto vostro!

HOTTEST METAL IN MOUTH USA
On 18 Dec 1998 Yim Byung Nam held a silver-dollar-sized piece of metal, heated to 487.8°C (910°F), in his mouth for 14 seconds. When Yim spat it out, it was hot enough to fry bacon.

LONGEST TIME IN A BOX BY THREE CONTORTIONISTS FR
Bonnie Morgan, Daniel Smith and Leslie Tipton (all USA) fitted into a box measuring 66.04 x 68.58 x 55.88 cm (26 x 27 x 22 in) and stayed there for 2 min 40 sec on 31 Jan 2001.

LONGEST BASKETBALL SHOT MADE WITH HEAD USA
On 10 Nov 2000 Eyal Horn (Israel) shot a basketball with his head while standing 7.62 m (25 ft) from the backboard. He also scored a record 15 consecutive lay-ups (shooting and catching the ball with the head).

MOST CHERRY STEMS KNOTTED IN ONE HOUR
On 4 Sept 1997 Al Gliniecki (USA) knotted 911 cherry stems with his tongue in one hour – an average of 15 stems per minute.

MOST SKIPS ON A UNICYCLE IN ONE MINUTE DE
On 31 Aug 2000 Peter Rosendahl (Sweden) who resides in Germany, set the record for the most revolutions of a jump rope made on a unicycle. He managed 169 revolutions in just one minute.

GREATEST DISTANCE TO SPIT A CRICKET USA
Danny Capps (USA) spat a dead cricket a total distance of 9.17 m (30 ft 1.2 in) on 26 June 1998.

FASTEST HUMAN BEER BOTTLE OPENER USA
Daniel Lambert (Sweden) used his teeth to open 50 conventional crown-cap bottles on 11 March 2001. He achieved this in only one minute.

FASTEST TYRE FLIPPER SE
On 31 Jan 2001 in Stockholm, Sweden, Jorma Paananen (Sweden) completed a 20-m (65-ft) course – 10 m (32 ft 6 in) there and back – of flipping a Michelin Radial Steel Cord X26.5R25 (XHA) tyre in a time of 1 min 6 sec. The tyre weighed 420 kg (925.9 lb).

www.guinnessworldrecords.com/archeryfeet

AMAZING FEET OF ARCHERY USA
Hang Thu Thi Ngyuen (Vietnam, left) set the record for the furthest distance shot with a bow and arrow using the feet. On 12 Aug 1999 she hit a target that was 5 m (16 ft 5 in) away. Thu Hang, whose father is a lighting technician at Ho Chi Minh City Circus, first became interested in circus skills as a child. She spends three hours a day practising her act. Although shy by nature, Thu Hang is very focused and confident on stage.

ACCESS CODE: 54641

GUINNESS WORLD RECORDS

SMS ICON · SMS RINGTONE · BULLETIN BOARD · [WORLD] RECORDS TV

SIMBOLI DEI CAPITOLI
Ogni capitolo ha una propria serie di simboli identificativi. Queste pagine appartengono al capitolo "Imprese Sovrumane".

ICONE TV
Il simbolo contrassegna i record che sono stati stabiliti e mostrati in televisione, accompagnato dalla sigla della nazione.

- USA – Usa, FOX
- FR – Francia, TF1
- DE – Germania, ARD
- SE – Svezia, TV3
- FIN – Finlandia, NELONEN
- UK – UK, LWT

L'ANGOLO DEI COMMENTI
Ora avete la possibilità di esprimere la vostra opinione su alcuni dei record contenuti nel libro. Questo simbolo indica infatti la presenza sul nostro sito web di ulteriori notizie riguardanti il record in questione. Andate a dare un'occhiata, leggete di che si tratta e dite la vostra!

MENU ICONE
Se avete dimenticato il significato delle icone, basta guardare qui per scoprirlo.

SUONERIE SMS
Dal sito web potete scaricare centinaia di fantastiche suonerie. Basta digitare il codice di accesso del singolo record e seguire le istruzioni online.

GUINNESS WORLD RECORDS

sommario

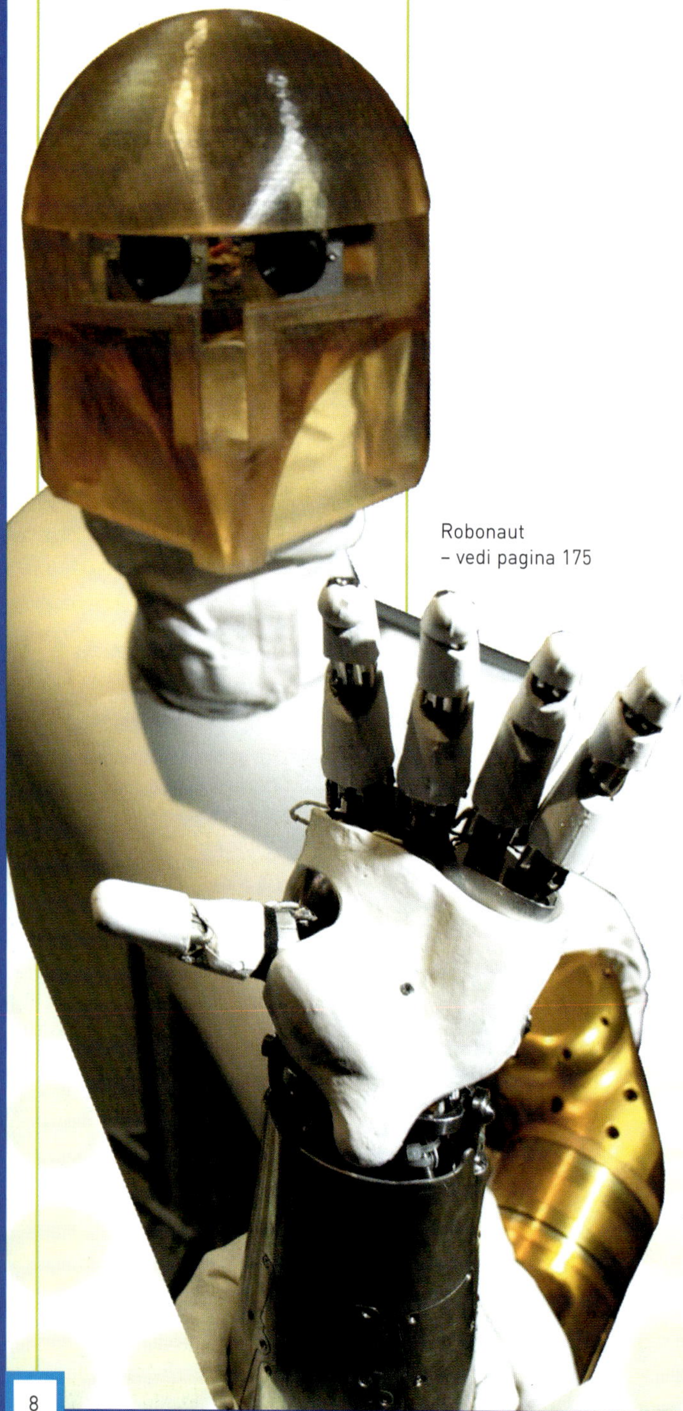

Robonaut – vedi pagina 175

Josh Tenge – vedi pagina 221

Alex Rodriguez – vedi pagina 197

Crash Bandicoot – vedi pagina 165

GUINNESS WORLD RECORDS™

www.guinnessworldrecords.com/thehumanbody

il corpo umano

GUINNESS WORLD RECORDS

corpi estremi

LA PIÙ GRANDE DIFFERENZA DI ALTEZZA FRA CONIUGI

Fabien Pretou, alto 188,5 centimetri, ha sposato nel 1990 Natalie Lucius, alta 94 centimetri (entrambi francesi), a Seyssinet-Pariset, Francia. La differenza fra i due, 94,5 centimetri, è poco superiore all'altezza di Natalie.

LA PIÙ GRANDE DIFFERENZA DI PESO FRA CONIUGI

Jon Brower Minnoch pesava 635 chilogrammi quando sposò la moglie Jeannette (entrambi statunitensi) pesante 50 chilogrammi, nel marzo 1978. La coppia aveva una differenza di peso di 585 chilogrammi. Jon detiene anche il primato per la persona più pesante della storia. Da bambino soffriva di obesità e nel 1963, quando aveva 22 anni ed era alto 1,85 metri, pesava 178 chilogrammi. Nel settembre 1976 raggiunse il peso di 442 chilogrammi. Quando morì, nel 1983, pesava oltre 362 chilogrammi.

IL PIÙ GRANDE AUMENTO DI PESO DA PARTE DI UNA DONNA

Doris James (Usa) aumentò di 147 chilogrammi nei 12 mesi precedenti la sua morte, avvenuta nell'agosto 1965, all'età di 38 anni. A quell'epoca pesava 306 chilogrammi ed era alta soltanto 157 centimetri.

IL PIÙ GRANDE AUMENTO DI PESO DA PARTE DI UN UOMO

Arthur Knorr (Usa, 1916-1960), aumentò di 133 chilogrammi negli ultimi sei mesi della sua vita.

LA DONNA PIÙ PESANTE

USA

Rosalie Bradford (Usa) pesava 544 chilogrammi nel gennaio 1987, a 43 anni. Dopo essersi sottoposta a una dieta controllata, nel febbraio 1994 è arrivata a pesare 128 chilogrammi.

LA PERSONA PIÙ LEGGERA

Lucia Xarate (1863–89, Messico), un'emaciata nana di 67 centimetri, pesava 1,1 chilogrammi alla nascita e 2,13 chilogrammi a 17 anni. "Ingrassò" poi fino a raggiungere i 6 chilogrammi il giorno del suo 20° compleanno. Gli adulti più leggeri di normale statura sono gli individui colpiti dal morbo di Simmonds (cachessia ipofisaria). Sono state registrate nelle donne perdite fino al 65% del peso corporeo originario, con una punta minima di 20 chilogrammi nel caso di Emma Shaller (Usa), alta 1,57 metri. Edward C. Hagner, alias Eddie Masher (Usa), pesava soltanto 22 chilogrammi per un'altezza di 1,70 metri. Era conosciuto anche come "lo scheletro".

I GEMELLI PIÙ PESANTI ALLA NASCITA

I gemelli più pesanti del mondo, per un totale di 12,6 chilogrammi, furono partoriti dalla signora J.P. Haskin (Usa) il 20 febbraio 1924.

I GEMELLI PIÙ LEGGERI

Si conoscono i casi di due coppie di gemelli con un peso combinato di 860 grammi alla nascita: Roshan Maralyn (490 grammi) e Melanie Louise (370 grammi), nate da Katrina Gray (Australia) al Royal Women's Hospital di Brisbane, Australia, il 19 novembre 1993, e Anne (420 grammi) e John (440 grammi), nati da Wendy Morrison (Canada) il 14 gennaio 1994 al General Hospital di Ottawa, Ontario, Canada.

ACROBAZIE CON IL CORPO

L'uomo più elastico del mondo è il contorsionista Pierre Beauchemin (Canada, a sinistra), detto "uomo snodabile" per la sua capacità di intrecciare braccia e gambe in posizioni estremamente contorte. Secondo i medici sarebbe dovuto diventare storpio entro i 30 anni, ma all'età di 34 primavere continua a intrattenere il pubblico.

Gary Turner (GB) ha la straordinaria capacità di allungare la pelle del corpo. Per esempio, tira la pelle del collo fin sopra la bocca per creare una sorta di 'sciarpa umana" e, il 29 ottobre 1999, si allungò la pelle sopra lo stomaco di 15,8 centimetri. Turner, nato nel 1964, sfrutta questa sua capacità per intrattenere le persone sin dai tempi della scuola.

www.guinnessworldrecords.com/elasticman

ACCESS CODE: ‹53928›

I GEMELLI PIÙ PESANTI

Billy Leon e Benny Loyd McCrary (Usa) ebbero una crescita normale fino a 6 anni. Nel 1978, prima del loro 32° compleanno, Billy pesava 337 chilogrammi e Benny 328, ed entrambi avevano una circonferenza vita di 213 centimetri. Billy è morto nel luglio 1979. Nel corso della loro carriera come lottatori professionisti, che prevede di essere pesati prima di ogni gara, fecero registrare punte massime di 349 chilogrammi.

I GEMELLI VIVENTI PIÙ BASSI

USA

John e Greg Rice (Usa), nati il 3 dicembre 1951, sono gemelli omozigoti e misurano 86 centimetri.

I GEMELLI PIÙ BASSI DI TUTTI I TEMPI

Matjus e Bela Matina (Ungheria, diventati in seguito cittadini americani, 1903-ca. 1935) erano alti entrambi 76 centimetri.

L'UOMO VIVENTE PIÙ BASSO

Younis Edwan (Giordania) è alto 65 centimetri. Nato nel 1971, è il sesto figlio di una famiglia di sette sorelle e fratelli.

L'UOMO PIÙ BASSO DI TUTTI I TEMPI

L'uomo più basso la cui altezza sia stata comprovata è stato Gul Mohammed (India). Nel 1990, quando fu misurato durante un ricovero all'ospedale Ram Manohar di Nuova Delhi, era alto 57 centimetri. Morì

LA CIRCONFERENZA VITA PIÙ PICCOLA

Cathie Jung (Usa, a sinistra), alta 1,73 metri, ha una circonferenza vita di 38,1 centimetri. Si è impegnata a ridurre il suo girovita già sottile spinta in parte dall'entusiasmo per la moda vittoriana. A 38 anni, madre di tre figli, iniziò a indossare una cintura da allenamento larga 15 centimetri per ridurre gradualmente il suo girovita. Per mantenere queste misure non segue alcuna dieta né pratica attività fisica.

La circonferenza vita più piccola per una donna con statura normale è stata di 33 centimetri. Ethel Granger (GB) ottenne questo risultato tra il 1929 e il 1939, con l'aiuto di corsetti particolari. La stessa misura è stata rivendicata anche per l'attrice francese Mademoiselle Polaire (Emile Marie Bouchand), morta nel 1939.

www.guinnessworldrecords.com/tinywaist

ACCESS CODE: ‹54595›

www.guinnessworldrecords.com/longlegs

ACCESS CODE: ‹56075›

LE GAMBE PIÙ LUNGHE
Sam Stacey (GB, a destra) ha le gambe più lunghe del mondo: nel gennaio 2001 superavano infatti i 126 centimetri. Sam è sempre stata più alta della media e ora che ha 17 anni è alta 2,08 metri, più o meno come il padre. La madre di Sam, alta 1,77 metri, sembra quasi bassa. Il fratello e la sorella minori sono entrambi di altezza media. Anche se Sam ha talvolta preso in considerazione l'idea di diventare modella, attualmente sta studiando per diventare infermiera.

nel 1997, all'età di 39 anni, a causa di complicazioni polmonari.

LA DONNA VIVENTE PIÙ BASSA
Madge Bester (Sudafrica) è alta solo 65 centimetri. Sfortunatamente è affetta da osteogenesi imperfetta (ossa fragili e deformità dello scheletro) ed è costretta a vivere su una sedia a rotelle.

LA DONNA PIÙ BASSA DI TUTTI I TEMPI
La donna più bassa della quale esistano dati certi fu Pauline Musters (1876-1895) che alla nascita, avvenuta a Ossendrecht, Olanda, misurava 30 centimetri e a 9 anni era alta 55 centimetri. Pauline morì a 19 anni a New York, per una polmonite aggravata da meningite. L'autopsia rivelò una statura di 61 centimetri (il suo corpo si era leggermente allungato dopo il decesso).

L'UOMO VIVENTE PIÙ ALTO
UK

L'uomo vivente più alto del mondo è il tunisino Radhouane Charbib, alto 2,35 metri. Ha 11 fratelli e sorelle con un'altezza normale di circa 1,70 metri.

L'UOMO PIÙ ALTO DI TUTTI I TEMPI
L'uomo più alto nella storia della medicina, la cui statura sia provata, è stato Robert Wadlow, alto 2,72 metri quando fu misurato nel 1940, poco prima della morte. Calzava scarpe numero 61 (pari a 47 centimetri di lunghezza) e le sue mani misuravano 32 centimetri dal polso alla punta del dito medio. La distanza misurabile fra le sue braccia distese lateralmente era di 2,88 metri e il suo fabbisogno energetico quotidiano massimo era di 8000 calorie. A 9 anni era in grado di portare in braccio il padre, Harold F. Wadlow, alto 1,80 metri e pesante 77 chilogrammi, sulle scale di casa.

LA DONNA VIVENTE PIÙ ALTA
USA

Sandy Allen (Usa), alta 2,31 metri, detiene il record per la donna vivente più alta. Nata di 3 chilogrammi, cominciò a crescere in maniera anomala subito dopo. A 10 anni era alta 1,90 metri e 2,16 all'età di 16 anni.

LA DONNA PIÙ ALTA DI TUTTI I TEMPI
La donna più alta della storia è stata Zeng Jinlian (Cina). Il 13 febbraio 1982, quando morì all'età di 17 anni, era alta 2,48 metri.

LA CIRCONFERENZA VITA PIÙ GRANDE
USA

La circonferenza vita più grande è stata quella di Walter Hudson (Usa), che misurava 302 centimetri quando pesava 545 chilogrammi.

GUINNESS WORLD RECORDS™

parti del corpo

CIRCONFERENZA PANCIA
David White (GB), conosciuto come "Mad (matto) Maurice Vanderkirkoff", il 12 marzo 2001 aveva una circonferenza della pancia che misurava 137,7 centimetri.

IL MINOR NUMERO DI DITA DEI PIEDI
Una malformazione genetica ereditaria che provoca la crescita di due sole grosse dita del piede è stata osservata in alcuni membri della tribù Wadomo, nella valle dello Zambesi, in Zimbabwe, e della tribù dei Kalanga nel deserto del Kalahari in Botswana.

IL MAGGIOR NUMERO DI DITA DELLE MANI E DEI PIEDI
Il 16 settembre 1921, a Londra, nacque un bambino con 14 dita delle mani e 15 dei piedi. Tale condizione (polidattilismo) può essere causata da oltre 30 rare sindromi congenite. Il polidattilismo è relativamente comune, con due casi ogni 1000 nascite. Le dita supplementari sono spesso appendici carnose senza struttura ossea, ma possono anche essere dita complete di mani o piedi.

IL MAGGIOR NUMERO DI DITA
Godfrey Hill (GB) possiede 12 dita delle mani, di cui due pollici. Quando 12 penny valevano uno scellino, Godfrey era il primo della classe nelle addizioni. La sua condizione ha attirato l'attenzione di tutto il mondo, sorattutto in Tunisia, dove fu scambiato per un discendente di Allah.

IL TERZO PIEDE PIÙ SVILUPPATO
USA

José López (nato in Messico, ora Usa) possiede un terzo piede, composto da caviglia e quattro dita, attaccato alla caviglia della gamba sinistra.

IL CERVELLO PIÙ PESANTE
Il cervello più pesante, di 2300 grammi, apparteneva a un uomo di 30 anni e fu esaminato nel dicembre 1992 dal dottor T. Mandybur del dipartimento di patologia medica dell'università di Cincinnati, Ohio, Usa. Il cervello di un adulto pesa in media da 1,3 a 1,4 chilogrammi.

IL NASO PIÙ LUNGO
Thomas Wedders, vissuto in Gran Bretagna verso la fine del Settecento e membro di un circo itinerante di fenomeni da baraccone, aveva un naso lungo 19 centimetri.

IL CERVELLO PIÙ LEGGERO
Il più leggero cervello "normale", ossia non atrofizzato, pesava circa 680 grammi e apparteneva a Daniel Lyon (Irlanda), che morì all'età di 46 anni a New York, Usa, nel 1907. Lyon era alto solamente 1,50 metri e pesava 66 chilogrammi.

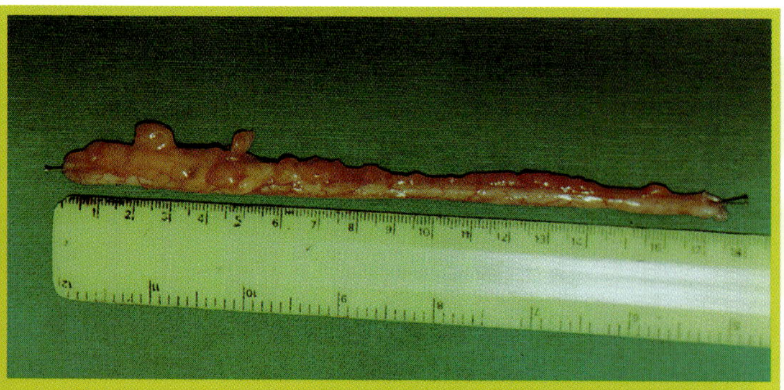

L'APPENDICE PIÙ GRANDE
L'appendice (sopra) rimossa dall'addome del signor Mahendra (India) l'11 agosto 2000 era lunga 17,5 centimetri, contro una misura media di 8-10 centimetri. L'intervento è stato eseguito dal dottor Teekappa presso il Vishwamanava Hospital di Birur, India.

Il 25 ottobre 1998, il chirurgo Kadri Al-Ban (Yemen) rimosse il più grande calcolo alla vescica da uno dei suoi pazienti, Mohammed Ali A Al-Muleiki, nel corso di un intervento effettuato presso la clinica Al-Kadri di Ibb, Yemen. Il calcolo pesava 260 grammi e aveva un diametro di circa 7 centimetri.

www.guinnessworldrecords.com/appendix
ACCESS CODE: ‹53572›

IL DENTE PIÙ COSTOSO
Nel 1816, a Londra, fu venduto per la somma di 730 sterline (pari a oltre 50 milioni di lire attuali) un dente appartenuto allo scienziato Isaac Newton (1642-1727). L'acquirente decise di farlo incastonare in un anello che portò sempre al dito.

I BAFFI PIÙ LUNGHI
I baffi di Kalyan Ramji Sain di Sundargarth, India, lasciati crescere dal 1976, nel luglio 1993 erano lunghi 339 centimetri (172 il destro e 167 il sinistro).

I CAPELLI PIÙ LUNGHI
USA

I capelli più lunghi del mondo appartengono a Ho Sateow, stregone tribale di Chiang Mai, Tailandia. Il 21 novembre 1997, i suoi capelli furono sciolti e ufficialmente misurati, facendo segnare una lunghezza di 5,15 metri. Sateow non li tagliava da oltre 70 anni. Quando aveva 18 anni si era gravemente ammalato dopo essersi tagliato i capelli e aveva giurato di non tagliarseli mai più. I capelli vengono lavati ogni anno con sapone e portati arrotolati sulla testa in una acconciatura a forma di arnia.

LA BARBA PIÙ LUNGA
Al momento della morte, nel 1927, Hans Langseth aveva una barba lunga 533 centimetri. Langseth iniziò a 30 anni a lasciarsi crescere la barba, che raggiunse la lunghezza massima dopo 51 anni, con un ritmo di crescita medio di due millimetri a settimana. La barba fu poi donata alla Smithsonian Institution di Washington, Usa, nel 1967.

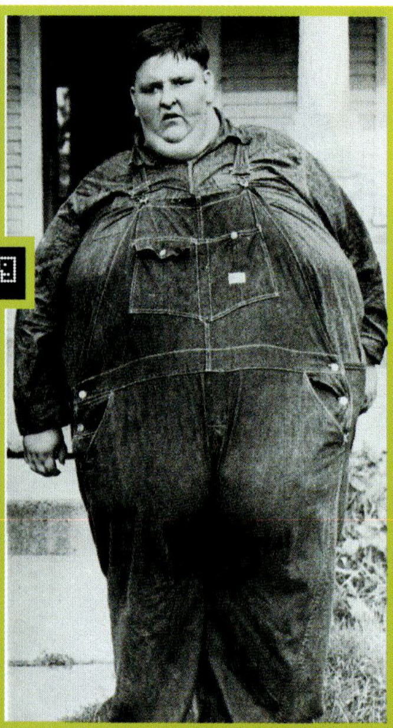

CIRCONFERENZA TORACICA
Robert Earl Hughes (Usa, a sinistra) aveva una circonferenza toracica di 3,15 metri. I suoi genitori sostenevano che un attacco di pertosse all'età di tre mesi avesse causato uno squilibrio endocrino che spiegava il suo incredibile aumento di peso. All'età di sei anni pesava 92 chilogrammi; a 10 anni pesava 171 chilogrammi e a 25 aveva raggiunto i 406 chilogrammi. Nel febbraio 1958, appena prima della sua morte, Robert pesava 484 chilogrammi. Il suo girovita era di 3,1 metri e ognuna delle braccia aveva una circonferenza massima di 1,02 metri.

In termini di muscoli, la più grande circonferenza toracica, 188 centimetri, è quella di Isaac Nesser (Usa).

www.guinnessworldrecords.com/bigchest
ACCESS CODE: ‹48481›

LA DONNA CON LA BARBA PIÙ LUNGA
Janice Deveree, Usa, nel 1884 aveva una barba lunga 36 centimetri.

LA DONNA VIVENTE CON LA BARBA PIÙ LUNGA
USA

La donna vivente con la barba più lunga è Vivian Wheeler (Usa), che iniziò a lasciarsela crescere nel 1990. Nel 2000, la sua barba era lunga 28 centimetri. Wheeler, che si è sposata quattro volte, si rade da quando aveva sette anni.

L'UOMO DALLE UNGHIE PIÙ LUNGHE
USA

Shridhar Chillal (India) tagliò le sue unghie per l'ultima volta nel 1952. L'8 luglio 1998, le unghie della sua mano sinistra avevano raggiunto una lunghezza complessiva di 615 centimetri.

LA DONNA DALLE UNGHIE PIÙ LUNGHE
USA

Le unghie di Lee Redmont (Usa) misurano una lunghezza complessiva di 663 centimetri. Lee si sta facendo crescere le unghie da 19 anni. L'unghia più lunga, di 68,58 centimetri, è quella del pollice sinistro.

LA CISTIFELLEA PIÙ GRANDE
La cistifellea più grande del mondo pesava 10,4 chilogrammi e fu rimossa da una paziente di 69 anni dal Professor Bimal C. Ghosh al National Naval Medical Center di Bethesda, Maryland, Usa, il 15 marzo 1989. La donna si ristabilì perfettamente e lasciò l'ospedale dieci giorni dopo l'intervento.

I BICIPITI PIÙ GROSSI
Il bicipite destro di Denis Sester (Usa) misura 77,8 centimetri a riposo. Sester ha sviluppato muscoli sbalorditivi allenandosi con un secchio di sabbia da 70 chilogrammi. Già da ragazzino però si divertiva a lottare con i maiali nella fattoria paterna.

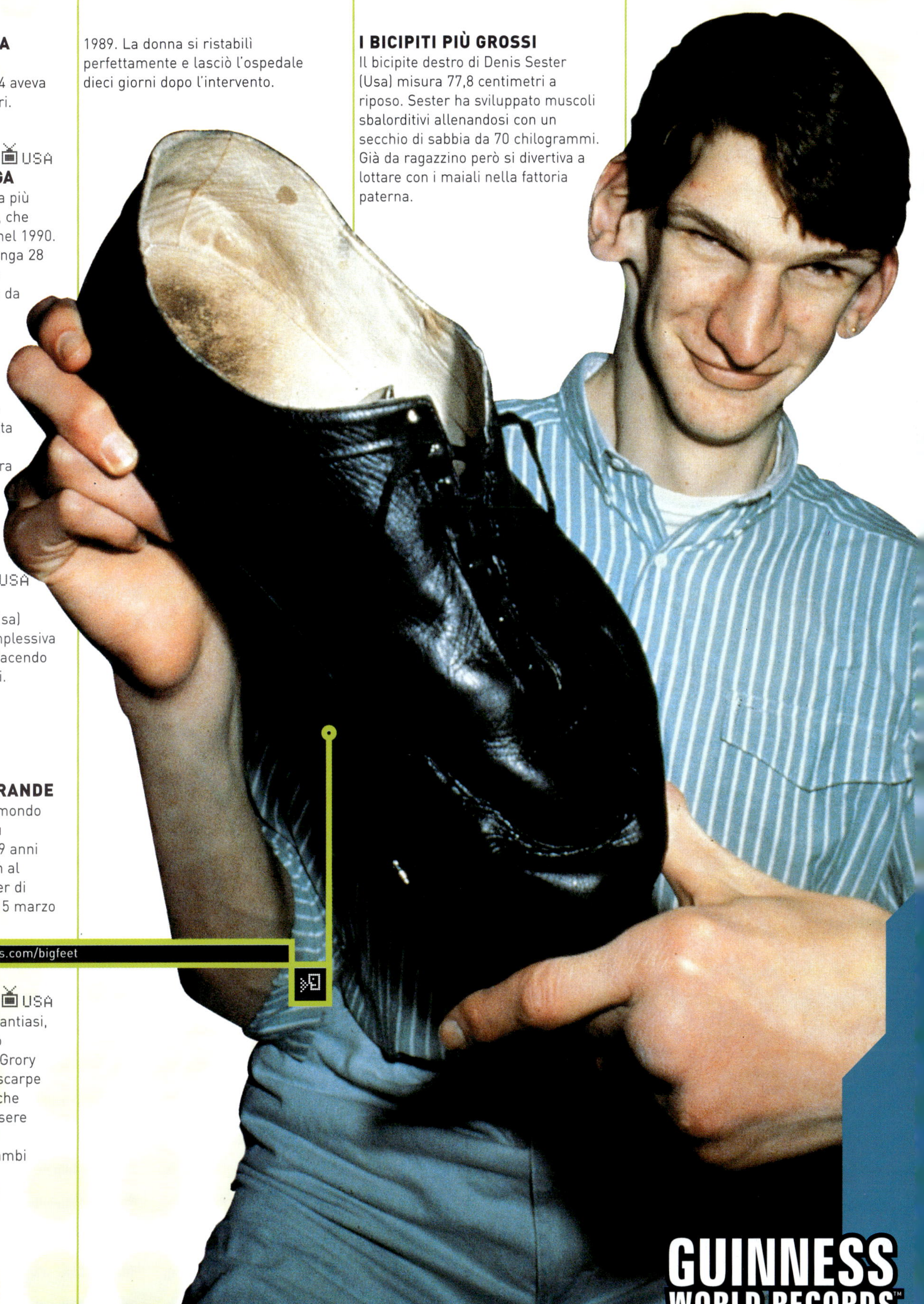

www.guinnessworldrecords.com/bigfeet

I PIEDI PIÙ GRANDI
USA

Se si escludono i casi di elefantiasi, i piedi più grandi dovrebbero essere quelli di Matthew McGrory (Usa, a destra) che indossa scarpe numero 75. Non sorprende che le sue calzature debbano essere tutte realizzate su misura. I suoi alluci sono lunghi entrambi 12,7 centimetri e i mignoli 3,8 centimetri.

ACCESS CODE: ‹48560›

GUINNESS WORLD RECORDS™

età e giovinezza

LA DONNA VIVENTE PIÙ VECCHIA
Maude Farris-Luse (nata Davis), nata il 21 gennaio 1887 a Morley, Michigan, Usa, è la più vecchia donna vivente di cui esistano prove documentate.

LA PERSONA PIÙ VECCHIA
La persona vissuta più a lungo, sull'età della quale esistono prove documentate, è stata la francese Jeanne Calment, nata il 21 febbraio 1875 e morta il 4 agosto 1997, a 122 anni. I centenari che vivono più di 113 anni sono estremamente rari. Si calcola che una persona su 2,1 miliardi possa arrivare a 115 anni.

GEMELLI DA RECORD
Marjory Skeaping e Sheila Botterill (nate Scott) e David Scott (GB, sopra) sono i gemelli trigemini viventi più vecchi del mondo. Nacquero a Edimburgo, GB, il 19 maggio 1920. Curiosamente, sono nati lo stesso giorno dello zio, della zia e della prima cugina della madre.

I più vecchi gemelli trigemini in assoluto sono stati Faith, Hope e Charity Cardwell (Usa), nati il 18 maggio 1899. Faith fu la prima a morire, il 2 ottobre 1994, a 95 anni e 137 giorni.

I più vecchi quadrigemini sono stati Adolf, Anne-Marie, Emma ed Elisabeth Ottman (Germania), nati il 5 maggio 1912. Tutti e quattro vissero fino a 79 anni.

Nel novembre 2000 esistevano 992 gruppi di gemelli quadrigemini in tutto il mondo. I casi di gemelli quadrigemini monozigoti sono veramente rari: ne esistono solo 20 gruppi in tutto il mondo.

www.guinnessworldrecords.com/oldtriplets

ACCESS CODE: ‹54715›

LE MADRI PIÙ VECCHIE
Rosanna Dalla Corte di Viterbo, nata nel 1931, partorì un bambino, a 63 anni, nel 1994. Il bambino era stato concepito per inseminazione artificiale con ovuli donati.

Il 7 novembre 1996, Arceli Keh (Usa), di 63 anni, partorì la figlia Cynthia dopo essere stata sottoposta a IVF (fecondazione in vitro).

LA MADRE PIÙ ANZIANA DI QUATTRO GEMELLI
Il 18 aprile 1998, Merryl Thelma Fudel (Australia) diede alla luce tre femminucce e un maschietto all'età di 55 anni e 286 giorni, allo Sharp Memorial Hospital di San Diego, California, Usa. Uno dei gemellini morì durante il parto a causa di insufficienza respiratoria.

I GEMELLI PIÙ VECCHI
Eli Shadrack e John Meshak Phipps (Usa) erano nati il 14 febbraio 1803 ad Affington, Virginia, Usa. Eli morì il 23 febbraio 1911 a 108 anni; suo fratello John il 10 dicembre 1916 a 113 anni. Per due gemelli monozigoti, la probabilità di superare i 100 anni è una su 700 milioni.

I PIÙ VECCHI GEMELLI SIAMESI VIVENTI
USA

Nati nel 1952, Ronnie e Donnie Galyon (Usa) sono i gemelli siamesi più vecchi. Per 36 anni si esibirono in spettacoli e circhi prima di ritirarsi, nel 1991, a vivere nell'Ohio, Usa.

LE PIÙ VECCHIE GEMELLE SIAMESI VIVENTI
Le gemelle siamesi viventi più vecchie sono Masha e Dasha Krivoshlyapovy di Mosca, nate il 3 gennaio 1950. Masha e Dasha hanno una forma rarissima di congiunzione, la *dicephales tetrabrachius dipus*, che implica due busti separati ma un solo paio di gambe. Ora hanno 51 anni e risiedono in un ricovero per anziani a Mosca.

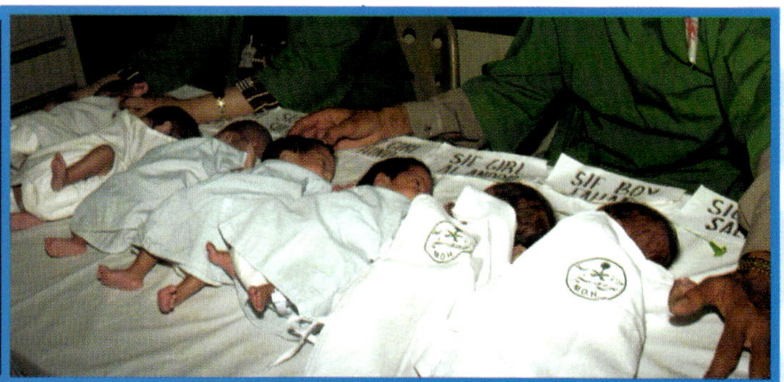

AL SETTIMO CIELO
Il maggior numero di bambini sopravvissuti a un singolo parto è sette. Sette gemelli (sopra) nacquero prematuri di otto settimane il 14 gennaio 1998 da una donna di 40 anni, Hasna Mohammed Humair (Arabia Saudita). Il più piccolo dei neonati (4 maschi e 3 femmine),pesava 900 grammi.

Anche Bobby McCaughey (Usa) partorì sette gemelli il 19 novembre 1997. Kenneth, Nathaniel, Brandon, Joel, Kelsey, Natalie e Alexis pesavano tra i 1050 e i 1450 grammi e vennero alla luce alla 31ª settimana con parto cesareo, nell'arco di 16 minuti.

www.guinnessworldrecords.com/septuplets

ACCESS CODE: ‹48315›

I GEMELLI SIAMESI PIÙ VECCHI IN ASSOLUTO
Gli italiani Giacomo e Giovanni Battista Tocci nacquero il 4 ottobre 1877 e vissero 63 anni uniti dal bacino in giù.

IL MAGGIOR NUMERO DI ANTENATI VIVENTI
Alla sua nascita, il 16 maggio 1982, Megan Sue Austin (Usa) aveva una schiera di nonni, bisnonni e trisnonni per un totale di 19 antenati viventi.

IL MAGGIOR NUMERO DI DISCENDENTI
Alla sua morte, il 15 ottobre 1992 all'età di 86 anni, Samuel S. Mast (Usa) aveva 824 discendenti diretti viventi. Il totale comprende 11 figli, 97 nipoti, 634 bisnipoti e 82 trisnipoti.

Nei paesi in cui si pratica la poligamia il numero dei discendenti di una persona può diventare incalcolabile. Pare che l'ultimo imperatore Sharif del Marocco, Moulay Ismail (morto nel 1727), avesse 525 figli maschi e 342 femmine nel 1703 e che nel 1721 festeggiasse la nascita del suo 700° discendente maschio.

IL MAGGIOR NUMERO DI COMPLEANNI COINCIDENTI IN UNA FAMIGLIA
Ralph Betram Williams (Usa) è nato il 4 luglio 1982, lo stesso giorno in cui nacquero anche suo padre, suo nonno e, nel 1876, il suo bisnonno.

Veera Tuulia Tuijantyär Kivistö (Finlandia), è nata il 21 marzo 1997, lo stesso giorno in cui sono nate anche la madre (1967), la nonna (1940) e la bisnonna (1903).

IL MAGGIOR NUMERO DI COMPLEANNI COINCIDENTI TRA FRATELLI
Catherine (1952), Carol (1953), Charles (1956), Claudia (1961) e Cecilia (1966), figli di Carolyn e Ralph Cummins (Usa), sono nati tutti il giorno 20 febbraio. La probabilità che cinque fratelli possano nascere tutti nello stesso giorno è di una su 17797577730.

Heidi (1960), Olav (1964) e Leif-Martin (1968) Henriksen (Norvegia), festeggiano il compleanno solo una volta ogni quattro anni, essendo nati tutti il giorno 29 febbraio di un anno bisestile.

www.guinnessworldrecords.com/oldestman

ACCESS CODE: ‹48371›

L'UOMO PIÙ VECCHIO

A 112 anni, Antonio Todde (a destra), nato il 22 gennaio 1889 a Tiana, Sardegna, è l'uomo vivente più vecchio. Attribuisce la propria longevità al duro lavoro e a un bicchiere quotidiano di vino rosso. L'alta concentrazione di centenari in Sardegna è dovuta soprattutto a fattori genetici. I genitori di Antonio vissero oltre 90 anni e i suoi quattro figli hanno tutti superato gli 80.

La persona vissuta più a lungo, sulla cui età esistono prove documentate, è stato il giapponese Shigechiyo Izumi di Isen, sull'isola Tokunoshima, a 1300 chilometri a sud-ovest di Tokyo. Nato il 29 giugno 1865, morì il 21 febbraio 1986, a 120 anni e 237 giorni. Aveva lavorato fino a 105 anni. Izumi beveva *sho-chu* (distillato di zucchero) e aveva fumato fino a 70 anni. Attribuiva la sua lunga vita a "Dio, a Buddha e al Sole".

LA NASCITA PIÙ A SUD

Emilio Marcos Palma (Argentina) è nato il 7 gennaio 1978 nella base di Sargento Cabral, Antartide. Per quanto si sa, a tutt'oggi è l'unica persona a essere nata nel continente più a sud del mondo.

IL PIÙ LUNGO INTERVALLO TRA LA NASCITA DI DUE FRATELLI

Il più lungo intervallo di tempo trascorso tra la nascita di due figli dalla stessa madre è di 41 anni. Elizabeth Ann Buttle (GB) ebbe una figlia, Belinda, nel 1956 e un figlio, Joseph David, il 20 novembre 1997, all'età di 60 anni.

Jackie Iverson (Canada) partorì Christopher il 21 novembre 1993, Alexandra il 29 novembre dello stesso anno, e altri due figli, Matthew e Sarah (con parto cesareo) il 30 novembre, al nono giorno dalla nascita del primo. Si tratta del più grande intervallo di tempo tra la nascita di quattro gemelli.

NEONATI PREMATURI

James Elgin Gill nacque il 20 maggio 1987 da Brenda e James Gill (entrambi canadesi), prematuro di 128 giorni e del peso di 624 grammi.

Nati l'8 aprile 1996 a Riverside, Ohio, Usa, Devin e Dorraine Johnson (Usa) sono stati i gemelli più prematuri, nati 119 giorni prima della data presunta del parto.

I trigemini più prematuri sono Guy, Kathryn e Marcus Humphrey (GB) nati il 28 febbraio 1992 a Manchester, GB, prematuri di 108 giorni.

Il 20 febbraio 1997, Kathryn Tepper (Australia) partorì quattro gemelli prematuri di 105 giorni. I bambini si chiamano Ben Stewart (790 grammi), Hannah Elise (680 grammi), Ryan Colin (780 grammi) e Lisa Nicole (735 grammi).

LA MADRE PIÙ PROLIFICA

La moglie di Feodor Vassilyev, di Shuya, Russia, diede alla luce 69 figli in 27 parti, per un totale di 16 parti gemellari, 7 trigemini e 4 quadrigemini tra il 1725 e il 1765. Solo due figli non sopravvissero all'infanzia.

GUINNESS WORLD RECORDS™

bellezza

IL PAESE CON PIÙ CHIRURGHI PLASTICI

Secondo la Confederazione Internazionale per la Chirurgia Ricostruttiva ed Estetica, gli Stati Uniti sono il paese con il maggior numero di chirurghi plastici (5965), seguiti da Brasile e Giappone. Rappresentano quasi la metà dei chirurghi plastici nel mondo. La più alta concentrazione è a New York, mentre San Francisco ne ospita il maggior numero per abitanti.

IL MAGGIOR NUMERO DI INTERVENTI DI CHIRURGIA PLASTICA

In quindici anni, Cindy Jackson ha speso 99 600 dollari per 28 interventi di chirurgia plastica. Nata nel 1955 nell'Ohio, Usa, Cindy ha subito tre lifting completi del viso, due operazioni al naso, alle ginocchia, al ventre e alla mascella, liposuzione delle cosce, riduzione e aumento del seno e trucco semipermanente.

IL TRATTAMENTO PER LA PELLE PIÙ COSTOSO

Il kit "Botaenica Dual-Mud", prodotto da un negozio di New York, costava 845 dollari a confezione e andò esaurito in quattro giorni. I sistemi Dual-Mud sono ottenuti da composti geologici diversi: il primo dal Mar Morto e il secondo da emanazioni dei crateri vulcanici sul fondo dell'Oceano Artico, un fango rarissimo che si trova solo a queste profondità.

IL LINGUAGGIO DEL CORPO USA

Il 20 gennaio 2000, la stilista Tina-Marie Stoker (Usa) decorò il corpo di una modella (a sinistra) con il numero record di 29 540 cristalli di rocca, a Monaco, Germania.

Decorazioni di altro genere fanno di Luis Antonio Agüero (Cuba) l'uomo con il maggior numero di piercing al mondo. Egli ha 230 piercing, di cui 175 sul viso. Per realizzare da sé tutti i suoi 230 piercing, che hanno richiesto 10 anni di lavoro, Agüero ha usato un ago sterilizzato.

Il più veloce artista di hennè al mondo è Ash Kumar (GB). Il 1º aprile 2001 completò 96 tatuaggi a bracciale tradizionale con hennè in un'ora alla Cannon High School, Middlesex, GB.

www.guinnessworldrecords.com/rhinestonebody
← ACCESS CODE: ‹54611›

L'ORNAMENTO PER LABBRA PIÙ GRANDE

La tribù etiopica dei Mursi è famosa per la pratica di inserire grandi dischi circolari di argilla dietro il labbro inferiore delle donne come segno di bellezza. L'allungamento del labbro inizia durante la pubertà, con un incremento periodico del diametro del disco. Tutte le ragazze della tribù aspirano a portare un disco che abbia almeno le dimensioni di un piattino da tè (15 centimetri di diametro) prima del matrimonio.

IL COLLO PIÙ LUNGO

La massima estensione possibile del collo è di 40 centimetri, raggiunta dalle tribù Padaung o Kareni di Myanmar (Birmania) applicando una serie di anelli di rame al collo. L'uso degli anelli provoca solo un disagio iniziale, benché la distanza dal lobo dell'orecchio alla base del collo arrivi a raddoppiare. Il collo delle donne diviene così debole che non può più sostenere la testa senza l'aiuto degli anelli.

DONNE CON I PIEDI FASCIATI

In Cina, il 38% delle donne con più di 80 anni ha i piedi fasciati. L'usanza di fasciare i piedi risale alla dinastia Sung (960-976 d.C.), dove questa pratica era considerata un simbolo di bellezza. I piedi delle donne venivano fasciati con strisce di tela per fermarne la crescita, in modo da farli assomigliare a fiori di loto dorati lunghi pochi centimetri. Nel XI secolo era diffusa la pratica di spezzare otto dita dei piedi alle bambine al momento del terzo compleanno e di fasciare loro i piedi per evitare che superassero i 10 centimetri.

LE IMBOTTITURE PIÙ COSTOSE DI UN REGGISENO

Le imbottiture di un reggiseno in cotone e gomma piuma di Marilyn Monroe (Usa) sono state vendute all'asta per 5000 dollari a Bedford, New Hampshire, Usa, il 15 aprile 2000. Le imbottiture, con finti capezzoli, erano state fornite agli addetti della camera ardente del Westwood Village, Los Angeles, dalla governante dell'attrice, ma non furono usati. Li recuperò dal cestino dei rifiuti da Allan Abbott, che li conservò per 37 anni, per poi venderli nel 1999 per 2100 dollari.

IL PROFUMO PIÙ COSTOSO

Il profumo più costoso, lanciato nel giugno 2000 dal profumiere Arthur Burnham (GB), è il Parfum VI. La bottiglia di 10,2 centimetri, realizzata in platino, oro 24 carati, rubini e diamanti, costa 47 500 sterline e si ispira alla Rolls-Royce Phantom VI. Ne sono state prodotte solo 173 bottiglie e Michael Jackson e Mike Tyson sono stati i primi acquirenti.

IL PIÙ GRANDE CONCORSO DI BELLEZZA INTERNAZIONALE

A febbraio 2001, al concorso per il titolo di Miss Mondo erano iscritte 89 concorrenti da 89 paesi. Nella storia di questo concorso l'India e la Svezia detengono il maggior numero di titoli di Miss Mondo, con cinque ognuna.

IL CONCORSO DI BELLEZZA CON LE CONCORRENTI PIÙ VECCHIE

"Ms Senior America" è aperto solo a donne di almeno 60 anni. Fu istituito nel 1971 per sottolineare gli aspetti positivi dell'invecchiamento contro la deprimente immagine della terza età americana dipinta dai media.

LA CONCORRENTE AL TITOLO MS OLYMPIA PIÙ PESANTE

Nicole Bass (Usa) pesava 92,5 chilogrammi quando partecipò al concorso nel 1997. È stata anche la

LA MODELLA PIÙ RICCA

Sebbene non compaia più regolarmente sulla passerella, si dice che Elle MacPherson, chiamata "The Body", abbia accumulato un patrimonio di circa 38 milioni di dollari. I suoi interessi includono una linea personale di biancheria intima chiamata "Elle MacPherson Intimates". Elle è inoltre apparsa in diversi film, inclusi *Sirene* (Australia/Gran Bretagna, 1994), *Jane Eyre* (Usa, 1996) e *Batman e Robin* (Usa, 1997). Più recentemente, è apparsa nella serie televisiva americana *Friends*.

La più grande agenzia di modelle è la Elite Model Management, presente in 22 paesi in tutto il mondo, con 11 uffici in Europa e 5 negli Stati Uniti. La compagnia ha uffici anche in Brasile, Hong Kong e Cina.

www.guinnessworldrecords.com/ellethebody
← ACCESS CODE: ‹52258›

concorrente più alta, con 1,88 metri. Nicole ha vinto i Campionati Nazionali di Bodybuilding NPC del 1997 prima di entrare nella Pro Wrestling. Ora sta lavorando ad alcuni spettacoli indipendenti a livello mondiale. Le sue misure sono: 127 centimetri il torace, 76 centimetri la vita, 45 centimetri le braccia, 71 centimetri i fianchi e 45 centimetri i polpacci.

L'UOMO PIÙ TATUATO USA

Tom Leppard ha il 99,9% del corpo ricoperto da un tatuaggio che è la riproduzione del mantello di un leopardo, con le caratteristiche macchie scure dipinte su uno sfondo color giallo zafferano. Attualmente Tom vive come un eremita sull'isola di Skye, GB. Per la realizzazione di suoi tatuaggi ha speso circa 4857 sterline.

LA DONNA PIÙ TATUATA

La donna più tatuata del mondo è la spogliarellista Krystyne Kolorful di Alberta, Canada. I tatuaggi, realizzati in 10 anni, le coprono il 95% del corpo.

LE ACCONCIATURE PIÙ ALTE

Le acconciature femminili raggiunsero il punto più alto intorno al 1775, quando la regina Maria Antonietta sfoggiò un'acconciatura alta 90 centimetri sopra testa. Nastri, piume e altri ornamenti la rendevano ancora più alta. Queste acconciature dovevano durare un mese, con risultati spiacevoli, perché i capelli venivano trattati con lardo e gesso in polvere per mantenere la forma.

ACCONCIATURE IN UN MINUTO DE

Timo Timmermann (Germania) ha realizzato su 22 donne altrettanti chignon in un minuto, usando piccoli bastoncini per tenerli in forma, a Monaco, il 2 dicembre 1998.

LA PIÙ GRANDE CATENA DI CENTRI FITNESS

La più grande catena di centri fitness è la Curves International Inc, con oltre 1700 centri negli Stati Uniti. La Curves (fondata nel 1992) apre un nuovo centro ogni 12 ore. La rivista *Entrepreneur Magazine* ha indicato Curves al primo posto fra le catene di franchising di nuova costituzione nel 1999 e al quattordicesimo per velocità di espansione nel 2000.

www.guinnessworldrecords.com/hairyboys

IPERTRICOSI USA

Victor "Larry" e Gabriel "Danny" Ramos Gomez (sotto) sono coperti per il 98% del corpo da uno spesso strato di pelliccia, per una seria forma di ipertricosi. I due giovani hanno accettato il loro problema, diventando star del Circo Nazionale Messicano grazie al proprietario Mundo Carpa. Danny e Larry hanno imparato che anche le persone diverse possono conservare la propria dignità. Altri membri della famiglia, il clan De Jesus, soffrono di ipertricosi e detengono il primato di famiglia più pelosa del mondo.

ACCESS CODE: ‹53833›

GUINNESS WORLD RECORDS™

malattie

LA MALATTIA PIÙ RARA
Nel maggio 1978, l'Organizzazione Mondiale della Sanità non aveva registrato alcun caso di vaiolo nel mondo nei sei mesi precedenti. L'ultimo caso mortale si verificò nell'agosto 1978, quando un fotografo di medicina dell'università di Birmingham, GB, si infettò con un campione usato per le ricerche. Da allora non si sono verificati altri casi della malattia.

LA CAUSA PIÙ FREQUENTE DI MORTE
Nei paesi industrializzati, le malattie cardiovascolari sono la causa di oltre il 50% dei decessi. Le più comuni sono infarto e ictus, di solito dovuti a un processo degenerativo delle pareti arteriose. Secondo l'Organizzazione Mondiale della Sanità, il 31% dei decessi avvenuti nel 1998 (16,71 milioni) sono stati causati da malattie cardiovascolari.

LA PIÙ COMUNE CAUSA DI MORTE IMPROVVISA
Le coronaropatie sono la causa più comune di morte improvvisa nei paesi sviluppati. I fattori di rischio sono fumo, ipertensione e tasso di colesterolo elevato.

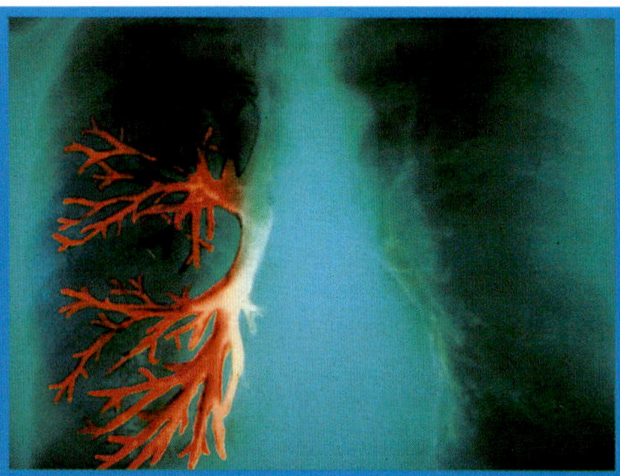

IL PROBLEMA SANITARIO PIÙ URGENTE
Secondo l'Organizzazione Mondiale della Sanità (OMS), nel 2020 le malattie legate al tabacco, quali attacchi cardiaci, cancro, malattie polmonari (a sinistra) e disturbi respiratori, causeranno più morti di Aids, tubercolosi, incidenti stradali, omicidi e suicidi messi insieme (circa 7 milioni di persone all'anno). Le popolazioni dei paesi in via di sviluppo corrono il rischio maggiore, perché per l'anno 2025 l'85% dei fumatori sarà nelle nazioni più povere del mondo. I costi dell'assistenza sanitaria associati a queste malattie comportano una perdita netta complessiva di 200 miliardi di dollari all'anno.

www.guinnessworldrecords.com/badcigs
ACCESS CODE: ‹52507›

LA PEGGIORE MALATTIA CANCRENOSA
La fascite necrotizzante è una malattia rara, conosciuta fin dalla Prima guerra mondiale. È provocata da streptococchi di tipo A che, moltiplicandosi sotto la pelle del soggetto colpito, originano una miscela di tossine che attaccano i tessuti e ne causano la cancrena. Il solo rimedio è la rimozione chirurgica della zona affetta. Il tasso di mortalità è intorno al 15%, ma in combinazione con la sindrome dello shock tossico da streptococco può salire fino al 70%.

IL MAGGIOR NUMERO DI FOCOLAI EPIDEMICI
Il Rapporto sulle malattie infettive dell'Organizzazione Mondiale della Sanità del 15 aprile 1999 registrava nei 12 mesi precedenti 45 epidemie ufficialmente riconosciute di colera. Al secondo posto compariva la meningite meningococcica , potenzialmente fatale, con 29 epidemie ufficialmente riconosciute.

L'INFLUENZA AVIARIA PIÙ GRAVE
L'influenza aviaria, che si riteneva colpisse solo gli uccelli, infettò 16 persone nel 1997 a Hong Kong, Cina, di cui quattro morirono. Il virus è il primo trasmesso direttamente dagli uccelli all'uomo.

LA MALATTIA PIÙ VIRULENTA
La dengue, una malattia virale trasmessa dalle zanzare, e la sua variante più grave, la dengue emorragica, sono probabilmente le malattie riemergenti più diffuse al mondo. Nel 1998 i casi riconosciuti furono 1,2 milioni, di cui 15000 fatali.

LA MALATTIA NON CONTAGIOSA PIÙ COMUNE
Le malattie non contagiose più comuni sono quelle che interessano il cavo orale, come le gengiviti. Poche persone, nell'arco della vita, riescono a evitare problemi dentari, ma la percentuale del 93% tra i bambini in età scolare registrata nel 1981 in Gran Bretagna era scesa al 55% nel 1992.

IL PIÙ LUNGO ATTACCO DI STARNUTI
Donna Griffiths (GB) iniziò a starnutire il 13 gennaio 1981 all'età di 12 anni, e nei successivi 365 giorni starnutì un milione di volte. Il 16 settembre 1983, dopo 978 giorni di continui starnuti, la crisi si risolse.

IL PORTATORE SANO PIÙ NOTO
Il portatore di tifo più conosciuto è stata Mary Mallon (vero nome Maria Anna Caduff), nata in Svizzera nel 1855 ed emigrata negli Stati Uniti nel 1868. Lavorando come cuoca fu la causa scatenante di 53 epidemie di

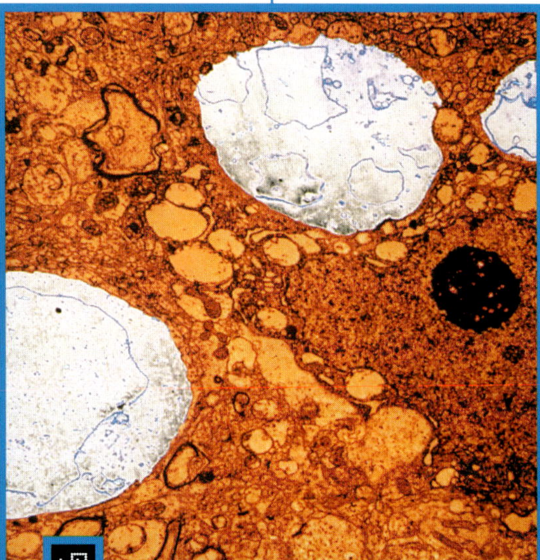

LE MALATTIE PIÙ RECENTI
La malattia più recente è un nuovo tipo di morbo di Creutzfeld Jacob (morbo della mucca pazza, a sinistra), che porta alla demenza. È probabilmente causata da un prione (frammento di proteina) trasmesso all'uomo da bovini affetti da encefalite spongiforme.

Nel 1999 l'OMS ha riconosciuto nel virus Nipah del sud-est asiatico il virus più giovane del mondo. Si tratta di un virus simil-Hendra ed è clinicamente simile a quello dell'encefalite giapponese, anche se probabilmente non viene trasmesso dalle zanzare ma attraverso il contatto diretto con i liquidi tissutali degli animali infetti. L'epidemia di Nipah è associata all'allevamento dei maiali e in Malesia ha provocato la morte di persone e di animali. Il primo caso di virus Nipah nell'uomo risale a settembre 1998.

www.guinnessworldrecords.com/newillness
ACCESS CODE: ‹48531›

tifo, inclusa quella del 1903 con 1400 casi di cui tre mortali a Ithaca, New York, Usa. La donna rimase in osservazione permanente presso il Riverside Hospital di North Brother's Island, East River, New York, Usa, dal 1915 alla sua morte, avvenuta l'11 novembre 1938 per broncopolmonite.

LA MORTALITÀ PIÙ ALTA

Le tre malattie considerate generalmente fatali sono l'Aids, la rabbia e la peste. La sindrome da immunodeficienza acquisita (Aids) è causata dal virus Hiv, che attacca e distrugge il sistema immunitario, lasciando l'individuo contagiato esposto a infezioni che alla fine lo portano alla morte. L'Aids è l'ultimo stadio dell'infezione da Hiv.

La rabbia, un'infezione virale del sistema nervoso centrale, è comunemente causata dal morso di un animale infetto. La maggior parte dei casi di rabbia si riscontrano negli animali selvatici come procioni, pipistrelli e volpi. I primi sintomi della malattia nell'uomo includono febbre, mal di testa e nausea, seguiti progressivamente da allucinazioni, insonnia, ansia, eccessiva salivazione e idrofobia (paura dell'acqua). La morte può sopraggiungere nel giro di pochi giorni dalla comparsa dei sintomi, anche se le possibilità di sopravvivere sono alte se la malattia viene tempestivamente curata.

Durante l'epidemia più devastante del mondo, la Grande Peste del XIV secolo, morì secondo le stime un terzo della popolazione mondiale. Dal 1347 al 1351 questa forma polmonare di peste (infezione batterica) si diffuse in tutta l'Asia, l'Africa del Nord e l'Europa, attraversando il Canale della Manica e penetrando in Inghilterra e Scozia per arrivare in Norvegia, Svezia, Danimarca, Islanda e Groenlandia. L'inesorabile malattia uccise tutti coloro che ne rimasero colpiti, cioè circa 75 milioni di persone in tutto il mondo.

IL PRIMO CASO DI AIDS

Nel gennaio 1998, Tuofo Zhu (Usa) dell'Istituto di ricerca sull'Aids Aaron Diamond di New York, Usa, individuò il più vecchio esemplare noto di Hiv in un campione di sangue prelevato nel 1959 a Leopoldville, Zaire (allora Congo belga). La scoperta fece retrodatare la nascita dell'Aids di un decennio rispetto a quanto si pensava in precedenza. Il confronto fra il materiale genetico di questo esemplare con i ceppi attuali suggerisce che l'Hiv sia passato dalle scimmie all'uomo circa in quel periodo. Il virus Hiv muta molto rapidamente e seguire i suoi cambiamenti evolutivi aiuterà a prevedere come e quanto il virus muterà in futuro.

I PARASSITI PIÙ PICCOLI

Tra i parassiti più piccoli figurano diversi protozoi unicellulari, alcuni dei quali misurano soltanto pochi micrometri di lunghezza. Uno dei più piccoli è il *Pneumocisti carinii*, che abita nei polmoni e negli esseri umani provoca la polmonite.

IL PARASSITA PIÙ LONGEVO

Per un esemplare di sanguisuga *(Hirudo medicinalis)* è stata registrata l'età di 27 anni. La lunghezza di una sanguisuga varia da pochi millimetri a circa 20 centimetri o più quando l'animale si distende. L'uso medicinale delle sanguisughe risale all'antichità e raggiunse il culmine nella prima metà del XIX secolo. L'irudina, estratta dalle sanguisughe, si usa come anticoagulante. La saliva delle sanguisughe contiene sostanze che anestetizzano la ferita e impediscono la coagulazione del sangue.

www.guinnessworldrecords.com/leprosy

ACCESS CODE: ‹48530›

SOTTO LA PELLE

Anche se la peste e il colera sono citate nel Vecchio Testamento della Bibbia, la lebbra (sotto) è ritenuta la malattia più antica del mondo. Alcuni casi si manifestarono già nell'Antico Egitto nel 1350 a.C. La malattia è descritta dall'Organizzazione Mondiale della Sanità (OMS) come una malattia infettiva cronica causata dal batterio *Mycobacterium leprae*. La lebbra colpisce principalmente la pelle, i nervi periferici, la mucosa del tratto respiratorio superiore e gli occhi, e provoca mutilazioni del corpo.

La *Tuberculosis schistosomiasi*, un'infezione del fegato e dei reni, è stata riscontrata anche in alcune mummie egizie della ventesima dinastia (1250-1000 a.C.). Tecniche sofisticate come il prelievo del Dna vengono utilizzate per scoprire i segreti di quest'antica malattia. La prima diagnosi di successo è stata fatta su uno scheletro bizantino trovato in Turchia, che mostra segni di tubercolosi.

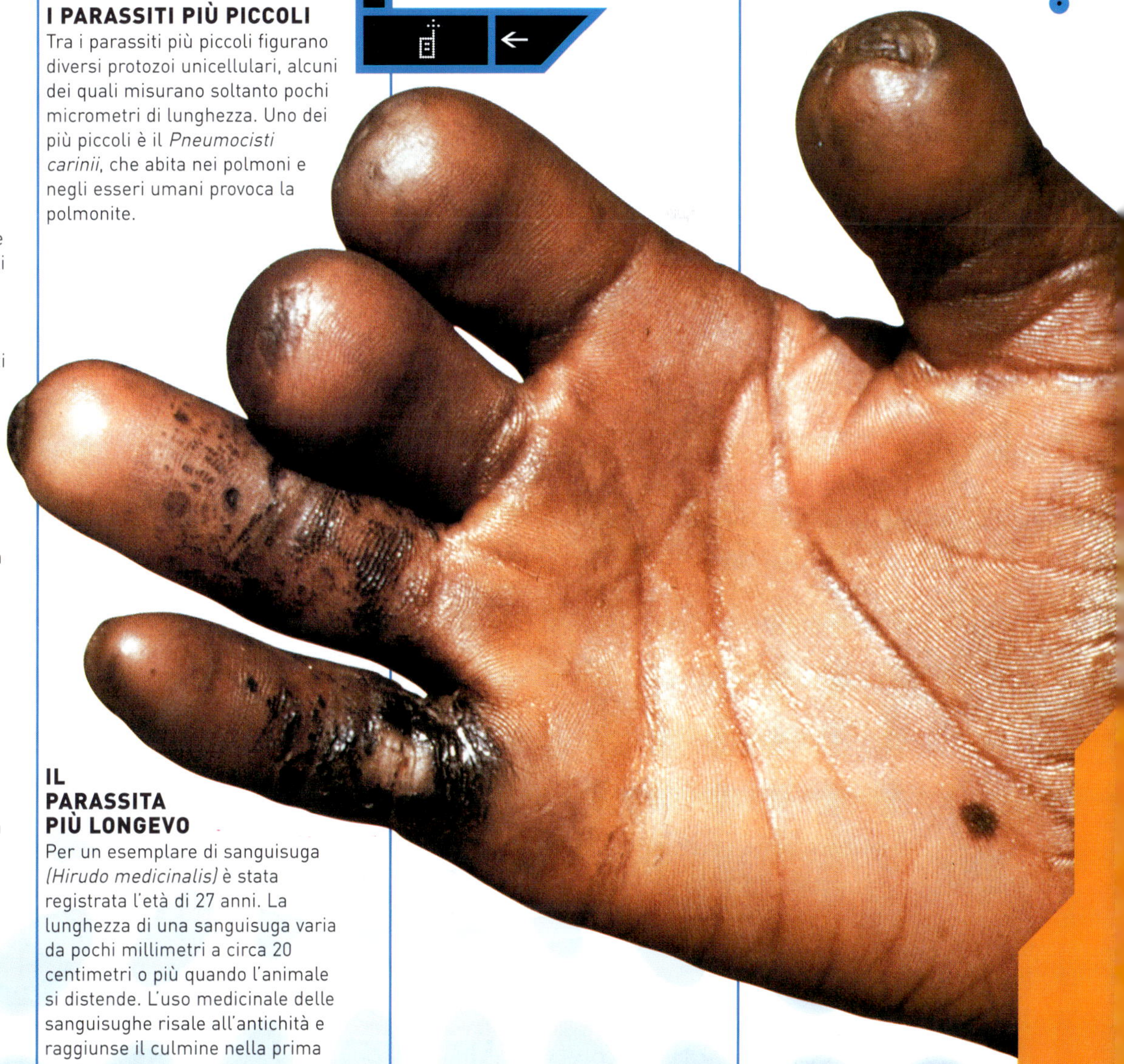

GUINNESS WORLD RECORDS™

medicina estrema 1

ARTICOLAZIONI ARTIFICIALI
A causa di un'artrite diagnosticatale a 13 anni, a 47 anni Anne Davison (GB) aveva sostituito con articolazioni artificiali 12 articolazioni principali (le spalle, i gomiti, i polsi, le anche, le ginocchia e le caviglie) e tre nocche delle dita. La prima articolazione sostituita era stata il ginocchio destro, a 27 anni.

LA SOPRAVVIVENZA PIÙ LUNGA SENZA PULSAZIONI
La sopravvivenza più lunga di una persona senza battito cardiaco è stata di tre giorni. Il 14 agosto 1998, Julie Mills (GB) si era trovata in punto di morte per un gravissimo collasso cardiaco. I chirurghi del John Radcliffe Hospital di Oxford, Oxon, GB, la tennero in vita con una speciale pompa circolatoria per una settimana, al termine della quale il cuore si era completamente ripreso.

LA GRAVIDANZA PIÙ NUMEROSA
Nel 1971 il dottor Gennaro Montanino di Roma dichiarò di aver rimosso i feti di quattro mesi di 10 femmine e 5 maschi dal ventre di una donna di 35 anni. Responsabile di questo caso unico fu un farmaco contro la sterilità.

FECONDAZIONE IN VITRO
Louise Brown (GB, a sinistra) è stata la prima bambina concepita in provetta. Nata di 2,6 chilogrammi, venne alla luce con parto cesareo il 25 luglio 1978 all'Oldham General Hospital, Lancashire, GB. Alla madre di Louise era stato detto che non avrebbe potuto avere figli. La nascita fu possibile grazie al lavoro del ginecologo Patrick Steptoe (GB) e di due medici di Cambridge, Robert Edwards e Barry Bavister. Il trio sperimentò una nuova tecnica prelevando un ovulo dall'ovaia della madre e fecondandolo in provetta prima di reintrodurlo nel ventre della donna e farlo sviluppare normalmente.

www.guinnessworldrecords.com/louisebrown
ACCESS CODE: ‹53414›

LA PERSONA PIÙ GIOVANE CON UN PACEMAKER
Stephanie Gardiner (GB) era nata da quattro ore quando l'11 marzo 1995 le fu impiantato un pacemaker grande come un francobollo.

LA PERSONA CON PIÙ PACEMAKER
Mark D. Smith Jr (Usa) ha utilizzato nella sua vita 18 pacemaker. Il primo gli fu impiantato nel settembre 1964, quando aveva solo due anni di età, ma, per complicazioni insorte successivamente, dovette subire altri interventi per un totale di 5 pacemaker temporanei impiantati e poi sostituiti e 13 definitivi. I pacemaker sono stati inventati nel 1930 e il primo impianto risale all'8 ottobre 1958, soltanto cinque anni prima del primo intervento di Smith.

IL PACEMAKER IN FUNZIONE DA PIÙ TEMPO
Il pacemaker Biotec 777 con batteria al litio impiantato il 18 gennaio 1979 su János Szilágyi (Ungheria) all'ultimo controllo del 7 aprile 2000 funzionava ancora perfettamente.

LA MINORE QUANTITÀ DI SANGUE TRASFUSO DURANTE UN TRAPIANTO
Nel giugno 1996, un'équipe specializzata in trapianti guidata da Stephen Pollard (GB) al St James University Hospital di Leeds, Yorkshire, GB, eseguì un trapianto di fegato su Linda Pearson (GB), di 47 anni, senza trasfondere una sola goccia di sangue. Questo intervento di solito richiede la trasfusione di 2,5-3,5 litri di sangue, ma essendo Linda Pearson una Testimone di Geova, non poteva ricevere sangue che non fosse il suo.

LA MAGGIORE QUANTITÀ DI SANGUE TRASFUSO IN UN INTERVENTO CHIRURGICO
Warren Jyrich (Usa), un emofiliaco di 50 anni, ebbe bisogno di 2400 unità di sangue (1080 litri), in un intervento a cuore aperto al Michael Reese Hospital, Chicago, Illinois, Usa, nel dicembre 1970. Mediamente un corpo umano contiene 5 litri di sangue.

IL PAZIENTE PIÙ ANZIANO SOTTOPOSTO A INTERVENTO
James Brett (Usa), il 7 novembre 1960, all'età di 111 anni e 105 giorni, fu sottoposto a un intervento chirurgico all'anca.

IL CALCOLO BILIARE PIÙ GROSSO
Il calcolo biliare più grande mai registrato nella letteratura medica pesava 6,29 chilogrammi e fu rimosso da una donna di 80 anni

TRAPIANTO DI ARTI
A quattro settimane dalla nascita, Chong Lih Ying (Malesia, a sinistra) fu sottoposta al trapianto di un arto quando, nel maggio 2000, il chirurgo V. Pathmanathan (Malesia) e la sua équipe di 55 assistenti le attaccarono il braccio sinistro della sorella gemella in un intervento durato 15 ore. La gemella, nata con una grave anomalia cerebrale, non aveva alcuna speranza di sopravvivere. Chong, nata con il braccio sinistro deforme e senza mano, è stata la prima persona a subire il trapianto di un intero arto e creerà un altro caso clinico senza precedenti dal momento che non ha dovuto ricevere alcun farmaco per evitare il rigetto dell'arto, poiché le due gemelle avevano lo stesso gruppo sanguigno e la stessa struttura cellulare.

www.guinnessworldrecords.com/babyarm
ACCESS CODE: ‹54824›

www.guinnessworldrecords.com/handtransplant

ACCESS CODE: ‹56505›

AMPUTAZIONI MULTIPLE
A Clint Hallam (Nuova Zelanda, a destra), è stata amputata la mano destra per tre volte. Hallam perse la mano la prima volta nel 1984 per un infortunio con una sega circolare. I chirurghi gli riattaccarono l'arto reciso, ma a causa di un'infezione la mano fu nuovamente amputata nel 1988. Nel settembre di quell'anno, i medici eseguirono su Hallam un avanguardistico trapianto di mano in un ospedale di Lione, Francia. Ma l'uomo chiese in seguito che la mano gli fosse nuovamente amputata perché gli faceva continuamente male. Il 2 febbraio 2001, in un ospedale di Londra, ha avuto luogo questo terzo intervento e la sua richiesta è stata esaudita.

presso il Charing Cross Hospital di Londra, il 29 dicembre 1952.

IL TUMORE AL CERVELLO PIÙ GRANDE
Un tumore di 570 grammi è stato rimosso dal cervello di Kaushal Choudhary (India), un bambino di quattro anni, al Curewell Hospital di Indore, India, il 25 maggio 2000. Il piccolo era stato ricoverato in ospedale il 24 maggio 2000 e dimesso il 30 maggio successivo.

IL TUMORE PIÙ GROSSO RIMOSSO INTERAMENTE USA
Il tumore più grande del mondo è stato una massa multicistica di 137,6 chilogrammi localizzata in un'ovaia. Il tumore, di un metro di diametro, fu interamente rimosso nel 1991 dal ventre di una donna di 34 anni. L'operazione, eseguita al Centro Medico dell'università di Stanford, California, Usa, durò sei ore.

IL PARASSITA PIÙ UTILE USA
La sanguisuga *Hirudo medicinalis*, tradizionalmente usata dai medici per il salasso, è ritornata sorprendentemente in voga. Nel 1991 un gruppo di chirurghi canadesi guidati dal dottor Dean Vistnes, la utilizzò per drenare il sangue e prevenirne la coagulazione sotto lo scalpo di un paziente a cui era stato ricucito il cuoio capelluto. Gli esemplari usati per questi interventi vengono allevati in condizioni sterili.

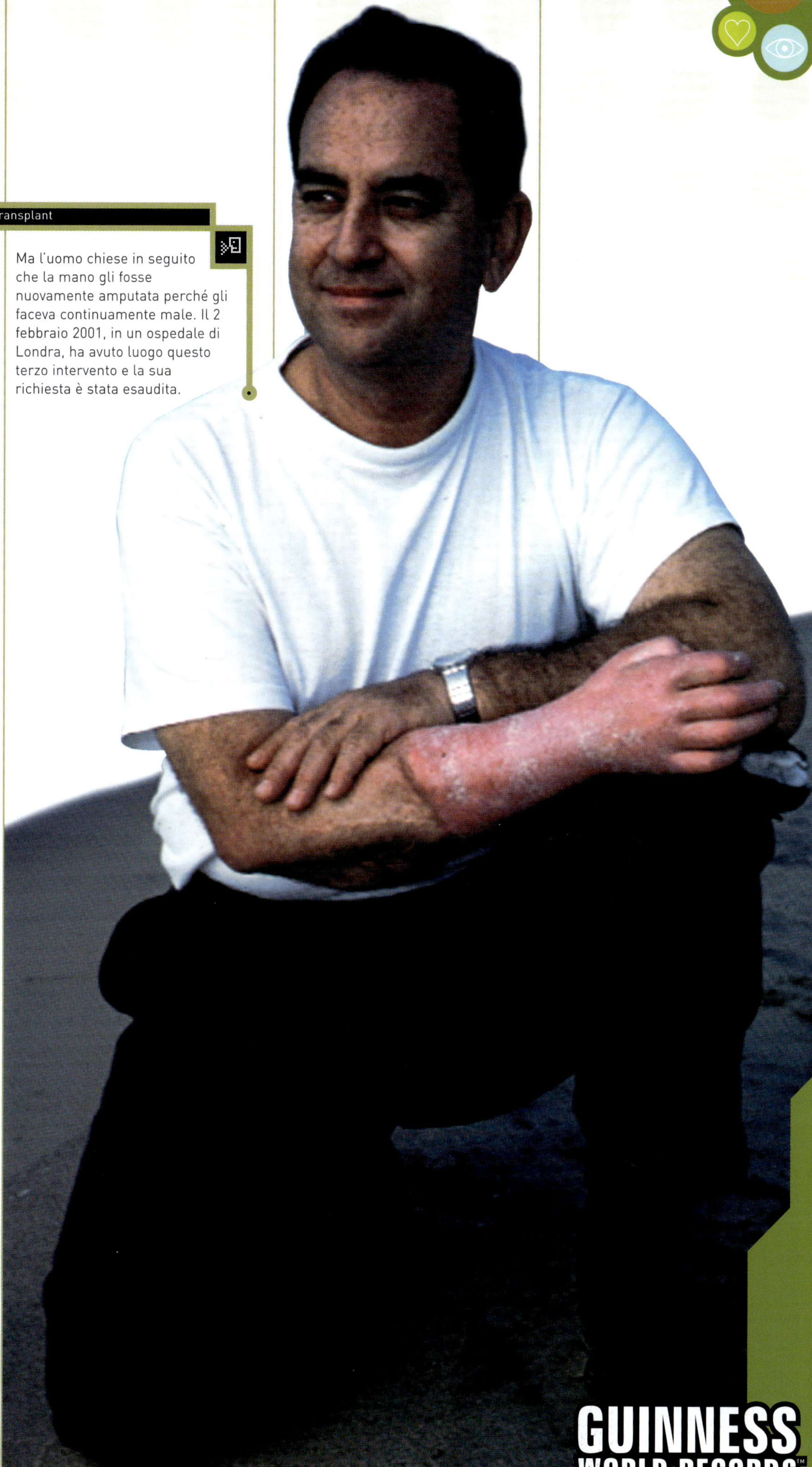

GUINNESS WORLD RECORDS™

medicina estrema 2

IL PAZIENTE PIÙ GIOVANE SOTTOPOSTO A TRAPIANTO DI VALVOLE CARDIACHE
Cameron Miles (GB), nato con una valvola cardiaca mancante e un'altra non funzionante, aveva tre settimane quando gli fu trapiantata la prima valvola sostitutiva (il 14 dicembre 1998) e quattro settimane quando ricevette la seconda (il 23 dicembre 1998) al Leeds General Infirmary di Leeds, Yorkshire, GB.

LA PAZIENTE PIÙ GIOVANE SOTTOPOSTA A TRAPIANTO DI FEGATO
Baebhen Schuttke (Irlanda) aveva cinque giorni quando le fu trapiantato un nuovo fegato con un'intervento durato sette ore al King's College Hospital di Londra.

LA PAZIENTE PIÙ GIOVANE SOTTOPOSTA A TRAPIANTO MULTIPLO
Sarah Marshall (Canada), affetta da una rara sindrome di ipoperistalsi intestinale, aveva 6 mesi quando subì un trapianto di fegato, intestino, stomaco e pancreas al Children's Hospital of London, Ontario, nel 1997.

ARRESTI CARDIACI DURANTE UN INTERVENTO
Il 16 settembre 1999, Rudolph A. Cizmar (Usa) morì due volte sul tavolo operatorio del Baptist Memorial Hospital nel Mississippi (Usa). I medici dovettero ripristinargli il battito cardiaco per due volte con scosse elettriche: Cizmar si è pienamente ristabilito.

L'ARRESTO CARDIACO PIÙ LUNGO
Jean Jawbone (Canada) ebbe un arresto cardiaco di 3 ore e 40 minuti, all'età di 20 anni. Fu rianimato da 26 medici con dialisi peritoneale, l'8 gennaio 1977, all'Health Sciences Center di Winnipeg, Canada.

LA SOPRAVVIVENZA PIÙ LUNGA CON UNA VALVOLA CARDIACA PORCINA
Un americano rimasto anonimo è vissuto 22 anni, 8 mesi e 22 giorni dopo l'impianto di una valvola aortica porcina. Morì il 28 dicembre 1998.
Ad Harry Driver (GB) è stata sostituita una valvola cardiaca con una valvola aortica porcina il 12 aprile 1978. Il 12 maggio 2000, a 22 anni e un mese di distanza dall'intervento, la valvola funzionava ancora.

LA RICOSTRUZIONE PIÙ ESTESA DEL CRANIO
USA

Ahad Israfil (Usa) ha subito la più estesa ricostruzione del cranio dopo aver rischiato di morire per una ferita d'arma da fuoco (una pistola Magnum .357) alla testa, quando il suo datore di lavoro lo scambiò per un ladro. Il dottor James Apesos ha letteralmente ricostruito il cranio di Ahad con uno stampo in silicone e, dopo una dozzina di interventi, la ricostruzione ha potuto dirsi ultimata.

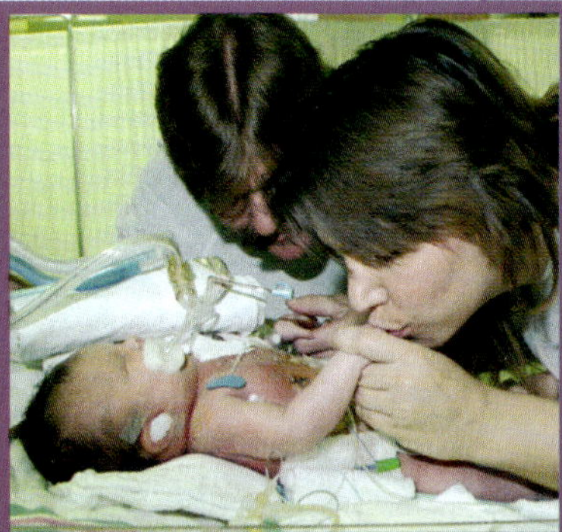

TRAPIANTI DI CUORE
L'8 novembre 1996, a un'ora dalla nascita, Cheyenne Pyle (Usa, a sinistra) ricevette un nuovo cuore al Jackson Children's Hospital di Miami, Florida, Usa. Durante l'intervento, di sei ore, tutto il suo sangue fu drenato per portare il suo corpo a 17° C, la temperatura alla quale gli organi cessano di funzionare. I chirurghi avevano a disposizione un'ora per completare l'operazione.

Sophie Parker (GB) è la paziente più giovane ad aver ricevuto i cuori di due donatori. Nel 1992, a 2 anni, presso l'Harefield Hospital di Londra ricevette un cuore per aiutare il suo cuore naturale assai debole. Nel 1998, il cuore naturale smise di funzionare e Sophie subì un secondo trapianto a sostegno del primo cuore trapiantato.

www.guinnessworldrecords.com/youngestheartop
ACCESS CODE: ‹48446›

LA PIÙ LUNGA SOPRAVVIVENZA DOPO UN TRAPIANTO DI RENE
Johanna Rempel (Canada) ricevette un rene dalla sua gemella omozigotica il 28 dicembre 1960, quando aveva 12 anni, durante un intervento al Peter Bent Brigham Hospital di Boston, Massachusetts, Usa. Dopo il trapianto, sia Johanna sia la sorella hanno continuato a godere di ottima salute ed entrambe hanno dato alla luce bambini sani.

SOPRAVVIVENZA AL MAGGIOR NUMERO DI ANEURISMI
Un aneurisma (dilatazione abnorme della parete di un'arteria, vena o del cuore per indebolimento del tessuto dovuto a malattie, lesioni o a una anomalia congenita) è spesso causato o aggravato dalla pressione alta. A Sheryl Evette Kessee (Usa) sono stati rimossi tre aneurismi, due nella parte anteriore della testa e il terzo dietro l'orecchio destro.

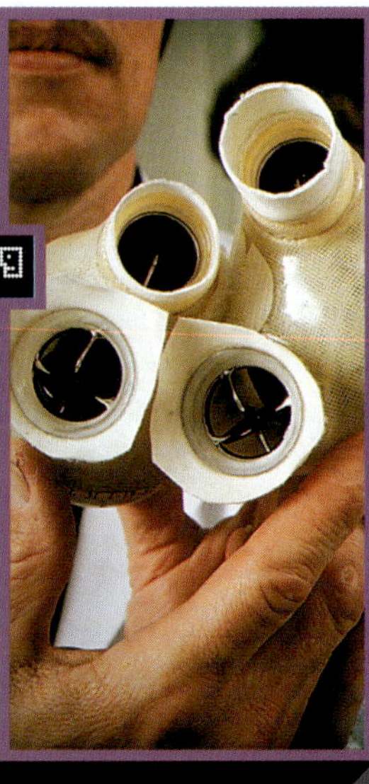

SOPRAVVIVENZA CON CUORE NUOVO O USATO
William Schroeder (Usa) è vissuto con un cuore artificiale per 620 giorni, dal 25 novembre 1984 al 7 agosto 1986.

Il primo cuore artificiale, di plastica, alluminio e poliestere, risale agli anni Cinquanta. Il più famoso è il Jarvik-7, dal nome del suo progettista, Robert K. Jarvik, un medico americano. Progettato per funzionare come il cuore naturale, è dotato di due pompe (come i ventricoli), ciascuna con un meccanismo a disco che spinge il sangue dalla valvola di entrata a quella di uscita.

Il paziente sopravvissuto più a lungo dopo il trapianto di un cuore vero è stato Dirk van Zyl (Sudafrica), vissuto 23 anni e 57 giorni dopo l'intervento, al Groote Schuur Hospital di Cape Town, Sudafrica, nel 1971.

www.guinnessworldrecords.com/heart
ACCESS CODE: ‹48472›

LA PROTESI FACCIALE PIÙ ESTESA
USA

Leonard McQueeny (Australia) ha perso il naso e la parte superiore del palato a causa di un tumore e le parti gli sono state sostituite con protesi a scatto in gomma siliconica e titanio di tipo chirurgico.

IL SOTTOMARINO PIÙ PICCOLO PER USO MEDICO
Nel 1999, la società tedesca MicroTEC ha messo in produzione un micro-sottomarino di 4 millimetri, con un diametro di 0,65 millimetri. Costruito con laser pilotati da computer, il sottomarino verrà usato nella chirurgia cardiovascolare per raggiungere e riparare vasi sanguigni ostruiti o danneggiati.

INTERVENTI PER CAMBIARE SESSO
USA

Il chirurgo Stanley Biber (Usa) effettua interventi per il cambiamento di sesso da 30 anni a Trinidad, Colorado, Usa. Biber ha eseguito 3000 operazioni su uomini

www.guinnessworldrecords.com/descendant

ACCESS CODE: ‹48343›

L'ALBERO GENEALOGICO PIÙ ANTICO

Adrian Targett (GB) è il legame vivente all'albero genealogico più antico del mondo. È un discendente diretto del "Cheddar Man", uno scheletro di 9000 anni ritrovato in una caverna nella Cheddar Gorge del Somerset, GB. Gli scienziati hanno prelevato un campione di DNA da un molare del Cheddar Man e trovato una corrispondenza quasi perfetta con Adrian Targett, che vive a meno di mezzo miglio di distanza.

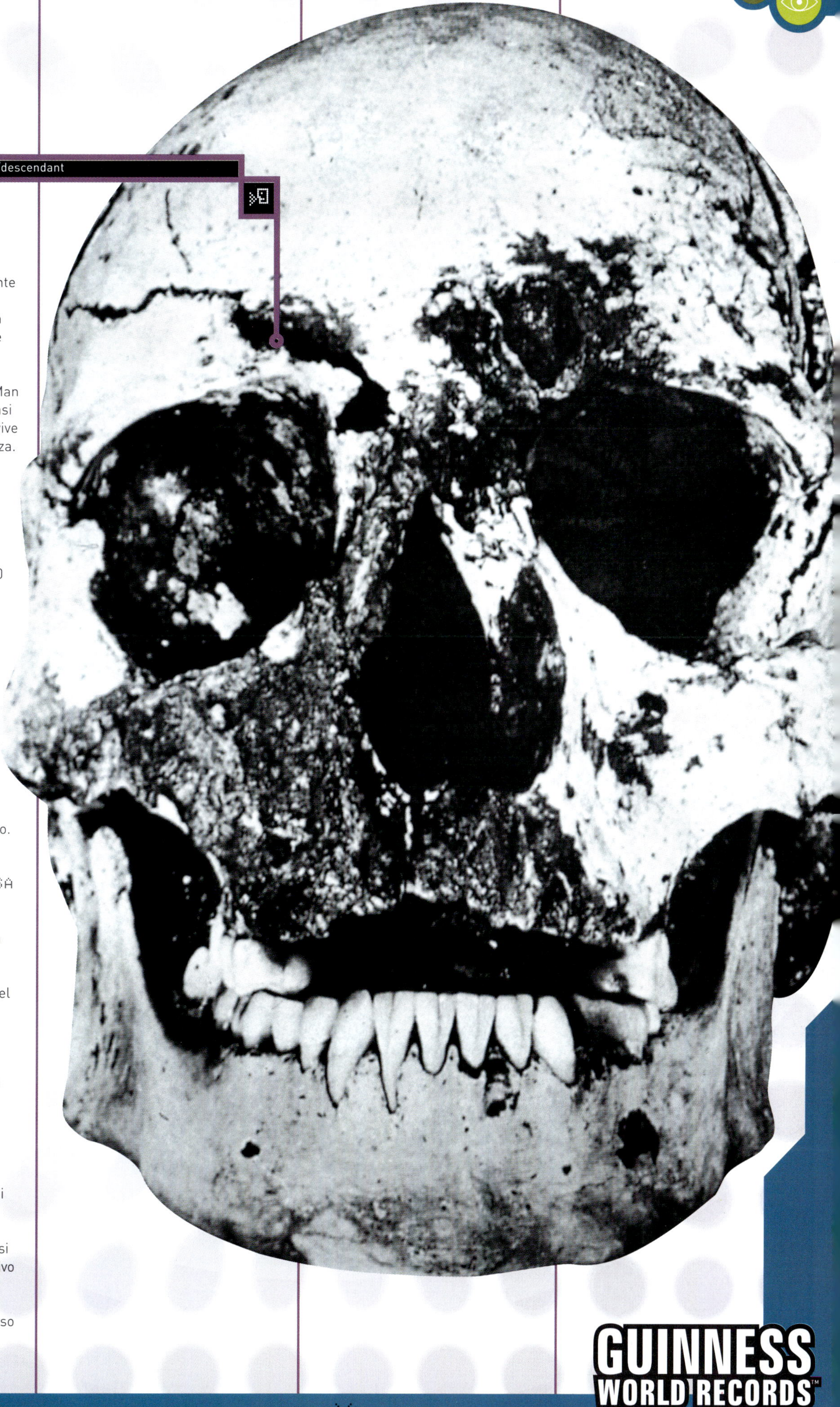

che volevano diventare donne e 250 su donne che volevano diventare uomini. L'intervento dura tre ore e costa circa 30000 dollari.

L'OGGETTO PIÙ GRANDE RIMOSSO DA UN CRANIO UMANO

USA

IL 25 aprile 1998, un coltello di 20 centimetri con lama seghettata fu rimosso dalla testa di Michael Hill (Usa). Per la buona riuscita dell'intervento, i chirurghi dovettero rimuovere parti del cranio.

LA PROCEDURA CHIRURGICA PIÙ ANTICA

USA

La trapanazione cranica, cioè il processo di rimozione di osso dalla calotta cranica, è la procedura chirurgica più antica. I reperti più antichi con segni di trapanazione del cranio sono quelli ritrovati nel sito cimiteriale di Ensisheim, Francia, risalente a 7000 anni fa, e appartenuti a un uomo di 50 anni.

IL PRIMO OCCHIO ARTIFICIALE

Il 17 gennaio 2000, fu reso noto che Jeremiah Teehan (Usa) aveva riacquistato la vista perduta 36 anni prima grazie a un occhio artificiale sviluppato da William Dobelle, un oculista americano che da 30 anni si dedica a questo progetto. Il dispositivo è composto da una macchina fotografica in miniatura e da un telemetro a ultrasuoni che attraverso due computer invia i segnali a elettrodi impiantati nel cervello.

sopravvissuti improbabili

COLPI DI FULMINE

Negli Stati Uniti, il numero medio di decessi per colpi di fulmine è 100 all'anno. L'unica persona al mondo colpita sette volte da un fulmine è stata Roy Sullivan, guardiaparchi della Virginia, Usa. Colpito nel 1942 perse l'unghia di un alluce, nel 1969 le sopracciglia, nel luglio 1970 si ustionò la spalla sinistra, il 16 aprile 1972 gli presero fuoco i capelli, il 7 agosto 1973 si bruciò i capelli e le gambe, il 5 giugno 1976 si ferì la caviglia e il 25 giugno 1977 si ustionò il petto e l'addome. Nel 1983 purtroppo morì per cause diverse.

LA PIÙ GIOVANE SUPERSTITE DEL TITANIC

Millvina Dean (GB, a sinistra) aveva solo nove settimane quando si trovava in terza classe sul *Titanic* insieme ai genitori e al fratello di 18 mesi, Bertram. Benché viaggiasse in terza classe, Millvina si salvò insieme con la madre e il fratello quando l'"inaffondabile" transatlantico colò a picco dopo aver urtato contro un iceberg, nella famosa tragedia del 1912. Il padre Bert fu invece uno dei 1517 passeggeri che non fecero mai ritorno. Dei 706 passeggeri che viaggiavano in terza classe, nelle viscere della nave, solo 178 sopravvissero: 75 dei 462 uomini, 76 delle 165 donne, e 27 dei 79 bambini. In totale, i bambini a bordo della nave erano 109, dei quali solo 57 si salvarono.

www.guinnessworldrecords.com/titanicbaby
ACCESS CODE: ‹52780›

LA SOPRAVVIVENZA PIÙ LUNGA DI UN POLLO SENZA TESTA

Il 10 settembre 1945, a un pollo chiamato Mike fu tagliata la testa, ma l'animale continuò a vivere per 18 mesi. Il proprietario, Lloyd Olsen, lo nutriva con cibo e acqua inseriti nell'esofago con un contagocce. Mike alla fine morì per soffocamento in un motel dell'Arizona. Ora gli è stato dedicato un sito web: www.miketheheadlesschicken.org.

IL MAGGIOR NUMERO DI SOPRAVVISSUTI A UN NAUFRAGIO

Il 7 giugno 1944, la nave *Susan B. Anthony* affondò al largo della Normandia, Francia. Le 2689 persone a bordo furono portate tutte in salvo.

LA SOPRAVVIVENZA PIÙ LUNGA DA SOLO SU UNA ZATTERA

Il secondo commissario di bordo della marina militare britannica Poon Lim, la cui nave *Ben Lomond* fu silurata alle 11.45 del 23 novembre 1942 a 910 chilometri a ovest dalle St Paul's Rocks, sopravvisse su una zattera per 133 giorni. Fu raccolto da un peschereccio brasiliano al largo di Salinopolis, Brasile, il 5 aprile 1943, e scese a terra con le proprie forze.

ALLA DERIVA SU UNA BARCA DA PESCA

Tabwai Mikaie e Arenta Tebeitabu, due pescatori dell'isola di Nikunau, Kiribati, sopravvissero per 177 giorni alla deriva su un dinghy di quattro metri. Sorpresi da un ciclone poco dopo la partenza, il 17 novembre 1991, furono ritrovati sulla costa della Samoa occidentale, a 180 chilometri dal luogo di partenza, l'11 maggio 1992. Un terzo uomo a bordo morì pochi giorni prima che riuscissero a raggiungere la terraferma.

LA SOPRAVVIVENZA PIÙ LUNGA SOTT'ACQUA SENZA EQUIPAGGIAMENTO

Nel 1986, Michelle Funk (Usa), di due anni, si riprese perfettamente dopo essere caduta in un torrente ed esser rimasta un'ora e 6 minuti sott'acqua.

LA SOPRAVVIVENZA ALLA MAGGIOR PROFONDITÀ

Il 28 settembre 1970, Richard Slater (Usa) riuscì a riemergere senza alcuna attrezzatura dal sottomarino *Nekton Beta*, incagliato a 68,5 metri al largo dell'isola di Catalina, California, Usa.

IL SALVATAGGIO SOTTOMARINO ALLA MAGGIORE PROFONDITÀ

Il 29 agosto 1973, a 240 chilometri a sud-est di Cork, Irlanda, fu recuperato a 480 metri il *Pisces III*, nel quale erano rimasti intrappolati per 76 ore Roger Chapman e Roger Mallinson. Il recupero fu effettuato il 1° settembre 1973 dalla nave posacavi *John Cabot*, dopo il lavoro di preparazione condotto dal *Pisces V* e dal *Pisces II*, e con il controllo della nave da salvataggio *Curv* (Controlled Underwater Recovery Vehicle).

CADUTA VERTICALE CON GLI SCI

USA

Nell'aprile 1997, al Campionato del mondo di sci estremo a Valdez, Alaska, Usa, la venticinquenne Bridget Mead (Nuova Zelanda) cadde per 400 metri in verticale riportando ecchimosi e una grave commozione cerebrale, ma nessuna frattura. In quel periodo la Mead era la sciatrice estrema di maggior successo e deve la vita alle sue eccellenti condizioni fisiche e al casco che indossava.

LA CADUTA PIÙ LUNGA IN UN ASCENSORE

Il 25 gennaio 2000, Shameka Peterson e Joe Mascora precipitarono per 40 piani (121 metri) in quattro secondi dentro un ascensore dell'Empire State Building di New York. Il sistema di sicurezza bloccò l'ascensore a soli quattro piani dal suolo e Peterson e Mascora riportarono solo lievi contusioni.

L'ACCELERAZIONE PIÙ FORTE SOPPORTATA VOLONTARIAMENTE

Il più alto valore sperimentato volontariamente su una slitta a razzo con freno dinamometrico idraulico è di 86,2 g per 0,04 secondi, sopportato da Eli L. Beeding Jr. (Usa) alla Holloman Air Force Base, Nuovo Messico, Usa, il 16 maggio 1958. Beeding fu poi ricoverato per tre giorni.

IL SALVATAGGIO DALL'EDIFICIO PIÙ ALTO

Il 17 aprile 1998, una squadra di 21 vigili del fuoco della Malesia, tra cui una donna, portarono a termine l'operazione di salvataggio all'esterno dell'edificio con il maggior numero di piani. Le persone da salvare erano in un ascensore bloccato a 378 metri, all'altezza dell'88° piano delle Petronas Towers (a sinistra) di Kuala Lumpur, Malesia, l'edificio adibito a uffici più alto del mondo. A causa del forte vento e della struttura dell'edificio, le "vittime" furono trasportate al suolo in cinque fasi: dall'88° all'82° piano in prima battuta, poi dall'82° al 73° piano, dal 73° al 60° piano nella terza fase, dal 60° al sesto piano e infine dal sesto al suolo. L'esercitazione, condotta per verificare la competenza e l'abilità della squadra anticendio, fu portata a termine in 20 minuti.

www.guinnessworldrecords.com/snatchrescue
ACCESS CODE: ‹53086›

L'ACCELERAZIONE PIÙ FORTE SOPPORTATA VOLONTARIAMENTE

Il corridore automobilistico David Purley (GB) sopravvisse a una decelerazione di 179,8 g quando, in un incidente a Silverstone, GB, il 13 luglio 1977, la velocità della sua vettura passò da 173 chilometri orari a 0 nello spazio di 66 centimetri. Purley se la cavò con 29 fratture e 6 arresti cardiaci. Si ristabilì completamente e continuò a correre.

LA SOPRAVVIVENZA PIÙ LUNGA SENZA CIBO E ACQUA

Il caso più lungo di sopravvivenza senza cibo né acqua è di 18 giorni. L'allora diciottenne Andreas Mihavecz (Austria), dopo un incidente che aveva coinvolto l'automobile su cui viaggiava come passeggero, fu accompagnato il 1° aprile 1979 in una stanza del municipio di Höchst, Austria, ma la polizia si dimenticò della sua esistenza. Fu ritrovato il 18 aprile 1979, a un passo dalla morte.

IL GATTO SOPRAVVISSUTO PIÙ A LUNGO A UN TERREMOTO

Il 9 dicembre 1999, un gatto fu ritrovato vivo sotto le macerie di un edificio di Taichung, Taiwan, 80 giorni dopo un terremoto che provocò la morte di 2400 persone. Disidratato e con difficoltà respiratorie, fu curato in una clinica veterinaria e si riprese perfettamente.

LA SOPRAVVIVENZA PIÙ LUNGA CON IL CUORE ESTERNO AL CORPO

USA

Christopher Wall (Usa), nato il 19 agosto 1975, è la persona sopravvissuta più a lungo nella condizione nota come *ectopia cordis*, in cui il cuore si trova all'esterno del corpo. Il tasso di mortalità è molto alto e la maggior parte dei pazienti non sopravvive più di 48 ore. Secondo l'Associazione Cardiaca Americana, questa patologia si verifica fra 5,5 e 7,9 volte ogni milione di nati vivi. Wall lavora in un'azienda edile di Filadelfia.

LA TEMPERATURA CORPOREA PIÙ BASSA

La più bassa temperatura corporea rilevata è stata di 14,2 °C nel caso di una bambina di due anni, Karlee Kosolofski (Canada). Il 23 febbraio 1994, Karlee è rimasta chiusa per errore fuori dalla porta di casa per sei ore, alla temperatura di −22 °C. A parte l'amputazione della gamba sinistra, dovuta al congelamento, Karlee si è ristabilita completamente.

IL LANCIO DI EMERGENZA ALLA MINOR QUOTA

L'ufficiale della RAF Terence Spencer (GB) eseguì un lancio d'emergenza a 9-12 metri sopra Wismar Bay, nel Mar Baltico, il 19 aprile 1945. Il pilota raggiunse la riva a nuoto, mentre il velivolo si schiantò sulla terraferma.

www.guinnessworldrecords.com/frostbite

TEMPESTA DI NEVE SULL'EVEREST

Il 10 maggio 1996, il dottor Seaborn "Beck" Weathers (Usa, a destra) sopravvisse miracolosamente a una tormenta di neve con venti fino a 150 chilometri orari sull'Everest, che causò la morte di otto alpinisti, il maggior numero di vittime in un giorno sull'Everest. Weathers, rimasto senza riparo e privo di conoscenza sul Colle Sud per 16 ore, alla fine si riprese e riuscì a salvarsi. Ha perso la mano destra, parte della sinistra e il naso per congelamento, provocato da temperature di -40 °C.

ACCESS CODE: ‹56166›

www.guinnessworldrecords.com/fameandmoney

fama e denaro

star del cinema

I MAGGIORI GUADAGNI ANNUALI DI UN'ATTRICE

La classifica di *Forbes* del 2001 mette Julia Roberts (Usa) al primo posto tra le attrici che hanno guadagnato di più nel 2000, con una stima di 18,9 milioni di dollari.

Julia Roberts è anche l'attrice che ha attirato il pubblico più numeroso. Dal 1987, i suoi 24 film hanno registrato un incasso lordo di 1532,6 milioni di dollari. Otto hanno superato i 100 milioni di dollari, tra cui *Pretty Woman* (Usa, 1990), con un massimo di 463,4 milioni di dollari.

L'ATTRICE PIÙ PREMIATA

Katharine Hepburn (Usa, a sinistra) è stata l'attrice che ha ricevuto più nomination e che ha vinto più Oscar. Su 12 nomination raccolte nell'arco della sua carriera, la Hepburn ricevette quattro Oscar come miglior attrice per *Gloria del mattino* (Usa, 1933), *Indovina chi viene a cena?* (Usa, 1967), *Il leone d'inverno* (Usa, 1968) e *Sul lago dorato* (Usa, 1981).

www.guinnessworldrecords.com/oscarwinner

ACCESS CODE: ‹50660›

IL MAGGIOR NUMERO DI ATTORI CANDIDATI ALL'OSCAR PER LO STESSO FILM

Nell'edizione degli Academy Awards del 1935, tre nomination su quattro come miglior attore protagonista andarono ad attori presenti nello stesso film: Clark Gable, Charles Laughton e Franchot Tone, che avevano recitato insieme nel film *Gli ammutinati del Bounty* (Usa, 1935). Fu però il quarto candidato, Victor McLaglen (GB), a vincere l'Oscar per *Il traditore* (Usa, 1935).

L'ATTORE CON IL MAGGIOR NUMERO DI NOMINATION

Jack Nicholson (Usa) ha ricevuto 11 nomination agli Oscar a partire dal suo primo film nel 1958, quattro come attore non protagonista e sette come protagonista.

GLI ATTORI CON IL MAGGIOR NUMERO DI OSCAR

Sette attori hanno vinto due premi Oscar: Spencer Tracy per *Capitani coraggiosi* (Usa, 1937) e *La città dei ragazzi* (Usa, 1938); Frederic March per *Il dottor Jekyll e Mr Hyde* (Usa, 1932) e *I migliori anni della nostra vita* (Usa, 1946); Gary Cooper per *Il Sergente York* (Usa, 1941) e *Mezzogiorno di fuoco* (Usa, 1952); Marlon Brando per *Fronte del porto* (Usa, 1954) e *Il padrino* (Usa, 1972); Jack Nicholson per *Qualcuno volò sul nido del cuculo* (Usa, 1975) e *Voglia di tenerezza* (Usa, 1997); Dustin Hoffman per *Kramer contro Kramer* (Usa, 1979) e *Rain Man* (Usa, 1988); Tom Hanks per *Philadelphia* (Usa, 1993) e *Forrest Gump* (Usa, 1994)

IL MAGGIOR NUMERO DI NOMINATION SENZA PREMI

Richard Burton e Peter O'Toole (entrambi GB) ricevettero sette nomination ciascuno come miglior attore protagonista senza però mai vincere un premio Oscar.

LA VINCITRICE PIÙ GIOVANE DI UN OSCAR

Tatum O'Neal fu premiata a 10 anni e 148 giorni come migliore attrice non protagonista in *Paper Moon* (Usa, 1973).

LA VINCITRICE PIÙ GIOVANE COME ATTRICE PROTAGONISTA

Marlee Matlin (Usa) aveva 21 anni e 219 giorni quando ricevette l'Oscar, il 31 marzo 1987, per aver interpretato il ruolo di una sordomuta nel film *Figli di un dio minore* (Usa, 1986).

IL VINCITORE PIÙ GIOVANE COME ATTORE PROTAGONISTA

Richard Dreyfuss (Usa) ricevette l'Oscar per la sua interpretazione in *Goodbye amore mio* (Usa, 1977) il 13 aprile 1978, a 29 anni e 166 giorni.

IL VINCITORE PIÙ ANZIANO COME ATTORE PROTAGONISTA

Henry Fonda (Usa) vinse l'Oscar per il film *Sul lago dorato* (Usa, 1981), il 29 marzo 1982, a 75 anni e 318 giorni.

GLI ATTORI PIÙ BASSI

Verne Troyer (Usa, a sinistra), conosciuto per la sua interpretazione di Mini-Me in *Austin Powers II: la spia che ci provava* (Usa, 1999), è alto 81 centimetri. Altri suoi film sono *Men in Black* (Usa, 1997) e *Paura e delirio a Las Vegas* (Usa, 1998).

L'attore adulto più basso in un ruolo protagonista è Weng Wang, un paracadutista filippino esperto di arti marziali alto 83 centimetri che ha interpretato le parodie dei film di James Bond *For Your Height Only* (Filippine, 1979) e *Agent 00* (Filippine, 1981).

L'attore più basso con una stella sulla Walk of Fame di Hollywood è stato Billy Barty (Usa), morto nel 2000. Dopo aver recitato in 130 film con i suoi 113 centimetri di statura, aveva fondato la Little People of America, un'organizzazione di assistenza per persone di bassa statura.

www.guinnessworldrecords.com/getshorty

ACCESS CODE: ‹54327›

LA VINCITRICE PIÙ ANZIANA COME ATTRICE PROTAGONISTA

Jessica Tandy vinse l'Oscar come miglior attrice protagonista per *A spasso con Daisy* (Usa, 1989) all'età di 80 anni e 295 giorni.

LA VINCITRICE PIÙ GIOVANE DI UN OSCAR ONORARIO

Shirley Temple fu premiata con un Oscar onorario il 27 febbraio 1935, all'età di 6 anni e 310 giorni, quando divenne l'attrice più giovane al primo posto nelle vendite al botteghino. Nel 1938 divenne anche la più giovane milionaria in dollari.

IL VINCITORE PIÙ VECCHIO DI UN OSCAR ONORARIO

Il comico Groucho Marx (Usa) aveva 83 anni e 182 giorni quando ricevette un Oscar onorario, il 2 aprile 1974. Famoso per il suo anticonformismo, le battute dissacranti e i grandi baffi, morì il 19 agosto 1977.

L'ATTORE PIÙ VECCHIO CANDIDATO ALL'OSCAR

L'attore americano Richard Farnsworth (1920–2000) aveva 79 anni e 270 giorni quando ricevette una nomination come miglior attore per la sua interpretazione in *Una storia vera* (Usa, 1999), nel febbraio 2000.

L'ATTRICE PIÙ VECCHIA CANDIDATA ALL'OSCAR

L'attrice americana Eva LeGallienne (nata in Gran Bretagna) aveva 82 anni e 80 giorni quando ricevette una nomination come miglior attrice non protagonista per il suo ruolo in *Resurrection* (Usa, 1980).

GLI UNICI ATTORI PREMIATI CON UN OSCAR PER LA REGIA

Nel 1996, Mel Gibson (Australia) divenne il quinto attore premiato con un Oscar come miglior regista per il film *Braveheart* (Usa, 1995). I quattro colleghi che avevano in precedenza ottenuto lo stesso riconoscimento sono: Kevin Costner (Usa) per *Balla coi lupi* (Usa, 1990); Clint Eastwood (Usa) per *Gli spietati* (USA, 1992); Woody Allen (Usa) per *Anna e le sue sorelle* (Usa, 1986); e Robert Redford (Usa) per *Gente comune* (Usa, 1980).

FORD FIESTA
Harrison Ford (Usa, sopra) ha recitato nel numero record di 11 film con incassi mondiali superiori ai 100 milioni di dollari. I suoi cinque film di maggior successo sono: *Guerre stellari* (Usa, 1977), con 798 milioni di dollari; *Il ritorno dello Jedi* (Usa, 1983), con 572,9 milioni di dollari; *L'Impero colpisce ancora* (Usa, 1980), con 529,3 milioni di dollari; *Indiana Jones III: l'ultima crociata* (Usa, 1989), con 494,8 milioni di dollari e *Indiana Jones I: i predatori dell'arca perduta* (Usa, 1981), con 383,9 milioni di dollari.

www.guinnessworldrecords.com/harrisonford

ACCESS CODE: ‹54197›

LA STAR DEL CINEMA CON PIÙ LETTERE DI AMMIRATORI
Charlie Chaplin (GB) ricevette il numero record di 73 000 lettere di suoi ammiratori nei primi tre giorni dal suo ritorno a Londra nel 1921.

L'ATTORE PIÙ ALTO
Richard Kiel (Usa), famoso per aver interpretato il ruolo di Jaws, il killer dai denti d'acciaio, nei film di James Bond *La spia che mi amava* (GB, 1977) e *Moonraker, Operazione Spazio* (GB, 1979), è alto 2,18 metri.

L'ATTORE PROTAGONISTA PIÙ ALTO
Christopher Lee (GB) vanta la considerevole altezza di 1,94 metri. L'attore sovrasta i colleghi sul set dal suo film di debutto nel lontano 1948. Il suo primo ruolo da protagonista è stato quello di Dracula nel film omonimo del 1958.

LE ATTRICI PROTAGONISTE PIÙ ALTE
Brigitte Nielsen (Danimarca), Sigourney Weaver e Geena Davis (entrambe Usa) condividono il record per le attrici più alte, vantando tutte un'altezza di 1,82 metri.

L'ATTRICE VIVENTE PIÙ BASSA IN UN RUOLO DA PROTAGONISTA
Linda Hunt (Usa), che debuttò nel film *Popeye - Braccio di Ferro* (Usa, 1980), è alta 1,43 metri. L'attrice vinse un Oscar nel 1984 per la sua interpretazione di Billy Kwan, un cameraman eurasiatico, nel film *Un anno vissuto pericolosamente* (Australia, 1982), diventando l'unica attrice ad aver vinto un Oscar interpretando un personaggio di sesso opposto.

L'ATTRICE PIÙ BASSA
Tamara de Treaux (Usa), interprete del film di Steven Spielberg *E.T. L'extraterrestre* (Usa, 1982) scomparsa nel 1990, era alta 77 centimetri. Era diventata famosa proprio per aver contribuito ad animare il personaggio di ET.

www.guinnessworldrecords.com/brucewillis

GLI ATTORI PIÙ RICCHI
Secondo l'elenco di *Forbes,* Bruce Willis (Usa, a destra) è stato l'attore cinematografico che ha guadagnato di più nel 2000, con ricavi stimati in 70 milioni di dollari.

Il compenso più alto per un solo film è andato a Jack Nicholson (Usa), che ha ricevuto 60 milioni di dollari per aver interpretato la parte del Joker nel film *Batman* (Usa, 1989). Arrivò a questa cifra record grazie a una percentuale sugli incassi, che in tutto il mondo totalizzarono la somma di 413,2 milioni di dollari.

Harrison Ford (Usa) detiene il record per il totale degli incassi prodotti dai suoi film. L'attore ha recitato finora in 25 film che hanno incassato complessivamente 3285 milioni di dollari. Tra tutti, il classico *Guerre stellari* (Usa, 1977), in cui Ford interpreta la parte del capitano Han Solo, è stato il più redditizio, con incassi di 798 milioni di dollari in tutto il mondo.

ACCESS CODE: ‹52230›

GUINNESS WORLD RECORDS

star televisive

L'ATTORE TELEVISIVO PIÙ PAGATO
Jerry Seinfeld (Usa) guadagnò 267 milioni di dollari per essere apparso nella commedia *Seinfeld* nel 1998.

L'ATTORE COMICO PIÙ PAGATO PER EPISODIO
Kelsey Grammer (Usa), nella parte dello psicanalista Frasier Crane, avrà 1,6 milioni di dollari a episodio per le serie *Frasier* del 2002 e 2003.

L'ATTORE DRAMMATICO PIÙ PAGATO PER EPISODIO
Nell'agosto 1998 Anthony Edwards (Usa), che interpreta il ruolo del dottor Mark Greene nella serie *ER*, vide il suo compenso salire da 125 000 a 400 000 dollari per episodio per un totale complessivo di 35 milioni di dollari in quattro anni.

LA CONDUTTRICE DI CHAT-SHOW PIÙ RICCA
L'elenco della rivista *Forbes* dei 100 personaggi famosi del 2001 attribuisce a Oprah Winfrey (Usa) guadagni stimati in oltre 150 milioni di dollari nell'anno 2000. Le trasmissioni di Oprah sono seguite da 22 milioni di telespettatori in 113 paesi. La Winfrey ha ricevuto un totale di 34 Emmy.

LA GIORNALISTA TELEVISIVA MEGLIO PAGATA
Sembra che Barbara Walters (Usa) guadagni oltre 13 milioni di dollari all'anno come corrispondente e presentatrice dei programmi della ABC *20/20*, *The Barbara Walters Specials* e *The View*. La giornalista ha intervistato tutti i presidenti degli Stati Uniti da Richard Nixon in poi e organizzato la storica intervista congiunta al presidente egiziano Anwar Sadat e al primo ministro israeliano Menachem Begin nel novembre 1977.

IL MAGO TELEVISIVO PIÙ PAGATO
Il mago più pagato è David Copperfield (Usa), che nel 2000 ha guadagnato 60 milioni di dollari. Ospite di diversi show televisivi della ABC e della CBS, ha un repertorio che include la sparizione della Statua della Libertà e il passaggio attraverso la Grande Muraglia cinese.

IL PRESENTATORE DI QUIZ TELEVISIVI PIÙ RICCO
Regis Philbin (Usa), che presenta la versione Usa del quiz *Who Wants to be a Millionaire?*, ha guadagnato 35 milioni di dollari nel 2000.

LA PARTECIPAZIONE PIÙ LUNGA NELLO STESSO RUOLO
William Roache (GB) ha interpretato ininterrottamente il personaggio di Ken Barlow dal primo episodio della telenovela britannica *Coronation Street*, il 9 dicembre 1960.

LA PARTECIPAZIONE PIÙ ASSIDUA DI UNA COMPARSA
L'attore britannico Vic Gallucci è apparso nel telefilm poliziesco della ITV *The Bill* almeno 819 volte dal suo debutto nel 1989, nella parte del detective Tom Baker. Anche se non deve pronunciare alcuna battuta, si presenta ancora sul set la mattina presto per ripassare la parte, che consiste in genere nel maneggiare incartamenti sulla scrivania o camminare nei pressi della macchina per il caffè. Conosciuto anche come "Trev", che sta per Totally Reliable Extra Veteran, cioè super veterano totalmente affidabile, Vic compare sullo sfondo di quasi tutti gli episodi.

LA CARRIERA TELEVISIVA PIÙ LUNGA COME CHEF
Julia Child (Usa) apparve per la prima volta in TV negli Usa nel 1963 in una serie intitolata *The French Chef*. Prima trasmissione dedicata alla cucina francese, è stata seguita da numerose altre serie, tra cui *Master Chef, Baking at Julia's* e le più recenti 22 puntate di *Julia and Jacques Cooking at Home* (1999), in cui la Child compare al fianco dello chef francese Jacques Pepin.

GLI ATTORI PIÙ DURATURI DI UNA TELENOVELA AUSTRALIANA
Tre attori compaiono nella serie *Home and Away* dalla prima puntata, trasmessa in Australia il 15 gennaio 1988: Norman Coburn nel ruolo di Donald Fisher, Ray Meagher nella parte di Alf Stewart e Kate Ritchie che interpreta Sally Fletcher.

IL CONTRATTO PIÙ LUNGO
Bob Hope (Usa) concluse il suo 60° anno di contratto con la NBC il 23 novembre 1996. Oltre a interventi alla radio, televisione e cinema, Hope ha intrattenuto le truppe americane all'estero durante ogni guerra dalla Seconda guerra mondiale alla Guerra del Golfo.

IL MAGGIOR NUMERO DI PERSONAGGI FAMOSI IN UNA SERIE DI CARTONI ANIMATI
Dalla sua prima comparsa nel 1987, nella serie dei *Simpsons* di Matt Groening (Usa) sono stati rappresentati 240 personaggi famosi, tra cui Dolly Parton, Buzz Aldrin, Jerry Springer e Stephen Hawking.

LA CARRIERA PIÙ LUNGA COME DOPPIATORE DI CARTONI ANIMATI
Jack Mercer (Usa) prestò per la prima volta la voce per la serie cinematografica *Popeye: Braccio di Ferro* nel film *Let You and Him Fight* del 1934 e continuò nello stesso ruolo per i successivi 45 anni.

LA PRIMA INTERPRETE DI UNO SPOT BRITANNICO
All'inaugurazione di Independent Television, il 22 settembre 1955, Meg Smith apparve sugli schermi in uno

IL PRODUTTORE TELEVISIVO PIÙ PROLIFICO
L'americano Aaron Spelling (sopra) ha prodotto 3842 ore di trasmissioni televisive dal 1956 a oggi, di cui 3578 ore di serie di telefilm e 264 ore di film per la televisione. La sua produzione comprende le serie *Charlie's Angels, Love Boat, Dynasty, Fantasy Island, Melrose Place, Beverly Hills 90210, Charmed* e *All Souls*, sufficienti per oltre quattro mesi di trasmissioni consecutive per 24 ore al giorno.
Spelling è inoltre il fortunato proprietario della casa più grande di Hollywood, soprannominata "The Manor" (la dimora) dalla sua famiglia. L'edificio occupa una superficie di 5253 metri quadrati e dispone di 123 stanze. La villa è attualmente valutata 37 milioni di dollari e include una palestra, una pista di bowling, una piscina e una pista di pattinaggio. La casa che occupava in precedenza il terreno, di proprietà di Bing Crosby, era stata demolita per lasciare posto alla nuova abitazione di Spelling.

www.guinnessworldrecords.com/aaronspelling
ACCESS CODE: ‹51566›

SCIMMIE E SPOT
La campagna pubblicitaria PG Tips, interpretata da scimpanzé (sopra), è durata dal 1956 al 1994, il che fa di queste scimmie le star della pubblicità dalla carriera più lunga. Il primo a dar loro la voce è stato l'interprete della *Pantera Rosa* Peter Sellers (GB) e da allora sono apparse in oltre 100 spot. Ogni scimpanzé guadagna 1000 sterline a spot, accantonate in un fondo pensionistico.

www.guinnessworldrecords.com/pgtips

ACCESS CODE: ‹47906›

spot di 60 secondi del dentifricio Gibbs. Era stata scelta tra altre 80 aspiranti attrici.

IL MAGGIOR NUMERO DI GENERI MUSICALI IN UN VIDEO
Una registrazione a scopo benefico del brano *Perfect Day* di Lou Reed (Usa), intesa a dimostrare la varietà della musica trasmessa per televisione e radio dalla BBC, ha visto la partecipazione del numero record di 27 musicisti di 18 differenti generi, come jazz (Courtney Pine), reggae (Burning Spear), country (Emmy Lou Harris), blues (Dr. John), pop (Boyzone), rap (Fun Lovin' Criminals) e musica classica (Lesley Garrett). Lo stesso Lou Reed compare nel video.

IL MAGGIOR NUMERO DI PREMI BAFTA CONSECUTIVI
Robbie Coltrane (GB) ha vinto tre premi BAFTA consecutivi (British Academy of Film and Television Arts) come miglior attore televisivo per la sua interpretazione dello psichiatra legale Gerry Fitzgerald nella serie *Cracker* della Granada Television dal 1994 al 1996.

IL PRESENTATORE DEGLI OSCAR
Il presentatore americano Bob Hope ha presentato la cerimonia di consegna dei premi Oscar per 16 volte e ha preso parte a 27 presentazioni dei premi Oscar. Lo stesso Hope ha ricevuto cinque Oscar durante la sua carriera di attore.

IL PIÙ ASSIDUO CONDUTTORE
Patrick Moore (GB) presenta la trasmissione mensile *Sky at Night* senza alcuna interruzione né assenza dal 24 aprile 1957. A maggio 2001 erano state trasmesse in tutto 570 puntate. Moore ha ricevuto diversi premi per la divulgazione astronomica e ha ospitato personaggi come Neil Armstrong, primo uomo sulla Luna, e la rockstar Brian May.

www.guinnessworldrecords.com/jenniferaniston

RAGAZZE D'ORO
I guadagni annuali più alti per l'interpretazione di ruoli femminili in TV sono quelli pagati a Jennifer Aniston (a destra), Lisa Kudrow e Courteney Cox Arquette (Usa), interpreti della serie *Friends* della NBC dal 1994. Tutte loro nel 2000 hanno guadagnato 15,3 milioni di dollari secondo la rivista *Forbes*. Nel 2000, assieme ai coprotagonisti maschili, hanno definito un compenso di 750 000 dollari a episodio per la settima serie.

ACCESS CODE: ‹52644›

GUINNESS WORLD RECORDS

pop star

IL VIDEO PIÙ LUNGO
Ghosts (1996) di Michael Jackson, un po' film e un po' video musicale, durava 35 minuti ed era basato su un'idea originale di Stephen King (Usa).

PREMI GRAMMY IN UN ANNO
Il maggior numero di premi in un anno è 8, vinti da Michael Jackson nel 1984, tra cui quello per la miglior nuova canzone rhythm and blues per il singolo *Billie Jean*, oltre a numerosi premi per la scrittura, la produzione e l'esecuzione del leggendario album *Thriller*.

TOUR DA RECORD
Il tour "No Strings Attached" 2000 degli *NSYNC negli Stati Uniti ha stabilito il record per il maggior numero di biglietti venduti in un giorno, il 25 marzo 2000, quando furono venduti un milione di biglietti per un incasso complessivo di 40 milioni di dollari. I biglietti di 51 delle 52 date del tour andarono esauriti nel primo giorno di vendita.

Il tour di maggior successo di tutti i tempi è stato il tour dei Rolling Stones (GB) "Steel Wheels" del 1989 nell'America del Nord, che fruttò un incasso stimato in 310 milioni di dollari e fu visto da 3,2 milioni di persone in 30 città.

La più grande affluenza a un concerto di un singolo artista è stata di 180 000-184 000 persone per Paul McCartney, il 21 aprile 1990, allo stadio Maracanã di Rio de Janeiro, Brasile.

www.guinnessworldrecords.com/nsync
ACCESS CODE: ‹56312›

L'ALBUM VENDUTO PIÙ RAPIDAMENTE
L'album dei Beatles (GB) *1* vendette 13,5 milioni di copie in tutto il mondo nel primo mese dalla sua uscita. Lanciato il 13 novembre 2000, raggiunse i 3,6 milioni di copie nel primo giorno di vendita. Anche se tutti i brani del disco avevano più di 30 anni, è stato l'album più venduto del 2000 in Gran Bretagna e ha raggiunto la prima posizione nelle classifiche di 35 paesi.

IL DISCO DAL VIVO IN VENDITA PIÙ VELOCEMENTE
Un'edizione limitata del singolo di Midge Ure (GB) *Dear God*, con altri due brani dal vivo sul lato B, fu messa in vendita 81 ore e 15 minuti dopo la registrazione a The Venue di Edimburgo, GB, il 21 novembre 1988.

IL RAPPER PIÙ VELOCE
USA

Il 24 giugno 1998, Rebel XD (Usa) pronunciò 683 sillabe in 54,5 secondi, alla media di 12,5 sillabe al secondo, battendo il suo precedente record di 674 sillabe in 54,9 secondi, alla media di 12,2 sillabe, del 1992.

LA GAMMA DI ETÀ PIÙ AMPIA IN UN GRUPPO
L'album di musica afrocubana del 1997 intitolato *A todos Cuba le Gusta* è stato inciso da quattro generazioni d musicisti di età compresa fra i 15 e gli 81 anni. Il più vecchio è il flautista Robert Egues, e il più giovane il percussionista Julián Oviedo Sánchez.

LO SCHERMO PIÙ GRANDE A UN CONCERTO ROCK
La scenografia per il tour "PopMart" degli U2 (Irlanda) del 1997 prevedeva uno schermo a LED (diodi fotoemittenti) che misurava 16,7 x 51,8 metri e mostrava animazioni e capolavori della pop art. Dallo stile sobrio degli esordi, gli U2 sono passati negli anni Novanta alla sperimentazione con campionatori, ritmi dance ed effetti speciali visivi.

L'ALBUM DI UNA BOY BAND PIÙ VENDUTO
L'album *Millennium* dei Backstreet Boys (Usa), uscito nel 1999, a marzo 2001 aveva venduto 13 milioni di copie. L'album entrò al primo posto della classifica statunitense degli album Billboard Top 200 nel giugno 1999. Con 1 134 000 copie vendute nella prima settimana dalla sua uscita, il disco superò il precedente record detenuto da Garth Brooks. Nel 2000, i Backstreet Boys comparivano nella classifica di *Forbes* con un reddito stimato di 60 milioni di dollari. I Backstreet Boys sono il gruppo di maggior successo della loro generazione e il loro tour del 1999 negli Stati Uniti fu seguito da 1,4 milioni di fan.

www.guinnessworldrecords.com/backstreetboys
ACCESS CODE: ‹56422›

I CANTANTI COUNTRY DI MAGGIOR SUCCESSO
Garth Brooks è il cantante country di maggior successo, con 100 milioni di album venduti a partire dal 1989. Il musicista è anche il solista con il maggior numero documentato di album venduti negli Stati Uniti.

Garth Brooks detiene anche il record per il tour di musica country più redditizio con il suo tour "Seven", durato tre anni dal marzo 1997. Brooks tenne 350 concerti in 100 città, seguiti ognuno da una media di 55 000 spettatori, per un incasso totale di 105 milioni di dollari. .

IL MAGGIOR NUMERO DI BRIT AWARDS
Robbie Williams è stato incoronato Re dei Brit (British Record Industry Trust) il 26 febbraio 2001; portandosi a casa tre riconoscimenti e facendo salire il numero totale di premi vinti a 12. I riconoscimenti come miglior cantante inglese, per il miglior singolo e il miglior video fanno di lui il più grande vincitore nella storia dei Brit. Robbie ha vinto otto Brit Awards come solista e quattro come membro dei Take That.

I VINCITORI PIÙ VECCHI DELL' EUROFESTIVAL
Gli Olsen Brothers (Jorgan e Niels, Danimarca) hanno vinto l'Eurovision Song Contest a Stoccolma, Svezia, il 13 maggio 2000, all'età di 49 e 45 anni con il brano *Fly On The Wings Of Love*.

IL GRUPPO DA PIÙ TEMPO CON LA STESSA FORMAZIONE
Le Beverley Sisters (GB) debuttarono il 13 novembre 1944 con Glenn Miller (Usa) a Londra e si esibiscono ancora regolarmente dal vivo dopo 57 anni con la stessa formazione, composta da Joy, Teddie e Babs Beverley.

IL MAGGIOR NUMERO DI VIDEO PER LA STESSA CANZONE
Per il brano *Timber* (1998), del gruppo dance inglese Coldcut, sono stati realizzati cinque diversi video: il mix originale, il remix EBN (New York), il remix LPC (Svezia), il remix Clifford Gilberto (Germania) e il remix Gnomadic (Gran Bretagna). I Coldcut hanno offerto la traccia di *Timber* ai produttori di video per incoraggiarli a remixare i video nello stesso modo in cui i DJ e i produttori discografici remixano le incisioni.

L'ALBUM DI UNA CANTANTE VENDUTO PIÙ VELOCEMENTE

Oops!...I Did it Again di Britney Spears (Usa) vendette il numero record di 1,3 milioni di copie nella prima settimana dalla sua uscita negli Stati Uniti nel giugno 2000, con ulteriori 612 500 copie vendute nella settimana successiva. Secondo l'elenco Celebrity 100 pubblicato dalla rivista *Forbes* il 2 marzo 2001, Britney Spears (a destra) aveva nel 2000 un reddito di 38,5 milioni di dollari.

Il record per i maggiori guadagni in un anno di una cantante appartiene a Celine Dion. Secondo l'elenco Celebrity 100 pubblicato da *Forbes* nel 1999, la cantante franco-canadese, che canta sia in inglese sia in francese, aveva avuto nel 1998 un reddito stimato in 56 milioni di dollari.

LA CANTANTE SOLISTA DI MAGGIOR SUCCESSO

Madonna (Usa) è la cantante di maggior successo del mondo, con 120 milioni di album e 40 milioni di singoli venduti in tutto il mondo. Le sue vendite complessive superano quelle di tutte le altre star femminili della musica. Madonna ha avuto 34 singoli e 12 album nella Top 10 americana e 48 singoli e 14 album nella Top 10 britannica.

LE RAPPER PIÙ VECCHIE

Le gemelle giapponesi Kin Narita e Gin Kanie, nate il 1º agosto 1892, per il loro 100º compleanno nel 1992 incisero un brano rap entrato in classifica in Giappone. Anche se Gin è morta di infarto nel gennaio 2000, le due gemelle sono ancora molto famose in Giappone e in passato apparivano regolarmente in televisione e in spot pubblicitari.

LA BOY BAND PIÙ RICCA

Gli *NSYNC sono la band giovanile con i maggiori guadagni nel 2000, con un reddito stimato di 42 milioni di dollari secondo la rivista *Forbes*.

IL RAPPER CON I MAGGIOR GUADAGNI ANNUALI

Dr. Dre (Usa) ha realizzato in un anno più guadagni di qualsiasi altro rapper. Secondo la lista compilata dalla rivista *Forbes* nel 2001, nel 2000 Dre aveva guadagnato 31,5 milioni di dollari.

LA CANTANTE DI MUSICA LATINA PIÙ VENDUTA

La cantante cubana Gloria Estefan è la cantante latina di maggior successo al mondo, con vendite stimate di oltre 35 milioni di dischi. Negli Stati Uniti ha vinto otto dischi d'oro, quattro dei quali (*Primitive Love, Let It Loose, Cuts Both Ways* e *Greatest Hits*) con vendite superiori a tre milioni di copie.

IL CANTANTE DI MUSICA LATINA PIÙ VENDUTO

Il cantante spagnolo Julio Iglesias è l'artista di musica latina di maggior successo al mondo, con oltre 200 milioni di copie di album vendute. Il suo LP *Julio*, uscito nel 1983, è stato il primo album in lingua straniera a vendere oltre due milioni di copie negli Stati Uniti e a vincere due volte il disco di platino.

I MAGGIOR GUADAGNI DI UNA POP STAR IN UN ANNO

Nel 1989 Michael Jackson stabilì il record di tutti i tempi per una pop star arrivando al vertice della classifica di *Forbes* con 125 milioni di dollari.

I MAGGIORI GUADAGNI DI UNA BAND FEMMINILE IN UN ANNO

Le Spice Girls (GB) erano al ventesimo posto dell'elenco di *Forbes* dei 40 artisti dello spettacolo più ricchi del 1998, con un reddito complessivo di 49 milioni di dollari.

I MAGGIORI GUADAGNI DI UNA BAND IN UN ANNO

I Beatles, benché sciolti dal 1970, sono stati la band che ha guadagnato di più nel 2000, con un reddito di 150 milioni di dollari secondo la classifica di *Forbes* del 2001.

IL GRUPPO PIÙ RICCO

I Rolling Stones (tutti GB) vantano un patrimonio globale di 647 milioni di dollari. Nel 2000, il leader del gruppo, Mick Jagger, possedeva una fortuna stimata in 243 milioni di dollari, seguito da Keith Richards con 210 milioni di dollari, da Charlie Watts con 105 milioni di dollari e da Ronnie Wood con 89 milioni di dollari.

GUINNESS WORLD RECORDS™

super ricchi

LO SCAPOLO PIÙ RICCO
Larry J. Ellison (Usa) ha un patrimonio stimato in 47 miliardi di dollari. Ellison dirige la Oracle Corporation da quando ha fondato la società nel 1977.

L'UOMO VIVENTE PIÙ RICCO
Secondo la rivista *Forbes*, Bill Gates, fondatore e presidente della Microsoft Corporation, è l'uomo più ricco del mondo. La sua fortuna è calcolata in 60 miliardi di dollari. Gates cominciò a occuparsi di programmazione quando aveva 13 anni. Nel 1986, a 31 anni, diventò il miliardario più giovane del mondo. Per qualche settimana all'inizio del 2000, Larry Ellison e Bill Gates si disputarono il titolo di uomo più ricco, poi riconfermato al solo Gates.

IL MILIONARIO PIÙ GIOVANE
La persona più giovane che sia riuscita a guadagnare un milione di dollari è stato l'attore bambino Jackie Coogan (Usa). Tra il 1923 e il 1924 guadagnava 22 000 dollari la settimana e aveva diritto al 60 per cento sugli incassi. A 13 anni era milionario. Purtroppo i genitori dilapidarono il suo patrimonio e in base alle leggi dell'epoca egli non aveva diritti sul denaro accumulato da bambino. Jackie intentò una causa per circa quattro milioni di dollari e nel 1939 gliene furono riconosciuti solo 126 000. Il suo caso portò a una modifica della legge con il cosiddetto "Coogan Act", a tutela degli attori bambini.

IL DIRIGENTE PIÙ RICCO
Charles B. Wang (Usa, a sinistra), fondatore e massimo dirigente della Computer Associates International, nell'anno fiscale 1999-2000 ricevette 650 048 000 dollari tra stipendio, gratifiche e capital gain. Il totale dei suoi guadagni nell'arco del quinquennio 1996-2000 è stato complessivamente di 713 452 000 dollari. La rivista *Fortune* ha classificato la Computer Associates come una delle società americane più degne di nota e una delle aziende in cui è più piacevole lavorare. La Computer Associates è leader mondiale nel settore del software dedicato al commercio elettronico.

www.guinnessworldrecords.com/wang
ACCESS CODE: ‹52160›

I GUADAGNI PIÙ ELEVATI IN UN ANNO
George Soros (Usa), presidente della Soros Fund Management LLC, guadagnò 1,5 miliardi di dollari nel solo 1995, in gran parte frutto di fondi di investimento come Quantum, Quantum Emerging Growth, Quota e Quasar International.

LA DONNA IN CARRIERA PIÙ RICCA
Abigail Johnson (Usa), vicepresidente della FMR Corp (Fidelity Investments), possiede un patrimonio netto di 7 miliardi di dollari che nel 2000 la poneva al diciottesimo posto dell'elenco degli americani più ricchi pubblicato da *Forbes* .

LA DONNA PIÙ RICCA
Lilliane Bettencourt (Francia), erede dell'impero dei cosmetici L'Oréal, possiede un patrimonio stimato in 15,2 miliardi di dollari.

L'INVESTITORE PIÙ RICCO
Warren Buffett, capo della società Berkshine Hathaway, ha un patrimonio stimato in 28 miliardi di dollari. Buffett iniziò a giocare in borsa all'età di 11 anni e a 25 fondò la sua società di investimento, la Buffett Partnership. Nel 1965 acquistò la Berkshire Hathaway e da allora le azioni della società sono aumentate di oltre il 300 000%.

LO STILISTA PIÙ RICCO
Ralph Lauren (Usa) ha un patrimonio personale stimato in un miliardo e mezzo di dollari. L'impero Ralph Lauren, cominciato con un negozio di cravatte negli anni Sessanta, ha oggi un valore calcolato intorno ai tre miliardi di dollari. Lauren, il cui vero nome è Ralph Lifshitz, è nato nel 1939 a New York, Usa.

I GUADAGNI PIÙ ELEVATI IN UN ANNO DI UNA TOP MODEL
Secondo la rivista *Forbes*, Claudia Schiffer (Germania) guadagnò 10,5 milioni di dollari nel 1998.

I GUADAGNI PIÙ ELEVATI IN UN ANNO DI UN PRODUTTORE CINEMATOGRAFICO
Il regista-produttore di Hollywood George Lucas (Usa) ha raggiunto la vetta dell'elenco di *Forbes* dei 100 personaggi famosi più ricchi del 2001

GLI SCRITTORI CON I MAGGIORI GUADAGNI
Secondo l'elenco Celebrity 100 redatto dalla rivista *Forbes* nel marzo 2001, Stephen King (Usa, a sinistra) aveva realizzato nel 2000 guadagni stimati in oltre 44 milioni di dollari. King scrisse il suo primo racconto all'età di sette anni. Da allora i suoi libri dell'orrore e fantascienza sono stati tradotti in 33 lingue e pubblicati in più di 35 paesi diversi. Attualmente sono in circolazione oltre 300 milioni di copie dei suoi romanzi.

Nel 1999, J.K. Rowling (GB) guadagnò 40 milioni di dollari, cioè il massimo profitto mai ottenuto scrivendo libri per bambini. Nel luglio 2000, la prima edizione di *Harry Potter and the Goblet of Fire* ha avuto una tiratura di 5,3 milioni di copie, con prenotazioni per oltre 1,8 milioni di copie, e ha portato la Rowling tra le donne più ricche della Gran Bretagna.

www.guinnessworldrecords.com/stephenking
ACCESS CODE: ‹47797›

per aver guadagnato 250 milioni di dollari nel 2000, dopo l'uscita in video del film *Guerre Stellari: Episodio 1 – La minaccia fantasma* (Usa, 1999).

IL MAGNATE DI BENI DI LUSSO PIÙ RICCO

Bernard Arnault (Francia), presidente della società produttrice di articoli di lusso LVMH (Louis Vuitton Moët Hennessy), possiede un patrimonio di 12,6 miliardi di dollari. La LVMH è proprietaria di marchi come Christian Dior, Kenzo, Louis Vuitton, Guerlain, Givenchy, Dom Perignon e Hennessy.

IL MAGNATE DEI JEANS PIÙ RICCO

Nel 1999, Robert D. Haas (Usa), il pro-pro-nipote del fondatore della fabbrica di jeans Levi Strauss, possedeva un patrimonio di 8,2 miliardi di dollari.

IL SOVRANO PIÙ RICCO

Il re dell'Arabia Saudita Fahd Bin Abdulaziz Alsaud possiede un patrimonio stimato in 30 miliardi di dollari nell'aprile 2001. La dinastia Saudita è anche la famiglia reale più ricca del mondo.

La casa reale più ricca d'Europa è quella olandese degli Orange, con un patrimonio stimato di 3,69 miliardi di dollari. La regina Beatrice d'Olanda possiede un patrimonio netto di 3,42 miliardi di dollari, ed è pertanto la regina più ricca.

IL CANE PIÙ RICCO

La più cospicua eredità mai lasciata a un amico dell'uomo ammontava a 15 milioni di dollari, donati nel 1931 da Ella Wendel di New York al suo barboncino di nome Toby. Questa cifra equivale a 169 milioni di dollari attuali.

www.guinnessworldrecords.com/masterp

IL PRODUTTORE MUSICALE PIÙ RICCO

Si calcola che Master P, fondatore della No Limit Records di New Orleans, Louisiana, Usa, abbia un patrimonio netto di 56,5 milioni di dollari. Master P, il cui vero nome è Percy Miller, aprì il suo primo negozio di dischi a Richmond, California, dove poi fondò la No Limit Records il cui primo disco, *The Ghetto's Tryin' To Kill Me*, vendette 100 000 copie. Anche se non più come solista, Master P canta ancora con i gruppi TRU e Da 504 Boyz. Di recente ha avviato iniziative collaterali come No Limit Films, No Limit Sports, No Limit Real Estate e No Limit Clothing. Il rapper possiede inoltre una catena di ristoranti fast food e stazioni di servizio in Louisiana.

ACCESS CODE: <52302>

soldi veri

LA PIÙ GRANDE DONAZIONE ALLE NAZIONI UNITE
Il 18 settembre 1997, Ted Turner (Usa, a sinistra), fondatore della CNN e vicepresidente della Time Warner, donò un miliardo di dollari alle Nazioni Unite, la somma più alta mai versata all'Onu da un privato. Il denaro finanzierà programmi a favore dei rifugiati, dei bambini e dell'ambiente e per la bonifica dei terreni minati.

www.guinnessworldrecords.com/tedturner
ACCESS CODE: ‹47802›

IL TEMPIO INDÙ PIÙ RICCO
Il tempio Tirupati di Andhra Pradesh, India, ha un reddito annuo di 35,2 milioni di dollari. I soldi provengono principalmente dalle cassette delle elemosine, ma la fonte di entrate più interessante sono i capelli umani, donati da migliaia di pellegrini. I capelli vengono poi venduti all'asta a parrucchieri o a ditte di prodotti chimici o fertilizzanti.

IL PIÙ GRANDE PATRIMONIO DI FAMIGLIA
Le famiglie svizzere Oeri, Hoffman e Sacher, che possiedono la società farmaceutica Roche, hanno un patrimonio netto combinato stimato in 11,5 miliardi di dollari.

IL PARADISO FISCALE PIÙ FREQUENTATO
Monaco ha fra i suoi residenti il maggior numero di piloti di corse automobilistiche, fra cui Ralf Schumacher (Germania), Pedro Diniz (Brasile), Johnny Herbert (GB), Mika Häkkinen (Finlandia), David Coulthard (GB), Jacques Villeneuve (Francia), Alexander Wurz (Austria), Giancarlo Fisichella (Italia) e Rubens Barrichello (Brasile). Anche molti giocatori di tennis del circuito internazionale vivono nel principato.

LA DOTE PIÙ COSPICUA
Nel 1929, il re dello stagno boliviano, Don Simon Iturbi Patíño, assegnò alla figlia Elena Patíño una dote pari a 4000 milioni di dollari attuali. Elena tuttavia non intaccò di molto il suo patrimonio di 606 milioni di dollari, equivalenti a 7000 milioni di dollari del 2000.

IL PIÙ ALTO PREMIO IN DENARO VINTO ALLA RADIO
Clare Barwick (GB) vinse un milione di sterline durante una trasmissione condotta da Chris Evans su Virgin Radio, il 17 dicembre 1999, rispondendo correttamente alla domanda: "Quale di questi scrittori era una donna, George Eliot o T.S. Eliot?". La risposta giusta è George, il cui vero nome era Mary Ann Evans.

LA PIÙ GRANDE DONAZIONE A UN'UNIVERSITÀ
Nel gennaio 2001, l'università del Colorado di Denver ricevette una donazione di 250 milioni di dollari da parte di Bill Coleman (Usa), presidente e co-fondatore della società di software BEA Systems.

LA PIÙ GRANDE DONAZIONE A ENTI SCOLASTICI
Nel dicembre 1993, il filantropo Walter H. Annenberg (Usa), editore e diplomatico, donò 365 milioni di dollari a tre università e a una scuola secondaria americana.

L'UNIVERSITÀ PIÙ RICCA
Nel 2000, le sovvenzioni all'università di Harvard (Usa) erano di 19 miliardi di dollari, cifra superiore al bilancio annuale operativo di 142 paesi del mondo fra cui Cuba, Giordania e Lituania. Fra i laureati di Harvard si contano sette presidenti americani e nelle varie facoltà lavorano attualmente quattordici Premi Nobel.

IL PIÙ GRANDE CLUB DI CORSE AL MONDO SENZA SCOPO DI LUCRO
Nel 1998, l'Hong Kong Jockey Club donò più di 131 milioni di dollari a sostegno di progetti sociali ed educativi, diventando il più grande club di corse non a scopo di lucro.

GUADAGNI POSTUMI
Nel 2000, 23 anni dopo la sua morte per un attacco di cuore, il patrimonio di Elvis Presley (Usa, a sinistra) ha fruttato 35 milioni di dollari, rendendolo il defunto più ricco del mondo. Elvis ha venduto più di un miliardo di album, con relativi ingenti introiti in diritti d'autore per la sua famiglia. Ha lasciato alla figlia Lisa-Marie la residenza Graceland a Memphis, Tennessee, Usa, che frutta 15 milioni di dollari all'anno in biglietti di ingresso, oltre a 5 milioni di dollari ricavati dalla vendita di articoli a tema come T-shirt e giocattoli. Elvis guadagna anche con il turismo con locali come l'Heartbreak Hotel e il ristorante Presley di Memphis, e ricava utili da apparizioni postume nelle pubblicità per il tè Lipton, le pile Energizer e i computer Apple.

www.guinnessworldrecords.com/elvis
ACCESS CODE: ‹56563›

LA CARTA DI CREDITO PIÙ COSTOSA
L'American Express Centurion, nota anche come "Black Card", prevede una commissione annuale di 1000 dollari ed è assegnata unicamente a persone con entrate non inferiori a 215000 dollari. La carta non prevede limiti di spesa e viene proposta soltanto a clienti selezionati.

LA SOCIETÀ CON IL MAGGIOR NUMERO DI SUPER-RICCHI
Nel 2001, fra i clienti della banca di investimento Goldman Sachs di New York, Usa, figuravano 10 miliardari con un capitale complessivo di 2200 milioni di dollari.

LA SINGOLA DONAZIONE PIÙ GRANDE
Il più ingente lascito in denaro nella storia della filantropia è stata la donazione di 500 milioni di dollari (pari a 4200 milioni attuali) a 4157 istituti di istruzione e altri enti da parte della Fondazione Ford, il 12 dicembre 1955.

LA BANCONOTA PIÙ GRANDE
La più grande banconota è un biglietto da un guan di 23 x 33 centimetri (più grande di un foglio formato A4) emesso tra il 1368 e il 1399 dalla dinastia cinese Ming.

RESTITUZIONE DI DENARO SMARRITO
Nel maggio 1994 Howard Jenkins (Usa), di 31 anni, scoprì che sul suo conto in banca erano stati trasferiti per errore 88 milioni di dollari. Inizialmente aveva deciso di restituire 84 milioni di dollari, trattenendone 4 per sé, ma ben presto la sua coscienza gli impose di rendere ai legittimi proprietari l'intera somma.

IL BOTTINO PIÙ GRANDE DI UN RAPINATORE
Il 2 maggio 1990, un rapinatore riuscì a scappare con buoni del tesoro e certificati di deposito per un valore complessivo di 435 milioni di dollari, dopo aver assalito il corriere di un broker a Londra. Ma la notizia del furto, comunicata a tutte le banche principali del paese, rese i titoli praticamente inutilizzabili.

IL COMPENSO PIÙ ALTO PER UN LIBRO RESPINTO

Nel febbraio 1996, la corte suprema dello stato di New York decretò che Joan Collins (GB) aveva diritto a conservare l'anticipo di 1,2 milioni di dollari ricevuto per il suo romanzo non pubblicato *A Ruling Passion*. La casa editrice Random House aveva trovato la prima stesura del libro insoddisfacente e citato in giudizio la Collins per riavere indietro il denaro. Joan Collins era già comparsa in oltre 50 film prima di interpretare Alexis in *Dynasty*, la serie televisiva più seguita negli anni Ottanta.

www.guinnessworldrecords.com/joancollins

ACCESS CODE: ‹48299›

LA SOMMA PIÙ ALTA RACCOLTA DA UN MARATONETA

Il dirigente pubblicitario inglese in pensione John Spurling raccolse 1,13 milioni di dollari per beneficenza partecipando alla maratona di Londra, il 18 aprile 1999. Pur totalmente privo di esperienza, Spurling terminò la gara, raccolse i fondi e suddivise il ricavato fra l'Animal Health Trust e i Lord's Taverners, un gruppo di personaggi famosi ed ex giocatori di cricket che organizza partite a scopo benefico.

LE MARATONE TELEVISIVE PIÙ FRUTTUOSE

Il 5-6 settembre 1999, il telethon di Jerry Lewis raccolse oltre 53 milioni di dollari per la MDA (associazione contro la distrofia muscolare). Il programma, poi diventato un appuntamento fisso nel giorno della festa dei lavoratori, fu seguito da circa 64 milioni di americani in 26 milioni di case. Dal 1998, la maratona televisiva ha assunto dimensioni mondiali, affiancata dalla diretta anche su Internet dal sito www.mdausa.org.

IL RISCATTO PIÙ GRANDE

Il più alto riscatto della storia fu quello pagato dagli Incas a Francisco Pizzarro nel 1532-1533 a Cajamarca, Perù, per la liberazione di Atahualpa, l'ultimo imperatore inca. Si trattava di una sala piena di oro e argento del valore attuale di un miliardo e mezzo di dollari.

LA MULTA PIÙ ALTA

Una sanzione di 650 milioni di dollari fu inflitta all'agenzia di borsa Drexel Burnham Lambert (Usa) nel 1988 per transazioni e appropriazioni illecite. Della somma totale, 300 milioni di dollari costituivano la multa vera e propria, mentre il resto andò a costituire un fondo di risarcimento per le parti danneggiate dalle operazioni della Drexel.

www.guinnessworldrecords.com/billgates

L'UOMO DA UN MILIONE DI DOLLARI

Nell'agosto 1999, Bill Gates (Usa, a destra) fondatore della Microsoft, e la moglie Melinda stanziarono sei miliardi di dollari per la Fondazione Bill And Melinda Gates. La fondazione sostiene con i propri fondi programmi sanitari ed educativi, biblioteche e varie comunità nella zona del Pacifico nord-occidentale, dove Gates è cresciuto. Nel maggio 1999, la coppia aveva donato la cifra record di 25 milioni di dollari a favore della ricerca contro l'Aids.

ACCESS CODE: ‹55249›

GUINNESS WORLD RECORDS

persone importanti

IL REALE VIVENTE PIÙ VECCHIO
La regina Elisabetta è il membro vivente di una famiglia reale più vecchio del mondo. Sposò il principe Alberto (re Giorgio VI) il 26 aprile 1923 e, alla sua incoronazione, divenne la prima regina consorte di sangue britannico dai tempi dei Tudor, oltre che ultima imperatrice dell'India. La regina Madre ha festeggiato il suo 101° compleanno il 4 agosto 2001 e vive ancora una vita molto intensa. Dal 1923 ha rilasciato una sola intervista.

LA REGINA PIÙ GIOVANE
La regina più giovane in carica è Rania Al-Abdullah (nata il 31 agosto 1970), moglie del re di Giordania Abdullah Bin Al-Hussein.

IL REGNO PIÙ LUNGO
Minhti, re di Arakan (ora Myanmar), avrebbe regnato per 95 anni dal 1279 al 1374. Il regno più lungo storicamente documentato è però quello del faraone Pepi II della Sesta Dinastia dell'antico Egitto, che salì al trono all'età di 6 anni, nel 2281 a.C. e vi rimase per 94 anni.

IL PIÙ GRANDE ENTOURAGE PRESIDENZIALE
L'ex presidente degli Stati Uniti Bill Clinton nella sua visita in Cina del giugno 1998 era accompagnato da 1200 persone. A seguito del presidente c'erano 200 agenti dei servizi segreti, 150 militari, 30 delegati di grado superiore, 375 giornalisti, quattro troupe televisive della Casa Bianca, 150 addetti ai servizi e 70 consiglieri e assistenti.

IL MAGGIOR NUMERO DI APPARIZIONI SU TIME
Richard Nixon (37° presidente degli Stati Uniti) apparve sulla copertina della rivista *Time* per il numero record di 55 volte.

IL MEETING PIÙ GRANDE DI CAPI DI STATO
Al summit del millennio delle Nazioni Unite a New York, Usa, del 6-8 settembre 2000, parteciparono 144 rappresentanti nazionali fra re, presidenti, primi ministri e capi di stato, accompagnati da 1300 auto ufficiali, migliaia di agenti dei servizi segreti e più di 2500 giornalisti. All'ordine del giorno c'erano la crisi del Medio Oriente, l'istruzione, la tecnologia e il multilateralismo, cioè l'avvicinamento di gruppi differenti.

IL PRIMO MINISTRO PIÙ ACCESSIBILE
Il primo ministro danese Poul Nyrup Rasmussen, il cui numero di telefono è pubblico, risponde personalmente alle domande dei cittadini.

IL MEMBRO DELLA FAMIGLIA REALE CON PIÙ FAN
Al principe del Galles William (sopra), nipote della regina Elisabetta II, sono dedicati più fan club che a qualsiasi altro membro di una famiglia reale del mondo. Nell'aprile 2001, esistevano almento 72 club dedicati al futuro re della Gran Bretagna. Nessuno di questi fan club è "ufficiale", cioè gestito da Buckingham Palace. Il principe William Arthur Philip Louis Windsor è nato il 21 giugno 1982 ed è il figlio maggiore della defunta Lady Diana, principessa del Galles, e di Sua Altezza Reale il principe del Galles. Ha un fratello minore, Harry, nato il 15 settembre 1984.

www.guinnessworldrecords.com/william
ACCESS CODE: ‹56550›

IL PRIMO MINISTRO DONNA PIÙ A LUNGO IN CARICA
Sirimavo Bandaranaike ha governato lo Sri Lanka 17 anni e 208 giorni (dal 21 luglio 1960 al 25 marzo 1965; dal 29 maggio 1970 al 22 luglio 1977; dal 12 novembre 1994 al 10 agosto 2000).

IL PRIMO MINISTRO PIÙ GIOVANE
Mario Frick (nato l'8 maggio 1965 in Svizzera) diventò primo ministro del Liechtenstein a 28 anni il 15 dicembre 1993.

LA STIRPE DI PRIMI MINISTRI PIÙ LUNGA
Jawaharlal Nehru fu primo ministro dell'India da quando il paese divenne indipendente nell'agosto 1947 fino alla morte, nel 1964. Sua figlia Indira Gandhi fu primo ministro dal 1966 al 1977 e dal 1980 al 1984, quando fu assassinata dalle sue guardie del corpo. Il figlio maggiore di Indira, Rajiv Gandhi, prese il potere alla morte della madre e vinse le elezioni del 1984 con una maggioranza schiacciante. Rimase in carica fino al 1989, ma anch'egli fu assassinato a un comizio elettorale nel 1991.

L'ORGANIZZAZIONE PER I DIRITTI UMANI PIÙ GRANDE
Amnesty International conta più di 1,2 milioni di membri e sostenitori in oltre 100 paesi, con sedi in 50 nazioni e oltre 4200 gruppi locali in tutti i continenti. Fu fondata nel 1961 da Peter Benenson, un avvocato britannico, che scrisse un articolo sull'*Observer* intitolato "The Forgotten Prisoners" (I prigionieri dimenticati). Come risultato, più di 1000 lettori mandarono lettere di sostegno a favore di un'organizzazione internazionale in grado di proteggere i diritti umani. Nel 1997, Amnesty International è stata premiata con il Premio Nobel per la pace.

POTERE AL POPOLO
Il 28 agosto 1963, il leader per i diritti civili Martin Luther King Jr (Usa, a sinistra) guidò più di 250 000 dimostranti in una marcia lungo la National Mall di Washington, Usa, la più grande mai organizzata per promuovere l'uguaglianza dei diritti civili per tutti gli americani, indipendentemente dalla razza o dal colore della pelle. Dai gradini del Lincoln Memorial, King tenne il suo leggendario discorso "I have a dream".

Nato ad Atlanta, Georgia, Usa, il 15 gennaio 1929, Martin Luther King Jr era un pastore della Chiesa Battista, attivista per i diritti civili e vincitore del Nobel per la pace nel 1964. Fu assassinato il 4 aprile 1968 a Memphis, Tennessee, Usa.

www.guinnessworldrecords.com/martinlutherking
ACCESS CODE: ‹54489›

LA PIÙ GRANDE ORGANIZZAZIONE PER LA TUTELA DELL'AMBIENTE
Con più di cinque milioni di membri e una rete globale di 27 gruppi nazionali, il WWF (World Wildlife Fund For Nature) è l'organizzazione indipendente di tutela ambientale più grande del mondo. Scopo principale del WWF è prevenire la degradazione del mondo naturale e di aiutare le persone a vivere in armonia con la natura. Dal 1985, il WWF ha investito più di un miliardo di dollari in 11 000 progetti in 130 paesi del mondo.

LA PIÙ GRANDE FEDERAZIONE DI GRUPPI AMBIENTALISTI
L'associazione Friends of the Earth (Amici della terra) conta un milione di attivisti, con sezioni in 68 paesi e 13 gruppi affiliati che la rendono la federazione di gruppi ambientalisti più grande del mondo. L'associazione ha lo scopo di preservare la diversità ecologica, culturale ed etnica della terra attraverso la promozione di uno sviluppo ambientale sostenibile a livello locale, regionale, nazionale e internazionale.

PREMI PULITZER
L'Associated Press ha ricevuto 45 premi Pulitzer. Il Pulitzer fu istituito nel 1917 grazie a una donazione dell'editore Joseph Pulitzer (Usa) per premiare i frutti del talento nel giornalismo, nella letteratura, nel teatro e nella musica in America.

IL MAGGIOR NUMERO DI TEMPLI BENEDETTI DA UNA PERSONA
Pramukh Swami Maharaj (India), la guida spirituale della missione induista Swaminarayan, ha benedetto il numero record di 386 templi in 11 nazioni fra il 17 aprile 1971 e il 14 maggio 2001.

IL MAGGIOR NUMERO DI VIAGGI INTERNAZIONALI DI UN PAPA
La visita di papa Giovanni Paolo II (Polonia) a Kiev, Ucraina, il 25 giugno 2001, ha rappresentato il suo 126° viaggio all'estero da quando fu nominato papa il 16 ottobre 1978, all'età di 58 anni. È stato il primo papa non italiano dopo 456 anni e il più giovane del XX secolo.

IL PAPA PIÙ ANZIANO
Di tutti i papi, sulla cui età esistono prove documentate, Leone XIII (Gioacchino Pecci) sembra essere stato il più longevo. Nato il 2 marzo 1810, fu eletto papa il 20 febbraio 1878 a 67 anni e morì il 20 luglio 1903, a 93 anni e 140 giorni.

www.guinnessworldrecords.com/georgewbush

IL GOVERNO PIÙ RICCO
George W. Bush (a destra, nel giorno del suo insediamento come 43° presidente degli Stati Uniti, il 20 gennaio 2001) ha formato il governo con il maggior numero di miliardari della storia d'America. Dei 16 membri del gabinetto governativo al centro dell'amministrazione Bush, 13 sono milionari in dollari, di cui sette con un patrimonio superiore ai 10 milioni. Per questa ragione il suo governo si è guadagnato il soprannome di "Tycoon's Club". Il segretario della difesa Donald Rumsfeld e il ministro del tesoro Paul O'Neill possiedono entrambi un patrimonio dichiarato di almeno 61 milioni di dollari, mentre il segretario di stato Colin Powell possiede almeno 18,5 milioni di dollari.

ACCESS CODE: <56549>

grandi affari

LA PIÙ GRANDE BANCA COMMERCIALE

La Mizuho Holdings Inc (Giappone) è la più grande banca commerciale e di risparmio. Nel 2000 la banca registrò entrate per 76 851 milioni di dollari e profitti per 1843 milioni di dollari. La Mizuho Holdings Inc è nata dalla fusione della Dai-Ichi Kangyo Bank, della Fuji Bank Ltd e della Industrial Bank del Giappone. È la prima banca ad avere un capitale patrimoniale superiore a mille miliardi di dollari.

LA VALUTAZIONE PIÙ ALTA DI UNA SOCIETÀ TECNOLOGICA

L'11 aprile 2000, la Cisco Systems Inc di San Jose, California, Usa, aveva una capitalizzazione di mercato di 503,4 miliardi di dollari, cifra che poneva la Cisco davanti al colosso del software, la Microsoft Corporation, il cui prezzo delle azioni risultava in quel periodo penalizzato a causa della sentenza del giudice Thomas Penfield Jackson (Usa) emessa contro la Microsoft il 3 aprile 2000 per una questione di antitrust. La sentenza è stata annullata nel giugno 2001.

LA SOCIETÀ PIÙ GRANDE

Nel 2000 la General Motors (Usa) ha registrato vendite per 185 miliardi di dollari. Nello stesso anno i profitti della compagnia ammontavano a 4450 milioni di dollari. La General Motors è la società automobilistica più grande del mondo.

SUPER SUPERMARKET

Wal-Mart Stores Inc (Usa) ha registrato entrate per 191 329 milioni di dollari e profitti per 6295 milioni di dollari nell'anno fiscale terminato il 31 gennaio 2001. Al 31 marzo 2001, contava 4003 punti vendita in 10 paesi e 1,14 milioni di dipendenti. Sam Walton aprì il primo negozio Wal-Mart nel 1962 a Bentonville, Arkansas, Usa. Commerciante di una piccola città con precedenti esperienze in diversi negozi in Arkansas e Missouri, Walton sognava di trasformare Wal-Mart in un negozio di vendita al dettaglio in grado di offrire un'ampia scelta di prodotti e un servizio all'insegna della cortesia. Suo figlio, S. Robson Walton (a sinistra) è l'attuale presidente della società.

www.guinnessworldrecords.com/walmart
ACCESS CODE: ‹49579›

L'ASSEGNO PIÙ ALTO

L'assegno più alto mai pagato è di 2 474 655 000 sterline, firmato il 30 marzo 1995 dalla Glaxo Plc a favore della Wellcome Trust Nominees Limited per le quote azionarie della Trust. Il sistema di computer della Lloyds Bank Registrar non era in grado di stampare un assegno con una somma tanto alta, che fu quindi completato con una macchina da scrivere da un'impiegata (così nervosa per la responsabilità che le era stata affidata che sbagliò tre volte prima di riuscire a compilare l'assegno).

LO STUDIO LEGALE PIÙ GRANDE

Clifford Chance LLP (Usa) ha 7400 consulenti legali (di cui 652 soci) in 29 uffici in tutto il mondo. La società è la fusione dello studio Clifford Chance con Rogers & Wells LLP e Pünder, Volhard, Weber e Aster nel gennaio 2000. Nel 1999, i tre gruppi insieme avevano registrato entrate pari a un miliardo di dollari.

LA PIÙ GRANDE VENDITA DI UN TITOLO IN UN GIORNO

La più grande vendita di un singolo titolo in un giorno è avvenuta l'11 febbraio 2000, quando furono scambiate più di 2,1 miliardi di azioni Vodafone.

LA SOSPENSIONE DEGLI SCAMBI PIÙ LUNGA

Nel 1914, la Borsa di New York interruppe la sua attività per quattro mesi e due settimane a partire dal 31 luglio, a causa dallo scoppio della Prima guerra mondiale in Europa.

LA COMPAGNIA AEREA PIÙ GRANDE

L'AMR Corporation di Fort Worth, Texas, Usa, aveva una forza lavoro di 116 054 persone, entrate per 19,7 miliardi di dollari e profitti per 813 milioni di dollari nel 2000. Dispone di una flotta di 700 aerei a reazione e i suoi aerei di linea effettuano servizio per circa 170 destinazioni in America, Europa e al confine del Pacifico.

LA COMPAGNIA AEROSPAZIALE PIÙ GRANDE

Nel 2000 la Boeing di Seattle, Washington, Usa, registrava entrate pari a 51,3 miliardi di dollari con profitti di 2,1 miliardi di dollari.

LA COMPAGNIA DI BIBITE PIÙ GRANDE

La PepsiCo Inc. di Purchase, New York, nel 2000 ha registrato entrate per 20 438 milioni di dollari e profitti per 2183 milioni di dollari. Tra i marchi della società ci sono Pepsi, Mountain Dew e Tropicana.

IL PRINCIPALE PRODUTTORE DI GOMME DA MASTICARE

La società produttrice di chewing gum più grande è la Wm Wrigley Jr Company con sede a Chicago, Illinois, Usa. Nel 2000, ha registrato entrate per 2145 milioni di dollari e profitti per 328 milioni di dollari. Nell'insieme, la società incide per circa il 50% sulle vendite globali di chewing gum negli Stati Uniti.

LA PIÙ GRANDE CATENA DI FAST-FOOD

La McDonald's Corporation (Usa) è la più grande catena di ristorazione del mondo. Nel 2000 le entrate sono state pari a 14,2 miliardi di dollari, con profitti di circa 2 miliardi di dollari e una forza lavoro in tutto il mondo di 364 000 dipendenti. McDonald's ha più di 28 000 ristoranti (12 800 negli Stati Uniti) in 120 paesi. I punti vendita non statunitensi costituiscono il 60% delle vendite della compagnia e circa il 50% dei suoi profitti. I fratelli Dick e Mac

LA DITTA DI GIOCATTOLI PIÙ GRANDE

La ditta di giocattoli più grande del mondo è la Mattel Inc di El Segundo, California, Usa. Nel 2000 la compagnia, composta da 30 000 persone, ha registrato entrate per 4669 milioni di dollari e profitti per 430 milioni di dollari. I prodotti più famosi della Mattel sono Barbie e Ken (a sinistra), disponibili anche in forma di giochi interattivi e software, giocattoli Fisher-Price e automobili Matchbox. L'azienda è concessionaria anche dei prodotti Disney e Sesame Street.

Il più grande venditore di giocattoli del mondo è la catena Toys "R" Us Inc di Paramus, New Jersey, Usa. Il primo supermercato Toys "R" Us fu aperto nel 1957 e ora la società dispone di 1548 negozi in 25 paesi. Alla fine del 2000 le sue entrate ammontavano a 11 862 milioni di dollari.

www.guinnessworldrecords.com/toptoys
ACCESS CODE: ‹57553›

McDonald aprirono la strada al concetto dell'industria del fast-food e più tardi cedettero la società al loro agente, Ray A. Kroc, che fondò la McDonald's Corporation.

IL PRINCIPALE PRODUTTORE DI REGGISENI

Nel 2000, la società statunitense Sara Lee, produttrice di abbigliamento e prodotti alimentari, controllava il 33% del mercato statunitense dei reggiseni. Nel 2000, la società ha registrato vendite per 17511 milioni di dollari e profitti per 1222 milioni di dollari. La Sara Lee è proprietaria dei marchi Wonderbra e Playtex e con la sua acquisizione, nel maggio 2000, della Courtauld (GB) ha aggiunto i marchi Berlei e Gossard alla sua gamma di prodotti.

L'AGENZIA DI PUBBLICHE RELAZIONI PIÙ GRANDE

La più grande agenzia di pubbliche relazioni è la Burson-Marsteller, fondata più di quarant'anni fa da Harold Burson e Bill Marsteller a New York. Nel 1999, la società registrava guadagni per oltre 275 milioni di dollari. I suoi clienti più importanti sono Union Carbide, BP Chemicals ed Exxon Corporation.

IL PIÙ GRANDE CARTELLONE PUBBLICITARIO

Nel dicembre 2000 un cartellone pubblicitario alto 23,7 metri e lungo 132 metri (con una superficie di 3128,4 metri quadrati) fu esposto sul lato prospiciente l'autostrada del Fort Dunlop, l'edificio ex sede centrale della Dunlop, presso Birmingham, GB. Il cartellone pubblicizzava automobili della Ford Motor Company Ltd (Usa), che per sei mesi di affissione versò 920000 dollari alla Mega Profile Ltd (GB), responsabile del progetto.

LA PIÙ GRANDE COMPAGNIA DI TELECOMUNICAZIONI

La più grande compagnia di telecomunicazioni è la Nippon Telegraph and Telephone Corporation (NTT) con sede a Tokyo, Giappone. Nel 2000 ha realizzato entrate per 97956 milioni di di dollari e profitti per 2821 milioni di dollari.

www.guinnessworldrecords.com/bigmerge

LA FUSIONE PIÙ GRANDE

La fusione più grande del mondo è stata quella fra America Online (AOL), il più grande Internet provider del mondo, e la società di media Time Warner. La fusione da 350 milioni di dollari fu annunciata il 10 gennaio 2000 dal CEO di AOL Steve Case (a sinistra nella foto) e da Gerald Levin, CEO della Time Warner (a destra). La fusione ha creato la società di media più grande del mondo, con una gamma di prodotti che include i marchi AOL, Time, CNN, Warner Bros, Netscape e Warner Music Group.

ACCESS CODE: ‹53969›

acquisti e vendite 1

IL TROFEO DI CALCIO PIÙ PREZIOSO
La cifra più alta per un trofeo calcistitico è stata di 177280 dollari, pagati a un'asta di Christie's a Londra, il 23 marzo 2001, per una medaglia assegnata ai vincitori della Coppa del Mondo 1996 e appartenuta al portiere inglese Gordon Banks.

LA MAZZA DA GOLF PIÙ PREZIOSA
Un putter scozzese di 200 anni fa è stato venduto per 150000 dollari da Christie's a Glasgow, Scozia, GB, il 7 luglio 1998, e acquistato da Titus Kendall (GB), un antiquario di Londra, per conto del miliardario boliviano Jaime Ortíz Patiño.

LA PALLINA DA GOLF PIÙ PREZIOSA
Il 1° luglio 1995, Jaime Ortíz Patiño pagò 31855 dollari per una pallina di epoca vittoriana, a Edimburgo, Scozia, GB. Inizialmente il golf si giocava con palle di cuoio riempite di piume e mazze di legno ricoperte di corno alle estremità.

IL PUZZLE PIÙ PREZIOSO
I puzzle personalizzati della serie "Dollhouse Village" avevano il prezzo record di 14500 dollari ciascuno nel giugno 1999. I 2640 pezzi dei puzzle sono intagliati a mano uno per uno da pezzi di compensato con base di mogano da Steve Richardson (Usa).

L'UNITÀ FOTOGRAFICA PIÙ COSTOSA
Il prototipo della Phantom Camera Unit (unità fotografica fantasma, a sinistra), progettata da Noel Pemberton Billing (GB) nel 1946, è stato venduto a 216826 dollari da Christie's di Londra, il 16 gennaio 2001, diventando l'unità fotografica mobile più preziosa del mondo. Progettata per lo sviluppo delle fotografie durante gli spostamenti, include vasche per lo sviluppo, scorte di carta e batterie. Si può anche piegare in due e usare come ingranditore o proiettore.

Questa unità non venne mai messa in produzione poiché il progetto si arrestò con la morte di Billing nel 1948. L'alto prezzo pagato per questo attrezzo è giustificato dall'unicità del pezzo, acquistato da un museo privato della fotografia.

www.guinnessworldrecords.com/phantom
ACCESS CODE: ‹43360›

IL GIOCATTOLO ANTICO PIÙ PREZIOSO
Una manichetta antincendio giocattolo fu venduta a 182545 dollari da Christie's di New York, il 14 dicembre 1991. Il pezzo è una copia con tamburo e contenitore di stagno dipinti a mano del modello "Charles". Il giocattolo, costruito nel 1870 circa dalla George Brown & Co, Connecticut, Usa, misura 38 x 58 centimetri.

IL MAZZO DI CARTE PIÙ COSTOSO
Il prezzo più elevato per un mazzo di carte da gioco dipinte a mano è di 143352 dollari, pagati dal Metropolitan Museum di New York a un'asta di Sotheby's a Londra il 6 dicembre 1983.

IL ROBOT PIÙ PREZIOSO
Nel luglio 1999, un Masudaya Machine Man della fine degli anni Cinquanta è stato venduto da Christie's a Londra per 47203 dollari. Fa parte della serie di robot giapponesi di prima generazione "La banda dei cinque", alti 38 centimetri e costruiti in stagno litografato con immagini che raffigurano parti meccaniche.

IL SOLDATINO PIÙ COSTOSO
Il prezzo più alto pagato per un soldatino, raffigurante il successore designato di Adolf Hitler, Rudolf Hess (Germania), è stato di 3375 sterline. La statuina era una delle numerose vendute dalla casa d'aste danese Boyes a Londra il 23 aprile 1991.

IL PIANOFORTE PIÙ PREZIOSO
La somma più alta pagata per un pianoforte è stata di 2,1 milioni di dollari, spesi dal cantante George Michael (GB) per uno Steinway modello Z verticale appartenuto a John Lennon. Il piano compariva nel video di Lennon della canzone *Imagine* ed è stato venduto nel corso di un'asta all'Hard Rock Café di Londra, il 17 ottobre 2000.

IL MANOSCRITTO MUSICALE PIÙ PREZIOSO
Un manoscritto della Seconda Sinfonia del compositore tedesco Robert Schumann è stato acquistato da un collezionista privato per 1,4 milioni di sterline da Sotheby's, Londra, il 1° dicembre 1994.

IL MANIFESTO PIÙ PREZIOSO DI UN CARTONE ANIMATO
Il manifesto della Walt Disney *Alice's Day at Sea*, con Alice a cavalcioni di un pesce fra le onde, fu venduto per 23100 sterline da Christie's di Londra nel 1994. Il cortometraggio è stato il primo delle *Commedie di Alice*, una serie di 56 cartoni animati muti creati fra il 1924 e il 1927.

IL FOTOGRAMMA DI ANIMAZIONE IN BIANCO E NERO PIÙ PREZIOSO
Nel 1989, un fotogramma di pellicola in bianco e nero di *Orphan's Benefit* di Walt Disney (Usa, 1934), che ritrae Paperino preso a pugni da un orfano, fu acquistato per 327858 dollari a un'asta di Christie's a Londra.

I COSTUMI DI SCENA PIÙ PREZIOSI
L'abito bianco e blu in percalle di Judy Garland nella parte di Dorothy nel film *Il mago di Oz* (Usa, 1939) fu venduto per 199500 sterline da Christie's a Londra, nel 1999. Lo scamiciato a quadretti ha un'etichetta in cotone del reparto costumi con scritto "Judy Garland 4228". Un agente immobiliare di New York si aggiudicò il capo pagandolo 10 volte la base d'asta.

GLI YO-YO PRODOTTI IN SERIE PIÙ COSTOSI
Gli yo-yo Cold Fusion (a sinistra), fabbricati dalla Playmaxx Inc, sono venduti a un prezzo che varia fra i 150 e 250 dollari, e sono gli yo-yo di produzione di massa più costosi del mondo. Esiste anche una versione speciale denominata Gold Fusion, placcata in oro 24 carati e venduta a 200-300 dollari. Nel 1998, la Playmaxx incassò circa 96 milioni di dollari dalla vendita al minuto di yo-yo e ricevette il premio "Craze Of The Year" (mania dell'anno) dall'Associazione Britannica dei Giocattoli.

Il gioco dello yo-yo risale al 400-500 a.C. in Grecia e i primi esemplari di yo-yo possono essere ammirati al Metropolitan di New York, Usa. Secondo il sito web Playmaxx, è noto che anche l'imperatore francese Napoleone possedeva e usava uno yo-yo.

www.guinnessworldrecords.com/yoyo
ACCESS CODE: ‹52213›

www.guinnessworldrecords.com/vangogh

ACCESS CODE: ‹43323›

IL DIPINTO PIÙ CARO

Il *ritratto del dottor Gachet* (a destra), del pittore olandese Vincent van Gogh (1853–90), fu battuto in soli tre minuti al prezzo di 82,5 milioni di dollari, il 15 maggio 1990, a un'asta di Christie's a New York, Usa. L'artista completò l'opera poche settimane prima di suicidarsi. Il modello, il dottor Paul-Ferdinand Gachet (Francia), era amico e medico di Van Gogh. Poco prima della morte, Van Gogh ebbe un'esplosione di creatività, producendo più di un dipinto al giorno, comprese diverse versioni del dottor Gachet.

LE SCARPE PIÙ COSTOSE INDOSSATE IN UN FILM

Le scarpette rosse indossate da Judy Garland nel film *Il mago di Oz* (Usa, 1939) sono state vendute da Christie's a New York il 24 maggio 2000 per 666 000 dollari.

IL CIMELIO DI JAMES BOND PIÙ PREZIOSO

L'Aston Martin DB5 del 1965 guidata da Pierce Brosnan (GB) in *Goldeneye* (Usa, 1995) è stata venduta per 228 264 dollari da Christie's, Londra, il 14 febbraio 2001, e acquistata da Max Reid (GB) come regalo di San Valentino per la moglie.

LA PIÙ GRANDE VENDITA DI AUTO DI UN PERSONAGGIO FAMOSO

Il 5 giugno 2001, Elton John (GB) mise all'asta 20 delle sue automobili presso Christie's di Londra per un ricavo totale di 2 741 198 dollari. Il prezzo più alto è stato pagato per una Jaguar XJ220 del 1993, venduta per 329 706 dollari.

IL COLTELLINO SVIZZERO PIÙ COSTOSO

Un coltellino svizzero in oro a 18 carati prodotto dal gioielliere svizzero Luzius Elmer è stato venduto al prezzo di 4299 dollari. I modelli Victorinox® Original Swiss Army™ hanno prezzi al pubblico compresi fra i 14 e i 70 dollari.

LA PISTOLA PIÙ PREZIOSA

La quotazione massima raggiunta da una pistola, venduta da Christie's a New York, il 14 maggio 1987, è di 242 000 dollari (370 000 attuali) per una Colt calibro 45 della prima serie del 1873.

LA TESSERA TELEFONICA PIÙ COSTOSA

Il prezzo più alto pagato per una tessera telefonica riguarda la prima tessera uscita in Giappone, venduta nel gennaio 1992 per l'equivalente di oltre 100 milioni di lire.

L'WHISKY PIÙ COSTOSO

Il 16 novembre 2000, Norman Shelley (GB) spese 341 154 dollari per acquistare 76 bottiglie di whisky di malto Macallan. La bottiglia più vecchia della riserva era datata 1856. L'whisky di malto Macallan viene prodotto in Scozia dal 1824.

LA MUCCA PIÙ COSTOSA

La mucca più costosa è stata una Frisona venduta nel 1985 a un'asta a East Montpellier, Vermont, Usa, al prezzo di 1,3 milioni di dollari.

IL FOGLIETTO POST-IT® PIÙ PREZIOSO

Per il 20° anniversario dei foglietti Post-It®, vari pittori hanno creato minuscoli capolavori su foglietti che sono poi stati venduti a un'asta online a scopo di beneficenza. L'opera disegnata a pastello e carboncino da R.B. Kitaj (Usa) è stata venduta per la cifra record di 925 dollari.

GUINNESS WORLD RECORDS™

acquisti e vendite 2

IL PASTO PIÙ CARO
Nel settembre 1997, tre persone hanno speso 13091,20 sterline (pari a oltre 40 milioni di lire attuali) per una cena al ristorante londinese Le Gavroche. Solo 216,20 sterline erano per il cibo: altre 845 per sigari e liquori e le restanti 12030 per sei bottiglie di vino. Il più costoso, un Romanée-Conti del 1985 da 4950 sterline, giudicato dai commensali "un po' troppo giovane", fu regalato al personale del ristorante. La cena si aprì con una bottiglia di champagne Krug del 1949 (560 sterline) e proseguì con vini rossi di Bordeaux e Borgogna: un Montrachet DRC del 1985 (1400 sterline), uno Château Haut Brion del 1954 (2100 sterline), uno Château d'Yquem del 1967 (1070 sterline) e uno Château Latour del 1961 (1950 sterline).

IL BICCHIERE DI VINO PIÙ COSTOSO
Il prezzo più alto per un bicchiere di vino, 8600 franchi francesi, fu pagato per il primo bicchiere di Beaujolais Nouveau del 1993 prodotto a Beaujolais, Borgogna, una delle più celebri regioni vinicole francesi, e bevuto da Robert Denby al Pickwick, un pub inglese di Beaune, il 18 novembre 1993.

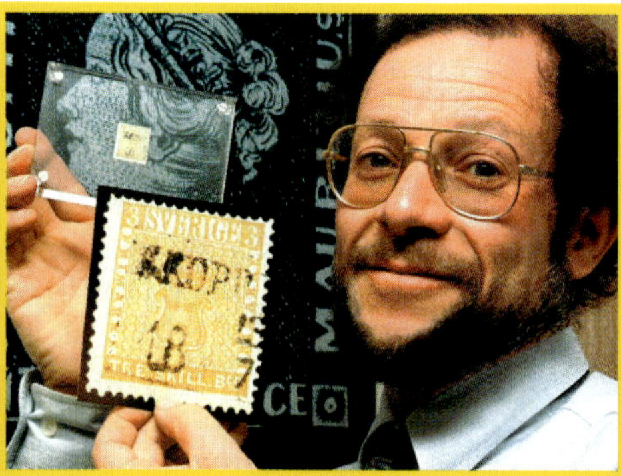

IL FRANCOBOLLO PIÙ PREZIOSO
Il francobollo più prezioso del mondo è un francobollo svedese da tre skilling (a sinistra) venduto per 3 miliardi di lire nel novembre 1996 dal banditore David Feldman a Zurigo, Svizzera. Il francobollo, che dovrebbe essere verde, è stampato in giallo ed è l'unico esemplare al mondo, caratteristica che lo rende estremamente prezioso. Fu scoperto da un ragazzino nel 1885 fra le lettere del nonno e venduto per la prima volta per sole sette corone svedesi, l'equivalente di un dollaro di oggi. Da quando è stato venduto nel 1996, è diventato l'oggetto più costoso del mondo in rapporto al peso.

www.guinnessworldrecords.com/stamp
ACCESS CODE: ‹43309›

IL VINO PIÙ COSTOSO
Il vino più costoso in commercio è il Sauternes Château d'Yquem del 1787, che costa tra i 56000 e i 64000 dollari la bottiglia, a discrezione del venditore. Il Sauternes Château d'Yquem è un vino da dessert dal colore dorato proveniente dalla regione francese de Bordeaux.

IL FUNGO PIÙ COSTOSO
Il tartufo bianco *(Tuber magnatum)* è il fungo commestibile più costoso, venduto nel mondo a prezzi che arrivano a 3000 dollari al chilogrammo. Si trova solo nelle regioni italiane di Piemonte, Emilia Romagna, Toscana e Marche. Cresce sottoterra e può essere localizzato solo con l'aiuto di cani addestrati.

L'HAMBURGER PIÙ COSTOSO
L'indice economico Big Mac per il 2001, che pone a confronto il prezzo del classico hamburger di McDonald in tutto il mondo, rivela che gli svizzeri sono coloro che pagano di più per questo hamburger. In Svizzera un Big Mac costa il 50 per cento in più dei 2,54 dollari che si pagano per lo stesso prodotto nei punti vendita McDonald americani.

LA TARGA AUTOMOBILISTICA PIÙ CARA
Il 19 marzo 1994, Albert Yeung Sau-shing acquistò la targa numero 9 a un'asta bandita dal governo di Hong Kong per l'equivalente di 13 milioni di dollari. In cantonese la pronuncia della parola "nove" è identica a quella della parola "cane": un portafortuna in relazione al 1994, che era appunto l'Anno del Cane.

IL JET PRIVATO PIÙ COSTOSO
Il Gulfstream V-SP costa 45 milioni di dollari ed è il jet privato più costoso mai prodotto. Ha un'autonomia di 6750 miglia a velocità di crociera elevate. È azionato da due motori Rolls-Royce BR-710.

LA MINI PIÙ COSTOSA
La Mini Limo, pezzo unico costruito dai John Cooper Garages per la Rover, è stata pagata 80000 dollari, nel 1997. Questa Mini a due porte ha un impianto stereo Alpine Mini-Disc da 10000 dollari e sedili altrettanto costosi. La macchina è dotata inoltre di cruscotto e interni costruiti su ordinazione, tappeti con bordi in pelle Wilton, tappetini in soffice lana di agnello, sistema di chiusura automatico e aria condizionata.

LA SCUOLA PIÙ COSTOSA
La Ivor Spencer International Finishing School for Young Ladies and Gentlemen di Londra tiene un corso di belle maniere della durata di un mese che nel 1998 costava 111092 dollari. Gli studenti risiedono

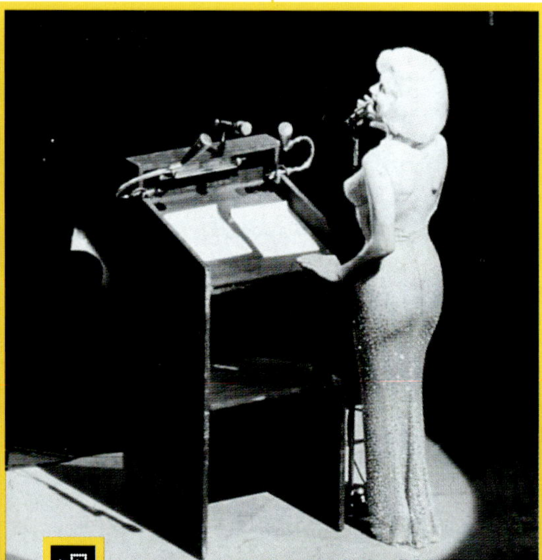

I CAPI DI ABBIGLIAMENTO PIÙ COSTOSI
L'abito color carne ornato di perline (a sinistra) indossato da Marilyn Monroe il 19 maggio 1962 per cantare *Happy Birthday* al presidente Kennedy è stato venduto per 1,27 milioni di dollari da Christie's a New York, il 27 ottobre 1999, e acquistato da Robert Schagrin e Peter Siegel. In origine era costato 12000 dollari.

Un bikini intessuto di diamanti, valutato 195000 dollari, è stato presentato il 22 marzo 2000 durante la Windsor Fashion Week da Prestons di Windsor, Berkshire, GB. Nel 1983, Sidney Smilove creò il costume da bagno più costoso del mondo, in nylon nero e lycra, con 19 diamanti (da 0,5 a 0,003 carati) e 91 perle coltivate incastonate in attacchi in oro 14 carati. Il costume era in vendita al prezzo di 12000 dollari.

www.guinnessworldrecords.com/marilyn
ACCESS CODE: ‹43411›

in uno degli alberghi più belli di Londra, viaggiano con il Concorde, vanno a teatro e all'opera, prendono lezioni di etichetta, degustazione di vini e cucina.

LA PENNA PIÙ COSTOSA

"La Modernista Diamonds" della Caran d'Ache (Svizzera), è stata in vendita da Harrods, Londra per 169 000 sterline da settembre a dicembre 1999. Creata in memoria dell'architetto Antonio Gaudí, la penna d'argento massiccio rivestita in rodio, con pennino in oro a 18 carati, è impreziosita da 5072 diamanti da 20 carati. Sul cappuccio sono incastonati 96 rubini disposti a formare il monogramma della Caran d'Ache.

LA CASA VENDUTA AL PREZZO PIÙ ALTO

L'abitazione di Eric Hotungai al 6-10 di Black's Link, Hong Kong, è stata venduta per 101 909 312 dollari il 12 maggio 1997. Eric Hotung è un importante uomo d'affari di Hong Kong, consulente politico e filantropo.

LA CASA PIÙ COSTOSA AL METRO QUADRO

Due proprietà di Hong Kong, Genesis e Sky High, sono state acquistate da Wong Kwan per l'equivalente di 59 milioni di lire metro quadro nel novembre 1997.

IL MATRIMONIO PIÙ COSTOSO

Il matrimonio più costoso è stato quello celebrato a Dubai, Emirati Arabi Uniti, nel 1981 tra Mohammed, figlio dello sceicco Rashid Bin Saeed Al Maktoum, e la principessa Salama. I festeggiamenti, durati una settimana, costarono circa 44,5 milioni di dollari (pari a 70 milioni attuali). Per le nozze era stato appositamente costruito uno stadio in grado di contenere 20 000 persone.

L'OROLOGIO PIÙ COSTOSO

Il Supercomplication prodotto da Patek Phillipe e appartenuto al banchiere Henry Graves Jr è diventato l'orologio più costoso del mondo il 2 dicembre 1999, quando fu venduto per la cifra record di 11 002 500 dollari presso la casa d'aste Sotheby's di New York.

www.guinnessworldrecords.com/goldtoilet

ACCESS CODE: <56573>

IL BAGNO PIÙ COSTOSO

La stanza da bagno più costosa del mondo (a destra) è stata fatta costruire dal gioielliere Lam Sai-wing per 3,5 milioni di dollari nel suo negozio di Hong Kong. È costituita interamente di oro e pietre preziose. Water, lavandini, scopini dei bagni, porta carta igienica, cornici degli specchi, lampadari a parete, piastrelle dei muri e porte sono tutti in oro massicio a 24 carati. Per poter usare il bagno, i clienti devono spendere almeno 200 dollari nel negozio di Lam.

GUINNESS WORLD RECORDS™

moda

IL PUBBLICO PIÙ VASTO PER UNA SFILATA DI MODA
Più di due milioni di persone seguirono la sfilata di Victoria's Secret svoltasi a Cannes, Francia, nel maggio 2000, collegandosi al sito www.victoriassecret.com. La sfilata, con le modelle Tyra Banks (Usa), Karen Mulder (Olanda) e Stephanie Seymour (Usa), era presentata da Elizabeth Taylor (Usa) ed Elton John (GB) e raccolse più di due milioni di dollari per la ricerca contro l'Aids.

IL MARCHIO GAP
Don e Doris Fisher fondarono la Gap Inc (a sinistra) nel 1969, dopo che Don, in cerca di un paio di pantaloni, non era riuscito a trovare un negozio con una gamma di jeans in grado di soddisfare le sue esigenze. Nel 2000, Gap ha registrato vendite per 13,67 miliardi di dollari e nel maggio 2001 possedeva 3676 negozi in Stati Uniti, Canada, Gran Bretagna, Francia, Germania e Giappone. Attualmente rappresenta la più grande catena di vendita di abbigliamento e occupa la 174ª posizione nell'elenco di *Fortune*, anche grazie a campagne pubblicitarie innovative con star mondiali come Madonna.

www.guinnessworldrecords.com/gap
ACCESS CODE: ‹52438›

LA PASSERELLA PIÙ LUNGA
Un gruppo di 111 modelle sfilò su una passerella di 1,111 chilometri costruita nel centro commerciale Seacon Square di Bangkok, Tailandia, tra il 27 e il 30 maggio 1998. La passerella, alta 1,8 metri e innalzata in 16 giorni da 150 uomini, era sponsorizzata dalla Unilever e, vista dall'alto, formava la parola "Lux", una marca di sapone della Unilever.

IL MAGGIOR NUMERO DI FOTO IN COPERTINA
Claudia Schiffer (Germania) fu scoperta in una discoteca tedesca quando aveva 17 anni e da allora non ha mai smesso di lavorare come modella. È apparsa su un numero record di 550 copertine di riviste,tra cui *Elle*, *Harper's Bazaar*, *Vogue* e *Cosmopolitan*. La Schiffer ha abbellito anche la copertina di *Time* ed è stata la prima modella apparsa in una copertina di *Rolling Stone*, in un'edizione speciale dedicata alle dieci donne più belle del mondo.

IL REGGISENO PIÙ COSTOSO
Il reggiseno Red Hot Fantasy costa 15 milioni di dollari. Creato da Victoria's Secret, è decorato da oltre 1300 pietre preziose, inclusi 300 carati di rubini tailandesi incastonati fra diamanti. Viene consegnato a domicilio da agenti di sorveglianza con un furgone blindato.

LE SCARPE CON IL TACCO PIÙ ALTO IN COMMERCIO
Le scarpe più alte disponibili sul mercato vantano una sbalorditiva combinazione di una suola di 27,9 centimetri e tacchi di 40,6 centimetri. Disponibili in pelle rossa o nera e opportunamente chiamate "Vertigo", le scarpe sono in vendita al prezzo di 1092 dollari. La ditta britannica LadyBWear che le produce avverte di non poter essere ritenuta responsabile di eventuali incidenti derivanti dall'uso delle Vertigo.

IL PAIO DI JEANS PIÙ COSTOSI
Nel marzo 1997, la Levi Strauss & Co pagò a un commerciante di vestiti usati di New York, Usa, 25 000 dollari per un paio di jeans modello 501. I jeans, ritrovati in una miniera di carbone ormai fuori uso in Colorado, erano stati probabilmente fabbricati tra il 1890 e il 1901.

LE SCARPE DA SKATE PIÙ VENDUTE
Il marchio Vans apparve nel 1966 in California, Usa, e alla fine degli anni Settanta le Vans erano erano le più vendute scarpe da skate in California. Oggi sono distribuite in oltre 126 punti vendita di proprietà dell'azienda negli Stati Uniti e in più di 80 paesi in tutto il mondo.

LA COLLANA DI PERLE PIÙ LUNGA
Una collana di 108 metri, pesante 8,7 chilogrammi e costituita da 14 400 perle è stata assemblata nel 1995 ad Ago-cho Yume-kaido, Giappone, nel corso di una campagna di promozione turistica della città.

IL PIÙ GIOVANE STILISTA DI ALTA MODA
Yves Saint Laurent (Francia) intraprese la carriera di stilista all'età di 17 anni. Iniziò a lavorare come assistente di Christian Dior, ma alla sua morte, quattro anni più tardi, assunse la direzione artistica della casa di alta moda.

IL MARCHIO DI BIANCHERIA INTIMA PIÙ VENDUTO
Quando si tratta di biancheria intima all'ultima moda, il marchio più venduto al mondo è Calvin Klein, l'intimo d'autore più venduto del mondo. Nel 1998 la società ha venduto 30 milioni di paia di mutande per un valore di 425 milioni di dollari. Il marchio è stato lanciato e promosso con l'aiuto di un gruppo scelto di personalità del mondo della moda e della musica come Kate Moss (GB), Christy Turlington (Usa), Macy Gray (Usa), Moby (Usa) e Marky Mark (Usa), che hanno conferito credibilità all'etichetta. Calvin Klein (Usa, a sinistra) ha fondato la società nel 1968. Anche se la società vanta come produzione principale l'abbigliamento femminile, la maggior parte delle sue entrate deriva dalla concessione del marchio a produttori di jeans, biancheria intima e profumi.

www.guinnessworldrecords.com/calvinklein
ACCESS CODE: ‹52645›

www.guinnessworldrecords.com/ralphlauren

ACCESS CODE: ‹52317›

LA CASA DI MODA CHE VENDE DI PIÙ
Il marchio di abbigliamento che vende di più al mondo è Ralph Lauren (indossato dalla brasiliana Gisele, a destra), che nel 2000 ha registrato vendite annuali per 3,2 miliardi di dollari. Con i marchi Polo Ralph Lauren, Polo Sport e The Ralph Lauren Collection, Ralph Lauren è presente con 240 negozi e punti vendita Polo in tutto il mondo; i suoi modelli sono presenti in 1600 grandi magazzini e negozi specializzati. Charles Edward Worth (GB), morto nel 1895, è stato il primo stilista di moda a "firmare" il proprio lavoro con un'etichetta e a far indossare i suoi abiti a modelle. Worth si trasferì a Parigi nel 1845, dove il suo talento come stilista fu ben presto scoperto dalle dame della corte di Napoleone III. A oltre un secolo dalla morte, il suo nome appare ancora nei profumi House of Worth, come *Worth Pour Homme* e *Je Reviens*.

L'ABITO DA SPOSA CON LO STRASCICO PIÙ LUNGO
L'abito da sposa con lo strascico più lungo, 204 metri, è stato creato da Hege Solli per il matrimonio di Hege Lorence e Rolf Rotset, Norvegia, il 1° giugno 1996. Lo strascico era tenuto sollevato da 186 damigelle d'onore e paggetti.

IL DIADEMA PIÙ COSTOSO
Il diadema più prezioso del mondo è stato disegnato da Gianni Versace nel 1996 e ha un valore di vendita stimato in 5 milioni di dollari. In oro giallo con diamanti da 100 carati, pesa circa 300 grammi.

IL PERIZOMA PIÙ GRANDE
Il perizoma più grande del mondo misura 9,2 x 4,6 metri ed è stato esposto nella sede centrale della società britannica Body Shop il 15 marzo 2001. L'enorme tanga in cotone rosso e bianco era stato realizzato nell'ambito della campagna Comic Relief "Pants to Poverty" per raccogliere fondi da destinare in beneficenza.

LA T-SHIRT PIÙ GRANDE
Lo Spring Centre Trust Fund britannico ha commissionato alla ditta produttrice di abbigliamento Patz una T-shirt gigantesca di colore bianco lunga 29 metri e larga 23,9 metri. Abbastanza grande da riempire un campo di cricket, è stata realizzata per raccogliere fondi da destinare in beneficenza a favore di bambini disabili.

www.guinnessworldrecords.com/humanachievement

imprese sovrumane

GUINNESS WORLD RECORDS

i più giovani

IL CONSULENTE COMMERCIALE PIÙ GIOVANE
Nell'aprile 2000, la catena di supermercati Tesco annunciò di aver assunto Laurie Sleator (GB), di sette anni, come esperto sui Pokémon. Laurie viene ricompensato con articoli con il marchio Pokémon.

IL MEDICO PIÙ GIOVANE
Balamurali Ambati di Hollis Hills, New York, Usa, divenne il medico più giovane del mondo quando ottenne la laurea al Mount Sinai School of Medicine di New York, il 19 maggio 1995, all'età di 17 anni. All'età di 11 anni aveva inoltre scritto, assieme al fratello maggiore, un libro sull'AIDS.

LA SCRITTRICE PIÙ GIOVANE
Dorothy Straight (Usa) aveva quattro anni quando scrisse *How the World Began* nel 1962. Il libro fu pubblicato nell'agosto del 1964 dalla casa editrice Pantheon Books.

IL CANTANTE PIÙ GIOVANE PRIMO IN CLASSIFICA
Jordy (Lemoine) raggiunse il primo posto della classifica francese con il brano *Dur Dur d'Etre Bébé* all'età di soli quattro anni e mezzo, nel settembre 1993. La canzone entrò poi anche nella classifica di Billboard.

IL PIÙ GIOVANE MUSICISTA A WOODSTOCK
Il 23 luglio 1999, l'undicenne Ilan Rubin (Usa) diventò il più giovane musicista nella trentennale storia dei concerti di Woodstock, inaugurando il festival di tre giorni a Rome, New York, Usa. Ilan suona la batteria nel complesso ska-punk F.o.N. (Freak of Nature) dall'età di nove anni.

IL GIORNALISTA ROCK PIÙ GIOVANE
Il regista/scrittore/produttore statunitense Cameron Crowe, nato nel 1957, ha iniziato la sua carriera di giornalista a 15 anni, scrivendo per riviste come *Penthouse*, *Playboy* e *Los Angeles Times*. A 16 anni entrò a far parte dello staff della rivista *Rolling Stone*, dove si è occupato di importanti musicisti come Bob Dylan, David Bowie ed Eric Clapton.

IL PIÙ GIOVANE VINCITORE DI UN DISCO DI PLATINO
Billy Gilman (Usa) aveva 12 anni e 3 mesi nell'agosto 2000 quando il suo album d'esordio *One Voice* raggiunse il milione di copie vendute negli Stati Uniti. È inoltre il più giovane cantante ad aver raggiunto la vetta delle classifiche americane, nel giugno 2000 con la canzone che dà il titolo all'album.

IL GIOCATORE DI BASKET (NBA) PIÙ GIOVANE
Jermaine O'Neal aveva 18 anni e 53 giorni quando fece il suo debutto nei Portland Trail Blazers contro i Denver Nuggets, il 5 dicembre 1996.

IL GIOCATORE DI BASEBALL PIÙ GIOVANE
Il più giovane giocatore in una World Series fu Fred Lindstrom, che aveva 18 anni e 339 giorni quando giocò per i New York Giants (NL) il 24 ottobre 1924.

CIRCUMNAVIGAZIONE IN SOLITARIA
David Griffiths Dicks (Australia) aveva 18 anni e 41 giorni al ritorno a Fremantle il 16 novembre 1996, dopo una circumnavigazione del globo in barca a vela compiuta in 264 giorni, 16 ore e 49 minuti.

IL PIÙ GIOVANE SUL MONTE EVEREST
Shambu Tamang (Nepal) raggiunse la vetta dell'Everest a quota 8850 metri il 5 maggio 1973, all'età di 17 anni, 6 mesi e 15 giorni.

LA PIÙ GIOVANE SQUADRA DI STAFFETTA A NUOTO ATTRAVERSO LA MANICA
La squadra Thane District AAA di Bombay, India, partendo dalla spiaggia Shakespeare Beach di Dover, Kent, GB, nuotò fino a Cap Gris-Nez, Francia, in 11 ore e 23 minuti, il 12 agosto 1996. I sei membri della squadra erano Kaveri Thakur (13), Rahul Modi (13), Daniel Reuben (13), Rashmi Sansare (14), Gunjan Parulkar (14) e Siddesh Parab (14).

IL PIÙ GIOVANE AD AVER PERCORSO A PIEDI L'APPALACHIAN TRAIL
Michael Cogswell (Usa) aveva sei anni quando percorse l'intero Appalachian Trail con la madre e il patrigno nel 1980, camminando per otto mesi e mezzo. L'Appalachian Trail è il sentiero più lungo del mondo e si estende da Katahdin, Maine, a Springer Mountain, Georgia, Usa, per circa 3500 chilometri.

IL PIÙ GIOVANE GRUPPO DI STUDENTI AL POLO NORD
Il 1° aprile 1998, otto allievi del Robertsbridge Community College, Sussex, GB, raggiunsero in volo il polo nord magnetico nel territorio Nunavut, Canada, accompagnati da due insegnanti. Gli studenti avevano un'età compresa tra i 13 e i 15 anni e durante la spedizione dovettero occuparsi di svolgere lavori di ricerca scientifica.

LA PERSONA PIÙ GIOVANE ARRIVATA SU ENTRAMBI I POLI
Il britannico Robert Schumann giunse al Polo Nord a 10 anni, il 6 aprile 1992, e al Polo Sud a 11 anni, il 29 dicembre 1993. Al Polo Nord arrivò e ripartì a bordo di un aereo, mentre al Polo Sud arrivò in mountain bike (dopo essere atterrato con l'aereo nelle vicinanze del polo) e ripartì in aereo. In entrambi i viaggi fu accompagnato dal padre.

LA CAMPIONESSA DI GINNASTICA PIÙ GIOVANE
La rumena Aurelia Dobre (sopra) vinse il titolo mondiale assoluto femminile il 23 ottobre 1987, a 14 anni e 352 giorni a Rotterdam, Olanda. La competizione prevede l'esecuzione di esercizi in quattro diverse discipline (trave, volteggio, corpo libero e parallele asimmetriche), nelle quali si viene giudicati con un punteggio separato. Ispirata dalla campionessa di ginnastica rumena Nadia Comaneci, Aurelia Dobre iniziò ad allenarsi all'età di sei anni, debuttando nelle competizioni giovanili nel 1983. Il suo primo campionato del mondo, nel 1987, fu quello in cui ebbe maggior successo, con l'assegnazione di tre medaglie d'oro (il titolo a squadre, il titolo assoluto e quello individuale nella trave) e una di bronzo. Alle Olimpiadi del 1988 conquistò la medaglia d'argento a squadre e ottenne lo stesso risultato l'anno dopo ai Campionati del Mondo. Aurelia Dobre si è ritirata nel 1990, all'età di 17 anni, e ora lavora come coreografa e insegnante di danza.

www.guinnessworldrecords.com/gymchamp

ACCESS CODE: ‹45033›

BALLERINE DI FILA
Nel gennaio 1998, Siobhan Dunn (GB, sopra) divenne la più giovane ballerina di fila ad aver conquistato un titolo mondiale vincendo il Campionato mondiale giovanile a Nashville, Tennessee, Usa, all'età di 6 anni, 6 mesi e 11 giorni.

Due anni più tardi, il 20 gennaio 2000, a Tamworth, Australia, 6275 persone si misero in fila per ballare insieme per un totale di 6,28 minuti.

www.guinnessworldrecords.com/linedancechamp

ACCESS CODE: ‹53295›

LO CHEF PIÙ GIOVANE
Justin Miller (Usa) divenne famoso per le sue capacità culinarie all'età di cinque anni e a sette pubblicò un libro di ricette, *Cucinare con Justin: ricette per bambini (e genitori)*. Justin sta ora completando il suo secondo libro di ricette, *Rompi un uovo*, e lavora come consulente della Marriot Hotel per la preparazione di menù per bambini.

IL PIÙ GIOVANE ROMPITORE DI BLOCCHI DI CEMENTO USA
David Chu Tan (Germania), allenato dal padre (un maestro di arti marziali), aveva soltanto 11 anni quando riuscì a rompere 24 lastre di cemento con la testa in 30 secondi, eseguendo una capriola in avanti ogni due blocchi. David stabilì questo record il 20 dicembre 2000, dopo un addestramento cui il padre lo ha sottoposto fin dall'infanzia.

IL LAUREATO PIÙ GIOVANE
Michael Kearney conseguì una laurea di primo grado (Bachelor of Arts) in antropologia all'Università dell'Alabama del Sud nel giugno 1994, a 10 anni e 4 mesi.

www.guinnessworldrecords.com/bowwow

IL RAPPER PIÙ GIOVANE
Nato il 9 marzo 1987, Lil Bow Wow (Usa, a destra) cominciò a fare rap a cinque anni. È stato il più giovane ad aver conquistato il primo posto nelle classifiche rap americane, con il singolo *Bounce With Me*, in vetta per otto settimane. Il singolo *Bow Wow (That's My Name)* è stato al 55° posto nella classifica dei singoli Billboard Hot 100. È stato soprannominato Lil Bow Wow da Snoop Doggy Dogg, superstar rap che ha venduto milioni di dischi.

ACCESS CODE: ‹56520›

GUINNESS WORLD RECORDS

i più vecchi

L'ATTRICE PIÙ VECCHIA

L'attrice francese Jeanne Louise Calment (1875–1997) interpretò se stessa all'età di 114 anni nel film *Vincent and me* (1990). Il film racconta la storia di una giovane donna che viaggia nel tempo fino alla Francia del XIX secolo per conoscere il famoso pittore Vincent van Gogh. La signora Calment fu una delle ultime persone ad aver realmente conosciuto Van Gogh, nel 1888. Louise Calment, morta all'età di 122 anni, è stata la persona più vecchia la cui data di nascita sia stata verificata in modo attendibile.

ACROBAZIE IN MOTO E SUL GHIACCIO

L'inglese Jerry De Roye (a sinistra), nato Gerald Jones nel 1927, è il motociclista più anziano a esibirsi sul muro della morte. Si esibisce tuttora su una moto "Scout" bicilindrica Indian Type 101 del 1927.

Prince Constantin del Lichtenstein è un altro pensionato che ha sfidato la morte. Il 15 febbraio 2000, all'età di 88 anni e 54 giorni, è diventato la persona più vecchia ad aver concluso con successo il Cresta Run. Questa pista ghiacciata di 1,2 chilometri a Saint Moritz, Svizzera, è una delle sfide leggendarie dello sport. I piloti, distesi con la testa in avanti su uno slittino, percorrono una pista con un dislivello di 157 metri e inclinazioni che vanno da 1:2,8 a 1:8,7. Le velocità raggiunte sfiorano i 150 chilometri orari ed è estremamente difficile affrontare le incredibili curve del percorso.

www.guinnessworldrecords.com/wallofdeath
ACCESS CODE: ‹48665›

IL PERSONAGGIO TELEVISIVO PIÙ VECCHIO

Myrtle Wood (nata in Australia nel 1900) appare tuttora alla televisione australiana nella parte di una modella in *Sale Of The Century*. È nota per aver interpretato per 17 anni il personaggio di Granny Davis, la casalinga che nel 1963 introdusse il pane a fette nelle case australiane.

LA PIANISTA PIÙ VECCHIA

Nel 1990, la pianista rumena Cella Delavrancea (1887–1991) concesse sei bis al termine del suo ultimo concerto, tenuto all'età di 103 anni.

LE SCRITTRICI PIÙ VECCHIE

Le sorelle e co-autrici Elizabeth e Sarah Louise Delany pubblicarono *The Delany Sisters' Book Of Everyday Wisdom* nell'ottobre 1994, quando Sarah Louise aveva 105 anni ed Elizabeth 103. In seguito alla morte di Elizabeth, nel 1995, Sarah scrisse *On My Own At 107*, pubblicato dalla Kodansha America nel 1997.

LA PERSONA ADOTTATA PIÙ VECCHIA

Nata nel 1940, Paula Louise Daly Winter Dolan (Usa) fu adottata il 5 novembre 1998, all'età di 58 anni, 5 mesi e 17 giorni. I genitori adottivi erano gli zii John ed Elizabeth Winter. La Dolan era stata ripudiata dai genitori quasi quarant'anni prima per aver sposato un uomo che essi non approvavano.

IL PILOTA PIÙ VECCHIO

Cole Kugel (nato nel 1902, Usa) pilotava ancora l'aereo nel 2001, a 99 anni di età. Kugel è nato un anno prima del volo dei leggendari fratelli Wright e negli ultimi 71 anni ha sempre volato. È il socio più anziano degli International Flying Farmers.

IL SURFISTA PIÙ VECCHIO

Charles Ruijter (nato nel 1915) si è dedicato al windsurf nel 1978 all'età di 63 anni e ancora oggi pratica questo sport nei laghi presso Eindhoven, Olanda. Velista e rematore di grande esperienza, il bisnonno Charles è rigorosamente autodidatta.

IL MARCIATORE PIÙ VECCHIO

Philip Rabinowitz (nato nel 1904) di Hout Bay, Città del Capo, Sudafrica, gareggia ancora regolarmente in gare di marcia su distanze superiori ai 20 chilometri.

LA PATTINATRICE PIÙ VECCHIA

La più vecchia pattinatrice professionista è Donna Vano (nata nel 1953, Usa). Donna gareggia dal 1991 su pattini in linea, oltre che su skateboard e snowboard. I pattinatori "in linea" si servono di una rampa a U per compiere salti e altre acrobazie.

IL MOTOCICLISTA PIÙ VECCHIO

Il 2 maggio 2000, Len Vale Onslow percorse in moto 195 chilometri dalla sua casa di Birmingham, GB, fino ai cancelli di Buckingham Palace, Londra, per ricevere il telegramma di congratulazioni che tradizionalmente la regina invia a ogni cittadino britannico che raggiunga i 100 anni di età. Len, titolare di un negozio di motociclette, iniziò a guidarle all'età di sette anni.

IL CIRCUMNAVIGATORE PIÙ VECCHIO

Nel 1994, Fred Lasby (Usa) portò a termine un volo intorno al mondo in solitaria a bordo di un Piper Comanche monomotore all'età di 82 anni. Partito da Fort Myers, Florida, Usa, il 30 giugno, volò in 21 tappe per 37 366 chilometri in direzione ovest e fece ritorno a Fort Myers il 20 agosto.

IL MARATONETA PIÙ VECCHIO

L'americano Bill Galbrecht (nato nel 1928) ha partecipato a un totale di 56 maratone, incluse almeno due in ognuno dei cinque continenti. Ancora recentemente, fra il 1997 (69 anni) e il 1999 (71 anni), ha partecipato a maratone in tutti i continenti.

IL PIÙ VECCHIO VELISTA TRANSOCEANICO

Michael Richey (GB) aveva 80 anni e 25 giorni quando approdò a Plymouth, GB, il 31 luglio 1997, dopo essere partito da solo da Newport, Rhode Island, Usa. Esperto marinaio, già della Marina britannica durante la

I LAVORATORI PIÙ TENACI

James Janssen (nato nel 1921, Usa, a sinistra) è il bagnino più vecchio del mondo. Prete cattolico in pensione, non si limita a prestare assistenza nella piscina del Davenport Outing Club, Iowa, Usa, ma insegna anche nuoto e aerobica in acqua.

Mentre Janssen ha scelto una nuova carriera quando è andato in pensione, altri hanno semplicemente deciso di non andare in pensione. Il dottor Ishwar C. Dalal (nato nel 1900, India) svolge la professione di medico dal 1935. Leamon Ward (nato nel 1910, Usa) fa il parrucchiere dal luglio 1927 e lavora tuttora quattro giorni alla settimana nel suo negozio di Keystone Heights, Florida, Usa. Il dentista Valanjattil Kuruvilla Mani (nato nel 1910, India) è attivo dal 1935.

www.guinnessworldrecords.com/lifeguard
ACCESS CODE: ‹54621›

Seconda guerra mondiale, dal 1966 Richey ha effettuato diversi viaggi in solitaria a bordo della *Jester*.

IL PIÙ VECCHIO SCALATORE DEL KILIMANGIARO
L'11 febbraio 1999, all'età di 71 anni e 126 giorni, Dow Prouty (Usa) scalò il Kilimangiaro, Tanzania, il più alto monte africano con i suoi 5895 metri. Prouty, accompagnato dal figlio e dalla figlia, impiegò sei giorni per raggiungere la vetta nevosa.

LA PERSONA PIÙ VECCHIA IN DISCESA A CORDA DOPPIA
Il 25 novembre 2000, Dorothy "Dos" Williams (nata nel 1916, GB) si calò in discesa a corda doppia da un palazzo alto oltre 30 metri nel Flintshire, GB. Con l'appoggio dell'associazione North East Wales Search and Rescue Team, la Williams raccolse quasi 2000 sterline a favore della ricerca sul cancro.

IL PARACADUTISTA PIÙ VECCHIO IN SOLITARIA
Il 19 giugno 1998, all'età di 92 anni, il pilota in pensione Herb Tanner (Usa) si lanciò da solo da un monomotore a circa 1000 metri di altitudine sopra Cleveland, Ohio. Tanner si lanciò dopo aver ricevuto le istruzioni basilari e aver effettuato 10 salti di prova con un simulatore, senza badare al suo ginocchio artificiale o all'apparecchio acustico.

LA PERSONA PIÙ VECCHIA IN DELTAPLANO
La persona più vecchia ad aver volato in tandem su un deltaplano è Veronica Adams (nata nel 1904, Australia), che aveva 94 anni e 92 giorni quando, il 3 novembre 1998, volò sopra Helensburgh, Nuovo Galles del Sud, Australia.

IL PARACADUTISTA PIÙ VECCHIO IN TANDEM
Il norvegese Bjarne Mæland (nato nel 1899) effettuò il suo primo lancio in tandem all'età di 100 anni e 21 giorni, saltando da un'altitudine di 3200 metri.

www.guinnessworldrecords.com/cher

IL FASCINO DI CHER
La cantante più anziana ad aver raggiunto la vetta delle classifiche americane è Cher (Usa, a destra). Nel marzo 1999, all'età di 52 anni, arrivò al primo posto con il singolo *Believe* e vi rimase per quattro settimane. La canzone faceva parte dell'omonimo album del 1998, quello di maggior successo della lunga carriera di Cher. L'intervallo trascorso dal precedente numero uno di Cher costituisce un altro record, poiché bisogna risalire a *Dark Lady*, del 1974.

ACCESS CODE: ‹56125›

GUINNESS WORLD RECORDS™

viaggi epici

IL MAGGIOR NUMERO DI CHILOMETRI IN UN ANNO
Dal 18 maggio 1988 al 18 maggio 1989, due Opel Rekord della Delta Motor Corporation di Port Elizabeth, Sudafrica, percorsero 573029 chilometri, pari a 14 volte la lunghezza dell'equatore, alla media di 1570 chilometri al giorno.

I GIRI DEL MONDO PIÙ VELOCI IN AUTOMOBILE
Jeremy Levine, James Burke e Mark Aylett (tutti del Regno Unito) hanno impiegato 19 giorni, 10 ore e 10 minuti (escluso il tempo trascorso su navi) per effettuare un giro del mondo a bordo di un taxi. Partiti da Buckingham Palace, Londra, il 16 giugno 2000, sono tornati al punto di partenza l'11 ottobre 2000, dopo aver percorso 29159 chilometri attraverso Francia, Italia, Grecia, Bulgaria, Turchia, Siria, Giordania, Arabia Saudita, Australia, Nuova Zelanda, Stati Uniti e Spagna, e aver solcato le acque di Manica, Mar Adriatico, Mar Rosso, Mar di Tasmania, Oceano Indiano, Atlantico e Pacifico.

Il record del primo e più veloce giro del mondo in auto, secondo i regolamenti in vigore nel 1989 e con un percorso totale superiore alla lunghezza dell'equatore (40750 chilometri), appartiene ai coniugi Mohammed e Neena Salahuddin Choudhury di Calcutta, India. Il loro viaggio fu compiuto in 69 giorni, 19 ore e 5 minuti, dal 9 settembre al 17 novembre 1989.

IN VIAGGIO CON IL SOLE
Il più lungo viaggio a energia solare è stato compiuto dall'auto Radiance (a sinistra), che percorse 7043,5 chilometri attraversando il Canada da Halifax a Vancouver in 29 giorni, dal 1° al 29 luglio 2000. Realizzata dal Solar Vehicle Team della Queen's University dell'Ontario, consuma la stessa energia di un tostapane, è alta meno di un metro e il pilota deve letteralmente sdraiarcisi dentro. L'intero viaggio della Radiance è costato meno di 5 dollari canadesi, contro i 3000 dollari di carburante consumato dal camion di assistenza al suo seguito.

www.guinnessworldrecords.com/solarcar
ACCESS CODE: ‹56015›

I GIRI DEL MONDO PIÙ VELOCI IN BICICLETTA
Tal Burt (Israele) effettuò un giro del mondo in bici in 77 giorni e 44 ore, dal 1° giugno al 17 agosto 1992, coprendo la distanza di 21329 chilometri, con partenza e arrivo a Parigi.

Jay Aldous e Matt DeWaal (Usa) percorsero in bicicletta 22997 chilometri attorno al mondo partendo da Salt Lake City, Utah, Usa, in 106 giorni, dal 2 aprile al 16 luglio 1984.

LA PEDALATA PIÙ IN ALTO
L'11 agosto 2000, i belgi Siegfried Verheijkee e Luc Belet e il danese Martin Adserballe pedalarono con le loro mountain bike a un'altitudine di 7008 metri sui pendii innevati del Muztagata, nella provincia cinese di Xinjiang. Per raggiungere la quota desiderata impiegarono 14 giorni, trasportando a spalla le biciclette smontate (pesanti 10-12 chilogrammi) e fissate agli zaini.

IL VIAGGIO PIÙ LUNGO CON UN MONOCICLO
Hanspeter Beck (Australia) percorse 6237,96 chilometri con un monociclo partendo da Port Hedland, Australia occidentale, e arrivando a Melbourne, Victoria, Australia, in 51 giorni, 23 ore e 25 minuti, dal 30 giugno al 20 agosto 1985.

IL VIAGGIO PIÙ LUNGO A BORDO DI UN'AUTO-RISCIÒ
Fra il 17 dicembre 1999 e il 23 giugno 2000, i britannici Ken Twyford e Gerald Smewing tornarono nel Lancashire dall'India a bordo di un'auto-risciò con motore da 145 cc (un veicolo leggero, senza portiere, in grado di viaggiare a circa 50 chilometri orari, usato come taxi nel subcontinente indiano). Viaggiarono per 19165 chilometri attraversato India, Pakistan, Iran, Turchia, Grecia, Italia, Francia e Inghilterra.

IL VIAGGIO PIÙ LUNGO IN BICICLETTA SU UNA RUOTA
Il viaggio più lungo in bicicletta su una sola ruota è stato quello di 4569 chilometri compiuto da Kurt Osburn di Fullerton, California, Usa, fra il 13 aprile e il 25 giugno 1999. Osburn si servì di una bicicletta di tipo BMX con sella imbottita e a pignone fisso, cioè con i pedali che spingono la bicicletta sia in avanti sia indietro, come un monociclo. Osburn effettuò il viaggio in tappe di 80 chilometri alla media di 16 chilometri orari.

LA PIÙ VELOCE TRAVERSATA DELL'AMERICA IN VELOCIPEDE
Il record per la più veloce traversata dell'America con un velocipede appartiene a Steve Stevens (Usa, a sinistra), che dal 26 maggio al 23 giugno 2000 pedalò da San Francisco, California, a Boston, Massachusetts, con un veicolo Rudge del 1887, acquistato e restaurato personalmente dall'autore dell'impresa. Per completare il viaggio di 5238 chilometri Stevens impiegò 29 giorni, 9 ore e 3 minuti. A 55 anni di età, percorse in media 180 chilometri al giorno su una bicicletta con ruote di gomma piena e senza sospensioni. Con una ruota anteriore di 1,37 metri di diametro, il Rudge Light Roadster 1887 è solo l'ultimo di una lunga serie di velocipedi posseduti da Steve: il primo gli fu regalato quando aveva sei anni.

www.guinnessworldrecords.com/pennyfarthing
ACCESS CODE: ‹55918›

LA CORSA PIÙ LUNGA

Gary Parsons (Australia) corse per 19 030,3 chilometri in 274 giorni e 8 minuti, con partenza e arrivo a Brisbane, Queensland, Australia, dal 25 aprile 1999 al 25 gennaio 2000. L'8 novembre 1999 completò il giro dell'Australia in 197 giorni, 23 ore e 49 minuti, dopo aver percorso 14 399,3 chilometri. Poi effettuò il giro della Tasmania e fece quindi ritorno in Australia per completare la corsa. Durante il viaggio stabilì via via i record sulle distanze di 10 000 chilometri (135 giorni, 9 ore e 50 minuti), 15 000 chilometri (205 giorni, 23 ore e 18 minuti) e 10 000 miglia (221 giorni, 1 ora e 7 minuti).

LA DISCESA PIÙ VELOCE CON GLI SCI DAL MONTE EVEREST

Il 7 ottobre 2000, il maestro di sci Davo Karnicar (Slovenia) scese dalla vetta dell'Everest al campo base (da 8848 a 5350 metri) in cinque ore, senza mai togliere gli sci. Per contro, per salire aveva impiegato un mese, per acclimatarsi alle alte quote.

IL PIÙ LUNGO VIAGGIO IN ANTARTIDE SENZA ASSISTENZA

Alain Hubert e Dixie Dansercoer (Belgio) sono stati gli unici uomini ad aver attraversato l'Antartide senza assistenza da nord a sud. Il viaggio di 3900 chilometri iniziò il 4 novembre 1997 e terminò il 9 febbraio 1998, dopo 99 giorni di lotta contro bufere e temperature costantemente inferiori a -10° C. Con i soli sci e un aquilone da traino sono stati in grado di toccare medie di 45 chilometri orari e di percorrere 1900 chilometri nelle 20 giornate più favorevoli.

LA PIÙ VELOCE TRAVERSATA DELL'ANTARTIDE

Ranulph Fiennes, Oliver Shepard e Charles Burton (tutti britannici) completarono il tratto transantartico della Trans-Globe Expedition 1980–82 in 55 giorni tra il 28 ottobre 1980 e l'11 gennaio 1981. In motoslitta coprirono 4185 chilometri da Sanae alla base Scott e raggiunsero il Polo Sud il 15 dicembre 1980. La durata del viaggio comprende 17 giorni di attesa per l'autorizzazione a visitare il Polo e una sosta di quattro giorni una volta arrivati là.

LA PIÙ LUNGA TRAVERSATA ANTARTICA IN SOLITARIA

Mitsuro Ohba (Giappone) camminò, sciò e planò in parapendio per 3824 chilometri attraverso l'Antartide in 99 giorni, dal 9 novembre 1998. Partito dalla costa Princess Astrid sul versante sudafricano dell'Antartide e diretto verso la costa Walgreen, sul versante cileno, fu costretto dal maltempo ad abbandonare l'impresa a soli 200 chilometri dalla meta.

www.guinnessworldrecords.com/messner

ACCESS CODE: ‹44794›

IN VETTA ALL'EVEREST

Raggiungere la vetta dell'Everest è comunque un'impresa, ma la scalata dal versante sud è generalmente considerata la meno impegnativa, con l'ascesa finale attraverso il Colle Sud, il passo principale tra i picchi dell'Everest e del Lotse. Tuttavia, per questa via gli alpinisti si trovano ad affrontare la Grande Seraccata del Khumbu (a destra), insidiosa, oltre che per i crepacci, per la frequente la caduta di detriti e blocchi di ghiaccio.

Nel maggio 1978, il famoso alpinista italiano Reinhold Messner e Peter Habeler (Austria) superarono la Grande Seraccata e raggiunsero la vetta dell'Everest senza bombole di ossigeno. Reinhold Messner ha scalato tutte le 14 montagne esistenti di altezza superiore agli 8000 metri. Nel 1982, divenne il primo uomo ad aver raggiunto la vetta delle tre montagne più alte del mondo (Everest, K2 e Kangchenjunga).

eroi dell'aria e del mare

VELOCITÀ IN VOLO

Il primato ufficiale di velocità è di 3529,56 chilometri orari (più o meno la velocità di un proiettile da fucile), stabilito il 28 luglio 1976 presso la base dell'aeronautica militare di Beale in California, Usa, sulla distanza di 250 chilometri, dal capitano Eldon W. Joersz e dal maggiore George T. Morgan con un Lockheed SR-71A Blackbird. In confronto, un Concorde viaggia alla velocità di 2124 km/h. Il "Blackbird" ha percorso il tratto di volo da New York a Londra in 1 ora e 55 minuti, mentre il Concorde impiega in media 3 ore e 50 minuti.

IL VOLO ORIZZONTALE ALLA QUOTA PIÙ ALTA

Il 28 luglio 1976, Robert C. Helt e Larry A. Elliot dell'aeronautica militare degli Stati Uniti raggiunsero la quota di 25 929,031 metri in volo orizzontale su un Lockheed SR-71A "Blackbird" presso la base di Beale, California, Usa. Un Boeing 747 viaggia intorno ai 10 000 metri di quota.

IL SALTO BANZAI PIÙ LUNGO

JP

Il 2 settembre 2000, Yasuhiro Kubo (Giappone) saltò senza paracadute da un aeroplano a 3000 metri di quota e scese in caduta libera per 50 secondi prima di agganciarsi a un paracadute precedentemente lanciato dallo stesso aeroplano.

IL RECORD IMMERSIONI IN APNEA

Il 13 maggio 2000, Audrey Mestre Ferrera (Francia, a sinistra) stabilì il record femminile scendendo alla profondità di 125 metri a Las Palmas, isole Canarie, Spagna. Rimase in apnea per un totale di 2 minuti e 30 secondi. Il record maschile è di 152 metri, stabilito da Loic Leferme (Francia) il 22 giugno 2000 a Nizza, Francia.

www.guinnessworldrecords.com/onebreathdive

ACCESS CODE: ‹55885›

MONGOLFIERE IN VOLO A QUOTE ESTREME

Il 6 maggio 2000, Krzysztof Rekas (Polonia) volò per quattro minuti con una mongolfiera AX-6 da 125 metri sotto il livello del suolo fino alla superficie nella miniera di sale di Wieliczka nei pressi di Cracovia, Polonia.

Il primato di altitudine è invece di 19 800 metri, quota raggiunta il 6 giugno 1988 da Per Lindstrand (GB) con una mongolfiera Colt 600 sopra Laredo, Texas, Usa.

IL VOLO PIÙ LUNGO CON UN VELIVOLO A PEDALI

Il 23 aprile 1988, Kanellos Kanellopoulos (Grecia) mentenne in volo il suo velivolo *Daedalus 88* per 3 ore, 54 minuti e 59 secondi pedalando per 115,11 chilometri tra Heraklion e Santorini, Grecia. Il volo si concluse bruscamente quando una raffica di vento danneggiò la coda del velivolo facendolo precipitare in mare.

IL GIRO DEL MONDO PIÙ VELOCE IN AEROPLANO

Il più veloce giro del mondo secondo la FAI (Fédération Aéronatique Internationale) è stato quello compiuto verso est in 31 ore, 27 minuti e 49 secondi da un Concorde della Air France dall'aeroporto JFK di New York, via Tolosa, Dubai, Bangkok, Guam, Honolulu e Acapulco, il 15-16 agosto 1995.

LA QUOTA PIÙ ALTA RAGGIUNTA IN PARAPENDIO

Il 6 gennaio 1993, Robbie Whittal (GB), con l'ausilio di una bombola di ossigeno, guadagnò 4526 metri di quota a Brandvlei, Sudafrica. A tale altezza, cominciò a formarsi ghiaccio sulla tuta e sul parapendio.

IL VOLO PIÙ LUNGO CON PARAPENDIO

Il 16 novembre 1998, Godfrey Wennes (Australia) volò con un parapendio per 335 chilometri dal monte Borah alla Enarra Station, Australia.

I RECORD IN MONGOLFIERA

La prima mongolfiera a compiere un giro del mondo non-stop è stata la *Breitling Orbiter 3*, pilotata dallo svizzero Bertrand Piccard e dal britannico Brian Jones. Partita da Chateau d'Oex, Svizzera, il 1° marzo 1999, fissò il record di circumnavigazione in 15 giorni, 10 ore e 24 minuti. Il volo continuò fino al 21 marzo con una percorrenza totale di 40 814 chilometri, 739 più della circonferenza dell'equatore. L'intero volo durò 19 giorni, 21 ore e 47 minuti, consentendo di stabilire anche i record di distanza e durata secondo le norme FAI. Il record di distanza in solitaria è di 22 909 chilometri, stabilito da Steve Fosset (Usa). Fosset partì da Mendoza, Argentina, il 7 agosto 1998, ma poi precipitò nel Pacifico, a 800 chilometri della costa dell'Australia, il 16 agosto 1998.

www.guinnessworldrecords.com/circumballoon

ACCESS CODE: ‹44059›

LA TRAVERSATA PIÙ VELOCE DELL'ATLANTICO

Il record assoluto per la più veloce traversata dell'Atlantico è di 2 giorni, 10 ore, 34 minuti e 47 secondi, effettuata tra il 6 e il 9 agosto 1992 dalla motobarca italiana *Destriero*. L'imbarcazione a propulsione di turbine a gas tenne una velocità media di 45,7 nodi (84,6 km/h), nonostante un peso di quasi 400 tonnellate. In confronto, la traversata della *Mayflower* nel 1620 durò 66 giorni, mentre all'epoca del *Titanic* (1912) la traversata più veloce richiedeva ancora almeno 4-5 giorni.

LA TRAVERSATA PIÙ VELOCE DELLA MANICA

Chad Hundeby, California, Usa, completò la traversata della Manica da Shakespeare Beach, Dover a Cap Gris-Nez, Francia, il 27 settembre 1994, in 7 ore e 17 minuti. Il record per la traversata più veloce dalla Francia all'Inghilterra è di 8 ore e 5 minuti, stabilito dal britannico Richard Davey nel 1988.

LA VELOCITÀ PIÙ ELEVATA SULL'ACQUA

L'8 ottobre 1978, l'australiano Ken Warby stabilì il record ufficiale di 275 nodi (circa 511 km/h) a bordo dell'idroplano *Spirit of Australia* sul Blowering Dam Lake, Nuovo Galles del Sud, Australia. Il primato ufficioso è di 300 nodi (circa 555 km/h), stabilito sempre da Warby il 20 novembre 1977.

LA TRAVERSATA ATLANTICA PIÙ VELOCE A REMI

Tra ottobre e novembre 1997, i neozelandesi Phil Stubbs e Robert Hamill traversarono l'Atlantico da Tenerife a Barbados in 41 giorni, a bordo di una barca a remi lunga 6,5 metri. Nonostante una sosta forzata di due giorni per una tempesta, riuscirono a migliorare di 32 giorni il record precedente del 1971.

IL VIAGGIO PIÙ LUNGO IN PEDALÒ

Il giapponese Kenichi Horie viaggiò per 7500 chilometri su una barca a pedali, con partenza da Honolulu, Hawai, il 30 ottobre 1992, e arrivo a Naha, Okinawa, Giappone, il 17 febbraio 1993.

A PIEDI SULL'ACQUA

Rémy Bricka, di Parigi, Francia, attraversò l'Oceano Atlantico servendosi di sci galleggianti lunghi 4,2 metri. Partito da Tenerife il 2 aprile 1988, giunse a Trinidad il 31 maggio 1988 dopo aver percorso 5636 chilometri. Partito senza scorte di acqua dolce né di razioni alimentari, Bricka sopravvisse per due mesi nutrendosi di plancton e giunse a destinazione in pieno delirio. Nell'aprile 2000, tentò di attraversare nello stesso modo l'Oceano Pacifico, dagli Stati Uniti verso l'Australia, ma a causa di diversi problemi fu costretto ad abbandonare l'impresa.

www.guinnessworldrecords.com/oceanwalk

ACCESS CODE: ‹48769›

IL PIÙ VELOCE GIRO DEL MONDO A VELA IN SOLITARIA

Michel Desjoyeaux (Francia) vinse l'edizione 2000 della regata in solitaria Vendée Globe, con partenza e arrivo a Les Sables d'Olonne, Francia, in 93 giorni, 3 ore, 57 minuti e 32 secondi, dopo aver percorso 38 600 chilometri a bordo del suo yacht *PRB* dal 5 novembre 2000 al 10 febbraio 2001. La Vendée Globe prevede la circumnavigazione più breve e più insidiosa, con rotta a sud intorno al continente antartico prima di ridirigersi verso nord.

LA TRAVERSATA PIÙ VELOCE DEL PACIFICO A REMI IN SOLITARIA

Jim Shekhdar (GB) remò attraverso il Pacifico per 273 giorni, 13 ore e 12 minuti partendo da Ilo, Perù, il 29 giugno 2000, e arrivando presso Brisbane, Australia, il 30 marzo 2001. Percorse oltre 14 500 chilometri senza supporto esterno a bordo di *Le Shark*, una barca di 10 metri appositamente costruita.

LA DISCESA OCEANICA ALLA MAGGIORE PROFONDITÀ

Il 23 gennaio 1960 il batiscafo *Trieste*, costruito in Svizzera per la marina statunitense, con a bordo Jacques Piccard (Svizzera) e Donald Walsh (Usa), scese a 10 911 metri nella fossa delle Marianne, nell'Oceano Pacifico.

L'IMMERSIONE ALLA MAGGIORE PROFONDITÀ

Il 23 agosto 1996, Nuno Gomes (Sudafrica) si immerse a 282,6 metri di profondità nella fossa di Boesmansgat, Sudafrica. Per l'immersione utilizzò sette bombole da 88 litri per un peso complessivo di 135 chilogrammi e 54 730 litri di una miscela di aria, ossigeno, azoto (trimix).

www.guinnessworldrecords.com/ellen

RECORD FEMMINILE DI CIRCUMNAVIGAZIONE

All'età di 24 anni, Ellen MacArthur (GB) ha stabilito il record femminile di circumnavigazione a vela nel tempo di 94 giorni, 4 ore, 25 minuti e 40 secondi, classificandosi seconda nella Vendée Globe 2000, regata in solitaria con partenza e arrivo a Les Sables d'Olonne, Francia. La MacArthur navigò su *Kingfisher* per 38 600 chilometri dal 5 novembre 2000 all'11 febbraio 2001. È stata inoltre la più giovane partecipante ad aver completato una delle regate più impegnative.

ACCESS CODE: ‹56222›

GUINNESS WORLD RECORDS

coraggio e resistenza

IL LETTO DI CHIODI PIÙ PESANTE
Il 24 giugno 2000, Lee Graber (Usa) rimase sdraiato per 10 secondi fra due letti di chiodi con un peso di 752,5 chilogrammi posto sopra il letto superiore.

IL LETTO DI CHIODI CON PIÙ STRATI
L'8 ottobre 2000, a Tallmadge, Ohio, Usa, Lee Graber, Todd Graber, Chris Smith e Doreen Graber (Usa) si disposero su quattro letti di chiodi sovrapposti: Lee Graber steso su un letto appoggiato al suolo, Todd su un letto sopra Lee, ancora più sopra Chris e infine Doreen. La formazione fu mantenuta per 10 secondi, con Lee chiamato a sostenere un peso di circa 340 chilogrammi.

LA NUOTATA PIÙ LUNGA SOTTO IL GHIACCIO IN COSTUME DA BAGNO
FI

Il 16 marzo 2000, Wim Hof (Olanda) nuotò per 57,5 metri sotto il ghiaccio in un lago in Finlandia. Nonostante una temperatura dell'acqua di –6° C, non fece uso di equipaggiamenti speciali, indossando solamente il costume e un paio di occhialini da nuoto. Per completare la distanza impiegò 1 minuto e 1 secondo.

IN BICICLETTA SOTT'ACQUA
Il 12 aprile 2000, Vittorio Innocente di Carro, La Spezia, percorse 1200 metri in bicicletta sott'acqua nella piscina olimpionica di Chiavari in 23 minuti e 54 secondi. La bicicletta di Vittorio era stata zavorrata con 35 chilogrammi di piombo, mentre i pneumatici erano stati riempiti d'acqua. La bicicletta era inoltre fornita di quattro spoiler e di due piastre verticali per fornire stabilità.

CORSA A CARPONI
La più lunga distanza coperta in una sola tappa a carponi (una delle due ginocchia deve essere sempre a contatto con il terreno) è di 50,5 chilometri; il primato è stato stabilito il 28-29 marzo 1992 da Peter McKinlay e John Murrie, che percorsero 115 volte una pista di atletica a Falkirk, GB. Superarono il record precedente di 1,86 chilometri invece dei pochi metri in più che avevano previsto percorrendo i giri all'esterno invece che all'interno della pista e raccolsero inoltre più di 4400 dollari per beneficenza. Per mesi si erano preparati allenandosi e immergendo le ginocchia in alcol denaturato ma, nonostante indossassero resistentissimi guanti da congelatori e ginocchiere da minatore, alla fine della prova entrambi presentavano evidenti escoriazioni e vesciche.

www.guinnessworldrecords.com/longcrawl
ACCESS CODE: ‹48740›

LA PIÙ LUNGA PEDALATA IN CYCLETTE SOTT'ACQUA
Senza l'ausilio di alcun respiratore e senza riprendere fiato, il 6 novembre 2000 Benjamin Franz (Germania) riuscì a far segnare sott'acqua una distanza di 558 metri in 1 minuto e 33,5 secondi su una cyclette Kettler "Racer".

L'IMMERSIONE PIÙ LUNGA
Michael Stevens (GB) rimase sott'acqua senza interruzione per 212 ore e 30 minuti con un respiratore scuba, dal 14 al 23 febbraio 1986.

LA PIÙ LUNGA SESSIONE DI SCI D'ACQUA
Dal 10 al 12 giugno 1994, Ralph Hildebrand e Dave Phillips (Canada) sciarono sull'acqua per 56 ore, 35 minuti e 3 secondi a Indian Arm, Canada. Percorsero una distanza totale di 2152,3 chilometri a una velocità media di 48 chilometri orari. Per sciare durante la notte dovettero servirsi di torce luminose e occhiali a infrarossi.

LA DISTANZA PIÙ LUNGA PERCORSA CON UN MATTONE IN MANO
Il primato di distanza con un mattone di 4,5 chilogrammi, trasportato con una sola mano nuda e tenendolo rivolto verso il basso, è di 126,67 chilometri, stabilito da Arulanantham Suresh Joachim (Sri Lanka) in una prova non-stop condotta lungo il circuito di 45 metri del Florence St. Mall Water Fountain di Hornsby, Nuovo Galles del Sud, Australia, tra l'11 e il 12 dicembre 1999.

IL MAGGIOR NUMERO DI COBRA BACIATI
USA

Il 25 settembre 1999, Gordon Cates (Stati Uniti) baciò consecutivamente 11 esemplari del serpente più velenoso della Terra:10 cobra dagli occhiali e un cobra reale lungo 4,5 metri.

IL MAGGIOR NUMERO DI SCARAFAGGI IN UNA BARA
USA

Il 12 agosto 1999, "Jungle" John Lamedica (Stati Uniti) entrò con indosso solo un paio di pantaloncini in una bara di plexiglass poi riempita con 20 050 scarafaggi giganti del Madagascar. Lamedica rimase nella bara per circa 10 secondi.

SEDUTI TRA I SERPENTI
USA

Il 24 settembre 1999, Jackie Bibby e Rosie Reynolds-McCasland (Usa), due addestratori di serpenti di grande esperienza, rimasero seduti per non meno di 10 secondi in due diverse vasche da bagno, ognuna con 75 serpenti a sonagli.

LA PIÙ LUNGA SEDUTA DI TATUAGGI
Matt O'Toole (Usa) detiene il record per essersi sottoposto alla più lunga seduta di tatuaggi, durata in totale 26 ore e 49 minuti. La seduta cominciò alle 10.00 del mattino del 31 luglio e terminò alle 12.49 del 1° agosto 2000. I tatuaggi, eseguiti dall'artista Scott Lunn, coprono l'intera schiena di Matt, le cosce, il petto, i polpacci, la caviglia destra e il bicipite destro, e includono i simboli cinesi del dolore e della sofferenza.

FEDE, SPERANZA E CARITÀ
Dal 12 aprile al 2 settembre 1980, Terry Fox (Canada, a sinistra) corse da St John a Thunder Bay percorrendo 5373 chilometri in 143 giorni e raccogliendo la cifra record 24,7 milioni di dollari canadesi. A 18 anni, Terry aveva subito l'amputazione della gamba destra sopra il ginocchio a causa di un tumore osseo. Nonostante ciò, decise di compiere la traversata del Canada a piedi per raccogliere fondi per la ricerca sul cancro. La sua corsa fu interrotta dalla ricomparsa del tumore che doveva stroncarne la vita poco più tardi, il 28 giugno 1981, a 22 anni di età. In sua memoria si disputa la Terry Fox Run, alla quale partecipano ogni anno oltre 1,2 milioni di persone per un totale, fino a oggi, di 270 milioni di dollari canadesi raccolti per la lotta contro il cancro.

www.guinnessworldrecords.com/terryfox
ACCESS CODE: ‹47821›

RESISTENZA SU UN PIEDE SOLO
Arulanantham Suresh Joachim (Sri Lanka) rimase in equilibrio su un solo piede per 76 ore e 40 minuti dal 22 al 25 maggio 1997. Secondo le regole, il piede sollevato non doveva essere appoggiato sul piede a terra né non poteva essere usato alcun oggetto come sostegno o per conservare l'equilibrio.

IL TEMPO PIÙ LUNGO IN TOTALE IMMOBILITÀ
L'indiano Om Prakash Singh rimase immobile senza compiere nessun movimento, tranne l'inevitabile battito delle palpebre, per 20 ore, 10 minuti e 6 secondi dal 13 al 14 agosto 1997. Singh, appena guarito dalla varicella, iniziò questa prova alla vigilia del 50º anniversario dell'indipendenza dell'India, come omaggio ai martiri ignoti.

LA PERMANENZA PIÙ LUNGA SULLA VETTA DELL'EVEREST
Nel maggio 1999, Babu Chhiri (Nepal) rimase sulla vetta (8848 m) per 21 ore senza bombole di ossigeno. La maggior parte degli scalatori resistono meno di un'ora. Chhiri, protagonista di 10 ascese del monte concluse con successo, scalò di nuovo l'Everest poche settimane più tardi, diventando il primo ad aver scalato la montagna due volte nella stessa stagione. Babu Chhiri, che deteneva anche il record per l'ascesa più veloce, stabilito in 16 ore e 56 minuti il 21 maggio 2000, perse la vita in un crepaccio il 29 aprile 2001.

IL VIAGGIO PIÙ LUNGO CON SCIALUPPA DI SALVATAGGIO
Nel 1916, dopo che l'*Endurance* era rimasta intrappolata nel ghiaccio al largo delle coste antartiche, Sir Ernest Shackleton (GB) abbandonò la nave e con tutto l'equipaggio, a bordo di tre scialuppe, si diresse alla volta di Elephant Island, 160 chilometri più a nord. Lì selezionò cinque uomini per condurre la scialuppa più grande, la *James Caird*, lunga 6,85 metri, verso una stazione di baleniere nella Georgia Australe, a quasi 1300 chilometri di distanza. Shackleton e i suoi raggiunsero l'isola dopo 17 giorni, il 19 maggio 1916, da dove inviarono una nave di soccorso ai compagni .

IL VIAGGIO PIÙ LUNGO DI UN'AUTOMOBILE A SPINTA
Dal 17 al 18 ottobre 1998, a Caorle, vicino a Venezia, Daniele Sangion e Giorgio Valente spinsero una Fiat Uno 60 (840 chilogrammi) coprendo la distanza di 52,47 chilometri nell'arco di 24 ore.

LA PIÙ LUNGA ARRAMPICATA SU UNA SCALA
Dal 6 al 7 ottobre 2000, dieci vigili del fuoco della Bradford Shipley Fire Station, GB, superarono collettivamente in 24 ore un dislivello di 105 chilometri salendo per 10 500 volte su una normale scala di servizio alta 10 metri.

CAMMINATA SU CORDA FLETTENTE USA
Il 19 agosto 1999, Darrin Carter (Usa) camminò per 30 metri su una corda larga 2,5 centimetri a 884 metri di altezza dal suolo nel Yosemite National Park della California. La camminata su corda flettente si distingue da quella su corda tesa per la flessione della corda causata dal peso del corpo.

CAMMINATA SULLE MANI
Nel 1900, l'austriaco Johann Hurlinger camminò sulle mani per 1400 chilometri da Vienna a Parigi, al ritmo di 10 ore al giorno per 55 giorni, mantenendo una velocità media di 2,54 chilometri l'ora.

www.guinnessworldrecords.com/iceman

L'UOMO DEI GHIACCI USA
Il 20 dicembre 2000, Wim Hof (Olanda, a destra) rimase in un cilindro pieno di ghiaccio per 60 minuti e 24 secondi, indossando soltanto un costume da bagno e stando su un supporto per evitare di immergere i piedi in una pozza d'acqua. Hof utilizza meditazione, yoga e diverse tecniche di respirazione per mantenere la temperatura corporea a 37º C anche in situazioni di freddo estremo. Hof pratica da oltre 20 anni varie attività estreme all'aperto , come scalata su roccia, canoa e tuffi nel ghiaccio.

ACCESS CODE: ‹56038›

maratone di resistenza

LA MARATONA PIÙ LUNGA DI UN DJ ALLA RADIO
Il DJ Greig Daines di Hospital Radio Chelmsford, presso l'ospedale St John's Hospital di Chelmsford, Essex, GB, condusse una trasmissione per 73 ore e 33 minuti, dal 6 al 9 settembre 2000, trasmettendo un totale di 1086 pezzi.

IL QUIZ RADIOFONICO PIÙ LUNGO
Wilson Casey, un DJ dell'emittente WKDY-AM di Spartanburg, Carolina del Sud, Usa, passò 30 ore ponendo 3303 domande agli ascoltatori e rispondendo su tre linee telefoniche a circa 6500 telefonate, nel corso di una trasmissione durata dal 9 al 10 gennaio 1999.

APPLAUSI
Il primato di resistenza, al ritmo di 160 battiti al minuto e con una sonorità percepibile a 110 metri di distanza, fu stabilito il 12-15 febbraio 1988 da V. Jeyaraman di Tamil Nadu, India, con 58 ore e 9 minuti. L'evento fu organizzato dal Rotary Club di Madras a favore di un programma di vaccinazione antipolio e dell'Hindu Mission Hospital di Tambaram, India.

IL BACIO PIÙ LUNGO
Il 5 aprile 1999, Karmit Tsubera e Dror Orpaz si baciarono per 30 ore e 45 minuti, vincendo una gara di bacio in una piazza di Tel Aviv, Israele.

LA MARATONA DI BATTERIA PIÙ LUNGA
Steven Darvill (Canada, a sinistra) suonò per 36 ore dal 31 dicembre 2000 al 2 gennaio 2001 presso l'Angel Auto Glass di Vancouver, Canada, accompagnando l'esecuzione di 490 canzoni. Il record a squadre è di 24 ore e 15 minuti, stabilito da otto percussionisti della Cambridge High School, Ohio, USA, dal 29 al 30 dicembre 2000.

www.guinnessworldrecords.com/drummarathon
ACCESS CODE: ‹54674›

LA LEZIONE PIÙ LUNGA
Una lezione di lingua e letteratura ungherese durata 24 ore fu tenuta alla scuola Leőwey Klára di Pécs, Ungheria, da Szabolcs Zalay e seguita da 34 studenti, nei giorni 18 e 19 giugno 1999.

MARATONA CINEMATOGRAFICA
Dal 18 al 20 febbraio 2000, 14 persone assistettero alla proiezione di film per 50 ore e 55 minuti al cinema Grand Entertainment Global Village di Bangkok, Tailandia. La maratona iniziò con un pubblico di 369 persone, delle quali 74 rimasero sveglie fino a superare il precedente record di 37 ore e 25 minuti.

LA PIÙ LUNGA MARATONA DI TAI CHI
Dal 15 al 16 maggio 1999, Robin Nears, Keith Graham e Jo Powell praticarono sequenze di tai chi per 24 ore nella piazza di St James, Newport, Isola di Wight, GB.

LA PIÙ LUNGA MARATONA DI TEATRO DI STRADA
Dal 9 all'11 luglio 1999, 15 membri della Thisaigal Cultural Troupe (India) recitarono 12 rappresentazioni per 57 ore e 30 minuti su un palco all'esterno dell'ospedale Karuna di Madurai, India.

LA PIÙ LUNGA MARATONA SU CYCLETTE
Dall'11 al 13 novembre 2000, Lisa Burke (Sudafrica) pedalò su una cyclette per 42 ore e 15 minuti presso il Bedfordview Health and Racquet Club di Bedfordview, Sudafrica.

LA MAGGIOR DISTANZA CON UNA CYCLETTE IN 24 ORE
Fra il 19 e il 20 giugno 1999, Steven Renata (Australia) percorse 523 chilometri su una cyclette durante l'International Fitness and Healthy Lifestyle Expo tenutosi presso il Sydney Expo Centre di Sydney, Nuovo Galles del Sud, Australia.

SCALE MOBILI
Dal 25 al 31 maggio 1998, Arulanantham Suresh Joachim (Sri Lanka) coprì la distanza di 225,5 chilometri sulle scale mobili del Westfield Shopping Centre di Barwood, Nuovo Galles del Sud, Australia, in 145 ore e 57 minuti. Attualmente Joachim sta lavorando alla fondazione di un ente di beneficenza allo scopo di aiutare i bambini bisognosi nel mondo.

SALTI CON TRAMPOLI A MOLLE
Lo statunitense Ashrita Furman ha stabilito il primato della distanza saltando per 37,2 chilometri in 12 ore e 27 minuti, il 22 giugno 1997, sulla pista di atletica del Queensborough Community College di New York.

TIP-TAP
Il 31 agosto 1997, David Meenan (Usa) ballò il tip-tap per 45,44 chilometri a Red Bank, New Jersey, Usa. Si spostò lungo una pista ad anello di 0,8 chilometri per un totale di sette ore, attraversando binari ferroviari e facendo addirittura fermare un treno per consentirgli il proseguimento dell'impresa.

IL MAGGIOR NUMERO DI SALTI DELLA CORDA IN 24 ORE
Ashrita Furman (Usa) effettuò 130 000 salti della corda in 24 ore, dal 23 al 24 gennaio 1999. La prova cominciò allo Sheraton Hotel di Badung, Indonesia, per finire al vicino Hotel Chedi sei ore dopo. Ashrita si concesse solo pause cumulabili di 5 minuti ogni ora per riprendere le forze.

LA DISTANZA PIÙ LUNGA SU UNA SEDIA A ROTELLE IN 24 ORE
Nik Nikzaban, nato in Iran ma abitante in Canada, percorse con una sedia a rotelle una distanza di 124,861 chilometri in 24 ore fra il 6 e il 7 aprile 2000. Il record fu stabilito sulla pista di atletica dell'istituto scolastico Handsworth Secondary School di Vancouver Nord, British Columbia, Canada. Nik attraversò 31 paesi in Europa e Asia, percorrendo più di 60 000 chilometri durante il viaggio.

LA DISTANZA PIÙ LUNGA CON UNA BOTTIGLIA DI LATTE SULLA TESTA
Dal 22 al 23 aprile 1998, Ashrita Furman (Usa, a sinistra) camminò per 130,3 chilometri lungo il sentiero di Victory Field, Forest Park, New York, con una bottiglia di latte in equilibrio sulla testa. Resistette per 23 ore e 35 minuti prima di far cadere la bottiglia durante un tratto di corsa. Ashrita Furman ha stabilito circa 60 record mondiali (più di qualsiasi altra persona), dei quali 12 tuttora imbattuti. Seguace del leader spirituale Sri Chinmoy, nel 1974 cambiò nome da Keith ad Ashrita (in sanscrito, "protetto da Dio"). Oggi gestisce un negozio di alimenti biologici nel Queens, New York, e lavora nell'organizzazione delle conferenze internazionali sulla pace di Sri Chinmoy.

www.guinnessworldrecords.com/bottlewalk
ACCESS CODE: ‹48721›

LA DISTANZA PIÙ LUNGA SUL TREADMILL IN 24 ORE

La distanza più lunga percorsa su treadmill, o tapis roulant, in 24 ore è di 162,19 chilometri, record stabilito fra il 17 e il 18 ottobre 1998 da Rory Coleman (GB), un ex "pantofolaio" per sua stessa definizione.
Il record femminile è di 150,5 chilometri, stabilito da Patti Wixom (Usa, sopra) presso la Gold's Gym di Amarillo, Texas, Usa, il 28 marzo 1998. L'idea di tentare il record fu suggerita dal direttore della Gold's Gym, che aveva notato le non comuni doti di resistenza di Patti osservandone le lunghe sessioni di allenamento.

www.guinnessworldrecords.com/treadmillrun

ACCESS CODE: ‹51891›

LA DISTANZA PIÙ LUNGA SU UNA MOTOSLITTA IN 24 ORE

Randy Gravatt e Joe Williams (Usa) percorsero una distanza di 2075,5 chilometri in 24 ore sulle piste intorno a Island Park, Idaho, Usa, dal 27 al 28 gennaio 1998.

IL MAGGIOR DISLIVELLO SUPERATO CON GLI SCI IN 24 ORE

Dal 27 al 28 febbraio 1999, Neal Weisenberg (Canada) superò sciando un dislivello totale di 46 920 metri (pari a oltre cinque volte l'altezza dell'Everest) sulle piste di Kimberley, Columbia Britannica, Canada, effettuando 102 risalite con lo skilift.

LA PARTITA DI BASKET PIÙ LUNGA

La partita di pallacanestro più lunga durò 24 ore e fu giocata dai Suncoast Clippers al Maroochydore Eagles Basketball Stadium, Queensland, Australia, il 21-22 novembre 1998.

RIANIMAZIONE CARDIOPOLMONARE

La maratona di rianimazione cardiopolmonare più lunga ebbe luogo dal 20 al 26 settembre 1998 al centro commerciale Merry Hill, GB. Due coppie del servizio di ambulanze delle West Midlands (Ben Albutt, Phil Watson, Robert Cole e Daren Fradgley) eseguirono la procedura di rianimazione (15 compressioni e due insufflazioni) su un manichino per 144 ore.

LA MARATONA DI BALLO PIÙ LUNGA AL RITMO DI UN VIDEOGIOCO

L'inglese Mark e.t. ballò alla musica del videogioco *Dancing Stage* della Konami per otto ore, al Trocadero di Londra, il 10 marzo 1999.

www.guinnessworldrecords.com/londonmarathon

I RECORD DELLA MARATONA DI LONDRA

La maratona di Londra, che si corre dal 1981, raccoglie più fondi di beneficenza di qualsiasi altra singola manifestazione sportiva.
Il 16 aprile 2000, durante l'ultima edizione di cui sono disponibili dati, fu raccolta la cifra record di 24 milioni di sterline, mentre in totale sono già state raccolte oltre 100 milioni di sterline. La foto a destra ritrae Jerry Hoare (GB), uno dei 31 542 partecipanti che hanno completato la maratona del 2000 dei 445 000 giunti al traguardo dal 1981.

ACCESS CODE: ‹52445›

GUINNESS WORLD RECORDS™

abilità inusuali

IL MAGGIOR NUMERO DI LANCI IN ARIA CON I PIEDI DI UN TAVOLO USA
Il 16 ottobre 1998, Chester Cable (Usa) fece giostrare in aria con i piedi un tavolo lungo 3,03 metri, largo 8,89 metri e alto 6,9 per 17 volte di fila.

IL MAGGIOR NUMERO DI LANCI IN ARIA CON I PIEDI DI UNA PERSONA FR
Il 26 ottobre 2000, Ali Bandbaz (Iran) fece giostrare in aria il fratello Massoud facendogli compiere 12 capriole consecutive di 360° utilizzando unicamente i piedi.

LA BOLLA PIÙ GRANDE DI GOMMA DA MASTICARE USA
Il 10 novembre 2000, Joyce Samuels (Usa) gonfiò una bolla di gomma del diametro di 27,94 centimetri.

IL PALLONCINO PIÙ GRANDE GONFIATO IN COPPIA USA
Soffiando l'aria attraverso il naso della moglie Marilee, Ryan Barker (Usa) gonfiò di 118 centimetri un palloncino tenuto in bocca dalla donna, il 10 novembre 2000.

ORECCHIE-FIONDA USA
Il 29 ottobre 1999, Monte Pierce (Usa, a sinistra) lanciò una moneta statunitense da 10 centesimi a una distanza di 3,3 metri usando il lobo delle orecchie come fionda. Monte aveva cominciato a tirarsi i lobi da bambino per farsi passare il mal d'orecchi e ora, all'età di vent'anni, è in grado di tirarle fino a coprirsi gli occhi, di farle incontrare sotto il mento e di arrotolarle come tappi nel padiglione. Il suo orecchio sinistro è lungo fra i 12 e i 12,7 centimetri e quello destro 11,5. Pierce ci sente benissimo e i medici gli hanno assicurato che le sue imprese non causeranno danni all'udito.

www.guinnessworldrecords.com/catapultears
ACCESS CODE: ‹54633›

IL LANCIO PIÙ LUNGO DI UNA CARAMELLA MARSHMALLOW DAL NASO USA
Il 13 agosto 1999, Scott Jeckel (Usa) soffiò da una narice una caramella in bocca a Ray Perisin, a 4,96 metri di distanza.

LA MARATONA PIÙ VELOCE LANCIANDO UNA FRITTELLA IN ARIA
Il 24 ottobre 1999, Mike Cuzzacrea (Usa), detto "The Pancake Man", completò la maratona Casino Niagara di 42,1 chilometri a Buffalo, New York, Usa, in 3 ore, 2 minuti e 27 secondi facendo saltare una frittella in padella. Cuzzacrea arrivò 46° su 1319 concorrenti giunti al traguardo.

IL SANDWICH PIÙ VELOCE PREPARATO CON I PIEDI USA
Il 10 novembre 2000, Rob Williams (Usa) preparò un sandwich con mortadella, formaggio e insalata in 1 minuto e 57 secondi usando unicamente i piedi.

IL RUTTO PIÙ RUMOROSO UK
Il 5 aprile 2000, Paul Hunn (GB) fece registrare un rutto di 118,1 dB, simile al rumore prodotto in prima fila a un concerto rock e inferiore solo di poco a quello di un aereo sulla pista.

IL MAGGIOR NUMERO DI GRADINI IN BICICLETTA
Il 20 maggio 2000, Javier Zapata (Colombia) salì 943 gradini in bicicletta in 43 minuti e 26 secondi senza mai appoggiare i piedi a terra.

IL MINOR TEMPO PER MEMORIZZARE UN MAZZO DI CARTE
Il 28 agosto 1998, Andi Bell (GB) memorizzò e ripeté una sequenza casuale di 52 carte in 34,03 secondi.

LA PALLA DA TENNIS TENUTA IN ARIA CON I PIEDI PER PIÙ TEMPO
L'11 novembre 1999, Jacek Guzowski (Polonia) palleggiò una palla da tennis con i piedi per 5 ore, 28 minuti e 59 secondi. Un contatore registrò 35000 tocchi di palla, alla media di circa 107 al minuto o 1,8 al secondo.

LO SCORPIONE PIÙ GRANDE TENUTO IN BOCCA USA
Il 21 dicembre 2000, Dean Sheldon (Usa) tenne in bocca 18 secondi uno scorpione lungo 17,78 centimetri.

IL MAGGIOR NUMERO DI SCORPIONI IN BOCCA USA
Il 21 dicembre 2000, Dean Sheldon (Usa) si infilò in bocca 20 scorpioni tenendoli in posizione per 21 secondi.

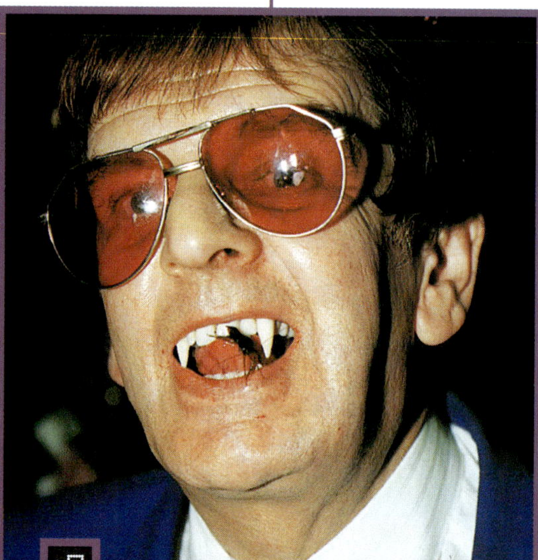

SPUNTINI A BASE DI INSETTI
Il 5 marzo 2001, Ken Edwards (GB, a sinistra), derattizzatore in pensione e intrattenitore dilettante, mangiò 36 scarafaggi di medie dimensioni in un minuto, stabilendo il record per il maggior numero di scarafaggi mangiati da una persona. Mangiare scarafaggi è come "avere un anestetico in fondo alla gola", ha detto, poiché questi insetti emettono una sostanza per tenere lontani i predatori. Fra gli altri bizzarri numeri proposti da Edwards figura l'inserimento di 47 ratti in un paio di collant da lui indossati e l'invito rivolto al pubblico di lanciare freccette a un bersaglio di sughero posto sul suo ombelico. Il 20 ottobre 1998, il dottor Norman Gary (USA) tenne 109 api in bocca per 10 secondi, ma senza ingoiarle. Gary è professore emerito all'Università della California, Usa, dove la sua materia specialistica è il comportamento delle api.

www.guinnessworldrecords.com/cockroacheater
ACCESS CODE: ‹54654›

IL PEZZO DI METALLO PIÙ CALDO IN BOCCA
USA

Il 18 dicembre 1998, Yim Byung Nam tenne in bocca un pezzo di metallo fuso, alla temperatura di 487,8° C, per 14 secondi. Il metallo, tolto di bocca, era ancora abbastanza caldo da far friggere un pezzo di pancetta.

RESISTENZA IN UNA CASSA
FR

Il 31 gennaio 2001, i tre contorsionisti Bonnie Morgan, Daniel Smith e Leslie Tipton (Usa) rimasero insieme in una cassa di 66 x 68 x 55 centimetri per 2 minuti e 40 secondi.

IL TIRO A CANESTRO PIÙ LUNGO CON LA TESTA
USA

Il 10 novembre 2000, Eyal Horn (Israele) lanciò un pallone da basket con la testa da una distanza minima di 7,5 metri dal tabellone. Prima di farla cadere, riuscì a farla rimbalzare 15 volte consecutive.

IL MAGGIOR NUMERO DI GAMBI DI CILIEGIA ANNODATI IN UN'ORA

Il 4 settembre 1997, Al Gliniecki (Usa) annodò con la lingua 911 gambi di ciliegia in un'ora, alla media di 15 gambi al minuto.

IL MAGGIOR NUMERO DI SALTI IN MONOCICLO IN UN MINUTO
DE

Il 31 agosto 2000, Peter Rosendahl (Svezia, residente in Germania) eseguì stando in sella a un monociclo 169 salti della corda in un minuto.

IL GRILLO LANCIATO PIÙ LONTANO
USA

Il 26 giugno 1998, Danny Capps (Usa) sputò un grillo morto lanciandolo a una distanza di 9,17 metri.

LO STAPPABOTTIGLIE UMANO PIÙ VELOCE
USA

L'11 marzo 2001, Daniel Lambert (Svezia) stappò con i denti 50 bottiglie di birra con tappo corona standard in un solo minuto.

IL LANCIATORE DI GOMME PIÙ VELOCE
SE

Il 31 gennaio 2001 a Stoccolma, Svezia, Jorma Paananen percorse 20 metri in 1 minuto e 6 secondi facendo rotolare un pneumatico Michelin Radial Steel Cord X26.5R25 di 420 chilogrammi.

www.guinnessworldrecords.com/archeryfeet

TIRO CON L'ARCO CON I PIEDI
USA

Il 12 agosto 1999, Hang Thu Thi Ngyuen (Vietnam, a sinistra) lanciò una freccia con un arco utilizzando i piedi centrando un bersaglio posto a 5 metri di distanza. Thu Hang, il cui padre è un tecnico delle luci presso il circo di Ho Chi Minh City, si dedica a varie tecniche circensi fin da bambina. Ogni giorno si allena per tre ore e, sebbene sia timida per natura, sul palcoscenico appare molto concentrata e sicura di sé.

ACCESS CODE: ‹54641›

GUINNESS WORLD RECORDS

record di velocità

LA SALITA PIÙ VELOCE SUL KILIMANGIARO ALL'INDIETRO
Il sudafricano Jurgen Gessau scalò da solo il Kilimangiaro, Tanzania, camminando all'indietro dal Marangu Gate a Ulhuru Peak per 72 ore, fra il 20 e il 23 luglio 1997.

UN MIGLIO ALL'INDIETRO
Il 21 febbraio 1983, Donald Davis (Usa) corse per un miglio (1,6 km) all'indietro in 6 minuti e 7,1 secondi.

DA COSTA A COSTA CORRENDO ALL'INDIETRO
Arvind Pandya (India) ha corso all'indietro da Los Angeles, California, sulla costa orientale degli Stati Uniti, a New York, sulla costa occidentale, in 107 giorni, fra il 18 agosto e il 3 dicembre 1984.

LA MARCIA PIÙ VELOCE CON ZAINO IN SPALLA
Paddy Doyle (GB) coprì marciando la distanza di 8 chilometri con uno zaino di 25 chilogrammi sulle spalle nel tempo record di 36 minuti e 49 secondi alla Royal British Runathon di Coventry, Warwickshire, GB, il 9 maggio 1999.

SALITA DI SCALE CON IL POGO
Il 23 luglio 1999, Ashrita Furman (Usa) salì in 57 minuti e 51 secondi con il pogo (saltarello) i 1899 gradini della CN Tower di Toronto, Canada.

IL MAGGIOR NUMERO DI STEP IN UN'ORA
Il maggior numero di passi su step in un'ora è 4135, record stabilito il 4 aprile 1999 da Manjit Singh (GB) su una piattaforma di 38 centimetri.

SALTI MORTALI CON SCHIACCIATA A CANESTRO
USA

Il 21 gennaio 2001, Mark Odgers, Seth Botone, Shane Geraghty, Joseph Gibby e Ben Ramsey (Usa), noti come "Extreme Team", eseguirono 15 salti mortali su pedana elastica con schiacciata in un canestro da basket in 30 secondi.

CORSA CON CASSONETTI PER I RIFIUTI
Il primato in una gara con cassonetti dei rifiuti su ruote è detenuto da Aaron Viney e Olivia Jones, con 110 metri percorsi in 48,53 secondi il 21 febbraio 1999 al Westfield Devils Junior Soccer Club di Launceston, Tasmania, Australia. I concorrenti dovevano correre per 10 metri fino al cassonetto e spingerlo a turno sui 50 metri di pista.

IL RIFORNIMENTO DI BENZINA PIÙ VELOCE
Alcuni addetti dello Sky Harbor Air Service impiegarono 3 minuti e 42 secondi per effettuare il rifornimento (388,8 litri, benzina avio a 100 ottani) di un aereo 1975 Cessna 310 (N92HH). L'apparecchio era atterrato all'aeroporto di Cheyenne, Wyoming, Usa, il 5 luglio 1992 durante una gara di velocità intorno al mondo.

I COSTRUTTORI DI PONTI PIÙ VELOCI
Il 12 novembre 1998, una squadra di soldati britannici del 35° reggimento genieri di stanza a Hameln, Germania, costruì un ponte di un piano a cinque arcate attraverso una gola di otto metri in 8 minuti e 19 secondi.

IL TAGLIALEGNA PIÙ VELOCE
Il record di tempo per completare le tre specialità di segatura, spaccatura e abbattimento di alberi, è di un minuto e 57 secondi, stabilito da Werner Brohammer (Germania) il 31 agosto 2000.

IL MINOR TEMPO DI POSA DI MONETE PER UN MIGLIO
Il 23 maggio 1998, ad Ashbourne, GB, otto membri del Lions Club locale disposero lungo un miglio di strada (1609 metri) 79 200 monete da un penny per un peso complessivo di 0,25 tonnellate in 4 ore e 2 minuti.

GLI STAPPATORI DI BOTTIGLIE DI BIRRA PIÙ VELOCI
DE

Il 2 aprile 1999, una squadra di tre persone, capitanata da Alois Unertl della fabbrica di birra Unertl Brewery di Mühldorf, Germania, stapparono 300 bottiglie di birra (100 a testa) in 1 minuto e 47 secondi.

ZUCCHE SVUOTATE E INTAGLIATE
Il 16 ottobre 1999, Jerry Ayers (Usa) svuotò 914 chilogrammi di zucche in 7 ore e 11 minuti. La più piccola delle zucche pesava 8,1 chilogrammi. Il 14 dicembre 2000, Stephen Clarke (Usa) intagliò una faccia in una zucca di 12,5 chilogrammi in 1 minuto e 14,8 secondi.

SCULTURE DI PALLONCINI IN UN'ORA
John Cassidy (Usa) realizzò 367 diverse sculture in un'ora utilizzando 371 palloncini, il 10 maggio 1999 presso il Gator's Restaurant di Valley Forge, Filadelfia, Usa.

IL TAGLIO DI CAPELLI PIÙ VELOCE
Il 26 novembre 1999, Trevor Mitchell (GB) eseguì un taglio di capelli in un minuto e 13 secondi nel corso di un programma di beneficenza mandato in onda dalla BBC.

DATTILOGRAFIA
Il 24 settembre 1991, al Key Tronic World Invitational Type-Off, un campionato internazionale con 10 000 partecipanti, Gregory Arakelian (Usa) fissò il record di 158 parole al minuto (con due soli errori di battitura in una prova di tre minuti).

LO SPOT TV REALIZZATO NEL MINOR TEMPO
Uno spot televisivo di 35 secondi realizzato dalla Thomsen AG di Kiel,

SCALATORI DI ALBERI
Il tempo più veloce in cui una palma da cocco alta 9 metri sia stata scalata a piedi nudi è di 4,88 secondi, da parte di Fuatai Solo (Samoa) il 22 agosto 1980, durante l'annuale Coconut Tree Climbing Competition che si svolge al Sukana Park, isole Figi. A tale ritmo, Solo riuscirebbe a scalare l'Empire State Building, New York, Usa, in poco più di quattro minuti. Dichiarato in quell'occasione vincitore per la terza volta consecutiva, Fuatai scalò l'albero di nuovo con il premio (100 dollari) stretto tra i denti.

Il minor tempo per arrampicarsi su un abete alto 30,5 metri con una circonferenza di un metro e ridiscendere a terra è di 24,82 secondi, fatto registrare da Guy German di Sitka, Alaska, durante il campionato mondiale di Albany, Oregon, Usa, del 1988. German detiene anche il record per la cimatura degli alberi, stabilito nel luglio 1989 quando, dopo essersi arrampicato su un albero di 30,5 metri, ne tagliò la cima in 53,35 secondi.

www.guinnessworldrecords.com/treeclimb

ACCESS CODE: ‹48689›

IL NON VEDENTE PIÙ VELOCE

Ken Moss (GB, sopra), cieco dal 1992, ha stabilito il record di velocità per non vedenti viaggiando a 210,82 chilometri orari su un prototipo MG EXF, il 16 ottobre 1999 a Boscombe Down, GB. Sensori applicati all'automobile inviavano segnali acustici all'orecchio destro o sinistro del pilota, per indicare la direzione in cui sterzare.

www.guinnessworldrecords.com/blinddriver

ACCESS CODE: ‹55410›

Germania, per pubblicizzare la fondazione non-profit Creative for Children fu ideato, filmato e trasmesso in 1 ora e 19 minuti, il 4 novembre 1999.

PULITURA DI VETRI

Terry Burrow (GB) lavò tre finestre di dimensioni standard (115 x 115 centimetri) in 9,91 secondi (8,91 più un secondo di penalità) il 7 marzo 2001, servendosi di un tergivetro lungo 30 centimetri e 9 litri d'acqua.

IL MONOLOGO DI AMLETO PIÙ VELOCE

Sean Shannon (Canada) recitò il monologo di Amleto "Essere o non essere" (260 parole) in 23,8 secondi (vale a dire 655 parole al minuto) a Edimburgo, GB, il 30 agosto 1995.

CORSA CON CARROZZINA

Il tempo più breve impiegato per percorrere 10 chilometri spingendo una carrozzina per neonati è di 34 minuti e 26 secondi, ottenuto da Mal Grimmett (che spingeva la figlia Natalie) a Melbourne, Australia, il 21 novembre 1999.

www.guinnessworldrecords.com/rocketluge

IL PIÙ VELOCE *STREET LUGE* A RAZZO

Il 15 maggio 1998, Billy Copeland (Usa) ha stabilito il record di velocità con *street luge* (slitta da strada) a razzo, raggiungendo i 113 km/h a Bakersfield, California, Usa.

Lo *street luge* è essenzialmente uno skateboard che si guida da sdraiati. Più lungo e più largo delle tavole classiche, con ruote più grandi, richiede un adeguato equipaggiamento di sicurezza per tutto il corpo, con casco, tuta di pelle con protezioni incorporate, scarpe e guanti in pelle. Normalmente la slitta da strada è priva di motore e sfrutta le discese per raggiungere alte velocità, ma Copeland per il suo record si è servito di otto razzi da aeromodellismo e in alcune prove ne ha montati addirittura 24.
Il suo ambizioso obiettivo è quello di essere il primo pilota di *street luge* a raggiungere il traguardo delle 100 miglia orarie (160 chilometri orari).

ACCESS CODE: ‹53940›

prove di forza

IL CARICO PIÙ PESANTE IN EQUILIBRIO SULLA TESTA

Il peso globale più grosso mai tenuto in equilibrio sulla testa da una persona in un'ora è di 5180 chilogrammi, primato stabilito da John Evans (GB) il 23 luglio 2000, quando tenne in equilibrio sulla testa, una dopo l'altra, 92 persone per almeno 10 secondi ciascuna.

IL CARICO PIÙ PESANTE SOLLEVATO CON LA BARBA

Servendosi unicamente della barba, l'11 marzo 200, Antanas Kontrimas (Lituania) sollevò da terra un totale di 59 chilogrammi (il peso di una ragazza più le cinghie di sicurezza che indossava) per 10,93 secondi.

IL VEICOLO PIÙ PESANTE TIRATO CON I CAPELLI

UK

Il 1° maggio 1999, al Bruntingthorpe Proving Ground, Leicestershire, GB, Letchemanah Ramasamy (Malesia) trainò un autobus a due piani del peso di 7874 chilogrammi per 32,85 metri utilizzando solo i capelli.

IL PIÙ GROSSO PESO IN EQUILIBRIO SUI DENTI

UK

Il 27 aprile 1999, Frank Simon di Key West, Florida, Usa, tenne in equilibrio sui denti una motocicletta pesante 61 chilogrammi per 14,5 secondi senza altra protezione che un pezzo di stoffa tra i denti.

IL MAGGIOR NUMERO DI BLOCCHI DI CEMENTO SU UN LETTO DI CHIODI

UK

Il 27 aprile 2000, Paul Evans (GB) sostenne 26 blocchi di cemento del peso di 130 chilogrammi impilati sul petto mentre era steso su un letto di chiodi di 50 x 55 centimetri. I blocchi furono poi spaccati a colpi di mazza. Paul, un maestro di karate, cominciò a praticare le arti marziali nel 1967 durante il servizio nella Marina britannica e iniziò ad allenarsi su un letto di chiodi nel 1979.

IL MAGGIOR NUMERO DI SOLLEVAMENTI DI UN'AUTO

Il 3 ottobre 1998, Mark Anglesea (GB) sollevò da terra la parte posteriore di una Mini Metro Rover per 580 volte in un'ora.

BRACCIO DI FERRO

FR

Il 29 marzo 2000, William Deandreis (Francia) spostò un camion pesante 3128 chilogrammi di 1,5 metri compiendo con una sola mano una mossa di "braccio di ferro".

TRAINO DI BARCHE

DE

Il 19 novembre 1998, David Huxley (Australia) trainò per 7 metri il traghetto *Delphin* da 1006 tonnellate con 175 automobili e passeggeri a Rostock, Germania.

SCHIACCIAMENTO DI PENTOLE

USA

Il 16 ottobre 1999, Craig Pumphrey (Usa) trasformò in 30 secondi una padella di alluminio di 30 centimetri in un rotolo di 23,5 centimetri.

OH, ISSA!

Il record per il maggior numero di tiri alla fune in un'ora da parte di tre squadre appartiene a 30 membri dell'Holland Tug-of-War Club (GB, a sinistra) il 6 giugno 2000. Le tre squadre di 10 persone (simboleggianti i primi trent'anni del club) sollevarono un peso di 425 chilogrammi per almeno 6,8 metri (usando un "cavalletto" da allenamento) per 80 volte in un'ora. Le squadre si alternarono alla fune, sollevando un totale di 34000 chilogrammi. I cavalletti o trespoli usati dai circoli di tiro alla fune per allenamento sono strutture di sostegno sotto le quali viene sospeso un peso attaccato a pulegge. Passatempo rurale molto popolare in diverse parti del mondo, il tiro alla fune è stato disciplina olimpica dal 1900 al 1920.

www.guinnessworldrecords.com/tugofwar

ACCESS CODE: ‹55911›

IL TRENO PIÙ PESANTE TRAINATO A MANO

Il 1° giugno 1999, a Kosice, Slovacchia, il forzuto Juraj "Duri" Barbaric (Slovacchia) tirò con una mano sola un treno merci composto da 20 vagoni del peso di 1000 tonnellate pieno di rottami metallici spostandolo di 4,5 metri lungo un binario ferroviario. Lo stesso giorno per riscaldarsi aveva già trainato dapprima 300 tonnellate per 3 metri e poi 900 tonnellate per 2,95 metri.

IL MAGGIOR NUMERO DI SOLLEVAMENTI DI UNA BARCA

FI

Il 9 ottobre 2000, a Helsinki, Finlandia, Sami Heinonen e Juha Räsänen (Finlandia) sollevarono per 24 volte senza fermarsi una barca e 10 ragazze per un peso complessivo di 653,2 chilogrammi. La barca, una Buster XS di 151 chilogrammi, doveva essere sollevata fino a toccare una barra posta a 10 centimetri dal suolo.

LA CAMMINATA PIÙ LUNGA SU CARBONI ARDENTI

UK

Il 4 marzo 2000, Gary Shawkey (Usa) impiegò 31 secondi per camminare per 50 metri su carboni ardenti di legno di cedro con una temperatura media di 980 °C alla Central Florida Fair di Orlando, Florida, Usa.

ELENCHI TELEFONICI STRAPPATI

Il 17 novembre 2000, Amanda Brutus (GB) strappò da cima a fondo nove elenchi di 1007 pagine ciascuno in tre minuti (esattamente 2 minuti e 52,46 secondi) presso l'Alliance & Leicester Group Property Services and Giro Services di Bootle, Liverpool, GB, durante un programma di beneficenza della BBC.

SOLLEVAMENTO DI PNEUMATICI

Nel febbraio 1984, Gary Windebank di Romsey, GB, sollevò 96 pneumatici Michelin XZX 155x13 per un peso complessivo di 653 chilogrammi.

CONTINUATE A TIRARE!

Il 29 ottobre 2000, il record dell'ora per il tiro di squadra di un mezzo pesante di trasporto fu infranto da 20 membri dell'Atlas Gym Power Team (a sinistra), che trainarono un camion con cassone ribaltabile del peso di 15966 tonnellate per 5,31 chilometri in un'ora a Kenosha, Wisconsin, Usa. Il proprietario della palestra Rhett Bobzien si ispirò per il record a una gara di forza trasmessa in TV. Dopo averla vista, reclutò 20 culturisti e, per settimane prima dell'evento, per gli abitanti di Kenosha era normale vedere insegnanti, uomini d'affari, operai e funzionari governativi che trainavano auto e furgoncini in giro per la città. Il grande giorno, 10 uomini tiravano mentre gli altri 10 riposavano, ma senza interrompere il traino durante il cambio.

www.guinnessworldrecords.com/truckpull

ACCESS CODE: ‹56088›

FLESSIONI SU UN BRACCIO IN UN MINUTO FR

Il 26 ottobre 2000, Yvan de Weber (Svizzera) effettuò 93 flessioni su un braccio solo in un minuto.

FLESSIONI SU UN BRACCIO IN CINQUE ORE

Il 12 febbraio 1996, Paddy Doyle (GB) eseguì 8794 flessioni su un braccio solo in cinque ore a Birmingham, GB.

FLESSIONI IN UN'ORA

Il 30 agosto 1998, Roy Berger (Canada) effettuò 3416 flessioni in un'ora a Ottawa, Canada.

IL MAGGIOR NUMERO DI DISTENSIONI SU PANCA FI

L'8 ottobre 2000, Jani Riekkinen (Finlandia) sollevò 67,5 chilogrammi per 40 volte, tenendo le gambe incrociate e sollevate da terra. Secondo le regole, Riekkinen verificò il suo peso, che era di 66,7 chilogrammi, due ore prima di tentare la prova.

GONFIAGGIO DI PALLONI

Il 16 settembre 1998, Manjit Singh, GB, gonfiò un pallone meteorologico standard portandolo a 2,44 metri di diametro in 42 minuti.

IL MAGGIOR NUMERO DI TAVOLETTE SPEZZATE

Il12 dicembre 1998 Sang-yun Lee (Usa) spezzò con le mani 1501 tavolette di legno in un'ora, pari a 2,4 tavolette al secondo. Le tavolette misuravano 28 x 22 x 2,5 cm. Il record precedente era di 1200 tavolette in sette ore.

IL MAGGIOR NUMERO DI MAZZI DI CARTE STRAPPATI

Il 21 dicembre 2000, Scott Fraze (Usa) strappò 13 mazzi di carte (52 più 2 jolly per mazzo) in 30 secondi.

LE ORECCHIE PIÙ FORTI

Dimitry Kinkladze (Georgia) sollevò 48 chilogrammi con le orecchie (32 chilogrammi appesi all'orecchio sinistro e 16 chilogrammi al destro) per 10 minuti il 2 novembre 1997.

www.guinnessworldrecords.com/bottleblowup

ATTENTI ALLO SCOPPIO! FR

George Christen (Lussemburgo) detiene il primato per il minor tempo impiegato per gonfiare una borsa per l'acqua calda fino a farla scoppiare. Christen stabilì il record il 6 dicembre 2000 impiegando 52,68 secondi. Il difficile è evitare il deflusso dell'aria dalla borsa ed è indispensabile indossare occhiali protettivi.

ACCESS CODE: ‹52102›

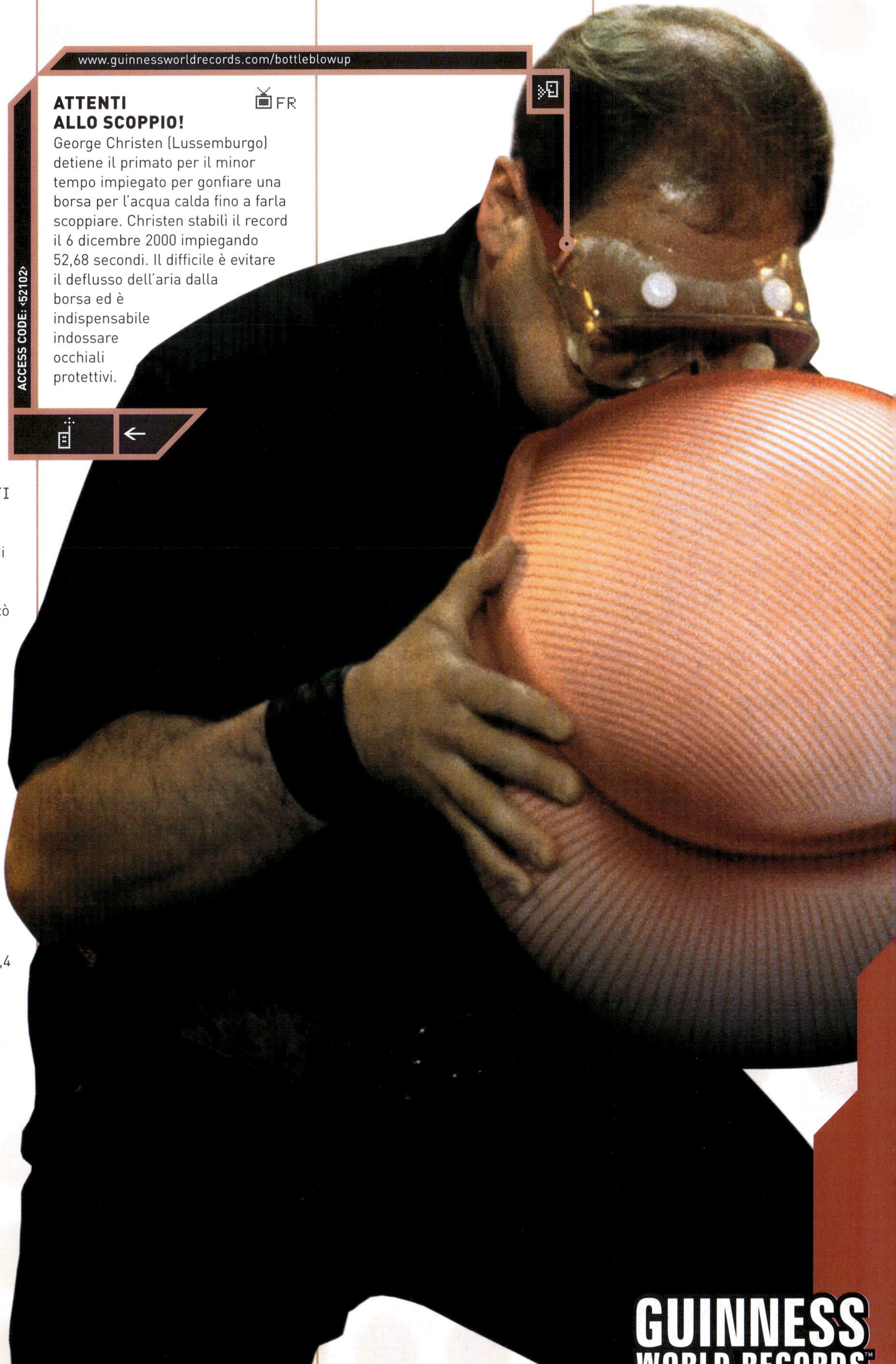

GUINNESS WORLD RECORDS™

eventi di massa

IL SALTO DEL MAGGIOR NUMERO DI BAMBINI
Il 23 ottobre 2000, per festeggiare il lancio del sito web *Guinness World Records*, 520 bambini saltarono simultaneamente lungo la strada londinese di Wembley Way su 520 piccoli "space hopper" di gomma.

L'URLO PIÙ FORTE IN UNO STADIO SPORTIVO
Il 1° ottobre 2000, durante una partita di football americano fra i Denver Broncos e i New England Patriots, al Mile High Stadium (76 123 posti) di Denver, Colorado, Usa, fu misurato un urlo di 128,7 dB (il clacson di un'auto raggiunge 110 dB e un concerto rock circa 120).

IL MAGGIOR NUMERO DI PERSONE A UN BALLO YMCA
Il 1° gennaio 1997, 6907 studenti della Southwest Missouri State University, Usa, ballarono per cinque minuti al ritmo della canzone *YMCA*, eseguita dal gruppo Village People allo stadio Plaster dell'università.

L'ABBRACCIO PIÙ GRANDE
Durante una riunione presso l'Hilton International di New York, Usa, il 1° dicembre 2000, nella sala da ballo dell'hotel si strinsero in un abbraccio 899 funzionari della finanziaria Goldman Sachs.

IL MAGGIOR NUMERO DI BALLERINI DI "CHICKEN DANCE"
Il più grande "ballo del pollo", con 72 000 ballerini, fu organizzato il 1° settembre 1996 in occasione del 150° anniversario della Canfield Fair, Ohio, Usa, e in onore della mascotte della fiera, rappresentata da un gallo. Per 10 minuti ogni altra attività fu sospesa per consentire a tutti di ballare al ritmo della musica trasmessa dagli altoparlanti. Le danze erano condotte dal gallo mascotte, dagli organizzatori e da un gruppo di animatori. I vigili del fuoco di Springfield Township danzarono su un carro antincendio d'epoca, mentre alcuni ballavano tenendo addirittura un pollo in braccio.

www.guinnessworldrecords.com/chickendance
ACCESS CODE: ‹50475›

IL MAGGIOR NUMERO DI INVITATI PER UN TÈ
Il 28 ottobre 2000, 465 persone si radunarono a bordo della nave da crociera *Spirit of Boston* sul fiume Charles, Boston, Massachusetts, Usa, per stabilire il nuovo record per il maggior numero di partecipanti a un "tea party". In totale furono bevuti 323,4 litri di tè, pari a 1138 tazze.

IL MAGGIOR NUMERO DI PERSONE IN UN AUTOBUS
Il 23 ottobre 2000, il numero record di 110 persone si stiparono a bordo di un autobus all'esterno del bar ristorante *Cynthia's* di Londra: si trattava di uno degli eventi organizzati per il lancio del sito web *Guinness World Records*.

LA PIÙ GRANDE CACCIA ALL'UOVO DI PASQUA
La più grande caccia all'uovo di Pasqua del mondo si è svolta il 20 marzo 1999 nel corso dell'annuale fiera pasquale della Vision Australia Foundation a Kooyong, Victoria, Australia.
Le uova di cioccolato trovate dai 3000 volontari partecipanti alla caccia sono state in totale 150 000.

IL MAGGIOR NUMERO DI PERSONE SUI TRAMPOLI
Il 25 luglio 1999, durante la parata Zancothon '99 a Santiago de Cali, Colombia, 152 persone fra i 6 e i 37 anni camminarono su trampoli per tre chilometri.

LA PIÙ GRANDE ORCHESTRA DI FISARMONICHE
La più grande orchestra di fisarmonicisti era composta da 566 musicisti che suonarono per 22 minuti: record stabilito durante l'International Folklore Festival di Diepenheim, Olanda, il 1° giugno 2000, organizzato da Stedeker Dansers (Olanda).

LA PIÙ GRANDE ORCHESTRA GIAPPONESE DI PERCUSSIONISTI
Il 9 agosto 1998, 1850 musicisti si riunirono per eseguire *Yamabiko* con 1845 tamburi giapponesi nello stadio Irie di Muroran, Giappone. Il concerto, durato 25 minuti, si tenne all'aperto perché l'intensità del suono avrebbe frantumato i vetri di qualunque sala per concerti.

L'ORCHESTRA PIÙ NUMEROSA
Il 15 maggio 2000, 6452 musicisti professionisti e studenti si riunirono nel BC Place Stadium di Vancouver, Canada, per suonare "Dieci Minuti

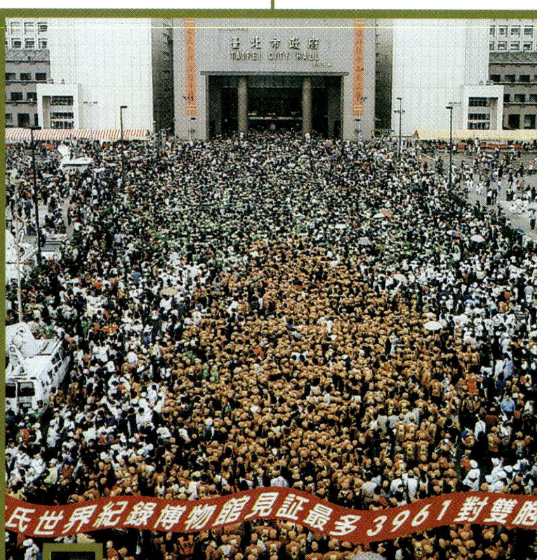

IL PIÙ GRANDE RADUNO DI GEMELLI
Il 12 novembre 1999 (la festa nazionale che celebra la nascita di Sun Yatsen, il primo presidente della Repubblica Cinese), il numero record di 3961 gemelli si riunirono presso il palazzo municipale di Taipei, Taiwan. L'evento era stato organizzato dal sindaco di Taipei, Ma Ying-Jeou, per risollevare lo spirito della popolazione dopo il grande terremoto avvenuto due mesi prima. I gemelli, arrivati dal Regno Unito, dalla Germania, dall'India e dagli Stati Uniti, avevano un'età compresa fra un mese e 88 anni. Erano presenti anche celebrità nazionali, oltre a 37 gruppi di tre gemelli e a quattro gruppi di quattro gemelli. I partecipanti si disposero ad albero per simboleggiare la ricrescita delle zone danneggiate dal terremoto.

www.guinnessworldrecords.com/twinsgather
ACCESS CODE: ‹53114›

Di Nona", un arrangiamento della Nona Sinfonia di Beethoven. L'orchestra era diretta da Bramwell Tovey, direttore della Vancouver Symphony Orchestra.

LE GRIGLIATE PIÙ GRANDI

Il numero record di 44 158 persone parteciparono a una grigliata presso la Warwick Farm Racecourse di Sydney, Australia, il 10 ottobre 1993. Per l'occasione furono servite più di 300 000 salsicce, 100 000 bistecche e 50 000 hamburger di pollo, oltre a 481 000 lattine di birra, pari a 6,7 salsicce, 2,25 bistecche, 1,13 hamburger e 10,89 birre a testa!

L'IMMERSIONE PIÙ NUMEROSA

Il 17 aprile1999, a Saipan, Isole Marianne, Oceano Pacifico, 215 sommozzatori dotati di respiratore si immersero insieme in mare nella stessa località.

I FESTIVAL GAY PIÙ GRANDI

Alla Lesbian Gay Bisexual Transgender Pride Parade di San Francisco, California, Usa, e al Sydney Gay and Lesbian Mardi Gras di Sydney, Australia, partecipano mediamente almeno 600 000 persone ogni anno.

IL MAGGIOR NUMERO DI PARTECIPANTI ALLO SWIMATHON DI UN'ORA

Il numero record di 2533 persone ha partecipato al BT Swimathon 2000, svoltosi in oltre 500 piscine nel Regno Unito fra le 6 e le 7 pomeridiane del 18 marzo 2000.

IL MAGGIOR NUMERO DI BUNGEE JUMPING IN 24 ORE

Il 26 ottobre 2000, 505 persone si lanciarono nel vuoto appesi a una fune all'AJ Hackett Bungy di Cairns, Australia, al ritmo di un salto ogni 2,85 minuti.

www.guinnessworldrecords.com/tomatina

ACCESS CODE: ‹49067›

LA PIÙ GRANDE BATTAGLIA DI POMODORI

USA

Nel 1999, circa 25 000 persone trascorsero un'ora lanciandosi 120 tonnellate di pomodori a Buñol, presso Valencia, Spagna, dove ogni anno, l'ultimo mercoledì di agosto, si tiene il "Tomatina" Festival. La lotta inizia quando i partecipanti riescono a raggiungere e a tagliare un prosciutto Serrano legato in cima a un albero della cuccagna. Si scaricano quindi per le strade camionate di pomodori che i partecipanti raccolgono per lanciarseli a vicenda. Alla fine della battaglia, la città è del tutto satura di salsa di pomodoro, con fiumi di succo che scorrono lungo le strade. Infine, autopompe dei vigili del fuoco percorrono le vie della città lavando strade e case, mentre la gente approfitta del getto per una doccia generale. Il "Tomatina" Festival ebbe inizio per caso nel 1944, quando un camion rovesciò accidentalmente per strada un carico di pomodori.

lavori di gruppo

SCACCO MATTO

Il 22 ottobre 2000, dalle 10 del mattino alle 5 del pomeriggio, 10 004 persone stabilirono il record per il maggior numero di scacchisti in gioco simultaneamente al secondo Festival degli Scacchi di Città del Messico (foto sopra), un'iniziativa governativa mirata alla promozione di eventi culturali per le strade della città. Ognuno dei 450 maestri messicani di scacchi presenti giocò contro 20-25 persone del pubblico, con l'81% delle partite vinte dai maestri, il 13% vinte dal pubblico e il 6% terminate con un pareggio. Nella stessa occasione fu formato il logo umano più grande rappresentante un'enorme scacchiera. Il primato precedente (stabilito l'anno prima nel corso della stessa manifestazione) era di 5046 giocatori.

Il maggior numero di partite consecutive giocate da un solo scacchista è 719, record ottenuto da Willem van Roosmalen (Olanda) il 6-7 novembre 1998 con 650 vittorie, 37 pareggi e soltanto 32 sconfitte.

www.guinnessworldrecords.com/masschess

ACCESS CODE: ‹55923›

LA OLA PIÙ LUNGA

Il 24 giugno 2000, per iniziativa del County Council Youth Service e del Council for Voluntary Youth Services del Sussex, GB, 3276 persone eseguirono una ola che si propagò per quasi 5 chilometri in sette minuti.

IL MAGGIOR NUMERO DI FAGIOLI AL FORNO INGOIATI IN DUE MINUTI

Il 17 novembre 2000, quattro persone radunate nella casa dell'edizione belga del *Grande Fratello* a Vilvoorde, mangiarono un totale di 335 fagioli al forno in due minuti, alla media di quasi 42 fagioli al forno al minuto (infilzati e ingoiati uno per volta).

L'INTERVENTO CHIRURGICO COMPIUTO DAL MAGGIOR NUMERO DI VETERINARI

Nell'agosto 1999, oltre 30 medici contribuirono a operare Motola, un elefante di 38 anni con una zampa devastata dallo scoppio di una mina lungo il confine fra Tailandia e Myanmar. Motola aveva impiegato tre giorni e percorso 95 chilometri per raggiungere l'Hang Chat Elephant Hospital di Lampang, Tailandia. La quantità di anestetico usata avrebbe messo al tappeto 70 uomini. I veterinari dell'ospedale di Lampang hanno dichiarato che si trattava delle ferite più gravi mai viste presso il centro veterinario. L'intervento, costato 105 000 dollari, è stato pagato con sovvenzioni pubbliche e ora un gruppo esperti sta cercando di realizzare una protesi che consenta a Motola di camminare ancora.

IL MAGGIOR NUMERO DI INTERVENTI RICOSTRUTTIVI EFFETTUATI DA UN TEAM MEDICO ITINERANTE

Il Viaggio Mondiale della Speranza 1999 di Operation Smile, durato dal 5 febbraio al 14 aprile 1999, portò gruppi di medici volontari a visitare e curare 5139 pazienti in 18 paesi, ponendo rimedio a malformazioni come il labbro leporino e la palatoschisi ed effettuando interventi su tumori, ustioni e ferite al viso. Operation Smile è stata fondata nel 1982 da Bill Magee, chirurgo plastico, e da sua moglie Kathy, infermiera, a Norfolk, Virginia, Usa.

IL PIÙ LUNGO CONVOGLIO CIVILE DI AIUTI

Fra il 1° e il 4 dicembre 1992, un convoglio di 105 veicoli privati viaggiò da Dover, GB, a Zagabria, Croazia, per portare aiuti alimentari e non ai rifugiati della guerra bosniaca. Il convoglio percorse circa 3200 chilometri, scortato attraverso la Bosnia da una fila di veicoli della polizia lunga 3,2 chilometri.

BARELLIERI

Tra il 27 e il 30 maggio 1996, due squadre di 4 uomini della Canadian Forces Base di Calgary, Canada, partendo da Edmonton, Alberta, Canada e arrivando a Calgary, Alberta, trasportarono per 300,4 chilometri una barella con un manichino di 63,5 chilogrammi nel tempo record di 59 ore e 19 minuti.

CORSA CON SACCHI DI CARBONE

Il 20 maggio 2000, otto uomini trasportarono a turno un sacco di carbone di 50 chilogrammi per 128,7 chilometri in 11 ore, 28 minuti e 33 secondi, effettuando 387 giri di una pista lunga 333 metri in un'area di parcheggio del Dewsbury Hospital, West Yorkshire, GB.

CORSA CON CARROZZINA

Tra il 22 e il 23 novembre 1990, una squadra di 10 uomini della scuola di musica della marina reale di Devon, GB, spinsero una carrozzina contenente un adulto per 437,3 chilometri in 24 ore.

IL PERCORSO PIÙ LUNGO IN 24 ORE SPINGENDO UNA SEDIA A ROTELLE

Tra il 13 e il 14 settembre 1999, 88 volontari spinsero Ian Kershaw e Keith Matthews, due portatori di handicap costretti su sedia a rotelle, lungo la pista dello stadio di Copeland, GB, per 348,2 chilometri.

IL PERCORSO PIÙ LUNGO IN 24 ORE SPINGENDO UN TOSAERBA

Fra il 13 e il 14 settembre 1997, un gruppo di quattro persone dello Stowmarket e District Round Table, Suffolk, GB, spinsero un comune tosaerba percorrendo 162,93 chilometri in 24 ore.

IL PIÙ GRANDE GIOCO DELLA CAVALLINA

L'8 ottobre 2000, 222 persone parteciparono a una gara di gioco della cavallina organizzata dal Discovery Creek Children's Museum presso il Glen Echo Park nel Maryland, Usa.

CORSA CON SACCHI DI LANA

Nel 1997, una squadra giovanile della sesta classe della Sir William Romney School vinse una gara del Campionato del mondo di corsa con sacchi di lana in 3 minuti e 20,01 secondi, superando il record del campionato di 3 minuti e 27,34 secondi stabilito nel 1991 dalla squadra maschile. La gara, che si svolge ogni anno a Tetbury, GB, prevede che i quattro componenti di ogni squadra corrano a staffetta su e giù per una salita molto ripida portando sulle spalle un sacco di lana del peso di 27 chilogrammi.

IL MAGGIOR NUMERO DI FIGURE IN CADUTA LIBERA

Il 23 settembre 1999, quattro paracadutisti dell'Arizona Airspeed Team (Daniel Brodsky-Chenfeld, Jack Jeffries, Mark Kirkby e Kirk Verners) formarono 39 figure diverse in 35 secondi in caduta libera alla velocità di circa 240 km/h da un'altezza di 3050 metri. Secondo le norme FAI, i paracadutisti devono interrompere ogni contatto fisico fra una figura e l'altra.

LA PIÙ GRANDE CONFERENZA STAMPA SUBACQUEA

Il 20 giugno 1997, un gruppo di 12 giornalisti di stampa e televisione spagnola si immersero a una profondità di 16 metri al largo di El Hierro, isole Canarie, Spagna, per partecipare a una conferenza stampa durata 20 minuti per il lancio del volume *Secretos de un Campeón*, un manuale di fotografia subacquea scritto da Carlos Virgili Ribé (a sinistra). L'autore parlò ai giornalisti utilizzando un walkie-talkie subacqueo. Tranne pochi subacquei abilitati, tutti gli altri dovettero seguire un breve corso di addestramento il giorno prima della conferenza.

www.guinnessworldrecords.com/underwaterpress

ACCESS CODE: ‹52178›

LA PIÙ RAPIDA DEMOLIZIONE DI SQUADRA DI UNA CASA A MANI NUDE

Il 18 agosto 1979, 13 membri dell'East Anglia Martial Arts Club (GB) demolirono una casa in mattoni di sette locali in soli 61 minuti, utilizzando unicamente le mani e i piedi. La demolizione richiese circa 8,7 minuti per locale.

IL MAGGIOR NUMERO DI SALTI MORTALI AL TRAMPOLINO

Il 24 luglio 1999, un gruppo di 20 membri del Kirklees Rebound Trampoline Club presso il centro sportivo di Huddersfield, GB, effettuarono 29 503 salti mortali in cinque ore saltando su due trampolini standard da competizione, pari a una media di poco più di 1475 salti mortali a testa e quasi cinque al minuto.

www.guinnessworldrecords.com/747pull

TIRO ALLA FUNE CON AEREO

Il 27 settembre 2000, all'aeroporto di Heathrow, GB, 60 membri della polizia britannica trainarono un Boeing 747-400 (a destra) percorrendo la distanza di 100 metri nel tempo record di 53,33 secondi. Il Boeing pesava 205 tonnellate, per una media di 3,4 tonnellate a persona.

ACCESS CODE: ‹48715›

www.guinnessworldrecords.com/theliuingplanet

il pianeta vivente

GUINNESS WORLD RECORDS™

l'universo

LA STELLA PIÙ BRILLANTE DELLA GALASSIA

Pistol, scoperta dal telescopio spaziale Hubble nell'ottobre 1997, è 10 milioni di volte più brillante del Sole. È invisibile a occhio nudo dalla Terra perché la maggior parte della sua luce è assorbita dalla polvere spaziale. Si calcola che emetta in sei secondi tanta energia quanto il Sole in un anno, il che fa prevedere una vita breve. Gli astronomi stimano che disti dalla Terra 25000 anni luce e sia oltre 325 volte più grande del Sole, che ha un diametro di 1391940 chilometri. Si ritiene che Pistol abbia solo da uno a tre milioni di anni, contro i cinque miliardi del Sole.

LA STELLA PIÙ LUMINOSA VISIBILE DALLA TERRA

Sirio (Alpha Canis Majoris) dista dalla Terra 8,64 anni luce ed è la stella più luminosa visibile in cielo. Un anno luce è la distanza percorsa dalla luce in un anno, cioè circa 9,5 milioni di milioni di chilometri. La distanza che ci separa da Sirio è quindi circa 80 milioni di milioni di chilometri. Sirio ha una massa pari a 2,14 volte quella del Sole ed è 24 volte più luminosa. È anche calda il doppio del Sole, con una temperatura superficiale di circa 10000° C.

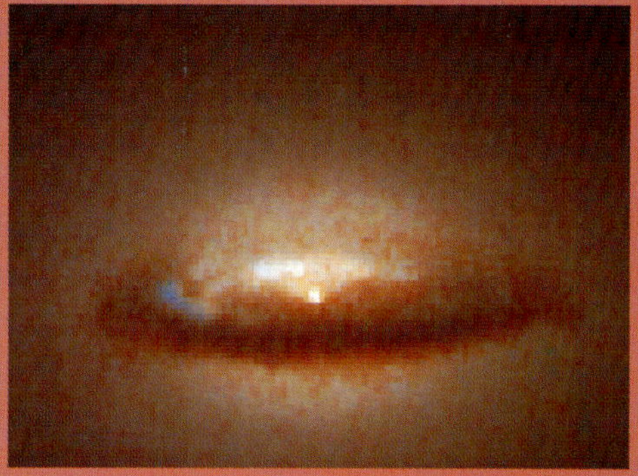

STRANEZZE SPAZIALI

I normali buchi neri sono diverse volte più massicci del Sole, ma i buchi neri che si trovano al centro delle galassie (a sinistra) possono arrivare a diverse centinaia di migliaia di masse solari. Gli astronomi ritengono che un buco nero di questo genere possa trovarsi al centro della Via Lattea, a 30000 anni luce di distanza.

Secondo quanto reso noto il 14 gennaio 2000, il buco nero più vicino potrebbe essere V4641 Sgr, che dista dalla Terra soltanto 1600 anni luce. È stato individuato per le violente variazioni di intensità dei raggi X che emette mentre risucchia il gas dalla stella compagna.

www.guinnessworldrecords.com/blackhole

ACCESS CODE: ‹56351›

LA STELLA PIÙ VICINA

Sole escluso, la stella più vicina alla Terra è la fioca Proxima Centauri, una nana rossa individuata nel 1915 e distante 4,23 anni luce.

IL GRUPPO DI STELLE PIÙ VICINO

L'ammasso delle Iadi nella costellazione del Toro costituisce il gruppo di stelle più vicino al nostro sistema solare. Raggruppa circa 300 stelle distanti approssimativamente 150 anni luce e con un'età stimata di 625 milioni di anni.

LA SUPERNOVA PIÙ BRILLANTE DEI TEMPI MODERNI

Nel 1987, una stella gigante nella Grande Nube di Magellano (una galassia satellite della Via Lattea) esplose diventando agevolmente visibile a occhio nudo dalla Terra nonostante distasse 168000 anni luce. Le supernove costituiscono la fase finale della vita di una stella gigante. Quando l'idrogeno si esaurisce, l'astro comincia a usare come combustibile nucleare elementi più pesanti. Alla fine si forma un nucleo di ferro che impedisce ulteriori reazioni di fusione e la stella collassa su se stessa trasformandosi in una supernova.

LA VELOCITÀ DI ROTAZIONE PIÙ RAPIDA DI UNA PULSAR

Le pulsar sono costituite dal nucleo collassato in rapida rotazione di grandi stelle esplose in supernove. Di forma sferica e grandi quanto una piccola città, le pulsar sono così dense che un cucchiaino da tè peserebbe un miliardo di tonnellate. Fra le pulsar la cui velocità di rotazione sia stata determinata con precisione, la più rapida è PSR B1937 + 214, individuata da un gruppo di scienziati guidato da Donald C. Backer nel novembre 1982. Si trova nella regione della costellazione Vulpecula, distante 11700 anni luce, e ha un periodo di pulsazione di 1,5578064949 millisecondi, pari a 641,9282518 rotazioni al secondo.

LA PULSAR PIÙ GIOVANE

Un gruppo di astronomi della Columbia University guidati da Eric Gotthelf (Usa) ha scoperto nel 1995 una pulsar, chiamata PSR J1846-0258, che si trova dall'altra parte della Via Lattea, a circa 60000 anni luce di distanza, e ha solo 700 anni.

LA GALASSIA PIÙ VICINA

L'oggetto più vicino alla Terra ed esterno alla Via Lattea è la galassia ellittica nana del Sagittario, un gruppo di stelle e nubi di polvere e gas distante circa 82000 anni luce. La scoperta, effettuata da R.A. Ibata, G. Gilmore e M.J. Irwin (GB), è stata resa nota nell'aprile 1994.

LA NEBULOSA PIÙ LUMINOSA

La nebulosa di Orione (a sinistra), un vasto ammasso rarefatto di gas e polvere, è la nebulosa più luminosa visibile in cielo. Situata nella "spada" della costellazione di Orione, la nebulosa è la zona di formazione stellare più vicina alla Terra ed è visibile a occhio nudo come una macchia indistinta di luce. Dista dalla Terra circa 1500 anni luce.

La zona più fredda dell'universo si trova nella nebulosa Boomerang, una nube di polvere e gas distante 5000 anni luce. Questo "punto freddo" nella parte più esterna del potente vento creato dal risucchio di una stella in fase di implosione, ha una temperatura di −272° C. Si pensa che in questo punto i gas si espandano e raffreddino alla velocità di 600000 chilometri orari. In laboratorio sono state raggiunte temperature ancora più basse.

www.guinnessworldrecords.com/orionnebula

ACCESS CODE: ‹55562›

LA GALASSIA PIÙ GRANDE
La galassia centrale dell'ammasso galattico Abell 2029, distante 1070 milioni di anni luce nell'ammasso della Vergine, ha un diametro maggiore di 5 600 000 anni luce (80 volte quello della nostra galassia, la Via Lattea) e possiede una luminosità equivalente a quella di 2000 miliardi (2×10^{12}) di Soli.

IL PIÙ LONTANO OGGETTO VISIBILE
Il corpo celeste più lontano visibile a occhio nudo è la Galassia di Andromeda, osservata per la prima volta dal tedesco Simon Marius nel 1611. È galassia a spirale che dista dalla Terra 2,2 milioni di anni luce, visibile a occhio nudo come un ammasso nebuloso di colore grigio. Osservato attraverso un binocolo o un telescopio, l'ammasso risulta frutto della luce di oltre 200 miliardi di stelle, alcune delle quali simili al nostro Sole.

LA COSTELLAZIONE PIÙ PICCOLA
Crux Australis (Croce del Sud) occupa una superficie pari allo 0,16 per cento del cielo intero. Prima di essere riconosciuta come costellazione nel 1679, era considerata parte della costellazione del Centauro. Crux Australis, visibile solo nell'emisfero sud, è facilmente riconoscibile a occhio nudo per i colori delle sue stelle più luminose: tre sono in un blu intenso, mentre un'altra è una gigante rossa.

LA COSTELLAZIONE PIÙ GRANDE
La costellazione più grande è Hydra (Idra o Serpente Marino), che occupa il 3,16 per cento del cielo intero e contiene almeno 68 stelle visibili a occhio nudo.

IL PIANETA EXTRASOLARE PIÙ GRANDE
Nel gennaio 2001 fu annunciata la scoperta del pianeta HD168443, orbitante intorno a una stella a 123 anni luce di distanza. Giove, il pianeta più grande del sistema solare, pesa più di tutti gli altri pianeti e lune messi insieme, e HD168443 è 17 volte più massiccio di Giove.

IL PIANETA EXTRASOLARE PIÙ VICINO
Il 7 agosto 2000, un gruppo di astronomi guidati da William Cochran dell'osservatorio McDonald dell'Università del Texas (Usa) annunciò la scoperta del pianeta esterno al sistema solare più vicino a noi. Il corpo celeste, probabilmente leggermente più grande di Giove, orbita intorno a Epsilon Eridani che, a una distanza di soli 10,5 anni luce, è una delle stelle più vicine al Sole. Si tratta di una stella nella sequenza principale, cioè nella fase principale della sua evoluzione.

www.guinnessworldrecords.com/helixnebula

GAS-TRONOMICO!
La nebulosa Helix (NGC 7293, sotto) è la nebulosa planetaria più vicina alla Terra, a circa 450 anni luce di distanza nella costellazione dell'Acquario. Si è formata quando una stella morente ha rilasciato nello spazio i suoi strati esterni sotto forma di gas, che emette luce perché ionizzato dalle radiazioni provenienti dalla stella. Le nebulose planetarie si chiamano così perché in origine gli astronomi le credevano pianeti in formazione, a causa della loro forma spesso sferica. Helix copre un'area pari a circa la metà delle dimensioni della Luna piena, ma non è visibile a occhio nudo. Le nebulose planetarie hanno solitamente vita breve e durano circa 50 000 anni prima che i loro gas in espansione diventino troppo rarefatti per essere visibili. L'immagine è stata ripresa dalla fotocamera CFH12k montata sul telescopio di Canada, Francia e Hawaii all'osservatorio di Mauna Kea, Hawai, Usa.

ACCESS CODE: <56518>

GUINNESS WORLD RECORDS™

sistema solare

IL PIANETA PIÙ VELOCE
Mercurio è il pianeta più veloce del sistema solare: orbita intorno al Sole a una velocità media di 172 248 chilometri orari, cioè circa due volte quella della Terra. Questa velocità, insieme al fatto che Mercurio è molto più vicino al Sole rispetto Terra, fa sì che un anno su Mercurio (il tempo per compiere un giro intorno al Sole) duri solo 87,99 giorni.

IL PIANETA PIÙ CALDO
La superficie di Venere ha una temperatura media di circa 480° C, il che ne rende l'esplorazione da parte delle sonde spaziali piuttosto difficoltosa. Un un uomo che mettesse piede su Venere sarebbe insieme schiacciato dalla pressione, ridotto in cenere dal calore, corroso dall'acido solforico e soffocato dall'anidride carbonica.

IL PIANETA MENO DENSO
Saturno, privo di una superficie solida, è il pianeta più rarefatto del sistema solare. Composto per la maggior parte da idrogeno ed elio, i due elementi più leggeri nell'universo, Saturno ha una densità media di appena 0,71 volte quella dell'acqua: questo significa che, se ci fosse un oceano abbastanza grande da contenerlo, l'intero pianeta galleggerebbe nell'acqua.

TUTTO IN UN VORTICE
La Grande Macchia Rossa (a sinistra) su Giove è il ciclone più grande del sistema solare. Ha dimensioni variabili che possono arrivare a 40 000 chilometri di lunghezza e 14 000 di larghezza. In lunghezza potrebbe comodamente contenere tre pianeti grandi come la Terra. Questo enorme vortice imperversa da almeno 300 anni, cioè da quando i telescopi sono diventati tanto potenti da poterlo individuare, ma probabilmente è attivo da molto più tempo. Ruota in senso antiorario a una velocità di circa 450 chilometri orari e il colore arancio potrebbe essere dovuto a zolfo e fosforo nell'atmosfera.

www.guinnessworldrecords.com/greatredspot
← ACCESS CODE: ‹55663›

L'ASTEROIDE PIÙ LUMINOSO
L'asteroide più luminoso è Vesta, scoperto il 29 marzo 1807. È l'unico asteroide visibile a occhio nudo dalla Terra, in una notte con cielo limpido. Questo è possibile grazie alla luminosità della superficie, alle sue dimensioni (ha un diametro di 576 chilometri) e al fatto che può avvicinarsi alla Terra fino a una distanza di 177 milioni di chilometri.

IL SATELLITE PIÙ GRANDE
Il satellite più grande del sistema solare è Ganimede, una delle quattro grandi lune che ruotano attorno a Giove. Il suo peso supera di 2017 volte quello della Luna terrestre e ha un diametro di 5267 chilometri.

IL SATELLITE CON L'ATMOSFERA PIÙ DENSA
Titano, la luna più grande di Saturno, è il satellite con l'atmosfera più densa di tutto il sistema solare, con una pressione di superficie di 1,44 bar, quasi una volta e mezza la pressione atmosferica sulla superficie della Terra. Composta in gran parte da azoto, l'atmosfera di Titano è la più simile alla nostra. Titano è l'unico satellite del sistema solare con un'atmosfera densa, tanto che uno strato di smog color arancio ci impedisce di vederne la superficie.

IL CANYON PIÙ LUNGO DEL SISTEMA SOLARE
La Valles Marineris di Marte è il canyon più grande del sistema solare, lungo complessivamente circa 4500 chilometri. Nel punto più largo misura 600 chilometri e arriva a 7 chilometri di profondità. Questo immenso canyon, scoperto per la prima volta dalla navicella spaziale della Nasa *Mariner 9* nel 1971, sulla Terra attraverserebbe gli Stati Uniti da costa a costa.

LA MACCHIA SOLARE PIÙ GRANDE
La più grande macchia solare finora osservata apparve sull'emisfero meridionale l'8 aprile 1947. Si estendeva per un massimo di 300 000 chilometri in longitudine e 145 000 in latitudine. Circa 36 volte più grande della superficie della Terra, risultava visibile a occhio nudo al tramonto.

LA CODA DI COMETA PIÙ LUNGA
La coda di cometa più lunga mai misurata era pari a 570 milioni di chilometri e apparteneva alla cometa Hyakutake: una lunghezza pari a tre volte la distanza che separa Terra e Sole. La coda fu individuata da Geraint Jones dell'Imperial College

ANELLI PLANETARI
Il pianeta gigante Saturno possiede il sistema di anelli più imponente (a sinistra) di tutti i pianeti del sistema solare. Il complesso degli anelli intorno al pianeta gigante ha una massa globale di circa 4 x 1019 chilogrammi, equivalente a 30 milioni di monti Everest. Anche tutti gli altri giganti gassosi (Giove, Urano e Nettuno) sono circondati da anelli, ma nessuno di loro li possiede ampi e grandiosi come quelli di Saturno. Questi sono composti da milioni di minuscole particelle di ghiaccio e polvere con orbite indipendenti. È probabile che si siano formati diverse decine di milioni di anni fa, a seguito dell'impatto di una cometa con un piccolo satellite che, frantumato dall'urto in innumerevoli detriti, ha dato vita agli anelli.

www.guinnessworldrecords.com/saturnrings
← ACCESS CODE: ‹56287›

di Londra il 13 settembre 1999, grazie ai dati raccolti dalla navicella spaziale Esa/Nasa *Ulysses* durante un incontro casuale con la cometa il 1° maggio 1996.

LE RUPI PIÙ ALTE DEL SISTEMA SOLARE

Verona Rupes, una rupe su Miranda, una piccola luna che orbita intorno a Urano, è alta circa 20 chilometri, cioè più di 10 volte l'altezza delle pareti del Grand Canyon. La sua altezza è particolarmente sorprendente per le piccole dimensioni di Miranda, che ha un diametro di appena 472 chilometri. La rupe e altre strane strutture geologiche del satellite potrebbero essere state causate dall'impatto di Miranda con una cometa.

I VENTI PIÙ FORTI DEL SISTEMA SOLARE

Sul pianeta Nettuno, misurati dalla sonda della Nasa *Voyager 2* nel 1989, soffiano venti con raffiche a circa 2400 chilometri orari, una velocità cinque volte superiore a quella del più violento tornado terrestre.

LO SCONTRO PIÙ VIOLENTO DOCUMENTATO

Fra il 16 e il 22 luglio 1994, più di 20 frammenti della cometa Shoemaker-Levy 9 entrarono in collisione con il pianeta Giove. L'impatto più violento fu causato dal frammento più grosso, che misurava 3-4 chilometri di diametro ed esplose sprigionando un'energia pari a circa 600 volte quella emessa dall'esplosione simultanea di tutte le bombe del mondo, equivalente a 6 milioni di megaton. I 20 frammenti attraversarono la turbolenta atmosfera di Giove alla velocità di circa 60 chilometri al secondo, lasciandovi enormi cicatrici.

L'ATTIVITÀ GEOLOGICA DOCUMENTATA PIÙ FREDDA

Alcuni geyser attivi su Tritone, la luna più grande di Nettuno, lanciano azoto ghiacciato a diversi chilometri di altitudine nell'atmosfera. Tritone ha una temperatura superficiale di −235° C ed è uno dei luoghi più freddi del sistema solare, con laghi di acqua ghiacciata dura come acciaio.

L'ECLISSI PIÙ LUNGA

L'eclissi più lunga osservata in epoca recente è stata quella durata 7 minuti e 8 secondi nelle Filippine il 20 giugno 1955. Il 16 luglio 2186 se ne avrà una di 7 minuti e 29 secondi sull'Atlantico centrale.

IL BRILLAMENTO SOLARE DOCUMENTATO PIÙ INTENSO

Il 2 aprile 2001, alle 9.51 pm GMT, divampò sulla superficie del Sole il brillamento solare più intenso mai registrato, originato da uno dei più grandi gruppi di macchie solari mai osservate. Il brillamento disperse nel sistema solare miliardi di tonnellate di gas elettrificato e di radiazioni. Parte di questa materia entrò in collisione con gli strati superiori dell'atmosfera terrestre, provocando aurore bellissime e spettacolari, specialmente nell'emisfero nord.

www.guinnessworldrecords.com/io

GRANDI COLATE DI FUOCO

Io, uno dei grandi satelliti di Giove, è l'oggetto più vulcanico del sistema solare. Nel 1979, la sonda della Nasa *Voyager 1* scattò le prime immagini di pennacchi di eruzioni protesi per centinaia di chilometri nello spazio (a destra, una foto ripresa dalla navicella *Galileo* il 28 giugno 1997). Io è così attivo da essersi "rovesciato" almeno una volta, con gli strati esterni sepolti sotto la lava fino a una profondità tale da farli fondere ed erompere di nuovo in superficie.

ACCESS CODE: ‹54814›

GUINNESS WORLD RECORDS

pianeta terra

IL GEODE PIÙ GRANDE
Il geode (cavità rivestita di cristalli) più grande si trova vicino ad Almería, Spagna. Lungo 7,92 metri, largo 1,83 metri e alto 1,83 metri, risale a circa sei milioni di anni fa. Di solito i geodi sono abbastanza piccoli da stare nel palmo di una mano.

IL FRAMMENTO TERRESTRE PIÙ VECCHIO
Un piccolo cristallo di zircone, datato fra i 4,3 e i 4,4 miliardi di anni fa, è il frammento più vecchio della Terra scoperto finora.

I FIUMI PIÙ LUNGHI
Il Nilo e il Rio delle Amazzoni si contendono il titolo di fiume più lungo del mondo. La lunghezza ufficiale del Nilo è di 6695 chilometri, ma si è accorciato dopo la costruzione della diga di Assuan e la formazione del lago Nasser. Il Rio delle Amazzoni ha numerosi sbocchi sul mare, per cui è difficile definire dove finisce: se si considera lo sbocco più distante, l'estuario del Pará, la lunghezza totale risulta di circa 6750 chilometri.

IL VULCANO PIÙ ALTO
Il vulcano più alto in attività è l'Ojos del Salado, che raggiunge i 6887 metri al confine tra Cile e Argentina.

IL CRATERE PIÙ VASTO
Il più vasto cratere vulcanico del mondo è quello di Toba, nella parte centro-settentrionale dell'isola di Sumatra, Indonesia. Si estende su una superficie di 1775 chilometri quadrati.

IL VULCANO ATTIVO PIÙ GRANDE
Il vulcano Mauna Loa, Hawaii, Usa, è lungo 120 chilometri e largo 50, con una colata lavica che occupa più di 5000 chilometri quadrati di superficie dell'isola. Il suo volume totale è di 42 500 chilometri cubi, di cui l'84,2% sotto il livello del mare. Ha eruttato mediamente una volta ogni quattro anni e mezzo dal 1843, ma l'ultima eruzione risale al 1984.

L'OCEANO PIÙ VASTO
L'oceano più vasto del mondo è il Pacifico, che si estende su una superficie di circa 166 241 700 km^2, più di un terzo della superficie della Terra. La profondità media dell'Oceano Pacifico è di 3940 metri.

LA VALLE PIÙ PROFONDA
La valle del fiume Yarlung Zangbo, che va dal Tibet al Bangladesh, ha una profondità media di 5000 metri e massima di 5382 metri, più di tre volte quella del Grand Canyon.

IL CONTINENTE PIÙ PICCOLO
L'Australia è il più piccolo di tutti i continenti, con una superficie di 7 614 500 chilometri quadrati.

IL FIUME CON LA PORTATA MAGGIORE
Il Rio delle Amazzoni (sopra) ha una portata superiore a quella di qualsiasi altro corso d'acqua e versa nell'Oceano Atlantico una media di 200 000 metri cubi d'acqua al secondo che, nei periodi di piena, aumentano fino a 340 000 metri cubi. Negli ultimi 1450 chilometri il fiume ha una profondità media di 17 metri, ma in alcuni punti raggiunge addirittura i 124 metri. Il Rio delle Amazzoni è alimentato da più di 1000 affluenti e il suo flusso è 60 volte più grande di quello del Nilo. Costituisce circa il 20% di tutta l'acqua dolce che si riversa negli oceani del mondo.

www.guinnessworldrecords.com/riverflow
ACCESS CODE: ‹47578›

IL CONTINENTE PIÙ GRANDE
L'Asia è il continente più grande del mondo con una superficie di 45 036 492 chilometri quadrati, seguito dall'Africa con di 30 343 578 chilometri quadrati.

LA MONTAGNA PIÙ ALTA
Il Mauna Kea (Montagna Bianca), nelle isole Hawaii, Usa, è la montagna marina più alta del mondo. Se misurata dalla base a circa 6000 metri di profondità nella depressione hawaiana alla vetta, è alta complessivamente 10 205 metri, dei quali 4205 sopra il livello del mare. In totale, dalla base alla vetta, supera l'Everest di 1357 metri.

LA CIMA MONTUOSA PIÙ ALTA
Il monte Everest, nella parte orientale del massiccio dell'Himalaya, è alto 8848 metri. Prende nome da Sir George Everest (1790-1866), ex topografo generale del governo indiano dal 1830 al 1843.

IL PROSCIUGAMENTO PIÙ GRANDE DI UN FIUME
Sia nel 1997 sia nel 1998 la sezione inferiore del Fiume Giallo (Huang He), il secondo fiume più lungo della Cina, si prosciugò completamente e rimase in secco per oltre 140 giorni, lasciando i terreni agricoli inariditi e minacciando i raccolti. Il problema era il risultato di una piovosità inferiore alla media, di un aumento delle irrigazioni e delle esigenze di una popolazione in crescita.

GLI ANELLI DI VAPORE PIÙ GRANDI
Il monte Etna, in Sicilia, è il vulcano più alto e più attivo d'Europa. Un complesso processo fisico porta

SOTTO L'"ARCOBALENO"
Il Rainbow Bridge (Ponte dell'Arcobaleno) di arenaria rossa del Lake Powell National Monument, Utah, Usa, è l'arco naturale più alto del mondo. Lungo soltanto 82,3 metri, è una struttura imponente che raggiunge un'altezza di 88,4 metri, quasi il doppio dell'altezza della Statua della Libertà. Il Rainbow Bridge, composto da arenaria Navajo, è stato formato da un antico corso d'acqua affluente del fiume Colorado, che ha eroso parte della roccia sedimentaria più friabile della zona, lasciandosi alle spalle un ponte naturale. È considerato sacro dagli indigeni d'America e viene visitato da circa 300 000 persone ogni anno.

www.guinnessworldrecords.com/rainbowbridge
ACCESS CODE: ‹47585›

all'emissione di anelli di vapore che arrivano fino a 200 metri di diametro. Possono impiegare anche 10 minuti per dissolversi e salire nell'aria fino a circa 1000 metri sopra la bocca del vulcano.

IL GHIACCIAIO IN PIÙ RAPIDO SCORRIMENTO

Lungo 54 chilometri, largo 4,8 chilometri e in alcuni punti alto 910 metri, il Columbia Glacier tra Anchorage e Valdez, Alaska, Usa, nel 1999 aveva una velocità di scorrimento pari a 35 metri al giorno. Negli ultimi 20 anni ha quasi raddoppiato la propria velocità, forse per un aumento della temperatura media.

IL LAGO SUBGLACIALE PIÙ GRANDE

Il lago Vostok in Antartide è stato scoperto nel 1994 analizzando le immagini radar del continente ghiacciato. Sepolto sotto 4 chilometri di ghiaccio nella zona est dell'Antartide, è il lago più vecchio e più intatto della Terra, completamente isolato dal resto del mondo da almeno 500 000 anni. Ha una superficie di circa 14 000 chilometri quadrati e una profondità di almeno 100 metri.

www.guinnessworldrecords.com/lambertglacier

ACCESS CODE: <47591>

FREDDO GLACIALE

I ghiacciai, che ricoprono l'11,4% del pianeta, si trovano principalmente in Groenlandia e in Antartide, dove circa 13,5 milioni di chilometri quadrati sono costituiti da neve e ghiaccio. I ghiacciai sono grandi masse mobili che si formano dove il tasso di nevosità è maggiore del tasso di scioglimento della neve. Via via che la neve si accumula, si trasforma in ghiaccio per compressione e comincia a scivolare verso il basso sotto la spinta del suo stesso peso.

Con un'area di oltre un milione di chilometri quadrati, il Lambert Glacier (sotto) nel territorio antartico australiano è il ghiacciaio più grande del mondo, largo 64 chilometri e lungo almeno 700 chilometri (più della Florida).

meteorologia estrema

L'ANNO PIÙ CALDO
Il 1998 è stato l'anno più caldo dall'inizio delle rilevazioni nel 1880, con temperature globali superiori di 0,57 °C rispetto alle medie riscontrate fra il 1961 e il 1990. Gli anni Novanta nell'insieme sono stati inoltre il decennio più caldo rilevato, con sei degli anni più caldi in assoluto. Il secondo anno più caldo è stato il 1997.

L'AUMENTO DI TEMPERATURA PIÙ BRUSCO
Il 22 gennaio 1943, la temperatura a Spearfish, Sud Dakota, Usa, si alzò passando da –20 °C alle 7.30 del mattino a 7 °C alle 7.32, con un balzo di 27 °C in due minuti.

LE MASSIME ESCURSIONI TERMICHE
I valori registrati a Verkhoyansk, Siberia, Russia, coprono un intervallo di 105 °C, da –68 °C a 37 °C. La cittadina si trova nella Repubblica di Sakha, una regione con una superficie di 3,1 milioni di chilometri abitata da appena un milione di persone, principalmente a causa del clima estremo.

LA TEMPERATURA PIÙ BASSA
Il 21 luglio 1983, una temperatura record di –89,2 °C fu registrata alla stazione scientifica di Vostok, Antartide. Il luogo più freddo permanentemente abitato è il villaggio siberiano di Oymyakon, in Russia, dove le temperature possono scendere fino a –70 °C. La temperatura media a gennaio, il mese più freddo, è di –50 °C.

IL FIOCCO DI NEVE PIÙ GRANDE
Durante una bufera di neve a Fort Keogh, Montana, Usa, il 28 gennaio 1887, Matt Coleman individuò un fiocco di neve di quasi 40 centimetri di diametro e 20 di spessore. La nevicata è citata nella rivista *Monthly Weather Review* e un postino sorpreso in viaggio dalla bufera dichiarò di aver visto cadere fiocchi giganteschi per diversi chilometri.

www.guinnessworldrecords.com/snowflake
ACCESS CODE: ‹53605›

L'ERA GLACIALE PIÙ LUNGA
I reperti geologici attestano il passaggio della Terra attraverso diverse ere glaciali all'inizio della sua storia. La più lunga e fredda risale a 2,3-2,4 miliardi di anni fa e durò circa 70 milioni di anni. Durante questo periodo la Terra intera era probabilmente ricoperta di ghiaccio.

LA PRESSIONE BAROMETRICA PIÙ ALTA
La pressione barometrica, cioè la pressione fisica esercitata dal peso dell'aria sugli esseri umani, si misura in millibar. La pressione diminuisce con l'aumentare dell'altitudine a cui ci si trova, perché è minore l'atmosfera terrestre che grava sulle persone. La più alta pressione barometrica registrata con strumenti è stata di 1083,8 millibar, ad Agata, Siberia, Russia, il 31 dicembre 1968. Tale valore, che sarebbe normale a 600 metri sotto il livello del mare, risulta ancora più eccezionale per il fatto che Agata si trova in realtà 262 metri sopra il livello del mare.

LE NEVICATE PIÙ GRANDI
La più spessa coltre di neve è stata di 11,5 metri, registrata a Tamarac, California, Usa, nel marzo 1911.

Il record di una singola nevicata è di 4,8 metri caduti sul monte Shasta, California, Usa, dal 13 al 19 febbraio 1959.

I CHICCHI DI GRANDINE PIÙ PESANTI
Chicchi fino a un chilogrammo di peso provocarono la morte di 92 persone durante una grandinata nel distretto di Gopalganj, Bangladesh, il 14 aprile 1986.

I RECORD DEI TORNADO
I tornado si formano dove sono presenti abbondante aria umida e calda e venti che cambiano direzione. Condizioni frequenti nel centro degli Stati Uniti, dove si concentra l'aria umida proveniente dal golfo del Messico. Fra il 3 e il 4 aprile 1974, nella fascia che si estende dal centro del Texas (a sinistra) allo Iowa e al Nebraska, detta la "Via dei tornado", si registrò il record di 148 tornadi in 24 ore. Sorprendentemente, il record per la frequenza di tornado rispetto all'estensione del territorio è detenuto dalla Gran Bretagna, dove la media annuale è un tornado ogni 7397 chilometri quadrati, contro uno ogni 8663 chilometri quadrati degli Stati Uniti. La distanza maggiore percorsa da un tornado è stata di 470 chilometri tra Illinois e Indiana, il 26 maggio 1917.

www.guinnessworldrecords.com/tornadoes
ACCESS CODE: ‹47480›

LA TROMBA MARINA PIÙ ALTA
La tromba marina più alta fu osservata il 16 maggio 1898 al largo di Eden, Nuovo Galles del Sud, Australia. Una misurazione con il teodolite dalla costa ne fissò l'altezza a 1528 metri e il diametro in 3 metri. È noto che le trombe marine sono in grado di risucchiare il pesce dalle profondità del mare e di rigettarlo sulle città vicine.

IL MAGGIOR NUMERO DI GIORNATE PIOVOSE
Sul monte Waialeale, Kauai, Hawaii, Usa, alto 1569 metri, piove fino a 350 giorni l'anno, con un tasso medio di piovosità superiore a 10 metri.

IL MAGGIOR NUMERO DI GIORNATE TEMPORALESCHE IN UN ANNO
Nel decennio compreso tra il 1967 e il 1976 a Tororo, Uganda, si verificarono mediamente 251 giorni di temporale all'anno.

LA PIOGGIA PIÙ INTENSA
A Basse Terre, Guadalupa, nei Caraibi, il 26 novembre 1970 caddero 38 millimetri di pioggia in un minuto, la quantità di pioggia maggiore mai rilevata in quell'intervallo di tempo.

Il record di piovosità in 24 ore è di 1,85 metri, registrato a Cilaos nell'isola di Réunion, Oceano Indiano, tra il 15 e il 16 marzo 1952.

I VENTI PIÙ VELOCI
Il 3 maggio 1999, il National Severe Storms Laboratory degli Stati Uniti rilevò una velocità del vento di 512 chilometri orari associata a un tornado vicino Bridge Creek, Oklahoma, Usa. La misurazione fu effettuata a 30-60 metri dal suolo.

La velocità più alta del vento a livello del suolo rilevata ad alta quota è di 371 chilometri orari, misurata a 1916 metri di altitudine sulla sommità del monte Washington, New Hampshire, Usa, il 12 aprile 1934.

Il record di velocità del vento a bassa quota è di 333 chilometri orari, rilevata l'8 marzo 1972 presso la base aeronautica militare statunitense di Thule, Groenlandia (altitudine 44 metri).

VIVA L'ABBRONZATURA!
Bambini in Arizona, Usa, cercano di vincere il caldo tuffandosi nell'abbeveratoio per il bestiame posto fuori dalla loro casa (sopra). Yuma registra una media di 4055 ore di sole su 4456 teoricamente possibili all'anno. Situata ad una altitudine di 42 metri sul livello del mare, Yuma ha una popolazione di circa 71 000 abitanti ed è una delle città dell'Arizona in più rapido sviluppo.

St Petersburg, Florida, Usa, dal 9 febbraio 1967 al 17 marzo 1969 registrò 768 giorni consecutivi di sole.

www.guinnessworldrecords.com/yuma

ACCESS CODE: ‹47494›

L'AMMASSO NUVOLOSO CON PIÙ ESTENSIONE IN ALTEZZA
I cumulonembi, responsabili di nubifragi, tempeste di neve e grandine, ai tropici possono svuluppare un'altezza di circa 20 000 metri, quasi tre volte l'altezza del monte Everest.

LE NEBBIE PIÙ FITTE A LIVELLO DEL MARE
Nella zona dei Grand Banks, Terranova, Canada, la nebbia è presente per oltre 120 giorni l'anno con visibilità inferiore ai 900 metri.

L'ARCOBALENO PIÙ LUNGO
Un arcobaleno durato 6 ore (dalle 9 del mattino alle 3 del pomeriggio) fu osservato il 14 marzo 1994 a Sheffield, Yorkshire, GB. La maggior parte degli arcobaleni dura solo pochi minuti.

www.guinnessworldrecords.com/wettest

RECORD DI PIOVOSITÀ IN UN ANNO
A Mawsynram, nello stato di Meghalaya, India, cadono in media 11 873 millimetri di pioggia l'anno. La maggior parte della pioggia cade durante la stagione dei monsoni, fra giugno e settembre.

Il secondo luogo più piovoso è Cherrapunji, sempre nello stato indiano di Meghalaya, che ha un tasso medio annuale di piovosità pari a 11 430 millimetri. Per contro, passata la stagione dei monsoni, possono verificarsi lunghi periodi di siccità.

ACCESS CODE: ‹47532›

strana scienza

IL DNA UMANO PIÙ VECCHIO MAI ESTRATTO
Nel gennaio 2000, fu estratto il Dna dalle ossa di un antenato dell'uomo vissuto 60 000 anni, il cosiddetto "uomo di Mungo", scoperto presso il lago Mungo, Australia, nel 1974. L'analisi del suo patrimonio genetico ha messo in discussione la teoria della discendenza del genere umano da un antenato comune africano.

I BATTERI VIVI PIÙ VECCHI
Alcuni batteri incontaminati intrappolati in animazione sospesa all'interno di cristalli di sale per 250 milioni di anni (cioè più vecchi dei dinosauri) sono stati rianimati e coltivati da scienziati statunitensi. Chiamata "Bacillo 2-9-3", questa specie è 10 volte più vecchia dei batteri rianimati in passato.

L'ELEMENTO PIÙ DURO
Il carbonio (C) ha molti allotropi (configurazioni differenti degli atomi), tra cui il diamante, che presenta una struttura reticolare estremamente forte, ha valore 10 (il più alto) nella scala relativa della durezza di Moh. I diamanti si formano a profondità di almeno 150 chilometri sotto la superficie terrestre, dove pressione e temperatura costringono gli atomi ad adottare questa struttura.

L'ELEMENTO PIÙ RARO SULLA TERRA
Scoperto nel 1931, l'astato, appartenente al gruppo degli elementi alogeni, è il più raro nella crosta terrestre con solo circa 25 grammi presenti in natura.

LA MATERIA PIÙ DENSA
Gli scienziati del Brookhaven National Laboratory of New York, Usa, hanno creato per frazioni di secondo una materia 20 volte più densa di un nucleo atomico, facendo collidere nuclei di atomi d'oro a velocità prossime a quella della luce. Una materia così densa non esisteva probabilmente nell'universo dai tempi della sua creazione nel Big Bang, fra 12 e 15 miliardi di anni fa.

LA BILANCIA PIÙ PRECISA
La Sartorius 4108, costruita a Göttingen, Germania, riesce a pesare oggetti fino a un massimo di 0,5 grammi con una precisione di 10 milionesimi di grammo, in pratica poco più di un sesto del peso dell'inchiostro usato per scrivere il punto fermo alla fine di questa frase.

IL LAMPO DI LUCE PIÙ BREVE
Il lampo luminoso più breve mai prodotto e misurato è durato 0,0000000000000045 secondi (4,5 femtosecondi), per opera di Douwe Wiersma, Andrius Baltuska e Maxim Pshenchnikov dell'università di Groningen, Olanda, nel 1998.

IL GENERATORE DI RAGGI X PIÙ POTENTE
La "Z Machine" dei Sandia National Laboratories del Nuovo Messico, Usa, è in grado, per pochi trilionesimi di secondo, di raggiungere la temperatura della superficie del Sole e di emettere una potenza in uscita (in raggi X) pari a circa 80 volte quella di tutti i generatori elettrici del mondo insieme.

LO STRUMENTO SCIENTIFICO PIÙ GRANDE
L'anello di accumulazione LEP (Large Electron Positron) del Cern di Ginevra, Svizzera, costruito per accelerare, far collidere e analizzare le più piccole particelle di materia, è lo strumento scientifico (e probabilmente il macchinario) più grande del mondo. Composto da un tubo circolare largo 3,8 metri e lungo 27 chilometri, si trova all'interno di un enorme tunnel a forma di ciambella profondo 100 metri. Operativo dal 1989, il LEP è stato ufficialmente chiuso il 2 novembre 2000.

LA CORRENTE ELETTRICA PIÙ POTENTE
La corrente elettrica più potente è stata generata dagli scienziati dell'Oak Ridge National Laboratory, Usa, nell'aprile 1996, con una scarica di due milioni di ampère per centimetro quadrato lungo un filo metallico superconduttore. (I normali cavi di uso domestico possono sopportare una corrente inferiore a 1000 ampère per centimetro quadrato.)

LE CENTRIFUGHE PIÙ VELOCI
Le ultra-centrifughe si usano per separare miscele di sostanze organiche. La massima velocità di rotazione ottenuta dall'uomo è di 7250 chilometri orari, presso l'università di Birmingham, GB, nel 1975: un valore tre volte superiore alla velocità di crociera di un Concorde.

IL CALCOLO PIÙ PRECISO DEL VALORE DI PI GRECO
Il valore di π (pi greco è il rapporto fra la circonferenza e il diametro del cerchio) è un numero irrazionale, costituito da una serie infinita di numeri senza sequenze ricorrenti. È stato calcolato fino a 206 158 430 000 decimali dal professor Yasumasa Kanada dell'università di Tokyo, Giappone, nel 1999, tramite due processi di calcolo indipendenti condotti su due diversi computer.

LA FIAMMA PIÙ CALDA
La fiamma più calda ottenibile è generata dal subnitrato di carbonio (C_4N_2) che alla pressione di un'atmosfera può raggiungere una temperatura valutata in 4988 °C. La temperatura più elevata prodotta dall'uomo è 100 000 volte superiore a questo valore.

LA TEMPERATURA PIÙ ALTA OTTENUTA DALL'UOMO
La temperatura più alta ottenuta artificialmente è di 510 milioni di gradi centigradi (quasi 30 volte superiore a quella nel centro del Sole), raggiunta in condizioni controllate il 27 maggio 1994 al Princeton Plasma Physics Laboratory, New Jersey, Usa, nel reattore sperimentale a fusione nucleare Tokamak, usando una miscela di plasma di deuterio e trizio.

LA TEMPERATURA PIÙ BASSA OTTENUTA DALL'UOMO
Nel 1995, Eric Cornell e Carl Wieman (entrambi statunitensi) raffreddarono atomi di rubidio portandoli alla temperatura record di meno di 170 miliardesimi di grado sopra lo zero assoluto, che segna il limite della temperatura più bassa teoricamente possibile.

INCREDIBILMENTE LEGGERA
La sostanza solida con la minore densità è l'aerogel, composto da una base di silicio e per il 99% da aria, 1000 volte meno denso del vetro. L'aerogel (a sinistra) ha l'aspetto di fumo solido e un peso pari a solo tre volte quello dell'aria, eppure un pezzo di di pochi millimetri di spessore è in grado di proteggere una mano dal calore di una fiamma ossidrica. Il più leggero di questi aerogel, con una densità di soli 0,0005 grammi per centimetro cubo, è stato prodotto dal Lawrence Livermore Laboratory, California, Usa. L'aerogel è attualmente utilizzato nella missione planetaria Stardust, perché le sue insolite proprietà consentiranno di catturare le particelle emesse dalla coda della cometa Wild 2, rallentate dalla struttura schiumosa della sostanza fino a rimanervi intrappolate.

www.guinnessworldrecords.com/aerogel
ACCESS CODE: ‹47186›

LE SOSTANZE PIÙ MALEODORANTI

L'etil mercaptano (C_2H_5SH) e il butil seleno-mercaptano (C_4H_9SeH) emanano un miscuglio di odori di cavolo marcio, cipolla, aglio e gas mefitico. Si tratta di gas tossici che in dosi massicce provocano mal di testa, nausea, disturbi alla coordinazione e danni a fegato e reni. L'etil mercaptano si aggiunge spesso al gas naturale inodore, per facilitare l'individuazione di perdite.

LA SOSTANZA PIÙ AMARA

Il benzoato di denatonio è avvertibile al gusto in diluizioni di una parte su 500 milioni. Una parte su 100 milioni lascia in bocca un sapore perdurante e concentrazioni più alte risultano intollerabili. Si usa come repellente in prodotti antigelo e simili per diminuire il rischio di ingestioni accidentali.

www.guinnessworldrecords.com/genome

È TUTTO NEI GENI

Il Progetto Genoma Umano, frutto della collaborazione di migliaia di ricercatori, nel febbraio 2001 ha portato alla pubblicazione della sequenza dei tre miliardi di "lettere" del Dna umano. Gli esseri umani condividono il 99,99% del codice genetico, mentre soltanto lo 0,01% è responsabile di tutte le differenze tra i singoli individui.

ACCESS CODE: ‹56349›

LA SOSTANZA PIÙ DOLCE

Il talin ricavato dagli arilli del katemfe *(Thaumatococcus daniellii)*, una pianta scoperta nell'Africa occidentale, è 615 000 volte più dolce dello zucchero. In bocca lascia un retrogusto al sapore di liquerizia.

LA BANCA DEI MAIALI

Il maggior numero di maialini clonati in una sola cucciolata è cinque. Millie, Christa, Alexis, Carrel e Dotcom (sopra) sono nati il 5 marzo 2000 a Blacksburg, Virginia, Usa, per opera della PPL Therapeutics Plc, la stessa della pecora Dolly, il primo clone di un animale adulto. Il metodo usato comporta il trasferimento del nucleo di una cellula del corpo in un uovo privato del nucleo e del relativo Dna. I maiali sono fra gli animali fisiologicamente più vicini agli esseri umani, per cui rappresentano una nuova fonte potenzialmente illimitata per i trapianti sull'uomo.

www.guinnessworldrecords.com/pigclones

ACCESS CODE: ‹54194›

catastrofi naturali

IL MAGGIOR NUMERO DI DISASTRI IN UN ANNO

Anche se non il più costoso in termini di assicurazioni e danni economici, l'anno 2000 detiene il record per il maggior numero di disastri naturali registrati dal settore assicurativo a livello mondiale. Le condizioni meteorologiche estreme hanno causato la maggior parte delle 850 catastrofi riportate, con bufere di vento responsabili del 73% delle richieste di risarcimento e alluvioni per un altro 23%. Il numero medio annuale di disastri naturali negli anni Novanta è stato di 650.

IL DISASTRO NATURALE PIÙ COSTOSO

Il terremoto di Kobe (a sinistra) del gennaio 1995 provocò danni per 100 miliardi di dollari. Con magnitudo 7,2 sulla scala Richter, il sisma si lasciò dietro più di 6400 morti e circa 27000 feriti. Oltre 106000 edifici furono danneggiati e centinaia di abitazioni, soprattutto quelle più vecchie di legno, crollarono. L'ubicazione geografica del Giappone fa sì che le scosse sismiche siano inevitabili, per cui il paese è relativamente preparato ad affrontarle e può fare affidamento su ingenti entrate fiscali e adeguate tecniche di costruzione.

www.guinnessworldrecords.com/earthquake
ACCESS CODE: ‹52457›

L'IMPATTO PIÙ VIOLENTO SULLA TERRA MAI MISURATO

L'esplosione che scosse la regione siberiana di Tunguska il 30 giugno 1908 con una violenza pari a 10–15 megaton di esplosivo causò la devastazione di una superficie di 3900 chilometri quadrati. L'onda d'urto fu sentita fino a 1000 chilometri di distanza. L'esplosione fu causata dalla disintegrazione, a 10 chilometri di altitudine, di un asteroide con un diametro di 30 metri che viaggiava a una velocità superiore a quella del suono. Essendo la zona scarsamente popolata, non ci furono vittime, che avrebbero potuto essere milioni se la stessa esplosione fosse avvenuta sopra una grande città. Con tutto questo, le collisioni con asteroidi sono, in teoria, i disastri naturali più facilmente prevenibili, essendo ora possibile deviarne la traiettoria.

IL TERREMOTO PIÙ INTENSO

Il terremoto più intenso, di magnitudo 8,3 sulla scala Richter, si verificò in Cile il 22 maggio 1960, uccidendo più di 2000 persone, ferendone 3000 e lasciando un numero stimato di due milioni di persone senza casa. Anche il conseguente *tsunami* (onda gigante) provocò ingenti danni, causando circa 200 morti a migliaia di chilometri di distanza sulla costa occidentale degli Stati Uniti, nelle Hawaii e in Giappone.

IL MAGGIOR NUMERO DI VITTIME PER UN TERREMOTO

Si presume che il terremoto che distrusse le province cinesi di Shaanxi, Shanxi e Henan il 2 febbraio 1556 abbia causato 830000 vittime.

IL MAGGIOR NUMERO DI VITTIME PER UNA FRANA

Il 16 dicembre 1920, una frana provocata da una scossa di terremoto nella provincia cinese di Gansu causò la morte di circa 180000 persone.

IL LAGO PIÙ LETALE

Negli ultimi decenni, i gas tossici emanati dal lago Nyos in Camerun, Africa occidentale, hanno causato circa 2000 vittime. In una sola notte, nell'agosto 1986, fra 1600 e 1800 persone e innumerevoli animali rimasero uccisi da esalazioni di anidride carbonica sprigionate naturalmente dal lago. La fonte precisa delle emissioni è ignota, ma si pensa che possano essere di origine vulcanica oppure frutto della decomposizione di materiale organico sul fondale del lago.

IL MAGGIOR NUMERO DI MORTI PER UN FULMINE

L'8 dicembre 1963, un Boeing 707 di linea fu colpito da un fulmine vicino a Elkton, Maryland, Usa, e precipitò provocando la morte di 81 passeggeri.

LA TEMPESTA GEOMAGNETICA PIÙ DISTRUTTIVA

La Grande Tempesta Geomagnetica del 13 marzo 1989, classificata come G5 (il grado più elevato) nella scala meteorologica spaziale e causata da un vento solare eccezionalmente forte, provocò danni su vasta scala alla rete elettrica di Canada e Stati Uniti, arrivando addirittura a modificare l'orbita di un satellite.

IL GETTO PIÙ VIOLENTO DI UN GEYSER

Nata nel 1886 dall'eruzione del vicino vulcano Tarawera, la Waimangu Valley, Nuova Zelanda, contiene il geyser più grande del mondo. Nell'agosto 1903 quattro persone persero la vita durante una delle violente eruzioni del geyser Waimangu. Le vittime si trovavano a oltre 27 metri dal geyser, ma i loro corpi furono ugualmente investiti dal getto e scaraventati a più di 800 metri di distanza.

Sono circa 700 i geyser attivi nel mondo. Sono presenti nelle regioni con attività vulcanica, dove le acque freatiche scorrono a grandi profondità e possono essere riscaldate dal magma fuso fino a raggiungere alte temperature. Le fenditure e crepe della roccia sovrastante consentono all'acqua calda di erompere dal terreno sotto forma di geyser ogni volta che si verifica un accumulo di pressione.

www.guinnessworldrecords.com/geysererupt
ACCESS CODE: ‹47755›

LO TSUNAMI PIÙ ALTO

Il 9 luglio 1958, in Alaska, uno smottamento di terra sollevò un'onda di 524 metri d'altezza che spazzò Lituya Bay, una baia simile a un fiordo, alla velocità di 160 chilometri orari: un'onda che avrebbe facilmente sommerso le torri Petronas di Kuala Lumpur, Malesia, che con i loro 452 metri di altezza sono gli edifici per lavoro più alti del mondo.

L'ONDA DI MAREA PIÙ GRANDE

USA

L'onda di marea, provocata da un allineamento di Sole, Luna e Terra, è un'onda solitaria che risale a grande velocità i fiumi stretti spingendo il flusso controcorrente. L'onda di marea più grande del mondo si verificò nella baia di Hangzhou, Cina, il 18 agosto 1993. L'onda era alta 9 metri e lunga 320 chilometri, e spingeva verso la riva circa 9 milioni di litri d'acqua al secondo. Secondo le stime, il disastro provocò 100 vittime.

IL MAGGIOR NUMERO DI SENZATETTO PER UN'INONDAZIONE

Nel settembre 1978 le piogge monsoniche provocarono vaste esondazioni fluviali nel Bengala Occidentale, India, e 15 milioni di persone su una popolazione totale di 44 milioni rimasero senza casa. In tutto annegarono 1300 persone e 26 687 capi di bestiame, mentre andarono distrutte 1,3 milioni di abitazioni.

www.guinnessworldrecords.com/mitch

ACCESS CODE: <49208>

L'URAGANO MITCH

L'uragano Mitch, che colpì l'America centrale tra il 26 ottobre e il 4 novembre 1998 (sotto), provocò 9745 morti e distrusse 93 690 abitazioni. A circa 2,5 milioni di persone non rimase altra possibilità che dipendere dagli aiuti internazionali. Cominciò come una depressione tropicale il 22 ottobre 1998, che nel giro di quattro giorni era diventata una gigantesca tempesta di categoria cinque nella scala degli uragani Saffir-Simpson. L'uragano più violento dei Caraibi dopo l'uragano Gilbert del 1988, Mitch raggiunse una velocità massima di 290 chilometri orari, rafforzandosi nel Mar dei Caraibi prima di colpire le coste dell'Honduras e allontanarsi lentamente al largo. La tempesta rimase di categoria cinque per 33 ore, un record superato solo dall'uragano David, che aveva sostenuto la sua furia per 36 ore nel 1979.

il mondo vegetale

LA PIANTA URTICANTE PIÙ PERICOLOSA

L'ortica ulmacea della Nuova Zelanda (*Urtica ferox*) è responsabile della morte di cani, cavalli e di almeno una persona. Questa specie può crescere fino a tre metri di altezza ed è dotata di sottili peli urticanti bianchi sulle foglie verdi. Questi peli iniettano nella pelle potenti tossine, tra cui istamina, 5-idrossitriptamina, acetilcolina e acido formico. Le urticarie australiane del genere *Dendrocnide*, dotate di grossi peli cavi sulle foglie e sui rami, sono altrettanto temibili. La più pericolosa (*Dendrocnide moroides*) provoca dolori molto intensi che possono ripresentarsi a mesi di distanza.

IL MAGGIOR CONTENUTO DI CLOROFILLA

La clorofilla è la sostanza verde contenuta nelle piante che cattura l'energia della luce solare. Nel gennaio 2000, Kouichi Nakanishi (Giappone) ha determinato che il contenuto di clorofilla dell'alga Kirin Chlorella M-207A7 (*Chlorella vulgaris*) arriva al 6,7% del peso a secco, mentre nella maggior parte delle piante oscilla fra 0,6% e 1,2%. Gli spinaci, una delle verdure verdi più scure, ne contengono lo 0,9%.

IL NARCISO PIÙ ALTO

Un narciso coltivato nel 1979 da M. Lowe di Chessell, Isola di Wight, GB, ha raggiunto un'altezza di 1,55 metri.

LA QUERCIA DA SUGHERO PIÙ GRANDE

Una pianta nell'Alentejo, Portogallo, ha prodotto oltre una tonnellata di sughero grezzo in un solo raccolto: una quantità sufficiente per 100 000 bottiglie di vino, quando da una quercia da sughero normale se ne ricava per 4000 bottiglie. Con oltre 212 anni di età, l'albero produce sughero ogni nove anni dal 1820 e si calcola che finora abbia fornito materia prima per almeno un milione di tappi.

IL FRUTTO PIÙ PICCOLO

La lemna acquatica (genere *Wolffia*), la pianta da fiore più piccola del mondo, produce anche il frutto più piccolo del mondo. La lemna misura meno di un millimetro e il frutto maturo assorbe buona parte della pianta che lo ha generato. Il frutto della *Wolffia augusta* è lungo soltanto 0,25 millimetri e pesa circa 70 microgrammi, per cui è più piccolo delle singole cellule di molte piante e animali e più piccolo di un grano di sale da cucina.

I TRONCHI PIÙ GROSSI

"El Arbol del Tule" nello stato di Oaxaca, Messico, un cipresso di Montezuma (*Taxodium mucronatum*) alto più di 40 metri, ha una circonferenza di 36 metri a 1,5 metri da terra. Disponendo 10 automobili di media lunghezza in tondo, il cerchio risultante avrebbe circa le stesse dimensioni del perimetro di questa pianta. In generale, gli alberi con il tronco più grosso sono i baobab africani (*Adansonia digitata*).

UNA "PESTE" DEL MEDITERRANEO

La *Caulerpa taxifolia* (a sinistra) è l'alga a crescita più rapida del mondo e si sviluppa al ritmo di 8 centimetri al giorno. La *Caulerpa taxifolia* è stata introdotta dall'Istituto Oceanografico di Monaco nel mare della Costa Azzurra circa 16 anni fa e ora ricopre 6000 ettari di fondale marino a largo della costa francese. Si è diffusa fino a raggiungere addirittura la California. In Francia, la nazione più colpita, si è cercato di impedire alla luce di raggiungere le alghe con schermi di alluminio e plastica per rallentarne la crescita.

La specie di alga più lunga è la *Macrocystis pyrifera*, una macroalga del Pacifico con funzioni benefiche nell'ecosistema marino che raggiunge circa 60 metri di lunghezza.

www.guinnessworldrecords.com/seaweed

← ACCESS CODE: ‹55976›

LA DISTANZA MAGGIORE PERCORSA DA UN SEME

Il viaggio più lungo documentato di un seme o frutto tropicale è di oltre 24 000 chilometri, percorsi da un singolo seme di *Merremia discoidesperma* arrivato in Norvegia dalle isole Marshall, Oceano Pacifico. Il calcolo, condotto da Charles R. Gunn (Usa), uno dei massimi esperti del settore, è stato possibile perché il seme è originario di poche località del Pacifico.

IL FIORE PIÙ GRANDE

I fiori del giglio parassita di colore marrone-arancio e bianco *Rafflesia arnoldi* sono più grandi di quelli di qualsiasi altra pianta. I fiori, che si attaccano ai cissi della giungla dell'Asia sud-orientale, possono arrivare a 90 centimetri di diametro, 2 di spessore e oltre 10 chilogrammi di peso. Esistono 16 specie note di *Rafflesia* (così chiamata da Stamford Raffles e Joseph Arnold), di cui l'ultima scoperta nel 1988.

LA FOGLIA PIÙ GRANDE

Le piante dalle foglie più grandi sono la rafia (*Raffia farinifera* o *R. ruffia*) che cresce nelle isole Mascarene nell'Oceano Indiano e la palma bambù amazzonica (*R. taedigera*) dell'America meridionale e dell'Africa. Le foglie di entrambe le piante possono raggiungere i 20 metri di lunghezza e i loro piccioli i 4 metri.

IL CACTUS PIÙ ALTO

Il cactus più alto è un esemplare di *Pachycereus pringlei* scoperto nel deserto di Sonora, Messico, nell'aprile 1995. Ancora in fase di crescita, misura attualmente 19,2 metri di altezza.

IL FIORE PIÙ ODOROSO

L'*Amorphophallus titanum*, comunemente chiamato fiore cadavere, è il fiore dal "profumo" più intenso. Durante la fioritura, emette un odore che ricorda quello della carne in putrefazione avvertibile a 800 metri di distanza.

LA CREAZIONE ORNAMENTALE PIÙ ALTA

Moirangthem Okendra Kumbi (India) iniziò a dare forma ai germogli di un cespuglio di *Duranta repens variegata* nel suo giardino nel 1983. La pianta ha ora raggiunto un'altezza di 18,59 metri (a sinistra) e presenta 41 ripetizioni di uno schema di potatura formato da un ombrello sormontato da due dischi. Poiché gli era stato detto che la Duranta non avrebbe superato i 5-6 metri di altezza, Moirangthem ne ha stimolato la crescita potando rami, deviando germogli e fertilizzando il terreno. All'inizio la pianta veniva esposta nelle mostre locali, poi, diventata troppo grande per essere spostata, è stata trapiantata nella sua attuale collocazione. Moirangthem si arrampica sui sostegni di ferro che reggono la pianta due volte al giorno per prendersene cura.

www.guinnessworldrecords.com/topiary

← ACCESS CODE: ‹53209›

GLI ALBERI PIÙ GRANDI

Il "Lindsey Creek Tree", una sequoia della specie *Sequoia sempervirens*, aveva un tronco con un volume di 2549 metri cubi e una massa di 3630 tonnellate, foglie, rami e radici comprese (approssimativamente uguale al peso di 800 elefanti). L'albero fu abbattuto da una bufera nel 1905.

Il più grosso albero vivente è il "Generale Sherman", una sequoia gigante *(Sequoiadendron giganteum)* nel Sequoia National Park della California, Usa. È alta 83,8 metri, ha un diametro di 11 metri e una circonferenza di 31,3 metri. Il volume del tronco è di 1487 metri cubi e raggiunge un peso complessivo di circa 2000 tonnellate. Si calcola che potrebbe fornire legna sufficiente per fabbricare 5 miliardi di fiammiferi.

IL FUNGO PIÙ GRANDE

Una singola crescita clonale del fungo *Armillaria ostoyae* ha uno sviluppo sotterraneo che copre un'estensione di circa 890 ettari di foresta nello stato di Washington, Usa (un'area equivalente a 1220 campi di calcio). Sulla base delle dimensioni, gli è stata attribuita un'età di almeno 2400 anni.

Il più grosso fungo commestibile fu una vescia maggiore *(Calvatia gigantea)* di 2,64 metri di circonferenza e pesante 22 chilogrammi, trovata nel 1987 da Jean-Guy Richard (Canada). Un'unica vescia grande come un pallone da pallacanestro sarebbe in grado di produrre in appena un paio di generazioni un numero di spore sufficienti a formare una vescia grande sette volte le dimensioni della Terra.

I SEMI PIÙ GROSSI

La doppia noce di cocco o Coco de mer *(Lodoicea maldivica)* è una pianta che cresce nelle isole Seychelles, Oceano Indiano. Il frutto contiene un unico seme che impiega 10 anni per svilupparsi e può pesare 20 chilogrammi, un peso equivalente a quello di circa sei neonati. Questi frutti crescono sulla palma fino a quando diventano così pesanti da cadere al suolo.

www.guinnessworldrecords.com/talltree

ACCESS CODE: ‹47342›

ALBERI MONUMENTALI

L'albero vivente più alto è il "Mendocino Tree", una sequoia della specie *Sequoia sempervirens* nella Montgomery State Reserve presso Ukiah, California, Usa. Nel 1998 era alto 112 metri con un diametro di oltre 3 metri. La sua età è stata stimata in circa 1000 anni.

L'albero vivente più vecchio è "Matusalemme", un pino della California della specie *Pinus longaeva* vecchio di 4767 anni che si trova nelle White Mountains della California.

I SEMI PIÙ PICCOLI

Le orchidee epifite producono semi di dimensioni microscopiche. Ne occorrono 992,25 milioni per raggiungere il peso di un grammo. Per confronto, i pollini dell'erba comune possono arrivare a 170,1 miliardi di granelli per grammo.

animali estremi

L'ANIMALE PIÙ GRANDE

Il più grande animale sulla Terra è la balenottera azzurra *(Balaenoptera musculus)*, un animale che mediamente è lungo 35 metri e pesa 130 tonnellate. L'esemplare più grande, catturato nel 1947, pesava 190 tonnellate e raggiungeva i 27,5 metri di lunghezza. Un neonato di balenottera azzurra, lungo da 6 a 8 metri, può pesare 2-3 tonnellate alla nascita.

IL MAMMIFERO PIÙ GRANDE SULLA TERRAFERMA

Il maschio dell'elefante africano *(Loxodonta africana)* è il mammifero più grande sulla terraferma. In media un adulto maschio misura alla spalla 3-3,7 metri e pesa dalle 4 alle 7 tonnellate. Il più grosso esemplare noto fu un maschio ucciso a Mucusso, Angola, il 7 novembre 1974, che raggiungeva presumibilmente i 4 metri in posizione eretta e pesava 12 tonnellate. I più alti esemplari di elefante africano vivono in Namibia. L'esemplare più alto di cui si abbiano dati certi fu abbattuto vicino a Sesfontein, Namibia, il 4 aprile 1978, dopo che aveva presumibilmente ucciso 11 persone e causato parecchi danni ai raccolti. Steso su un fianco, misurava 4,4 metri per un'altezza in posizione eretta calcolata in 4,2 metri. Il suo peso fu stimato intorno alle 8 tonnellate.

IL RAPACE PIÙ PESANTE

I maschi adulti del condor delle Ande (*Vultur gryphus*, a sinistra) pesano circa 9-12 chilogrammi e hanno un'apertura alare di oltre 3 metri. Un esemplare di condor della California *(Gymnogyps californianus)* di 14 chilogrammi è conservato all'Accademia delle Scienze della California a Los Angeles, Usa, ma la specie è di solito sensibilmente più piccola del condor delle Ande e raramente supera i 10,5 chilogrammi di peso.

Gli uccelli dalle penne più lunghe sono i polli a coda lunga Yokohama *(Gallus gallus)*. Nel 1972, fu misurata una penna della coda lunga 10,6 metri.

www.guinnessworldrecords.com/condor
ACCESS CODE: ‹51472›

IL MAMMIFERO PIÙ ALTO

Il più alto mammifero è la giraffa *(Giraffa camelopardalis)*, che vive solo in Africa. Mediamente, un maschio adulto cresce fino a un'altezza di 5,5 metri. L'esemplare più alto che si ricordi fu un maschio Masai *(G. camelopardalis tippelskirchi)* chiamato George, accolto l'8 gennaio 1959 allo zoo di Chester, GB, e proveniente dal Kenia. All'età di nove anni, i suoi "cornetti" sfioravano il tetto alto più di 6 metri del padiglione delle giraffe. George morì il 22 luglio 1969.

IL MAMMIFERO PIÙ PICCOLO

Il più piccolo mammifero terrestre è il raro pipistrello della specie *Craseonycteris thonglongyai*, che vive soltanto in una ventina di grotte lungo il fiume Kwae Noi, Kanchanaburi, Tailandia. Gli adulti di entrambi i sessi raggiungono una lunghezza di 3-3,5 centimetri, un'apertura alare di 13-15 centimetri e pesono tra gli 1,7 e i 2 grammi.

IL CAMELIDE PIÙ GRANDE

Il dromedario *(Camelus dromedarius)* è il mammifero artiodattilo più grande del mondo. Originario del Medio Oriente, vive allo stato naturale in Australia e come animale domestico in altre parti del mondo. Ha una lunghezza media di 2,3-3,5 metri, un'altezza alla spalla di 1,8-2,1 metri (con un massimo di 2,4 metri) e pesa 450-690 chilogrammi. Incredibilmente Robert Wadlow, l'uomo più alto del mondo, con i suoi 2,72 metri, era nettamente più alto di un dromedario.

L'IPPOPOTAMO PIÙ PICCOLO

L'ippopotamo nano *(Choeropsis liberiensis)* è la specie più piccola di ippopotamo e vive soprattutto in Liberia, Africa occidentale. In posizione eretta arriva all'altezza del ginocchio umano, ha una lunghezza media di 1,5-1,85 metri, un'altezza alla spalla di 70-100 centimetri e pesa 160-275 chilogrammi. Per confronto, un ippopotamo di stazza media è circa 10 volte più grosso e pesa 2600 chilogrammi.

IL CERVO PIÙ GROSSO

Il componente più grosso della famiglia dei cervidi è l'alce gigante dell'Alaska *(Alces alces gigas)*. Un esemplare alto 235 centimetri al garrese e pesante 816 chilogrammi fu ucciso nel settembre 1897 in Canada.

I CROSTACEI PIÙ GRANDI

Il crostaceo più pesante è l'astice americano (*Homarus americanus*, a sinistra). L'11 febbraio 1977, al largo della Nuova Scozia, Canada, ne fu pescato uno di 20 chilogrammi, lungo 1,05 metri dalla coda all'apice della chela più grossa, che fu venduto a un ristoratore di New York. Il peso medio di un astice è di circa 1,4 chilogrammi.

Il crostaceo più grande (ma non il più pesante) è il *taka-ashi-gani* o macrocheira *(Macrokeira kaempferi)* che vive nelle acque del Pacifico. L'esemplare più grande misurato possedeva zampe di 3,7 metri e pesava 18,6 chilogrammi. Queste grancevole appartengono a un vasto gruppo di granchi che si muovono lentamente o rimangono immobili in attesa di attaccare le loro prede.

www.guinnessworldrecords.com/giantlobster
ACCESS CODE: ‹51451›

IL CERVO PIÙ PICCOLO

Il rappresentante più piccolo della famiglia dei cervidi è il pudu comune *(Pudu puda)*, che è alto 33-38 centimetri alla spalla e pesa 6-8 chilogrammi. Specie a rischio di d'estinzione, vive sui pendii delle Ande in Cile e in Argentina.

IL MAMMIFERO DAGLI OCCHI PIÙ GRANDI

Il tarsio *(Tarsius pumilus)* del sud-est asiatico è uno dei primati più piccoli del mondo. Il suo corpo può raggiungere la lunghezza massima di 16 centimetri e possiede due grandi occhi sporgenti del diametro di 1,6 centimetri: in proporzione, gli occhi di un essere umano dovrebbero essere grandi come arance. I tarsi sono gli unici primati in grado di ruotare il capo di 180° nelle due direzioni.

IL CINGHIALE PIÙ GRANDE

Il cinghiale gigante delle foreste *(Hylochoerus meinertzhageni)*, un animale selvatico che vive nell'Africa centrale, ha una lunghezza di 1,3–2,1 metri (la coda misura altri 30–45 centimetri), un'altezza alla spalla di 85–105 centimetri e pesa 130–275 chilogrammi. Possiede zanne affilate che possono essere estremamente pericolose quando il cinghiale è inferocito.

IL GUFO PIÙ GRANDE

Il gufo reale europeo *(Bubo bubo)*, ha una lunghezza media di 66–71 centimetri, un peso di 1,6–4 chilogrammi e un'apertura alare di oltre 1,5 metri.

IL GUFO PIÙ PICCOLO

Il gufo nano *(Micrathene whitney)*, che vive nel sud-ovest degli Stati Uniti e del Messico, è lungo 12–14 centimetri e pesa meno di 50 grammi.

LO SCORPIONE PIÙ PESANTE

Lo scorpione nero appartenente alla specie *Pandinus imperator* può superare il peso di 60 grammi e la sua lunghezza varia da 13 a 18 centimetri, pari alla lunghezza media di una mano di una persona adulta.

www.guinnessworldrecords.com/greatwhite

ACCESS CODE: ‹51342›

I PESCI PREDATORI PIÙ GRANDI

Il più grande pesce predatore è il raro grande squalo bianco *(Carcharodon carcharias*, sotto). Gli adulti hanno una lunghezza media di 4,5 metri e un peso compreso tra i 520 e i 770 chilogrammi. Il più grosso pesce del mondo è il raro squalo balena *(Rhincodon typus)* che si nutre di plancton e vive nelle acque più calde degli oceani Atlantico, Pacifico e Indiano. Può raggiungere la lunghezza massima di 18 metri. Lo squalo balena produce anche l'uovo di pesce più grande.

animali pericolosi

I PREDATORI PIÙ BRAVI
I licaoni africani o cani ienoidi *(Lycaon pictus)* cacciano in branco e le loro battute di caccia si concludono con successo nel 50–70% dei casi: una percentuale nettamente superiore a quella di qualsiasi altro mammifero.

IL CARNIVORO TERRESTRE PIÙ GRANDE
Il maschio adulto dell'orso polare *(Ursus maritimus)* pesa mediamente 400-600 chilogrammi ed è lungo 2,4-2,6 metri dal naso alla coda. Eccellenti nuotatori, gli orsi polari nuotano anche 100 per chilometri per cacciare le foche. Hanno uno stomaco con una capacità di circa 70 chilogrammi e uccidono animali di grossa taglia come trichechi (500 chilogrammi) e beluga (600 chilogrammi). Il loro apparato digerente è più adatto alla digestione di carne che non di materiale vegetale, il che li rende i più carnivori fra tutte le specie di orsi.

Il maschio dell'orso Kodiak *(Ursus arctos middendorffi)*, una sottospecie di orso bruno delle isole del golfo dell'Alaska, Usa, è più massiccio dell'orso polare, anche se di solito ha una lunghezza inferiore.

ARMATI E PERICOLOSI
Le corna più lunghe sono quelle del bufalo d'acqua indiano (*Bubalus arnee*, sopra) che vive in India, Nepal, Butan e Tailandia. La crescita normale è di un metro, ma un esemplare ucciso nel 1955 possedeva corna lunghe 4,24 metri da un'estremità all'altra passando per la fronte.

Le zanne più lunghe (esemplari preistorici esclusi) sono di un elefante africano *(Loxodonta africana)* dello Zaire (ora Repubblica Democratica del Congo), custodite dalla Zoological Society di New York. La zanna destra è di 3,49 metri (lungo la curvatura esterna), e quella sinistra di 3,35 metri. Il loro peso complessivo è di 133 chilogrammi.

L'eloderma sospetto o mostro di Gila *(Heloderma suspectum)* è la lucertola più pericolosa del mondo, con denti affilati e abbastanza veleno da uccidere due persone adulte.

www.guinnessworldrecords.com/buffalo

ACCESS CODE: ‹51205›

IL MAGGIOR NUMERO DI MORTI PER L'ATTACCO DI ANIMALI
Il 19 febbraio 1945, 980 soldati giapponesi su 1000 in marcia attraverso una palude costiera di mangrovie furono attaccati e divorati dai coccodrilli marini *(Crocodylus porosus)*. Si tratta del più grave attacco di coccodrilli in termini sia assoluti sia relativi, con appena il 2% di sopravvissuti. Il coccodrillo marino, che vive in Asia e nel Pacifico, è il rettile più grande del mondo: i maschi adulti sono lunghi dai 4,2 ai 4,8 metri e pesano circa 400–520 chilogrammi. Gli esemplari più grossi documentati superavano i 7 metri, ma probabilmente possono arrivare addirittura a 10 metri.

Fra il 1764 e il 1766, un lupo selvatico chiamato la "belva di Gevauden" attaccò dozzine di persone nella regione montagnosa di Lozére, Francia. Più di 100 lupi furono uccisi prima del lupo killer, abbattuto il 19 gennaio 1766. All'interno del suo stomaco fu ritrovata la spalla di un ragazzino che era stato sbranato il giorno precedente.

La tigre di Champawat (ritenuta responsabile della morte di 436 persone nel distretto di Champawat, in India, fra il 1902 e il 1907) fu una delle tigri mangiatrici di uomini più famigerate dell'India. Venne finalmente abbattuta nel 1907 dal colonnello Jim Corbett.

ROSSO UGUALE PERICOLO
Le minuscole e colorate rane freccia *(Phyllobates terribilis)* dell'America centrale e meridionale sono le più velenose del mondo. Secernono alcune delle tossine biologiche più letali, tra cui la batracotossina, che colpisce il sistema nervoso. Una sola goccia a contatto con il corpo umano può bloccare la trasmissione degli impulsi nervosi e arrestare il battito cardiaco. Le tribù dell'America centrale e meridionale usano queste rane per avvelenare la punta delle frecce, da cui il nome. Una singola rana, lunga 4-5 centimetri, produce una quantità di tossine sufficiente a uccidere 10 persone adulte.

www.guinnessworldrecords.com/poisonfrog

ACCESS CODE: ‹51322›

IL PESCE PIÙ FEROCE
I pesci piranha, soprattutto dei generi *Serrasalmus* e i *Pygocentrus*, vivono nei fiumi del Sudamerica. Dotati di denti affilatissimi, sono i pesci di acqua dolce più feroci del mondo. Attirati dal sangue e dalle acque agitate, possono spolpare completamente animali grandi come un cavallo in pochi minuti. Conducono aggressioni rapidissime e globali, divorando le loro vittime ancora vive, e spesso addirittura si feriscono tra loro nella frenesia dell'attacco. Nel 1981, probabilmente più di 300 persone furono divorate da un branco di piranha quando una nave traghetto si rovesciò e affondò prima dell'attracco al porto brasiliano di Obidos, Brasile.

I PESCI PIÙ ELETTRICI
Il pesce dotato di maggior potenziale elettrico è l'elettroforo o anguilla elettrica *(Electrophorus electricus)*, un parente dei piranha che si trova nelle acque del Brasile e delle Guiane. Lungo fino 1,8 metri, è in grado di emettere scariche elettriche fino a 650 volt, di potenza sufficiente ad accendere una lampadina o stordire un uomo.

IL PESCE PIÙ VELENOSO
Il pesce pietra *(Synanceia horrida)*, dell'oceano Pacifico e Indiano, ha le più grosse ghiandole venefiche. Il contatto diretto con gli aculei delle sue pinne, che contengono un forte veleno neurotossico, spesso risulta fatale per l'uomo.

IL PESCE COMMESTIBILE PIÙ VELENOSO
I tetrodonti del Mar Rosso e della regione indo-pacifica liberano tetrodotossina, una sostanza mortalmente velenosa (1250 volte più letale del cianuro). Se però adeguatamente cotti, sono una prelibatezza giapponese chiamata *fugu*. I giapponesi consumano 10000 tonnellate di *fugu* all'anno, con un numero medio di decessi pari a 70–100 persone all'anno.

L'UCCELLO PIÙ VELENOSO
Il pitohui *(Pitohui dichrous)* della Nuova Guinea è l'unico uccello velenoso che si conosca. Le piume e la pelle di questo esemplare, scoperto nel 1990, contengono omobatracotossina (la stessa sostanza tossica presente nella rana

Phyllobates terribilis del Sudamerica). Come molti altri animali velenosi, questo uccello emana un cattivo odore ed è dotato di colori vivaci.

L'UCCELLO PIÙ PERICOLOSO

Gli uccelli più pericolosi appartengono alle tre specie di casuario (famiglia dei casuariformi) della Nuova Guinea e del nord-est del Queensland, Australia. In posizione eretta sono alti 2 metri e hanno potenti artigli sulle tre dita protese in avanti delle zampe. Il dito interno ha una punta aguzza lunga 12 centimetri che l'uccello utilizza per difendersi se in trappola. Saltando e scalciando, può provocare gravi ferite o addirittura la morte: un solo calcio è infatti sufficiente per squarciare lo stomaco di un uomo e ucciderlo.

IL MOLLUSCO PIÙ VELENOSO

Le due specie di polpi *Hapalochlaena maculosa* e *H. lunulata*, che vivono al largo delle coste dell'Australia e in alcune zone del Sud-Est asiatico, hanno un veleno neurotossico così potente che il loro morso relativamente indolore può uccidere un uomo in pochi minuti. Un singolo esemplare, con un'ampiezza radiale di soli 10–20 centimetri, contiene abbastanza veleno per paralizzare o uccidere dieci persone. Non si tratta fortunatamente di animali aggressivi e di solito morsicano solo se tolti dall'acqua o se provocati.

LA MEDUSA PIÙ VELENOSA

La medusa *Chironex fleckeri* è una delle creature più velenose del mondo, con abbastanza veleno da uccidere 60 persone. Pesa circa 6 chilogrammi, misura 20–30 centimetri di diametro e può avere fino a 60 tentacoli, ciascuno con milioni di nematocisti velenose. Nel secolo scorso, il suo veleno ha causato la morte di almeno 70 persone nel giro di pochi minuti.

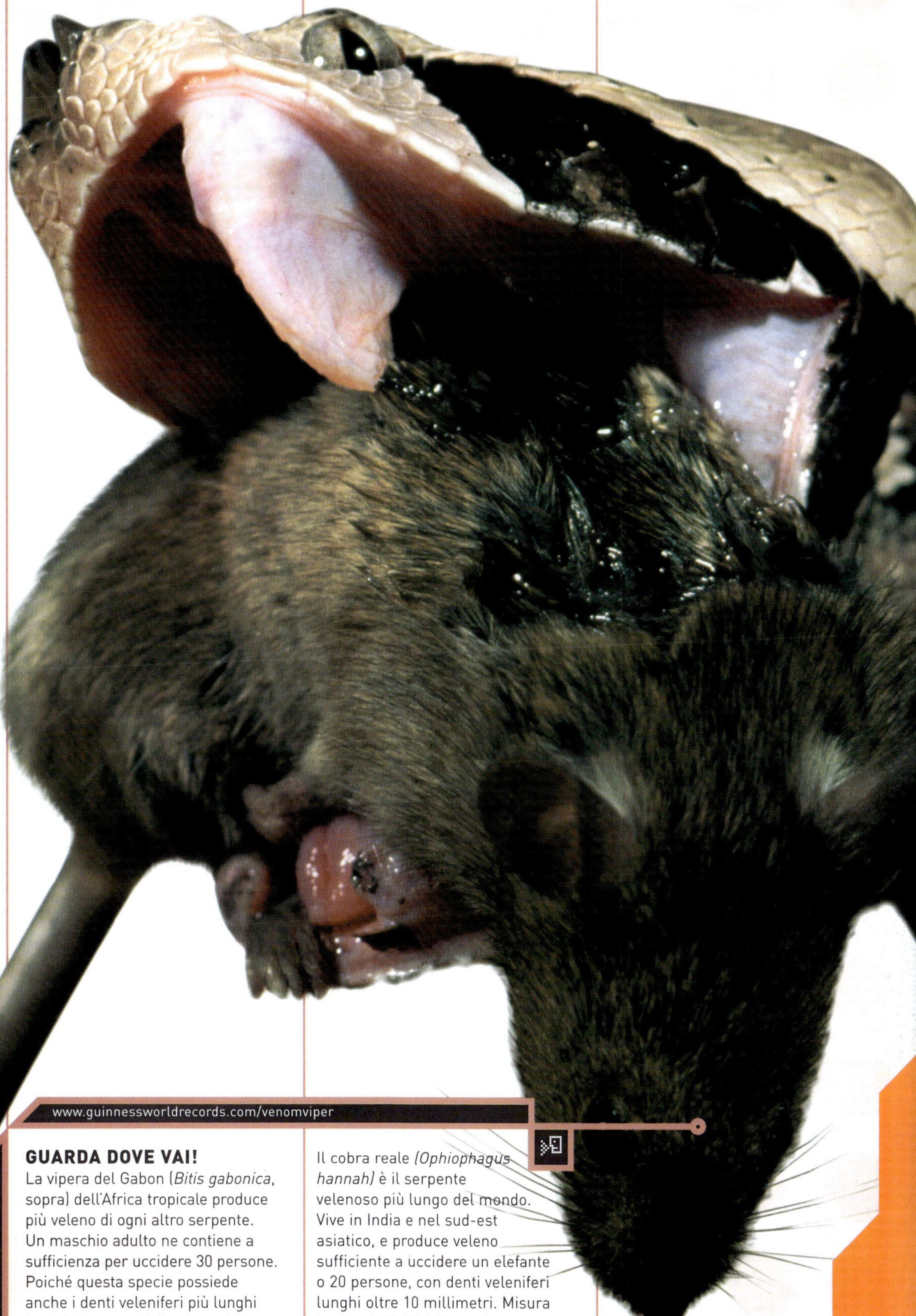

www.guinnessworldrecords.com/venomviper

ACCESS CODE: <51007>

GUARDA DOVE VAI!

La vipera del Gabon (*Bitis gabonica*, sopra) dell'Africa tropicale produce più veleno di ogni altro serpente. Un maschio adulto ne contiene a sufficienza per uccidere 30 persone. Poiché questa specie possiede anche i denti veleniferi più lunghi tra tutti i serpenti, il veleno viene iniettato in profondità. Un esemplare lungo 1,83 metri aveva denti lunghi 50 millimetri.

Il cobra reale *(Ophiophagus hannah)* è il serpente velenoso più lungo del mondo. Vive in India e nel sud-est asiatico, e produce veleno sufficiente a uccidere un elefante o 20 persone, con denti veleniferi lunghi oltre 10 millimetri. Misura in genere 3,65–4,5 metri, ma un esemplare catturato nel 1937 raggiunse in seguito la lunghezza di 5,71 metri.

animaletti

COLEOTTEROMANIA!
Il coleottero della famiglia Elateridi (*Athous haemorrhoidalis*, sopra) sopporta l'accelerazione più elevata di qualsiasi altro insetto. Con uno schiocco caratteristico, si lancia in aria per sfuggire ai predatori senza usare le zampe: piega la testa e il protorace all'indietro e si raddrizza di scatto, schizzando in aria a 15 centimetri di altezza con un'accelerazione di circa 400 g. Un elateride lungo 1,2 centimetri e del peso di 40 milligrammi è saltato fino a un'altezza di 30 centimetri ed è stato calcolato che abbia sopportato una decelerazione cerebrale massima di 2300 g alla fine del movimento. G corrisponde al valore della forza di gravità terrestre e misura la variazione della velocità nel tempo. Se sopportata per più di qualche secondo, un'accelerazione compresa fra 4 e 6 g provoca negli esseri umani la perdita di conoscenza. Gli astronauti di una navetta spaziale durante il decollo sperimentano una forza di 3 g.

www.guinnessworldrecords.com/clickbeetle
ACCESS CODE: ‹51294›

LA LUMACA MARINA PIÙ GRANDE
Il più grande gasteropodo conosciuto è lo strombo *(Syrinx aruanus)* dell'Australia. Un esemplare raccolto nel 1979 al largo dell'Australia occidentale era lungo 77,2 centimetri e aveva una circonferenza massima di un metro. Da vivo pesava oltre 18 chilogrammi.

IL VERME PIÙ LUNGO
La più lunga specie di vermi segmentati è la *Microchaetus rappi*, un verme di terra del Sudafrica. Nel 1967 ne fu trovato un esemplare gigante di 6,7 metri e del diametro di 20 millimetri. In fase distesa, la lunghezza media di questa specie è approssimativamente di 1,8 metri.

LA FARFALLA PIÙ GROSSA
La farfalla più grossa è l'*Ornithoptera alexandrae* della Papua Nuova Guinea. Le femmine possono superare i 280 millimetri di apertura alare e il peso di 25 grammi.

LA FARFALLA PIÙ PICCOLA
La farfalla più piccola è la licena nana del Sudafrica *(Brephidium barberae)*, con apertura alare di 1,4 centimetri e peso inferiore a 10 milligrammi.

LO SCARAFAGGIO PIÙ GROSSO
Lo scarafaggio più grosso è la *Megaloblatta longipennis* della Colombia, Sudamerica. Un esemplare della collezione di Akira Yokokura (Giappone) è lungo 9,7 centimetri e largo 4,45. In genere, la lunghezza media di uno scarafaggio è di 0,6-7,6 centimetri.

LA PULCE PIÙ GROSSA
La pulce più grossa delle 1830 specie conosciute è l'*Hystrichopsylla schefferi*, scoperta a Washington, Usa, nel 1913. Le femmine possono raggiungere gli 8 millimetri di lughezza. A paragone, la pulce comune *(Pulex irritans)* raggiunge una lunghezza di 1-2,5 millimetri.

Campione di salto tra le pulci è la *Ctenocephalides felis*, in grado di raggiungere un'altezza di 34 centimetri con un salto, 130 volte la propria altezza. Questo richiede un'accelerazione di oltre 20 volte superiore a quella necessaria a lanciare un razzo spaziale.

IL NIDO DI VESPE PIÙ GRANDE
Un nido di vespe trovato da Yoichiro Kawamura (Giappone) il 18 maggio 1999 a Yonegaoka, Nahari Town, Giappone, era grande il triplo di un pallone da calcio, con una circonferenza di 2,45 metri e 8 chilogrammi di peso.

I FOSSILI DI FORMICA PIÙ ANTICHI
Nel 1998, ricercatori del Museo Americano di Storia Naturale del New Jersey, Usa, annunciarono la datazione delle formiche fossili più antiche mai ritrovate. Le rarissime formiche vissute 92 milioni di anni fa erano state scoperte nel 1967 in una località del New Jersey sede di numerosi ritrovamenti di fossili incapsulati nell'ambra.

GLI INSETTI PIÙ LONGEVI
Gli insetti più longevi sono i coleotteri (famiglia dei *Buprestidae*). Il 27 maggio 1983, un *Buprestis aurulenta* si trasformò sulle scale della casa della signora Euston di Prittlewell, Essex, GB, dopo aver vegetato 51 anni come larva.

L'INSETTO PIÙ RUMOROSO
La cicala africana *(Brevisana brevis)* produce un richiamo con un livello medio di pressione del suono di 106,7 decibel a una distanza di 50 centimetri. I richiami svolgono un ruolo fondamentale nella comunicazione e nella riproduzione delle cicale.

LA RAGNATELA PIÙ GRANDE AL COPERTO
Una ragnatela di 19,35 metri quadrati (lunga 5,08 metri e larga 3,80 metri) fu trovata nel 1999 nella dépendance di una villa del XVII secolo a Newent, , GB. La ragnatela, sospesa come un secondo soffitto a un'altezza di 1,8 metri dal pavimento, era stata probabilmente costruita da ragni diversi.

IL SISTEMA DI DIFESA PIÙ INSOLITO
I coleotteri bombardieri (genere *Brachinus*) accumulano due sostanze chimiche relativamente innocue nel proprio corpo. Quando si sentono minacciati, tali sostanze si mischiano con un enzima creando una brusca reazione chimica e una fuoriuscita di considerevole calore (100 °C) dall'ano. Lo spruzzo di gas irritante può essere formato e rilasciato 500 volte in un secondo. Questo sistema è simile al motore a pulsoreazione che nella Seconda guerra mondiale azionava le bombe volanti tedesche V-1, che però pulsava al ritmo di sole 42 volte al secondo.

L'INSETTO PIÙ COSTOSO
Un cervo volante gigante *(Dorcus hopei)* della lunghezza di 7,9 centimetri fu venduto per 10 035 000 yen (oltre 150 milioni di lire) a Tokyo, nel 1999. Fu acquistato da un collezionista, un presidente d'azienda di 36 anni, rimasto anonimo per paura di essere preso di mira dai ladri.

IL BRUCO PIÙ VELOCE
Le larve di falena madreperlacea *(Pleurotya ruralis)* sono in grado di percorrere 38,1 centimetri al secondo: quando vengono attaccate, infatti si avvolgono su se stesse formando una palla e rotolano via.

L'INSETTO CHE VOLA PIÙ IN ALTO
La maggiore altitudine di volo registrata per le farfalle migratrici è di 5791 metri, raggiunta da uno stormo di piccole *Aglais urticae* viste sul ghiacciaio Zemu, Himalaya orientale. Al confronto, l'altitudine maggiore registrata per un uccello

è di 11300 metri, raggiunta da un avvoltoio sparviero *(Gyps rueppellii)*.

L'INSETTO PIÙ RARO

Secondo gli scienziati potrebbero esistere una decina di esemplari di insetto stecco gigante *(Dryococelus australis)*. Questi insetti si sono evoluti prima dei dinosauri e sono stati considerati estinti per 80 anni, fino alla loro riscoperta in Australia nel febbraio 2001.

L'INSETTO PIÙ DISTRUTTIVO

Le cavallette del deserto *(Schistocerca gregaria)* che vivono in Africa, Medio Oriente e Asia occidentale sono lunghe solo circa 5 centimetri, ma possono mangiare una quantità di cibo pari al loro peso corporeo ogni giorno. In un giorno, un "piccolo" sciame composto da 50 milioni di cavallette consuma quanto basterebbe per nutrire 500 persone per un anno.

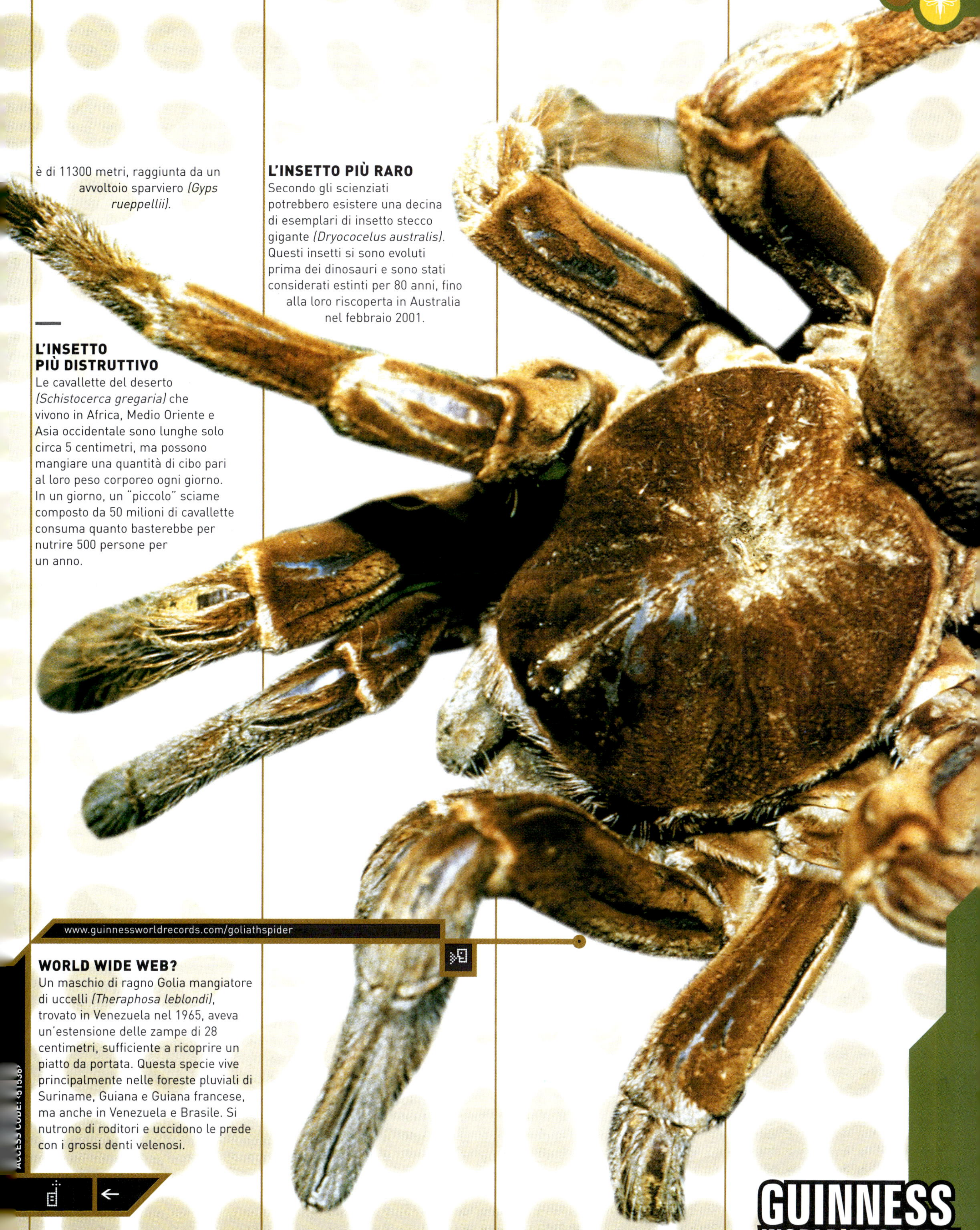

www.guinnessworldrecords.com/goliathspider

WORLD WIDE WEB?

Un maschio di ragno Golia mangiatore di uccelli *(Theraphosa leblondi)*, trovato in Venezuela nel 1965, aveva un'estensione delle zampe di 28 centimetri, sufficiente a ricoprire un piatto da portata. Questa specie vive principalmente nelle foreste pluviali di Suriname, Guiana e Guiana francese, ma anche in Venezuela e Brasile. Si nutrono di roditori e uccidono le prede con i grossi denti velenosi.

ACCESS CODE: <81536>

dinosauri e mammut

IL DINOSAURO PIÙ ALTO

Il *Sauroposeidon* è la creatura più grande mai vissuta sulla terra. I resti trovati in Oklahoma, Usa, nel 1994 indicano che in posizione eretta era alto 18 metri, pesava 60 tonnellate e aveva il collo più lungo di tutti i dinosauri conosciuti, con vertebre di 1,2 metri.Era simile a una giraffa nella forma, ma 30 volte più grande dell'esemplare più grosso conosciuto di giraffa e alto quanto un edificio a sei piani. Viveva circa 110 milioni di anni fa.

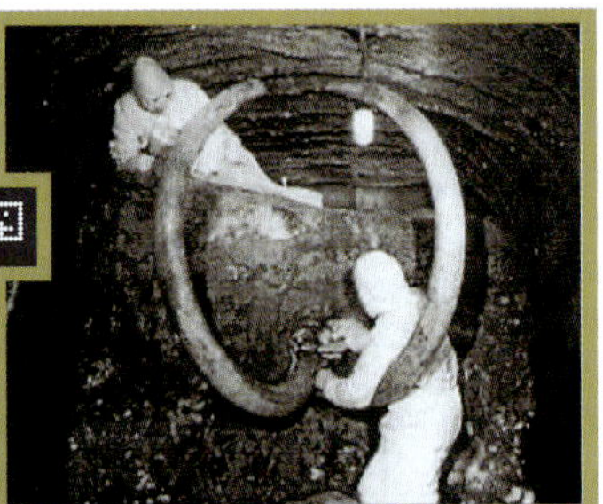

MISSIONE MAMMUT

Il più antico mammut intatto è "Jarkov" (sopra), risalente a 23000 anni fa. Fu ritrovato da scienziati francesi nell'ottobre 1999 in Siberia, Russia. Aveva 47 anni al momento della morte ed era alto 2,6 metri. Ritrovato nel 1997 da Guenadi Jarkov, un pastore di renne di nove anni, il mammut prese poi il nome della sua famiglia. Gran parte dei lavori di scavo fu finanziata da Discovery Channel e nel 2000 il mammut fu trasportato in un luogo protetto nel suo blocco di ghiaccio da 23 tonnellate. Il mammut è ora in una caverna dove gli scienziati stanno cercando di sciogliere il ghiaccio. Anche se soltanto una piccola parte del blocco di ghiaccio si è sciolta, ossa, peli e altre parti del mammut sono state prelevate e inviate ai laboratori di tutto il mondo per le analisi. Gli scienziati progettano di estrarne il Dna per esperimenti.

www.guinnessworldrecords.com/mammoth

ACCESS CODE: ‹53392›

IL DINOSAURO CARNIVORO PIÙ GRANDE

Uno scheletro del dinosauro predatore più grande del mondo è stato scoperto a Neuquen, Argentina, nel 1995. Il *Gigantosaurus carolinii* (rettile gigante del sud) era lungo 12,5 metri e pesava 8 tonnellate. Dalle sue ossa si capisce che era più alto e di costituzione più pesante del *Tyrannosaurus rex*. Visse circa 110 milioni di anni fa, 30 milioni di anni prima del *Tyrannosaurus rex*.

IL DINOSAURO PIÙ PICCOLO

Il *Compsognathus*, grande come un pollo, diffuso nella Germania meridionale e nel sud-est della Francia, misurava 60 centimetri dal naso alla punta della coda e pesava circa tre chilogrammi. Visse verso la fine del Giurassico, circa 145 milioni di anni fa. Era carnivoro e si cibava di piccoli animali come lucertole e insetti. Dal 1859 ne sono stati ritrovati soltanto due esemplari, uno adulto in Germania e uno giovane in Francia.

IL DINOSAURO PIÙ PESANTE

L'*Argentinosaurus*, un titanosauro dell'Argentina, era il dinosauro più pesante. Nel 1994, in base alle dimensioni delle vertebre di un esemplare scoperto in Argentina, gli è stato attribuito un peso di oltre 100 tonnellate. Il dinosauro più pesante della Gran Bretagna fu il diplodoco *Cetiosaurus oxoniensis*, vissuto 170 milioni di anni fa, che pesava circa 45 tonnellate (calcoli basati sul ritrovamento di parte di un femore).

IL DINOSAURO CORAZZATO PIÙ GRANDE

L'*Ankylosaurus*, un erbivoro protetto da spesse piastre ossee che ricoprivano la pelle, aveva anche una doppia fila di spuntoni aguzzi che partivano dalla parte posteriore della testa fino alla coda armata di mazza ossea. Lungo 7,5-10,7 metri e alto 1,2 metri, aveva piastre ossee anche sugli occhi e solo il ventre non aveva protezioni. Sembra essere stato anche il dinosauro più largo, fino a 2,5 metri. L'ultimo e più grande di tutti gli anchilosauri pesava 4 tonnellate e viveva nel Cretaceo superiore, 70-65 milioni di anni fa.

LA CODA PIÙ LUNGA

Il *Diplodocus* (sopra), un sauropode dal collo lungo vissuto nel tardo Giurassico fra 155 e 145 milioni di anni fa, aveva la coda più lunga di tutti i dinosauri, con una lunghezza che poteva arrivare a 13 metri. I resti di un *Diplodocus carnegii* furono scoperti nel Wyoming nel 1899. Attraverso la ricostruzione dello scheletro si scoprì che da vivo l'esemplare era lungo 26,6 metri, di cui la maggior parte costituiti da un lungo collo e da una coda a frusta estremamente lunga. Probabilmente pesava 5,8-18,5 tonnellate, con la stima di circa 12 tonnellate come quella più probabile.

www.guinnessworldrecords.com/longtaildino

ACCESS CODE: ‹56108›

IL CRANIO DI DINOSAURO PIÙ SPESSO

Il *Pachycephalosaurus*, un erbivoro con testa a forma di cupola vissuto 76-65 milioni di anni fa nel Cretaceo superiore, aveva un cranio lungo 65 centimetri sormontato da una cupola ossea di 20 centimetri.

IL SERPENTE PREISTORICO PIÙ LUNGO

Il *Gigantophis garstini*, diffuso nell'attuale Egitto circa 38 milioni di anni fa è il serpente prestorico più lungo. Parti di una colonna vertebrale e un frammento di mascella rinvenuti nel deserto dell'Ovest (zona di El Fayûm) fanno supporre fosse lungo 11 metri (uno più dell'attuale serpente più lungo del mondo, il pitone reticolato, *Python reticulatis*).

LA TRILOBITE FOSSILE PIÙ GRANDE

Una trilobite fossile scoperta in Canada era lunga oltre 70 centimetri (30 centimetri più lunga della precedente trilobite più grande ritrovata). La scoperta di questo esemplare di 445 milioni di anni è stata resa nota il 9 ottobre 2000.

IL PIÙ GROSSO UCCELLO VOLANTE PREISTORICO

Il più grosso uccello preistorico in grado di volare fu il teratorno gigante *(Argentavis magnificens)*, vissuto in Argentina circa 6-8 milioni di anni fa. Reperti fossili trovati 160 chilometri a ovest di Buenos Aires, nel 1979, indicano che questo avvoltoio aveva un'apertura d'ali di oltre 6 metri (forse superiore ai 7,5 metri) e pesava circa 80 chilogrammi. Al confronto, l'albatro urlatore *(Diomedea exulans)*, che ha l'apertura alare più grande di tutte le specie di uccelli, arriva a 3,6 metri.

L'INSETTO PREISTORICO PIÙ GRANDE

L'insetto preistorico più grande è stato la libellula *Meganeura monyi*, vissuta 280 milioni di anni fa. Resti fossili scoperti a Commentry, Francia, indicano una probabile apertura alare di 70 centimetri.

IL PRIMO MAMMIFERO

Nel 1991 una parte del cranio di un *Adelobasileus cromptoni* (simile a un toporagno) fu rinvenuta su rocce di 225 milioni di anni fa nel Nuovo Messico, Usa.

LE ZANNE PREISTORICHE PIÙ LUNGHE
Le zanne più lunghe erano quelle dell'elefante *Hesperoloxodon antiques germanicus*, che visse nell'attuale Germania settentrionale circa due milioni di anni fa. La lunghezza media delle zanne negli adulti maschi era di 5 metri.

LA ZANNA FOSSILE PIÙ PESANTE
La più pesante zanna fossile pesa circa 150 chilogrammi e ha una circonferenza massima di 90 chilogrammi. Apparteneva a una specie sconosciuta di mammut. I due frammenti combacianti che la compongono sono lunghi 3,58 metri.

LE CORNA PREISTORICHE PIÙ GRANDI
Il cervo gigante preistorico *(Megaloceros giganteus)* vissuto nell'Europa continentale 10 000 anni fa, aveva le corna più lunghe di ogni altro animale. Un esemplare trovato in una palude irlandese aveva corna palmate di 4,3 metri, che lasciano supporre un'altezza di quasi 2 metri e 500 chilogrammi di peso. Tra le specie viventi, la ramificazione di corna più ampia raggiungeva l'estensione massima di 1,99 metri in un alce *(Alces alces)* abbattuto nello Yukon, Canada, nel 1897.

IL DINOSAURO CON PIÙ DENTI
I dinosauri con il maggior numero di denti sono stati quelli del genere *Hadrosaurus* (lucertole pesanti). Pur essendo erbivori con un becco privo di dentatura, avevano 960 denti a crescita continua a lato delle potenti mascelle per masticare le piante più dure. La lunghezza degli adrosauri variava da 3 a 12 metri.

www.guinnessworldrecords.com/trex

GRANDE E COSTOSO
Uno dei carnivori più grandi mai esistiti, il *Tyrannosaurus rex* (sopra) abitava la Terra durante il Cretaceo superiore (85-65 milioni di anni fa). Lo scheletro più grande e più completo di *T. rex* ritrovato è "Sue", scoperto nel Sud Dakota, Usa, il 12 agosto 1990 dalla ricercatrice di fossili Sue Hendrickson. Lo scheletro è alto 4 metri, lungo 12,5 metri e ha un cranio lungo 1,5 metri. La poderosa mascella è dotata di 58 denti, ognuno dei quali misura tra i 19 e i 30 centimetri. Il suo peso da vivo è stato stimato in 6,4 tonnellate. Il Field Museum, Chicago, Usa, ha acquistato lo scheletro a un'asta pubblica nel 1997 pagandolo 8 362 500 dollari, il prezzo più alto mai pagato per lo scheletro di un dinosauro, e lo ha messo in esposizione permanente.

ACCESS CODE: ‹54658›

animali straordinari

IL MAMMIFERO PIÙ LENTO
Il mammifero più lento è il bradipo tridattilo *(Bradypus tridactylus)* dell'America tropicale, la cui velocità media oscilla fra 1,8 e 2,4 metri al minuto, pari a 0,10-0,16 chilometri orari. Sugli alberi questa velocità può "aumentare" fino a 4,5 metri al minuto (0,27 chilometri orari). I bradipi scendono a terra raramente perché non possono camminare e si trascinano usando gli artigli. Anche la loro digestione è molto lenta e il cibo può impiegare un mese o più per passare dallo stomaco all'intestino.

IL VIAGGIO PIÙ LUNGO DI UN PESCE
Due pesci rospo *(Opsanus tau)*, una specie del nord-est degli Stati Uniti, hanno viaggiato per circa cinque milioni di chilometri, per di più nello spazio: erano infatti a bordo dello Shuttle *Discovery* durante la missione STS-95, nel quadro di uno studio sulle reazioni del corpo alla cinetosi.

PESCE ARRAMPICATORE
L'*Anabas testudineus* del sud dell'Asia cammina e si arrampica sulle palme. Questa specie ha branchie speciali che assorbono l'ossigeno atmosferico. Anche i perioftalmidi (dell'ordine dei perciformi come gli anabantidi) possono vivere fuori dall'acqua per brevi periodi e si arrampicano sugli alberi sostenendosi sulle pinne pettorali.

GLI ANIMALI PIÙ VELOCI
Lo struzzo (*Struthio camelus*, a sinistra), che vive nelle pianure dell'Africa, è l'uccello più veloce sulla terraferma. Può correre fino a superare i 70 chilometri orari. Un suo passo può coprire oltre 7 metri. Su distanze brevi (intorno ai 550 metri), il primato spetta al ghepardo della specie *Acinonyx jubatus*, diffusa nelle pianure di Africa orientale, Iran, Turkmenistan e Afghanistan, che raggiunge una probabile velocità massima di circa 100 chilometri orari su terreno piano. Il più veloce animale di terra su lunga distanza (oltre un chilometro) è l'antilocapra *(Antilocapra americana)* diffusa negli Stati Uniti occidentali, nel Canada e nel Messico settentrionale. Sono state cronometrate velocità di 56 km/h su 6 chilometri di corsa.

www.guinnessworldrecords.com/ostrich
ACCESS CODE: ‹51481›

IL LETARGO PIÙ LUNGO DI UN RODITORE
Lo scoiattolo di terra *Spermophilus parryi* che vive nel Canada settentrionale e in Alaska, Usa, rimane in letargo nove mesi l'anno.

L'ANIMALE PIÙ RESISTENTE AL FREDDO
La rana delle foreste, che vive a nord del Circolo polare artico, è l'unico animale che sopravvive al congelamento. Il glucosio nel sangue dell'animale agisce da "antigelo" e ne protegge gli organi vitali, mentre il resto del corpo congela diventando ghiaccio. Quando arriva la stagione calda, la rana "ritorna in vita".

LA FORMA DI VITA PIÙ RESISTENTE ALLE RADIAZIONI
Il batterio *Deinococcus radiodurans* può riparare i danni al suo Dna cromosomico e sopportare 1,5 milioni di rad di radiazioni gamma (circa 3000 volte la quantità che ucciderebbe un uomo). A basse temperature o congelato, la sua resistenza raddoppia e può sopravvivere e riprodursi in ambienti letali per qualsiasi altro organismo. Sopporta anche dosi elevate di raggi ultravioletti.

CAPACITÀ DI RIGENERAZIONE
Le spugne *(Porifera)* possiedono le più efficaci capacità di rigenerazione di tutti gli animali. Se perdono un segmento, questo ricresce, e se una spugna è spinta attraverso una garza a maglia sottile, i vari frammenti si ricomporranno in un solo organismo.

LA CRESCITA PIÙ LENTA
La *Tindaria callistiformis*, un mollusco che vive in profondità nel nord dell'Oceano Atlantico, impiega circa 100 anni per crescere 8 millimetri.

IL MAMMIFERO PIÙ INTREPIDO
La mellivora capense *(Mellivora capensis)*, delle foreste di Africa, Medio Oriente e India si difende da ogni tipo di animale, soprattutto se si avvicinano troppo alla tana. È tanto coraggiosa perché la sua pelle è così dura da risultare inattaccabile dai pungiglioni delle api, dagli aculei dei porcospini e dai morsi dei serpenti. Se attaccata alle spalle, rotola all'interno della propria pelle e morde l'attaccante finché non molla la presa.

L'ANIMALE PIÙ FORTE
Rispetto alle dimensioni, gli animali più forti sono le specie più grandi degli scarabeidi, che vivono ai tropici. Esperimenti condotti su uno scarabeo rinoceronte della famiglia *Dynastinae* hanno rivelato che l'animale può sostenere un carico pari a 850 volte il suo peso.

LA SESSUALITÀ PIÙ A RISCHIO
Il maschio di topo marsupiale della specie *Antechinus stuartii*, che vive in Australia orientale, ha un appetito sessuale insaziabile. Ogni anno, per due settimane, l'intera popolazione di maschi adulti tenta di accoppiarsi con il maggior numero di femmine possibile. Occupati a dare la caccia alle femmine e a lottare con i rivali, si dimenticano di mangiare e muoiono in pochi giorni di fame, ulcere o infezioni.

L'UCCELLO PIÙ "AEREO"
Un giovane rondone asiatico *(Apus apus)* completa un volo non-stop di 500 000 chilometri da quando impara a volare al suo primo atterraggio in un potenziale luogo di nidificazione due anni dopo e, in alcuni casi, anche quattro anni più tardi. Durante questo periodo dorme, beve, mangia e addirittura si accoppia in volo.

LA MIRA PIÙ PRECISA
Il pesce arciere (*Toxotes jaculator*, a sinistra), nero-giallo con strisce trasversali, resta in agguato sulla riva dei fiumi della nativa Tailandia in attesa che un insetto entri nel suo raggio d'azione (pari a 1,5 metri). Quindi il pesce spara alla sua preda un proiettile d'acqua usando la bocca di forma tubolare. Se manca il bersaglio, spara altri colpi in rapida successione. Questo metodo di caccia è unico nel mondo animale e fa del pesce arciere il miglior tiratore acquatico del mondo.

Il frinosoma del Texas, conosciuto anche come rospo cornuto, detiene il record per il meccanismo di difesa più strano. Se minacciato, infatti, spaventa i potenziali predatori gonfiando il proprio corpo e spruzzando sangue contenente una sostanza caustica dagli occhi.

www.guinnessworldrecords.com/archerfish
ACCESS CODE: ‹53943›

www.guinnessworldrecords.com/koko

SORRIDI!

Nel 1972, Francine Patterson insegnò a Koko (un gorilla femmina nato allo zoo di San Francisco) il linguaggio dei sordomuti. Nel 2000, Koko (a destra in una foto da lei stessa scattata allo specchio) possedeva un lessico di oltre 1000 segni e capiva circa 2000 parole in inglese. Koko è in grado di fare riferimento al passato e al futuro, discutere, raccontare barzellette e dire bugie. Koko ha dichiarato che è per lei un onore detenere il record di gorilla più abile nel linguaggio dei segni e di essere in questo libro.

ACCESS CODE: ‹51137›

animali domestici

I GATTI PIÙ VECCHI
Ma, una femmina soriana di proprietà di Alice St. George Moore (GB), e Grandpa Rex Allen di Jake Perry (Usa) sono i gatti domestici più longevi. Entrambi i felini avevano 34 anni quando morirono, rispettivamente il 5 novembre 1957 e il 1° aprile 1998. Si tratta di un'età superiore al doppio della durata media della vita dei gatti.

I GATTI PIÙ PESANTI
USA

OT, diminutivo di "Orange Thing", di Tom Phillips (Usa) è il gatto vivente più grosso del mondo, con un peso di 18,55 chilogrammi registrato il 30 ottobre 1998, all'età di 8 anni.

Himmy, un gatto tigrato di Thomas Vyse di Cairns, Queensland, Australia, pesava 21,3 chilogrammi quando morì, nel 1986, all'età di 10 anni.

IL GATTO PIÙ PICCOLO
Tinker Toy, un gatto himalayano-persiano blu point appartenente ai coniugi Katrina e Scott Forbes di Taylorville, Illinois, Usa, è lungo 19 centimetri.

IL CANE VIVENTE PIÙ PESANTE
Kell, un mastino inglese di Tom Scott (GB), pesava 130 chilogrammi il 18 agosto 1999. Kell segue la stessa dieta di un pugile e mangia tantissime proteine, incluse carne macinata, uova e latte di capra.

IL MAIALE PIÙ PESANTE
Big Bill, un esemplare di razza polacca di W.J. Chappall, pesava 1158 chilogrammi, prima di morire nel 1933. Era alto 1,52 metri alla spalla ed era lungo quasi 3 metri.

IL PESCE ROSSO PIÙ VECCHIO
Tish, un pesce rosso di Hilda e Gordon Hand (GB), visse 43 anni dopo che il figlio di Hilda, Peter, lo aveva vinto a un luna park nel 1956. Quando morì, nel 1999, le sue scaglie erano color argento.

IL PICCIONE PIÙ GRANDE
Doc Yeck, un piccione domestico canadese gigante di Leonard Yeck (Canada), pesava 1,8 chilogrammi il 6 marzo 1999, con un'ampiezza del petto di 12,7 centimetri. Doc Yeck è grosso e pesa il doppio di un piccione medio della stessa razza.

LA CUCCIOLATA DI CRICETI PIÙ NUMEROSA
Il 28 febbraio1974, il criceto della famiglia Miller (Usa) partorì 26 cuccioli, più di tre volte il numero medio di cuccioli partoriti dai criceti, che è di 8 piccoli.

RECORD DI CONIGLI
Toby III *(sopra)*, un coniglio inglese nero fulvo appartenente a Phil Wheeler (GB), aveva orecchie lunghe 75,6 cm e larghe 18,24.

Il coniglio più grande di tutti i tempi è stato un coniglio francese di cinque mesi dalle orecchie pendenti che pesava 12 chilogrammi, esposto a una fiera in Spagna nell'aprile 1980.

Gli esemplari delle razze più piccole (la nana olandese e la polacca) sono 10 volte più piccoli dei conigli dalle orecchie pendenti e pesano fra 0,9 e 1,13 chilogrammi.

www.guinnessworldrecords.com/rabbit

ACCESS CODE: ‹51129›

IL GATTO CON PIÙ DITA
I gatti hanno 5 dita in ogni zampa anteriore e 4 in quelle posteriori per un totale di 18 dita. Twinkle Toes, un gatto di tre anni di Gloria Boensch (Usa), ha 25 dita (6 in ogni zampa posteriore, 6 nella zampa anteriore sinistra e 7 in quella destra).

LA TARTARUGA A PIÙ TESTE
Nel 1999, Lin Chi-Fa, del sud di Taiwan, trovò in giardino una tartaruga a tre teste, di cui solo due completamente sviluppate. Poiché la tartaruga è un animale sacro nella tradizione cinese, Lin la portò in un tempio per farla benedire. L'animale camminava a zig-zag poiché le due teste completamente sviluppate non riuscivano a mettersi d'accordo sulla direzione da seguire.

LA GATTA PIÙ PROLIFICA
Il 12 giugno 1952, una gatta soriana di nome Dysty partorì a Bohnam, nel Texas, Usa, il suo 420° e ultimo gattino. Mise al mondo una media di circa 28 gattini all'anno per 15 anni.

IL PIÙ ALTO SALTO ACROBATICO DI UN CANE
Il 28 luglio 1999, al Superdog Show di Klondike Days di Edmonton, Alberta, Canada, Wolf, un wolfhound russo, fece un salto di 1,60 metri. Wolf viene allenato dalla sua proprietaria, Seanna O'Neill (Canada).

IL PORCELLINO D'INDIA PIÙ PASSIONALE
Sooty, un porcellino d'India di tre anni (GB), balzò alla cronaca per essere scappato dalla gabbia ed essersi accoppiato con 24 partner in una sola sera. A seguito di questa notte di passione, nel dicembre 2000 divenne orgoglioso padre di 43 cuccioli.

PICCOLI E GRANDI
Il più piccolo cane vivente è Big Boss, uno Yorkshire appartenente a Chai Khanchanakom (Tailandia). Al suo primo compleanno era alto 11,95 centimetri e lungo 12,95 centimetri.

Il primato di cane più piccolo di tutti i tempi spetta allo Yorkshire terrier di Arthur Marples, GB. Il minuscolo esemplare, che morì nel 1945 a meno di due anni di età, era alto 6,3 centimetri e lungo 9,5 centimetri.

Il più alto cane vivente, un danese di nome Harvey, è alto alla spalla 1,54 metri. Di proprietà di Charles Dodman (GB), Harvey mangia 3,6 chilogrammi di scatolette per cani al giorno. I danesi in media raggiungono un'altezza alla spalla di 75 centimetri.

www.guinnessworldrecords.com/dogdwarf

ACCESS CODE: ‹51213›

Il 14 febbraio 2001 ricevette 206 cartoline di San Valentino, alcune da luoghi lontani come la Nuova Zelanda.

LA PIÙ LUNGA NUOTATA DI UN CANE

Il 2 settembre 1995, due labrador di nome Kai e Gypsy completarono la "Maui Channel Swim" nuotando da Lanai a Maui, Hawaii, Usa, con il loro proprietario Steve Fishe (Usa). Percorsero a nuoto 15,2 chilometri in 6 ore, 3 minuti e 42 secondi.

IL CANE DA CIRCO PIÙ ABILE

Chanda-Leah, un barboncino nano addestrato da Sharon Robinson (Canada), sa eseguire 469 numeri, come suonare il piano o andare a cercare un fazzoletto quando qualcuno starnutisce.

IL CANE PIÙ VELOCE NELLO SLALOM

Un collie di nome Jazz detiene il record di corsa a zig-zag, con 60 paletti superati in 12,98 secondi il 4 dicembre 1999.

IL SALTO PIÙ LUNGO DI UNA RANA

Santjie, una femmina sudafricana di rana dal muso appiattito *(Ptychadena oxyrhynchus)*, il 21 maggio 1977 al Derby delle rane di Lurula Natal Spa, Paulpietersburg, KwaZulu-Natal, Sudafrica, eseguì un salto triplo di 10,3 metri (circa la metà della lunghezza di un campo da basket).

L'UCCELLO PIÙ LOQUACE

Prudle, una femmina di pappagallo cenerino africano *(Psittacus erythacus)*, vinse il titolo di "pappagallo più ciarliero" al National Cage and Aviary Bird Show di Londra per 12 anni di seguito prima di ritirarsi imbattuta dalle competizioni nel 1976. Prudle era arrivata in Gran Bretagna dall'Uganda nel 1958 e vantava un vocabolario di circa 800 parole.

IL VIAGGIO PIÙ LUNGO DI UN GATTO

Nel febbraio 1984, Hamlet scappò dalla sua gabbia a bordo di un aereo partito da Toronto e rimase intrappolato dietro un pannello per sette settimane, percorrendo in volo poco meno di 965 600 chilometri, una distanza equivalente a 24 volte il giro del mondo.

ANIMALI CORAGGIOSI

Un San Bernardo di nome Barry salvò la vita a più di 40 persone nella sua carriera di cane da salvataggio sulle Alpi svizzere. Salvò anche la vita a bambino che giaceva mezzo assiderato sotto una valanga, dove la madre era morta. Barry si stese sopra il bambino per riscaldarlo e cominciò a leccargli il viso finché il piccolo non riaprì gli occhi. In seguito lo ricondusse all'abitazione più vicina.

Il 19 maggio 1997 a Murphy, un asino dell'esercito australiano, fu conferita la Croce Viola RSPCA dell'Australia come simbolo di tutti gli asini che parteciparono alla campagna di Gallipoli del 1915–16 nella Prima guerra mondiale. Murphy trasportò migliaia di soldati feriti negli ospedali da campo.

Nel dicembre 1999, Charlie, un pappagallo grigio di tre anni, salvò la vita a Patricia Tunnicliffe di Durham, GB, e ai suoi cinque figli, quando nella loro casa divampò un incendio a causa delle luci natalizie. Gli strilli di Charlie svegliarono la signora Tunnicliffe, che riuscì a portare fuori dalla casa i suoi figli sani e salvi: purtroppo Charlie non fu altrettanto fortunato.

www.guinnessworldrecords.com/skydivedog

ACCESS CODE: 56167

CANI CON IL PARACADUTE

Katie, un incrocio Jack Russell (GB, sopra), è stato il primo cane paracadutista di cui si abbia notizia. Nell'ottobre 1987 si lanciò con il proprietario da 3600 metri nei cieli dell'Inghilterra meridionale.

Il primato per la carriera spetta a un minuscolo bassotto tedesco chiamato Brutus the Skydiving Dog (Brutus il paracadutista), che ha compiuto finora 71 lanci con paracadute, di cui uno, il 20 maggio 1997, da un aeroplano a 4500 metri di quota sul lago Elsinore, California, Usa.

www.guinnessworldrecords.com/worldmatters

problemi mondiali

GUINNESS WORLD RECORDS

ambiente

LA METROPOLI PIÙ INQUINATA
A Città del Messico i livelli di anidride solforosa, monossido di carbonio e particelle atmosferiche sono più del doppio del massimo considerato accettabile dall'Organizzazione Mondiale della Sanità (OMS).

LE EMISSIONI DI ANIDRIDE CARBONICA PIÙ ALTE
Gli Stati Uniti detengono il primato per nazione con 5,5 miliardi di tonnellate di gas emesso nel 1999. L'anidride carbonica è una delle sostanze responsabili dell'effetto serra.

LE EMISSIONI DI ANIDRIDE CARBONICA PIÙ BASSE
Delle nazioni industrializzate dell'Occidente, la Francia ha il livello più basso di emissioni di CO_2, che nel 1999 erano di 400 milioni di tonnellate. L'impegno della Francia nel nucleare contribuisce a ridurre le emissioni di anidride carbonica, legate ai combustibili fossili.

IL BUCO PIÙ GRANDE NELLO STRATO DI OZONO
Nel settembre 2000, un buco di circa 28,3 milioni di chilometri quadrati (circa tre volte la grandezza degli Stati Uniti) è stato individuato nello strato di ozono sopra l'Antartide.

LA PIÙ GRAVE DISPERSIONE DI PETROLIO NEL TERRENO
Tra agosto e settembre 1994, nella Repubblica del Komi, Russia, 2110 ettari di tundra artica incontaminata (le dimensioni di El Salvador) furono interessati da una perdita di petrolio per la rottura dell'oleodotto che lo trasportava all'impianto di raffinazione. Secondo le stime, la fuoriuscita di petrolio fu di 117 milioni di litri. Conosciuto come l'incidente di Usinsk (a sinistra), si è trattato del peggior caso di inquinamento terrestre della storia. I danni dell'incidente sono stati valutati in almeno 311 miliardi di rubli (oltre 20 000 miliardi di lire).

www.guinnessworldrecords.com/oildisaster
ACCESS CODE: ‹49232›

IL LIVELLO DI OZONO PIÙ BASSO
Il livello minimo di ozono nell'atmosfera, con un valore di 91 unità Dobson (DU), si registrò tra il 9 e il 14 ottobre 1993 sopra il Polo Sud, Antartide. Il valore adeguato per proteggere la Terra dalle radiazioni ultraviolette del Sole e provvedere al suo sistema biologico è di 300 Dobson. Si sta cercando a livello internazionale di ridurre il consumo globale di CFC (clorofluorocarburi), causa principale dell'assottigliamento dello strato di ozono, e si spera che per il 2050 lo strato di ozono ritorni ai livelli precedenti il 1980.

LA CENTRALE ELETTRICA A ENERGIA EOLICA PIÙ GRANDE
Ad Altamont Pass, California, Usa, la Pacific Gas and Electric Company ha costruito una centrale eolica di 140 chilometri quadrati e dotata di 7300 turbine elettrogene. Dal 1981 le turbine hanno prodotto più di 6 miliardi di kilowattore di elettricità, sufficiente a fornire elettricità a 800 000 utenti per un anno.

IL PIÙ GRANDE TETTO A PANNELLI SOLARI
Il più grande tetto coperto da pannelli solari è quello di 10 000 metri quadrati della Nordrhein-Westfalen Mont-Cenis Academy di Herne, Germania. L'impianto da un megawatt è dotato di 3185 celle fotovoltaiche collegate da 55 chilometri di cavi e produce più del doppio dell'energia consumata nell'edificio.

IL SUPERMERCATO CON IL MIGLIOR RENDIMENTO ENERGETICO
Un supermercato di 3250 metri quadrati della J. Sainsbury di Greenwich, Londra, spende per riscaldamento ed energia elettrica la metà di un normale supermercato di pari superficie. Il grande magazzino dispone di numerose risorse per limitare i consumi, tra cui un impianto autonomo per la produzione di energia integrato da generatori a vento e cellule fotovoltaiche.

IL PIÙ GRANDE "BOOM" DI CONTENIMENTO
Il "boom" serve per contenere il petrolio riversato in mare da tubazioni, pozzi petroliferi o petroliere. Di solito in gomma, si gonfia rapidamente e galleggia sull'acqua impedendo la diffusione delle chiazze. Il più grande è *Ro-Boom 3500*, realizzato dalla Ro-Clean Desmi nel 2000, che sgonfio è largo 3,5 metri. Nei test condotti è riuscito a contenere il 95% di una chiazza di petrolio di 95 metri cubi spessa 14 centimetri. Può arginare il petrolio in espansione a velocità fino a

L'AUTOMOBILE A BENZINA PIÙ ECOLOGICA
La Honda Accord EX Sedan (a sinistra) ha il più basso livello di emissioni nocive tra le automobili a benzina. Il motore di questo veicolo, classificato SULEV (Super Ultra-Low Emission Vehicle), emette 1,04 chilogrammi di idrocarburi ogni 160 000 chilometri, equivalente alle emissioni causate da una fuoriuscita di petrolio di 0,95 litri e a una riduzione dell'86% rispetto a un veicolo a bassa emissione (LEV).

La società di noleggio auto con il maggior numero di automobili a bassa emissione è la Kobe-Eco-Car (Giappone), fondata il 30 gennaio 1999. È specializzata nel noleggio di veicoli ecologici e ha un parco costituito da 53 automobili fra veicoli elettrici, a gas metano e ibridi.

www.guinnessworldrecords.com/sulev
ACCESS CODE: ‹54216›

1,3 nodi (2,4 chilometri orari) ed essere rimorchiato per lunghi periodi di tempo. *Ro-Boom 3500* è rimasto intatto dopo essere stato rimorchiato per due settimane, in pieno inverno e con onde di sette metri.

LA DEFORESTAZIONE PIÙ GRANDE

L'abbattimento di alberi nelle foreste tropicali procede alla media di una superficie pari a 200 campi di calcio al minuto. Il tasso maggiore di deforestazione si registra in Giamaica dove, negli anni Ottanta e Novanta, veniva abbattuto ogni anno il 7% delle foreste. In termini di estensioni, il Brasile ha il primato per la superficie maggiore di foreste abbattute ogni anno. Negli anni Ottanta e Novanta, nel bacino amazzonico è stata disboscata e bruciata una superficie pari a quella del Belgio (30 500 chilometri quadrati) per creare pascoli e terra da coltivare.

IL LAGO PIÙ CONTAMINATO

Il lago Karachay nella provincia russa di Chelyabinsk ha accumulato 120 milioni di curie di radioattività e assorbito circa 100 volte più stronzio 90 e cesio 137 di quanto non ne sia stato rilasciato a Chernobyl nel 1986. Se una persona sostasse sulla riva del lago riceverebbe un tasso di esposizione alle radiazioni pari a 600 roentgen all'ora (2000 volte la quantità di radiazioni emesse durante una normale radiografia al torace e sufficiente a uccidere un uomo in un'ora). Il lago è vicino alla centrale nucleare Mayak. Anche se l'impianto è chiuso dal 1990, le radiazioni emesse continuano a evaporare, a essere disperse dal vento e assorbite dalle particelle di sabbia e sedimenti in fondo al lago.

L'ACQUA PIÙ ACIDA

Normalmente i valori del pH variano da 0 a 14, con il fattore 7 (il pH dell'acqua) considerato neutro. Più basso è il valore, maggiore è il livello di acidità della sostanza in questione. Campioni di acqua prelevati nel 1990-91 nella Richmond Mine a Iron Mountain, California, Usa, avevano pH −3,6. L'acidità riscontrata nella miniera di rame e zinco, ormai in disuso, era causata da soluzioni acide che gocciolavano da stalattiti colorate.

www.guinnessworldrecords.com/tankerspill

ACCESS CODE: ‹49233›

UN COLPO MORTALE PER L'ECOSISTEMA COSTIERO

Il 25 marzo 1989, la petroliera *Exxon Valdez* si incagliò nello stretto Prince William, Alaska, Usa, disperdendo in mare oltre 40 milioni di litri di petrolio. Più di 2400 chilometri di costa furono inquinati e l'ecosistema marino, vario e densamente popolato, fu devastato (sotto). Nel disastro ambientale morirono fra 3000 e 5000 lontre marine, e le attuali colonie di lontre continuano a essere contaminate dagli idrocarburi tossici derivati dall'inquinamento del petrolio. Per quanto riguarda gli uccelli marini, ne perirono 1 000 000 di esemplari, così come anche una ventina di orche. La società petrolifera pagò una multa di 5 miliardi di dollari più 3 miliardi di dollari per le spese di depurazione. Il capitano della petroliera ammise di aver bevuto tre vodke doppie prima di salpare con la nave, lunga 275 metri.

consumi e sprechi

IL PAESE PIÙ RICCO
Secondo la World Bank, nel 1999 il paese più ricco in base al prodotto nazionale lordo per persona era il Lussemburgo, con 1 724 755 franchi locali (842 960 dollari). La nazione, con un territorio paragonabile a quello di Londra, ha 429 080 abitanti (1999), di cui il 30% stranieri. Il reddito nazionale lordo pro capite per la Gran Bretagna è di 23 590 dollari e per gli Stati Uniti di 31 910 dollari.

IL PAESE PIÙ POVERO
Nel 1999 l'Etiopia aveva un prodotto nazionale lordo per persona di 100 dollari, il più basso dei 260 paesi di cui sono disponibili i dati.

IL MAGGIOR CONSUMO DI CIBO
L'Argentina consuma la quantità maggiore di cibo per persona, con una percentuale del 183% del fabbisogno consigliato nel 1996 dalla FAO (United Nations Food and Agriculture Organization). Al secondo posto si classifica il Portogallo con il 149%, seguito da Irlanda (142%), Stati Uniti, Hong Kong, Turchia, Emirati Arabi Uniti e Jugoslavia (tutti con il 140%).

IL MINOR CONSUMO DI CIBO
Secondo le Nazioni Unite, il paese con il minor consumo di cibo è il Tagikistan (ex Urss), dove ogni abitante consuma solo il 55% del fabbisogno minimo giornaliero consigliato dalla FAO. La Somalia è al secondo posto con il 67%.

IL MAGGIOR CONSUMO PRO CAPITE DI CAFFÈ
la nazione che consuma più caffè pro capite è la Finlandia, dove nel 1998 furono consumati 11,3 chilogrammi di caffè per persona. La quantità complessiva di caffè consumata in Finlandia nel 1998 è stata di 58 000 tonnellate (circa 1737 tazze di caffè per abitante all'anno, o cinque tazze al giorno). Lo stesso anno, gli Stati Uniti hanno consumato la maggior quantità totale di caffè, stimata in 1 148 000 tonnellate (4,2 chilogrammi o 646 tazze di caffè pro capite all'anno).

IL MAGGIOR CONSUMO DI TÈ
Il Paraguay (5 359 000 abitanti nel 1999) è il paese che consuma più tè, con 11,7 chilogrammi di tè pro capite nel 1998 (circa 14,62 tazze per persona al giorno). Gran Bretagna e Irlanda sono entrambe al settimo posto. Tuttavia la nazione che consuma la maggior quantità complessiva di tè al mondo è l'India, con 640 000 tonnellate nel 1998 rispetto alle 61 000 tonnellate del Paraguay. La Cina è al secondo posto per il consumo complessivo di tè con 466 000 tonnellate, mentre la Gran Bretagna ha registrato un consumo pari a 146 000 tonnellate.

LE CITTÀ PIÙ COSTOSE
Nel 2000, per il nono anno consecutivo, l'indagine semestrale della Economist Intelligence Unit per calcolare i pacchetti salariali degli impiegati di stanza all'estero ha rivelato che Tokyo è la città più cara del mondo. L'indagine si basa sul costo variabile di 90 articoli in 126 città. Attribuendo a New York un punteggio di 100, Tokyo ha totalizzato 164. Osaka è al secondo posto con 161; Hong Kong al terzo con 120; Oslo e Zurigo, al quinto posto, risultano le città più care d'Europa, seguite da Londra. New York (città più cara degli Stati Uniti) è al 12º posto.

www.guinnessworldrecords.com/highcosttokyo
ACCESS CODE: ‹53711›

IL MAGGIOR CONSUMO DI DOLCI
Secondo un rapporto dei produttori dolciari Cadbury e Trebor Bassett, nel 1997 la Gran Bretagna ha speso più di 5 miliardi di sterline in dolciumi. In media un cittadino ha mangiato quell'anno 16 chilogrammi di dolci, superando gli Stati Uniti (10 chilogrammi), la Francia (9 chilogrammi) e il Giappone (3 chilogrammi). I londinesi sono i meno "golosi" e spendono per i dolci 1,45 sterline alla settimana, mentre gli abitanti dell'Inghilterra occidentale e del Galles spendono più di tutti con 2,09 sterline alla settimana.

IL MAGGIOR CONSUMO DI CARNE BOVINA
L'Argentina consuma la maggior quantità di carne bovina (manzo e vitello) pro capite. Nel 1998, ogni argentino ha mangiato 56,3 chilogrammi di carne bovina per un totale di 2 033 000 tonnellate. Nell'insieme, nel 1998 gli Stati Uniti hanno consumato 12 048 000 tonnellate (44 chilogrammi di carne bovina pro capite).

IL MAGGIOR CONSUMO DI BIRRA E VINO
La Repubblica Ceca è il paese con il maggiore consumo di birra per abitante del mondo, con una media pro capite di 160 litri nel 1998. La nazione nell'insieme consumò 1653 milioni di litri di birra nel 1998. Nello stesso anno gli Stati Uniti fecero registrare il maggiore consumo di birra di tutto il mondo per volume complessivo con 24 376 milioni di litri, con una media di 89 litri per abitante.

Il primato per il maggiore consumo pro capite di vino spetta al Lussemburgo con 63,3 litri a persona. Il paese in cui si beve meno vino è l'Egitto, con un consumo annuale medio di circa due cucchiai pro capite.

www.guinnessworldrecords.com/beerdrinkers
ACCESS CODE: ‹46083›

www.guinnessworldrecords.com/trash

ACCESS CODE: <49718>

RIFIUTI

Secondo l'Organizzazione per la Cooperazione e lo Sviluppo Economico, gli Stati Uniti producono la più grande quantità di rifiuti urbani del mondo con una stima di 720 chilogrammi per abitante (1999).

La discarica di Fresh Kills a Staten Island, New York, Usa (sotto), che occupa 1200 ettari, è la discarica pubblica più grande del mondo, in grado di contenere 100 milioni di tonnellate di rifiuti. Il luogo, che dista 24 chilometri dal centro di Manhattan, è grande come 2400 campi da football americano ed è alto come un edificio di 17 piani. A metà degli anni Novanta, venivano smaltite ogni giorno 13 000 tonnellate di rifiuti. La decomposizione dei rifiuti produce quotidianamente circa 2700 tonnellate di gas metano.

IL MAGGIORE CONSUMO DI MIELE

Nel 1998 nella Repubblica Centrale Africana sono stati consumati 3 chilogrammi di miele a persona, per un totale nazionale di 10 000 tonnellate. Tuttavia, è stata la Gran Bretagna a consumare la maggiore quantità complessiva di miele, con 23 000 tonnellate (una media di 400 grammi per abitante).

IL MAGGIORE CONSUMO DI ELETTRICITÀ

Nel 1999, gli Stati Uniti hanno utilizzato 3235,9 miliardi di kilowatt ora: una cifra che equivale a quasi un quarto dell'intero consumo netto di elettricità di tutto il mondo, che è di 12 832,7 miliardi di kilowatt ora.

IL MAGGIORE CONSUMO DI ENERGIA

Gli Stati Uniti sono i maggiori consumatori di combustibili fossili (carbone, petrolio e gas naturale) e di energia commerciale (combustibili fossili più energia nucleare e idroelettrica). Nel 1998, il paese ha consumato 1937 milioni di tonnellate di equivalenti del petrolio (Mtoe) di combustibili fossili e 2147 Mtoe di energia commerciale. Lo stesso anno il consumo energetico mondiale complessivo di combustibili fossili è stato di 7624 Mtoe mentre quello di energia commerciale di 8477 Mtoe.

IL MAGGIORE CONSUMO DI FORMAGGIO

In Grecia, nel 1998 ogni abitante ha consumato 27,5 chilogrammi di formaggio. Il paese nell'insieme ha consumato, nel 1998, 292 000 tonnellate di formaggio. Nello stesso anno, gli Stati Uniti hanno consumato la maggior quantità complessiva di formaggio, con un totale di 3 837 000 tonnellate, pari a 14 chilogrammi per abitante.

LO SFRUTTAMENTO PIÙ INTENSIVO DELL' ENERGIA SOLARE

La Svizzera detiene il primato del mondo per l'utilizzo pro capite di energia solare, con 1,82 watt per abitante. In Germania vengono utilizzati 0,71 watt di energia solare per persona, mentre il Giappone è al terzo posto con 0,65 watt per abitante.

crimine e condanne

IL MIGLIOR CANE POLIZIOTTO
Il cane poliziotto più bravo del mondo è Trepp, un golden retriever di proprietà di Tom Kazo (Usa). A Trepp (che sta per Intrepido), si devono più di 100 arresti e il ritrovamento di sostanze stupefacenti per un valore di oltre 63 milioni di dollari. Nei suoi primi due mesi di lavoro, individuò 1,52 tonnellate di sostanze illegali. Durante un'esercitazione nella quale il compito era scovare il maggior numero di pacchetti di droga su 10 nascosti, il cane ne ritrovò 11.

IL PRIGIONIERO PIÙ VECCHIO
Bill Wallace trascorse gli ultimi 63 anni della sua vita all'Aradale Psychiatric Hospital di Ararat, Victoria, Australia. Aveva sparato a un uomo, uccidendolo, nel 1925 e, riconosciuto incapace di intendere e volere, fu affidato al dipartimento di salute mentale nel febbraio 1926. Rimase ad Aradale fino alla morte, il 17 luglio 1989, pochi giorni prima del suo 108° compleanno.

L'EVASIONE PIÙ LUNGA
Il 15 dicembre 1923, Leonard T. Fristoe, detenuto nella prigione di stato del Nevada, Usa, per aver ucciso nel 1920 due poliziotti, evase dalla prigione e vi fece ritorno solo nel novembre 1969, a 77 anni di età, dopo che il figlio aveva scoperto la verità sul passato del padre: per quasi 46 anni Leonard era vissuto in libertà sotto il falso nome di Claude Willis.

LA PIÙ LUNGA RECLUSIONE IN ISOLAMENTO
Mordecai Vanunu trascorse in cella di isolamento totale quasi 12 anni, il periodo di isolamento più lungo di cui si abbia notizia nei tempi moderni. Nato nel 1955, era stato condannato per alto tradimento per aver rivelato dati sul programma nucleare di Israele al *Sunday Times*. L'uomo restò in isolamento dal 1986 al marzo 1998. Non molto tempo dopo, le porte del carcere sono state aperte e ha finalmente potuto ritornare in libertà.

LA PRIGIONE PIÙ SICURA
Supermax, il complesso carcerario di massima sicurezza che si trova a ovest di Pueblo, Colorado, Usa, è dotato di 1400 porte d'acciaio telecomandate, raggi laser, alloggi pressurizzati e cani addestrati all'attacco, ed è circondato da filo spinato e garitte. Con un indice di sicurezza di "livello 6", i detenuti rimangono spesso rinchiusi nelle loro celle per 23 ore al giorno e nell'ora restante devono indossare catene ai piedi e manette.

NEL BENE E NEL MALE
Il 14 giugno 2000, 120 detenuti del carcere Carandiru di San Paolo, Brasile, si sposarono nel corso della più grande cerimonia nuziale di massa celebrata in una prigione (a sinistra). Funzionari governativi e pastori evangelici trasformarono il blocco 6 di Carandiru in una chiesa temporanea. Le spose (che tradizionalmente arrivano per ultime) e gli ospiti dovettero presentarsi due ore prima della cerimonia per trovare lo sposo giusto. Gli sposi indossavano giacca e cravatta e l'unico particolare che rivelava la loro condizione di detenuti erano i pantaloni beige dell'uniforme del carcere. Il carcere ospita 7400 detenuti ed è famoso per il massacro compiuto dalla polizia nel 1992, nel quale 111 prigionieri persero la vita.

www.guinnessworldrecords.com/prisonwedding
ACCESS CODE: ‹54910›

IL METODO PIÙ COMUNE DI ESECUZIONE CAPITALE
Il metodo di esecuzione capitale più comune è la fucilazione, praticata in 73 paesi. In 45 di queste nazioni, la fucilazione è anche l'unico metodo di esecuzione dei criminali. L'impiccagione è il secondo metodo più frequentemente utilizzato ed è praticata in 58 nazioni. La decapitazione è praticata ancora in tre paesi, mentre la sedia elettrica è prevista solo negli Stati Uniti.

IL CANNIBALE PIÙ ATTIVO
Si dice che nel XIX secolo Ratu Udre Udre avesse mangiato fra le 872 e le 999 persone. Questo capo figiano conservava una pietra per ogni corpo mangiato e ora le pietre sono presso la sua tomba a Rakiraki, Figi.

IL PIÙ GRANDE FURTO DI OPERE D'ARTE
Il 14 aprile 1991, venti dipinti del valore di 500 milioni di dollari furono rubati dal museo Van Gogh di Amsterdam, Olanda. Solo 35 minuti più tardi furono però ritrovati in un'automobile abbandonata non troppo lontano dal museo.

IL PIÙ GRANDE FURTO DI GIOIELLI
L'11 agosto 1994, tre uomini armati svaligiarono la gioielleria del Carlton Hotel di Cannes, Francia, sottraendo gioielli e preziosi per un valore di 250 milioni di franchi francesi.

IL PRIGIONIERO POLITICO DETENUTO PIÙ A LUNGO
Kim Sung-myun, arrestato nel 1951 a Seul per aver sostenuto il partito comunista della Corea del Nord, trascorse 43 anni e 10 mesi in prigione. Rilasciato nell'agosto 1995, durante tutta la sua permanenza in carcere non aveva mai letto un giornale né guardato la televisione.

LA BANDA CRIMINALE PIÙ NUMEROSA
L'organizzazione criminale giapponese di *yakuza* Yamaguchi-gumi comprende 30 000 membri, su un totale di 90 000 *yakuza* suddivisi in più di 3000 gruppi. Gli *yakuza* svolgono le loro attività apertamente e reclutano addirittura nuovi adepti tramite inserzioni.

IL RISCATTO PIÙ ALTO
Due uomini d'affari di Hong Kong, Walter Kwok e Victor Li, pagarono a Cheung Tze-keung un riscatto di 206 milioni di dollari dopo essere stati rapiti singolarmente nel 1996 e 1997. Cheung fu fucilato il 5 dicembre 1998.

ASSASSINI E CONDANNE
John Wayne Gacy fu condannato a 21 ergastoli e a 12 condanne a morte per l'omicidio di 33 ragazzi tra il 1972 e il 1978 nell'Illinois, Usa. La sentenza fu emessa da una giuria di Chicago, Illinois, il 13 marzo 1980, e divenne effettiva il 10 maggio 1994 tramite un'iniezione letale nella Stateville Prison di Joilet, Illinois.

L'assassina più feroce di tutti i tempi del mondo occidentale è stata Elizabeth Bathori, Transilvania (ora in Romania). Sembra avesse ucciso più di 600 ragazzini e ragazzine per berne il sangue o per usarlo per lavarsi e conservare così la giovinezza. Quando gli omicidi furono scoperti, la contessa fu murata nella sua casa dal 1610 fino alla sua morte, nel 1614.

www.guinnessworldrecords.com/murdersentence
ACCESS CODE: ‹55421›

www.guinnessworldrecords.com/oldsparky

SMS ACCESS CODE: <56558>

OLD SPARKY

"Old Sparky" (a destra), nota anche come la "Folgore del Texas", è stata la prima sedia elettrica usata per le esecuzioni capitali nel Texas, Usa. Costruita da un condannato a morte nel 1923–24, fu utilizzata fino al 1964. Prima del 1923 il metodo principale di esecuzione in Texas era l'impiccagione.

Tra il gennaio 1974 e l'aprile 2001, il Texas ha condannato a morte (con iniezione letale) 244 criminali, più di qualsiasi altro stato degli Stati Uniti. È seguito dalla Virginia con 82 esecuzioni e dalla Florida con 51.

LA POPOLAZIONE CARCERARIA PIÙ NUMEROSA

Nel febbraio 2000, la popolazione carceraria statunitense era di due milioni di detenuti, pari a 565 detenuti ogni 100000 abitanti. La cifra corrisponde al 25% di tutti i carcerati nel mondo, sebbene negli Stati Uniti viva solo il 5% della popolazione mondiale.

IL MINOR NUMERO DI CARCERATI

La Slovenia è la nazione con il minor numero di carcerati (meno di 500 per due milioni di abitanti). Sono pochi i colpevoli che finiscono dietro le sbarre perché il paese preferisce punizioni alternative, tra cui il servizio civile e la libertà vigilata. I detenuti sloveni sono 25 ogni 100000 abitanti.

IL SISTEMA CARCERARIO PIÙ GRANDE

La California ha il più grande sistema carcerario del mondo industrializzato. Ospita nelle sue prigioni più detenuti di Francia, Gran Bretagna, Germania, Giappone, Singapore e Olanda insieme. Più di 626 californiani su 100000 sono in carcere.

IL MAGGIOR NUMERO DI ARRESTI

Nel 1988 Tommy Johns di Brisbane, Australia, era stato arrestato in tutto 3000 volte per ubriachezza e disordini in luogo pubblico. L'uomo morì nel 1988 a 66 anni per un tumore al cervello piuttosto che per una patologia legata all'abuso di alcol.

LA TRUFFA PIÙ GRANDE

La più grande truffa ideata da una sola persona è stata quella compiuta dal webmaster di siti pornografici Kenneth Taves (Usa), con 38 milioni di dollari di addebiti non autorizzati su carte di credito. Taves si era impossessato dei numeri delle carte di credito di quattro milioni di consumatori che avevano effettuato acquisti tramite la Charter Pacifice e addebitava ogni mese 19,95 dollari a centinaia di migliaia di questi numeri. Taves si è dichiarato colpevole davanti al tribunale federale e rischia una condanna fino a 30 anni di carcere.

disastri

PERICOLI NEL CIELO
Il maggior numero di morti causati da un incidente con palloni aerostatici si ebbe il 13 agosto 1989, quando due mongolfiere con passeggeri (sopra) che erano state lanciate pochi minuti prima per compiere un volo turistico su Alice Springs nei Territori del Nord, in Australia, si scontrarono in volo a 600 metri di altezza. La navicella di una delle mongolfiere provocò uno squarcio nel tessuto dell'altra, che cadde in picchiata causando la morte del pilota e di tutti e 12 i passeggeri.

Il più grave incidente di un dirigibile è stato quello dell'*Akron* della marina militare statunitense, che il 3 aprile 1933 fu squarciato da una tempesta al largo del New Jersey causando la morte di 73 persone.

Il 12 novembre 1996, 351 persone morirono quando un Boeing 747 di linea dell'Arabia Saudita si scontrò con un charter Kazakh Ilushin 76, a 80 chilometri a sud-ovest di Nuova Delhi, India.

www.guinnessworldrecords.com/ballooncollision
ACCESS CODE: ‹52449›

IL DISASTRO PIÙ GRAVE NELLO SCAVO DI UN TUNNEL
Fra il 1931 e il 1935, nel tunnel idroelettrico Hawk's Nest, Virginia occidentale, Usa, morirono 2500 persone, la maggior parte per un'esposizione alla polvere di roccia contenente diossido di silicio. Altri contrassero la silicosi, una malattia che riduce la capacità dei polmoni e che può portare a patologie come la polmonite e la TBC. Si tratta del più grave disastro a spese della salute dei lavoratori della storia d'America.

LA PIÙ GRANDE CARESTIA
Tra il 1959 e il 1961, circa 40 milioni di persone morirono di fame nella Cina settentrionale, in parte per il fallimento dei nuovi metodi di coltivazioni introdotti dal presidente Mao dopo la nascita della Repubblica Popolare Cinese (1949).

L'INCIDENTE STRADALE PIÙ GRAVE
Il 3 novembre 1982, un'autocisterna esplose all'interno del tunnel Salang, in Afghanistan. Secondo le stime locali morirono 176 persone (le stime occidentali fissano però il numero dei morti a 1100). In ogni caso è stato il più grave incidente stradale di tutti i tempi. Il Salang (lungo 108 chilometri) è uno dei tratti stradali più costosi del mondo: la sua costruzione costò infatti 42 milioni di dollari.

L'INCIDENTE PIÙ GRAVE A UNA CENTRALE NUCLEARE
Il più grave incidente in una centrale nucleare avvenne a Chernobyl, Ucraina (ex Urss), il 28 aprile 1986 alle ore 1.23 (ora locale). Non sono stati raccolti dati sistematici a riguardo, ma circa 1 700 000 persone furono esposte alle radiazioni, 135 000 furono evacuate, mentre altre 850 000 vivono tuttora nelle regioni contaminate. Gli effetti della contaminazione interessarono un'area di 28 200 chilometri quadrati in Russia e Bielorussia. Secondo le stime, le persone coinvolte nelle operazioni di bonifica sono state 200 000.

L'ANNO CON IL MAGGIOR NUMERO DI DISASTRI AEREI
Nel 1988, la media di incidenti aerei per i voli di linea fu di 175 per ogni milione di partenze. L'Africa registrò 190 incidenti per milione di voli di linea; l'America Latina (Messico incluso), da 70 a 80 incidenti per milione di partenze; l'America del Nord e il Canada 25 incidenti mortali per milione di partenze, seguiti dall'Europa, con 6-7 incidenti per milione di partenze. Il rischio di incidenti aerei da allora si è ridotto di un terzo.

IL PIÙ GRAVE INCIDENTE AEREO DI UN SOLO VELIVOLO
Un totale di 520 persone rimasero uccise quando un Boeing 747 della JAL, volo 123, precipitò fra Tokyo e Osaka, Giappone, il 12 agosto 1985.

DISASTRO IN METROPOLITANA
Il 28 ottobre 1995, circa 300 persone rimasero uccise, e almeno 250 ferite, quando il vagone della metropolitana di Baku, Azerbaigian, sul quale stavano viaggiando prese fuoco. Le fonti ufficiali imputarono l'incendio a un guasto elettrico, altre avanzarono l'ipotesi di una bomba. Molti passeggeri rimasero uccisi per intossicazione da monossido di carbonio, sprigionatosi quando i materiali tossici delle vetture del treno presero fuoco. Altri invece rimasero vittime del panico scatenato dall'incendio.

IL DISASTRO FERROVIARIO PIÙ GRAVE
Il 6 giugno 1981, più di 800 passeggeri persero la vita quando il treno sul quale viaggiavano precipitò da un ponte sul fiume Bagmati, a Bihar, India. La causa precisa dell'incidente non è ancora stata chiarita: secondo alcune fonti, il treno avrebbe investito un bufalo, secondo altre si sarebbe trattato di un guasto catastrofico al sistema frenante. Anche le stime sul numero delle vittime variano, fino a un massimo di 1800.

IL PEGGIOR DISASTRO NAVALE IN TEMPO DI PACE
Il piroscafo *Sultana* affondò nel fiume Mississippi, Memphis, Tennessee, Usa, il 21 aprile 1865 a causa dell'esplosione delle caldaie, provocando oltre 1650 vittime. Data la carente registrazione effettuata al momento dell'imbarco, il numero effettivo dei passeggeri del piroscafo resterà sempre incerto. Alcuni storici ritengono che a bordo ci fossero fra le 2200 e le 2300 persone. Secondo la legge, l'imbarcazione poteva trasportare soltanto 376 passeggeri.

IL PEGGIORE INCIDENTE DI UN SOTTOMARINO
Il 18 febbraio 1942, il sommergibile francese *Surcouf* affondò ai Caraibi con a bordo i 159 membri dell'equipaggio dopo essere stato speronato dalla nave mercantile statunitense *Thompson Lykes*. Al momento del disastro il *Surcouf* era il sommergibile più grande del mondo con una lunghezza di 110 metri. Oggi i sommergibili più grandi del mondo sono i sottomarini nucleari russi della classe Tifone, lunghi 170 metri.

GLI INCENDI PIÙ GRAVI
L'anno peggiore per quanto riguarda la distruzione dell'ambiente naturale è stato il 1997, principalmente a causa di incendi deliberatamente accesi per disboscare le foreste. Gli incendi più grandi si sono avuti in Brasile, dove il fuoco ha interessato un'area di 1600 chilometri quadrati.

Il secondo incendio di foreste più distruttivo del 1997 si è sviluppato in Indonesia, ricoprendo ampie zone del sud-est asiatico di smog e provocando il ricovero in ospedale per problemi respiratori di oltre 40 000 persone.

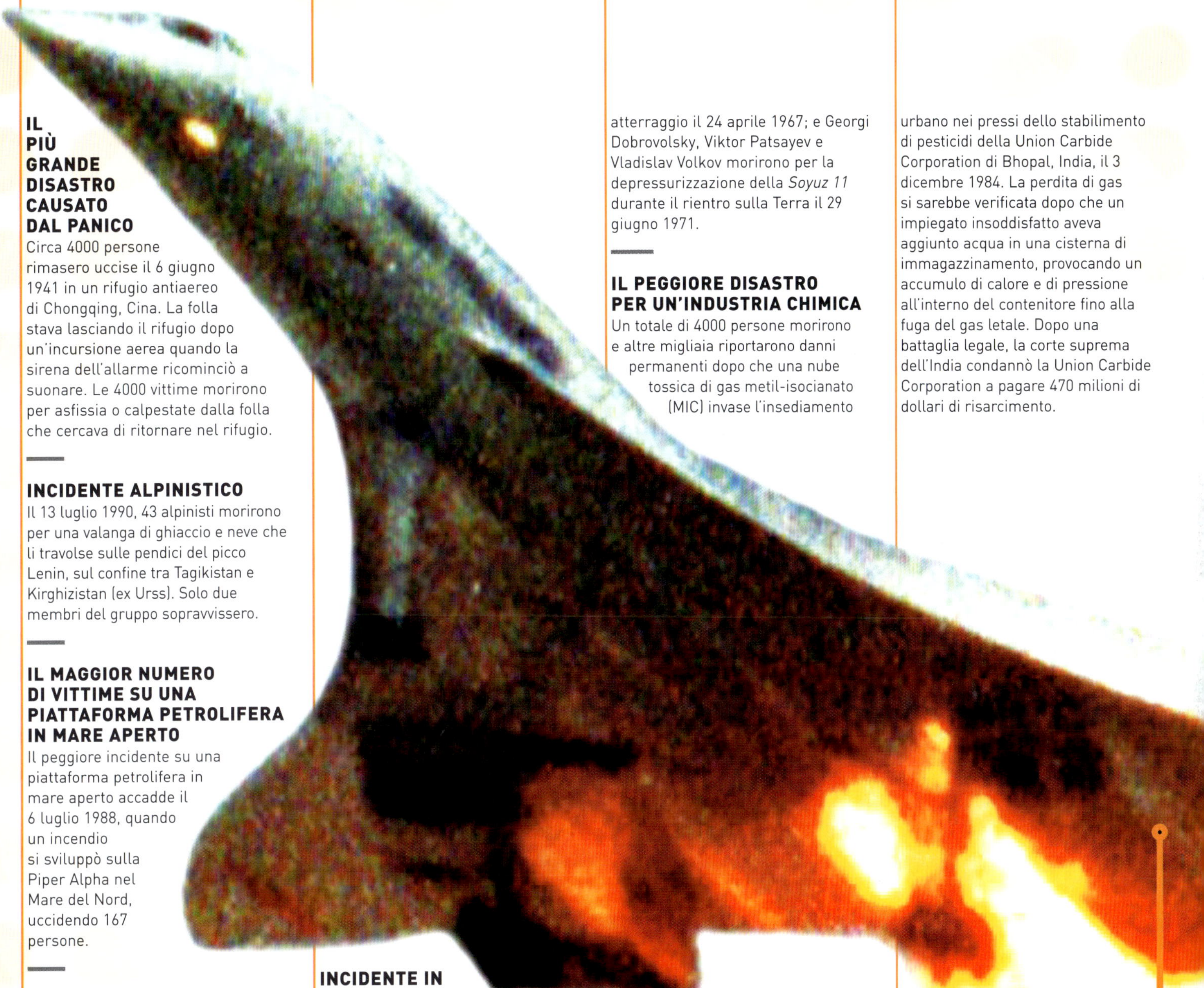

IL PIÙ GRANDE DISASTRO CAUSATO DAL PANICO
Circa 4000 persone rimasero uccise il 6 giugno 1941 in un rifugio antiaereo di Chongqing, Cina. La folla stava lasciando il rifugio dopo un'incursione aerea quando la sirena dell'allarme ricominciò a suonare. Le 4000 vittime morirono per asfissia o calpestate dalla folla che cercava di ritornare nel rifugio.

INCIDENTE ALPINISTICO
Il 13 luglio 1990, 43 alpinisti morirono per una valanga di ghiaccio e neve che li travolse sulle pendici del picco Lenin, sul confine tra Tagikistan e Kirghizistan (ex Urss). Solo due membri del gruppo sopravvissero.

IL MAGGIOR NUMERO DI VITTIME SU UNA PIATTAFORMA PETROLIFERA IN MARE APERTO
Il peggiore incidente su una piattaforma petrolifera in mare aperto accadde il 6 luglio 1988, quando un incendio si sviluppò sulla Piper Alpha nel Mare del Nord, uccidendo 167 persone.

IL MAGGIOR NUMERO DI VITTIME PER UNA VALANGA
Durante la Prima guerra mondiale, le valanghe causate dalle esplosioni delle bombe provocarono la morte di 40 000-80 000 uomini sulle Alpi Tirolesi, in Italia e Austria. Il 13 dicembre 1916, un totale di 18 000 soldati italiani e austriaci risultarono dispersi nelle valli delle Dolomiti a causa di oltre 100 valanghe.

IL PEGGIORE DISASTRO IN UN CENTRO SPAZIALE
Il 24 ottobre 1960, 91 persone morirono a seguito all'esplosione di un razzo R-16 presso il centro spaziale di Baikonur, Urss (ora Kazakistan).

INCIDENTE IN UNA MISSIONE SPAZIALE
Il 28 gennaio 1986, il vettore del *Challenger 51L* esplose 73 secondi dopo il lancio dal centro spaziale Kennedy, Florida, Usa, a 14 020 metri. A bordo morirono tutti e sette i membri dell'equipaggio, composto da cinque uomini e due donne. Le altre navicelle spaziali della Nasa rimasero a terra per quasi tre anni, durante i quali furono svolte accurate indagini per evitare il ripetersi di un disastro simile.

Quattro persone, tutte sovietiche, sono morte durante missioni spaziali. Vladimir Komarov morì sulla *Soyuz 1*, distrutta in fase di atterraggio il 24 aprile 1967; e Georgi Dobrovolsky, Viktor Patsayev e Vladislav Volkov morirono per la depressurizzazione della *Soyuz 11* durante il rientro sulla Terra il 29 giugno 1971.

IL PEGGIORE DISASTRO PER UN'INDUSTRIA CHIMICA
Un totale di 4000 persone morirono e altre migliaia riportarono danni permanenti dopo che una nube tossica di gas metil-isocianato (MIC) invase l'insediamento urbano nei pressi dello stabilimento di pesticidi della Union Carbide Corporation di Bhopal, India, il 3 dicembre 1984. La perdita di gas si sarebbe verificata dopo che un impiegato insoddisfatto aveva aggiunto acqua in una cisterna di immagazzinamento, provocando un accumulo di calore e di pressione all'interno del contenitore fino alla fuga del gas letale. Dopo una battaglia legale, la corte suprema dell'India condannò la Union Carbide Corporation a pagare 470 milioni di dollari di risarcimento.

www.guinnessworldrecords.com/concordecrash

ACCESS CODE: ‹55378›

LA TRAGEDIA DEL CONCORDE
Il 25 luglio 2000, un Concorde dell'Air France (sopra) precipitò uccidendo 113 persone (100 passeggeri, nove membri dell'equipaggio e quattro persone al suolo). Il Concorde era decollato dal Charles de Gaulle di Parigi diretto a New York, Usa. Poco dopo il decollo l'aereo si schiantò al suolo per l'esplosione di uno dei serbatoi di carburante, perforato da un pezzo di pneumatico lanciato in aria ad alta velocità dopo lo scoppio della gomma, bucata da un pezzo di metallo sulla pista. Il velivolo scese in picchiata schiantandosi contro un complesso alberghiero a tre piani nei pressi della cittadina di Gonesse. Si tratta dell'unico incidente di un Concorde nella storia dell'aeronautica.

esplosioni

LA BOMBA NUCLEARE PIÙ POTENTE

Il più potente ordigno termonucleare sperimentato finora aveva una potenza di quasi 57 megaton (milioni di tonnellate di tritolo). La "Bomba Zar" fu fatta esplodere dall'ex Unione Sovietica sopra la remota isola artica di Novaya Zemlya, il 30 ottobre 1961. L'onda d'urto fece tre volte il giro del mondo, impiegando circa 36 ore e 27 minuti a completare la prima orbita. Secondo diverse stime, la potenza esplosiva di questo ordigno sarebbe stata tra i 62 e i 90 megaton.

L'ESPLOSIONE PIÙ POTENTE

La maggior parte degli astronomi ritiene che l'universo sia nato 12 miliardi di anni fa in un'immane esplosione chiamata "Big Bang", da cui hanno avuto origine tutta la materia e l'energia dell'universo. Un secondo dopo il Big Bang, la temperatura era di circa 10 000 milioni di gradi, 600 volte più calda di quella della parte interna del Sole.

L'IMPATTO PIÙ VIOLENTO SULLA TERRA

La maggior parte degli astronomi ritiene che, 4,5 miliardi di anni fa, un pianeta grande come Marte si sia scontrato con la Terra. Alcuni dei detriti, entrati in orbita intorno alla Terra, si sono raggruppati per la forza di gravità e hanno creato la Luna. L'effetto dell'impatto sulla Terra deve essere stato devastante: la crosta terrestre fu probabilmente distrutta e la Terra rimase con una superficie solo di magma fuso.

L'ESPLOSIONE NUCLEARE PIÙ POTENTE NELLO SPAZIO

Il 9 luglio 1962, un'esplosione nucleare di 1,45 megaton ebbe luogo a 400 chilometri di altitudine sulla Johnston Island (Isola di Natale) nel Pacifico. Lanciata dall'aeronautica militare statunitense, la testata esplosiva di 7550 chilogrammi (nome in codice "stella di mare") era 100 volte più potente di quella sganciata su Hiroshima nel 1945 e causò un'aurora artificiale a seguito dell'interazione delle particelle radioattive con il campo magnetico della Terra.

IL CRATERE PIÙ GRANDE CREATO DA UN'ESPLOSIONE NUCLEARE

Il 5 gennaio 1965, un ordigno nucleare di 104 chiloton fu fatto esplodere a Semipalatinsk, Kazakistan, 180 metri sotto il fondale prosciugato del fiume Chagan. L'esplosione creò un cratere di 400 metri di diametro e 100 metri di profondità, con un rilievo di 20-35 metri ai margini, dove in seguito si formò un lago artificiale sfruttato come bacino idrico.

LA BOMBA NUCLEARE PIÙ PESANTE

La MK 17, trasportata dai bombardieri americani B-36 intorno alla metà degli anni Cinquanta, pesava 19 050 chilogrammi ed era lunga 7,5 metri. Aveva una potenza massima di 20 megaton, pari a mille bombe di Hiroshima. Una MK 17 fu fatta esplodere nel test nucleare Castle Romeo del 1954 nell'atollo Bikini nel Pacifico meridionale e produsse un'esplosione di 11 megaton.

L'ESPLOSIONE NUCLEARE PIÙ PROFONDA

Il 18 giugno 1985, un ordigno da 2,5 chiloton fu fatto esplodere sul fondo di un pozzo profondo 2850 metri a 60 chilometri da Nefte-yugamsk, Siberia, Russia. La sua potenza era pari a circa un ottavo dell'esplosione atomica di Hiroshima (20 chiloton di potenza). L'esplosione rappresentava un tentativo di stimolare la produzione di petrolio e di gas nella zona.

IL MISSILE A TESTATA NUCLEARE PIÙ POTENTE

I più potenti missili balistici intercontinentali (ICBM) sono gli SS-18 sovietici (modello 5), dotati di un massimo di 10 MIRV (Multiple Independently targetable Re-hentry Vehicles) da 750 chiloton. Attualmente gli SS-18 si trovano nei territori della Russia e del Kazakistan (dove si sta provvedendo al loro smantellamento). Lo START 2 (Strategic Arms Reduction Talks 2) richiede che tutti i missili balistici intercontinentali SS-18 e tutti quelli con più di una testata nucleare siano eliminati.

www.guinnessworldrecords.com/ballisticmissile

ACCESS CODE: ‹46277›

ORDIGNI NUCLEARI ESPLOSI CONTEMPORANEAMENTE

Il 24 ottobre 1990, otto ordigni nucleari esplosero contemporaneamente in un tunnel sotterraneo presso il centro sperimentale russo di Novaya Zemyla. L'esperimento simultaneo fu condotto per anticipare la moratoria sui test nucleari.

ESPLOSIONE CON ESPLOSIVO CONVENZIONALE

Per demolire le fortificazioni tedesche a Heligoland (isola nel Mare del Nord), il 18 aprile 1947, fu impiegata una carica di 4061 tonnellate. Nelle due guerre mondiali l'isola era stata un'importante base navale tedesca. La carica fu fatta esplodere da una squadra di demolizione sulla nave *Lasso*, a 15 chilometri dalla costa.

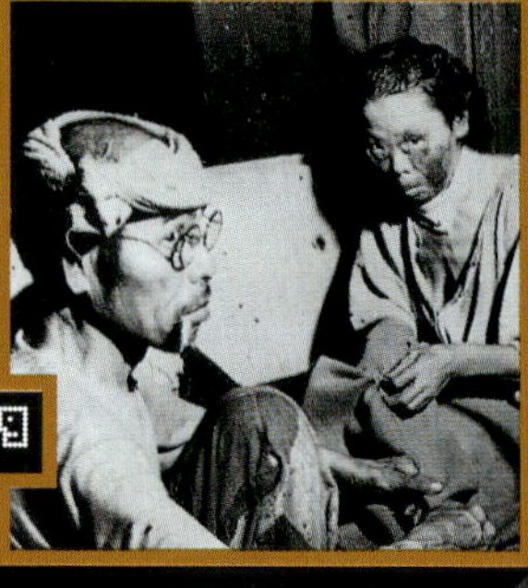

L'ORRORE DI HIROSHIMA

Il 6 agosto 1945, la bomba atomica esplosa su Hiroshima, Giappone, provocò la morte di 155 200 persone. La cifra include anche le morti causate dalle radiazioni nell'anno successivo. Sganciata dagli Stati Uniti con l'obiettivo di costringere alla resa il Giappone e porre fine alla Seconda guerra mondiale, la prima e più letale bomba atomica della storia aveva una potenza esplosiva di 12,5 chiloton. Chiamata in codice "Little Boy", era lunga 3,05 metri, pesava 4080 chilogrammi ed esplose a 500 metri di altezza sopra Hiroshima. Oltre il 65% delle strutture della città rimasero danneggiate o distrutte e un'area di 10 chilometri quadrati fu completamente devastata.

www.guinnessworldrecords.com/atombomb

ACCESS CODE: ‹49193›

www.guinnessworldrecords.com/bigfirework

ACCESS CODE: ‹48124›

FUOCHI D'ARTIFICIO

Il fuoco d'artificio più grande è stato l'Universe I Part II, esploso il 15 luglio 1988 al festival del lago Toyas, Hokkaido, Giappone. Il guscio pesava 700 chilogrammi e formò un ombrello di 1,2 chilometri di diametro.

Il 15 agosto 1997, alla parata Battle of Flowers Moonlight di Jersey, Isole del Channel, GB, furono lanciati 40 000 razzi d'artificio, 39 210 dei quali esplosi contemporaneamente.

LA PIÙ GRANDE DEMOLIZIONE DI EDIFICI

L'edificio più grande demolito con esplosivi è stato l'albergo Traymore di 21 piani ad Atlantic City, New Jersey, Usa, abbattuto nel 1972 dalla Controlled Demolition Inc di Towson, Maryland. L'albergo aveva 600 stanze e un volume di 181 340 metri cubi.

LA PIÙ ALTA STRUTTURA DEMOLITA

La Omega Radio Tower di Trelew, Argentina, alta 366 metri, fu abbattuta con esplosivo nel 1998 dalla Controlled Demolition Incorporated, Maryland, Usa. La torre, fissata con tiranti in acciaio, pesava 314 tonnellate. Furono utilizzate 34 cariche esplosive separate contenenti 9,5 chilogrammi di esplosivo. Con una sequenza di detonazioni accuratamente studiata e durata 11,5 secondi, la torre si ripiegò a fisarmonica senza danneggiare l'edificio su cui poggiava.

L'EDIFICIO PIÙ ALTO DEMOLITO

Il 24 ottobre 1998, la Controlled Demolition Incorporated, Maryland, Usa, demolì con esplosivi l'Hudson Building (un edificio di 25 piani alto 150 metri) a Detroit, Michigan, Usa. L'edificio aveva una capacità di 62 297 metri cubi. Furono necessari 1033 chilogrammi di esplosivo fatti detonare in una sequenza di 9,5 secondi dall'angolo sud-ovest a quello nord-est per ridurre il vecchio grande magazzino a 270 milioni di chilogrammi di macerie. Secondo le stime, il crollo fu seguito da 50 000 persone appositamente accorse sul luogo.

www.guinnessworldrecords.com/thematerialworld

il mondo materiale

GUINNESS WORLD RECORDS™

cibi e bevande

LA DEGUSTAZIONE DI VINI PIÙ GRANDE
La più grande degustazione di vini si svolse a San Francisco, California, Usa, il 22 novembre 1986, per iniziativa di un istituto enologico. Vi parteciparono 4000 sommelier che stapparono 9360 bottiglie.

IL FRULLATO PIÙ GRANDE
Il 1° agosto 2000, a New York, la Comfort Diners, la Parmalat Usa e l'American Dairy Association prepararono un frullato di 22712 litri.

IL PESCE PIÙ PREZIOSO
Il pesce più prezioso del mondo è lo storione russo *(Huso huso)*. Una femmina di 1227 chilogrammi, catturata nel 1924 nel fiume Tikhaya Sosna, conteneva 245 chilogrammi di caviale della migliore qualità, che oggi varrebbero circa 600 milioni di lire.

IL MAGGIOR NUMERO DI HOT DOG MANGIATI IN 12 MINUTI
Il 4 luglio 2000, Kazutoyo Arai di Saitama, Giappone, detto "The Rabbit" (il coniglio), vinse il Nathan's Famous International Fourth of July Hot Dog Eating Contest di Coney Island, New York, mangiando 25 hot interi in 12 minuti.

IL PIÙ GRANDE FESTIVAL DELLA BIRRA
All'Oktoberfest del 1999 di Monaco di Baviera, Germania, tra il 18 settembre e il 5 ottobre sette milioni di persone consumarono 5,8 milioni di litri di birra all'interno di 11 tendoni allestiti in uno spazio grande come 50 campi da calcio.

L'HAMBURGER PIÙ GRANDE
Il 5 settembre 1999, Loran Green e colleghi della Hi Line Promotions prepararono un hamburger di puro manzo del Montana del peso di 2740 chilogrammi e con un diametro di 7,3 metri allo Sleeping Buffalo Resort di Saco, Montana, Usa. Più di 3500 persone si radunarono per vedere l'hamburger cuocere per circa due ore su una griglia gigantesca costruita appositamente.

IL BISCOTTO PIÙ GRANDE
Un biscotto al cioccolato del diametro di 25 metri e con una circonferenza di 78,2 metri fu preparato dalla Cookie Time di Christchurch, Nuova Zelanda, il 2 aprile 1996.

IL PIATTO DI MINESTRA PIÙ GRANDE
Il 5 ottobre 2000, Wyler's, una divisione della Borden Foods Corporation, per il 70° anniversario dell'azienda preparò un piatto di minestra di 2505 litri.

IL MAGGIOR NUMERO DI PIATTI IN ESPOSIZIONE
Il 27 ottobre 2000, la Bochasanwasi Akshar Purushottam Swaminarayan Sanstha (un'organizzazione spirituale con scopi sociali) espose al pubblico 1247 piatti vegetariani diversi come "annakut" (offerta) per festeggiare il Capodanno indù. La manifestazione ebbe luogo allo Shree Swaminarayan Mandir di Neasden, Londra.

"S'MORE"
"S'more", abbreviazione di "Some more!" (ancora), è una classica leccornia americana da bivacco composta da caramelle marshmallow arrostite, barrette di cioccolato Hershey e cracker Graham. La "s'more" più grande (sopra), del peso di 357 chilogrammi, è stata preparata nel campeggio KOA Cape Hatteras di Rodanthe, Carolina del Nord, il 19 giugno 1999. Conteneva 128 chilogrammi di cracker Graham, 170 chilogrammi di cioccolato e 59 chilogrammi di caramelle (in tutto ne furono arrostite 10000). La specialità misurava 12 x 3 metri x 5 centimetri.

www.guinnessworldrecords.com/smore
ACCESS CODE: ‹53349›

LA COLAZIONE PIÙ GRANDE
L'8 luglio 2000, fra le 8.11 e le 9.11 del mattino, il Chinook Centre di Calgary, Alberta, Canada, organizzò una prima colazione calda per 8337 persone nel proprio parcheggio. Il cibo consumato includeva 1500 chilogrammi di misto per pancake; 900 chilogrammi di prosciutto; 3056 litri di succo d'arancia; 400 litri di sciroppo di acero; 3171 chilogrammi di fagioli al forno e 20,43 chilogrammi di caffè macinato.

IL MAGGIOR NUMERO DI OSTRICHE MANGIATE IN TRE MINUTI
Il 1° settembre 2000, James Arney (GB) mangiò 64 ostriche in 2,5 minuti al Bentley's Restaurant di Londra. Se ce ne fossero state di più, ne avrebbe mangiate ancora.

LA PIZZA PIÙ GRANDE IN VENDITA
Dal giugno 1999, la Original Brooks Pizza 2 for 1 Ltd di Alberta, Canada, ha venduto 200 pizze di 1 x 1,25 metri, pesanti dagli 11 ai 16 chilogrammi. Per preparare "Il Colosso" occorrono due persone, 6 chilogrammi di pasta e 3,5 di formaggio.

IL PIATTO AL CURRY PIÙ GRANDE
Il 17 luglio 2000, Abdul Salam, proprietario e chef dell'Eastern Eye di Lichfield, Staffordshire, GB, preparò un piatto di verdure al curry di 3106 chilogrammi, consumate da 7500 persone durante una cena organizzata per beneficenza.

IL MANGIATORE DI RISO PIÙ VELOCE
Tae Wah Gooding (Corea del Sud) mangiò 64 chicchi di riso, uno per volta, in tre minuti con i bastoncini

IL CIOCCOLATINO PIÙ GRANDE
Il cioccolatino più grande è un modellino di 4000 chilogrammi di 13 x 8,5 x 2,5 metri che raffigura una tradizionale imbarcazione spagnola. È stato realizzato dal Gremi Provincial de Patisseria, Confiteria i Bolleria a Barcelona, Spagna, nel febbraio 1991. Questo modellino di cioccolato (il più alto del mondo) pesava 4 tonnellate ed è stato esposto al Palacio de Alfonso XIII durante la fiera internazionale Tecnoalimentaria del febbraio 1991.

www.guinnessworldrecords.com/chocship
ACCESS CODE: ‹49162›

cinesi presso il Regional College di Peterborough, GB, il 7 novembre 2000.

IL PIÙ GRANDE BARATTOLO DI CARAMELLE
Il 15 ottobre 1999, la Goelitz Confectionery, produttrice delle Jelly Belly, espose un barattolo con 2160000 gelatine all'Empress Casino Hammond, Indiana, Usa. Il barattolo, di 1,37 x 1,37 x 3 metri, pesava 2744 chilogrammi.

IL PIÙ GRANDE TEQUILA SLAM
Il 10 febbraio 2001, al Bar Madrid di Londra 154 persone in successione ingurgitarono un bicchiere di tequila in una sorta di ola etilica organizzata per raccogliere fondi per la Casa dei Giovani Alejandro Magno, in Bolivia.

IL MANGIATORE DI CREAM CRACKER PIÙ VELOCE
Damian Howarth (GB) mangiò tre cream cracker in 1 minuto e 22,36 secondi durante il programma televisivo *The Big Breakfast* mandato in onda il 6 marzo 2001 dagli studi di Londra di Channel 4.

www.guinnessworldrecords.com/fastfood

ACCESS CODE: ‹56570›

PASTI STUPEFACENTI
Nel 2000, gli americani hanno speso più di 110 miliardi di dollari per cibi già pronti. Ogni giorno il 25% degli americani adulti entra in un fast food. È stato calcolato che un americano mangia in media tre hamburger e quattro piatti di patatine fritte alla settimana in uno dei 300000 fast food del paese. Il 19 febbraio 2001, Donald A. Gorske (Usa) mangiò il suo 17500° Big Mac da McDonald. Il 17 maggio 2001 ha compiuto il 29° anno di alimentazione quotidiana basata su due Big Mac al giorno (in passato è arrivato a mangiarne anche nove). Nel 2000, festeggiò il 25° anniversario di matrimonio in un fast food con la moglie, alla quale aveva chiesto di sposarlo nel 1975 nel suo McDonald preferito.

IL PRANZO ALL'APERTO ALLA MAGGIOR ALTITUDINE
Il pranzo completo alla maggior altitudine è stato quello di nove membri dell'Ansett Social Climbers di Sydney, Australia, che il 28 giugno 1989 scalarono il monte Huascarán, Perù, con tavolo da pranzo, sedie, vino e tre portate di vivande e pranzarono sulla vetta a 6768 metri.

IL MAGGIOR NUMERO DI PEPERONCINI SECCHI MANGIATI IN TRE MINUTI
Il 28 maggio 2000, Armando Martillana mangiò 550 peperoncini piccanti in tre minuti durante il festival annuale Magayon. I peperoncini usati per la gara erano della varietà *Capsicum frutescens*, una delle più piccanti del mondo.

IL PIATTO DI CURRY SPEDITO PIÙ LONTANO
Il 23 febbraio 2001, il sito web di fast food MadAboutCurry.co.uk organizzò la spedizione da Newcastle-Upon-Tyne, GB, di un piatto esotico di verdure al curry destinato a Rachel Kerr, residente a Sydney, Australia (distante 17398 chilometri in linea d'aria). Il piatto arrivò a destinazione tre giorni dopo, il 26 febbraio 2001.

cose smisurate 1

LA SALSA DI GUACAMOLE PIÙ GRANDE
La salsa di guacamole più grande pesava 1288 chilogrammi e fu preparata presso il teatro della città di Michoacan, Messico, il 26 novembre 2000. Fra gli ingredienti, 1000 chilogrammi di avocado, 110 di cipolle, 110 di pomodori, 15 di peperoncini piccanti, 5 di coriandolo, 12 di sale e 36 di lime.

IL SUSHI PIÙ LUNGO
Il rotolo di sushi (futomaki) più lungo fu preparato il 23 settembre 2000 da 315 dipendenti della Toyota Motor Corporation, Giappone, e da 3050 membri della comunità locale al Toyota Gijyutu Fureai Fesuta 2000 di Aichi, Giappone. Il rotolo, lungo 1,11 chilometri, pesava circa 2200 chilogrammi, aveva un diametro di 5 centimetri e richiese circa un'ora per la preparazione.

IL BISCOTTO PER CANI PIÙ GRANDE
Un biscotto per cani lungo 2,35 metri, largo 57 centimetri e spesso 2,5 centimetri fu prodotto dalla People's Company Bakery di Minneapolis, Minnesota, Usa, l'11 agosto 1999. Il biscotto, di 4014 chilogrammi, fu esposto al Phalen Pork Pavillion di St Paul, Minnesota, per l'annuale "Walk and Talk" a favore degli animali randagi. Il biscotto fu poi spezzato e distribuito ai 100 cani partecipanti alla manifestazione.

LA SCATOLA DI CIOCCOLATINI PIÙ GRANDE
La più grande scatola di cioccolatini del mondo conteneva 8000 cioccolatini ripieni di Amaretto di Saronno e pesava 81,2 chilogrammi. La scatola, a forma di cuore, misurava 4,6 x 4,6 x 0,76 metri ed era stata realizzata a New York il 14 febbraio 2000 per la festa di San Valentino. Per fabbricarla occorsero 454,3 metri quadrati di cartone e il peso del prodotto finito raggiungeva i 590 chilogrammi.

IL WOK PIÙ GRANDE
Il wok più grande, realizzato da Tony Hancock (GB), ha un diametro di 2,93 metri ed è profondo 60 centimetri. Il 16 marzo 2000, al supermarket e ristorante cinese Wing Yip di Croydon, Surrey, GB, Tony Hancock diede una dimostrazione dell'uso di questo wok gigante con doppia maniglia friggendo 400 chilogrammi di verdure e spaghetti cinesi. L'enorme wok era appoggiato su un sostegno alto 70 centimetri che incorporava un bruciatore a gas.

LA MATITA PIÙ LUNGA
Il 15 febbraio 1998, a New York, la squadra di maratona Sri Chinmoy realizzò una matita di 6,24 metri e 254 chilogrammi. Sei sezioni angolate di pino furono assemblate e unite a una parte centrale in grafite sintetica del diametro di 8,25 centimetri, per un diametro totale di 33 centimetri. A un'estremità della matita fu applicata una gomma da 15 chilogrammi e all'altra estremità si temperò la mina con una pialla elettrica, così da poterla usare per scrivere.

ARCA DA RECORD!
Tra gennaio e agosto 1999, G.P. Reichelt (Germania), aiutato da Ida Bagus Jiwartem (Bali), ha intagliato un'Arca di Noè lunga 1,5 metri, larga 0,64 metri e alta 0,18 metri da un unico pezzo di legno (a sinistra). Reichelt aveva inizialmente l'intenzione di intagliare un'arca che contenesse 42 coppie di animali, ma poi passò a un progetto più ambizioso che prevedeva 100 coppie. Il risultato finale dei suoi sforzi è una media tra i due progetti e contiene comunque la cifra record di 71 coppie di animali, tutti intagliati singolarmente. Reichelt abbozzò le sagome originarie degli animali con una mola, poi (insieme a Jiwartem) si diede al lavoro di intaglio vero e proprio, apportando personalmente tutti i ritocchi finali.

www.guinnessworldrecords.com/ark
ACCESS CODE: ‹53394›

LA PIÙ GRANDE LATTINA PER BIBITE
Il 16 marzo 1999, a Sydney, Australia, fu presentata la più grande lattina di bibite in alluminio del mondo. Realizzata dalla O'Brien Aluminium per conto della Guinness Australasia, la copia della lattina Guinness aveva una capacità di 3608 litri (cioè 8200 volte una lattina originale da 440 millilitri), un'altezza di 4,5 metri, una larghezza di 1,8 metri e un peso di 300 chilogrammi.

IL CAVOLINO DI BRUXELLES PIÙ GRANDE
Nell'ottobre 1992, Bernard Lavery di Llanharry, Galles, GB, coltivò un cavolino di Bruxelles che raggiunse il peso di 8,3 chilogrammi.

LA PIANTA DI SEDANO PIÙ ALTA
Joan Priednieks di Bridgwater, Somerset, GB, ha coltivato una pianta di sedano alta 2,75 metri.

CATENA DI LATTINE
Il 28 ottobre 2000, all'ospedale Queen Mary's di Sidcup, Kent, GB, il gruppo Bexley Make A Difference Day (MADD) realizzò la più lunga catena di lattine in alluminio, composta da 12756 lattine per uno sviluppo di 1,47 chilometri.

CATENA DI CARTE DI GOMME DA MASTICARE
Al 31 marzo 2000, la catena di carte di gomme da masticare iniziata da Gary Duschl, Ontario, Canada, nel 1965 misurava 10387 metri. È composta da 1585382 anelli fatti con 792691 cartine e pesa 211 chilogrammi.

LA PIÙ GRANDE TAVOLETTA DI CIOCCOLATO
Il 16-19 marzo 2000, la Novi del gruppo Elah-Dufour, in concomitanza con l'Eurochocolate 2000 di Torino, presentò una tavoletta di cioccolato di 2280 chilogrammi. Le misure erano 315 x 150 x 45 centimetri, l'equivalente di 22800 barrette di cioccolato da 100 grammi.

LA TRAPPOLA PER TOPI PIÙ GRANDE
Nel maggio 1998, studenti del Columbiana Career Centre di Lisbon, Ohio, Usa, costruirono una trappola per topi perfettamente funzionante lunga 2,99 metri e larga 1,33 metri (a sinistra). La trappola è oltre un terzo più grande del modello detentore del record precedente, lunga 193 centimetri e costruita dai docenti di fisica Mel McDaniel e Joseph Melancon dell'università del Texas, Usa. Gli studenti del Columbiana Career Centre hanno costruito una copia in scala della trappola per topi Victor, il modello più famoso del mondo. Brevettata un secolo fa, la trappola Victor con molla in acciaio prodotta a Litiz, Pennsylvania, Usa, ha venduto milioni di pezzi. Un topo adatto alle dimensioni di questa enorme trappola dovrebbe misurare quanto una piccola automobile.

www.guinnessworldrecords.com/mousetrap
ACCESS CODE: ‹48095›

www.guinnessworldrecords.com/snowman

ACCESS CODE: ‹48789›

IL PUPAZZO DI NEVE PIÙ GRANDE

I residenti di Bethel, Maine, Usa, e dei paesi circostanti costruirono un pupazzo di neve alto 34,6 metri (a destra) in 14 giorni, completandolo il 17 febbraio 1999. Il pupazzo da 10 piani, chiamato Angus dal nome del governatore del Maine Angus King, fu costruito ammassando 5600 metri cubi di neve e si sciolse definitivamente 15 settimane dopo, il 10 giugno 1999: la data era stata oggetto di scommesse.

IL BASTONCINO DI ZUCCHERO PIÙ GRANDE

La Coronation Rock Company di Blackpool, Lancashire, GB, ha realizzato il più grande bastoncino di zucchero del mondo. Pesava 424,5 chilogrammi, era lungo 4,5 metri e aveva una circonferenza di 1,15 metri. Il 6 dicembre 2000 fu spezzettato e distribuito per beneficenza.

IL PUZZLE PIÙ GRANDE

Un puzzle di 209 250 pezzi, ognuno dei quali misurava 1,5 x 1,5 centimetri, è stato completato durante la gara Mulan Jigsaw Puzzle presso il Grand Formosa Regent Hotel di Taipei, Taiwan. Le dimensioni complessive del puzzle erano 6,75 x 6,97 metri.

GUINNESS WORLD RECORDS

cose smisurate 2

IL NIGHTCLUB PIÙ GRANDE
Il Privilege di Ibiza, Spagna, ospita 10 000 persone in 6500 metri quadrati di piste da ballo su tre piani. Una delle pareti è di vetro per permettere ai raggi dell'alba di illuminare il locale. Una piscina, fontane, giardini, alberi e piante aggiungono atmosfera al club, luogo di ritrovo leggendario per gli amanti della vita notturna.

IL PARAFOIL PIÙ GRANDE
Il parafoil più grande ha una superficie di 700 metri quadrati e un'ampiezza di 43,5 metri (quasi una volta e mezza le dimensioni delle ali di un Boeing 747). Essenzialmente un paracadute che viene gonfiato dalla pressione dell'aria nella discesa, il parafoil è stato sviluppato dalla Nasa per ricondurre al suolo la navicella spaziale X-38 dopo il rientro nell'atmosfera. La maggior parte dei parapendii, derivati dal parafoil, hanno una superficie di 25-30 metri quadrati.

LA SCATOLA DI CARTONE PIÙ GRANDE
La scatola di cartone ondulato più grande, costruita da Kappa Van Dam (produttore di scatole di cartone su misura per le spedizioni), è lunga 7 metri, larga 2,6 metri e alta 2,4 metri e fu esposta il 20 novembre 1999 al mercato di Eindhoven, Olanda. Lo scatolone è stato fabbricato con le stesse attrezzature per la produzione in serie dello stabilimento di Kappa Van Dam a Helmond, Olanda.

CALCOLATO PER FARE COLPO
Il più grande pallottoliere (a sinistra) misura 4,7 metri di lunghezza ed è alto 2,2 metri. Il pallottoliere, che contiene 91 grani e pesa 380 chilogrammi, è stato realizzato dalla Spectrum for Maths Year 2000 e presentato al pubblico al Museo della Scienza di Londra nel 2001. Il pallottoliere è un'icona universale della matematica. La struttura è in alluminio, i sostegni dei grani in acciaio inossidabile e i 91 grani blu elettrico in plastica. Secondo Keith Greaves, capo del gruppo che lo ha costruito, portare il grosso pallottoliere all'interno del Museo delle Scienze è stato il problema più grosso. L'abaco, l'antenato del pallottoliere nato fra il 600 e il 500 a.C. in Egitto o in Cina, ha rappresentato la prima calcolatrice manuale in assoluto.

www.guinnessworldrecords.com/abacus
ACCESS CODE: ‹56104›

LA FONTANA PIÙ GRANDE
La Fontana della Prosperità di Suntec City, Singapore ha una struttura superiore di 85 tonnellate e alta 14 metri, mentre la base della fontana ha una superficie di 1683 metri quadrati. La sua costruzione, costata circa 6 milioni di dollari, risale al 1997.

LA PIÙ GRANDE GIRANDOLA PIROTECNICA
La più grande girandola pirotecnica ad autopropulsione misura 26 metri di diametro ed è stata progettata dalla Newick Bonfire Society. Il 30 ottobre 1999 rimase per 12 giri completi a Newick, Sussex, GB.

IL BRACIERE PIÙ GRANDE
Un braciere alto 8 metri, largo 9 e pesante 25 tonnellate fu usato per contenere il Falò del Millennio, acceso sul Tamigi, Londra, il 31 dicembre 1999. La preparazione del falò (il più grande di una serie di 2000 accesi in tutto il paese) richiese 2000 ore di lavoro e otto settimane di tempo. Sebbene non siano disponibili misurazioni ufficiali, secondo i testimoni all'evento la fiamma sprigionata dal braciere, acceso dalla regina Elisabetta II, si innalzava nell'aria per oltre 100 metri.

IL SALVADANAIO PIÙ GRANDE
Maximillon, un salvadanaio rosa a forma di porcellino, alto 2,64 metri e lungo 4,70 metri, è stato costruito dalla Canadian Imperial Bank of Commerce del Canada nel 1995.

LA CHITARRA ACUSTICA PIÙ GRANDE
Una chitarra acustica lunga 8,66 metri e larga 97 centimetri è esposta alla mostra Stradivarium presso l'Exploratory di Bristol, GB. Le dimensioni sono state ingrandite partendo dalle proporzioni di un modello classico di chitarra del XVIII secolo realizzata da Antonio Stradivari e conservata al museo Ashmolean di Oxford.

IL LAMPADARIO PIÙ GRANDE
Il lampadario costruito dalla Kookje Lighting Co Ltd di Seul, Corea del Sud, è alto 12 metri, pesa 10,67 tonnellate ed è composto da 700 lampadine. Completato nel novembre 1988, occupa tre piani dei grandi magazzini Lotte Chamshil di Seul.

LA SCURE PIÙ GRANDE
Una scure di acciaio lunga 18,3 metri, larga 7 metri e di 7 tonnellate, è stata progettata e costruita dalla BID di Woodstock, New Brunswick, Canada. Per poter brandire questa scure, un taglialegna dovrebbe pesare 140 tonnellate. Per sollevarla e inserirla nella sua base di cemento fu utilizzata una gru.

L'OROLOGIO PIÙ GRANDE
L'orologio astronomico più grande del mondo è quello della cattedrale di San Pietro a Beauvais, Francia, costruito tra il 1865 e il 1868. È composto da 90 000 pezzi e misura 12 metri d'altezza, 6 di larghezza e 2,7 di spessore.

IL PALLONE DA CALCIO PIÙ GRANDE
Il pallone da calcio più grande, realizzato con 52 metri quadrati di cuoio cucito a mano, ha un diametro di 3,53 metri. Costruito nel 1999 da Tianjin Nanhua della Lisheng Sports Products Co di Pechino, Cina, il pallone, con 12 870 cuciture, ha una circonferenza di 11,075 metri e un peso di 142 chilogrammi. In proporzione, il giocatore dovrebbe essere alto circa 28 metri, come un edificio a sei piani.

PROPORZIONI ANGELICHE
Un angelo (a sinistra) costruito con 2946 bottiglie di vetro (piene di birra) e lamine metalliche forate usate nella produzione di tappi è stato progettato e realizzato dall'artista Sergio Rodriguez Villarreal (Messico). L'angelo, alto 5,57 metri, largo 3,6 metri, con un diametro alla base di 2,5 metri, è stato esposto nella Alfonso Reyes Avenue, Nuevo León, Messico, nel gennaio 2000. Quest'opera d'arte detiene il record per la più grande scultura natalizia di angelo. Lo scultore è stato ispirato dallo spirito del Natale per la creazione di opere da primato. Villarreal ha infatti realizzato anche la decorazione natalizia più grande del mondo, alta 2,75 metri e con un diametro di 2,2 metri, anch'essa esposta nella Alfonso Reyes Avenue.

www.guinnessworldrecords.com/angelsculpture
ACCESS CODE: ‹48146›

LA CARTOLINA DI AUGURI PIÙ GRANDE

Il 3 dicembre 1990, presso l'University College di Dublino, Irlanda, fu ricavata da un unico pezzo di cartone una cartolina natalizia di 251 metri quadrati (30 x 8,3 metri). Ripiegata, la parte anteriore era di 15 x 8,3 metri.

IL LETTO PIÙ GRANDE

Un totale di 223 studenti di 14-18 anni si stesero uno di fianco all'altro in tre file su un materasso posto su un letto di legno di 8 x 10 metri, esposto dalla Starlight Ltd a una fiera del mobile a Budapest, Ungheria, dal 14 al 18 novembre 2000.

IL REGGISENO PIÙ GRANDE

Nel settembre 1990, la Triumph International Japan Ltd fabbricò un reggiseno di 24 metri lungo il profilo inferiore e 28 metri lungo le coppe. I 70 metri di stoffa usati sarebbero stati sufficienti per 1000 reggiseni di dimensioni normali.

LA SCIARPA PIÙ LUNGA

Nel marzo 2000, la sciarpa iniziata da Karen Dengate (GB) il 1° ottobre 1997 era lunga 174,21 metri e larga 19 centimetri. Dall'inizio del lavoro, Karen ha lavorato a maglia tre ore ogni giorno.

IL BICCHIERE DI CARTA PIÙ GRANDE

Il bicchiere di carta più grande, alto 2,53 metri, è stato realizzato dalla Bunzl Disposables Europe e dalla Polarcup il 1° febbraio 2000 a Epsom, Surrey, GB, e quindi riempiti con 4930 litri di acqua dai vigili del fuoco. La sua produzione rispettò fedelmente quella di un normale bicchiere di carta, con 13 strati di carta sovrapposti e cucitura laterale impermeabile.

www.guinnessworldrecords.com/cowboyboots

LE SCARPE PIÙ GRANDI

Il Texas, famoso per i grandi ranch e i grandi cappelli, è diventato anche la patria degli stivali da cowboy più grandi del mondo (a destra). Alti 1,38 metri e lunghi 1,19 metri, questi stivali sono stati prodotti da Marty Snortum, co-proprietario della Rocketbuster Boots di El Paso, Texas, Usa. Un gruppo di 15 persone, coordinati dalla stilista Nevena Christi, impiegò tre mesi per la loro fabbricàzione, conclusa il 13 gennaio 1999. Gli stivali pesano 45 chilogrammi e le suole sono cucite con corde da bucato in nylon. Le scarpe più grandi del mondo sono lunghe 3,12 metri, larghe 1,05 metri e alte 1,23 metri. Solo per la suola Zahit Okurlar (Turchia) utilizzò una quantità di cuoio equivalente alla pelle di tre mucche. La scarpa destra è stata esposta nel febbraio 2000 alla Konya International Shoe Fair.

Nel 1996, Edmund Kryza (Polonia) fabbricò una scarpa da donna gigante lunga 1,84 metri e alta 1,12 metri usando 6 metri quadrati di pelle sintetica.

ACCESS CODE: ‹53153›

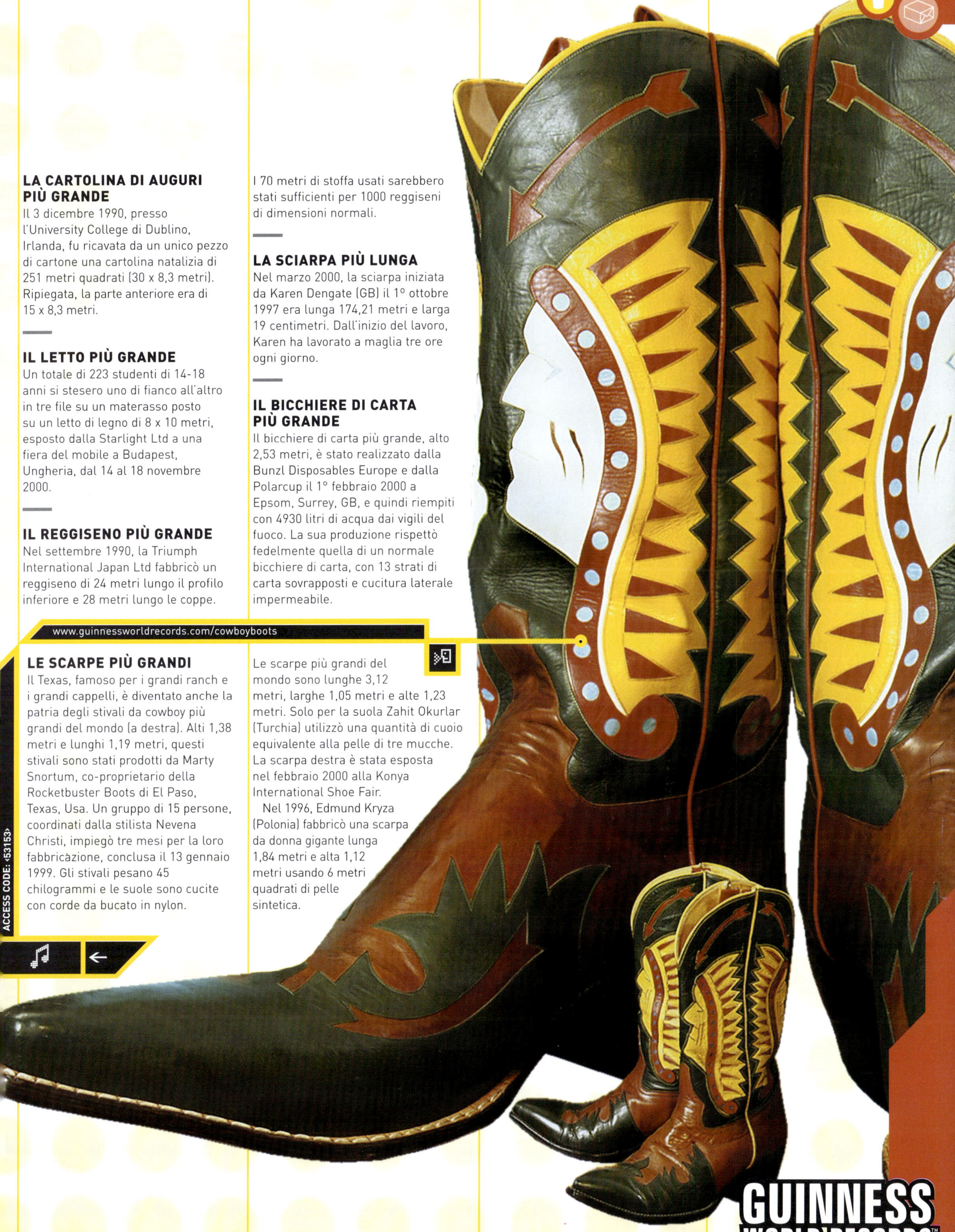

GUINNESS WORLD RECORDS™

cose molto misurate

LOCALI NOTTURNI

Il Miniscule of Sound di Londra misura 2,4 per 1,2 metri. Costruito nel 1998 con scaffali e pareti in truciolare è decorato con finta pelliccia, ha luci stroboscopiche e una palla a specchio, contiene una consolle completa per DJ con impianto audio e una pista da ballo di due metri quadrati. Può ospitare 14 persone, disc jockey compreso.

BICCHIERI DI VINO

Il bicchiere di vino più piccolo è stato presentato al pubblico il 7 dicembre 2000. Realizzato dalla NEC, misura solo 2750 nanometri di diametro (un nanometro è un miliardesimo di metro) ed è circa 20 000 volte più piccolo di un normale bicchiere di vino.

CALCOLATORI ANALOGICI

Un calcolatore con un diametro inferiore a 0,000001 millimetri è stato sviluppato da un gruppo di scienziati del centro di ricerca dell'IBM di Zurigo, Svizzera, nel 1996. Questo abaco molecolare consiste di 10 molecole di carbonio 60 che possono essere spostate lungo un microscopico solco su una superficie di rame per mezzo di un microscopio a effetto tunnel.

MOTOCICLETTE

Simon Timperley e Clive Williams della Progressive Engineering di Ashton-under-Lyne, GB, hanno costruito una moto con un interasse lungo solo 108 millimetri, una sella alta 95 millimetri dal suolo, la ruota anteriore di 19 millimetri di diametro e quella posteriore di 24 millimetri. Timperley è riuscito a guidarla per un metro. Tutte le parti della moto sono realizzate a mano, tranne il motore che ha dovuto essere modificato per adattarsi alle dimensioni del telaio. Il motorino da 10 cc per aeromodellismo funziona a 13 000 giri al minuto, consentendo alla motocicletta di raggiungere i 3,2 chilometri all'ora.

www.guinnessworldrecords.com/micromotorcycle
ACCESS CODE: ‹43595›

COLTELLINI DA TASCA

Il coltellino da tasca fatto a mano e perfettamente funzionante più piccolo è lungo 8 millimetri e largo 3 millimetri da chiuso. A lama estratta, è lungo 14,5 millimetri e largo 2,5 millimetri.

FORBICI

Nel 1998, Ramesh Chand Dhiman (India) costruì a mano un paio di forbici da lavoro lunghe solo 3,12 millimetri e larghe 2,17 millimetri. Anche se perfettamente funzionanti, queste forbici non sono consigliabili per ogni tipo di applicazione. Ramesh Chand Dhiman ha costruito anche la lama di rasoio più piccola del mondo.

MICROFONI

Un microfono al silicio di 40 micron di grandezza (un micron equivale a un milionesimo di metro) è stato realizzato dai dipartimenti di Ingegneria elettrica e di Fisica dell'Università di Bilkent, Turchia. Si spera di poterlo usare in campo medico per le tecniche di indagine con ultrasuoni.

BANCONOTE

La banconota più piccola di una nazione è stata quella da 10 bani emessa dal Ministero delle finanze della Romania nel 1917. L'area stampata era di 27,5 x 38 mm, circa un decimo rispetto alle dimensioni di una banconota da un dollaro.

RIGHELLI

Un righello usato per misurare lunghezze molto piccole in un microscopio elettronico fu realizzato nel 1994 da John McCaffrey e Jean-Marc Baribeau dell'Institute for Microstructural Sciences del National Research Council del Canada. La divisione più piccola sul righello corrisponde a 18 atomi e cinque righelli in fila equivalgono al diametro di un capello umano.

PROVETTE

Nel 1996, presso l'École Polytechnique Fédérale di Losanna, Svizzera, furono realizzate provette per reazioni chimiche lunghe un micron (un milionesimo di metro) e dal diametro interno inferiore a 10 nanometri (10 miliardesimi di metro). Ponendole una accanto l'altra, sarebbe possibile disporne 15 000 attraverso il pollice di una mano.

PROPRIETÀ TERRIERE

L'Electricity Trust dell'Australia meridionale è proprietaria di un appezzamento di terreno, regolarmente registrato e delimitato, formato da un quadrato di soli 25,4 millimetri per lato (la dimensione di un francobollo di medio formato).

LE GINOCCHIA DELL'APE

Il Rutherford Appleton Laboratory di Oxfordshire, GB, ha creato per la Guinness World Records la scritta pubblicitaria più piccola del mondo, che misura 100 x 100 micron. La scritta, del 25 ottobre 2000, appare su una ginocchiera indossata da un'ape (a sinistra). Realizzata in Kapton (una pellicola di plastica flessibile e leggera), la ginocchiera presenta la scritta "Guinness World Records.com" con lettere in oro alte 5-20 micron. Per confronto, un capello umano misura in media fra 40 e 100 micron di diametro. L'intero processo di realizzazione richiese soltanto mezza giornata. L'ape scelta era stata prelevata da una colonia di api e trovata morta sul fondo dell'alveare, pertanto non è stato fatto alcun male a un'ape viva.

www.guinnessworldrecords.com/microadvert
ACCESS CODE: ‹55977›

www.guinnessworldrecords.com/microvideocam

ACCESS CODE: ‹48050›

TELECAMERE MICROSCOPICHE

La microscopica videocamera PC-53XP (sotto), prodotta dalla Supercircuits, è la videocamera a colori più piccola disponibile sul mercato. Misura soltanto 4,25 centimetri cubi, pesa 7 grammi e trasmette immagini in formato NTSC standard che vengono sottoposte a controllo digitale per garantirne la qualità, nonostante la macchina sia più piccola di una zolletta di zucchero.

La videocamera consente una risoluzione orizzontale di 380 linee e consuma solo 50 milliampere a 12 volt. Abbinata al trasmettitore AVX-900T3 (anch'esso prodotto dalla Supercircuits), si trasforma nella più piccola videocamera senza fili esistente al mondo. Ideale per operazioni e sistemi di sorveglianza segreti, il sistema videocamera-trasmettitore può inviare immagini a colori a una distanza superiore ai 230 metri.

BICICLETTE

La più piccola bicicletta del mondo ha una ruota anteriore del diametro di 11 millimetri e una ruota posteriore del diametro di 13 millimetri. È stata guidata l'11 agosto 1999 dal suo costruttore, Zbigniew Rózanek di Pleszew, Polonia, per cinque metri.

VASI DI CRISTALLO

Un vaso di cristallo realizzato da Jim Irish di Rathculliheen, Waterford, Irlanda, misura 8,55 millimetri di larghezza, 4,6 millimetri di altezza e 2,1 millimetri di spessore. Per completare l'opera, che presenta 208 sfaccettature, sono state necessarie otto ore di lavoro suddivise in due settimane lavorando su 45 minuscole sezioni.

CHITARRE

La chitarra più piccola del mondo intagliata da un blocco di silicio e modellata come una Fender Stratocaster misura 10 micrometri di lunghezza, cioè 1/20 dello spessore di un capello umano. Realizzata nel 1997 in soli 20 minuti dagli scienziati della Cornell University, New York, ha sei corde spesse 0,05 millimetri che, se pizzicate, vibrano a frequenze 1000 volte maggiori di quelle percepibili dall'orecchio umano. La chitarra è grande come una cellula del sangue umano.

BOOMERANG

Un boomerang lungo 48 millimetri e largo 45 millimetri è stato lanciato con successo da Sadir Kattan ai Campionati nazionali australiani di boomerang, Melbourne, Victoria, il 22 marzo 1997. Il boomerang superò i 20 metri necessari per la qualificazione ritornando con rotazioni perfette nel punto da cui era stato lanciato.

MACCHINE A VAPORE

Nel 1993, un gruppo di fisici dei Sandia National Laboratories di Albuquerque, Nuovo Messico, Usa, ideò una macchina a vapore microscopica lunga 6 micron e larga 2 micron. Nonostante le dimensioni minuscole, i costruttori della macchina affermano che è abbastanza potente da azionare microstrumenti come le pinzette e i bisturi utilizzati nella chirurgia cerebrale e dell'occhio.

NAVI IN BOTTIGLIA

Nel 1956, Arthur V. Pedlar (GB) costruì la più piccola nave sotto vetro in una fiala lunga 24 millimetri e larga 9 millimetri, con un collo di 2 millimetri. Il galeone ha tre alberi, cinque vele e tre bandiere ed è stato inserito nella fiala in 28 pezzi, ciascuno fissato in posizione utilizzando un pezzo di filo di ferro incollato a un fiammifero. Il mare è composto da ceralacca ridotta a strisce sottilissime, il sartiame è realizzato con crini di cavallo mentre lo scafo del galeone è fatto di sughero. All'interno della bottiglia è stato inserito anche un faro.

collezioni 1

LA PIÙ GRANDE FLOTTA PRIVATA DI ROLLS-ROYCE
Il sultano del Brunei Hassanal Bolkiah è il maggior collezionista privato di automobili Rolls-Royce, stimate in 150 veicoli. Si calcola inoltre che, assieme al fratello, il principe Jefri, il sultano possieda altre 1998 automobili di lusso.

MODELLINI DI PULLMAN E AUTOBUS
Ben Bradshaw (GB) ha collezionato un totale di 153 modelli di pullman e autobus, sia a uno sia a due piani, iniziando all'età di tre anni. I modelli e i produttori maggiormente rappresentati sono Mercedes Benz e Corgi, rispettivamente con 45 e 59 modelli.

MODELLINI DI VEICOLI FERROVIARI
La più grande collezione di trenini costruiti da una sola persona è la JP Richards Collection, del National Railway Museum di York, GB. Sono presenti 610 modelli realizzati in scala a mano da James Peel Richards (GB).

AEREI A REAZIONE
Michel Pont, vinificatore e collezionista di Savigny-Les-Beaune, Borgogna, Francia, possiede personalmente 110 aerei caccia a reazione. La collezione ebbe inizio nel 1985 e comprende MiG russi, Jaguar inglesi e Mirage francesi. Pont acquista gli aerei da enti governativi, nonostante il divieto di farli volare nello spazio aereo francese.

TELEVISIONI E RADIO
Al 22 settembre 1998, Göran Ågårdh (Svezia) possedeva una collezione di 10060 televisioni e radio.

MATITE
Emilio Arenas (Uruguay) possiede una collezione di 5500 matite diverse, ognuna con un suo design, logo o marca. Emilio è una sorta di collezionista di collezioni: ha raccolte portachiavi, portacenere, lattine di birra e bibite, bottiglie di profumo, temperamatite, spille, scatole di fiammiferi e carte telefoniche, tutte esposte al pubblico in quattro grandi stanze di casa sua.

PENNE A SFERA
Angelica Unverhau di Dinslaken, Germania, ha collezionato 205050 penne a sfera (ottobre 2000). Il numero non tiene conto dei doppioni e include esemplari provenienti da 146 paesi. La Unverhau colleziona penne a sfera da quando aveva nove anni, ma è stato nel 1990 che decise di dare al suo hobby un'impronta più professionale. Ha fondato un club con 90 aderenti provenienti da tutta la Germania che si incontrano due volte all'anno per scambiare penne e condividere le proprie esperienze di collezionismo.

SUPERMODELLINI
La più vasta collezione di modelli di automobili appartiene a Suhail Mohd Al Zarooni di Dubai, Emirati Arabi Uniti, che ne possiede più di 1500. L'intera collezione, iniziata nel 1990, vale circa tre milioni di dollari. Molte sono auto rare (come la Rolls Royce della regina Elisabetta II), altre sono placcate in oro a 24 carati. Una parte consistente della collezione è composta da modelli di automobili degli anni Sessanta, auto classiche, automezzi della polizia e limousine, acquistati in Gran Bretagna e in Europa. Spesso acquista l'automobile vera per accoppiarla ai modelli preferiti.

www.guinnessworldrecords.com/modelcars
ACCESS CODE: ‹55947›

BANCONOTE
Shail Kumar e Larry e Dallys Arias Beebe (Usa) condividono il record per la più grande collezione di banconote. Entrambe le collezioni riuniscono numerosi esemplari provenienti da 217 paesi.

ETICHETTE DI BOTTIGLIE DI VINO E CHAMPAGNE
A partire dal 1984, Sophia Vaharis-Tsouvelekakis (Grecia) ha raccolto 15403 etichette di bottiglie di vino e di champagne provenienti da 50 paesi diversi. Cataloga le etichette con un programma speciale al computer che non accetta entrate doppie. Possiede inoltre una particolare cantina climatizzata dove conserva migliaia di bottiglie di vino e di champagne.

APRIBOTTIGLIE
Dale Deckert di Orlando, Florida, Usa, iniziò a collezionare apribottiglie dopo essere stato congedato dall'esercito americano nel 1945. Attualmente possiede 20884 pezzi, esclusi quelli doppi, provenienti da 136 diversi paesi. Includendo anche i doppioni, l'intera collezione raggiunge i 28146 pezzi.

TOVAGLIETTE DA BAR
Alan Alcott (GB) ha collezionato 504 tovagliette singole da bar dal 1977. Se messe in fila, queste tovagliette si estendono per 160 metri. La più lunga tovaglietta che Alan possiede è una *bar runner* australiana proveniente da Castlemaine, che misura 3 metri di lunghezza.

MODELLI DI AEREI IN SCATOLA DI MONTAGGIO
La più grande collezione di modelli di aeroplano in scatola di montaggio appartiene a Robert Humphrey di West Jordan, Utah, Usa (a sinistra). La collezione è composta da 1642 modelli di aerei in plastica, tutti montati da Robert, che possiede anche un kit di emergenza di riserva per ogni singolo aereo. Robert, nato nel 1952, assemblò il suo primo aereo con l'aiuto del padre nel 1958. Successivamente ricevette in regalo un modellino ogni anno, per il suo compleanno. Robert ora è alla caccia di modelli rari e la sua collezione cresce di circa 100 aeroplani ogni anno. Possiede modelli di aerei militari in dotazione a esercito, marina e aviazione di 61 diverse nazioni.

www.guinnessworldrecords.com/modelplanes
ACCESS CODE: ‹55815›

BOTTIGLIE DI BIRRA
Ron Werner (Usa) ha collezionato 11 644 diverse bottiglie di birra dal 1982. Di queste, 7128 sono ancora intatte, anche se Ron ha assaggiato quasi tutte le 1704 marche di birra che possiede. Il divieto di vendere alcolici negli Stati Uniti ai minori di 21 anni rese piuttosto problematico l'avvio della sua collezione, dato che aveva solo 16 anni.

POMPE DI BENZINA
Il Museo Fisogni di Palazzolo Milanese ospita 164 pompe di benzina, da una Tokheim del 1910 con misuratore a una pompa volumetrica FIMAC Benaglia "Lux 60 Puma" del 1981. Nel museo sono presenti inoltre 7500 parti di pompe di benzina, contenitori per l'olio, gadget e giocattoli. Guido Fisogni ha creato la sua collezione in più di 30 anni, con l'obiettivo di documentare la storia dell'evoluzione tecnologica.

OGGETTI DA GUERRE STELLARI
Jason Joiner (GB), un esperto di effetti speciali che ha collaborato alla realizzazione di alcuni film della serie *Guerre Stellari*, possiede una collezione di oltre 20 000 oggetti e giocattoli relativi, iniziata da ragazzo. La collezione include anche uno dei robot C3PO originali, un R2D2 originale e un costume originale di Darth Vader. Solo George Lucas, il creatore della serie, possiede una collezione più vasta di oggetti di scena e costumi. Joiner spera di aprire presto un museo che possa ospitare la propria collezione.

OROLOGI SWATCH
Fiorenzo Barindelli di Cesano Maderno, Milano, possiede una collezione di 3677 orologi Swatch, che include un esemplare di ogni Swatch prodotto a partire dal 1983. La sua collezione è esposta al World Museum 2000 di Cesano Maderno.

www.guinnessworldrecords.com/gnomes

GNOMI E FOLLETTI
Dal 1978, Ann Atkin di West Putford, Devon, GB (sopra), ha raccolto 2010 gnomi e folletti che conserva presso la Gnome Reserve, una tenuta di 1,6 ettari. Alcuni pescano, altri spingono la carriola, altri ancora sono musicisti, minatori o giocatori. Ogni anno, da 18 anni, oltre 25 000 visitatori hanno indossato i cappelli, trasformandosi temporaneamente in gnomi per passeggiare nella tenuta. Il più grande gnomo della riserva è alto 115 centimetri, mentre il più piccolo misura soltanto due centimetri. Tutti vengono rimossi una volta all'anno per essere sottoposti a un bagno e a un cambio d'abito.

ACCESS CODE: ‹49289›

GUINNESS WORLD RECORDS™

collezioni 2

LA BIBLIOTECA PIÙ GRANDE

La biblioteca più grande del mondo è la United States Library of Congress (Biblioteca del Congresso americano) a Washington, fondata il 24 aprile 1800. Contiene 125 198 175 titoli, di cui 18 milioni di libri, 2,5 milioni di materiali visivi e audio, 12 milioni di fotografie, 4,5 milioni di cartine e 54 milioni di manoscritti. Gli edifici del Capitol Hill che ospitano gli 856 chilometri di scaffali della biblioteca possiedono una superficie interna di 265 000 metri quadrati.

CAPELLI DI PERSONAGGI CELEBRI

John Reznikoff (Usa) colleziona i capelli di personaggi celebri del passato. La sua collezione di 115 esemplari è assicurata per un milione di dollari e comprende capelli di Abramo Lincoln, John F. Kennedy, Marilyn Monroe, Albert Einstein, Napoleone, Elvis Presley e Charles Dickens. Reznikoff aspira a trovare ciocche di capelli di Mark Twain e Shakespeare. Nonostante offerte che hanno raggiunto i 100 000 dollari per singoli pezzi, la collezione non è in vendita. Tutti i capelli della collezione sono accompagnati da documentazione e/o test del Dna per garantirne la provenienza.

www.guinnessworldrecords.com/celebhair
← ACCESS CODE: ‹56181›

QUADRIFOGLI

George J. Kaminski ha collezionato 72 928 quadrifogli dal 1995. Di questi, 13 383 sono stati raccolti nel cortile del carcere correzionale di stato del Somerset, Pennsylvania, Usa, durante l'intervallo di recreazione, mentre gli altri 59 545 provengono dal cortile della prigione di stato di Houtzdale, Pennsylvania, Usa.

CARTELLI E INSEGNE

Daniel Hedges (GB) ha una collezione di 8662 insegne diverse, raccolte da quando aveva 14 anni. I pezzi della collezione variano da messaggi spiritosi come "vietato scoreggiare in questa zona" a esempi più eleganti come l'insegna "Royal Enclosure" che delimita l'area riservata ai reali nell'ippodromo di Ascot.

SACCHETTI IGIENICI DEGLI AEREI

Nick Vermeulen di Wormerveer, Olanda, possiede una collezione composta da 2112 diversi sacchetti igienici con il marchio di 470 linee aeree. Si è guadagnato il primo posto in un elenco di altri 50 collezionisti di sacchetti igienici per aerei. Vermeulen risiede attualmente in Vietnam. Il suo pezzo preferito è un sacchetto provieniente da uno Shuttle della Nasa. Barf bag, vomit bag, motion sickness bag, hurl bag, spew bag, Sac Vomitoire, Sac pour mal de l'air, Bolsa de mareo, prullenzakje, Spucktüte, Spuckbeutel, Beg Mabuk Udara, Torba chorobowa, Etiquette bukuro, Oksennuspussi, Sacchetto per il mal d'aria, Kräkpåse, Spypåse, Gero-Bukuro, Sanitarinis Maiselis: potete chiamarli come volete, Vermeulen li possiede proprio tutti.

FOTOGRAMMI SINGOLI

La National Film Archive Stills Collection di Londra, è composta da 6,5 milioni di fotogrammi in bianco e nero e più di un milione di immagini a colori provenienti da oltre 80 000 film di tutto il mondo.

CINEPRESE

Il greco Dimitrios Pistiola possiede una collezione di 440 cineprese dal 1901 ai nostri giorni. Le conserva in un piccolo museo da lui fondato e considerato l'unico al mondo di questo genere.

MACCHINE FOTOGRAFICHE PREZIOSE

La somma più alta mai pagata in un'asta di macchine fotografiche è stata di 424 090 dollari per una collezione di fotocamere "spia", miniaturizzate e investigative, venduta da Christie's, Londra, il 9 dicembre 1991.

DISCHI COLORATI

Alessandro Benedetti di Monsumano Terme, Pistoia, possiede 934 dischi di vinile colorato. La sua collezione è composta da 647 LP (601 colorati e 46 con immagini) e 287 singoli (255 colorati, 13 con immagini e 19 di forma inusuale).

MENU

Daniel Barlow (Usa) colleziona menu di ristoranti da 52 anni e ne ha raccolti 3908. I preferiti sono un menu di papiro egiziano, uno cinese a rotolo, uno di un ristorante galleggiante di Hong Kong e uno di un campo per nudisti in Florida. Secondo Daniel, rispecchiano carattere ed evoluzione della cucina internazionale.

BACCHETTE DA BATTERISTA AUTOGRAFATE

La collezione con il maggior numero di bacchette per percussioni autografate appartiene a Peter Lavinger di New York, che ne ha messe insieme più di 1300 dal 1980, quando raccolse la sua prima bacchetta dalla prima fila di un concerto dei Good Rats. Anche se Peter non è un batterista, le origini delle sue bacchette spaziano dal rock al blues, dal country al folk, dal soul allo ska e dal reggae al jazz. Possiede bacchette usate da Pink Floyd, Beatles, R.E.M., Nirvana, Doors, Fleetwood Mac, Pearl Jam, Rolling Stones e U2, più centinaia di altri pezzi. Nel 1989 la collezione fu esposta al New York Hard Rock Café e ora è in mostra al Rock and Roll Hall of Fame and Museum di Cleveland, Ohio, Usa. Si calcola che la collezione valga oltre un milione di dollari.

www.guinnessworldrecords.com/drumsticks
← ACCESS CODE: ‹54032›

www.guinnessworldrecords.com/navelfluff

ACCESS CODE: ‹55851›

LANUGINE DELL'OMBELICO
L'australiano Graham Barker ha raccolto 15,41 grammi di lanugine dal suo ombelico a partire dal 1984. "Alcune persone si guardano l'ombelico in cerca di ispirazione; io guardo il mio e ci vedo la lanugine", racconta Graham Barker, che da oltre sedici anni asporta e conserva i sedimenti del proprio ombelico. Alla inevitabile domanda "Perché?", Graham risponde "Perché no?". Oggi possiede due barattoli e mezzo di questo sottoprodotto corporeo (a destra uno dei barattoli), ma il suo scopo è di raccoglierne una quantità sufficiente a riempire un cuscino. Graham iniziò la sua collezione un giorno in cui si trovava in un ostello della gioventù di Brisbane, Australia, in preda alla noia. Ora Graham afferma che la raccolta della lanugine è diventata un'abitudine quotidiana e che la collezione si trova in condizioni perfette, perché si premura di evitare contaminazioni riponendo subito il materiale "fresco" nel barattolo.

BANANE
Il museo International Banana Club di Kevin Bannister ad Altadena, Usa, ospita 17000 pezzi che hanno per tema le banane. Il museo, inaugurato nel 1972, raccoglie 9000 aderenti di 27 paesi. La collezione include pantofole, abiti, giochi, contenitori, pipe e pupazzi a forma di banana.

OGGETTI A FORMA DI CONIGLIO
Da quando hanno cominciato la collezione il 14 febbraio 1993, Steve Lubanski e Candace Frazee (Usa) hanno acquistato 8437 oggetti che hanno per tema i conigli.

OGGETTI A FORMA DI RANA
Wendy Scower (Canada) ha raccolto 1202 oggetti diversi a forma di rana, da quando ha cominciato nel 1967, all'età di 10 anni.

OGGETTI A FORMA DI MAIALI
Carl Kinney (Usa) ha una collezione di cimeli che hanno per tema i maiali composta di 2250 pezzi diversi tra cui salvadanai, libri, giocattoli, fumetti, portatovaglioli, barattoli di biscotti e statuette. Kinney iniziò a collezionare maiali nel 1978, ampliando la collezione originaria di sua nonna composta da 200 pezzi.

MAGNETI
La collezione di magneti per frigorifero di Louise J. Greenfarb (Usa), di 29000 pezzi, è stata esposta al Guinness World Records Museum di Las Vegas. I pezzi riproducono di tutto, da alimenti a campioni sportivi, da personaggi dei fumetti a presidenti degli Stati Uniti, e perfino altri magneti!

MANETTE
Chris Gower (GB) colleziona manette dal 1968. La sua raccolta conta 530 pezzi diversi che spaziano dagli antichi ceppi degli schiavi alle più moderne manette di sicurezza. Il suo pezzo preferito è il famoso paio di ferri a otto Plug Lock dai quali Houdini, il suo grande eroe, non riuscì a liberarsi nel 1903.

CARTE DI CREDITO
Walter Cavanagh (Usa) possiede una collezione di 1397 carte di credito in vigore. L'acquisizione dei pezzi non è costata nulla a "Mr. Plastic Fantastic", ma le carte valgono più di 1,65 milioni di dollari di credito. Walter Cavanagh le tiene tutte nel portafoglio più lungo del mondo, con 76,2 metri di lunghezza per un peso di 17,49 chilogrammi. Distese una accanto all'altra, le carte di credito di Cavanagh raggiungerebbero la cima di un edificio di quattro piani.

SACCHETTI DI CARTA E DI PLASTICA
Heinz Schmidt-Bachem (Germania) ha collezionato 150000 sacchetti di carta e di plastica dal 1975. I modelli variano dai più semplici sacchetti di plastica, a quelli di carta da drogheria e quelli più sofisticati delle boutique. Il sacchetto più antico è del 1853 ed è stato il primo sacchetto prodotto industrialmente.

www.guinnessworldrecords.com/artsandentertainment

arte e spettacolo

cinema 1

NEL MONDO DEI DINOSAURI

Per *Jurassic Park: il mondo perduto* (Usa, 1997) della Universal fu organizzato il più grande lancio nella storia del cinema con la proiezione del film nel fine settimana del Memorial Day (23 maggio, festa nazionale negli Stati Uniti) in oltre 5000 cinema di tutto il paese, con alcuni cinema multisala che proiettavano addirittura il film in sei sale diverse nello stesso momento.

Il 26 maggio 1997, il film aveva fatto registrare in quattro giorni un incasso di 90,1 milioni di dollari da 3281 cinema. È stato il più alto incasso al botteghino mai registrato nella prima settimana di programmazione di un film. La cifra non include l'incasso della serata di anteprima, pari a 2,6 milioni di dollari da 1755 cinema.

www.guinnessworldrecords.com/lostworld
ACCESS CODE: ‹50750›

LA RIPRESA PIÙ LUNGA

La ripresa più lunga di un film è stata quella del lungometraggio non commerciale di Kevin du Toit intitolato *BugNight* (Usa, 1998). Consiste in 84 minuti di flashback in un bar dove sono trattenuti nove ostaggi.

LA RIPRESA PIÙ LUNGA IN UN FILM COMMERCIALE

Il film *Io amo* (Usa, 1931) include un monologo ininterrotto di 14 minuti recitato da Lionel Barrymore. Dato che una bobina di pellicola cinematografica dura solo 10 minuti, per la ripresa fu necessario usare più di una cinepresa.

IL FILM PIÙ LUNGO

Il film più lungo è *The Cure of Insomnia* (Usa, 1987) di 85 ore, diretto da John Henry Timmis IV e proiettato nella versione integrale alla scuola d'arte di Chicago, Usa, tra il 31 gennaio e il 3 febbraio 1987.

IL MAGGIOR NUMERO DI CAMBI DI COSTUME IN UN FILM

Nel film del 1996 *Evita*, Madonna cambiava 85 costumi, 39 cappelli, 45 paia di scarpe e 56 paia di orecchini. Per realizzare i costumi, disegnati da Penny Rose, dopo migliaia di prove un esercito di sarte per 14 settimane si dedicò al lavoro di taglio e cucito per ricreare il guardaroba di Eva Peron.

IL BUDGET PIÙ GRANDE PER IL TRUCCO

Il budget per il trucco di scena de *Il pianeta delle scimmie* (Usa, 1968) fu di un milione di dollari (4,95 milioni di dollari attuali). L'importo rappresentò il 17% del costo complessivo di produzione del film, di 5,8 milioni di dollari (pari a 28,71 milioni di dollari attuali).

IL MAGGIOR NUMERO DI COMPARSE

Oltre 300 000 comparse parteciparono alla scena del funerale in *Gandhi* (GB, 1982). Per questa scena 11 troupe girarono 6096 metri di pellicola, più della lunghezza complessiva di tutto il film, che nel montaggio finale dura 188 minuti, dei quali solo 125 secondi dedicati al funerale.

I FILM PIÙ COSTOSI

Titanic, della Paramount (Usa, 1997), è costato più di 200 milioni di dollari. La storia del disastro navale più grave in tempo di pace è diventata uno dei più grandi successi di Hollywood. Il budget iniziale era di 125 milioni di dollari e l'uscita del film prevista a luglio del 1997, ma problemi in fase di post-produzione costrinsero a spostare la data a dicembre, facendo lievitare i costi.

Il film più costoso in termini reali, tenendo conto dell'inflazione, è *Cleopatra* (Usa, 1963), interpretato da Elizabeth Taylor e Richard Burton. Il budget di 44 milioni di dollari di allora equivarrebbe a più di 300 milioni di dollari attuali.

L'UNICO FILM SENZA CINEPRESA

Il pittore Jose Antonio Sistiaga (Spagna) è l'unica persona ad aver realizzato un film senza la cinepresa. Sistiaga completò la sua produzione animata di 75 minuti intitolata *Ere erera baleibu icik subua aruaren* (Spagna, 1970) in 17 mesi fra il 1968 e il 1970, dipingendo le scene direttamente sulla pellicola, un fotogramma dopo l'altro.

IL MONTAGGIO PIÙ ELABORATO

Lloyd Nosler, addetto al montaggio, devette condensare 60 960 metri di pellicola in 228,6 metri per la scena della corsa delle bighe in *Ben Hur* (Usa, 1925). È stata la scena con il montaggio più impegnativo nella storia del cinema, con un rapporto di 267 a 1 fra la lunghezza delle riprese e quella della pellicola finale.

IL MAGGIOR NUMERO DI ADDETTI ALLA PRODUZIONE

Per *Gunbus* (GB, 1986), una storia ambientata nella Prima guerra mondiale, 532 fra artigiani e tecnici costruirono imponenti set per scene di guerra che comprendevano interi edifici da far esplodere e aerei uguali a quelli utilizzati nel 1917.

I TITOLI DI TESTA PIÙ LUNGHI

Prima che compaia il titolo del film di Dennis Hopper *Fuga da Hollywood* (Usa, 1971), la sequenza dei titoli di testa dura 30 minuti.

I TITOLI DI CODA PIÙ LUNGHI

La sequenza dei titoli di coda del film di Sergio Leone *C'era una volta il West* (Italia/Usa, 1968) dura 12 minuti.

IL TITOLO DI FILM PIÙ LUNGO

Una versione del film di Lina Wertmüller *Fatto di sangue fra due uomini per causa di una vedova, si sospettano moventi politici* (Italia, 1979) prevedeva un titolo molto più lungo, composto da 179 caratteri punteggiatura inclusa. Il film uscì in lingua inglese sinteticamente intitolato *Revenge!*

IL MAGGIOR NUMERO DI SCENE RIFATTE

Si deve al regista Stanley Kubrick il maggior numero di ripetizioni di una scena di un film sonoro. Una scena con Shelley Duvall in *Shining* (Usa, 1980), interpretato anche da Jack Nicholson (a sinistra), fu girata infatti per 127 volte.

Marylin Monroe dovette ripetere 59 volte una scena del film *A qualcuno piace caldo* (Usa, 1959) in cui la sua unica battuta era: "Dov'è il bourbon?".

La sequenza del film di Charlie Chaplin *Luci della città* (Usa, 1931) in cui la fioraia cieca vende un fiore al piccolo vagabondo scambiandolo per un benestante fu girata 342 volte. Questo film muto, capolavoro di Chaplin, apparve sugli schermi tre anni dopo i primi film sonori.

www.guinnessworldrecords.com/retakes
ACCESS CODE: ‹54546›

GLI INCASSI PIÙ ALTI

Il prezzo crescente nel tempo del biglietto di ingresso fa sì che i film con gli incassi nominali più alti siano quasi tutti di distribuzione recente. Tenendo però conto dell'inflazione, i 393,4 milioni di dollari incassati da *Via col vento* (Usa, 1939) sarebbero 3790 milioni di dollari di oggi. Nei soli Stati Uniti, *Via col vento* ha registrato la vendita di 283 100 000 biglietti di ingresso contro i 130 900 000 del *Titanic* (Usa, 1997).

LA PERDITA PIÙ RILEVANTE

Corsari (Usa, 1995) della MGM, interpretato da Geena Davis e diretto dal marito Renny Harlin, era costato oltre 100 milioni di dollari contro un incasso di soli 11 milioni.

IL BUDGET PIÙ ALTO

Il budget più elevato assegnato a un film prima dell'inizio delle riprese è stato di 145 milioni di dollari per il film di guerra *Pearl Harbor*. Le riprese sono iniziate il 3 aprile 2000 e il film, interpretato da Ben Affleck, è uscito nel maggio 2001.

IL FILM DI FANTASCIENZA DI MAGGIOR SUCCESSO

Guerre stellari (Usa, 1977) ha incassato 513,7 milioni di dollari in tutto il mondo. Tenendo conto dell'inflazione, il film si trova al secondo posto nell'elenco dei film di maggior successo dopo *Via col vento* (Usa, 1939), che ha registrato un incasso a livello internazionale di 1 561 189 344 dollari.

www.guinnessworldrecords.com/hannibal

ACCESS CODE: ‹56244›

RESSA AL BOTTEGHINO

In una settimana di programmazione, *Hannibal* (Usa, 2001), diretto da Ridley Scott e interpretato da Anthony Hopkins e Julianne Moore (sotto), incassò 58 milioni di dollari da 3230 sale: un record per un film vietato ai minori di 18 anni.

Guerre stellari: La minaccia fantasma incassò 28,54 milioni di dollari in 2970 sale dell'America del Nord in un giorno, il 19 maggio 1999, e toccò i 100 milioni di dollari dopo cinque giorni di programmazione, dal 23 al 28 maggio 1999, battendo *Jurassic Park: il mondo perduto*, che nel 1997 aveva raggiunto i 100 milioni di dollari dopo 58 giorni. Quando uscì il trailer di questo episodio della saga *Guerre stellari*, moltissimi affollarono le sale per vederlo, spesso uscendo subito dopo senza curarsi del film in normale programmazione

IL FILM AUSTRALIANO DI MAGGIOR SUCCESSO

Crocodile Dundee (Australia, 1986), interpretato da Paul Hogan e Linda Kozlowski, ha incassato 328 milioni di dollari dalla sua uscita.

IL FILM BRITANNICO DI MAGGIOR SUCCESSO

The Full Monty: Squattrinati Organizzati (GB, 1997), uscito nell'agosto 1997, ha incassato 256,9 milioni di dollari.

IL FILM WESTERN DI MAGGIOR SUCCESSO

Balla coi lupi (Usa, 1990), diretto e interpretato da Kevin Costner, ha incassato 424,2 milioni di dollari al botteghino in tutto il mondo dalla sua uscita negli Stati Uniti nel novembre 1990.

IL FILM DELL'ORRORE DI MAGGIOR SUCCESSO

L'Esorcista (Usa, 1973), diretto da William Friedkin e con un budget di 12 milioni di dollari, ha incassato al botteghino in tutto il mondo la cifra record di 292,7 milioni di dollari.

LA PIÙ GRANDE PRODUZIONE CINEMATOGRAFICA

L'India realizza più film di qualsiasi altro paese. Nel 1990 furono prodotti nel paese il numero record di 948 film, mentre nel 1994 ne furono girati 754 in 16 lingue nei tre principali centri di produzione di Bombay, Calcutta e Madras. A partire dagli anni Ottanta, le storie d'amore musicali di tradizione hindi hanno dominato il panorama cinematografico indiano.

cinema 2

IL MAGGIOR NUMERO DI ANIMALI IN UN FILM
Ne *Il giro del mondo in ottanta giorni* (Usa, 1956), diretto da Daniel Anderson e interpretato da David Niven nella parte di Phileas Fogg, erano presenti 8552 animali: 3800 pecore, 2448 bufali, 950 asini, 800 cavalli, 512 scimmie, 17 tori, 15 elefanti, 6 moffette e 4 struzzi.

IL MAGGIOR NUMERO DI PROVINI
Per assegnare la parte di Scarlett O'Hara in *Via col vento* (Usa, 1939), la MGM girò 45 415 metri di provini in bianco e nero e altri 3962 metri di provini a colori con 60 attrici, nessuna delle quali ottenne la parte. Dopo aver scartato 27 ore di provini, il produttore David O'Selznick restrinse la scelta tra quattro attrici. Alla fine Vivien Leigh ottenne la parte a riprese già iniziate. Il costo complessivo dei 49 377 metri di provini fu di 105 000 dollari, più o meno il budget di allora di un film di media lunghezza e pari a 1,63 milioni di dollari attuali.

IL FILM CON IL MAGGIOR NUMERO DI EPISODI
La serie americana di film *Blondie*, con Penny Singleton nella parte di Blondie Bumstead, apparve sugli schermi nel 1939 con il film *Blondie Meets the Boss*, seguito da 26 episodi, l'ultimo dei quali è stato *Beware of Blondie* (Usa, 1950). Bruna per natura, l'attrice si tingeva i capelli appositamente per la parte. Penny Singleton recitò in media in due-tre film della serie all'anno, con un massimo di quattro nel 1947.

IL SET CINEMATOGRAFICO PIÙ PICCOLO
Il set più piccolo del mondo è stato quello costruito per *Bill and Coo* (Usa, 1947), girato in un modello di villaggio montato su un tavolo di 9 x 4,5 metri. Gli "attori erano" uccelli innamorati. Il film fu premiato con un Academy Award onorario nel 1948.

IL SET CINEMATOGRAFICO PIÙ GRANDE AL COPERTO
Il set per l'atterraggio degli ufo di *Incontri ravvicinati del terzo tipo* (Usa, 1977) di Steven Spielberg era alto 27 metri, lungo 137 e largo 76. Includeva 6,4 chilometri di impalcature, 1570 metri quadrati di fibra di vetro e 2740 metri quadrati di teli di nylon.

LA SERIE DI FILM DI LUNGA
La serie di film più lunga, di 103 titoli, è quella sull'eroe delle arti marziali *Huang Fei-Hong*, iniziata nel 1949 con *La vera storia di Huang Fei-Hong*. L'episodio più recente, dopo 46 anni, è stata *C'era una volta in Cina 5* (Hong Kong, 1995).

IL DISCORSO PIÙ LUNGO A UNA PREMIAZIONE OSCAR
Il 4 marzo 1943, quando ricevette il premio come miglior attrice protagonista in *La signora Miniver* (Usa, 1942), Greer Garson parlò per 5 minuti e 30 secondi. Dal 1990, i discorsi durante l'assegnazione degli Oscar sono limitati a 45 secondi.

IL PIÙ LUNGO ELENCO DI PERSONE RINGRAZIATE A UNA PREMIAZIONE OSCAR
Quando Olivia de Havilland vinse l'Oscar come miglior attrice in *A ciascuno il suo* (Usa, 1946) ringraziò il numero record di 27 persone.

NOMINATION PER UN FILM IN LINGUA STRANIERA
Il 23 febbraio 2001, *Wo hu zang long (La tigre e il dragone*, Taiwan, 2000), diretto da Ang Lee, ottenne 10 nomination all'Oscar (fra cui quella per il miglior regista, la miglior canzone, la miglior sceneggiatura non originale, il miglior montaggio e i migliori costumi), ma alla fine vinse l'Oscar per il miglior film straniero, la migliore direzione artistica, la migliore colonna sonora e la migliore fotografia.

ORRORE SU ORRORE
Nei film dell'orrore il personaggio più rappresentato è il Conte Dracula, creato dall'irlandese Bram Stoker (1847-1912). Uno dei film che lo ha visto protagonista è *Dracula di Bram Stoker* (a sinistra, Usa, 1992). Le apparizioni del Conte superano di gran lunga quelle del suo diretto rivale, il mostro di Frankenstein, con 162 contro 117.

L'anno più produttivo per i film dell'orrore è stato il 1972, con l'uscita di 189 film di questo genere. Di questi, 83 arrivavano dagli Stati Uniti. Il boom si è poi ridotto nel giro di tre anni e nel 1975 sono usciti solo 58 film dell'orrore. Tuttavia, il 1975 è stato l'anno in cui i film dell'orrore hanno registrato il maggior numero di noleggi, soprattutto per il successo travolgente del film *Lo squalo* (Usa, 1975).

www.guinnessworldrecords.com/dracula
ACCESS CODE: ‹50723›

IL MAGGIOR NUMERO DI FILM IN LINGUA STRANIERA NOMINATI ALL'OSCAR
La Francia ha ricevuto 31 nomination nella categoria del miglior film in lingua straniera fra il 1956 e il 2001, e ha vinto l'Oscar in nove occasioni, nel 1958, 1959, 1962, 1966, 1972, 1973, 1977, 1978 e 1992.

NOMINATION ALL'OSCAR SENZA VITTORIE
Roland Anderson ha ottenuto 15 nomination all'Oscar per la direzione artistica senza mai vincere. Anche il compositore Alex North ha ottenuto 15 nomination senza vincere, ma gli è stato assegnato un Oscar onorario nel 1986.

I FILM CON IL MAGGIOR NUMERO DI CANDIDATURE
Eva contro Eva (Usa, 1950) nel 1951 e *Titanic* (Usa, 1997) nel 1998 hanno entrambi ricevuto 14 nomination. Alla fine *Eva contro Eva* vinse sei Oscar, e *Titanic* se ne aggiudicò 11, un record che condivide con il film *Ben Hur* (Usa, 1959).

L'INTERVALLO PIÙ LUNGO FRA UN FILM E IL SUO SEGUITO
Ritorno a Oz della Walt Disney Production (Usa, 1985) è stato realizzato 46 anni dopo l'originale, *Il mago di Oz* (Usa, 1939), interpretato da Judy Garland e Jack Haley (a sinistra). Il film *Ritorno a Oz* si basa sul secondo e terzo volume della serie di 14 libri scritta da Frank Baum, *The Land of Oz* e *Ozma of Oz*.

Il record per l'intervallo più lungo fra un film originale e un suo remake è di 74 anni e 267 giorni nel caso di *Le sette probabilità* (Usa, 1925), diretto e interpretato da Buster Keaton, e *Lo scapolo d'oro* (Usa, 1999), diretto da Gary Sinyor. Entrambi i film raccontano la storia di Jimmie Shannon, un giovane che ha 24 ore di tempo per trovare una donna da sposare per poter reclamare l'eredità del nonno scomparso.

www.guinnessworldrecords.com/wizardofoz
ACCESS CODE: ‹50608›

www.guinnessworldrecords.com/juliaroberts

ACCESS CODE: <54705>

L'ATTRICE MEGLIO PAGATA PER UN SINGOLO FILM
Julia Roberts (a destra) ha chiesto e ottenuto la cifra record di 20 000 000 di dollari per recitare nel film *Erin Brokovich* (Usa, 2000), per il quale, il 25 marzo 2001, ha ricevuto l'Oscar come miglior attrice protagonista. Il suo secondo compenso più alto è stato quello di 17 000 000 dollari per *Se scappi, ti sposo* (Usa, 1999). Tra gli altri suoi film di maggior successo figurano *Notting Hill* (GB, 1999) e *Pretty Woman* (Usa, 1990).

L'EROE WESTERN PORTATO PIÙ SPESSO SULLO SCHERMO
William Frederick Cody (1846–1917), noto come "Buffalo Bill", è apparso in 48 film di cui il primo è stato *Buffalo Bill* (Australia, 1909) e l'ultimo *Wild Bill* (Usa, 1995), interpretato da Keith Carradine.

IL MAGGIOR NUMERO DI COSTUMI
Il maggior numero di costumi utilizzati in un singolo film è stato 32 000 in *Quo Vadis?* (Usa, 1951) interpretato da Robert Taylor e Deborah Kerr.

NOMINATION DI UNA PERSONA VIVENTE
Il compositore John Williams è la persona vivente con più nomination all'attivo: 38. Le prime sono state per il miglior motivo, la migliore colonna sonora e il miglior adattamento per *La valle delle bambole* (Usa, 1967). L'ultima, nel 2001, per le musiche originali de *Il patriota* (Usa, 2000).

OSCAR IN FAMIGLIA PER PIÙ GENERAZIONI
L'unica famiglia con vincitori di Oscar appartenenti a tre diverse generazioni è quella degli Huston. Walter Huston (1884–1950) vinse come miglior attore non protagonista con *Il tesoro della Sierra Madre* (Usa, 1948). Il figlio John (1906–1987) vinse come migliore regista per lo stesso film e la figlia di John, Angelica (nata nel 1951), come migliore attrice non protagonista con *L'onore dei Prizzi* (Usa, 1985).

OSCAR PER LA RECITAZIONE E LA SCENEGGIATURA
Emma Thompson ha vinto l'Oscar come miglior attrice protagonista nel 1993 con *Casa Howard* (GB, 1991) e per la migliore sceneggiatura originale con *Ragione e sentimento* (Usa/GB, 1995) nel 1996. È stata la prima persona a vincere un Oscar sia per la recitazione sia per la sceneggiatura.

OSCAR PER IL MIGLIOR FILM STRANIERO VINTI DA UN SOLO PAESE
L'Italia ha vinto 12 Oscar per il miglior film in lingua straniera, di cui il più recente è stato quello per *La vita è bella* (1997), premiato alla 71ª edizione degli Academy Awards del 1999. I film italiani vincitori dell'Oscar sono stati: *Mediterraneo* (1991), *Cinema Paradiso* (1989), *Amarcord* (1974), *Il giardino dei Finzi Contini* (1971), *Indagine su un cittadino al di sopra di ogni sospetto* (1970), *Ieri, oggi e domani* (1964), *Otto e mezzo* (1963), *Le notti di Cabiria* (1957), *La Strada* (1956), *Le mura di Malapaga* (1950) e *Ladri di biciclette* (1949).

GUINNESS WORLD RECORDS

produzioni televisive

GLI SPOT TELEVISIVI PIÙ COSTOSI

Per la produzione di *Macintosh*, uno spot televisivo basato sul romanzo di George Orwell *1984*, furono spesi 600 000 dollari e un altro milione per mandarlo in onda. Fu trasmesso per la prima volta durante il Super Bowl del 1984. Per l'effetto tra il pubblico, è stato giudicato lo spot più efficace in rapporto ai costi. Lo spot è andato in onda soltanto due volte, una in quella sopra citata e un'altra volta su un piccolo canale statunitense nel dicembre 1983. Descriveva un mondo IBM invaso da un nuovo computer, il Mac.

Lo spot più costoso andato in onda durante una serie televisiva è quello di mezzo minuto trasmesso nell'intervallo pubblicitario durante l'ultima puntata di *Seinfeld* della NBC, interpretata da Jerry Seinfeld. Lo spot costò 575 000 dollari, il 14 maggio 1998, cioè 15 000 dollari più del costo di un inserto pubblicitario durante la serie *E.R.*

www.guinnessworldrecords.com/apple
ACCESS CODE: ‹48001›

INCASSI DI UNA RETE TELEVISIVA IN UN GIORNO

La Fox incassò 150 milioni di dollari il 31 gennaio 1999, giorno del Super Bowl. Le entrate dei giorni precedenti erano state di 45 milioni di dollari.

LO SPOT PIÙ BREVE

Uno spot di quattro fotogrammi che pubblicizzava le caramelle Frango della Bon Marché fu trasmesso durante l'*Evening Magazine* della KING-TV il 29 novembre 1993.

PUBBLICITÀ NELLO SPAZIO

Il primo spot pubblicitario nello spazio fu girato il 22 agosto 1997, e riprendeva il cosmonauta Vasily Tsibliyev mentre beveva latte a bordo della stazione spaziale russa *Mir*.

IL MAGGIOR NUMERO DI SPOT PER UN PRODOTTO IN UNA SERA

Il 1° ottobre 1996, furono trasmesse dalla Granada Sky Broadcasting, GB, tutte le 17 versioni dello spot Castlemaine XXXX.

IL MAGGIOR NUMERO DI BAMBINI IN UNO SPOT

Uno spot televisivo britannico, realizzato per l'automobile Vauxhall Astra da Tony Kaye nel 1996, aveva per protagonisti 2000 bambini.

LA PIÙ GRANDE TRASMISSIONE TELEVISIVA PUBBLICITARIA SIMULTANEA

Il 1° novembre 1999, alle 9.00 ora locale, la Ford (Usa) mandò in onda lo spot di due minuti *Global Anthem* su oltre 140 network televisivi regionali e locali nel numero record di 190 paesi.

IL PROGRAMMA PIÙ VISTO

Il 28 febbraio 1983, *Goodbye, Farewell and Amen*, l'episodio finale della serie ambientata durante la guerra di Corea *M*A*S*H*, raggiunse il 77% di tutti i telespettatori americani, pari a circa 125 milioni di persone.

IL PRIMO BUDGET PER TRASMISSIONI TELEVISIVE

Nel 1936 a Cecil Madden, responsabile della programmazione e della produzione presso l'Alexandra Palace di Londra, fu assegnato un budget di 1000 sterline per la programmazione televisiva della BBC di un'intera settimana. La modesta entità della cifra, equivalente a 40390 dollari attuali, si spiega in parte con la ridotta quantità delle trasmissioni dell'epoca: un'ora al pomeriggio, un'ora alla sera e niente televisione alla domenica.

LA PRODUZIONE VIDEO PIÙ RAPIDA

La videocassetta del matrimonio del principe Andrea di Inghilterra con Sarah Ferguson, prodotta dalla Thames Video Collection, termina con la partenza degli sposi per la luna di miele dal Chelsea Hospital, in elicottero, alle 16.42 del 23 luglio 1986. Le prime cassette furono vendute 5 ore e 41 minuti più tardi, alle 22.23, al Virgin Megastore di Oxford Street, Londra.

IL PRODUTTORE TELEVISIVO PIÙ RICCO

David Kelley (Usa), creatore di *Ally McBeal* e *The Practice (Professione avvocati)*, compariva nell'elenco dei personaggi famosi di *Forbes* del 2000 come il produttore televisivo che guadagna di più, con 118 milioni di dollari nel 1999.

L'AUTORE TELEVISIVO PIÙ RICCO

Larry David (Usa), coautore e creatore della popolare commedia televisiva *Seinfeld*, nel 1998 guadagnò 242 milioni di dollari. David aveva abbandonato la serie nel 1996, ma nel 1998 era ritornato al lavoro per l'episodio finale.

LA TRASMISSIONE SENZA RIVALI PER MENO TEMPO

Breakfast Time della BBC, lanciata il 17 gennaio 1983 da BBC1, andò in onda per 15 giorni prima che ITV introducesse la trasmissione concorrente *TV-AM* il 1 febbraio 1983.

IL TRASMETTITORE TELEVISIVO IN SERVIZIO DA PIÙ TEMPO

Un'antenna in acciaio fu installata nel 1935 in cima alla torre sud-est dell'Alexandra Palace di Londra, secondo le specifiche tecniche predisposte da John Logie Baird, dalla BBC e dalla EMI-Marconi. L'impianto iniziò a diffondere il primo servizio televisivo ad alta definizione del mondo nel novembre 1936, ed è tuttora utilizzato per la trasmissione dei canali BBC e ITV e di segnali radio digitali.

LA SOTTOTITOLAZIONE PIÙ LUNGA DI UNA TRASMISSIONE IN DIRETTA

Gli addetti ai sottotitoli della BBC impiegarono otto stenografi a turno per tutta una notte per creare i sottotitoli di uno *Speciale Elezioni* mandato in onda nel 1997, destinati a un pubblico di audiolesi o con problemi di udito. Gli stenografi lavorarono per 17 ore e 55 minuti dalle 21.55 del 1° maggio alle 16.00 del 2 maggio, con un'unica pausa fra le 13.30 e le 14.00 durante la trasmissione dei notiziari locali.

IL MAGGIOR NUMERO DI TELESPETTATORI PER UN EVENTO SPAZIALE

L'evento spaziale più seguito è stato la prima passeggiata sulla Luna degli astronauti dell'*Apollo 11* nel luglio 1969. Il numero di telespettatori complessivo fu di 600 milioni di persone, pari a un quinto della popolazione mondiale di allora.

IL PIÙ GRANDE NETWORK TELEVISIVO MUSICALE

Il canale MTV raggiunge 281,7 milioni di abitazioni in 79 paesi del mondo: ciò significa che i suoi programmi possono essere visti da un quarto del potenziale pubblico televisivo di tutto il mondo.

www.guinnessworldrecords.com/er

ACCESS CODE: ‹47888›

IL PROGRAMMA TELEVISIVO PIÙ COSTOSO

Nel gennaio 1998, la rete statunitense NBC si impegnò a pagare 13 milioni di dollari per ogni episodio di un'ora della serie *E.R. Medici in prima linea*, contro un costo di 1,6 milioni degli episodi precedenti. La serie è al primo posto negli ascolti negli Stati Uniti con 33 milioni di spettatori alla settimana e registra profitti pubblicitari per 16 milioni di dollari. Nell'aprile 2000, la NBC pagò la cifra record di 640 milioni di dollari per altre tre serie dello sceneggiato che arriveranno fino al 2004, cioè 9,6 milioni per ogni episodio. Nella foto sotto, Goran Visnjic (a sinistra), che interpreta il dottor Luka Kovac, James Cromwell (al centro) nei panni del vescovo Stewart ed Erik Palladino (a destra), cioè il dottor Dave Malucci.

LA RETE TELEVISIVA PIÙ ESTESA

La CNN International raggiunge più di 149 milioni di famiglie in 212 paesi e territori diversi, per mezzo di una rete di 23 satelliti. È la rete televisiva più grande del mondo.

LA RETE TELEVISIVA CON PIÙ SPETTATORI

La rete televisiva statale China Central Television (CCTV) raggiunge l'84% dei telespettatori cinesi e si calcola che la vedano più di 900 milioni di persone. La CCTV trasmette su nove canali in mandarino, cantonese, inglese e francese.

IL DOCUMENTARIO PIÙ COSTOSO

Il documentario in sei parti della BBC *Walking With Dinosaurs* è costato un totale di 9,9 milioni di dollari, pari a 100-150 milioni di lire al minuto. Ogni episodio durava circa mezz'ora. Con esterni girati in tutto il mondo e con largo impiego di computer e sofisticati sistemi di animazione, il documentario mostrava come vivevano i dinosauri, come si riproducevano e come arrivarono a estinguersi.

IL PREZZO PIÙ ALTO PAGATO PER I DIRITTI TELEVISIVI DI UN FILM

Nel giugno del 1997, prima del rilascio internazionale del film, la Fox versò 80 milioni di dollari per i diritti televisivi di *Jurassic Park: Il mondo perduto* (Usa, 1997) di Steven Spielberg, il seguito di *Jurassic Park* (1993).

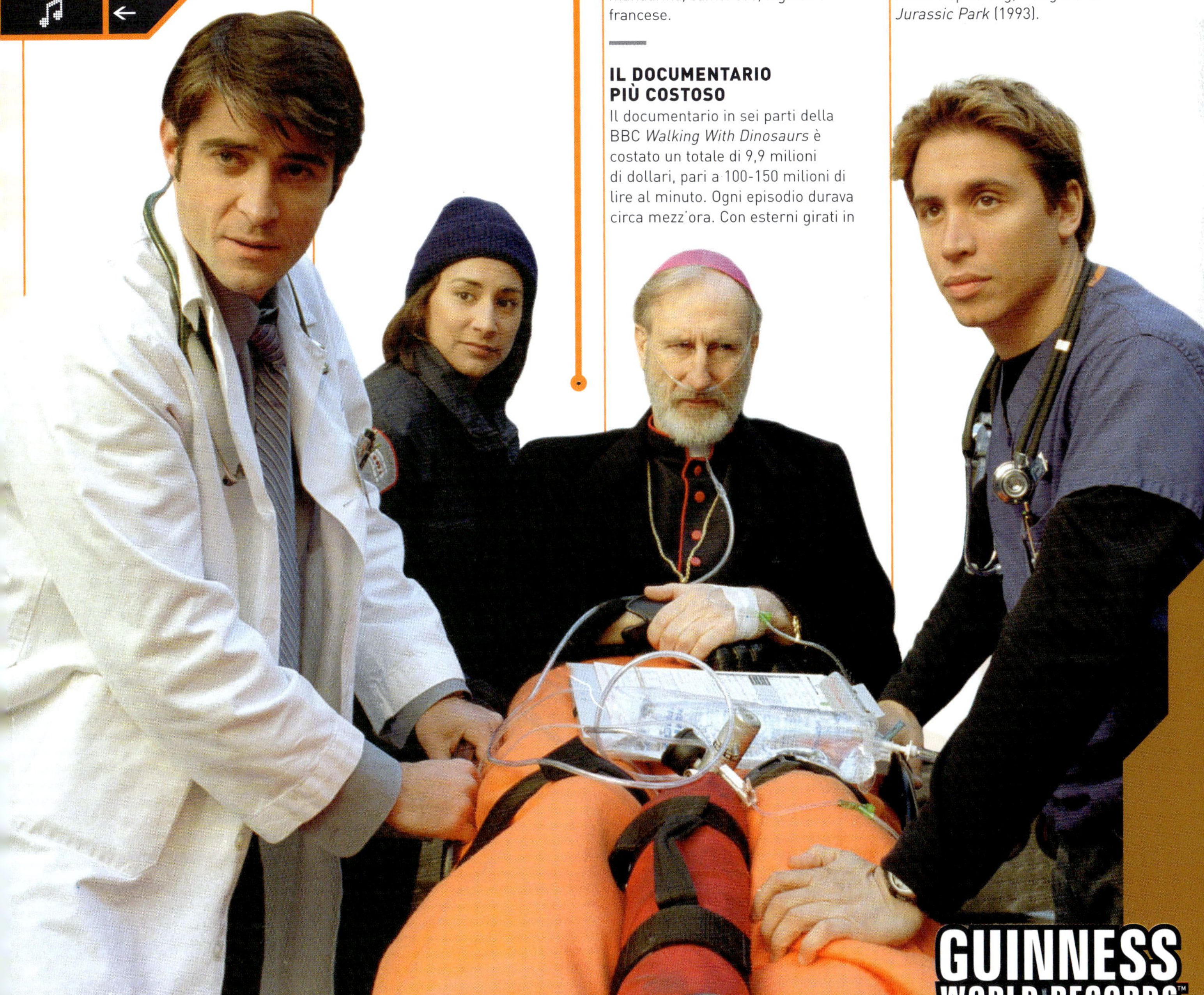

GUINNESS WORLD RECORDS™

programmi televisivi

PRIMATO DI TELETHON
Il 16 marzo 2001, durante il telethon *The Night of Comic Relief*, trasmesso da BBC1, i supermercati Sainsbury's versarono a Comic Relief 6,4 milioni di dollari, frutto di sottoscrizioni e della vendita di prodotti Comic Relief.

IL MAGGIOR NUMERO DI EPISODI TELEVISIVI VENDUTI
Il 31 maggio 1971, la Granada Television vendette 1144 episodi di *Coronation Street* (GB) alla CBKST Saskatoon, Saskatchewan, Canada.

SOLDI, SOLDI, SOLDI
Il più alto premio in denaro in un programma televisivo (1 000 000 di sterline) è stato vinto tre volte. Il 24 dicembre 1999, Ian Woodley (GB) vinse tale per primo tale somma al quiz *TFI Friday* su Channel 4, dopo aver risposto correttamente che la torta del film *American Pie* era di mele.

Il 19 novembre 2000, Judith Keppel (sopra) vinse il suo milione a *Who Wants To Be A Millionaire?* su ITV rispondendo esattamente alle 15 domande, di cui l'ultima era: "Quale re inglese sposò Eleonora di Aquitania?". La risposta esatta: "Enrico II".

Il 9 aprile 2001, la stessa trasmissione fece vincere un altro milione di sterline a un insegnante di scienze, David Edwards, che alla domanda decisiva: "Se si piantano dei semi di *Quercus robur*, che cosa cresce?", rispose correttamente: "Alberi".

www.guinnessworldrecords.com/millionaire

ACCESS CODE: ‹47849›

In totale, la serie completa costituiva 20 giorni, 15 ore e 44 minuti di trasmissione continua.

IL FILM PIÙ LUNGO IN TELEVISIONE
Il film più lungo trasmesso alla televisione in un giorno è stato *Guerra e pace* (Urss, 1967), di 8 ore e 27 minuti, in onda su una rete televisiva messicana il 28 febbraio 1981.

IL PROGRAMMA PER RAGAZZI PIÙ DURATURO
Blue Peter della BBC fu mandato in onda la prima volta il 16 ottobre 1958 dai London's Lime Grove Studios. Finora si sono alternati 29 presentatori e al 18 aprile 2001 sono state trasmesse 3456 puntate.

IL MAGGIOR NUMERO DI EPISODI DI UN PROGRAMMA PER RAGAZZI
Dal 1949, sono stati trasmessi oltre 150 000 episodi di *Bozo The Clown* della Larry Harmon Pictures, in onda ogni giorno da 150 stazioni negli Stati Uniti.

LA TRASMISSIONE DI POP MUSIC PIÙ VECCHIA
La prima puntata della trasmissione britannica *Top of the Pop's* (tuttora in programmazione) fu presentata da Jimmy Saville il 1° gennaio 1964 su BBC1. Vi parteciparono Dusty Springfield, i Rolling Stones, i Dave Clark Five, gli Swinging Blue Jeans e gli Hollies, mentre i Beatles, Cliff Richard e gli Shadows apparirono in filmati registrati. Il programma ha festeggiato la 1939ª puntata il 18 marzo 2001 e la 2000ª nell'estate del 2001.

I CARTONI ANIMATI DA PIÙ TEMPO IN PRIMA SERATA
I *Simpsons* (Usa), creati da Matt Groening, sono i cartoni trasmessi in prima serata da più tempo. Al 4 marzo 2001, erano andati in onda 263 episodi sul network americano Fox.

LA SOAP-OPERA PIÙ LUNGA
Il serial *Coronation Street*, della Granada, viene trasmesso dal 9 dicembre 1960. Il programma è trasmesso quattro volte alla settimana e fino al 16 aprile 2001 sono andati in onda 5021 episodi.

NON FATELO A CASA VOSTRA!
Il gioco televisivo più estremo del mondo è il giapponese *Za Gaman* (sopra) o *Endurance* (versione inglese). I concorrenti devono affrontare varie torture fisiche e mentali, come stare in equilibrio sulla testa con carboni ardenti sui piedi o rimanere aggrappati a cactus in bilico su un recinto di serpenti. Vincono coloro che resistono più a lungo. *Za Gaman* è la serie televisiva trasmessa in prima serata dal network Fuji e il gioco di maggior successo. Nella prova mostrata nella foto, del 15 gennaio 1998, i concorrenti dovevano sfidare il freddo tuffandosi nell'acqua gelida sotto una forte nevicata.

www.guinnessworldrecords.com/endurance

ACCESS CODE: ‹53821›

LO SHOW PIÙ DURATURO
Meet the Press, trasmesso per la prima volta il 6 novembre 1947 dalla NBC e diventato un appuntamento settimanale dal 12 settembre 1948, è andato in onda 2649 volte fino al 4 febbraio 2001.

IL DOCUMENTARIO PIÙ LUNGO SU UN SOLO ARGOMENTO
Ogni sette anni dal 1963, la serie di documentari *7 Up*, trasmessa sul canale britannico ITV, ha seguito la vita di 14 bambini di sette anni di età di diversa estrazione sociale. Alla prima serie di documentari, intitolata *7 Up*, ha fatto seguito sette anni dopo (1970) *7 by 7*, con le riprese dei ragazzi all'età di 14 anni. Da allora, il ciclo è stato ripetuto altre quattro volte.

LA MARATONA PIÙ LUNGA DI UN TALK SHOW
Il talk show più lungo condotto da un solo presentatore è di 24 ore. Il 23 giugno 2000, alle 13.30, Peter Imhof diede inizio alla trasmissione, durante la quale conversò con oltre 450 ospiti in presenza del pubblico nello studio del canale tedesco SAT 1 a Potsdam-Babelsberg.

LA TRASMISSIONE SENZA INTERRUZIONI PIÙ LUNGA
Suisse 4, stazione televisiva svizzera in lingua francese, ha trasmesso i giochi olimpici di Atlanta del 1996 per 16 giorni, 22 ore e 45 minuti.

IL MAGGIOR NUMERO DI NOMINATION AGLI EMMY PER UN SERIAL DIURNO
L'11 marzo 1999, la soap opera *The Young and the Restless* (del network ABC) ricevette 21 nomination ai Daytime Emmy Awards. Il 21 marzo 1999, il serial se ne aggiudicò tre: per l'attrice non protagonista (Sharon Case), per l'attrice più giovane (Heather Tom) e per la sceneggiatura.

IL PROGRAMMA TELEVISIVO PIÙ BREVE
Election Thoughts, una serie di 15 programmi di 30 secondi ciascuno e

completi di sigla, contenuto, titoli di coda e colonna sonora originale, è stata trasmessa da Channel 4 nelle tre settimane precedenti le elezioni del 1997 in Gran Bretagna.

IL MATRIMONIO PIÙ SEGUITO IN TELEVISIONE

Il 29 luglio 1981, circa 750 milioni di persone in 74 paesi del mondo seguirono la diretta televisiva delle nozze di Diana con il principe Carlo, celebrate nella cattedrale di Saint Paul.

LA COMMEDIA TELEVISIVA CON PIÙ TELESPETTATORI

La puntata finale della serie *Seinfeld* con Jerry Seinfeld (in onda il 14 maggio 1998) fu vista da 108 milioni di telespettatori.

IL PROGRAMMA EDUCATIVO PER BAMBINI PIÙ FAMOSO

Sesame Street (Usa), prodotto dal 10 novembre 1969 dal Children's Television Workshop di New York, è stato venduto in 180 paesi. Il numero include co-produzioni (come *Open Sesame*) e versioni doppiate.

IL CONCORRENTE AL MAGGIOR NUMERO DI QUIZ TELEVISIVI

Dal marzo 1986, Marc Vanacker (Belgio) ha partecipato a 29 quiz, tra cui *Going for Gold* (Grundy Television) e *Einstein* (NCRV), trasmessi in Belgio, Germania, Olanda e Gran Bretagna. Vanacker ha vinto in tutto 34 577 dollari, diversi viaggi negli Stati Uniti, a Parigi e a Vienna e un'automobile.

LA SOAP DI MAGGIOR SUCCESSO

La prima serie di *Dallas* (Usa) ebbe un inizio sommesso nel 1978 con soli cinque episodi. Nel 1980 contava 83 milioni di telespettatori negli Stati Uniti ogni settimana, che allora rappresentavano il 76% del totale dei telespettatori. Il ciclo di telefilm è stato trasmesso in più di 90 paesi, spesso in versioni doppiate. La serie gemella, *Knots Landing,* non ha ottenuto lo stesso successo.

IL GIOCO TELEVISIVO PIÙ FAMOSO

Wheel of Fortune (La Ruota della Fortuna), attualmente in programmazione in 204 mercati americani e in 54 mercati in altri paesi, ha un pubblico stimato di 100 milioni di telespettatori alla settimana. Dal suo lancio nel 1983, il programma statunitense ha elargito oltre 112 milioni di dollari in denaro e altri premi, alla media di oltre 7 milioni di dollari in media all'anno.

www.guinnessworldrecords.com/westwing

ACCESS CODE: ‹51843›

VITTORIA SCHIACCIANTE

The West Wing (sotto) della NBC, ambientato dietro le quinte della Casa Bianca, ha ottenuto nove riconoscimenti in una stagione durante la 52ª assegnazione degli Annual Prime Time Emmy Awards, il 9-10 settembre 2000. La serie condivide il record per il maggior numero di nomination, 18, con lo show *The Sopranos* del canale HBO, che però si aggiudicò un solo premio.

Trasmessa in prima televisiva negli Stati Uniti il 22 settembre 1999, *The West Wing,* di Aaron Sorkin, vede come protagonisti Rob Lowe (nei panni del vice direttore delle comunicazioni e scrittore dei discorsi della Casa Bianca), Moira Kelly, Bradley Whitford, John Spencer, Richard Schiff, Allison Janney e Martin Sheen nel ruolo del presidente Josiah Bartlet, un democratico del New Hampshire.

cascatori e acrobati

PASSEGGIATA IN CIELO USA

Il 20 maggio 1998, Mike Howard (GB, sopra), camminò senza paracadute fra due mongolfiere a 5500 metri di quota, un'altezza record per una passeggiata in cielo. Mentre le due mongolfiere volavano sopra Marshall, Michigan, Usa, Howard camminava in equilibrio su una trave lunga 5,8 metri e larga soltanto 8 centimetri. Al termine del suo percorso di andata e ritorno sulla trave da una mongolfiera all'altra, i due aerostati avevano raggiunto la quota di 5800 metri e percorso oltre 100 chilometri a una velocità superiore a 75 chilometri orari. Le mongolfiere (collegate fra loro da due funi di sicurezza) erano pilotate dalla moglie di Mike, Renée, e dai suoi amici aeronauti Scott Lorenz, Steve Davis e Doug Davis, che filmarono la passeggiata mozzafiato di Mike nel cielo, ripreso anche da una troupe televisiva che seguì con un elicottero lo svolgersi dell'evento e da un'altra a terra.

www.guinnessworldrecords.com/balloonwalk

ACCESS CODE: ‹48863›

TIRO AL BERSAGLIO A TESTA IN GIÙ USA

Il 29 dicembre 2000, Kimberly Rhode (Usa) riuscì a colpire 21 bersagli costituiti da piccioni di terracotta su 24 mentre era appesa a testa in giù in un tunnel trasparente di 12 metri.

LA PIRAMIDE DI FUNAMBOLI PIÙ GRANDE

Il 27 e il 30 giugno 1998, i bambini funamboli del Peru Amateur Circus di Peru, Indiana, Usa, formarono una piramide di otto persone su una fune posta a sei metri di altezza dal pavimento dell'arena del circo.

IL MAGGIOR NUMERO DI AVVITAMENTI AEREI USA

Il 2 aprile 1999, Wayne Handley (Usa) a bordo di un aereo acrobatico superleggero G202 effettuò 78 avvitamenti consecutivi in capovolta.

LA VENTOSA "UMANA" PIÙ TENACE USA

Il 27 febbraio 2001, Cuong Chu-Tan di Saale (Germania) volò per 0,8 chilometri a 60 metri di altitudine appeso a un elicottero con una corda. Per 3 minuti e 37 secondi rimase in aria senza altro sostegno se non l'effetto ventosa di una scodella di riso, alla quale era lergata la corda, schiacciata contro l'addome.

IL PIÙ LUNGO BUNGEE JUMP

Nel febbraio 1992, Gregory Riffi effettuò un salto da un elicottero sopra la valle della Loira, Francia, usando una corda elastica lunga 250 metri a riposo che durante il salto si allungò fino a 610 metri. Il record riguarda la lunghezza della corda nel momento di massimo allungamento, che in questo caso fece segnare 360 metri di estensione rispetto alla lunghezza originaria.

LA CORDA DA BUNGEE JUMP PIÙ LUNGA

Il 19 settembre 1997, Jochen Schweizer (Germania) usò una corda di 284 metri (non in tensione). Quando saltò da un elicottero Dauphine SA 365 a un'altitudine di 2500 metri nel cielo di Reichelsheim, Germania, la corda si allungò fino a 380 metri. Dato che la corda era la più lunga finora utilizzata, la distanza e la durata del volo in caduta libera sono state più lunghe che in qualsiasi altro bungee jump.

SPADE INGOIATE

Il 6 aprile 2000, Martin Henshaw (Usa) ingoiò simultaneamente 14 spade a Fremantle, Perth, Australia. Le spade, larghe 4 centimetri e lunghe 59 centimetri, pesavano 4,5 chilogrammi. Martin sa anche far cuocere una salsiccia stretta fra i muscoli pettorali e far passare 240 volt di elettricità attraverso gli anelli che porta ai capezzoli.

GIOCHI DI DESTREZZA CON MOTOSEGHE SE

Il 30 gennaio 2001, Karoly Donnert (Ungheria) riuscì far giostrare tre motoseghe per 12 cicli consecutivi (36 lanci in aria con rotazione).

SALTI SENZA PARACADUTE

A.J. Bakunas, controfigura di Burt Reynolds nel film *Collo d'acciaio* (Usa, 1978), eseguì un salto senza paracadute da 70,7 metri di altezza atterrando su un materasso ad aria. Il 9 settembre 1980, durante le riprese del film *Steel* (Usa, 1980), Bakunas rimase mortalmente ferito dopo una caduta dall'alto di un cantiere edile a Lexington, Usa.

LA CADUTA PIÙ VERTIGINOSA

La maggior altezza da cui un cascatore sia saltato nel vuoto è di 335 metri. Per una scena del film *Highpoint: Scontro al vertice* (Canada, 1979), Dar Robinson si lanciò dalla torre CN di Toronto e aprì il paracadute a 90 metri da terra dopo sei secondi di discesa in caduta libera.

L'ACROBAZIA AEREA PIÙ COSTOSA

Simon Crane (GB) ha effettuato una delle più spericolate prodezze aeree

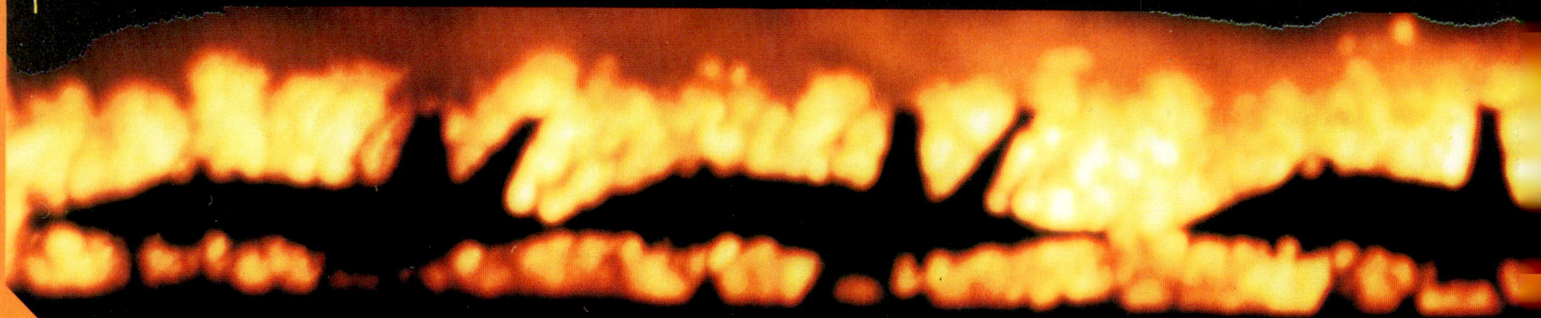

IL CASCATORE PIÙ ATTIVO

Vic Armstrong (GB) è il cascatore cinematografico dalla carriera più ricca del mondo. È stato la controfigura di attori come Sean Connery, Donald Sutherland, Timothy Dalton, Roger Moore, Pierce Brosnan e Harrison Ford (a sinistra). In 30 anni di carriera ha girato le scene pericolose di oltre 200 film, fra cui *I predatori dell'arca perduta* (Usa, 1981) e la serie di Indiana Jones. Ha coordinato i cascatori di film come *Tomorrow Never Dies* (*Il domani non muore mai*, GB/Usa, 1997) e ha pure sposato una cascatrice, Wendy Leech, conosciuta sul set di *Superman* (Usa, 1978).

www.guinnessworldrecords.com/stuntman

ACCESS CODE: ‹53683›

passando fra due jet in volo a 4750 metri di quota per il film *Cliffhanger* (Usa, 1993). Per l'estremo pericolo, l'impresa fu provata una sola volta e costò un milione di dollari. Pare che Sylvester Stallone, protagonista del film, fosse disposto a ridurre il proprio compenso di un pari importo pur di ottenere l'esecuzione dell'acrobazia.

COORDINATORE DI ACROBAZIE AEREE

La Flying Pictures del Surrey, GB, ha progettato e coordinato le acrobazie aeree di oltre 200 film d'azione, fra cui *Cliffhanger* (Usa, 1993), *Goldeneye* (GB/Usa, 1995) e *Mission Impossible* (Usa, 1996).

IL BUDGET PIÙ ALTO PER EFFETTI SPECIALI

Il budget per gli effetti speciali nel film di Stanley Kubrick *2001: Odissea nello spazio* (Usa, 1968) era di 6,5 milioni di dollari (27 milioni di dollari di oggi). Un importo che rappresenta oltre il 60% dei costi complessivi di produzione del film (10,5 milioni di dollari). In proprorzione *Guerre stellari: La minaccia fantasma* (Usa, 1999), avrebbe dovuto stanziare per gli effetti speciali 69 milioni di dollari su un budget totale di 115.

IL BUDGET PIÙ ELEVATO

Dei 200 milioni di dollari spesi per il film *Titanic* (Usa, 1997), oltre tre furono destinati alle scene pericolose. Nella scena più complessa compaiono 100 cascatori che vengono sbalzati, cadono e scivolano per 230 metri mentre la nave si spezza in due e risale perpendicolarmente dall'acqua. Il set esterno era una copia del *Titanic* lunga 236 metri, solo il 10% più piccola della nave reale.

IL MAGGIOR NUMERO DI MACCHINE FOTOGRAFICHE PER UN FILM

Per la scena del proiettile in *Matrix* (Usa, 1999), i registi Larry e Andy Wachowski si servirono di 120 fotocamere fisse modificate per seguire i movimenti del protagonista Neo (Keanu Reeves) mentre schiva i proiettili sparati da un inseguitore. Le singole immagini, combinate con le riprese di una speciale videocamera digitale che registra 12000 fotogrammi al secondo, furono poi assemblate e rielaborate al computer.

EFFETTI SPECIALI A COMPUTER

Pleasantville (Usa, 1998) conteneva 1700 effetti speciali digitali, quando la media è di 50 per la maggior parte dei film di Hollywood. Il film, che racconta la storia di due adolescenti degli anni Novanta (sempre a colori) trasportati nel mondo in bianco e nero di uno show televisivo degli anni Cinquanta, era stato girato tutto su pellicola a colori. Quindi si dovette procedere alla rimozione del colore nelle parti di fotogramma in cui personaggi e sfondi dovevano comparire in in bianco e nero. Il film, di 82 minuti, richiese più di un anno di lavoro per modificare ogni singolo fotogramma.

GLI EFFETTI SPECIALI PIÙ COSTOSI

La produzione del video di *What's it gonna be?* (1999) di Busta Rhymes e Janet Jackson, diretto da Hype Williams, è costata 2,4 milioni di dollari, in gran parte destinati alla creazione di effetti di morphing, cioè di passaggio graduale da una forma a un'altra, per esempio un liquido che acquista le sembianze di Busta. Il brano è tratto dall'album *E.L.E. – The final world front*, che ha per tema il nuovo millennio.

www.guinnessworldrecords.com/firewall

PARETI DI FUOCO

Il 14 ottobre 2000, la squadra per lo smaltimento degli esplosivi della stazione aeronavale della marina statunitense Miramar creò una parete di fuoco lunga 760 metri a San Diego, California, Usa, durante il Miramar Twilight Air Show. Il muro di fuoco (sotto) era alimentato da 334 contenitori da 23 litri di benzina senza piombo collegati a una miccia di detonazione. Una volta accesa la miccia, il muro di fuoco divampò per pochi secondi, bruciando rapidamente tutto il carburante. Le fiamme si alzarono nell'aria per 60-90 metri e si percepiva il calore della combustione a 400 metri di distanza. La lunghezza della parete di fuoco era quasi uguale a quella raggiunta da 80 autobus londinesi a due piani parcheggiati in fila uno dietro l'altro.

ACCESS CODE: ‹56058›

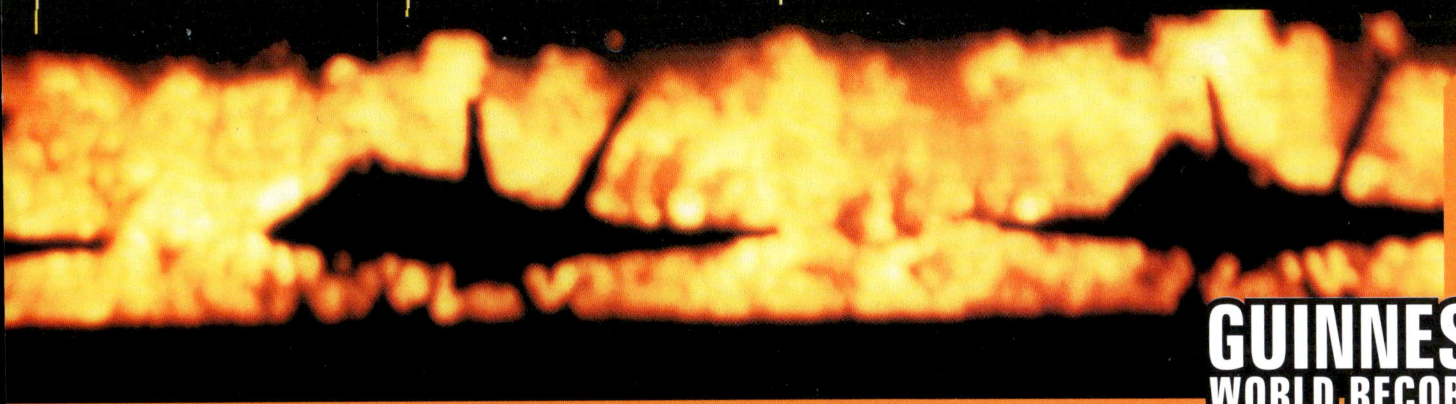

best seller musicali

LA PIÙ GRANDE VENDITA SU PRENOTAZIONE
Can't Buy Me Love dei Beatles (GB) vendette 2,1 milioni di copie prima della sua uscita ufficiale (marzo 1964).

LA CANTANTE POP CANTONESE DI MAGGIOR SUCCESSO
A marzo 2000, Faye Wong (Hong Kong) aveva venduto 9,7 milioni di copie dei suoi 20 album. Il suo disco più recente, *Lovers & Strangers*, uscito nel settembre 1999, ha finora venduto più di 800000 copie, salendo al primo posto nelle classifiche di Hong Kong, Cina, Taiwan, Singapore e Malesia.

LA BAND DI MAGGIOR SUCCESSO
I Beatles hanno venduto più dischi di ogni altro gruppo musicale, con vendite fino a oggi stimate dalla EMI in oltre un miliardo di copie.

L'ALBUM DRUM 'N' BASS PIÙ VENDUTO
New Forms dei britannici Reprazent ha venduto 763910 copie in tutto il mondo dalla sua uscita, nel 1997. Questo album di debutto dell'etichetta Mercury Music, vincitore di diversi premi, ha venduto 250000 copie nella sola Gran Bretagna.

IL SINGOLO COUNTRY PIÙ VENDUTO
How Do I Live di LeAnn Rimes (Usa) è il singolo di una cantante country di maggior successo negli Stati Uniti, con oltre 3 milioni di copie vendute. Il disco, rimasto nella Top 10 per 33 settimane, nel febbraio 2001 era ancora nella classifica country dopo 190 settimane dalla sua uscita.

L'ALBUM ROCK INGLESE PIÙ VENDUTO
The Wall, dei Pink Floyd, ha venduto 23 milioni di copie in tutto il mondo. Uscito nel 1979, questo LP è rimasto 15 settimane in vetta alle classifiche statunitensi e nel 1982 è diventato un film interpretato da Bob Geldof.

LA COLONNA SONORA PIÙ VENDUTA
Saturday Night Fever (1978) è la colonna sonora di maggior successo al mondo, con oltre 30 milioni di copie vendute. L'album con le musiche del celebre film con John Travolta (Usa), conteneva sei brani arrivati a loro volta al primo posto nella classifica dei singoli americana.

LA CANZONE PIÙ VENDUTA DI UN GRUPPO
La canzone più venduta di un gruppo è *Rock Around the Clock*, incisa da Bill Haley e i Comets (Usa), con 25 milioni di dischi venduti. Il brano, registrato nel 1954, era la sigla del film *Il seme della violenza* (Usa, 1955).

L'ALBUM PIÙ VENDUTO
L'album più venduto di tutti i tempi è *Thriller* di Michael Jackson, di cui sono state distribuite oltre 47 milioni di copie dalla sua uscita nel 1982.

L'ALBUM DI MUSICA CLASSICA PIÙ VENDUTO
L'album di musica classica di maggior successo è *In Concert*, con vendite di 10,5 milioni di copie fino a oggi. È stato inciso da José Carreras, Placido Domingo e Luciano Pavarotti a Roma per i mondiali di calcio 1990.

L'ALBUM REGGAE PIÙ VENDUTO
Legend (1984) di Bob Marley ha venduto 1,8 milioni di copie in Gran Bretagna, dove ha raggiunto il primo posto in classifica. Negli Stati Uniti, dove non è mai arrivato nei primi 40 posti, ha comunque venduto più di 10 milioni di copie. A Bob Marley, dopo la sua morte avvenuta nel 1981, è stato conferito l'Ordine di Merito giamaicano e il cantante ufficialmente è noto come l'Onorevole Bob Marley.

L'ALBUM PIÙ VENDUTO IN AUSTRALIA
Dal 1976, *Best of ABBA*, compilation di successi del gruppo pop svedese ABBA, ha venduto più di 1,2 milioni di copie in Australia.

L'ALBUM DI UN GRUPPO PIÙ VENDUTO NEGLI STATI UNITI
L'album più venduto di un gruppo è *Their Greatest Hits 1971-75* degli Eagles, con 27 milioni di copie vendute.

L'ALBUM PIÙ VENDUTO IN GRAN BRETAGNA
L'album di maggior successo è *Sgt Pepper's Lonely Hearts Club Band* dei Beatles, con 4,5 milioni di copie vendute dalla sua uscita nel 1967.

L'ALBUM AUSTRALIANO PIÙ VENDUTO
L'album australiano più venduto di tutti i tempi è *Back in Black* degli AC/DC con vendite globali stimate in 19 milioni di copie dal 1980. Si dice che questa band heavy metal, nata nel 1973 a Sydney, Nuovo Galles del Sud, Australia, avesse scelto il proprio nome dopo che la sorella di un membro del gruppo aveva letto l'etichetta di un aspirapolvere.

L'ALBUM DI UN GRUPPO COUNTRY PIÙ VENDUTO
Wide Open Spaces delle Dixie Chicks (1998) è l'album country di maggior successo, con 10 milioni di copie vendute. A un anno dalla sua uscita, l'album aveva già totalizzato vendite pari a quattro dischi di platino.

L'ALBUM DAL VIVO PIÙ VENDUTO
Double Live di Garth Brooks (Usa) è l'album dal vivo più venduto negli Stati Uniti con vendite comprovate di 14 milioni di copie (sette milioni di LP doppi) dalla sua uscita il 17 novembre 1998. Nel 1997 Brooks ha vinto il premio "Entertainer of the Year" nell'ambito dei Country Music Awards.

L'ALBUM COUNTRY PIÙ VENDUTO
L'album country di maggior successo negli Stati Uniti è *Come On Over* di Shania Twain, con oltre 17 milioni di copie vendute negli Stati Uniti e 30 milioni in tutto il mondo. L'album, prodotto e co-scritto dal marito della cantante Robert "Mutt" Lange, è anche il più venduto negli Stati Uniti da una solista. Shania (sopra a sinistra) è passata con successo dal country al pop. Suo marito ha prodotto anche il disco *The Woman In Me* (1994), che ha avuto un enorme successo con oltre 10 milioni di copie vendute fino al 1998 e che comprende quattro singoli arrivati nei primi dieci posti delle classifiche country statunitensi. Il 1997 è stato un anno straordinario per l'artista: Shania ha vinto la maggior parte dei ricoscimenti di musica country, incluso il titolo di "Entertainer Of The Year", e ha registrato l'album *Come On Over*, rimasto nei primi trenta posti della classifica Billboard 200 per 122 settimane. A livello internazionale ne sono state vendute 26 milioni di copie.

www.guinnessworldrecords.com/shania
ACCESS CODE: ‹56273›

L'ALBUM DI UN ARTISTA LATINO PIÙ VENDUTO

L'album di maggior successo di un artista latino è *Supernatural* di Carlos Santana (sopra), con 14 milioni di copie vendute negli Stati Uniti dal giugno 1999. La carriera musicale dell'artista, che proviene dal Messico, dura da più di cinque decenni. Con il suo gruppo ha sperimentato elementi culturali e suoni diversi, come blues, acid rock, musica latina, africana e pop.

www.guinnessworldrecords.com/santana

ACCESS CODE: ‹54238›

DISCHI DI PLATINO

Elvis Presley ha vinto 54 dischi di platino da quando la Recording Industry Association of America (RIAA) ha introdotto questo premio, basato sul numero di copie vendute, il 14 marzo 1958. Ai Beatles spetta il record per il maggior numero di dischi di platino (assegnati per la vendita di un milione di copie) vinti da un gruppo con 33.

IL SINGOLO PIÙ VENDUTO DA QUANDO ESISTONO LE CLASSIFICHE

Candle In The Wind 1997/Something About The Way You Look Tonight di Elton John, ha venduto 33 milioni di copie in tutto il mondo. Dal 20 ottobre 1997, ha raggiunto il primo posto in classifica in 22 paesi. Sia Elton John sia la casa discografica PolyGram hanno devoluto i proventi della vendita del disco al fondo in memoria della principessa Diana.

LE CANZONI PIÙ VENDUTE

Il singolo più venduto in assoluto è *White Christmas* (Bianco Natale) di Irving Berlin, con 50 milioni di copie nella versione a 45 giri di Bing Crosby (incisa il 29 maggio 1942). Se si includono tutti i formati come i 78 giri e i 33 giri, questa cifra aumenta fino a superare i 100 milioni di copie.

IL VIDEO MUSICALE PIÙ VENDUTO

The Making of Michael Jackson's Thriller, uscito nel dicembre 1983, rappresenta il video musicale di maggior successo, con più di 900000 copie vendute in tutto il mondo. Il bizzarro video del brano *Thriller*, della durata di 14 minuti, è stato girato da John Landis e riprende con ironia lo stile dei costosi film dell'orrore.

www.guinnessworldrecords.com/tlc

L'ALBUM HIP/HOP RAP PIÙ VENDUTO

CrazySexyCool (1994) delle TLC è l'album di hip/hop rap di maggior successo negli Stati Uniti. Con 11 milioni di copie vendute, ha battuto il precedente record di *Please Hammer Don't Hurt 'Em* (1990) di M.C. Hammer, che aveva raggiunto i 10 milioni di copie. Il gruppo TLC è composto da Rozonda "Chilli" Thomas, Tionne "T-Boz" Watkins e Lisa "Left Eye" Lopes (a destra), tutte di Atlanta, Georgia, Usa. Le tre ragazze sono diventate famose con *CrazySexyCool*, in cui si esibiscono artisti come Busta Rhymes e Phife of A Tribe Called Quest. Hanno vinto due Grammy per la miglior esibizione R&B di un duo/gruppo, con *Creep*, e per il miglior album R&B. Altri premi sono due Billboard Music Awards, tre Soul Train Music Awards e un Blockbuster Entertainment Award. Chilli vorrebbe che le TLC diventassero il gruppo femminile più famoso di tutti i tempi e vendessero un numero tale di dischi da stabilire un primato insuperabile.

ACCESS CODE: ‹84252›

primi in classifica

IL CANTANTE PIÙ GIOVANE CON UN ALBUM AL N. 1 (USA)
Stevie Wonder (Usa) aveva 13 anni e 3 mesi quando l'album *Little Stevie Wonder, The Twelve Year Old Genius* (1963) salì in vetta alla classifica.

LA CANTANTE PIÙ GIOVANE CON UN ALBUM NEI PRIMI 10 POSTI (GB)
Lena Zavaroni (GB) aveva 10 anni e 146 giorni quando conquistò l'ottavo posto in classifica con *Ma*, nel 1974.

SUPERBAND
Il record di prime posizioni consecutive nella classifica britannica appartiene ai Beatles (sopra), con 11 numeri uno fra il 1963 e il 1966 (da *From Me to You* fino a *Yellow Submarine*). Dividono il record per il maggior numero di prime posizioni dei singoli di Natale nel Regno Unito con le Spice Girls, con tre successi consecutivi. Nati verso la fine degli anni Cinquanta come The Quarry Men, i Beatles passarono attraverso varie formazioni e cambiamenti, con il nucleo originario composto da John Lennon, Paul McCartney e George Harrison, al quale si unì Ringo Starr nel 1962. Guidati dal manager Brian Epstein e dal produttore George Martin, divennero un fenomeno mondiale, causando manifestazioni di isteria fra i fan e raggiungendo le vendite più grandi mai realizzate da un gruppo con oltre un miliardo di dischi.

www.guinnessworldrecords.com/beatles

ACCESS CODE: ‹50847›

IL SINGOLO DI ESORDIO PIÙ VENDUTO (GB)
Uscito il 12 marzo 2001, *Pure And Simple* di Hear'Say, il gruppo dei cinque vincitori della serie televisiva ITV *Popstars*, salì presto in cima alla classifica in Gran Bretagna , con 549 823 copie vendute nella prima settimana. Il gruppo, composto da Noel, Danny, Suzanne, Kym e Myleene, è il primo ad aver raggiunto il primo posto nella classifica britannica dei singoli e in quella degli album contemporaneamente con un disco di esordio.

IL PIÙ LUNGO INTERVALLO FRA IL PRIMO E L'ULTIMO SINGOLO AL N. 1 (GB)
Cliff Richard vanta un intervallo di 40 anni fra il suo primo singolo numero uno nella classifica britannica, *Living Doll* (1959), e il più recente, *The Millennium Prayer* (1999).

L'ATTESA PIÙ LUNGA PER UN SINGOLO AL N. 1 (USA)
Carlos Santana (Messico) entrò per la prima volta in classifica con *Jingle*, nel 1969, e salì al n. 1, con *Smooth*, nel 1999.

PRIMI A NATALE (GB)
I Beatles (GB) hanno conquistato il primo posto nella classifica di Natale con quattro singoli: *I Wanna Hold Your Hand* (12 dicembre 1963), *I Feel Fine* (10 dicembre 1964), *Day Tripper/We Can Work it Out* (16 dicembre 1965) ed *Hello Goodbye* (6 dicembre 1967).

PERMANENZA AL N. 1 NELLA CLASSIFICA DEI SINGOLI (USA)
One Sweet Day, di Mariah Carey e Boyz II Men (Usa), guidò la classifica per 16 settimane nel 1995.

SINGOLI CONSECUTIVI AL N.1 (GB)
Nel 1999-2000, il gruppo irlandese Westlife è riuscito nell'impresa senza precedenti di piazzare tutti i suoi primi sette dischi in vetta alle classifiche del Regno Unito quando il loro singolo, *My Love*, conquistò il primo posto, l'11 novembre 2000.

LA SERIE PIÙ LUNGA DI SINGOLI AL PRIMO POSTO (USA)
Il record per il maggior numero di singoli numeri uno consecutivi di un unico artista è 7, stabilito dalla cantante Whitney Houston tra il 1985 e il 1988. La serie comprende *Saving All My Love For You* (1985), *How Will I Know* (1985), *Greatest Love Of All (1986)*, *I Want To Dance With Somebody (Who Loves Me)* (1987), *Didn't We Almost Have It All* (1987), *So Emotional* (1987), e *Where Do Broken Hearts Go* (1988). Nata il 27 marzo 1970 a Long Island, New York, Whitney Houston ha venduto oltre 80 milioni di dischi in tutto il mondo.

www.guinnessworldrecords.com/whitney

ACCESS CODE: ‹54592›

IL MAGGIOR NUMERO DI SINGOLI DI UN GRUPPO FEMMINILE AL N. 1 (GB)
Le Spice Girls sono state al primo posto della classifica britannica dei singoli nove volte, du cui l'ultima il 4 novembre 2000, con *Holler/Let Love Lead The Way*.

IL MAGGIOR NUMERO DI ALBUM AL N. 1 (USA)
I Beatles hanno avuto 19 album al primo posto in classifica, più del doppio di Elvis Presley (Usa) e dei Rolling Stones (GB), che ne hanno avuti nove. I Beatles hanno raggiunto la vetta della classifica americana nell'arco di cinque diversi decenni.

IL MAGGIOR NUMERO DI SINGOLI AL N. 1 DI UN CANTANTE SOLISTA
Elvis Presley è stato il solista rock di maggior successo. Dall'inizio dell'era del rock nel 1955, ha fatto registrare 17 singoli al numero uno in Gran Bretagna e 18 singoli numero uno negli Stati Uniti, dove rimase in testa alla classifica per 80 settimane, più di qualsiasi altro cantante negli Stati Uniti.

IL MAGGIOR NUMERO DI SINGOLI AL N. 1 (GB)
I Beatles ed Elvis Presley sono stati 17 volte al primo posto nella classifica britannica dei singoli.

IL MAGGIOR NUMERO DI SINGOLI AL N. 1 (USA)
I Beatles sono stati 20 volte al primo posto nella classifica americana dei singoli, il primo dei quali fu *I Want To Hold Your Hand*, il 25 gennaio 1964.

IL SINGOLO RIMASTO PER PIÙ SETTIMANE AL N. 1 (AUSTRALIA)
Hey Jude (1968) dei Beatles e *Fernando* (Svezia, 1976) degli ABBA rimasero al primo posto della classifica australiana per 15 settimane.

L'ALBUM RIMASTO PER PIÙ SETTIMANE AL N. 1 (USA)
La colonna sonora di *South Pacific* (Usa, 1958) è stato il primo album ad arrivare al primo posto, dove rimase per 70 settimane consecutive dall'8 novembre 1958 e per 115 settimane in totale.

www.guinnessworldrecords.com/destinyschild

ACCESS CODE: <56344>

DESTINAZIONE N. 1
Independent Woman (uscito il 20 novembre 2000), della band vincitrice del Grammy Award Destiny's Child (Usa, a destra), è rimasto al primo posto della classifica americana dei singoli per 11 settimane. La canzone, sigla di *Charlie's Angels*, è il primo singolo di un trio femminile ad aver raggiunto la vetta della classifica britannica in oltre 26 anni.

IL CANTANTE PIÙ GIOVANE CON UN SINGOLO AL N. 1 (GB)
Craig David (GB) a 18 anni e 339 giorni era al primo posto nella classifica dei singoli con *Fill Me In,* il 9 aprile 2000 (165 000 copie vendute).

IL CANTANTE PIÙ GIOVANE CON UN ALBUM AL N. 1 (GB)
Neil Reid (GB) aveva 12 anni e 9 mesi quando l'album omonimo salì al primo posto della classifica, il 19 febbraio 1972.

LA FAMIGLIA POP DI MAGGIOR SUCCESSO
La famiglia Jackson ha conquistato 26 prime posizioni nella classifica americana dei singoli, 13 con Michael, 9 con Janet e 4 con i Jackson 5, protagonisti del primo successo della famiglia con *I Want You Back,* il 6 dicembre 1969.

L'ALBUM AL PRIMO POSTO NEL MAGGIOR NUMERO DI CLASSIFICHE INTERNAZIONALI
Dalla sua uscita, il 13 novembre 2000, l'album *1* dei Beatles, una compilation di tutti i loro singoli numero uno nelle classifiche britanniche e statunitensi, ha raggiunto la vetta delle classifiche in 35 paesi, dall'Australia al Venezuela. È stato anche l'album dell'anno in Australia, Germania, Irlanda, Italia, Portogallo e Gran Bretagna.

RECORD DI SINGOLI AL N. 1 PER UNA TEENAGER (GB)
Due cantanti condividono questo record con tre primi posti nella classifica britannica. Britney Spears (Usa) aveva 18 anni e 158 giorni quando *Oops! I Did It Again* diventò il suo terzo singolo al primo posto, il 7 maggio 2000, mentre Billie Piper (GB) aveva 17 anni e 242 giorni quando *Day & Night* conquistò il primo posto il 21 maggio 2000.

i dischi più venduti

SUCCESSI LEGATI A UNA CAMPAGNA PUBBLICITARIA
Sette singoli hanno raggiunto il primo posto nella classifica pop britannica dopo essere stati usati in spot della Levi Strauss and Co. Questi successi includono: *Stand By Me* di Ben E. King (Usa), *Inside* degli Stiltskin e *The Joker* della Steve Miller Band. Il settimo successo associato agli spot della Levi's, *Flat Beat* di Mr. Oizo (Francia), raggiunse il vertice della classifica britannica il 3 aprile 1999, dopo aver venduto quasi 284 000 copie.

CANTANDO "LA VIDA LOCA"
L'album più venduto in Spagna è stato *El Alma Al Aire* (L'anima nuda) di Alejandro Sanz, uscito nell'ottobre 2000. L'album ha registrato 500 000 prenotazioni e un milione di copie vendute nella prima settimana dalla sua uscita.

Macarena, del duo spagnolo Los Del Rio (Quelli del fiume), è l'album latino di maggior successo, con vendite di oltre 10 milioni di copie in tutto il mondo. Nel 1996, rimase al vertice della classifica americana per 14 settimane e per 60 nei primi 100 posti. Nonostante l'enorme successo, un recente sondaggio su Internet lo ha giudicato come il "brano estivo più irritante di tutti i tempi", oltre a essere stato bandito in alcune scuole americane per il testo allusivo.

www.guinnessworldrecords.com/sanz
ACCESS CODE: ‹56330›

PERMANENZA IN CLASSIFICA DI UN ALBUM (GB)
Rumours, dei Fleetwood Mac, uscito il 26 febbraio 1977, rimase 477 settimane in classifica, raggiungendo anche il primo posto. L'album include quattro brani entrati nella classifica dei singoli, anche se nessuno tra i primi 20.

PERMANENZA DI UN BRANO RAP AL N. 1 (USA)
Hot Boyz di Missy "Misdemeanor" Elliott (Usa), con la partecipazione di Nas, Eve e Q-Tip, è stato in vetta alla classifica americana dei singoli rap 18 settimane, fra il 1999 e il 2000.

PERMANENZA IN CLASSIFICA DI UN SINGOLO (GB)
My Way di Frank Sinatra (Usa) è apparsa nella classifica britannica dei singoli 124 settimane dal 2 aprile 1969, data della sua uscita, quando raggiunse la quinta posizione. Da allora, è rientrata in classifica almeno 10 volte.

L'ARCO DI TEMPO PIÙ LUNGO IN CLASSIFICA (USA)
Louis Armstrong (Usa) entrò per la prima volta in classifica nel 1926, con *Muskrat Ramble*. Il suo più recente successo è stato *What A Wonderful World*, incluso nella colonna sonora di *Good Morning Vietnam* (Usa, 1987), dopo oltre 61 anni. Armstrong detiene lo stesso record anche per gli album. *Satch Plays Fats* entrò in classifica il 1° ottobre 1955 e *Ken Burns Jazz: The Definitive Louis Armstrong* nel gennaio 2001, 45 anni e 3 mesi più tardi.

ALBUM DI UNA CANTANTE IN CLASSIFICA (USA)
Barbra Streisand (Usa) è apparsa nella classifica americana con 48 album dall'uscita del suo primo *The Barbra Streisand Album*, all'ottavo posto il 25 febbraio 1962. L'album più recente, *Timeless – Live in Concert*, uscito il 19 settembre 2000, è arrivato al 21° posto.

IL MAGGIOR NUMERO DI SINGOLI IN CLASSIFICA (USA)
Elvis Presley (Usa) è stato nella classifica Billboard Hot 100 con 149 singoli, fra il 1956 e il 1996. La sua carriera musicale iniziò a otto anni, quando vinse 5 dollari in un concorso canoro locale a Tupelo, Mississippi.

IL MAGGIOR NUMERO DI ALBUM IN CLASSIFICA (GB)
Fino a febbraio 2001, Elvis Presley era apparso nelle classifiche britanniche con 100 album.

SETTIMANE CONSECUTIVE NELLA CLASSIFICA DEI SINGOLI (GB)
Elvis Presley è stato in classifica con 13 singoli, da *A Mess of Blues* (1960) a *One More Broken Heart for Sale* (1963), per 144 settimane consecutive.

IL MAGGIOR NUMERO DI NUOVI SINGOLI IN CLASSIFICA IN UN ANNO
I The Wedding Present ed Elvis Presley condividono il record con 12 nuovi singoli entrati nella classifica britannica in un anno, Elvis nel 1957 e i The Wedding Present nel 1992. In entrambi i casi, tutti arrivarono entro i primi 30 posti.

IL MAGGIOR NUMERO DI SINGOLI IN CLASSIFICA (GB)
Cliff Richard (GB) è entrato in classifica con 123 singoli fino al marzo 2001. Il suo primo successo fu *Move It*, che raggiunse il secondo posto il 12 settembre 1958, mentre l'ultimo è stato *The Millennium Prayer*, numero uno nel 1999.

I BEATLES, I MONKEES, I PEARL JAM E LA MIGLIOR BAND DEL MONDO
I Beatles (GB), i Monkees (Usa), i Pearl Jam (Usa) e gli U2 (Irlanda, a sinistra), hanno tutti avuto sette album presenti nella classifica americana (prime 200 posizioni) contemporaneamente. I Beatles conquistarono il primato il 31 gennaio 1981, dopo la morte di John Lennon, con *Beatles 1967-1970, Beatles 1962-1966, White Album, Sgt Pepper's Lonely Hearts Club Band, Rubber Soul, Abbey Road* e *Love Songs*. In quella stessa settimana, figuravano in classifica anche sei dischi del solo Lennon. I Monkees raggiunsero lo stesso risultato nel 1987. Gli U2, definiti dallo stesso Bono "la miglior band del mondo", eguagliarono il record dei Beatles e dei Monkees nel corso dello stesso anno. Per ultimi arrivano i Pearl Jam, con i fatidici sette album entrati in classifica il 17 marzo 2001.

www.guinnessworldrecords.com/mostalbums
ACCESS CODE: ‹56340›

ALBUM IN CLASSIFICA (USA) NELLA STESSA SETTIMANA
Il 17 marzo 2000, sette album dei Pearl Jam (Usa) comparivano tra i primi 200 posti della classifica. Facevano parte di una serie di 23 album registrati durante un tour negli Stati Uniti e superavano il precedente record dello stesso gruppo di cinque presenze da una serie di 25 album dal vivo usciti contemporaneamente in tutto il mondo.

IL MAGGIOR NUMERO DI SETTIMANE NELLA CLASSIFICA COUNTRY (USA)
La compilation *12 Greatest Hits* di Patsy Cline (Usa) era ancora nella classifica country americana nel febbraio 2001, a 722 settimane dal suo ingresso. L'album rimase per 251 settimane (quasi cinque anni) al numero uno con vendite di oltre sette milioni di copie. Ai funerali di Cline, morto insieme agli Hawkshaw Hawkins e Cowboy Copas in un incidente aereo nel marzo 1963, erano presenti 25000 fan.

SINGOLI IN CLASSIFICA PER IL MAGGIOR NUMERO DI SETTIMANE (GB)
111 singoli di Elvis Presley sono rimasti 1168 settimane in classifica, da *Heartbreak Hotel* l'11 maggio 1956 a *Way Down* il 16 agosto 1977,. poco dopo la morte del cantante e la conseguente caccia ai suoi dischi.

IL DUO IN CLASSIFICA PER IL MAGGIOR NUMERO DI SETTIMANE (USA)
Il singolo *Truly Madly Deeply* dei Savage Garden rimase per 123 settimane nella Adult Contemporary Chart, fino a maggio 2000. Il loro album di esordio ha venduto 11 milioni di copie.

IL CANTANTE CON PIÙ ALBUM AL PRIMO POSTO (USA)
Elvis Presley è stato in cima alla classifica con nove album: *Elvis Presley* (1956), *Elvis* (1956), *Loving You* (1957), *Elvis Christmas Album* (1957), *GI Blues* (1960), *Something For Everybody* (1961), *Blue Hawaii* (1961), *Roustabout* (1964) e *Elvis – Aloha From Hawaii* (1973).

www.guinnessworldrecords.com/puffdaddy

RAP DA RECORD
Sean "Puff Daddy" Coombs (Usa, a sinistra) è il produttore rap di maggior successo. A lui si devono quattro singoli che nel 1997 hanno guidato consecutivamente la classifica rap negli Stati Uniti per 36 settimane. Le star con cui ha lavorato includono Li'l Kim, Mariah Carey e Usher. Egli stesso ha contribuito alla serie record con un disco dedicato all'amico tragicamente scomparso Christopher Wallace (Notorious BIG), che incideva per la Bad Boy, la casa discografica di Puffy. Il singolo *I'll Be Missing You*, inciso assieme alla moglie di BIG, è stato un successo internazionale clamoroso e tutti i guadagni derivati dalle vendite sono stati donati ai figli di Notorious BIG.

ACCESS CODE: ‹55719›

musica da record

IL MAGGIOR NUMERO DI GRAMMY
Georg Solti (1912-97), direttore d'orchestra ungherese, ricevette nella sua carriera 31 Grammy tra il 1958 e il 1997 (anno della morte).

IL JAZZISTA DI MAGGIOR SUCCESSO
Il sassofonista americano Kenny G ha venduto 55 milioni di album in tutto il mondo, fra cui il disco jazz più venduto di tutti i tempi (14 milioni di copie), *Breathless*, uscito nel 1992. Kenny (Kenneth Gorelick) ha ottenuto molti riconoscimenti tra cui un Grammy, diversi American Music Award, un Soul Train Award e un World Music Award.

L'ALBUM JAZZ-FUNK PIÙ VENDUTO
Travelling Without Moving dei Jamiroquai (GB) ha venduto più di 7 milioni di copie dalla sua uscita nel 1996. I Jamiroquai, capeggiati da Jason Kay, hanno venduto 11 milioni di dischi, e sono diventati uno dei gruppi di jazz-funk più ricercati. L'album ha prodotto diversi singoli, tra cui *Cosmic Girl*, *Alright* e *Virtual Insanity*, e ha permesso al gruppo di sfondare sul mercato americano, con quattro premi MTV per gli Stati Uniti e un Grammy vinti nel 1997. Nel 1998, i Jamiroquai hanno scritto *Deeper Underground* per il film hollywoodiano *Godzilla* e più di recente, nel 1999, l'album *Synkronized*. Gli inizi della loro carriera risalgono al lontano 1992 con l'uscita di *When You Gonna Learn* per una piccola etichetta londinese indipendente, la Acid Jazz, prima della firma di un contratto con la Sony.

www.guinnessworldrecords.com/bestfunk
ACCESS CODE: ‹54242›

IL SASSOFONO PIÙ PREZIOSO
Un sassofono di Charlie "Bird" Parker fu venduto per 93500 sterline da Christie's a Londra nel 1994.

IL VIOLINO PIÙ PREZIOSO
Un violino Guarneri del Gesù del 1742, appartenuto all scomparso Yehudi Menuhin, è stato venduto a un collezionista anonimo a Zurigo, Svizzera, nel 1999. Il rivenditore svizzero Musik Hug ha dichiarato un prezzo di vendita "circa 1,25 milioni di dollari superiore alla cifra più alta pagata per un violino in passato", che era stata di 1585452 dollari nel 1998.

IL CONCERTO ALLA MAGGIORE ALTITUDINE
Il 24 ottobre 1998, presso il Laboratorio-Osservatorio Piramide Ev-K2-CNR, a 5050 metri di altitudine nella catena dell'Himalaya, in Nepal, Ombretta Maffeis e Giovanni Bergamelli si esibirono a flauto e tastiera in un concerto dedicato a Gaetano Donizetti nel 150° anniversario della sua morte.

L' ESTENSIONE VOCALE PIÙ AMPIA
Marta Maria Kupeczik (Ungheria) ha un'estensione vocale che spazia dal grande si bemolle al re4, cioè dal registro di basso maschile a quello di soprano, con un intervallo di oltre quattro ottave.

LA PIÙ GRANDE EDIZIONE MUSICALE SU CD
Great Pianists of the 20th Century (I grandi pianisti del XX secolo), della Philips, è la più grande edizione musicale singola mai registrata. Composta da 200 CD, è stata commercializzata in 12 mesi a partire da settembre 1998. L'edizione include le esecuzioni di 74 pianisti, il più giovane dei quali è Evgeny Kissin (nato il 10 ottobre 1971, Russia), e il più vecchio è il musicista Ignaz Paderewski (1860–1941, Polonia).

IL PIÙ GRANDE CONCERTO CON BOTTIGLIE DI VETRO
Il 12 ottobre 2000 a Toledo, Ohio, Usa, le flautiste Patricia Rentner e Roselyn Smith superarono il record per la più grande orchestra di bottiglie di vetro soffiando dentro una fila di 470 bottiglie disposte in ordine strategico. Patricia dirige il coro di flauti di Ottawa Hills mentre Roselyn è una flautista della 555th Air National Guard di Toledo. Entrambe si sono per una volta allontanate dal loro normale repertorio per suonare con le bottiglie una miscellanea di melodie da ninnenanne e filastrocche per bambini.

www.guinnessworldrecords.com/glassbottles
ACCESS CODE: ‹50521›

L'ORCHESTRA CON PIÙ TASTIERE ELETTRONICHE
Il complesso con il maggior numero di tastiere elettroniche era composto da 100 studenti e insegnanti della scuola di musica di Gorsium, Ungheria, che si esibirono su tastiere programmate per simulare gli strumenti di un'orchestra classica. I musicisti eseguirono il *Danubio Blu* di Strauss e le *Ciarde* di Monti al primo Festival delle tastiere Roland svoltosi il 2 giugno 2000 presso la sala da concerto Pesti Vigado di Budapest, Ungheria.

IL MAGGIOR NUMERO DI PARTI PER CHITARRA SUONATE SIMULTANEAMENTE
Il 12 gennaio 2000, Jack "Hoss" Linneman (Usa) suonò da solo tutte le quattro parti per chitarra (due ritmiche, una melodica e una di riempimento) del motivo *Greenback Dollar* al *Jimmy Smart Show*. Pizzicò una normale chitarra Epiphone a sei corde 240 volte al minuto, suonando una media di 36 note al secondo.

L'APPLAUSO PIÙ LUNGO
Il tenore spagnolo Placido Domingo fu applaudito per 1 ora e 20 minuti, con 101 chiamate in palcoscenico, dopo la rappresentazione dell'*Otello* allo Staatsoper di Vienna, Austria, il 30 luglio 1991.

LA PIÙ GRANDE ESECUZIONE SIMULTANEA DI PERCUSSIONI
La più grande esecuzione simultanea di percussioni è stata *Beat This!*, una manifestazione organizzata per il festival Music Live mandato in onda dalla BBC il 29 maggio 2000. Dalle 12 alle 12.30, in tutta la Gran Bretagna, 2140 persone collegate da telecamere e ponti radio suonarono strumenti a percussione seguendo uno stesso schema ritmico appositamente creato per l'evento.

IL PIÙ GIOVANE VINCITORE DEL PIÙ COSPICUO PREMIO MUSICALE
Il compositore Thomas Ades (GB) ha vinto il Grawemeyer Award for Music Composition nel 2000 a 28 anni, diventando il più giovane e il terzo vincitore britannico di questo premio, che ammonta a 200000 dollari.

www.guinnessworldrecords.com/eminem

ACCESS CODE: ‹56305›

IL RAPPER PIÙ FAMOSO

Eminem è il cantante rap dal successo più rapido. L'album *Marshall Mathers* ha venduto 1,76 milioni di copie nella prima settimana della sua uscita negli Stati Uniti (maggio 2000). Considerato da alcuni come un paroliere geniale capace di riflettere i problemi sociali della società americana e da altri come un pessimo esempio per gli adolescenti di tutto il mondo, influenzati dai suoi testi aggressivi, ha avuto enorme successo a livello internazionale con il brano *Stan*, un'ode a un fan ossessivo. Il rapper attualmente è così famoso che una ricerca del suo nome su Internet porta a non meno di 215000 link. Riferimenti ironici a membri della sua famiglia nelle canzoni hanno portato a cause legali con risarcimenti miliardari, resi però trascurabili dai profitti derivanti dalle vendite tuttora in ascesa dei suoi album e video.

IL PIANISTA MEGLIO PAGATO

Wladziu Valentino Liberace (Usa) guadagnava più di due milioni di dollari a stagione (26 settimane all'anno) per esibirsi ai Madison Square Gardens di New York, con un massimo di 138000 dollari per una notte di spettacolo nel 1954, equivalenti a 1085252 dollari attuali.

IL MAGGIOR NUMERO DI STRUMENTI SUONATI SIMULTANEAMENTE

Rory Blackwell, con l'aiuto di un doppio pedale collegato a percussioni e azionato dal piede sinistro, un sistema a più livelli di piatti e percussioni comandato dal piede destro, una cornamusa multipla con mantice ventrale e altri dispositivi vari, riuscì a suonare simultaneamente 108 strumenti (19 melodici e 89 a percussione) a Dawlish, GB, il 29 maggio 1989. L'intera collezione di strumenti occupava un'area di circa 20 metri quadrati.

IL PIÙ VASTO REPERTORIO PIANISTICO

Richard Järnefelt di Helsinki, Finlandia, ha un repertorio di 3000 canzoni che suona tutte a memoria. L'elenco, costituito perlopiù da canzoni pop, include anche pezzi classici.

LO STRUMENTO MUSICALE SUONABILE PIÙ ANTICO

Gli archeologi hanno ritrovato un antico flauto cinese di 9000 anni fa dal quale sono riusciti a ricavare una melodia. Il flauto, di 22 centimetri, ha sette fori ed è fatto con un osso della zampa di una gru. È stato ritrovato a Jiahu, il sito di un antico villaggio cinese lungo il Fiume Giallo.

LA SINFONIA PIÙ LUNGA

La *Victory at Sea*, composta da Richard Rogers e arrangiata da Robert Russel Bennett nel 1952, durava 13 ore.

esibizioni teatrali

LA PRODUZIONE TEATRALE CON IL MAGGIOR INCASSO
Dalla sua prima rappresentazione al Her Majesty's Theatre di Londra, il 9 ottobre 1986, il musical di Andrew Lloyd Webber *The Phantom of the Opera* è andato in scena in 18 paesi con un incasso di 3,2 miliardi di dollari. Al secondo posto come produzione teatrale più redditizia c'è *Cats*, altro musical di Lloyd Webber, con un incasso lordo al botteghino di 2 miliardi di dollari.

LO SPETTACOLO PIÙ ASSICURATO
I produttori di *Barnum*, in scena al Palladium di Londra l'11 giugno 1981, assicurarono il musical per cinque milioni di sterline. L'assicurazione personale per Michael Crawford, che doveva camminare su una fune e scivolare giù da una corda dalla postazione più alta fino al palco, ammontava a tre milioni di sterline.

LA PRODUZIONE TEATRALE PIÙ COSTOSA
L'adattamento teatrale del film *Il Re Leone*, prodotto dalla Disney nel 1994, è la produzione più costosa mai realizzata. Si calcola che la messa in scena a Broadway, nel novembre 1977, sia costata 15 milioni di dollari.

PERDITE TEATRALI
Carrie, della Royal Shakespeare Company, fu sospesa dopo solamente cinque serate a Broadway, il 17 maggio 1988: lo spettacolo era costato 7 milioni di dollari. *King*, il musical sulla vita di Martin Luther King, perse 3 milioni di sterline in sei settimane di rappresentazioni a Londra, fino al 2 giugno 1990, uguagliando le perdite record registrate a Londra da *Ziegfeld* nel 1988.

REPLICHE TEATRALI
Trappola per topi, un giallo di Agatha Christie, fu messo in scena per la prima volta il 25 novembre 1952. La 20126ª replica ha avuto luogo il 23 aprile 2001 al St. Martin di Londra. In questi 49 anni l'opera ha incassato più di 33,3 milioni di dollari.

IL MUSICAL PIÙ RAPPRESENTATO
Lo spettacolo musicale di Broadway *The Fantasticks* di Tom Jones e Harvey Schmidt fu inaugurato il 3 maggio 1960. Fino al 2000 aveva totalizzato 16562 rappresentazioni alla Sullivan Street Playhouse del Greenwich Village di New York.

LO SPETTACOLO TEATRALE PIÙ BREVE
Il premio Nobel Samuel Beckett, autore di una delle opere più importanti del dopoguerra, *Aspettando Godot* (1953), scrisse anche la commedia teatrale più corta, *Breath* (1969), di 30 secondi.

LO SPETTACOLO TEATRALE PIÙ LUNGO
La produzione teatrale più lunga è stata *The Warp* di Neil Oram (GB), rappresentazione in 10 atti presso l'Istituto di Arte Contemporanea di Londra, fra il 18 e il 20 gennaio 1979. L'attore Russell Denton rimaneva sul palcoscenico per tutta la durata rappresentazione, 18 ore e 5 minuti, con l'eccezione di soli cinque minuti.

LA PRODUZIONE TEATRALE PIÙ RAPIDA
Oklahoma! della Velvet Jacket Ltd, rappresentato dalla compagnia Act 24 a The Playhouse di Edimburgo, GB, è stato messo in scena il 6 maggio 2000, 23 ore e 55 minuti dopo che il cast aveva ricevuto il copione.

IL MAGGIOR NUMERO DI TONY AWARD
Harold Prince (Usa) ha vinto 20 Tony in 40 anni. Il premio, così chiamato in onore dell'attrice Antoinette Perry (Usa), è uno dei riconoscimenti teatrali più ambiti. Harold Prince ha vinto otto premi per la regia e altrettanti per la produzione, due come produttore del miglior musical dell'anno e due premi speciali.

IL MAGGIOR NUMERO DI TONY AWARD VINTI DA UN'ATTRICE
Julie Harris (Usa) ha vinto cinque Tony Award, il primo dei quali nel 1952. L'attrice detiene anche il record per il maggior numero di nomination, con 10 in 45 anni di carriera. Julie Harris debuttò a Broadway nel 1945.

ACROBAZIE TEATRALI
Con un volo acrobatico noto in giapponese come *chunori*, l'attore di kabuki Ichikawa Ennosuke (Giappone, a sinistra) è volato sul palcoscenico e sul pubblico per 5000 rappresentazioni, dall'aprile 1968. Il suo 5000° volo sul palcoscenico è del 19 aprile 2000 alle 15.10 presso il teatro Shimbashi Ebujo di Tokyo nello spettacolo *Shin Sankokushi*. Ennosuke recita la parte di un eroe che muore e sale al cielo con la sua amata fra le braccia. Il *chunori*, effettuato con pulegge e una cintura di sicurezza, è nato a Edo (l'attuale Tokyo) nel XVII secolo ed è un trucco teatrale molto popolare da quasi tre secoli. Ennosuke ripropose il volo acrobatico al Teatro Nazionale di Tokyo per lo spettacolo *Yoshitsune e i mille ciliegi* e da allora ha continuato a portarlo in scena in opere teatrali e spettacoli nei successivi 32 anni.

www.guinnessworldrecords.com/chunori
ACCESS CODE: ‹54812›

TONY AWARD VINTI DA UNO SPETTACOLO TEATRALE
Cinque spettacoli teatrali hanno vinto cinque Tony Award a testa: *Un uomo per tutte le stagioni* di Robert Bolt (1962); *Chi ha paura di Virginia Woolf?* di Edward Albee (1963); *Child's Play* di Robert Marasco (1971); *Amadeus* di Peter Shaffer (1981) e *The Real Thing* di Tom Stoppard (1984).

LO SCRITTO TEATRALE CON PIÙ ADATTAMENTI
A Day Well Spent, una commedia buffa in un atto scritta da John Oxenford nel 1835, è stata adattata cinque volte: *Einen Jux will er sich machen* (1842) di Johann Nestroy; *The Merchant of Yonkers* (1938) di Thornton Wilder; *The Matchmaker* (1954) di Thornton Wilder; *Hello Dolly* (1963) di Jerry Herman e Michael Stewart e *On The Razzle* (1981) di Tom Stoppard.

RAPPRESENTAZIONI SIMULTANEE DI UNO SPETTACOLO
Alle 19:00 del 20 novembre 1999, il musical per bambini *The Rainbow Juggler* fu rappresentato in 56 teatri di Gran Bretagna, Irlanda, Germania, Stati Uniti e Australia dai 4568 studenti della Stagecoach Theatre Arts. Lo spettacolo, organizzato per il 10° anniversario della Convenzione sui diritti del bambino, raccolse 78947 dollari per a favore dell'Unicef.

IL TIP-TAP PIÙ GRANDE
Il 17 agosto 1997, davanti al grande magazzino Macy's sulla 34ª Strada di New York, Usa, 6776 ballerini ballarono il tip-tap per due minuti al ritmo di *Puttin' on the Ritz*. I ballerini avevano un'eta compresa fra uno e 91 anni.

IL MAGGIOR NUMERO DI RUOLI IN UNO SPETTACOLO
Per la commedia *For Love or Money*, rappresentata al Grand Theatre di Lancaster, GB, nel settembre 2000 dalla compagnia Lancaster Red Rose Amateur Operatic and Dramatic Society, Phil Gibson ha partecipato alla produzione in sei diversi ruoli: per l'idea originale, per l'orchestrazione, come compositore, librettista, direttore del coro e attore del ruolo del protagonista "Sam".

www.guinnessworldrecords.com/chairstack

ACCESS CODE: ‹54638›

LA PILA UMANA CON SEDIE PIÙ ALTA

USA

Il 16 ottobre 1999, gli Acrobati di Pechino (a destra) formarono una pila umana alta 6,4 metri, con sei persone una sopra l'altra su sette sedie. Una volta in posizione, rimasero immobili per cinque secondi. Gli Acrobati di Pechino si esibiscono insieme dal 1952 e conoscono a fondo discipline risalenti alla dinastia Chin (225-207 a.C.).

IL MAGGIOR NUMERO DI RECITE NELLO STESSO RUOLO

Kanmi Fujiyama interpretò il ruolo di protagonista in 10 288 spettacoli della compagnia teatrale giapponese Sochiku Shikigeki dal 1966 al 1983.

IL MAGGIOR NUMERO DI INTERPRETAZIONI

Jan Leighton (Usa) ha interpretato in teatro, cinema e televisione 3395 ruoli diversi dal 1951. Possiede più di 200 parrucche e cappelli, 70 paia di occhiali, cinque completi da Babbo Natale e 36 pipe.

VIETNAM VITTORIOSO

La più grande prevendita di biglietti di Broadway spetta al musical *Miss Saigon*, scritto da Alain Boublil e Claude-Michel Schönberg, e prodotto da Cameron Mackintosh, che nell'aprile del 1991 toccò i 36 milioni di dollari. Lo spettacolo include un elicottero a grandezza naturale, una Cadillac del 1959 e un cast di 44 attori. La prima mondiale del musical ebbe luogo al Theatre Royal di Londra (sopra) il 20 settembre 1989. Andato in scena a Tokyo nel maggio 1992, stabilì i primati di incasso e di numero di rappresentazioni consecutive in Giappone.

www.guinnessworldrecords.com/misssaigon

ACCESS CODE: ‹50458›

SPETTACOLI SIMULTANEI DI UN AUTORE

Somerset Maugham (GB) nel 1908 aveva quattro spettacoli in scena contemporaneamente nella West End di Londra, GB: *Lady Fredrick* al teatro Court, *Mrs Dot* al Comedy, *Jack Straw* al Vaudeville e *The Explorer* al Lyric.

ATTORI SOSPESI IN ARIA

Período Doma, spettacolo del gruppo argentino di teatro e danza De La Guarda, prevede la presenza di 33 attori sospesi in aria nello stesso momento. Cinque rappresentazioni di *Período Doma* nell'aprile 1998 furono viste da 14 000 spettatori al Velódromo di Buenos Aires, Argentina.

IL MAGGIOR NUMERO DI MEMBRI DI UNA FAMIGLIA IN SCENA INSIEME

Il 12 giugno 1906, al matinée per Ellen Terry (GB) al Drury Lane Theatre di Londra, 22 membri della famiglia Terry apparvero nella scena del ballo di *Molto rumore per nulla*.

IL TRUCCO DI SCENA PIÙ PESANTE

Il *chutti*, il trucco di scena tipico della tradizione Kathakali indiana di teatro-danza, viene realizzato utilizzando pasta di riso e carta e può anche avere uno spessore di 15 centimetri sul viso.

libri e riviste

LA SCRITTRICE PIÙ VENDUTA

Dei 78 romanzi polizieschi di Agatha Christie sono state vendute circa due miliardi di copie in 44 lingue. La Christie scrisse anche 19 commedie teatrali e, con lo pseudonimo di Mary Westmacott, sei romanzi d'amore.
I diritti d'autore sulle sue opere sono stati stimati in 2,5 milioni di sterline l'anno.

I LIBRI PIÙ VENDUTI

Il libro più venduto al mondo è la Bibbia, con una stima di 2,5 miliardi di copie vendute dal 1815 a oggi.
È stata tradotta in 2123 lingue e dialetti.

La Bibbia di re Giacomo detiene il record per l'edizione audio più vasta di un libro. È stata registrata nel corso di sette anni da 147 attori della Royal Shakespeare Company e della BBC Repertory Company (GB) su 1600 chilometri di nastro magnetico, per poi essere trasferita in una raccolta di 78 CD con 88 ore di durata complessiva.

GLI ANTICIPI PIÙ SOSTANZIOSI

Nel 1992, Berkeley Putnam pagò il più cospicuo anticipo della storia per un solo libro: 14 milioni di dollari per i diritti per il Nordamerica di *Without Remorse (Senza rimorso)*, di Tom Clancy (Usa), autore di *Giochi di potere* e *Caccia a Ottobre Rosso*.

TUTTI ESAURITI

Kazuko Hosoki (Giappone, a sinistra) è la "veggente" di maggior successo in campo editoriale. A partire da maggio 1982, ha pubblicato 81 libri venduti in 34 milioni di copie.

Tre opere si contendono il titolo di libro di narrativa più venduto, ma non ci sono dati sufficienti per stabilire con certezza quale sia il detentore del primato. I tre titoli, ai quali si attribuiscono vendite di circa 30 milioni di copie ognuno, figurano *Il buio oltre la siepe* (1960) di Harper Lee, *Via col vento* (1936) di Margaret Mitchell e *La valle delle bambole* (1966) di Jacqueline Susann. Quest'ultimo vendette 6,8 milioni di copie nei primi sei mesi dall'uscita ed è attualmente fuori commercio.

www.guinnessworldrecords.com/fortunebooks
ACCESS CODE: ‹55598›

IL ROMANZO PIÙ LUNGO

L'edizione originale di *A la recherche du temps perdu* di Marcel Proust si compone di 13 volumi, pari a 9609000 battute. Il primo volume fu pubblicato nel 1912, gli ultimi sei volumi (non ancora definitivi) furono ultimati prima della sua morte nel 1922.

LO SCRITTORE PIÙ PROLIFICO

L'autore che ha pubblicato il maggior numero di romanzi, 1058 tra il 1° giugno 1986 e l'agosto 1996, è il brasiliano José Carlos Ryoki de Alpoim Inoue. Scrive racconti di fantascienza, western e thriller.

LO SCRITTORE PIÙ GIOVANE DI UNA SERIE

Randy Nahle (Libano), ha pubblicato il primo libro, *Revenge*, nel luglio 1998 a 12 anni. Il secondo libro della serie poliziesca Hawk Archives, *Mirror Image*, l'ha scritto a 13 anni, ed è stato pubblicato nel febbraio 2000, quando l'autore aveva 14 anni.

LA BIOGRAFIA PIÙ LUNGA

La più lunga biografia nella storia dell'editoria è del politico inglese Winston Churchill. Scritta dal figlio Randolph e da Martin Gilbert, rimasto l'unico autore dopo la morte di Randolph nel 1968, il libro è suddiviso in 22 volumi, per un totale di circa 10 milioni di parole.

IL PREMIO LETTERARIO PIÙ ELEVATO

L'International IMPAC Dublin Literary Award (Irlanda) per i romanzi prevede un premio di 100000 sterline irlandesi. I contendenti vengono nominati dalle biblioteche pubbliche delle principali città di tutto il mondo. Nicola Barker (GB) ha vinto l'edizione 2000 con il romanzo *Wide Open*.

IL ROMANZO PIÙ ANTICO

Cherea e Calliroe, scritto dal greco Caritone nel 100 d.C., è il romanzo più antico conosciuto. Descrive le avventure di una bellissima sposa di nome Calliroe. L'unico romanzo latino completo giunto fino a noi è *L'Asino d'oro* di Apuleio (noto anche come *Le Metamorfosi*), del 123 d.C.

LA VENDITA PIÙ LENTA

Il primato per la vendita più lenta del mondo appartiene a Davi Wilkins per la sua traduzione dal copto in latino del Nuovo Testamento, pubblicata in 500 copie nel 1716 dalla Oxford University Press. Con la vendita di una copia ogni 20 settimane, occorsero 191 anni per esaurire l'opera.

IL LIBRO PIÙ GRANDE

Il *Super Book* pubblicato a Denver, Colorado, Usa, nel 1976 pesa 252,6 chilogrammi e si compone di 300 pagine di 2,75 x 3,07 metri. La sua copertina è 122 volte più grande di quella del *Guinness dei primati*.

IL LIBRO PIÙ PICCOLO

Il libro più piccolo è la novella per bambini *Ole King Cole!*, pubblicata nel marzo 1985 dalla Gleniffer Press di Paisley, Scozia, in 85 copie. Le 22 pagine di 1 x 1 millimetri si possono sfogliare con l'aiuto di uno spillo.

LA LETTURA DAVANTI AL PUBBLICO PIÙ NUMEROSO

J.K. Rowling (GB) è stata uno dei tre scrittori che hanno letto brani delle loro opere davanti a un pubblico di 20264 persone nello stadio SkyDome di Toronto, Canada, il 24 ottobre 2000, al Festival Internazionale degli Scrittori svoltosi nell'Harborfront Center. Oltre all'autrice della serie *Harry Potter*, erano presenti due

IL PESO DELL'INFORMAZIONE

L'edizione domenicale del *New York Times* del 14 settembre 1987 pesava 5,5 chilogrammi per un totale di 1612 pagine. Il *Sunday New York Times* ha una tiratura media di 1650000 copie.

Il giornale con il maggior numero di pagine è stato il numero del 19 dicembre 1997 del quotidiano brasiliano *Diàrio Oficial da União*, con 2112 pagine e un peso di 5,27 chilogrammi.

Il settimanale più vecchio del mondo ancora in circolazione è il bollettino ufficiale svedese *Post och Inrikes Tidningar*, fondato nel 1645 e pubblicato dall'Accademia Reale Svedese di Lettere. Nel 1766 la Svezia è stata la prima nazione a introdurre una legge per garantire la libertà di stampa.

www.guinnessworldrecords.com/massivenewspaper
ACCESS CODE: ‹47978›

www.guinnessworldrecords.com/harrypotter

TUTTI PAZZI PER HARRY POTTER!

Nel 1999, i primi tre libri della serie Harry Potter, di J.K. Rowling (a destra), hanno venduto più di 18,5 milioni di copie negli Stati Uniti e più di 4,5 milioni nel Regno Unito e nei Paesi del Commonwealth. La Rowling è anche la prima scrittrice di romanzi ad avere avuto tre titoli nei primi quattro posti della classifica dei bestseller del *New York Times* per 16 settimane. Il quarto libro della serie, *Harry Potter and the Goblet of Fire*, ha ricevuto prenotazioni per 5,3 milioni di copie.

ACCESS CODE: ‹53728›

scrittori canadesi: Kenneth Oppel con brani tratti dal suo romanzo *Silverwing* e Tim Wynne-Jones con brani da *The Boy in the Burning House*.

LA MANIFESTAZIONE CON IL MAGGIOR NUMERO DI AUTOGRAFI

Il 3 dicembre 1999, 60 autori della Citron Press fimarono i propri libri a una manifestazione svoltasi al Business Design Centre di Londra, GB, per un totale di 1200 copie autografate in due ore.

IL PRESTITO LIBRARIO PIÙ LUNGO

Una biografia dell'Arcivescovo di Brema, del 1609, fu presa in prestito nel Sidney Sussex College di Cambridge, GB, dal colonnello Robert Walpole nel 1668. Il professore John Plumb la ritrovò 288 anni dopo nella biblioteca dell'allora marchese di Cholmondeley a Houghton Hall, Norfolk, GB. Il marchese restituì il libro, senza alcuna penale.

LA PIÙ GRANDE TIRATURA INIZIALE DI UN ROMANZO

Harry Potter and the Goblet of Fire di J.K. Rowling's (GB), il quarto di una serie da record, ha avuto una tiratura iniziale di 4,8 milioni di copie, di cui 3,8 milioni stampate negli Stati Uniti (40 volte il numero medio di copie di un bestseller) e un milione in Gran Bretagna.

LE PUBBLICAZIONI PIÙ GRANDI

La più grande opera mai completata è stata *The Yongle Dadian*, compilata secondo gli ordini dell'imperatore Yongle, della dinastia dei Ming, XV secolo. Gli 11095 volumi contengono 22937 capitoli manoscritti (di cui 370 esistono ancora) scritti da 147 studiosi cinesi e poi corretti da altri 3000 studiosi tra il 1403 e il 1408.

L'ENCICLOPEDIA PIÙ GRANDE

La più grande enciclopedia in uso è l'*Enciclopedia delle leggi arabe* scritta da Mohamed Abu Baker Ben Younis (Grecia). I suoi 200 volumi contengono 164000 pagine e pesano 420 chilogrammi. L'enciclopedia contiene le leggi emanate da tutti i paesi arabi. L'indice generale è contenuto in altri sei volumi e l'opera include anche appendici di aggiornamento aggiuntive.

IL PIÙ GRANDE DIZIONARIO INGLESE

La seconda edizione dell'*Oxford English Dictionary* (1989) contiene 21543 pagine in 20 volumi che elencano oltre 231000 lemmi. Il lemma più lungo è quello del verbo "to set" con più di 60000 parole di testo. Nel 1993 è cominciata una serie annuale di appendici aggiuntive in cui sono elencati circa 4000 nuovi lemmi. Il dizionario è ora disponibile anche su CD-ROM.

IL DIZIONARIO PIÙ GRANDE

Il *Deutsches Wörterbuch*, iniziato nel 1854 dai fratelli Jacob e Wilhelm Grimm, più famosi per la loro raccolta di favole, fu completato nel 1971 ed è costituito da 34519 pagine in 33 volumi. È disponibile come ordine speciale su Internet al prezzo di circa 1695 dollari.

IL PERIODICO PIÙ VECCHIO

Il periodico stampato da più tempo è il *Royal Society's Philosophical Transactions*, pubblicato per la prima volta a Londra il 6 marzo 1665. L'ascesa alla notorietà scientifica di Isaac Newton deve molto al *Transactions*, che ha pubblicato ben 17 opere dello scienziato. Il periodico ha pubblicato anche i lavori di Charles Darwin.

LA RIVISTA PIÙ PESANTE

Il numero di febbraio/marzo 1999 della rivista *Brides* (Spose, GB) pesava 1,952 chilogrammi ed era composto da 1242 pagine, di cui 1065 di pubblicità.

LA RIVISTA PIÙ COSTOSA

La rivista *Visionaire* (Usa), fondata da Stephan Gan, Cecilia Dean e James Kalian, viene venduta a 100 dollari a numero, ma può arrivare a costare 5000 dollari nel mercato parallelo. Il formato e gli argomenti della rivista cambiano a ogni numero ma di solito sono una combinazione di moda, fotografia e arte. La rivista (che non contiene pubblicità) ha sempre una copertina di forma o aspetto particolari (tra le copertine del passato spiccano quelle ricoperte in tessuto e plexiglass e quella a forma di portagioie).

arte e scultura

IL PITTORE PIÙ PROLIFICO

Pablo Diego José Francisco de Paula Juan Nepomuceno de los Remedios Crispín Cipriano de la Santísima Trinidad Ruíz y Picasso (1881–1973, Spagna) nei 75 anni della sua intensa carriera artistica è stato il più fecondo fra tutti i pittori. Si è calcolato che abbia prodotto circa 13500 tra quadri e disegni, 100000 fra stampe e incisioni, 34000 illustrazioni per libri e 300 tra sculture e ceramiche. Il valore complessivo delle sue opere è stato stimato in oltre 1000 miliardi di lire.

IL DIPINTO PIÙ COSTOSO DEL XX SECOLO

Donna con le braccia conserte di Pablo Picasso è stato venduto l'8 novembre 2000 da Christie's di New York per oltre 55 milioni di dollari.

Fino al 9 maggio 1997 le opere di Pablo Picasso avevano interessato 3579 operazioni di vendita all'asta, per un totale di 950 milioni di dollari.

IL QUADRO PIÙ RUBATO

Jacob III de Cheyn (1632), del pittore olandese Rembrandt van Rijn (1609–69), è stato rubato dai musei non meno di quattro volte. Una volta è stato ritrovato dietro una bicicletta e un'altra volta sotto una panchina di un cimitero. Ogni volta è stato restituito in forma anonima e di conseguenza nessuno è mai stato incriminato per il furto. Il quadro di Rembrandt, che ritrae un giovane dall'espressione tranquilla, è così conosciuto che per i ladri sarebbe praticamente impossibile venderlo.

LA SCULTURA PIÙ COSTOSA

Le Tre Grazie di Antonio Canova (1752-1822) sono state acquistate congiuntamente nel 1994 dal Victoria & Albert Museum di Londra, GB, e dalla Galleria Nazionale di Scozia, Edimburgo, GB, per 11,5 milioni di dollari.

IL PIÙ GRANDE DISEGNO ASTRATTO TRACCIATO CON PNEUMATICI

Nel corso della Burnout 2001, al porto di Melbourne, Australia, otto piloti crearono il disegno astratto più grande del mondo lasciando tracce di pneumatici su una superficie di cemento di 70 x 30 metri. Migliaia di spettatori (amanti dell'arte e delle auto) assistettero allo spettacolo di guidatori che sgommavano ispirati per lasciare tracce visibili sul cemento.

LA SCULTURA DI PIETRA PIÙ GRANDE

Le sculture più grandi sono i ritratti di Jefferson Davis (1808–89), del generale Robert E. Lee (1807–70) e del generale Thomas J. Jackson (1824–63) detto "Stonewall" (muro di pietra), scolpiti in altorilievo su mezzo ettaro di parete della Stone Mountain presso Atlanta, Georgia, Usa. Roy Faulkner vi lavorò dal 12 settembre 1963 al 3 marzo 1972, assieme allo scultore Walker Kirtland Hancock e altri assistenti.

ARTE DA BAMBINI

Il 19 luglio 1999, più di 200 bambini di Gaithersburg, Maryland, Usa, hanno realizzato la più grande pittura con le dita. Utilizzando solo mani e piedi nudi hanno creato un dipinto intitolato *Ten Fingers, Ten Toes* (a sinistra), di 8,53 x 10,66 metri, per festeggiare i primi dieci anni di attività commerciale della Sigma-Tau Pharmaceutical.

Il mosaico di caramelle più grande del mondo, composto da 210000 caramelle STARBURST®, è stato realizzato da 60 bambini della Public School 166 di New York. Questo mosaico di 29,7 metri quadrati è stato ideato da Stephanie Logsdon e realizzato al Children's Museum di Manhattan tra il 18 e il 19 aprile 2000. È stato esposto il 22 aprile 2000 alla "Easter Eggstravaganza" in Central Park.

www.guinnessworldrecords.com/fingerpainting
ACCESS CODE: ‹54735›

LA PIÙ GRANDE MOSTRA DI MUCCHE

La CowPARADE è nata a Zurigo, Svizzera, nel 1998 per promuovere arte e commercio nei centri urbani. In quell'occasione 812 mucche a grandezza naturale in fibra di vetro e dipinte in maniera artistica (con nomi come PiCOWso e Lady Cowdiva) furono esposte lungo le strade, sugli edifici, nei parchi, negli aeroporti e nelle stazioni ferroviarie, attirando più di 1,5 milioni di visitatori.

LA PIÙ GRANDE SCULTURA FLOREALE

Una scultura creata per riprodurre una confezione di Aspirina di 76 x 26,5 metri è stata realizzata in una settimana da 1914 persone con 75000 crisantemi bianchi, 1200000 stelle alpine e 71500 sacchetti di foglie di Pangus. L'evento era stato organizzato dall'agenzia di pubblicità Ammirati Puris Lintas per la PT Bayer il 17 ottobre 1999 a Giacarta, Indonesia.

LA PIÙ GRANDE SCULTURA DI COTONE IDROFILO

Nell'aprile 1999, dopo 11 mesi di lavoro, Anant Narayan Khairnar (India) completò una statua del Mahatma Gandhi alta 2,28 metri e pesante 20 chilogrammi. Anche se sembra di marmo, è interamente di cotone idrofilo chirurgico di colore bianco imbevuto di sostanze chimiche per renderlo duro.

LA SCULTURA DI SABBIA PIÙ LUNGA

La più lunga scultura di sabbia, di 26376 metri, si chiamava "The GTE Directories Ultimate Sand Castle". Era stata costruita da oltre 10000 volontari a Myrtle Beach, Carolina del Sud, Usa, il 31 maggio 1991.

LA PIÙ GRANDE SCULTURA FATTA DI VESPAI

Yoshikuni Shiozawa (Giappone) ha creato un modello del monte Fuji con 160 vespai contenenti 160000 vespe gialle vive. La scultura era alta 3,7 metri e larga 4,8 metri alla base.

IL CIELO COME LIMITE

La Statua della Libertà (a sinistra), la statua più pesante del mondo, pesa 24634 tonnellate: 28 tonnellate di rame, 113 tonnellate di acciaio e 24493 tonnellate di cemento nella base. È alta 93 metri dal suolo alla punta della fiaccola e 354 gradini interni conducono alla corona. Il naso è lungo 1,48 metri e il dito indice 2,45 metri. Fu realizzata da Frederic-Auguste Bartholdi, Richard Morris Hunt e Alexandre Gustave Eiffel e donata dalla Francia agli Stati Uniti nel 1885 come simbolo di libertà e amicizia.

La statua più alta del mondo è un Buddha di bronzo di 120 metri, largo 35 metri e pesante 1000 tonnellate. La sua costruzione (durata sette anni) fu ultimata nel gennaio 1993 a Tokyo, Giappone.

www.guinnessworldrecords.com/statueliberty
ACCESS CODE: ‹54191›

IL MAGGIOR NUMERO DI STRATI DI PITTURA

Nel 1998, fu commissionato al duo statunitense The Art Guys (Michael Galbreth e Jack Massing) un cartellone pubblicitario intitolato *ABSOLUTLY - A Thousand Coats Of Paint* per la vodka Absolut. Il cartellone contiene un'immagine alta 4,27 metri di una bottiglia di vodka ed è stato ricoperto con 1000 strati di pittura (9000 chilogrammi di pittura) di diversi colori in nove mesi. La stesura è opera di Bernard Brunon.

IL DIPINTO PIÙ GRANDE

Un dipinto di 8586 metri quadrati raffigurante il mare è stato realizzato dalla ID Culture presso The Arena, Amsterdam, Olanda, nell'agosto 1996.

LA PIÙ GRANDE SCULTURA 3-D DI PALLONCINI

Una scultura composta da 52 000 palloncini a forma di pallone da calcio rimase esposta al Balloon Festival di Northampton, GB, dal 14 al 16 agosto 1998.

L'OPERA D'ARTE CON IL MAGGIOR NUMERO DI PERLINE

USA

Liza Lou (Usa) ha usato 40 milioni di perline di vetro per creare una cucina con giardino a grandezza naturale esposta al Museo Kemper di Arte Contemporanea di Kansas City, Kansas, Usa. Infilate una dopo l'altra, le perline raggiungerebbero una lunghezza di 703,7 chilometri, pari alla distanza che separa Los Angeles da San Francisco.

LA GALLERIA D'ARTE PIÙ GRANDE

La più vasta galleria d'arte è costituita dal Palazzo d'Inverno con il contiguo museo dell'Ermitage a San Pietroburgo, Russia. Per visitare tutte le 322 gallerie, che ospitano quasi tre milioni di opere d'arte e oggetti di interesse archeologico, si devono percorrere 24 chilometri.

L'OPERA D'ARTE CON IL MAGGIOR NUMERO DI PILE

Gilberto Macías Enríquez (Messico) ha realizzato un castello medievale con 11 380 pile a pastiglia. Enríquez colleziona pile dal 1988 e con quest'opera ha voluto sensibilizzare le persone sull'alta tossicità dell'acido nitrico in esse contenuto.

www.guinnessworldrecords.com/carsculpture

PARCHEGGIO A TEMPO INDETERMINATO

La scultura artistica contenente il maggior numero di auto (a destra) è intitolata *Long-term Parking* ed è stata commissionata dalla Fondazione Cartier di Jouy-en-Josas, Francia. La struttura ha 60 macchine incorporate in 1600 tonnellate di cemento ed è alta più di 20 metri. È stata realizzata dall'artista Armand Fernandez, meglio noto come Arman, famoso per le sue opere composte da oggetti ammucchiati uno sull'altro.

ACCESS CODE: ‹56537›

Fumetti e cartoni

I CARTONI PIÙ COSTOSI
Uno dei 150 000 disegni a colori realizzati per *Biancaneve e i sette nani* di Walt Disney (Usa), che uscì la vigilia di Natale del 1937, fu venduto nel 1991 per 203 000 dollari.

LA CARICATURA PIÙ GRANDE
Paul Slattery (GB) ha disegnato una caricatura del giocatore di football Alan Shearer (GB) che misurava 19 x 9 metri su una tela gigante. Iniziò l'opera disegnando l'occhio del soggetto e la portò a termine in tre giorni, il 22 aprile 1999. La caricatura è stata appesa sul Tyne Bridge di Newcastle, GB, e venduta all'asta per raccogliere fondi per la National Society for the Prevention of Cruelty to Children (NSPCC, associazione nazionale per la prevenzione degli abusi contro i bambini).

IL FILM ANIMATO PIÙ COSTOSO
Il principe d'Egitto (Usa, 1998) della DreamWorks, è costato 60 milioni di dollari e quattro anni di lavoro da parte di 350 disegnatori e animatori. Comprende 1192 effetti speciali, uno dei quali (il passaggio del Mar Rosso, di 4 minuti) ha richiesto 350 000 ore lavorative.

LA PIÙ LUNGA SERIE DI CARTONI
Fra il 1933 e il 1957 furono prodotti per il cinema 233 cortometraggi da una bobina di *Popeye the Sailor Man* di Max Fleisher, oltre a uno da due bobine. Dal 1960 al 1962, la King Features ne produsse altri 220 per la TV, seguiti da un altro ciclo di 192 episodi realizzati per il network televisivo CBS dal 1978 al 1983. Popeye, ovvero Braccio di Ferro, apparve per la prima volta alla televisione nel settembre 1956 ed è la serie di cartoni animati trasmessa più a lungo.

IL FUMETTO PIÙ PICCOLO
Il fumetto più piccolo è *Agent 327* (*a sinistra*), disegnato e scritto da Martin Lodewijk (Olanda). Pubblicato da *Comicshop Sjors* nel 1999, misura solo 2,5 x 3,7 centimetri. Il minuscolo libro di 16 pagine è stato stampato a colori in 2000 copie e venduto con una lente di ingrandimento in omaggio, in un'edizione speciale chiamata "Minimum Bug".

www.guinnessworldrecords.com/smallestcomic
ACCESS CODE: ‹53243›

INCASSI IN UNA STAGIONE
Proiettato in oltre 60 paesi, *Il Re Leone* della Walt Disney (Usa, 1994) ha registrato il record di 778 milioni di dollari di incassi in tutto il mondo. Al doppiaggio hanno preso parte Jeremy Irons, James Earl Jones, Rowan Atkinson e Whoopi Goldberg. *Biancaneve e i sette nani* (Usa, 1937), il primo lungometraggio della Walt Disney, richiese quattro anni di lavorazione e registrò incassi per 184,9 milioni di dollari in tutto il mondo. Se si calcola l'inflazione, questa cifra sarebbe pari a 1,63 miliardi di dollari attuali.

LA SERIE PIÙ LUNGA
Mutt and Jeff, di Harry "Bud" Fisher, iniziò come supplemento comico di *Pathe's Weekly* il 10 febbraio 1913 e proseguì in forma autonoma come settimanale dal 1° aprile 1916 al 1° dicembre 1926. Anche se mancano documenti del biennio 1923-24, almeno 323 episodi di *Mutt and Jeff* furono proiettati nelle sale cinematografiche. Molti sono stati colorati e sincronizzati per l'uscita su videocassetta, diventando anche i cartoni animati più vecchi in distribuzione.

LETTERE DI FAN A HOLLYWOOD
Pare che nel 1933 Topolino avesse ricevuto 800 000 lettere dai suoi fan, una media di 66 000 lettere al mese.

NOMINATION CONSECUTIVE ALL'OSCAR
Walt Disney ricevette nove nomination consecutive all'Oscar per il miglior cortometraggio di animazione dal 1942 al 1950, la prima per *Truant Officer Donald* (1941) e l'ultima per *Toy Tinkers* (1949). Fra il 1933 e il 1940, Walt Disney aveva ricevuto nomination per otto anni di fila, inclusi due film nel 1933 e nel 1934, e tre nel 1939. Durante questo periodo, vinse il numero record di otto Oscar consecutivi.

IL MAGGIOR NUMERO DI EDIZIONI DI UN FUMETTO
Un totale di 7561 edizioni del fumetto messicano *Pepín* furono pubblicate tra il 4 marzo 1936 e il 23 ottobre 1956. All'apice della popolarità, si vendevano circa 320 000 copie del fumetto al giorno e il doppio la domenica.

IL FUMETTO PUBBLICATO DA PIÙ TEMPO SU UN GIORNALE
Katzenjammer Kids, Hans e Fritz, che apparve per la prima volta il 12 dicembre 1897 sul *New York Journal*, si ispirava a *Max e Moritz*, una storia tedesca per bambini. Si tratta del fumetto più vecchio ancora in produzione. Attualmente disegnato dal vignettista Hy Eisman, viene pubblicato da oltre 50 giornali.

L'AUTORE DI CARTONI ANIMATI PIÙ PROLIFICO
Joe Martin (Usa), il creatore di *Mr. Boffo, Willy, 'N Ethel, Cats With Hands* e *Porterfield*, produce un totale di 25 serie di cartoni animati, per un numero complessivo di 1300 cartoni all'anno. Dal 1978 ha pubblicato 20 865 cartoni animati. Le creazioni di Martin compaiono in centinaia di giornali, fra cui il *Chicago Tribune*, il *San Francisco Chronicle*, il *Boston Globe*, il *Baltimore Sun* e il *Seattle Times*.

IL PIÙ GRANDE MUSEO DI CARTONI
L'International Museum of Cartoon Art di Boca Raton, Florida, Usa, possiede una collezione di più di 160 000 disegni animati originali di 50 paesi diversi. La raccolta comprende anche 10 000 libri sull'animazione e 1000 ore di cartoni, interviste e documentari in film e videocassetta. Il museo ha una superficie di 2322,5 metri quadrati e include un teatro con 250 posti a sedere.

IL PERSONAGGIO DEI FUMETTI PIÙ RAPPRESENTATO AL CINEMA
Il personaggio dei fumetti più popolare al cinema è Zorro, protagonista di 69 film. Creato da Johnston McCulley, è stato anche il primo personaggio dei fumetti a diventare protagonista di un film importante, *Il segno di Zorro* (Usa, 1920), interpretato da Douglas Fairbanks e uscito solo un anno dopo la nascita del personaggio. Il film più recente, *La maschera di Zorro* (Usa, 1998), interpretato da Antonio Banderas (Spagna, a sinistra), Anthony Hopkins e Catherine Zeta-Jones (entrambi GB) è apparso per la prima volta sugli schermi degli Stati Uniti il 19 luglio 1998 e nel primo fine settimana di proiezione aveva incassato 22,54 milioni di dollari in 2515 sale cinematografiche.

www.guinnessworldrecords.com/zorro
ACCESS CODE: ‹50724›

LA STRISCIA DI FUMETTI PIÙ LUNGA
La striscia di fumetti più lunga, di 53,5 x 1,5 metri, è stata disegnata su 20 tavole da 26 pittori il 17 ottobre 1999 in omaggio all'umorista spagnolo del XVI secolo Quevedo, in occasione della VI Muestra Iberoamericana de Humor Gráfico, una fiera del cartone animato all'università di Alcalá, Spagna.

IL MAGGIOR NUMERO DI PAROLACCE IN UN FILM D'ANIMAZIONE
South Park: Più grosso, più lungo e tutto intero (Usa, 1999) in 81 minuti di film contiene 399 parolacce. Nonostante l'etichetta "versione integrale", dura dai 75 agli 82 minuti a seconda del paese in cui viene proiettato. Il film include anche 128 gesti offensivi e 221 atti di violenza.

IL GIORNALINO A FUMETTI PUBBLICATO PIÙ A LUNGO
Il settimanale a fumetti per bambini *Comic Cuts*, pubblicato dal 17 maggio 1890 al 12 settembre 1953 a Londra, ha circolato per 63 anni e 128 giorni. I suoi 3006 numeri offrivano "Centinaia di risate per mezzo penny".

IL MAGGIOR NUMERO DI LETTORI DI FUMETTI
In Giappone, il 40% di tutto il materiale stampato appartiene al genere *manga* (fumetti). Negli anni Novanta, le vendite annuali di fumetti furono di 600 miliardi di yen (5,5 miliardi di dollari). Inizialmente destinati solo ai bambini (fra i personaggi di maggior successo in tutto il mondo ci sono i Pokémon), ora i fumetti si rivolgono per il 50% al mercato adulto. In Giappone la cultura del fumetto è così radicata da pervadere ogni aspetto dello stile di vita di questo popolo, dagli svaghi al design e all'istruzione.

www.guinnessworldrecords.com/chickenrun

IL MAGGIOR NUMERO DI RIPRESE
La quantità maggiore di plastilina, 2380 chilogrammi, in un film è stata usata per le riprese di *Chicken Run* (*Galline in fuga*, GB, 2000) della Aardman Animation. Questo film di 82 minuti (che è anche il film più lungo con singole riprese di oggetti immobili) è composto da 118 080 singole immagini trattate con effetti speciali. Ogni personaggio di plastilina sul set in miniatura del film ha dovuto essere modificato 24 volte per ogni secondo di film girato.

ACCESS CODE: ‹54005›

A destra, il cofondatore della DreamWorks Pictures Jeffrey Katzenberg con i protagonisti del film, Rocky (a sinistra) e Ginger (a destra).

giocattoli

LA PISTOLA AD ACQUA PIÙ GRANDE
La pistola ad acqua Monster XL della serie Supersoaker è lunga 99 centimetri e contiene 4,6 litri d'acqua. Una pompa nel calcio spruzza l'acqua attraverso due ugelli fino a 10 metri di distanza.

VELOCITÀ NEL RICOMPORRE IL CUBO DI RUBIK
Nel 1982, il rifugiato vietnamita Minh Thai (16 anni), vinse a Budapest, Ungheria, i campionati mondiali di cubo di Rubik con il tempo di 22,95 secondi (miglior tempo su tre prove). Prima di avviare il cronometro, era stato consentito a tutti i concorrenti di prendere il cubo e di osservarlo per 15 secondi.

VELOCITÀ NEL RICOMPORRE IL CUBO DI RUBIK A OCCHI BENDATI
USA

Ralf Laue (Germania) ha ricomposto un cubo di Rubik con gli occhi bendati in 5 minuti e 42 secondi l'11 marzo 2001 a Los Angeles, Usa.

LA PALLA DI ELASTICI PIÙ GRANDE
L'EdVenture Children's Museum, Columbia, Carolina del Sud, Usa, ha costruito la palla di elastici più grande del mondo utilizzando circa 500 000 elastici. La palla pesa 1111 chilogrammi, è alta 1,32 metri, larga 1,37 metri e ha una circonferenza di 4,34 metri. Il lavoro di assemblaggio è durato dal 1° dicembre 2000 al 3 febbraio 2001.

LE COSTRUZIONI DI LEGO® PIÙ GRANDI
La torre di LEGO® costruita a Tallinn, Estonia, tra il 18 e il 21 agosto 1998 (a sinistra), era alta 24,91 metri. La torre è stata realizzata con 391 478 pezzi di LEGO® in plastica con otto rilievi e senza usare adesivo. Più di 6000 bambini hanno partecipato all'iniziativa, organizzata dalla AS Rekato Ltd per superare di 25 centimetri il record precedente, stabilito a Mosca, Russia, nel luglio 1998.

La struttura più lunga costruita con il LEGO® è un millepiedi di 610,8 metri composto da 1 679 100 pezzi. È stato costruito da migliaia di bambini riunitisi a LEGOland®, California, Usa, fra l'8 e il 13 luglio 2000. La struttura, composta da 474 segmenti, ha 948 piedi ed è stata costruita per la prima LEGO® Maniac Kidvention.

www.guinnessworldrecords.com/lego
ACCESS CODE: ‹48833›

IL MAGGIOR NUMERO DI LANCI CONSECUTIVI CON UN ASTROJAX®
Il 12 febbraio 2000, Maximilian Leidolf (Germania) eseguì 3208 lanci consecutivi a mezz'aria con un AstroJax® (tre palline sferiche su una corda con la palla centrale che funge da yo-yo) in 24 minuti e 52 secondi.

LO YO-YO PIÙ VELOCE
Taro Yamashita corse i 100 metri con yo-yo in 13,9 secondi durante gli Yolympics di Portsmouth, New Hampshire, Usa, il 25 maggio 1996.

IL MAGGIOR NUMERO DI GIRI DI YO-YO
Il 22 luglio 1999, "Fast Eddie" McDonald effettuò il numero record di 35 giri di yo-yo (lancio e riavvolgimento) in un minuto.

DISTANZA COPERTA CON UN MODELLINO DI AUTOMOBILE
Un'automobile in scala 1:64 ha percorso 342,9 chilometri in 24 ore. Il record è stato stabilito da una squadra statunitense al Derby HO Racing Club, GB, in base alle norme BSCRA (British Slot Car Racing Association).

Il 5-6 luglio 1986, la squadra della North London Society of Model Engineers aveva fatto percorrere 492,364 chilometri in 24 ore a un modellino in scala 1:32 di Rondeau M482C Group C Sports.

LA PIÙ VELOCE AUTOMOBILE RADIOCOMANDATA
La velocità più alta di un'automobile radiocomandata è di 95,1 chilometri orari, raggiunta il 7 giugno 2000 in Finlandia da un'Audi TT Coupe (scala 1:10) controllata da Petri Kivikoski, Leo Hongisto e Petri Väätäinen dell'Audi Sport Team. Il modellino, largo 20 centimetri e lungo 40 centimetri, pesava 2 chilogrammi.

LA MAGGIOR ALTITUDINE RAGGIUNTA DA UN AQUILONE
Il primato di altitudine per un singolo aquilone è di 3801 metri, stabilito il 28 febbraio 1898 da Henry Helm Clayton e A.E. Sweetland alla stazione meteorologica Blue Hill di Milton, Massachusetts, Usa.

LA MAGGIOR ALTITUDINE RAGGIUNTA DA UNA CATENA DI AQUILONI
Il 1° agosto 1919 una formazione di 8 aquiloni salì a 9740 metri di quota sopra Lindenberg, Germania.

L'AQUILONE PIÙ VELOCE
L'aquilone più veloce si alzò in volo il 22 settembre 1989 a Ocean City, Maryland, Usa, per opera di Pete DiGiacomo, con una velocità di 193 chilometri orari (misurata via radar da un membro della polizia locale). L'aquilone era un Super 10 Flexifoil modificato.

IL MAGGIOR NUMERO DI FIGURE DI "OTTO"
Il maggior numero di figure di "otto" eseguite da un aquilone in un'ora è di 2911, record stabilito da Stu Cohen a Ocean City, Maryland, Usa, il 25 settembre 1988.

VELOCITÀ CON IL POGO
Il 15 gennaio 2000, Ashrita Furman (Usa) percorse un miglio con il pogo in 17 minuti e 45 secondi sulla pista ghiacciata della base argentina di ricerca Marambio, Antartide. Furman ha stabilito almeno un record in ogni continente terrestre.

L'ORSACCHIOTTO CHE HA VIAGGIATO DI PIÙ
Tornado Ted (GB, a sinistra), l'orsacchiotto di peluche mascotte del programma umanitario del Northdale Horticulture Centre (GB), fra il 6 gennaio e il 7 settembre 1998, percorse 251 925 chilometri, viaggiando con le compagnie RAF, USAAF, Red Arrows, l'aviazione della Slovacchia, dell'Ungheria e dell'Austria, British Airways, Cathay Pacific e British Midland, a bordo di 15 tipi diversi di aeromobili inclusi Concorde, Tornado F3 e VC10, per raccogliere fondi e far conoscere l'ente promotore dell'iniziativa. Ora Ted è diventato così famoso da essere nominato membro onorario del Club 9G dell'aviazione olandese dopo aver viaggiato su un F16. Ha compiuto il suo ultimo volo con un jet modello Hawak.

www.guinnessworldrecords.com/tornadoted
ACCESS CODE: ‹48817›

IL MAGGIOR NUMERO DI SALTI CON IL POGO
Fra il 25 e il 26 maggio 1990, Gary Stewart (Usa) effettuò 177 737 salti con il pogo presso la Huntington Beach, California, Usa.

I PUZZLE PIÙ GRANDI
Il puzzle più grande per dimensioni misurava 4783 metri quadrati ed era costituito da 43 924 pezzi. Fu assemblato a Marsiglia, Francia, l'8 luglio 1992.

Il puzzle più grande in commercio è prodotto dalla Educa Sallent di Barcellona, Spagna. Misura 3,3 metri quadrati ed è costituito da 10 000 pezzi.

I PUZZLE PIÙ PICCOLI
Il più piccolo puzzle di 1000 pezzi disponibile sul mercato misura 46 x 30 centimetri ed è prodotto dalla Educa Sallent di Barcellona, Spagna. Questi puzzle sono tutti fabbricati con materiali riciclati e riproducono immagini diverse che spaziano dai monumenti europei più famosi ai personaggi di Disney e Sesame Street.

LA TORRE K'NEX PIÙ ALTA
Tra il 5 e il 6 giugno 1999, la K'nex Manufacturing costruì una torre giocattolo alta 30,87 metri. La torre, dalla base di due metri quadrati, era composta da 50 342 pezzi.

LA TORRE DI MATTONI GIOCATTOLO PIÙ ALTA
Una piramide dell'altezza record di 25,05 metri è stata costruita con mattoni giocattolo da un gruppo di 800 persone per festeggiare l'insediamento del presidente di Taiwan Lee Teng-hui. La torre fu innalzata a Taipei, Taiwan, il 18 maggio 1996.

L'OLLIE PIÙ ALTO CON SKATEBORD
Il 6 febbraio 2000, Danny Wainwright (GB) vinse la Reese Forbes Ollie Challenge all'ASR Show, Long Beach, California, Usa, con un ollie a 113 centimetri dal suolo.

IL SALTO PIÙ ALTO CON SKATEBORD
Il record per il salto più alto con lo skateboard è di 1,67 metri ed è stato stabilito da Trevor Baxter (GB) a Grenoble, Francia, il 14 settembre 1982.

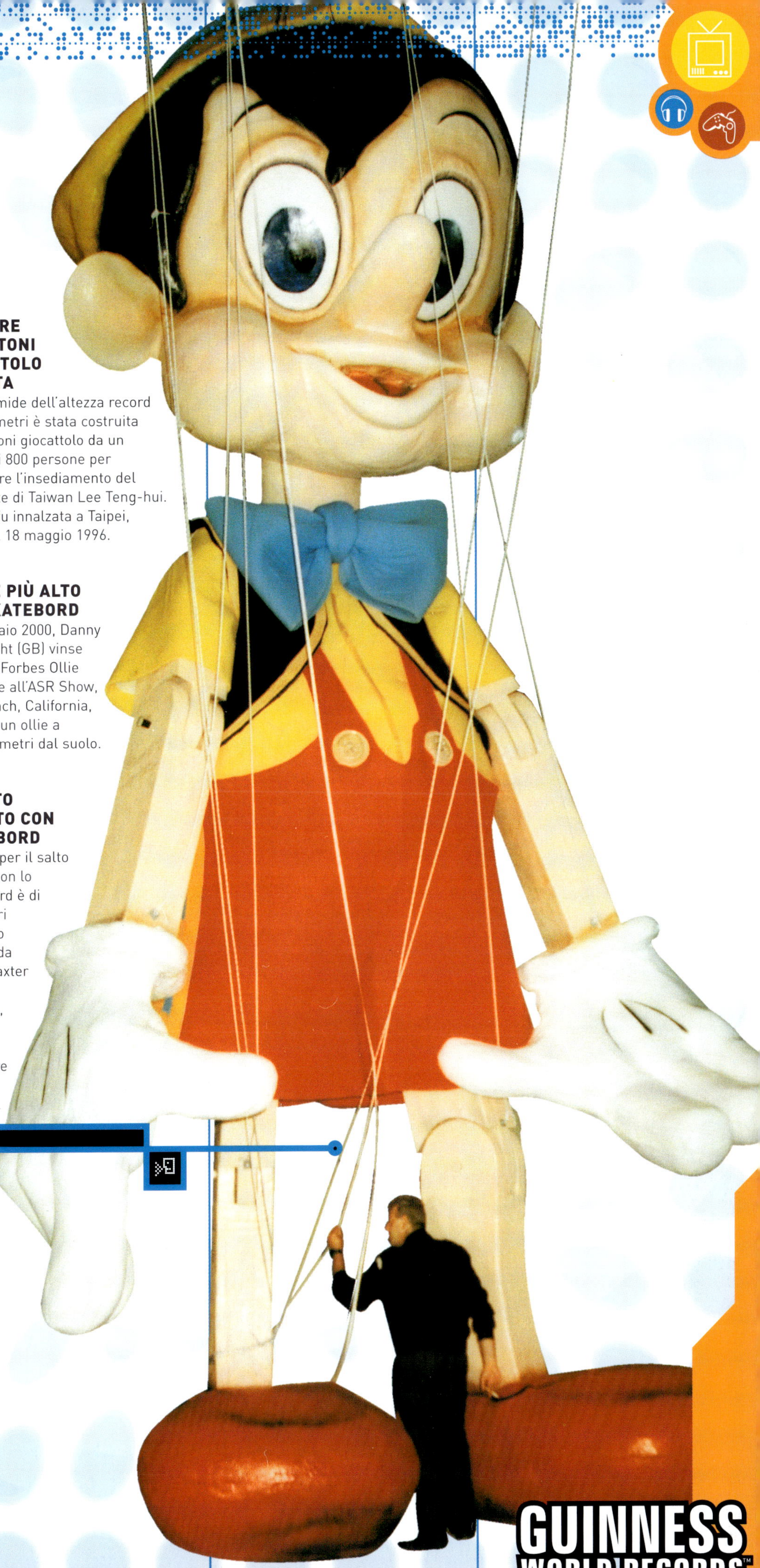

www.guinnessworldrecords.com/pinocchio

LA MARIONETTA PIÙ GRANDE
Un Pinocchio snodabile (a destra) di 10 metri è stato costruito dalla Forum Town Decoration per la società Audio Visual Enterprises ed è stato esposto ad Atene, Grecia, il 23 aprile 2000. La sua costruzione ha richiesto 82 giorni di lavoro. Pinocchio è stato fabbricato con 250 chilogrammi di poliestere, 150 chilogrammi di fibra di vetro, 71 metri quadrati di gommapiuma e 58 metri di panno, oltre a corde e pulegge. La presentazione della marionetta è stata trasmessa in diretta su Internet.

ACCESS CODE: <55362>

giochi e lotterie

PALLEGGI CON UN SACCHETTO DI FAGIOLI

Il gioco prevede che un sacchetto di faglioli venga fatto palleggiare unicamente con i piedi. Andy Linder (Usa) detiene il primato di 1017 palleggi in 5 minuti, stabilito nel 1996.

Il primato individuale di resistenza, con 63326 palleggi consecutivi, appartiene a Ted Martin (Usa), che lo stabilì al Lions Park di Mount Prospect, Illinois, Usa, nel 1997.

Il primato nel doppio, 123011 palleggi consecutivi, spetta a Gary Lautt e Tricia George (Usa), stabilito a Chico, California, Usa, nel 1998.

IL MIGLIO PIÙ VELOCE CON IL GIOCO DELLE PULCI

Il minor tempo per percorrere un miglio facendo saltare una "pulce" è di 2 ore, 25 minuti e 24 secondi, stabilito da una squadra di 23 persone a Newton Abbot, Devon, GB, nel 1999.

IL MAGGIOR NUMERO DI PULCI A BERSAGLIO

Nel 1966, Allen Astles fece saltare nel piattino 10000 gettoni del gioco delle pulci in 3 ore, 51 minuti e 46 secondi ad Aberystwyth, Galles, GB.

PASSA DAL VIA E RITIRA DUE MILIONI DI DOLLARI!

Un Monopoly esclusivo da due milioni di dollari (a sinistra) è stato realizzato dall'orefice Sidney Mobell di San Francisco, Usa, nel 1988. Il tabellone è in oro a 23 carati; i tetti di case e alberghi, pure in oro, sono ricoperti da rubini e zaffiri, mentre i numeri sul dado sono formati da 42 diamanti intagliati.

Fino al 1999, il Monopoly (o Monopoli) era stato giocato da 500 milioni di persone in tutto il mondo. Si tratta del gioco di società più diffuso: è venduto in 80 paesi e prodotto in 26 lingue.

www.guinnessworldrecords.com/monopoly
ACCESS CODE: ‹43436›

IL PIÙ GIOVANE MASTER DI SCACCHI

Il più giovane Grand Master internazionale è stato il francese Etienne Bacrot, che ottenne il titolo il 22 marzo 1997 all'età di 14 anni e 59 giorni.

PARTITE SIMULTANEE A SCACCHI

Il 6-7 gennaio 1996, lo svedese Ulf Andersson affrontò 310 avversari contemporaneamente, riportando solamente 2 sconfitte a Alvsjö, Svezia.

LA MOSSA PIÙ LENTA A SCACCHI

La mossa più lunga è stata quella giocata da Francisco Torres Trois contro Luis Santos a Vigo, in Spagna, nel 1980: per la settima mossa Trois impiegò 2 ore e 20 minuti.

SALTO DELLA CAVALLINA

Andy Wiltz (Usa) ha saltato sopra 10 persone in posizione eretta alla Seaman High School di Topeka, Kansas, Usa. Tutte le 10 persone avevano più di 16 anni ed erano alte più di 1,53 metri. Senza trampolino, Wiltz prese la rincorsa e, appoggiandosi alle spalle della prima persona della fila, riuscì a saltare sopra tutte le 10 teste.

IL GIOCO DA TAVOLO PIÙ COSTOSO

La versione deluxe di *Outrage!*, della Imperial Games di Southport, Merseyside, GB, nel quale i partecipanti hanno come obiettivo il furto dei gioielli della corona dalla Torre di Londra, è in vendita a un prezzo pari a oltre 10 milioni di lire.

IL GIOCO DA TAVOLO PIÙ GRANDE

Il più grande gioco da tavolo è *Galaxion*, della Cerebe Design International di Hong Kong, Cina. Il tabellone da gioco è un quadrato di 84 centimetri di lato.

IL PREMIO PIÙ ELEVATO IN UN TORNEO DI POKER

John Duthie (GB) ha vinto 1423000 dollari nel torneo Ladbroke's Casinos Poker Million presso l'Hilton Casino, Douglas, Isola di Man, nel 2000.

Chris "Jesus" Ferguson (Usa) ha vinto 1,5 milioni di dollari al 31° torneo mondiale di poker presso il Binion's Horseshoe Casino di Las Vegas, Nevada, Usa, nel 2000.

IL PIATTO PIÙ ELEVATO A POKER

Il montepremi più alto accumulato in un torneo di poker è stato di 4,5 milioni di dollari nella mano finale del 31° torneo mondiale giocata fra T.J. Cloutier (Canada) e il vincitore finale Chris "Jesus" Ferguson (Usa).

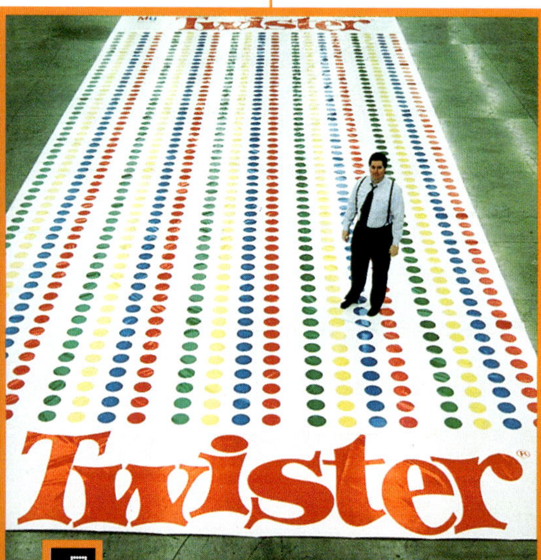

IL TABELLONE DI TWISTER PIÙ GRANDE

Il più grande tabellone per il gioco Twister misura 18 x 6 metri ed è stato realizzato dalla Vision International di Salt Lake City, Utah, Usa, nel febbraio 1998. Questo classico gioco americano da party fu ideato da Milton Bradley nel 1967. Il 6 febbraio 1998, è stato giocato contemporaneamente da centinaia di impiegati della Vision International, che intrecciarono i loro arti con quelli dei colleghi fino a formare ogni genere di forme contorte prima di crollare sull'enorme foglio colorato.

Il record per il maggior numero di partecipanti a una gara di Twister è di 4160 persone, stabilito all'università del Massachusetts, Amherst, Usa, il 2 maggio 1987. Alla fine, vincitrice risultò Allison Culler.

www.guinnessworldrecords.com/twistergame
ACCESS CODE: ‹49022›

IL CASINÒ PIÙ GRANDE

Il Foxwoods Resort, Connecticut, Usa, è il casinò più grande del mondo con un'area di gioco di 18 000 metri quadrati, in cui si trovano 5800 slot machine, 17 tavoli da gioco oltre a 3200 posti a sedere per giocare a bingo.

IL PIÙ GRANDE JACKPOT A UNA SLOT MACHINE

Cindy Jay (Usa), una cameriera di 38 anni, vinse la somma record di 34 959 458 dollari a una Megabucks del casinò del Desert Inn Hotel di Las Vegas, Nevada, Usa, il 26 gennaio 2000.

LA FICHE DI TAGLIO PIÙ ELEVATO

La fiche da gioco di taglio più elevato vale 10 milioni di dollari ed è disponibile presso il London Club of Aladdin di Las Vegas, Nevada, Usa.

www.guinnessworldrecords.com/lasvegas

ACCESS CODE: ‹56523›

LA CITTÀ CON I MAGGIORI PROFITTI DI GIOCO

Nel 2000, i profitti di gioco lordi annuali prodotti da casinò e complessi di intrattenimento a Las Vegas, Nevada, Usa, ammontavano a 7 673 134 286 dollari.

Las Vegas ospita anche l'hotel più grande del mondo: il Grand Hotel e Casinò MGM, che occupa quattro torri di 30 piani su 453 000 metri quadrati. L'hotel ha 5005 camere e suite che arrivano a 560 metri quadrati di superficie.

LA PIÙ ALTA VINCITA INDIVIDUALE ALLA LOTTERIA

Maria Grasso (Usa) ha vinto il Big Game Jackpot di 197 milioni di dollari della lotteria del Massachusetts nell'aprile 1999.

SCOMMESSE SUI CAVALLI

Dei 40 miliardi di dollari puntati sui cavalli in tutto il mondo, 11,9 miliardi (il 43%), vengono scommessi in Giappone. La corsa più famosa è la Arima Kinen, con scommesse di oltre 442 milioni di dollari.

IL TORNEO DI BRIDGE PIÙ GRANDE

Al campionato mondiale Epson del 20-21 giugno 1992 parteciparono 102 000 giocatori, impegnati contemporaneamente con le stesse carte in 2000 centri in tutto il mondo.

GUINNESS WORLD RECORDS™

parchi di divertimenti

IL PARCO DI DIVERTIMENTI PIÙ VECCHIO

Bakken, a Klampenborg, Danimarca, fu aperto nel 1583 ed è ancora funzionante. Nell'Europa medievale, molte città importanti avevano ciò che può essere considerato l'antesignano dell'attuale parco di divertimenti. Questi giardini, di solito ai margini della città, offrivano spettacoli, fuochi d'artificio, balli, giochi e forme primitive di giostre. La maggior parte è stata chiusa nel Settecento e Bakken, in un boschetto in vicino a un lago, è l'unico parco antico sopravvissuto fino a noi.

IL PARCO A TEMA PIÙ VISITATO

Nel 2000, il parco Disneyland di Tokyo, Giappone, è stato visitato da 16,5 milioni di persone (17,4 milioni nel 1999) e nel decennio 1990-1999 è stato il parco più visitato in assoluto, con 179,11 milioni di persone. Il totale supera abbondantemente il numero degli abitanti del Giappone, circa 126 milioni di persone.

IL PIÙ GRANDE PARCO DI DIVERTIMENTI STAGIONALE

Il più grande parco stagionale di divertimenti è quello allestito ogni anno per l'Oktoberfest di Monaco, Germania, composto da una cinquantina di giostre meccaniche mobili. Le attrazioni principali del parco sono numerose montagne russe, fra cui la *Olympia Looping Bahn* con cinque curve di capovolgimento. Questo ottovolante mobile è stato realizzato dal famoso progettista bavarese di ottovolanti Anton Schwarzkopf.

L'OTTOVOLANTE PIÙ VECCHIO

Leap-The-Dips, una montagna russa tradizionale a frizione laterale del Lakemont Park di Altoona, Pennsylvania, Usa, era stato costruito dalla Edward Joy Morris Company nel 1902. Chiuso al pubblico nel 1985, sembrava destinato a finire così i suoi giorni, ma nel 1999 è stato completamente restaurato e riaperto.

L'ottovolante più vecchio in funzione ininterrottamente dalla costruzione è *The Scenic Railway* del Luna Park di St Kilda, Victoria, Australia, che, dalla sua inaugurazione il 13 dicembre 1912, ha sempre continuato a funzionare a pieno ritmo. Questo ottovolante tradizionale in legno, progettato da Marcus Adna Thompson (Usa), è considerato il padre degli ottovolanti moderni.

LA MONTAGNA RUSSA PIÙ VELOCE

Il circuito più veloce del mondo è *Superman The Escape* al Six Flags Magic Mountain, California, Usa. I passeggeri vengono portati a 126 metri a bordo di 15 veicoli aerodinamici prima di cadere all'indietro lungo i binari a una velocità di 160 chilometri orari, con 6,5 secondi in caduta libera.

L'OTTOVOLANTE CON IL GIRO DELLA MORTE PIÙ ALTO

L'ottovolante *Viper* in funzione al Six Flags Magic Mountain di Valencia, Usa, è alto 57,30 metri. Si capovolge sette volte alla velocità di 110 chilometri orari.

L'OTTOVOLANTE DI LEGNO PIÙ LUNGO

The Beast, costruito nel 1979 alla Paramount's Kings Island, Cincinnati, Ohio, Usa, è l'ottovolante tradizionale in legno con binari laminati più lungo del mondo (2286 metri). È in costruzione un nuovo ottovolante, *Son of Beast*, che conquisterà i record per l'ottovolante in legno più alto (66,5 metri), l'ottovolante in legno con la caduta libera più alta (65,2 metri), l'ottovolante in legno più veloce (125 chilometri orari), l'ottovolante in legno con il maggior numero di giri della morte (anche se ne avrà uno solo). Il giro della morte è in una sezione in acciaio incorporata nei binari in legno laminati, perché le strutture in solo legno non potrebbero sopportare le forze in gioco.

LA RUOTA PANORAMICA PIÙ GRANDE

La British Airways London Eye, progettata dagli architetti David Marks e Julia Barfield, ha un diametro di 135 metri. Situata nei Jubilee Gardens di Londra, è stata inaugurata il 1° febbraio 2000. Durante il normale funzionamento la ruota gira a ciclo continuo. Ognuna delle 32 capsule ad alta tecnologia completamente chiuse trasporta fino a 25 passeggeri ed effettua una rotazione completa di 360° ogni 30 minuti. Nel punto più alto questa ruota gigante offre una vista di Londra per un raggio di 50 chilometri.

www.guinnessworldrecords.com/londoneye

ACCESS CODE: ‹51872›

L'OTTOVOLANTE CON LA DISCESA PIÙ RIPIDA

La discesa più ripida del mondo in un ottovolante in acciaio è quella dell'*Oblivion* di Alton Towers, GB, con 87,5° di pendenza. La discesa è lunga 60 metri e le vetture a due file di posti possono raggiungere i 110 chilometri orari. L'*Oblivion* può trasportare 1900 persone all'ora.

La discesa più ripida in un ottovolante di legno è di 58,5° di pendenza ed è detenuto dal *Cyclone* di Astroland, New York, Usa.

ANCORA UN GIRO!

Il parco di divertimenti Cedar Point di Sandusky, Ohio, Usa, (a sinistra, sopra), aperto nel 1870, contiene il maggior numero di attrazioni (68) e di montagne russe (14). Per quanto riguarda le montagne russe, due sono in legno tradizionale e 12 in acciaio, tra cui *Millennium Force*, inaugurata nel 2000 e più alta della Statua della Libertà.

Un gruppo di sette persone (a sinistra) detiene il record per il maggior numero di giri su ottovolanti diversi in 24 ore. Patricia Byron, Denise Lau Cortopassi, David Escalante, John Sutherland, David Curley, John Green e Steven Wilson (Usa) viaggiarono su 40 ottovolanti in otto parchi di divertimenti fra il 14 e il 15 ottobre 2000.

www.guinnessworldrecords.com/cedarpoint

ACCESS CODES: ‹51868›

LA PRIMA RUOTA PANORAMICA

La ruota Ferris originale, dal nome del suo costruttore George W. Ferris Jr (Usa), fu montata nel 1893 a Chicago, Illinois, Usa. Era alta 80 metri dal terreno, con un diametro di 76 metri e una circonferenza di 240 metri. Ognuna delle 36 gondole completamente chiuse poteva trasportare fino a 40 passeggeri su sedie girevoli e la ruota pesava 1300 tonnellate senza carico.

LA RUOTA PANORAMICA CON LA MAGGIORE CAPACITÀ

L'ufficiale britannico di marina Walter Bassett costruì la sua prima e più grande ruota panoramica per la Fiera Orientale di Earl's Court, Londra, nel 1895. Aveva 10 vetture di prima classe e 30 vetture di seconda classe, ognuna in grado di trasportare 30 persone. La ruota poteva trasportare fino a 1200 passeggeri fino a un'altezza di 84 metri, ma fu smantellata nel 1906.

LA RUOTA PANORAMICA CON IL DIAMETRO PIÙ GRANDE

Il 18 marzo 1999, *The Cosmolock 21* entrò in funzione a Yokohama, Giappone. Ha un diametro di 100 metri ed è alta 112 metri. Ha 60 gondole da otto posti ciascuna ed è dotata di illuminazione a raggi laser e sintetizzatori di suono per gli effetti acustici. La ruota viene illuminata ogni 15 minuti da fuochi d'artificio.

LA CAVALCATA PIÙ LUNGA IN UN RODEO MECCANICO

Il 30 settembre 2000, Pauline Farrington (GB) è riuscita a cavalcare un toro meccanico settato al livello sette per 58,1 secondi a Parigi.

LA CADUTA LIBERA PIÙ ALTA

Sulla *Drop Zone* del parco di Kings Island, Cincinnati, Ohio, Usa, i 40 passeggeri sono seduti in cerchio attorno a un polo centrale. Cadono per 80 metri da una torre di 91,5 metri, raggiungendo velocità superiori ai 105 chilometri orari. Solo 43 degli 80 metri sono in caduta libera. La frenata comporta una decelerazione di 4 g (quattro volte la forza di gravità), per cui i passeggeri pesano di fatto quattro volte più del loro peso reale.

LA GIOSTRA PIÙ VECCHIA

La Vermolen Boden-Karussel del parco dei divertimenti Efteling di Kaatsheuvel, Olanda, è stata costruita nel 1865 ed è ancora funzionante. Inizialmente azionata da cavalli, è stata in seguito restaurata e ora funziona elettricamente.

LO SCIVOLO ACQUATICO PIÙ VELOCE

Lo scivolo acquatico in grado di far raggiungere la velocità più elevata è *Insane* del Beach Park di Fortaleza, Brasile, alto 41 metri. Gli utilizzatori possono raggiungere velocità di 100 chilometri orari in soli 4 secondi, cosa piuttosto scomoda se indossano soltanto il costume da bagno. Lo scivolo è alto come un edificio a 11 piani.

IL TUNNEL ACQUATICO CHIUSO PIÙ ALTO

Il *Turbo Twisters* del Myrtle Waves, Myrtle Beach, Carolina del Sud, Usa, inaugurato nel 1994, alto 22,8 metri e lungo 61 metri, è il tunnel acquatico chiuso più alto. Gli utilizzatori raggiungono velocità di 55 chilometri orari nella più completa oscurità.

L'ONDA ARTIFICIALE PIÙ ALTA

Le onde artificiali più alte misurano 2,8 metri di altezza e sono della Valle delle Onde di Sun City, Sudafrica.

IL MAGGIOR NUMERO DI SCIVOLI ACQUATICI

Lo Splash Garden di Rokko Island, Kobe, Giappone, ha 50 scivoli acquatici su un'unica torre.

LA PIÙ GRANDE PISCINA CON ONDE ARTIFICIALI

La piscina con onde artificiali più grande del mondo ha una superficie di 16000 metri quadrati e si trova nel Siam Park di Bangkok, Tailandia.

www.guinnessworldrecords.com/steeldragon

L'OTTOVOLANTE PIÙ VELOCE

JP

Lo *Steel Dragon* (a sinistra), inaugurato il 1° agosto 2000 al Nagashima Spaland di Mie, Giappone, è una montagna russa gigante con binari in acciaio e senza giri della morte progettata da Steve Okamoto. È l'ottovolante a circuito chiuso più veloce del mondo e ha anche la discesa più lunga e il binario più lungo. Solleva i passeggeri a 95 metri prima di farli cadere per 93,5 metri accelerando a 150 chilometri orari. Prima di completare i 2479 metri di binari, i passeggeri affrontano due salite e relative discese rispettivamente di 74 e 64 metri. In totale i passeggeri vengono fatti cadere per 365 metri.

ACCESS CODE: <55358>

GUINNESS WORLD RECORDS

www.guinnessworldrecords.com/technology

tecnologia

GUINNESS WORLD RECORDS™

computer 1

IL GIOCO PER PC VENDUTO PIÙ VELOCEMENTE

Il *role play* per PC *Diablo II* creato dalla Blizzard Entertainment ha venduto più di un milione di copie nelle prime due settimane dopo il lancio nel giugno 2000. Nel gennaio 2001 erano state vendute 2,75 milioni di copie in tutto il mondo. *Diablo*, il primo gioco per PC della serie, ha venduto oltre 2,3 milioni di copie dal suo lancio sul mercato nel 1997.

IL CUCCIOLO GIGA PIÙ LONGEVO

Secondo la Tiger Electronics, produttrice del gioco, Elvis, "nato" il 3 luglio 1997, ha conquistato il record il 13 gennaio 1998, al compimento di 194 giorni di vita, grazie alle cure di Jessica Troiano (Usa).

IL COMPUTER PIÙ VENDUTO

Circa 30 milioni di Commodore 64 furono venduti tra l'uscita sul mercato del modello, nel 1982, e il suo declino commerciale, nel 1993. Il computer disponeva di 64K di Ram, 16K per la grafica e 16K per il suono.

IL PIÙ LUNGO CALCOLO AL COMPUTER PER UNA RISPOSTA SÌ/NO

Nel 1986, un supercomputer Cray-2 fu programmato per verificare se il ventunesimo numero di Fermat, 2^{220} +1, fosse un numero primo. Dopo 10 giorni di conti, la risposta fu negativa.

LA TASTIERA PIÙ PICCOLA

La più piccola tastiera per computer con caratteri alfanumerici, simboli e tasti di controllo è stata brevettata il 18 marzo 1997 da David Levy, del Massachusetts Institute of Technology, Usa. Ha 64 tasti, ognuno abbastanza grande da poter essere azionato dal dito di una persona adulta, benché l'intero dispositivo misuri appena 7,6 x 3 centimetri.

www.guinnessworldrecords.com/tinykeyboard

ACCESS CODE: ‹47158›

IL VIDEOGIOCO DI CALCIO PIÙ VENDUTO

La serie FIFA, sviluppata dalla EA Sports, ha venduto oltre 16 milioni di copie. Lanciato in versione PC il 27 novembre 1998, il gioco è accompagnato da una colonna sonora pop completa fra cui il brano di Fatboy Slim *Rockafeller Skank*.

IL MANUALE DI ISTRUZIONI PIÙ BREVE

Il computer Apple iMac viene venduto con un manuale di istruzioni contenente soltanto 6 foto e 36 parole, che ha permesso al computer di raggiungere il culmine delle vendite sulla base del fatto che l'utente deve soltanto toglierlo dalla scatola e accenderlo.

IL CANE-ROBOT PIÙ GRANDE

L'RS-01 RoboDog, prodotto dalla RoboScience (GB), misura 82 x 67 x 37 centimetri. RoboDog ha un computer interno e si connette a Internet attraverso un radiotrasmettitore. Può visualizzare e leggere le e-mail inviate al suo proprietario e obbedire a comandi vocali.

IL SIMULATORE DI VOLO PIÙ VENDUTO

MS Flight Simulator della Microsoft uscì nell'aprile 1992 e nel giugno 1999 aveva venduto complessivamente 21 milioni di copie. *Flight Simulator 2000* consente ai giocatori di pilotare velivoli come il Concorde, il Boeing 737-400 e il Boeing 777-300, il Learjet 45, l'elicottero Bell 206B JetRanger e il Sopwith Camel.

IL SIMULATORE DI GUIDA PIÙ VENDUTO

Gran Turismo Real Driving Simulator, un gioco per la PlayStation della Sony, aveva venduto 7 milioni di copie a febbraio 2000. Il gioco, sviluppato dalla Polyphony Digital, una società satellite della Sony Computer Entertainment, ha avuto un seguito in *Gran Turismo 2*, lanciato nel 1999, e poi in *Gran Turismo 2000*, uno dei titoli di punta tra i giochi che sfruttano le prestazioni del processore "Emotion Engine" della PlayStation2, lanciato in Giappone il 4 marzo 2000.

IL MAGGIOR NUMERO DI CALCOLI

SETI@home, un progetto lanciato il 17 maggio 1999 dall'Università della California a Berkeley, California, Usa, aveva portato all'esecuzione di $7,7 \times 10^{20}$ (770 miliardi di miliardi) calcoli con il computer a luglio 2000. SETI@home è un esperimento scientifico che sfrutta la potenza di centinaia di migliaia di computer collegati via Internet alla ricerca di un'intelligenza extraterrestre. I partecipanti scaricano un programma gratuito che analizza i dati provenienti da radiotelescopi.

IL COMPUTER PIÙ VELOCE

L'RS/6000 ASCI White, ultimato dall'Ibm nel giugno 2000, può effettuare 12 000 miliardi di calcoli al secondo. Grande quanto due campi da pallacanestro, è dotato di più di sei terabyte (6000 miliardi di byte) di memoria, oltre a 160 terabyte di memoria di massa, sufficienti a contenere per sei volte l'intera collezione di libri della Library of Congress, la biblioteca più vasta del mondo. Può risolvere in un secondo un problema per il quale una persona con calcolatrice impiegherebbe 10 milioni di anni. Lo scopo dell'ASCI White è di consentire la sperimentazione delle armi nucleari tramite simulazioni al computer invece di far esplodere le bombe.

IL COMPUTER "PIÙ UMANO"

Nel 1999, il programma Albert vinse il Premio Loebner per il computer "più umano", facendo vincere 2000 dollari al suo creatore, l'americano Robby Garner. Albert è un programma che consente all'utente di comunicare con il sistema attraverso il linguaggio umano e può sostenere una conversazione spontanea intelligente con battute sarcastiche e spiritose.

LO SCANNER PIÙ GRANDE

Lo scanner a colori SLC972C, prodotto dalla Widecom Group Inc di Bramptom, Ontario, Canada, ha un'ampiezza di scansione di 1,82 metri. Presentato all'esposizione commerciale californiana nel maggio

LA PRODUZIONE PIÙ COSTOSA PER UN GIOCO

L'elaborazione del gioco *Shenmue* della Dreamcast FREE (Full Reactive Eyes Entertainment) è costata oltre 20 milioni di dollari. Il progetto ha richiesto sette anni di lavoro ed è stato frutto dell'ingegno di Yu Suzuki. Capo della divisione AM2 della Sega, Suzuki è famoso per giochi Arcade come *Virtual Fighter* (1993); *Virtual Racing* (1992) e *Out Run* (1986).

Shenmue narra la storia di uno studente giapponese delle scuole superiori che incomincia una ricerca per vendicare la morte del padre. Si tratta di un gioco molto avanzato con scenari estremamente realistici, una trama complessa e combattimenti di arti marziali. Sono presenti inoltre più di 200 personaggi con cui interagire, ognuno con una propria storia all'interno del gioco.

www.guinnessworldrecords.com/dreamcast

ACCESS CODE: ‹53483›

IL MIGLIOR PALMARE

L'*H3660 iPaq Pocket PC* della Compaq (sopra), lanciato nella primavera 2001, ha uno schermo LCD a sfioramento a colori con una risoluzione di 240 x 320 pixel e un processore a 206 MHz che lo rende il PDA più potente del mondo. La Ram è di 32 MB, mentre la Rom è di 16 MB. Pesa 178 grammi incluse le batterie.

I computer palmari (PDA) della serie Palm della 3Com sono i più venduti, con oltre cinque milioni di unità dal loro lancio sul mercato nel 1996. La 3Com domina il mercato statunitense dei PDA, con una quota di mercato del 73,6% nel gennaio 2000.

www.guinnessworldrecords.com/pda

ACCESS CODE: ‹53693›

1999, è rivolto all'industria automobilistica, aeronautica e navale, dove si ha spesso a che fare con disegni che richiedono una capacità di scansione adeguata alle loro grandi dimensioni.

IL VIDEOGIOCO VENDUTO PIÙ VELOCEMENTE

Pokemon Yellow, un gioco per il Game Boy Nintendo uscito negli Stati Uniti il 18 ottobre 1999, ha venduto un milione di copie in 10 giorni. Per giocare con ognuno dei 100 milioni di Game Boy esistenti al mondo per soli 60 secondi sarebbero necessari 190 anni senza un solo attimo di interruzione.

IL VIDEOGIOCO PORTATILE PIÙ VENDUTO

Il videogioco portatile più popolare del mondo è il Game Boy della Nintendo, che ha venduto oltre 100 milioni di pezzi tra il 1989 e il 2000 (alla media di 1000 ogni ora). La società controlla attualmente oltre il 99% del mercato statunitense dei videogiochi portatili con i suoi prodotti, tra cui *Game Boy*, *Game Boy Pocket* e *Game Boy Colour*. Sono oltre 1000 i titoli Game Boy disponibili.

www.guinnessworldrecords.com/playstation

LA CONSOLE VENDUTA PIÙ VELOCEMENTE

La PlayStation2 (PS2) della Sony, nella quale appare il personaggio Crash Bandicoot (a destra), ha venduto un numero record di 980 000 unità nelle prime 48 ore dalla sua uscita, il 4 marzo 2000. Le vendite sono state più di 10 volte superiori a quelle registrate dalla prima PlayStation nello stesso periodo di tempo, nel 1996. La console costa 369 dollari. Il personaggio Crash Bandicoot è stato creato dalla società Naughty Dog (Usa), composta da 10 soci.

ACCESS CODE: ‹53538›

computer 2

IL PIÙ GRANDE NUMERO FATTORIZZATO
Il più grande numero mai scomposto in fattori è $(10^{211}-1) / 9$, cioè 10 moltiplicato per se stesso 211 volte, meno 1 e diviso per 9. Il numero consiste in 211 cifre, tutti uno. Un gruppo chiamato "The Cabal", diretto da Herman teRiele, ha scoperto due fattori (numeri interi per cui un numero più grande può essere diviso) per questa cifra enorme. I due fattori sono composti da 93 e 118 cifre. La fattorizzazione dei numeri è particolarmente utile nella scrittura di codici complessi e nelle comunicazioni militari codificate.

IL PRINCIPALE PRODUTTORE DI PC
Nel 1998 la Compaq ha venduto 13 275 204 PC, cioè uno ogni 2,38 secondi. L'azienda fornisce inoltre sistemi per il 75% delle transazioni di cassa continua del mondo e il 60% delle lotterie.

IL PRIMO COMPUTER ELETTRONICO PROGRAMMABILE
Il primo calcolatore elettronico programmabile, dotato di 1500 valvole, fu il Colossus, progettato da Max H. Newman e costruito da T.H. Flowers. Installato nel dicembre 1943 a Bletchley Park, GB, per decifrare il crittografo tedesco Lorenz-Schlussel-zusatz 40, fu posto in disuso il 25 ottobre 1975.

I DANNI PIÙ GRAVI CAUSATI DA UN VIRUS
Il virus CIH o virus Chernobyl ha infettato circa un milione di PC da quando ha iniziato a diffondersi il 26 aprile 1998, dodicesimo anniversario del disastro nucleare di Chernobyl, ex Urss (ora Ucraina). Il virus CIH (iniziali del nome del suo autore, Chen Ing-hau) altera in maniera irreversibile il chip BIOS del computer, saldato sulla scheda madre e può rendere un PC completamente inutilizzabile.

IL COMPUTER PIÙ BRAVO A SCACCHI
Deep Blue della IBM è stato il primo computer a vincere una partita contro un campione di scacchi, Gary Kasparov, a Filadelfia, Usa, nel 1996. La partita faceva parte di una serie di sei conclusa a favore di Kasparov per 4-2. Nel 1997, una versione aggiornate di Deep Blue, in grado di calcolare 200 milioni di mosse al secondo, affrontò nuovamente Kasparov vincendo questa volta l'intero incontro per 3,5 a 2,5.

IL GIOCO PIÙ PRENOTATO
Più di 325 000 consumatori statunitensi avevano prenotato con una caparra *The Legend of Zelda: Ocarina of Time*, un videogioco per Nintendo 64, per assicurarsi di riceverne una copia appena fosse stata disponibile, nel 1998.

I GIOCHI PIÙ VENDUTI
Super Mario Brothers della Nintendo dal 1983 a oggi ha venduto 40,23 milioni di copie in tutto il mondo.

IL DIRIGENTE MENO PAGATO
Steve Jobs, dirigente e co-fondatore della Apple Computer Inc, riceve un compenso di un dollaro l'anno. Tuttavia, nel gennaio 2000 gli è stato donato un lussuoso aereo Gulfstream e 10 milioni di azioni per avere accettato di rimanere a dirigere la Apple. Dal 31 gennaio 2000 ha potuto esercitare l'opzione di acquistare e vendere la metà di questi 10 milioni di azioni. Jobs ha contribuito alla progettazione del computer Apple II che scatenò la rivoluzione dei PC negli anni Settanta. Ha poi guidato lo sviluppo e la commercializzazione dei computer Macintosh negli anni Ottanta, controllando da presidente la trasformazione della Apple in una società da due miliardi di dollari.

www.guinnessworldrecords.com/applemacchief
ACCESS CODE: ‹54029›

IL MAGGIOR NUMERO DI CARATTERI GESTITI DA UN SOFTWARE
La Personal Media Corporation (Giappone) ha creato il B-right/V2, un sistema operativo in grado di gestire 128 175 caratteri diversi tramite il sistema di codifica TRON. Comprende i caratteri di tutti gli alfabeti del mondo e caratteri speciali come quelli Braille. Il programma, lanciato nel 1999, funziona su tutti i computer PC-IBM compatibili.

LA CONSOLE PIÙ VENDUTA
La Sony PlayStation è la console per videogiochi più venduta del mondo, con circa 79,5 milioni di apparecchi distribuiti a gennaio del 2001. La Sony Computer Entertainment Inc ha investito oltre 300 milioni di dollari per sviluppare il prodotto, che serve per gestire giochi di successo quali *Tomb Raider* e *Final Fantasy VII*. Fino a oggi sono state prodotte circa 135 milioni di unità software per la PlayStation.

IL PERSONAGGIO DEI VIDEOGAME PIÙ LONGEVO
L'idraulico Mario, il personaggio della Nintendo, apparve per la prima volta nel 1981 nel gioco *Donkey Kong*. Da allora è comparso in oltre 70 giochi. Nel gioco *Donkey Kong* originale Mario era un falegname chiamato "Jumpman", ma fu ribattezzato quando il presidente della Nintendo notò che assomigliava al suo padrone di casa, Mario. Il look del personaggio è dovuto alle limitazioni della tecnologia dei primi computer. Alla risoluzione concessa dell'hardware dei primi anni Ottanta, era più semplice animare un paio di baffi che una bocca e disegnare un cappello invece che i capelli.

IL MAGGIOR NUMERO DI PARTECIPANTI A UN TORNEO DI VIDEOGAME
Il 24 marzo 1996, 9066 persone parteciparono al secondo torneo annuale "Puyo Puyo", organizzato dalla Compile Corporation in occasione della Makuhari Messe, Hiroshima, Giappone.

IL VIRUS A DIFFUSIONE PIÙ RAPIDA
Il *worm* ("verme") "I Love You", virus (a sinistra) scritto in Visual Basic, è stato individuato per la prima volta a Hong Kong, Cina, il 1° maggio 2000. In quattro giorni aveva già dato origine a tre diverse mutazioni. Il virus combinava una sofisticata programmazione con uno scaltro richiamo psicologico. Quando l'utente apriva l'allegato "I Love You", il virus veniva istantaneamente inviato a tutti gli indirizzi della rubrica di posta elettronica della vittima. Ne sono stati indifferentemente colpiti governi, multinazionali e piccole aziende. Nel momento di massima diffusione ha provocato la chiusura forzata delle reti di posta elettronica della Casa Bianca e del Dipartimento di Stato americano. Secondo la Trend Micro Inc, "I Love You" ha infettato 3,1 milioni di computer.

www.guinnessworldrecords.com/lovebug
ACCESS CODE: ‹52411›

LA CONSOLE PIÙ AVANZATA

La Xbox della Microsoft, lanciata negli Stati Uniti nell'autunno 2001, si basa su un processore Intel a 733 MHz, più veloce di tutte le altre console. Il processore grafico della Xbox, con una frequenza di 250 MHz, è a sua volta il più veloce. Le rivali della Xbox, la Sony PlayStation2 e la Nintendo Gamecube, hanno frequenze di funzionamento rispettivamente di 300 e 405 MHz. La PlayStation2 ha un processore grafico con una frequenza di 150 MHz, mentre quella della Gamecube è di 202,5 MHz. La PlayStation2, tuttavia, supporta anche i formati DVD e audio CD.

ALBERI CON MICROCHIP

Nel 1999, a Parigi è stato impiantato un microchip elettronico in vetro e fibra di carbonio di tre centimetri in 90000 alberi. Questi piccoli circuiti sono stati programmati con le informazioni sulla salute di ogni albero. Il sistema di identificazione permette agli operatori del verde della città di individuare con più precisione gli alberi che necessitano di cure. Circa 1200 alberi muoiono ogni anno a Parigi per l'inquinamento, il sale sparso d'inverno e la disidratazione.

L'AVVIAMENTO PIÙ RAPIDO DI UN SITO DI COMMERCIO ELETTRONICO

Nel 1999, la Computer Experts di Brighton, GB, ricevette il primo ordine appena 20 minuti e 6,83 secondi dopo la creazione del sito web http://www.jcamping.instant-net.co.uk.

IL COMPUTER PIÙ VECCHIO

Il primo computer funzionante con software fu progettato e realizzato dai britannici Tom Kilburn e Freddie Williams il 21 giugno 1948. Fu utilizzato un programma con 17 istruzioni su un computer chiamato "Baby" per il calcolo del fattore più alto di 218. "Baby" era alto 4,8 metri, lungo 2,2 metri e profondo 0,6 metri, mentre i suoi cavi e valvole occupavano un'intera stanza. Aveva 1024 byte di memoria ed era in grado di elaborare sette tipi di istruzioni. "Baby" poteva effettuare un massimo di 700 operazioni al secondo, mentre un computer moderno è in grado di compierne decine di milioni.

www.guinnessworldrecords.com/minimouse

ACCESS CODE: ‹56137›

MINI MOUSE

Il mouse Cat Eye FinRing (a destra), prodotto dalla Luckytech Technology (Taiwan), si infila sul dito indice come un anello. Questa periferica senza fili è alimentata da due batterie e ha tre tasti azionabili con il pollice. Il movimento del dito viene rilevato da sensori interni, mentre le informazioni sono trasmesse a un ricevitore collegato alla porta del mouse del computer. Gli utenti possono allontanarsi fino a otto metri dal ricevitore continuando a controllare con precisione il cursore.

LA MAGGIORE CAPACITÀ DI MEMORIZZAZIONE

Ted Williams (GB) ha inventato un nuovo tipo di memoria allo stato solido a doppia faccia in grado di contenere fino a 270 gigabyte di memoria ad accesso casuale (Ram) per centimetro quadrato. Questo significa che sarebbe possibile memorizzare 10,8 terabyte su un chip grande come una carta di credito. La memoria allo stato solido non contiene parti in movimento.

IL DISCO DIGITALE PIÙ SOTTILE

Il *ThinDisc*, presentato il 1° dicembre 2000, è cinque volte più sottile di un normale disco CD o DVD. Progettato per poter essere letto da qualsiasi lettore di CD o DVD, è molto flessibile e può essere avvolto intorno a una lattina senza rompersi.

IL PRIMO GIOCO PER COMPUTER

Spacewar fu sviluppato fra il 1961 e il 1962 al Massachusetts Institute of Technology, Usa, su un computer PDP-1. Era un gioco di battaglia spaziale tra due astronavi in orbita intorno a una stella. Creato da studenti del MIT, è stato il precursore dei moderni giochi per computer. Il computer PDP-1 era sul mercato dal 1960 al costo di 120000 dollari (930000 dollari di oggi) e ne furono vendute 50 unità. Destinato all'uso in ambito scientifico, disponeva di 4k di memoria e accettava dati immessi tramite tastiera o nastro perforato.

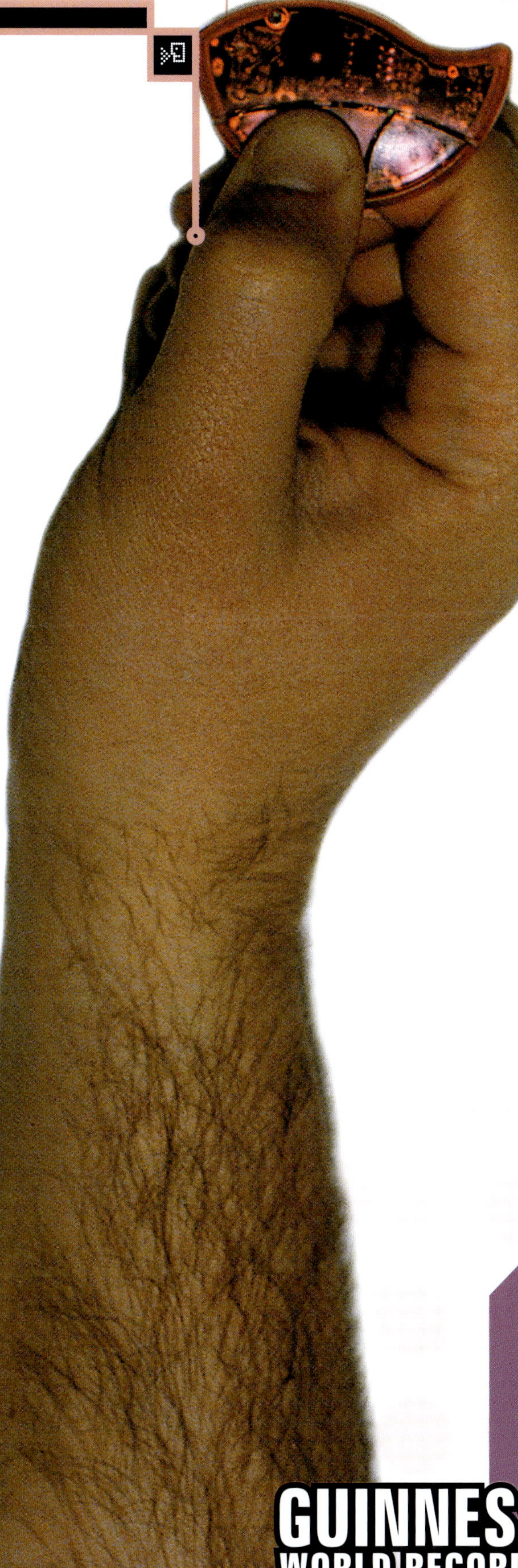

GUINNESS WORLD RECORDS™

internet 1

LA WEBCAM IN FUNZIONE DA PIÙ TEMPO

Gli scienziati dell'università di Cambridge (GB), stanchi di dover percorrere tutto il corridoio per poi scoprire che il bricco del caffè era vuoto, installarono una telecamera e un computer per controllare la disponibilità di caffè. Nel novembre 1993, Daniel Gordon collegò la telecamera al World Wide Web, dove da allora le immagini dal vivo del famoso bricco di caffè sono rimaste disponibili, almeno fino alla fine del 2001, all'indirizzo: www.cl.cam.ac.uk/coffee/qsf/ coffee.html.

I MAGGIORI PROFITTI PUBBLICITARI ANNUALI

Nel 2000 i profitti pubblicitari su Internet avevano raggiunto la cifra di 2,9 miliardi di dollari, con un aumento del 52,6% rispetto al 1999.

IL MAGGIOR INSERZIONISTA

Il maggiore inserzionista su Internet nel 2000 è stata la General Motors, con 47,9 milioni di dollari e un aumento del 96,5% rispetto alla spesa pubblicitaria del 1999.

IL MARCHIO PIÙ PUBBLICIZZATO

Nel 2000, la libreria Barnes & Noble (Usa) ha speso 15 903 892 dollari per pubblicizzare il proprio marchio, con un incremento del 55,8% rispetto alla spesa pubblicitaria del 1999.

MP3 DA POLSO

Il più piccolo lettore di MP3, l'SV-SD75 prodotto dalla Panasonic (a sinistra), è anche un orologio e misura 50,8 x 49,2 x 15 millimetri. Il lettore è dotato di 64 MB di memoria su scheda SD e si porta al polso come un normale orologio. È collegabile al computer attraverso un cavo USB e, essendo privo di parti mobili, non "salta" mai durante il funzionamento.

www.guinnessworldrecords.com/mp3player
ACCESS CODE: ‹56559›

IL SETTORE INDUSTRIALE CON PIÙ ANNUNCI

Il settore industriale che ha speso di più in pubblicità su Internet nel 2000 è stato quello dei media e della pubblicità (542 155 702 dollari), seguito dalla vendita al dettaglio (510 853 232 dollari).

IL SITO WEB CON I MAGGIORI PROFITTI PUBBLICITARI

Secondo la Competitive Media Reporting (CMR), nel 2000 la Yahoo! Inc con sede a Sunnydale, California, Usa, ha incassato 442 336 726 dollari in pubblicità dal suo sito web Yahoo.com.

LE E-MAIL PIÙ COSTOSE

Nel 1997, una sussidiaria della società petrolifera Chevron Corporation con sede negli Stati Uniti pagò 2,2 milioni di dollari per una causa legale per molestie sessuali intentata da quattro lavoratrici. Le prove presentate dai legali delle donne comprendevano messaggi di posta elettronica in cui venivano elencate 25 ragioni per cui la birra è preferibile alle donne. In fase di composizione la Chevron Corporation respinse le accuse delle lavoratrici.

LA PRIMA SINFONIA PRESENTATA ONLINE

Il 19 novembre 1997, Paul McCartney (GB) eseguì per la prima volta il suo poema sinfonico *Standing Stones*. I 75 minuti di concerto furono trasmessi in diretta dalla Carnegie Hall di New York in forma multimediale, comprendente radio, televisione e Internet, con audio, video e un'intervista interattiva online.

LA MULTA PIÙ ALTA PER UN REATO SU INTERNET

Gli attivisti antiabortisti americani che gestivano un sito chiamato "The Nuremberg Files", contenente schede che elencavano nomi e indirizzi di medici che praticavano aborti, sono stati condannati il 3 febbraio 1999 a pagare risarcimenti per oltre 107,7 milioni di dollari.

ACCESSO COMPLETO

Circa 11 milioni di persone seguirono il concerto di Madonna (a sinistra) del 28 novembre 2000 alla Brixton Academy di Londra. L'evento fu trasmesso in diretta su Internet da Microsoft Network, che aveva inviato ai suoi 75 milioni di utenti Hotmail un'e-mail per segnalare il concerto oltre a promuoverlo sulla propria homepage in 17 lingue su oltre 30 siti Internet di tutto il mondo.

Il concerto più grande avvenuto esclusivamente via Internet è stato quello del 24 settembre 1998 in cui Roger Taylor e i cinque membri del suo gruppo si esibirono in un concerto di 45 minuti al Cyberbarn di Thursley, Surrey, GB. Il pubblico era composto da 9804 persone collegate via Internet, l'unico modo per assistere al concerto.

www.guinnessworldrecords.com/madonna
ACCESS CODE: ‹54431›

IL PIÙ PICCOLO SERVER WEB

La pagina web del Wearables Laboratory presso la Stanford University, California, Usa, è supportata da un unico Jumptec's DIMM-PC, un piccolo server appena più largo di una scatola di fiammiferi che misura 6,86 x 4,32 x 0,64 centimetri e pesa 20 grammi.

LA PIÙ GRANDE TRASMISSIONE MULTILINGUE SUL WEB

Le cerimonie di apertura e chiusura della terza conferenza delle Nazioni Unite sul clima tenutasi a Kyoto, Giappone, nel 1997, furono trasmesse simultaneamente via Internet in sette lingue: arabo, cinese, inglese, francese, giapponese, russo e spagnolo.

IL PIÙ GRANDE TORNEO DI GOLF VIRTUALE

Oltre 11 000 giocatori hanno partecipato al Campionato di Golf Online Jack Nicklaus. L'ultima gara si è svolta il 10 dicembre 1999 al Pelican Hill Golf Club, California, Usa, quando Chet Stone (Usa) conquistò il titolo sulle 36 buche di una versione digitale del campo del Pelican Hill aggiudicandosi un premio di 5000 dollari.

IL PIÙ GRANDE PROGETTO DIDATTICO SU INTERNET

Il più grande progetto didattico su Internet è Tesco SchoolNet 2000 (GB), lanciato nel settembre 1998. Lo scopo del progetto è la creazione di un "Grande libro del Regno Unito" elettronico per il XXI secolo con le ricerche di bambini sulle loro comunità locali. Nel marzo 2001, si erano iscritti al progetto 133 986 allievi e 17 312 scuole. L'iniziativa si sarebbe dovuta concludere alla fine del 2000, ma il suo successo ha portato a una proroga a tempo indeterminato.

L'URL PIÙ GRANDE

L'URL di Internet più grande mai scritta è www.rawmart.com. Nel luglio 2000 questo nome, che appartiene a un sito che promuove la vendita di beni primari in tutto il mondo, è stato dipinto sulla fiancata della nave da carico *E-Trader* in lettere alte quattro metri. L'intero indirizzo è lungo 118 metri.

VENDITE ONLINE

L'Internet Mall (sopra) offre 27000 negozi virtuali e conta oltre un milione di abbonati solo nel Regno Unito. Il servizio è disponibile in oltre 150 paesi e offre prodotti che vanno dai pop corn alle assicurazioni sulle automobili.

Il 1° dicembre 1999, l'imprenditore texano Marc Ostrofsky ha ceduto il nome di dominio "business.com" per 7,5 milioni di dollari, una cifra cha cancella i 3,3 milioni di dollari pagati dalla Compaq per altavista.com e i 3 milioni di dollari pagati per il nome wine.com.

www.guinnessworldrecords.com/internetmall

ACCESS CODE: ‹54144›

L'URL PIÙ LUNGA

L'indirizzo web più lungo è http://llanfairpwllgwyngyllgogerychwyrndrobwllllantysiliogogogoch.co.uk/, appartenente a un sito che promuove il turismo verso un villaggio del Galles che si chiama appunto Llanfairpwllgwyngyllgogerychwyrn-drobwllllantysiliogogogoch. Il nome significa "Chiesa di Santa Maria nella valle del nocciolo bianco vicino a una rapida e Chiesa di San Tisilio vicino alla grotta rossa".

IL MAGGIOR NUMERO DI ATTACCHI IN UNA GARA DI PIRATERIA INFORMATICA

Durante la competizione Openhack III della eWeek durata 17 giorni, in cui Pitbull (il più recente software di sicurezza sviluppato dalla Argus Systems Group Inc) è stato testato dalla comunità di hacker, sono stati sferrati in tutto 5,23 milioni di attacchi. Nonostante il premio offerto ammontasse a 50000 dollari, nessun hacker è stato in grado di abbattere le difese del sistema. Durante le precedenti edizioni della gara, Openhack I e II, gli hacker erano invece sempre riusciti ad avere la meglio.

LA SPORTIVA PIÙ RICHIESTA

La tennista russa Anna Kournikova è la protagonista del mondo dello sport più ricercata su Internet.

LO SPORTIVO PIÙ RICHIESTO

Il giocatore americano di golf Tiger Woods è lo sportivo più ricercato su Internet.

LA CONCIERGE PIÙ LONTANA

Anna Morris (Usa) lavora a 130 chilometri di distanza dall'albergo dove è impiegata alla concierge. Gli ospiti del Westin Hotel di Santa Clara, California, Usa, si rivolgono a lei attraverso una webcam interattiva mentre Anna può a sua volta vedere gli ospiti attraverso una telecamera installata nell'albergo. Così, invece di dover guidare in mezzo al traffico tutti i giorni, può lavorare standosene comodamente a casa.

www.guinnessworldrecords.com/napster

L'ERA DI NAPSTER

Shawn Fanning (Usa, a destra), uno studente di informatica della Northeastern University di Boston, Massachusetts, Usa, aveva 19 anni quando scrisse il codice di Napster, il programma di condivisione dei file musicali, a metà del 1999. Da allora Napster è la società Internet a sviluppo più rapido del mondo, con oltre 32 milioni di utenti. Il programma ha preso nome dal soprannome di Shawn alle superiori (appunto "Napster"), per i suoi capelli perennemente "nappy", cioè in disordine.

ACCESS CODE: ‹90746›

GUINNESS WORLD RECORDS™

internet 2

L'ANIMALE ELETTRONICO PIÙ SCARICATO

Dalla sua apparizione nell'ottobre 1997, oltre 14 milioni di persone in tutto il mondo hanno scaricato *MOPy*, un salvaschermo che simula un pesce d'acquario.

IL MAGGIOR NUMERO DI VARIANTI DI UNA CIBERSTAR

Esistono circa 2000 varianti di *Dancing Baby*, una ciberstar in origine creata come modello di animazione grafica 3D nell'ottobre 1996 dalla Kinetix, sussidiaria dell'Autodesk Inc. *Dancing Baby* è l'unico personaggio nato su Internet ad aver avuto successo prima di apparire sui mezzi di comunicazione convenzionali. Internet ha stimolato la creazione di nuove varianti di *Dancing Baby* da parte di specialisti dilettanti dell'animazione su centinaia di siti web. La pagina ufficiale di *Dancing Baby* registra 55 000 accessi mensili.

LE MAGGIORI VENDITE DI PRODOTTI LEGATI A UNA CIBERSTAR

Nel 1998, negli Stati Uniti furono vendute 2,8 milioni di T-shirt di *Dancing Baby*. Le vendite di CD musicali totalizzarono oltre 425 000 dollari, mentre le vendite del bambolotto elettronico omonimo raggiunsero quota 550 000 dollari. Le vendite di altri prodotti negli Stati Uniti, in Australia e in Europa registrarono un incasso lordo di ulteriori 900 000 dollari.

IL PIÙ GRANDE CIBERNEGOZIO

La libreria virtuale Amazon.com (a sinistra), fondata da Jeff Bezos (Usa) nel 1994, ha finora venduto i propri prodotti a oltre 13 milioni di clienti in tutto il mondo. Il catalogo comprende 4,7 milioni di libri, CD e audiolibri, compresi titoli non più in commercio. I libri attualmente stampati sono più di tre milioni e nessuna libreria esistente è abbastanza grande da contenerli tutti. Le librerie tradizionali più grandi del mondo arrivano a mettere a disposizione 170 000 titoli. Bezos iniziò la propria attività ricavando un ufficio nel proprio garage di Seattle, Washington, Usa, impacchettando personalmente i libri ordinati e trasportandoli all'ufficio postale con un'automobile famigliare.

www.guinnessworldrecords.com/amazondotcom

ACCESS CODE: ‹53961›

IL MAGGIOR NUMERO DI DOMANDE A UN SITO

Il 17 maggio 1997, Paul McCartney ricevette più di tre milioni di domande dai suoi fan in 30 minuti, nel corso di un evento organizzato in rete per promuovere l'album *Flaming Pie*.

CONTRATTAZIONE DI TITOLI ONLINE

Secondo l'Associazione degli operatori di Borsa della Corea, nel gennaio 2000 il 44,6% di tutte le contrattazioni borsistiche della Corea del Sud era stato eseguito online. In tutto furono scambiati online titoli quotati nella borsa coreana e nel Kosdaq per 51000 miliardi di won (45,5 miliardi di dollari).

L'OGGETTO PIÙ COSTOSO VENDUTO VIA INTERNET

Nell'ottobre 1999, il magnate americano di Internet Mark Cuban acquistò in rete un aereo Gulfstream V. Il jet cambiò proprietario per 40 milioni di dollari.

IL PIÙ GRANDE PROVIDER DI E-MAIL

Hotmail è il più grande provider gratuito di servizi di posta elettronica del mondo. Ad aprile 2001 contava più di 70 milioni di abbonati. Ogni giorno Hotmail acquisisce 100 000 nuovi utenti. È disponibile in 230 paesi e registra 12 milioni di accessi diversi al mese.

IL NOME DI DOMINIO PIÙ VECCHIO

Symbolics.com, registrato il 15 marzo 1985, è stato il primo nome "ufficiale" di dominio in assoluto.

IL SUFFISSO INTERNET PIÙ POPOLARE

Tra gli oltre 35,3 milioni di domini Internet esistenti all'aprile 2001, il suffisso più comune è "com", presente in 22,3 milioni di nomi. Non esistono limiti generali relativi alla registrazione dal momento che ".com" è un dominio globale del livello più alto (TLD) .

LA CONCENTRAZIONE PIÙ GRANDE DI NOMI DI DOMINIO

La maggiore concentrazione di nomi di dominio si registra nell'area metropolitana di New York, con una percentuale pari al 4,8% di tutti gli indirizzi Internet del mondo.

IL PRINCIPALE DETENTORE DI NOMI DI DOMINIO

La società statunitense Namezero detiene il numero record di 1 307 300 nomi di dominio, più di qualsiasi altra società nel mondo.

LA NAZIONE PIÙ GIOVANE NEL CIBERSPAZIO

La Palestina, ancora in lotta per il riconoscimento di stato indipendente, ha ottenuto l'autonomia nel mondo elettronico il 22 marzo 2000, quando l'ICANN (Internet Corp for Assigned Names and Numbers), l'ente che regola gli indirizzi sulla rete, concesse alle autorità palestinesi l'uso del suffisso nazionale a due lettere. La Palestina può ora registrare indirizzi sotto il proprio dominio ".ps" in linea con altri codici nazionali come ".fr" per la Francia o ".it" per l'Italia.

IL DOMINIO NAZIONALE PIÙ DIFFUSO

A marzo 2001, il dominio più popolare a livello di singola nazione era ".uk" (Gran Bretagna), con oltre due milioni di nomi di dominio registrati. La Gran Bretagna è seguita da vicino dalla Germania (".de"), mentre negli Stati Uniti, dove pure si trova il maggior numero di siti Internet, solo pochi usano il suffisso".us".

IL PIÙ GRANDE INTERNET CAFÉ

easyEverything (a sinistra) in Times Square a New York è l'Internet Café più grande del mondo. Inaugurato il 28 novembre 2000, contiene 760 terminali di computer. Questo cibercaffè di 5221 metri quadrati ha due piani di PC che offrono accesso alla rete 24 ore al giorno, sette giorni alla settimana. Quello di New York è stato il primo Internet Café easyEverything negli Stati Uniti. In precedenza le sedi erano tutte in Europa. Ad aprile 2001 c'erano 21 Internet Café easyEverything in tutto il mondo: cinque a Londra, due ad Amsterdam, due a Barcellona e uno a New York, Edimburgo, Glasgow, Manchester, Bruxelles, Anversa, Roma, Rotterdam, Berlino, Monaco, Parigi e Madrid. Il creatore di easyEverything è Stelios Haji-Ioannou, un uomo d'affari nato in Grecia e residente in Gran Bretagna.

www.guinnessworldrecords.com/cybercafe

ACCESS CODE: ‹55978›

IL MAGGIOR NUMERO DI VOTI RICEVUTI DA UNA PAGINA WEB

Fra le 14.00 del 4 ottobre e le 12.00 dell'11 novembre 1999, il sito dedicato agli MTV Europe Music Awards (www.mtv-vote.com), gestito dalla Compaq, registrò 1 643 863 voti. Il sito era dotato di un dispositivo di protezione per impedire l'installazione di sistemi di votazione automatici da parte degli hacker, che avrebbero potuto far registrare migliaia di voti falsi.

AUGURI DI COMPLEANNO ELETTRONICI

Per il compleanno di "Posh Spice" (Victoria Beckham), una pagina web su www.dotmusic.com fu riservata agli auguri per la cantante, dalle 14.00 del 9 aprile alle 14.00 del 10 aprile 2000. In 24 ore arrivarono da tutto il mondo 2600 messaggi.

IL SITO CON PIÙ ACCESSI QUOTIDIANI

Nel marzo 2000, www.msn.com della Microsoft Corporation registrò 10,5 miliardi di accessi. Il 62% delle richieste di collegamento proveniva da lw1fd.hotmail.msn.com, il provider gratuito di posta elettronica della Microsoft.

IL SITO REALE PIÙ VISITATO

Il sito web ufficiale della monarchia britannica fu visitato da 14 milioni di persone nel settembre 1997, dopo la morte della principessa Diana. Un numero record di 580 000 messaggi di condoglianze furono inviati al sito.

I SITI PIÙ VISITATI

Il sito della Coppa del Mondo di calcio del 1998, www.france98.com, fu visitato 1 137 218 296 volte nel corso del campionato mondiale, tra il 10 giugno e il 12 luglio 1998.

Il sito detiene anche i primati per il maggior numero di contatti in 24 ore (73 030 828, il 30 giugno 1998), il maggior numero di contatti in un'ora (10 290 429, il 30 giugno 1998) e il maggior numero di contatti in un minuto (235 356, il 29 giugno 1998).

LA MAGGIORE PERCENTUALE DI BIGLIETTI AEREI VENDUTI VIA INTERNET

La compagnia aerea easyJet vende l'86,6% dei biglietti attraverso il suo sito web www.easyjet.com (dati del marzo 2001). La compagnia è specializzata nei voli in Europa e mantiene bassi i prezzi dei biglietti vendendoli direttamente ai clienti, dirottando il traffico sugli aeroporti meno affollati e utilizzando un solo tipo di aereo, il Boeing 737-300.

www.guinnessworldrecords.com/battledotnet

GIOCHI SU INTERNET

Battle.net, di proprietà della Blizzard Entertainment, fornisce ai giocatori di *Diablo 2* (fra i cui personaggi c'è The Sorceress, la Strega, a destra) o di *Starcraft* un'arena virtuale in cui possono giocare insieme su Internet. Dal suo lancio nel 1997, la popolarità del sito è salita a oltre 8,2 milioni di utenti attivi che danno vita a più di sei milioni di giochi. Il massimo numero di utenti simultanei supera i 210 000 giocatori al giorno. Si tratta del servizio gratuito online di giochi più grande del mondo.

ACCESS CODE: ‹56574›

GUINNESS WORLD RECORDS

gadget

IL PALMARE PIÙ PICCOLO

Il REX PC Companion, costruito dalla Franklin Electronic Publishers di Burlington, Usa, nel 1998, ha le dimensioni e il peso di una carta di credito (8,6 x 5,3 x 0,63 centimetri e 39,7 grammi). L'utente può inserirlo in un computer compatibile per scaricarne i dati. Il Companion può memorizzare 2500 dati personali come nomi, indirizzi e appuntamenti.

LA PENNA PIÙ VERSATILE

La serie Space Pen della Fisher Space Pen Co (Usa) utilizza cartucce speciali ad azoto compresso per distribuire inchiostro viscoelastico. Il sistema consente alle penne di funzionare perfettamente capovolte e in condizioni ambientali estreme. Usate per la prima volta durante la missione *Apollo 7* del 1968, sono da allora le tipiche penne degli astronauti, inclusi quelli attualmente impegnati nella International Space Station. Prima della Space Pen, per scrivere nello spazio gli astronauti usavano la matita. L'inchiostro della Space Pen è pressurizzato a circa 50 psi e scorre su una punta a sfera in carburo di tungsteno. All'interno della cartuccia, l'inchiostro ha la consistenza di uno spesso collante a base di gomma. Lo scorrimento della punta a sfera che ruota nella sua cavità liquefa l'inchiostro consentendogli di fuoriuscire come in qualsiasi altra normalissima penna a sfera.

OROLOGI MULTIFUNZIONE

Il più piccolo orologio GPS è il Casio PAT2GP-1V (a sinistra), di 58,5 x 51,5 x 21 millimetri. Riceve dati dal gruppo dei satelliti GPS (Global Positioning System) e può individuare la posizione di chi lo porta con una precisione di 10 metri in ogni luogo del pianeta. Si può collegare a un PC per pianificare un percorso su una mappa, che può essere poi memorizzato nell'orologio stesso.

Il Casio WQV1D-8CR, di 32 grammi, è l'orologio-macchina fotografica digitale più avanzato. Grazie a 1 MB di memoria può scattare e memorizzare 100 fotografie da 28 000 pixel ciascuna. Le immagini si possono trasferire su computer.

www.guinnessworldrecords.com/gpswatch
ACCESS CODE: ‹56399›

LA CARTA E PENNA PIÙ INTELLIGENTI

La società svedese Anoto ha ideato una penna digitale che permette di conservare in memoria fino a 50 pagine completamente scritte. Il contenuto si può trasferire direttamente a computer oppure (attraverso la tecnologia "bluetooth") immediatamente a un qualsiasi altro computer del mondo via Internet. La penna scrive su una speciale carta digitale che consente alla penna di localizzare la sua posizione esatta sulla carta. È suddivisa in un sistema a griglia con quadrati di 2 x 2 millimetri. In ogni quadrato c'è uno schema a punti diverso a seconda di dove si guarda sulla carta. Il numero enorme di combinazioni possibili dei punti implica che, in teoria, potrebbe essere creato un unico foglio di carta più grande dell'Asia e dell'Europa insieme, e la penna saprebbe ancora esattamente dove si trova.

IL LIBRO CON LE INVENZIONI PIÙ INUTILI

Kenji Kawakami ha reso popolare i concetto di *chindogu*, che egli definisce come "invenzioni che sembrano rendere la vita più facile, ma non lo fanno". Il giornalista giapponese ha pubblicato due libri sull'argomento, *101 Unuseless Japanese Inventions*, che contengono invenzioni *chindogu* come gli straccetti da infilare sotto le zampe del gatto che puliscono le superfici quando l'animale vi cammina sopra.

LA SCARPA PIÙ ENERGETICA

La Electric Shoe Company (fondata da Trevor Baylis, GB, e Texon Int) aspira a creare una scarpa in grado di generare elettricità mentre si cammina. Nell'agosto 2000, Trevor Baylis e John Grantham hanno testato i prototipi in una camminata di 120 chilometri nel deserto della Namibia. Alla fine del percorso, Baylis fece una telefonata a Richard Branson in Gran Bretagna con un cellulare che era stato ricaricato dalle scarpe.

LA RADIO A MOLLA DI MAGGIOR SUCCESSO

Nel 1993, Trevor Baylis (GB) creò un sistema a molla che, con pochi secondi di carica, è in grado di funzionare per parecchi minuti. La Freeplay Energy ha perfezionato l'invenzione e ha prodotto fino a oggi 2,5 milioni di radio a molla.

IL BINOCOLO PIÙ LEGGERO

Il binocolo Minolta UCIII pesa solamente 120 grammi ed è disponibile con sei o otto

WALKMAN

Il Walkman, sviluppato dalla Sony Corporation nel 1979, è diventato il sistema musicale portatile di maggior successo del mondo. Il primo modello è stato il TPS-L2. Le vendite dei Walkman con cassetta avevano totalizzato nell'aprile 2001 un volume compreso fra 200 e 250 milioni di unità. All'aprile 1999, il CD Discman aveva venduto 54 milioni di unità mentre il MiniDisc Walkman 6,9 milioni di pezzi. Con il procedere dell'evoluzione nel corso degli anni, il Walkman Sony è diventato sempre più compatto. Il Sony NW-E3 (a sinistra), la versione più recente, è privo di parti mobili. Questo lettore di MP-3 misura 8,1 x 3,2 x 1,46 centimetri e pesa 33 grammi. Ha 64 MB di memoria incorporata, può essere collegato a un PC dotato di connessione USB e memorizzare due ore di musica.

www.guinnessworldrecords.com/walkman
ACCESS CODE: ‹56519›

ingrandimenti. La versione 6 x 16 può mettere a fuoco oggetti a solo un metro di distanza.

LA MACCHINA FOTOGRAFICA SUBACQUEA OLOGRAFICA PIÙ AVANZATA

La macchina fotografica subacquea olografica HOLOMAR è stata sviluppata da un gruppo guidato dall'università di Aberdeen, Scozia, GB. È in grado di registrare immagini tridimensionali di oggetti con un diametro di 100 micron immersi in 100 litri d'acqua.

LA MAGGIORE DIFFUSIONE DI CELLULARI

La Norvegia è la nazione che registra la maggiore diffusione di telefoni cellulari. Ci sono infatti 651 abbonati a un operatore di telefonia cellulare ogni 1000 abitanti.

www.guinnessworldrecords.com/thincamera

ACCESS CODE: ‹56541›

LA MACCHINA FOTOGRAFICA DIGITALE PIÙ SOTTILE

La Ultra-Pocket (sotto), progettata e sviluppata dalla SMaL Camera Technologies del Massachusetts, Usa, ha uno spessore di 6 millimetri e pesa 63 grammi, inclusa la batteria ricaricabile al litio. Grande come una carta di credito, è in grado di memorizzare circa 40 immagini a colori sulla MultiMediaCard da 8 MB in dotazione, ma può anche accogliere schede di maggiore capacità. Le immagini possono essere trasferite direttamente al computer tramite un cavo USB. La Ultra-Pocket è stata presentata l'8 gennaio 2001 all'International Consumer Electronics Show 2001 di Las Vegas, Nevada, Usa, e misura esattamente 85 x 6 x 54 millimetri.

IL COLTELLINO CON PIÙ LAME

Lo Year Knife aveva 1822 lame quando fu realizzato per la prima volta nel 1822 dalla coltelleria Joseph Rodgers and Sons di Sheffield, GB. La tradizione di aggiungere una nuova lama per ogni anno è continuata. La Stanley Works Ltd di Sheffield, Yorkshire, GB, ha restaurato il coltello nel 1999 aggiungendo un'ultima lama in argento per contrassegnare l'arrivo del 2000.

IL PIÙ PICCOLO VIDEOTRASMETTITORE

L'AVX900T3 misura 0,9 x 1,9 x 0,5 centimetri ed è prodotto dalla Supercircuits del Texas, Usa. Progettato per essere utilizzato in operazioni segrete e nel settore della microrobotica, può trasmettere immagini video a una distanza di oltre 230 metri pur essendo più piccolo di un pollice e pesando meno di 7,1 grammi.

robot

IL ROBOT DOMESTICO PIÙ COSTOSO
Il robot domestico più costoso a disposizione sul mercato è il TMSUK IV, sviluppato dalla società giapponese Thames. È stato presentato al pubblico per la prima volta a Tokyo, Giappone, il 23 gennaio 2000. Questo robot umanoide, che pesa 99,8 chilogrammi, è alto 1,22 metri e costa 43037 dollari, è perfettamente obbediente e può essere controllato a distanza con un telefono cellulare. È in grado di svolgere diversi compiti e anche comunicare messaggi.

IL ROBOT INDUSTRIALE PIÙ VELOCE
Nel 1997, la società giapponese Fanuc completò lo sviluppo del robot trasportatore LR Mate 100i, con prestazioni dell'80% più rapide rispetto ai modelli precedenti. Il robot può trasportare oggetti per tre chilometri e muoversi di 2,5 centimetri in verticale o di 30 avanti e indietro in 0,58 secondi.

IL PIÙ GRANDE BRACCIO ROBOTICO NELLO SPAZIO
Il Canadarm 2, costruito dalla Canadian Space Agency, è lungo 17,5 metri e pesa 1641 chilogrammi. È stato applicato direttamente nello spazio alla International Space Station il 22 aprile 2001 dagli astronauti Scott Parazynski (Usa) e Chris Hadfield (Canada).

MANEGGIARE CON CURA
La mano robotica più evoluta è la BH8-262 BarrettHand (a sinistra), lanciata dalla Barrett Techonology Inc (Usa) nell'aprile 2001 e dotata di tre dita articolate. Diversamente dalla maggior parte delle pinze robotiche convenzionali, che funzionano con un movimento a tenaglia, la BH8-262 muove le tre dita indipendentemente per tutta la loro portata e in ogni direzione in meno di un secondo. Con un peso di soli 1,18 chilogrammi, la mano può esercitare una forza di due chilogrammi sulla punta di ogni dito e così raccogliere e maneggiare un gran numero di oggetti. La BarrettHand non deve essere materialmente modificata per ogni compito specifico perché tutte le variazioni di funzione possono essere gestite via software.

www.guinnessworldrecords.com/robothand
ACCESS CODE: ‹56227›

IL ROBOT PIÙ UMANOIDE
Nel 1997, la società giapponese Honda presentò il robot P3, alto 1,6 metri. Il robot, assomiglia a un essere umano ed è dotato di braccia e gambe. Può camminare lateralmente e all'indietro, e salire e scendere le scale. Dotato di vista tridimensionale, sa girare la testa, superare gli ostacoli, cambiare direzione e ritrovare l'equilibrio se viene urtato. Sviluppato da 150 tecnici in oltre 11 anni con un costo totale di 80 milioni di dollari, è destinato all'assistenza ospedaliera o a svolgere compiti troppo impegnativi o troppo pericolosi per un essere umano.

IL ROBOT INDUSTRIALE PIÙ UTILIZZATO
Puma (Programmable Universal Machine for Assembly), progettato dallo svizzero Vic Schienman negli anni Settanta e costruito dalla società svizzera Staubli Unimation, è il robot più usato in catene di montaggio e laboratori universitari.

IL ROBOT PIÙ "EMOTIVO"
Kismet, creato da Cynthia Breazeal (Usa) del Massachusetts Istitute of Technology, è una testa robotica comandata da 15 computer in rete e da 21 motori. È progettata per riconoscere le varie emozioni quando interagisce con gli esseri umani e per rispondere alle persone. Nove dei 15 computer sono utilizzati solo per controllare la visione di Kismet.

L'ORECCHIO BIONICO DI MAGGIOR SUCCESSO
Nel 1978, Rod Saunders (Australia) è stato il primo a possedere un orecchio bionico (o impianto cocleare). Saunders era diventato completamente sordo per una ferita alla testa. Il prototipo, progettato dal dipartimento di otorinolaringoiatria dell'università di Melbourne, Victoria, Australia, fu disponibile nel 1982. Nel 2000 gli individui con un orecchio bionico erano oltre 20000, fra cui più di 10000 bambini. L'orecchio bionico realizzato dalla società australiana Cochlear Limited è il più diffuso in assoluto, impiantato in un numero di pazienti 10 volte superiore a quello della società più direttamente concorrente.

IL BRACCIO ROBOTICO PIÙ EVOLUTO
Nel 1997, la società statunitense Barret Technology ha sviluppato un braccio robotico da 250000 dollari, con cavi che agiscono come tendini e in grado di tenere pesi fino a cinque chilogrammi in qualunque posizione. Il braccio è dotato di sette snodi e può gettare una palla o essere istruito per pulire, per assistere persone durante il bagno o in altre situazioni, per aprire le porte o preparare i pasti.

L'ARTO VIRTUALE PIÙ AVANZATO
Il 24 agosto 1998, a Kevin Warwick dell'università di Reading, Berkshire, GB, fu impiantato un chip cibernetico di silicio nell'avambraccio. Grazie ai segnali tramessi dal chip, Kevin è stato in grado di usare usare un computer e altri dispositivi comandati elettronicamente, come luci e riscaldamento, senza toccarli fisicamente.

IL ROBOT TOSAERBA PIÙ VENDUTO
Il Robomower RL500, sviluppato e prodotto in Israele dalla società Friendly Robotics, ha venduto più di 5000 unità in tutto il mondo. Il prezzo al minuto è inferiore a 1450 dollari a pezzo. Questo "giardiniere" all'avanguardia alimentato a batteria è in grado di rasare una superficie

ROBOHOP!
I Sandia National Laboratories, Usa, hanno sviluppato dei robot "saltatori" sperimentali che sfruttano stantuffi a combustione per saltare fino 9 metri. Questi piccoli robot hanno potenziali applicazioni nelle esplorazioni planetarie, durante le quali le navicelle di atterraggio potrebbero liberare i robot saltatori per sondare il paesaggio circostante. L'idea di creare questi robot è venuta a Rush Robinett del centro di robotica e sistemi intelligenti Sandia mentre stava catturando cavallette per la pesca alle trote. I robot saltatori potrebbero in teoria effettuare 100 salti con un pieno di carburante. Su corpi celesti come la Luna o Marte, dove la gravità è minore che sulla Terra, dovrebbero essere in grado di saltare più in alto e più a lungo.

www.guinnessworldrecords.com/jumpingrobot
ACCESS CODE: ‹56526›

equivalente a un campo da tennis con una singola carica.

IL PESCE ROBOT PIÙ REALISTICO

In quattro anni di lavoro, la Mitsubishi Heavy Industries del Giappone ha sviluppato una serie di pesci robot distinguibili da quelli veri solo dopo un attento esame. Le future applicazioni includono lo sviluppo di sottomarini superveloci e di pesci robot in grado di perlustrare gli oceani alla ricerca di fonti inquinanti. La Mitsubishi sta anche sviluppando repliche robotiche di pesci estinti da esibire in acquari virtuali.

IL CANE ROBOT PIÙ VENDUTO

Aibo ("compagno" in giapponese) è un cane robot della Sony in vendita per 2066 dollari. Alla sua apparizione sul sito web della Sony, il 31 maggio 1999, ne furono venduti 3000 in 20 minuti. Aibo, alto 30 centimetri, riconosce l'ambiente in cui si trova grazie a un sensore incorporato e può giocare da solo o essere programmato a fare esercizi. La risposta alla messa in vendita di altri 2000 Aibo su Internet negli Stati Uniti il 1º giugno 1999 mandò in blocco la rete.

IL ROBOT PIÙ ECONOMICO

Walkman, un robot alto poco più di 12 centimetri, è stato costruito utilizzando i resti di un Walkman Sony con un costo di 1,75 dollari presso il Los Alamos National Laboratory, Nuovo Messico, Usa, nel 1996. Cerca di liberarsi se gli si bloccano le gambe senza essere stato programmato per questo e senza ripetere per due volte uno stesso movimento.

LA PIÙ GRANDE ESPOSIZIONE DI ROBOT

Ogni due anni viene organizzata a Tokyo, Giappone, l'International Robot Exhibition. All'edizione dell'ottobre 1999, oltre 700 espositori, sia privati sia aziende, presentarono i loro robot di produzione più recente.

IL GRUPPO PIÙ NUMEROSO DI ROBOT COLLETTIVI IN ESPOSIZIONE PERMANENTE

Un set unico composto da tre piccoli robot collettivi (cioè programmati per lavorare in gruppo) è permanentemente esposto all'ingresso dello Science Museum di Londra. I visitatori possono dirigere i movimenti di uno dei robot attraverso un joystick, mentre agli altri due si può impartire l'ordine di imitare, allinearsi, seguire o allontanarsi dal robot guida.

www.guinnessworldrecords.com/robonaut

ECCO IL VERO C3

L'astronauta robot più evoluto è il Robonaut della Nasa (a destra). Questo astronauta meccanico è progettato per aiutare i viaggiatori dello spazio nei compiti più pericolosi. Destinato a volare nello spazio nei prossimi anni, è dotato di mani molto abili dalla forma umana, di visione stereoscopica e di una sola gamba per potersi spostare con facilità all'esterno dell'International Space Station, dove sarà impiegato su base permanente. La struttura del sistema nervoso del robonauta (una fitta rete di sensori, software e circuiti) è stata modellata sulla base di quella umana. Poiché non è previsto alcun "cervello" nella piccola testa, gli ingegneri hanno concentrato la maggior parte dei controlli e delle strutture di comando in una spina dorsale meccanica. Telecamere collocate nella testa del Robonaut trasmettono le informazioni visive a occhiali indossati da un tecnico della Nasa, che può così comandare le braccia e le dita del robot muovendo le mani all'interno di guanti dotati di sensori direttamente collegati al robot. Il tutto consente al robot di compiere una gamma completa di movimenti.

ACCESS CODE: ‹56386›

GUINNESS WORLD RECORDS™

esplorazione spaziale

IL MAGGIOR NUMERO DI PERSONE PRESENTI INSIEME NELLO SPAZIO

Il maggior numero di persone contemporaneamente nello spazio è stato 13, il 14 marzo 1995. Sette americani erano a bordo dello Shuttle *STS 67 Endeavour*, tre della Csi sulla *Mir*, e altri tre a bordo della *Soyuz TM21*.

L'ATTERRAGGIO SUL PIANETA PIÙ PICCOLO

La navicella spaziale *NEAR-Shoemaker* è atterrata sull'asteroide Eros, il 12 febbraio 2001. Durante la discesa la navicella ha trasmesso 69 immagini della superficie di Eros che mostravano nei dettagli rocce di pochi centimetri di diametro.

IL TELESCOPIO PIÙ GRANDE

I telescopi gemelli Keck sul Monte Mauna Kea, Hawai, sono i telescopi ottici e a raggi infrarossi più grandi del mondo. Ognuno è alto come un edificio di otto piani e pesa 2998 tonnellate. Entrambi hanno uno specchio di 9,8 metri, composto da 36 sezioni esagonali adattate tra loro per creare la curva corretta. Con questo telescopio, si può vedere una pallina da golf a 150 chilometri di distanza.

PASSEGGIATA NELLO SPAZIO

La più lunga passeggiata nello spazio è stata effettuata da Jim Voss (a sinistra) e Susan Helms (entrambi statunitensi), che hanno trascorso 8 ore e 56 minuti nello spazio, l'11 marzo 2001. Il loro compito era di fare posto sulla Stazione Spaziale Internazionale al modulo italiano da carico *Leonardo*, lanciato dallo Shuttle *Discovery*. Il carico utile di *Leonardo* includeva cinque tonnellate di attrezzature. A costruzione completata, la stazione sarà lunga 96,3 metri da un'estremità all'altra. Sedici nazioni sono coinvolte nella sua realizzazione, una delle collaborazioni internazionali non militari più grandi della storia.

www.guinnessworldrecords.com/spacewalk

ACCESS CODE: ‹46910›

I PIÙ GRANDI PANNELLI SOLARI NELLO SPAZIO

Il 5 dicembre 2000, gli astronauti dell'*Endeavour* installarono la prima di quattro serie di pannelli solari destinati a fornire energia elettrica all'International Space Station. Le altre tre serie saranno aggiunte nei prossimi anni e renderanno la stazione uno degli oggetti più luminosi nel cielo notturno, superata solo dalla Luna, dai pianeti più luminosi e da Sirio. Aperti, i pannelli si estendono per 73 metri e generano 64 kW di elettricità (sufficienti a fornire energia a 30 unità abitative).

LA ROCCIA PIÙ DURA RACCOLTA NELLO SPAZIO

Gli unici campioni di roccia arrivati sulla Terra dallo spazio sono le rocce lunari raccolte durante il programma Apollo. Il più grande è il campione numero 61016, "Big Muley", con una massa di 11,7 chilohgrammi, raccolto dall'*Apollo 16*.

IL VOLO PIÙ LUNGO

Valeriy Poliyakov, partito per la stazione *Mir* a bordo della *Soyuz TM18* l'8 gennaio 1994, ritornò sulla Terra con la *Soyuz TM20* il 22 marzo 1995, dopo 437 giorni, 17 ore, 58 minuti e 16 secondi di permanenza nello spazio.

IL VOLO SPAZIALE PIÙ BREVE

Alan Bartlett Shepard (Usa) salì a bordo della navicella *Mercury-Redstone 3*, il 5 maggio 1961. La sua missione suborbitale durò solo 15 minuti e 28 secondi perché il razzo vettore *Redstone* con il quale era stata lanciata la sua capsula *Freedom 7* non sviluppava abbastanza potenza. Invece di entrare in orbita stabile, la *Freedom 7* cominciò a salire e scendere tracciando una traiettoria sinusoidale. Shepard raggiunse un'altitudine massima di 187 chilometri e subì accelerazioni 11 volte superiori alla forza di gravità.

L'IMMAGINE DELLA TERRA PIÙ DISTANTE

Il 4 febbraio 1990, dopo 12,5 anni nello spazio, la *Voyager 1* della Nasa indirizzò nuovamente la telecamera verso il Sole e il sistema solare per scattare fotografie del nostro pianeta da una distanza di 6,5 miliardi di chilometri. Le foto, trasmesse poi alla Nasa, mostravano il Sole come una stella luminosa e la Terra come un puntino di colore blu pallido.

IL TELESCOPIO A RAGGI GAMMA PIÙ POTENTE

Lanciato nel 1991, l'osservatorio Compton a raggi gamma è stato il telescopio a raggi gamma più potente del mondo fino ad oggi. Pesava 15,4 tonnellate e fu posizionato in un'orbita bassa

RECORD DI VELOCITÀ LUNARE

La Rover dell'*Apollo 16*, guidata da John Young (Usa, a sinistra), raggiunse sulla Luna i 18 chilometri orari in discesa. Young ha stabilito anche il record per la distanza percorrendo 33,8 chilometri. John Young è uno degli astronauti più esperti della Nasa ed è stato soprannominato il "padrino dello spazio".

La massima distanza senza uomini a bordo è di 37 chilometri, percorsi sulla superficie della Luna dal veicolo sovietico con pilota automatico *Lunokhod 2* fra il 16 e il 23 giugno 1973. Il *Lunokhod 2* si spostava durante il giorno lunare, utilizzando i suoi pannelli solari per ricaricare le batterie, e restava inattivo durante la lunga notte. In quattro mesi, tramise alla Terra più di 80000 immagini televisive e 86 immagini panoramiche.

www.guinnessworldrecords.com/lunarspeed

ACCESS CODE: ‹46948›

www.guinnessworldrecords.com/mir

ACCESS CODE: ‹56485›

LA STAZIONE SPAZIALE MIR

L'oggetto prodotto dall'uomo più pesante a rientrare nell'atmosfera terrestre è la stazione spaziale russa *Mir* (a destra). La stazione è stata prelevata dall'orbita durante un rientro controllato nell'atmosfera terrestre conclusosi positivamente il 23 marzo 2001. Dopo ben 15 anni nello spazio, questo avamposto da 130 tonnellate è scoppiato in migliaia di pezzi incandescenti che si sono riversati nell'Oceano Pacifico a est della Nuova Zelanda.

intorno alla Terra, il 5 aprile 1991 dalla navicella spaziale *Atlantis*. Dopo nove anni di osservazione è stato guidato a rientrare in maniera controllata nell'atmosfera terrestre dove è esploso il 4 giugno 2000.

LA "TOMBA" PIÙ DISTANTE

Il 31 luglio 1999, la navicella spaziale americana *Lunar Prospector* è precipitata sulla Luna trasportando un contenitore in policarbonato contenente i 28 grammi dei resti di Eugene Shoemaker (Usa). Intorno al contenitore era avvolta una lamina di ottone con alcune immagini del lavoro pienieristico svolto da Shoemaker nella scienza planetaria. Questo primo "funerale" lunare è stato un omaggio all'uomo che aveva addestrato gli astronauti dell'Apollo a diventare geologi lunari.

IL PIÙ GRANDE LABORATORIO DELLO SPAZIO

Il laboratorio di ricerca più grande mai lanciato nello spazio è stato lo *Skylab* statunitense nel 1973, lungo 24,9 metri e con un peso di 26 762 chilogrammi. Fino al rientro della *Mir* nel 2001, è stato l'oggetto più grande prodotto dall'uomo a essere rientrato nell'atmosfera terrestre.

IL VOLO SPAZIALE PIÙ LUNGO DI UN CANE

I due cani Veterok (Venticello) e Ugolek (Carboncino) trascorsero 22 giorni in orbita durante la missione sovietica *Kosmos 110* (lanciata il 22 febbraio 1966). Il record non fu superato da nessun essere umano fino alla missione *Skylab 4* del 1974.

GUINNESS WORLD RECORDS

aeromobili

L'ELICOTTERO PIÙ GRANDE
L'apparecchio russo Mil Mi-12 ha un rotore di 67 metri di diametro, è lungo 37 metri e pesa 103 tonnellate. Azionato da quattro motori a turbogetto da 6500 cavalli, fu presentato come prototipo alla fiera dell'aviazione di Parigi del 1971, ma non entrò mai in servizio.

L'ELICOTTERO PIÙ GRANDE IN PRODUZIONE
Il più grande elicottero in produzione è il russo Mil Mi-26, che al decollo può sopportare un carico di 56 000 chilogrammi. Lungo 40 metri, ha un rotore a otto lame con un diametro di 32 metri. Può trasformarsi in un veicolo di trasporto delle truppe d'assalto o contenere 80 barelle.

I GIRI DEL MONDO PIÙ VELOCI IN ELICOTTERO
Gli statunitensi Ron Bower e John Williams volarono attorno al mondo su un elicottero Bell 430 nel tempo di 17 giorni, 6 ore, 14 minuti e 25 secondi, nel 1996, alla velocità media di 91,75 chilometri orari. Partiti da Fair Oaks, Chobham, GB, il 17 agosto 1996, vi fecero ritorno il 3 settembre 1996.

Jennifer Murray (GB) fece il giro del mondo in solitaria con un Robinson R44 in 99 giorni (dal 31 maggio al 6 settembre 2000), viaggiando a una velocità media di 16,99 chilometri orari. Il suo viaggio iniziò e finì al campo d'aviazione di Brooklands, Surrey, GB, e riguardò 30 paesi.

L'ELICOTTERO RIMASTO PIÙ A LUNGO IN VOLO A PUNTO FISSO
Doug Daigle, Brian Watts e Dave Meyer della Tridair Helicopters, insieme con Rod Anderson della Helistream Inc (tutti statunitensi), tennero sospeso sopra un punto fisso per 50 ore e 50 secondi un Bell 1947 47B, tra il 13 e il 15 dicembre 1989.

L'OGGETTO PIÙ GRANDE TRASPORTATO PER VIA AEREA
Gli oggetti più grandi trasportati per via aerea sono gli Space Shuttle di 37 metri della Nasa, trasportati a Cape Canaveral dai luoghi di atterraggio per mezzo di Boeing 747 modificati. Gli Space Shuttle (*Columbia*, *Discovery*, *Atlantis* e *Endeavour*) pesano 100 tonnellate ciascuno.

L'AEREO PIÙ CAPIENTE
L' Airbus Super Transporter "Beluga" A300-600ST ha una stiva della capacità di 1400 metri cubi, lunga 37,7 metri, con una larghezza e un'altezza massima di 7 metri. Può trasportare un peso massimo di 47 tonnellate. La sezione principale dell'area di carico è alta come due piani e più lunga di un campo di pallacanestro.

L'AEREO PIÙ PESANTE
Il massimo peso normalmente sopportabile da un apparecchio al decollo è di circa 600 tonnellate nel caso dell'Antonov An-225 "Mriya" (Sogno). Il 22 marzo 1989, un Antonov sollevò un carico di 156 300 chilogrammi fino a 12 410 metri d'altezza. Per confronto, il peso massimo sopportabile da un Boeing 747-400 (Jumbo) è di 370 tonnellate.

LE ALI PIÙ GRANDI
L'aeroplano con la maggiore apertura d'ali di tutti i tempi è stato l'idrovolante Hughes H4 Hercules "Spruce Goose", azionato da otto motori e pesante 193 tonnellate. Aveva un'apertura alare di 97,5 metri e una lunghezza di 66,5 metri. Fu collaudato il 2 novembre 1947 da Howard Hughes al largo di Long Beach, California: si sollevò dall'acqua per circa un chilometro a un'altezza massima di 21 metri, ma questo rimase il suo primo e unico volo. Attualmente il record per la più grande apertura d'ali, 73,3 metri, spetta all'aereo ucraino Antonov An-124. Per confronto, il Boeing 747-400 ha un'apertura alare di 64,4 metri.

L'AEREO DA COMBATTIMENTO PIÙ VELOCE
Il più veloce aereo da combattimento è il caccia sovietico Mikoyan MiG-25 (chiamato dalla Nato "Foxbat"). Un apparecchio Foxbat-B in ricognizione fu intercettato via radar a una velocità di Mach 3,2 (3395 km/h). Ha un'apertura alare di 13,95 metri, una lunghezza di 23,8 metri e un peso massimo al decollo di 37,4 tonnellate.

LA PIÙ GRANDE AEROCISTERNA
Il più grande velivolo anticendio è l'aerocisterna Ilyushin 76TD di produzione russa, in grado di trasportare fino a 42 000 litri d'acqua o liquidi antincendio. Di proprietà del ministero russo della protezione civile (EMERCOM), cinque di questi aeromobili sono a disposizione in brevissimo tempo per missioni umanitarie e per il noleggio a governi e organizzazioni di tutto il mondo. Durante un passaggio di 8-10 secondi è in grado di inondare d'acqua una superficie lunga 1200 metri e larga 90 metri.

IL BOMBARDIERE CON LA MAGGIOR APERTURA D'ALI
Il ConvairB-36J a 10 motori aveva un'apertura alare di 70 metri, la più lunga mai registrata per un bombardiere, e al decollo sopportava un peso massimo di 185 tonnellate. Il B-36J non è più in servizio dal 1950, quando venne sostituito dal Boeing B-52.

IL BOMBARDIERE PIÙ PESANTE
L'ex bombardiere sovietico Tupolev Tu-160 a 4 motori ("Blackjack") è in grado di sopportare un peso massimo al decollo di 275 tonnellate. A vuoto pesa 110 tonnellate. Il Blackjack raggiunge una velocità massima di Mach 2,05 (2200 km/h) ed è lungo 54 metri, con un'apertura d'ali di 55,7 metri.

L'ELICA PIÙ GRANDE
L'elica più grande mai utilizzata è stata l'elica Garuda di 7 metri di diametro montata sull'apparecchio Linke-Hofmann R II, in servizio nel 1919. Era azionata da quattro motori Mercedes da 260 cavalli e girava a soli 545 giri al minuto. Le più piccole eliche utilizzate oggi raggiungono un paio di metri di diametro e girano a circa 2500 giri al minuto.

GLI AEREI PIÙ VELOCI DEL MONDO
L'apparecchio da ricognizione Lockheed SR-71 "Blackbird" (a sinistra) raggiunge una velocità massima di oltre Mach 3, anche se il valore esatto è segreto. L'aereo a due posti, il cui primo volo risale al 22 dicembre 1964, ha compiuto missioni top-secret per quasi 25 anni. La più veloce trasvolata oceanica fu compiuta in 1 ora, 54 minuti e 56,4 secondi il 1° settembre 1974 da due ufficiali dell'aviazione statunitense, James V. Sullivan e Noel F. Widdifield, proprio con un Lockheed SR-71. La velocità media per coprire i 5570 chilometri da New York a Londra fu di 2908,02 chilometri orari.

Il Lockheed SR-71 "Blackbird", ufficialmente non più in servizio nell'aeronautica degli Stati Uniti dal 1990, è stato ancora più volte utilizzato dalla Nasa a scopo di ricerca.

www.guinnessworldrecords.com/sfastjet
ACCESS CODE: ‹43994›

www.guinnessworldrecords.com/pathfinder

ACCESS CODE: ‹56393›

IL VOLO PIÙ ALTO

Il velivolo con propulsione a elica ad aver volato più in alto è il *Pathfinder*, un velivolo telecomandato e alimentato a energia solare che il 6 agosto 1998 raggiunse i 24384 metri nel cielo delle Hawaii.

Con i suoi 270 chilogrammi, il *Pathfinder* pesa meno di un quarto della maggior parte delle automobili. Non deve quindi stupire che i velivoli di questo tipo siano a volte definiti "più leggeri dell'aria".
Il prototipo *Helios* (sotto) è simile al *Pathfinder*, ma più grande. I suoi progettisti sperano che potrà raggiungere un'altitudine superiore ai 30000 metri. Terzo velivolo della famiglia, *Helios* è ora in fase di sperimentazione ed è progettato per restare in volo per diversi mesi ad altitudini di 15000-20000 metri.

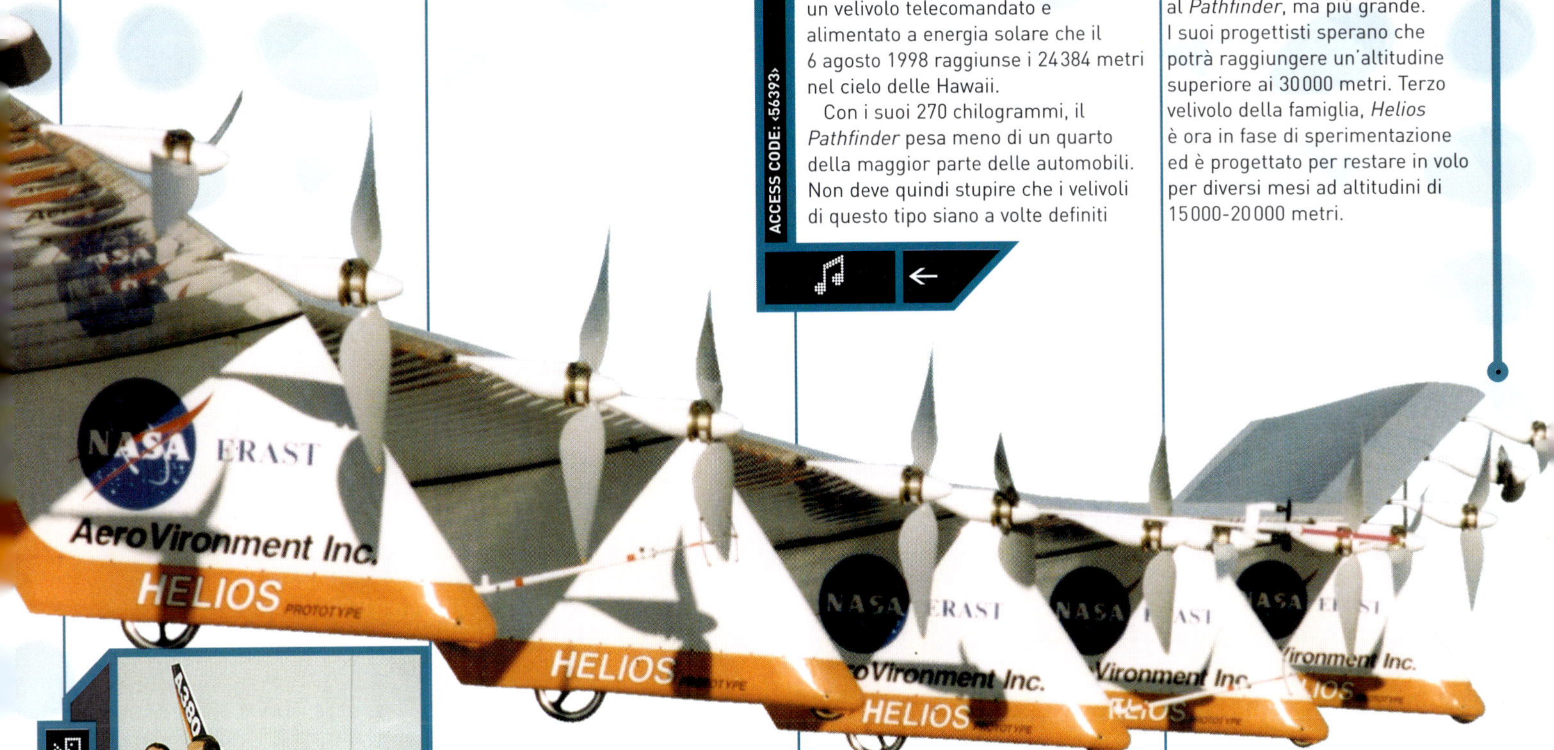

VIAGGI AEREI

L'aereo più grande per trasporto passeggeri in fase di sviluppo è l'Airbus A380 (sopra), presentato nel dicembre 2000 e la cui entrata in servizio è prevista per il 2007. Avrà un'apertura alare di 79,8 metri e una lunghezza di 73 metri. Al decollo sopporterà un peso massimo di 560 tonnellate e potrà trasportare 555 passeggeri circondati da ogni comfort. Sono stati previsti anche casinò, bar e palestre.

Il Boeing 747-400 detiene il record per l'aereo più capiente, in grado di trasportare 566 passeggeri, ma è più piccolo, con un'apertura alare di 65 metri e una lunghezza di 70,6 metri.

www.guinnessworldrecords.com/airbus

ACCESS CODE: ‹56382›

I BOMBARDIERI PIÙ VELOCI

Gli statunitensi General Dynamics FB-111A ad ala variabile, o "swing-wing", hanno una velocità massima di Mach 2,5, cioè due volte e mezzo la velocità del suono (2655 km/h).

I sovietici Tupolev Tu-22M ad ala variabile, chiamati dalla Nato "Backfire", raggiungono normalmente Mach 2, ma la loro velocità massima potrebbe arrivare a Mach 2,5.

IL DIRIGIBILE PIÙ GRANDE

I più grandi dirigibili rigidi (oltre 210 tonnellate) furono l'*Hindenburg* (LZ 129) e il *Graf Zeppelin II* (LZ 130), di costruzione tedesca, lunghi 245 metri e con 200000 metri cubi di capacità. L'*Hindenburg* fece il volo inaugurale nel 1936, per poi schiantarsi al suolo dopo un'esplosione, il 6 maggio 1937, a Lakehurst, New Jersey, Usa, mentre il *Graf Zeppelin II* volò per la prima volta nel 1938.

L'IDROVOLANTE PIÙ VELOCE

Il Martin XP6M-1 *SeaMaster*, l'aereo posamine della marina statunitense a quattro reattori usato nel 1955-59, raggiungeva una velocità massima di 1040 chilometri orari.

IL PRIMO VOLO AEREO

Il primo volo interamente sotto controllo da parte di un solo uomo ebbe luogo il 9 ottobre 1890 per opera del francese Clément Ader, che si librò con il suo *Eole* per 50 metri ad Armainvilliers, Francia. L'*Eole* era azionato da un motore leggero a vapore che sviluppava una potenza di circa 20 cavalli.

IL PRIMO VOLO CON UN AEREO A REAZIONE

Il primo volo con un aereo azionato da turboreattore fu compiuto dal capitano d'aviazione Erich Warsitz a Marienehe, Germania, il 27 agosto 1939 con un apparecchio Heinkel He 178. Nonostante i risultati positivi, fu necessario aspettare fin verso la fine della Seconda guerra mondiale, perché il Messerschmidt Me 262 entrasse in servizio in Germania, nel 1944, come primo aereo da combattimento a reazione.

L'AEROPLANO DI CARTA PIÙ GRANDE

L'aeroplano di carta più grande, con un'apertura alare di 13,97 metri, è stato costruito da un gruppo di studenti della facoltà di ingegneria aerospaziale dell'università di Delft, Olanda. Fu lanciato al chiuso il 16 maggio 1995 e fatto volare per una distanza di 34,80 metri. Fondata nel 1940, la facoltà di ingegneria aerospaziale di Delft è frequentata da 1300 studenti ed è dotata di attrezzature d'avanguardia, come un centro di collaudo con galleria del vento e supercomputer. Opera in stretto contatto con giganti dell'aeronautica come Airbus e Boeing.

IL MAGGIOR NUMERO DI VELIVOLI PRODOTTI

Fino alla fine del 2000, la Cessna Aircraft Company di Wichita, Kansas, Usa, aveva costruito 182804 aeroplani. Il fondatore della compagnia, Clyde Cessna, costruì e fece volare il suo primo apparecchio nel 1911.

navi e sottomarini

LA BARCA A VELA PIÙ VELOCE
Il 26 ottobre 1993, il trimarano *Yellow Pages Endeavour* toccò i 46,52 nodi (86,21 km/h) su un percorso di 500 metri a Sandy Point presso Melbourne, Victoria, Australia.

LE TRAVERSATE PIÙ VELOCI DELL'ATLANTICO
Tra le navi in servizio su rotte atlantiche, la traversata più veloce fu effettuata dalla *United States*. Partita per il suo viaggio inaugurale, tra il 3 e il 7 luglio 1952, coprì la rotta New York-LeHavre-Southampton in 3 giorni, 10 ore e 40 minuti, viaggiando alla velocità media di 35,39 nodi. La *United States*, fuori servizio dal 1969, è oggi ancorata presso Filadelfia, Pennsylvania, Usa.

LE CORAZZATE PIÙ GRANDI
Le corazzate più grandi in servizio furono la *Missouri* e la *Wisconsin* della marina degli Stati Uniti, lunghe 270 metri e con dislocamento a pieno carico di 58000 tonnellate. Gli armamenti comprendevano 9 cannoni da 40 centimetri, usati durante la Guerra del Golfo all'inizio del 1991 e in grado di lanciare proiettili del peso di 1225 chilogrammi a una distanza massima di 40 chilometri.

LA VELA DEL SECOLO
Più alto rispetto al livello dell'acqua di un edificio di 15 piani, il *Royal Clipper* (a sinistra) da 439 piedi (133,8 metri) ha cinque alberi e 42 vele per un totale di 5202 metri quadrati di tela. È la nave a vele quadre più grande del mondo in servizio. Pesa 5000 tonnellate, ospita un equipaggio di 106 persone e può alloggiare in cabine lussuose 228 passeggeri. A bordo ci sono tre piscine, un pianobar, negozi, una palestra con centro termale, una grande sala da pranzo e una sala di osservazione a prora in grado di ospitare fino a 90 persone. Il *Royal Clipper* effettua crociere nei Caraibi e nel Mediterraneo.

www.guinnessworldrecords.com/clipper
ACCESS CODE: ‹43704›

LA NAVE DA GUERRA PIÙ VECCHIA
Per costruire la *HMS Victory*, commissionata nel 1758, ci vollero sei anni. Questa nave da guerra (la più vecchia in servizio) mantiene un proprio capitano, ufficiali ed equipaggio. Attraccata presso il Portsmouth Historic Dockyard, Hampshire, GB, la *HMS Victory* ha oggi lo stesso aspetto che aveva nella battaglia di Trafalgar nel 1805.

LA NAVE DA CROCIERA PIÙ GRANDE
FI

La nave da crociera più grande del mondo è la *Voyager of the Sea*, lunga 310 metri e larga 48 metri, con una stazza lorda di 144000 tonnellate. Può ospitare 3114 passeggeri oltre a 1181 membri dell'equipaggio. La nave ha un teatro di cinque piani con 1350 posti a sedere, un campo da golf, una pista di pattinaggio sul ghiaccio e una cappella nuziale.

LA NAVE A VELA CON IL MAGGIOR NUMERO DI ALBERI
L'unico schooner con sette alberi è stato il *Thomas W. Lawson*, lungo 114,4 metri. L'imbarcazione (costruita a Quincy, Massachusetts, Usa, nel 1902) andò distrutta in un naufragio a largo delle Isole di Scilly, Cornovaglia, GB, nel 1907.

L'ALBERO PIÙ ALTO
Lo sloop di 157 piedi (47,9 metri) *Hyperion*, costruito da Wolter Huisman (Olanda), ha un albero di 59 metri. La barca fu commissionata nel 1995 da Jim Clark, il fondatore di Netscape.

LA ROMPIGHIACCIO PIÙ POTENTE
Le più grandi rompighiaccio sono *Rossiya*, *Sovetskiy Soyuz* e *Oktyabryskaya Revolutsiya*. Costruita a Leningrado (ora San Pietroburgo) Russia, nel 1995, la *Rossiya* pesa 23500 tonnellate ed è alimentata da propulsori nucleari da 75000 cavalli.

L'ALISCAFO PIÙ GRANDE
Costruito dall'Ufficio centrale sovietico di progettazione degli aliscafi negli anni Sessanta, il "Mostro del Mar Caspio" da 540 tonnellate è stato l'aliscafo più grande mai costruito. Un incrocio fra un velivolo e un hovercraft, viaggiava a pelo dell'acqua a velocità che potevano raggiungere i 500 chilometri orari. Azionato da 10 turboreattori a due flussi separati, andò distrutto in un incidente nel 1980.

IL NAUFRAGIO PIÙ GRANDE
La superpetroliera *Energy Determination*, della portata lorda di circa 321189 tonnellate, il 12 dicembre 1972 si spezzò in due

IL DAU PIÙ GRANDE
Al Hashemi II, un dau arabo in legno (a sinistra) costruito e di proprietà della Radisson SAS Hotel Resorts, Kuwait, è il più grande del mondo e misura 80,4 metri di lunghezza e 18,7 metri di larghezza. Questa nave tradizionalmente da carico, riccamente decorata e tenuta insieme da 80 tonnellate di chiodi fatti a mano e bulloni, viene utilizzata come sede di ricevimenti e conferenze. È stata ultimata nel gennaio 2000. I dau sono imbarcazioni tradizionali in legno con vele triangolari particolari molto comuni nei porti del Golfo Persico e dell'Oceano Indiano. *Al Hashemi II* è una creazione di Husain Marafie, uno dei proprietari del gruppo Radisson SAS. Il modello dell'imbarcazione è stato un dau di tipo Baghlah costruito dal bisnonno di Marafie alla fine del XIX secolo e chiamato *Al Hashemi*.

www.guinnessworldrecords.com/dhow
ACCESS CODE: ‹56603›

www.guinnessworldrecords.com/aircraftcarriers

ACCESS CODE: ‹43675›

LE PORTAEREI PIÙ GRANDI

Le portaerei più grandi sono quelle di classe Nimitz della marina statunitense: *Nimitz*, *Dwight D. Eisenhower*, *Carl Vinson*, *Theodore Roosevelt*, *Abraham Lincoln*, *George Washington*, *John C. Stennis*, *Harry S. Truman* e *Ronald Reagan*. Le ultime cinque hanno un dislocamento di circa 98550 tonnellate. Sono lunghe 333 metri, hanno un piano d'atterraggio di 18200 metri quadrati e possono superare la velocità di 30 nodi (56 km/h), grazie alla potenza di 260000 cavalli vapore sviluppata da quattro turbine a energia nucleare. Con un ruolo bellico di forza multimissione di attacco e con armi antisommergibile, la *Nimitz* è dotata di quattro catapulte C-13 Modello 1 per il lancio degli aerei dal ponte. Le catapulte sono in grado di accelerare anche gli aerei più pesanti in dotazione a velocità di 270 chilometri orari con partenza da fermi e di lanciare un aereo ogni 20 secondi.

tronconi nello stretto di Hormuz, Golfo Persico, in seguito a un'esplosione. Il suo valore a pieno carico era di 58 milioni di dollari.

LE IMBARCAZIONI PIÙ ANTICHE

La più antica imbarcazione rimasta fino ai giorni nostri è una canoa ricavata da un tronco di pino scoperta a Pesse, Olanda. Risalente al 6315 a.C., ora è conservata nel museo provinciale di Assen, Olanda. Nel 1991 ad Abydos, Egitto, fu scoperta una flotta di 12 barche lunghe 18 metri, adibite a cerimonie funerarie, che sono state fatte risalire al 3000 a.C.

IL SOTTOMARINO PIÙ VELOCE

I sottomarini russi a propulsione nucleare della classe Alpha raggiungono la velocità di punta di 40 nodi (75 km/h) e sono in grado di scendere a oltre 760 metri di profondità. Si pensa che al momento ne sia rimasto in servizio solo uno.

IL MAGGIOR NUMERO DI SOTTOMARINI

La marina militare con il maggior numero di sottomarini è quella russa, che nel 1997 ne contava 128 (di cui 92 nucleari).

IL PIÙ GRANDE CARICO NUCLEARE SOMMERSO

Il 6 ottobre 1986 il sottomarino nucleare russo K-219 (progetto 667-A Classe Yankee) affondò nell'Oceano Atlantico 950 chilometri a nord delle Bermuda. Il sottomarino trasportava due reattori nucleari e 16 missili nucleari, cioè il più grande carico di questo tipo sommerso nel mare, a una profondità di 5800 metri.

camion, treni e autobus

TRAM DA RECORD

Le più antiche carrozze in servizio sono la N. 1 e la N. 2 della Manx Electric Railway, regolarmente in servizio sui 28,5 chilometri tra Douglas e Ramsey, Isola di Man, GB. Le due carrozze risalgono al 1893, anno in cui fu inaugurata la linea tramviaria, e costituiscono una caratteristica attrazione turistica dell'isola.

La rete di tram più estesa è quella di San Pietroburgo, Russia, che dispone di 2402 vetture distribuite su 64 linee per un totale di 690 chilometri. San Pietroburgo è la seconda città della Russia e la sua ex capitale, ma è tuttora considera la "capitale mondiale dei tram". Il primo tram trainato da cavalli cominciò a trasportare merci nella periferia della città nel 1854. Il sistema continuò a svilupparsi nel corso del XIX e del XX secolo, ma negli ultimi anni diversi tratti di binari sono stati rimossi per lasciare spazio alle strade.

www.guinnessworldrecords.com/trams
ACCESS CODE: ‹43477›

L'IMPENNATA PIÙ VELOCE CON UN CAMION
FR

Il 21 ottobre 2000, Patrick Bourny (Francia) guidò una motrice di camion modificata alla velocità di 90 chilometri orari a Lure, Francia, viaggiando sulle ruote posteriori.

MONSTER TRUCK

La massima velocità di un monster truck (la cui caratteristica più vistosa è l'uso di pneumatici smisurati) è di 111,5 chilometri orari, raggiunti da Dan Runte (Usa) su "Bigfoot 14", l'11 settembre 1999, allo Symrna Airport di Nashville, Tennessee, Usa, durante la rincorsa che ha preceduto il salto più lungo di un monster truck da una rampa, con 61,6 metri. Dan Runte è autore anche di un salto in alto di 7,3 metri, compiuto il 14 dicembre 1999.

IL PIÙ GRANDE AUTOCARRO CON CASSONE RIBALTABILE

L'autocarro a due assi con cassone ribaltabile più grande è il T-282, prodotto dalla Liebherr Mining Equipment Co (Usa). Il veicolo ha una capacità di carico di 327 tonnellate, oltre una volta e mezza il suo peso.

IL CONVOGLIO PIÙ LUNGO SU STRADA

Greg Marley, a bordo di un un Kenworth Tri-Drive Cab K100G, ha trainato 45 rimorchi che insieme raggiungevano 610,7 metri di lunghezza sulla Great Eastern Highway a Merredin, Australia, il 3 aprile 1999.

IL GIRO PIÙ VELOCE DELLA METROPOLITANA LONDINESE

Robert Robinson, Chris Loxton, Chris Stubley, Chris Whiteoak, Olly Rich e Adam Waller Berks (tutti inglesi) fecero il giro di tutte le 272 stazioni della metropolitana di Londra in 19 ore, 57 minuti e 47 secondi, il 16 marzo 2000.

I VIAGGI IN TRENO PIÙ VELOCI

I treni ad alta velocità Nozomi della serie 500 *(Shinkansen)*, della West Japan Railway Company, viaggiano alla media di 261,8 chilometri orari sulla linea che collega Hiroshima e Kokura, sull'isola di Honshu. I Nozomi (Sogno) sono in servizio dal 1997 e possono trasportare 1324 passeggeri.

LA RETE FERROVIARIA PIÙ VELOCE

Il *TGV Atlantique*, il 18 maggio 1990, raggiunse la velocità di 515 chilometri orari fra Courtalain e Tours, Francia.

IL VEICOLO A LEVITAZIONE MAGNETICA PIÙ VELOCE

Il 14 aprile 1999, l'MLX01, un Maglev (veicolo a levitazione magnetica con equipaggio), raggiunse la velocità di 552 chilometri orari sulla pista di prova Yamanashi tra Otsuki e Tsuru, Giappone. Gestito dalle ferrovie centrali del Giappone e dall'Istituto tecnico di ricerca ferroviaria, questo Maglev sfrutta la forza magnetica per muoversi senza contatto con il suolo, grazie a elettromagneti fabbricati con metalli superconduttori.

IL VIAGGIO PIÙ LUNGO DI UN TRENO SENZA CONTROLLO

Il 26 marzo 1884, otto vagoni di carbone furono messi in moto dal forte vento ad Akron, Colorado, Usa, e percorsero da soli 160 chilometri sulla tratta ferroviaria Chicago, Burlington & Quincy, a est di Denver, Colorado. Si calcola che i vagoni avessero raggiunto una velocità massima di 100 chilometri orari in discesa. Una locomotiva merci alla fine riuscì a riagganciarli.

IL VIAGGIO PIÙ LUNGO IN TRENO

Mona Tippins (Usa) ha viaggiato per il numero record di 128492 chilometri in treno, senza mai ripercorrere due volte uno stesso tratto, fra il 7 ottobre 1994 e l'11 febbraio 1997. La donna visitò 33 paesi in America ed Europa.

LA METROPOLITANA PIÙ LUNGA
Il sistema ferroviario sotterraneo più grande del mondo è la metropolitana di New York (Usa, a sinistra), che si estende per 1355 chilometri. Questa cifra include i 299 chilometri di binari degli scali, delle officine di riparazione e dei depositi, oltre ai 370 chilometri di percorso effettivo. La rete serve 1,3 miliardi di passeggeri all'anno e, con 468 punti di accesso, è anche la metropolitana con il maggior numero di stazioni. I treni funzionano 24 ore al giorno per sette giorni alla settimana, attraversano tutta la città e percorrono in media in un giorno feriale circa 1,6 milioni di chilometri.

www.guinnessworldrecords.com/newyorksubway
← ACCESS CODE: ‹43824›

IL VIAGGIO PIÙ LUNGO IN TRENO IN SETTE GIORNI
Tra il 28 novembre e il 5 dicembre 1992, Andrew Kingsmell, Sean Andrews e Graham Bardouleau (GB) viaggiarono per 21 090 chilometri sulle linee ferroviarie nazionali francesi nel tempo di 6 giorni, 22 ore e 38 minuti.

IL TRENO MERCI PIÙ LUNGO
Un convoglio transitato sulla linea a scartamento ridotto Sishen-Saldanha, Sudafrica, il 26 e 27 agosto 1989, era composto da 660 vagoni con un carico lordo di 105 tonnellate ciascuno, un vagone-cisterna e un carro di servizio mossi da 9 locomotive elettriche da 50 kV e da 7 locomotive diesel-elettriche, distribuite lungo il convoglio. Era lungo 7,3 chilometri e viaggiò per 860 chilometri in 22 ore e 40 minuti.

IL PIÙ GRANDE VEICOLO DI TERRA
Il veicolo di terra più grande del mondo è la RB293, una scavatrice a ruota da 14 196 tonnellate fabbricata dalla società tedesca MAN TAKRAF. Utilizzata in una miniera di carbone in Vestfalia, Germania, è lunga 220 metri e alta 94,5 metri nel punto più alto, e può spostare 240 000 metri cubi di terra al giorno. Ha 18 benne montate su un'enorme ruota, che raccolgono e scaricano la terra mentre la ruota gira.

IL PIÙ GRANDE PARCO DI AUTOBUS
Il 31 ottobre 1999, la compagnia di trasporti dello stato di Andhra Pradesh, India, possedeva 18 397 autobus.

www.guinnessworldrecords.com/fireengine

AUTOPOMPE DA RECORD
USA

L'autopompa più veloce del mondo è la Hawaiian Eagle a razzo (sotto), di Tom Seydel (Usa), che ha raggiunto una velocità di 655 chilometri orari a Brainerd, Florida, l'11 luglio 1998. Il veicolo è un camion del 1941 azionato da due motori Rolls Royce Bristol Viper da 4500 kW ciascuno in grado di generare una spinta da 5450 chilogrammi.

L'autopompa con la maggiore capacità di pompaggio è il carro dei pompieri Oshkosh da 640 kW fabbricato dalla Oshkosh Truck Corporation, Wisconsin, Usa. Il veicolo può emettere dalle due torrette 189 000 litri di schiuma in soli 150 secondi. Quest'autopompa pesa 60 tonnellate e viene utilizzata in caso di incendi agli aerei e sulle piste.

ACCESS CODE: ‹53934›
←

automobili

L'AUTOMOBILE SPORTIVA PIÙ VENDUTA
Dall'aprile 1989, la Mazda ha prodotto 531 890 MX-5 Miata.

L'AUTOMOBILE PIÙ VELOCE
Una McLaren F1 guidata da Andy Wallace sul circuito di prova della Volkswagen a Wolfsburg, Germania, il 31 marzo 1998, ha raggiunto i 386, 7 chilometri orari. Sono stati prodotti solamente 100 esemplari di questo modello.

La McLaren F1 è anche l'automobile con il motore più potente attualmente in produzione, in grado di accelerare fino a 100 km/h in 3,3 secondi.

L'AUTOMOBILE DIESEL PIÙ VELOCE
La Mercedes C111-III, con motore diesel da 3 litri di cilindrata, raggiunse i 327,3 chilometri orari nel corso di prove effettuate sul circuito di Nardò, Lecce, fra il 5 e il 15 ottobre 1978.

L'AUTOMOBILE CON MOTORE A VAPORE PIÙ VELOCE
Il 19 agosto 1985, Robert E. Barber (Usa) infranse il primato di velocità per veicoli a vapore, che resisteva imbattuto da 79 anni. Sulla pista salina di Bonneville, Utah, Usa, guidò la *Steamin Demon* della Barber-Nichols Engineering Co alla velocità di 234,33 chilometri orari.

L'AUTOMOBILE A ENERGIA SOLARE-ELETTRICA PIÙ VELOCE
Il 5 gennaio 1991, la *Solar Star* della Star Micronics, un'automobile a energia mista solare-elettrica guidata da Manfred Hermann, raggiunse i 135 chilometri orari, a Richmond, Australia.

VIAGGIO IN PRIMA CLASSE
Il prezzo più alto effettivamente pagato per una macchina è di 15 milioni di dollari per la Bugatti modello 41 Royale Sports Coupé del 1931 (a sinistra), venduta da Nicholas Harley alla Meitec Corporation del Giappone il 12 aprile 1990.

La Bugatti Royale modello 41, costruita da Ettore Bugatti, è l'automobile più grande mai prodotta. Fabbricata per la prima volta nel 1927, era dotata di un motore di 12,7 litri a 8 cilindri ed era lunga quasi 7 metri. Si tratta di un modello di estrema rarità, essendo stato prodotto in solo sei esemplari.

www.guinnessworldrecords.com/priceycar
ACCESS CODE: ‹43465›

L'AUTOMOBILE CON MOTORE A RAZZO PIÙ VELOCE
La *Blue Flame*, guidata da Gary Gabelich, raggiunse i 1016,086 chilometri orari su un chilometro della pista di Bonneville, Utah, Usa, il 23 ottobre 1970. L'automobile, azionata da un motore a razzo alimentato da una miscela di gas liquido naturale e acqua ossigenata, poteva sviluppare una spinta di 10 000 chilogrammi.

L'AUTOMOBILE ELETTRICA PIÙ VELOCE
Il 22 ottobre 1999, la *White Lightning Electric Streamliner* guidata da Patrick Rummerfield (Usa) raggiunse i 395,821 chilometri orari sulla pista salina di Bonneville, Utah, Usa. Per la carrozzeria aerodinamica in fibra di carbonio, l'automobile, lunga 7,62 metri, assomiglia più a un razzo che a una macchina e può raggiungere i 160 chilometri orari in otto secondi.

LA PIÙ ALTA VELOCITÀ SU TERRA
Il primato di velocità su terra sulla distanza di un miglio è di 1227,9 chilometri orari, stabilito da Andy Green (GB) che il 15 ottobre 1997 nel Black Rock Desert, Nevada, Usa, superò il muro del suono a bordo del *Thrust SSC*.

RECORD DI VELOCITÀ IN RETROMARCIA
Il 7 marzo 2001, Alistair Weaver (GB) raggiunse i 138,4 chilometri orari in retromarcia con una Caterham Seven Blackbird sul circuito di prova di Bruntingthorpe, Leicestershire, GB. Weaver raggiunse tale velocità in 16,63 secondi, arrivando a 100 chilometri orari in 9,7 secondi, con un'accelerazione notevole anche per automobili guidate in avanti.

L'AUTOMOBILE PIÙ LUNGA
La fuoriserie più lunga è la limousine a 26 ruote di 30,5 metri progettata da Jay Ohrberg, Usa. Dispone di molti accessori, tra cui una piscina con trampolino e un letto ad acqua. Costruita per essere usata principalmente in film e mostre, può essere guidata come un corpo rigido o snodata al centro per le curve.

MINI RECORD
Il viaggio più lungo con una Mini è stato quello di Duncan Mortimer (GB, a sinistra), che percorse 36 460,3 chilometri intorno al mondo con la sua Mini Clubman 1275 GT gialla del 1978 fra il 25 maggio 1999 e il 13 febbraio 2000. Partito da New York, tornò nella natia Inghilterra dopo aver attraversato parte degli Stati Uniti, l'Australia, l'India, il Pakistan, l'Iran, la Turchia, la Grecia, l'Italia e la Francia.

Il record per il maggior numero di persone contenute in una Mini è stato stabilito il 3 luglio 2000, quando 18 donne si "accomodarono" in una Mini Cooper presso la National Indoor Arena a Birmingham, GB, superando di un'unità il precedente record, che apparteneva alla squadra femminile di rugby di Reading, GB.

www.guinnessworldrecords.com/minidriver
ACCESS CODE: ‹56571›

L'AUTOMOBILE PIÙ LEGGERA
Louis Borsi, di Londra, ha costruito un'auto di 9,5 chilogrammi, con un motore da 2,5 cc in grado di raggiungere i 25 chilometri orari.

IL PIÙ LUNGO PERIODO DI PRODUZIONE
La Morgan 4/4 ha compiuto 65 anni nel dicembre 2000. Prodotte dalla Morgan Motor Car Company di Malvern, Worcester, GB, queste automobili sono costruite a mano e il ciclo di produzione di una vettura richiede 23 giorni di lavoro. Il numero di auto prodotte dall'azienda per tutti i suoi quattro modelli è di circa 540 macchine all'anno. La lista d'attesa per averla è di 6-8 anni.

L'AUTOMOBILE PIÙ COSTOSA
L'automobile di produzione standard più costosa è la Mercedes Benz CLK/LM, che costa 1 547 620 dollari. Il veicolo raggiunge una velocità di 320 chilometri orari e passa da 0 a 100 chilometri l'ora in 3,8 secondi.

L'AUTOMOBILE PIÙ PESANTE
L'automobile più pesante in produzione è la Zil-41047 (Russia), di 3335 chilogrammi e con un interasse di 3,88 metri. Un modello "allungato" fu utilizzato dall'ex presidente Gorbaciov fino a dicembre 1991. Pesava 6 tonnellate e aveva una carrozzeria in acciaio antiproiettile dello spessore di oltre 7,5 centimetri. La prima Zil fu costruita nel 1936 per il dittatore sovietico Stalin. Gli specchietti laterali furono eliminati perché inutili: nessuno avrebbe osato superarlo. Il presidente russo Vladimir Putin fece arrivare due Zil in Gran Bretagna in occasione della sua visita nel 2000.

L'AUTOMOBILE CON IL MAGGIOR CHILOMETRAGGIO
Ad aprile 2001, il maggior numero di chilometri percorsi da un'automobile era di 3 029 685, nel caso di una Volvo P-1800S del 1966 appartenente a Irvin Gordon (Usa). Gordon ha acquistato l'auto nel 1966 e la usa per percorrere ogni giorno i 200 chilometri del viaggio di andata e ritorno dal posto di lavoro.

GIRO DEL MONDO CON UN MEZZO ANFIBIO
L'8 maggio 1958, Ben Carlin, Australia, arrivò a Montreal, Quebec, Canada, a bordo della sua jeep anfibia *Half-Safe*, dopo un viaggio attorno al mondo di 62 765 chilometri su terra e 15 450 chilometri per mari e fiumi. È stato l'unico tentativo riuscito di circumnavigazione con un mezzo anfibio.

IL SALTO PIÙ LUNGO DA UNA RAMPA CON ATTERRAGGIO SULL'ACQUA
Il 10 ottobre 2000, Philippe Leveque (Belgio) effettuò un salto lungo 57 metri lanciandosi con la sua auto da una rampa nel fiume a Tournai, Belgio. Quando la vettura sprofondò completamente nell'acqua, Leveque uscì dalla macchina illeso.

IL SALTO PIÙ LUNGO DA UNA RAMPA
USA

Il 23 agosto 1998, Ray Baumann (Australia) effettuò un salto di 72,24 metri da una rampa ricadendo sulle quattro ruote dell'automobile e proseguendo poi la corsa, presso il Ravenswood International Raceway di Perth, Australia.

Ray Baumann ha stabilito con 48 metri anche il record per il salto più lungo da una rampa con una roulotte agganciata a un'automobile. Al Ravenswood International Raceway di Ravenswood, Australia, il 4 ottobre 1999, si lanciò con macchina e roulotte al traino ricadendo su un gruppo di auto sfasciate e ammucchiate per ammortizzare l'urto.

www.guinnessworldrecords.com/caracceleration

CHE RIPRESA
La massima accelerazione in una prova ufficiale è quella della Ford RS200 Evolution (sotto) guidata da Graham Hathaway al Millbrook Proving Ground, Bedfordshire, GB, il 25 maggio 1994: l'automobile raggiunse le 60 miglia orarie (96 chilometri orari) in 3,07 secondi. La Ford RS200 è un modello sviluppato negli anni Ottanta per le gare di rally nel Gruppo B, per auto ad alte prestazioni. Mentre la maggior parte delle RS200 aveva un motore turbo da 1,8 litri, la serie *Evolution* aveva una cilindrata maggiorata a 2,1 litri con una potenza di 485 kW (650 cavalli).

La più alta velocità raggiunta da una vettura a ruote motrici, con trasmissione convenzionale tra motore e ruote, è di 659,808 chilometri orari (valore medio su due prove in direzioni opposte, con punta massima di 696,331 chilometri orari). Il record fu stabilito il 21 agosto 1991 da Al Teague (Usa) su *Spirit of '76* a Bonneville, Utah, Usa.

ACCESS CODE: ‹43547›

GUINNESS WORLD RECORDS™

biciclette e motociclette

TRICICLI E VELOCIPEDI

Il triciclo più grande del mondo (sopra) è stato progettato e costruito da 16 studenti del Bay de Noc Community College del Michigan, Usa, nel luglio 1998. La ruota anteriore ha un diametro di 4,67 metri, la posteriore di 2,23 metri e in tutto il triciclo è alto 7,13 metri. La sua realizzazione è costata 6000 dollari, donati da società locali e privati. Durante il collaudo è stato guidato per 76 metri. Chuck Gold, preside della facoltà di tecnologia presso il College, riuscì a raggiungere la sella del triciclo, posta a 6 metri di altezza dal suolo, con l'aiuto di una scala dei pompieri e di una gru. In realtà, la sella è solo decorativa, in quanto i due posti per i pedalatori si trovano più vicini al terreno, tra le ruote posteriori.

Il maggior numero di velocipedi affiancati in equilibrio con i guidatori che si prendono per mano è 69, record stabilito dai membri della Velocipede Society a Evandale, Tasmania, Australia, il 26 febbraio 2000.

www.guinnessworldrecords.com/3wheelers
ACCESS CODE: ‹43650›

IL SALTO PIÙ ALTO IN MOTOCICLETTA

Il 21 gennaio 2001, presso l'aeroporto di Van Nuys, California, Usa, Tommy Clowers raggiunse un'altezza di 7,62 metri partendo da una rampa alta tre metri dopo una rincorsa di 12 metri.

IL PIÙ LUNGO CORTEO DI MOTO A UN MATRIMONIO

Peter Schmidl e Anna Turceková (Slovacchia) si sposarono a Bratislava, Slovacchia, il 6 maggio 2000, con un corteo nuziale formato da 597 motociclisti.

IL VIAGGIO PIÙ LUNGO DI UNA COPPIA IN MOTOCICLETTA

Jim Rogers e Tabitha Estabrook (Usa) percorsero 91 766 chilometri passando per sei continenti, tra il marzo 1990 e il novembre 1991.

IL SALTO PIÙ LUNGO IN MOTO

Il 9 luglio 2000, Jason Rennie (GB) eseguì un salto di 77,1 metri su una Yamaha YZ250 al Donington Park Grand Prix Circuit di Leicestershire, GB, battendo il precedente record di Doug Danger (Usa) che resisteva da nove anni.

IL SALTO PIÙ LUNGO IN MOTO GUIDANDO AL CONTRARIO

Nel maggio 1987, Roger Riddell ("Mr. Backward", Usa) saltò sopra 7 auto (18 metri) guidando con le spalle rivolte al manubrio una Honda 650.

IL SALTO PIÙ LUNGO IN MOTOCICLETTA DA UNA RAMPA A UN AUTOCARRO

USA

Nel 1999, Roger Wells (Usa) a bordo di un'Honda CR500 saltò da una rampa dentro un autocarro che viaggiava a 100 chilometri orari, centrando il pianale di 2 x 6 metri dopo un volo di 41,1 metri.

IL SALTO PIÙ LUNGO IN MOTO CON PASSEGGERO

Il 12 novembre 2000, Jason Rennie (GB) superò con una Yamaha YZ250 la distanza di 29,26 metri portandosi dietro la fiduciiosa fidanzata, Sian Phillips, in una prova eseguita presso il campo di aviazione di Rednall, Shropshire, GB.

LA PIÙ GRANDE SFILATA DI TRIUMPH

Il maggior numero di moto Triumph presenti in una sola sfilata è stato 313 in occasione del Rally of the Tigers di Chislehurst, Kent, GB, il 12 luglio 1998. Tiger è il nome di un famoso modello di Triumph.

LA MOTOCICLETTA PIÙ ANTICA

Il primo veicolo a due ruote dotato di un motore a combustione interna fu una macchina con telaio in legno costruita tra l'ottobre e il novembre 1885 a Bad Cannstatt, Germania. Aveva una velocità massima di 20 chilometri orari. Nota con il nome di *Einspur*, si incendiò nel 1903.

IL MOTORE CON IL MINOR CONSUMO

Il minor consumo ottenuto con un veicolo autorizzato a circolare su strada è di 0,28 litri per 100 chilometri, record stabilito con un triciclo motorizzato inventato e guidato da James Ouchterlony (GB) durante la Shell Mileage Marathon a Silverstone, GB, nel 1998.

RE E REGINA DELLA STRADA

Emilio Scotto (Argentina, a sinistra) coprì la distanza di oltre 735000 chilometri tra il 17 gennaio 1985 e il 2 aprile 1995. A bordo di una Honda Gold Wing, circumnavigò il pianeta sia in senso orario sia in senso antiorario, visitando 214 paesi e percorrendo una distanza pari a un viaggio fino alla Luna.

La prima donna a compiere un giro del mondo da sola in motocicletta è stata Monika Vega (Brasile), in sella alla sua Honda 125 cc. Percorse la distanza di 83500 chilometri e visitò 53 paesi tra il 7 marzo 1990 e il 24 maggio 1991.

www.guinnessworldrecords.com/motorbikes

ACCESS CODE: ‹43612›

www.guinnessworldrecords.com/roadski

ACROBAZIE MOTOCICLISTICHE

UK

Il 18 aprile 1999, Gary Rothwell (GB, sotto) si esibì nello "sci su strada" alla velocità di 251,54 chilometri orari. Per questa acrobazia, Rothwell salta dal sellino della moto, lanciata ad alta velocità, e si aggrappa alla parte posteriore, usando come "sci" un paio di stivali con la suola rivestita da due millimetri di titanio. Oltre che sciare dietro la moto con le scarpe di metallo, il repertorio di Rothwell comprende anche una serie di acrobazie motociclistiche che spesso sfidano le leggi della fisica. Impenna la moto stando sdraiato, guida con i piedi, impenna seduto sul manubrio e anche con passeggeri a bordo, fino a un massimo di 12 persone.

ACCESS CODE: ‹53432›

LA MOTOCICLETTA PIÙ CARA

La moto in produzione più cara del mondo è la Morbidelli 850 V8, il cui prezzo, nel 2000, era intorno ai 180 milioni di lire. La motocicletta è stata disegnata da Pininfarina, società più famosa per i progetti realizzati per la Ferrari.

IL SALTO DA FERMO PIÙ LUNGO CON UNA BICI

FR

Marc Caisso (Francia) eseguì un salto da fermo in bicicletta superando la distanza di 2,9 metri, il 26 ottobre 2000.

ROTAZIONI IN BICICLETTA SULLA RUOTA ANTERIORE

SE

Utilizzando una bicicletta BMX, il 2 febbraio 2001 Andreas Lundqvist (Svezia) completò 34 rotazioni complete in un minuto in equilibrio sulla sola ruota anteriore .

LO SCOOTER PIÙ COSTOSO

Lo scooter più costoso in produzione è lo Yamaha XP500 Tmax, disponibile al prezzo di 8958 dollari. Lo scooter vanta i freni a disco più grandi e il motore più potente nella categoria, in grado di raggiungere una velocità massima di 168 chilometri orari.

IL VEICOLO A PEDALI PIÙ LUNGO

Roger Dumas (Usa) ha costruito una bicicletta da 55 posti lunga 42,87 metri, realizzata con numerosi telai di bicicletta saldati insieme e sostenuti da ruote poste a intervalli regolari lungo tutta la sua lunghezza. La bicicletta è stata guidata per 986 metri da 52 membri della famiglia Dumas ad Augusta, Maine, Usa, il 29 luglio 2000.

IL CICLISTA PIÙ VELOCE

La velocità più alta raggiunta con una bicicletta è di 268,831 chilometri orari, da parte di Fred Rompelberg (Olanda) a Bonneville Salt Flats, Utah, Usa, il 3 ottobre 1995, preceduto da un veicolo per fendere l'aria.

50 CHILOMETRI IN BICICLETTA ALL'INDIETRO

Il 28 agosto 1999, Matthew Poynter (Canada) percorse 50 chilometri in bicicletta in 2 ore, 52 minuti e 11 secondi stando seduto sul manubrio e pedalando all'indietro.

viaggi e trasporti

LE SCALE MOBILI PIÙ LUNGHE
Il sistema di scale mobili più lungo del mondo è il Central Hillside Escalator Link di Hong Kong. Questo sistema di pedane mobili al coperto, lungo 800 metri, trasporta i pendolari dal quartiere Mid-Levels al Central Market, sull'isola di Hong Kong. Dopo le affollatissime ore del mattino, la direzione delle scale mobili viene invertita per il resto della giornata.

LA SCALA MOBILE PIÙ CORTA
La scala mobile dello Shopping Mall Okadaya More's di Kawasaki-shi, Giappone, supera un dislivello di soli 84 centimetri. È stata installata dalla Hitachi Ltd ed è 20 volte più piccola di una scala mobile media.

L'AEROPORTO PIÙ ATTIVO
L'aeroporto più attivo del mondo, per voli sia nazionali sia internazionali, è quello di Hartsfield, Atlanta, Georgia, Usa. Nel 1999, registrò un traffico di 78 092 940 passeggeri. L'aeroporto più attivo del mondo al di fuori degli Stati Uniti è quello di Heathrow, Londra, con 62 263 365 passeggeri all'anno.

IL BIGLIETTO DI VOLO PIÙ LUNGO
Il biglietto di volo più lungo, 12 metri, fu emesso nel dicembre 1984 per Bruno Leunen di Bruxelles, Belgio. Era valido per un viaggio di 85 623 chilometri su 80 linee con 109 scali.

IL MAGGIOR NUMERO DI PAESI VISITATI
La coppia che ha viaggiato in più paesi è formata da Robert Becker e da sua moglie Carmen (Usa, a sinistra), che hanno visitato tutti gli stati sovrani e, tranne sei, tutti i paesi non sovrani e altri territori, per un totale di 234. L'Imperatore del Giappone ha regalato a Bob una camicia durante uno dei suoi viaggi e la prudentissima coppia ha perso i bagagli soltanto una volta, in Corea.

Frederick W. Finn (GB) ha percorso con l'aereo il maggior numero di miglia, per una distanza record di 19 247 750 chilometri fino al 2000. Finn vola regolarmente tra Londra e il New Jersey, Usa, e detiene anche il primato come passeggero su aerei supersonici, con 714 traversate atlantiche sul Concorde.

www.guinnessworldrecords.com/traveltwo
ACCESS CODE: ‹48606›

IL VIAGGIO DA LONDRA A NEW YORK PIÙ VELOCE
Il minor tempo impiegato per andare dal centro di Londra al centro di New York e ritorno, in elicottero e in aereo, è di 3 ore, 59 minuti e 44 secondi per il viaggio di andata e di 3 ore, 40 minuti e 40 secondi per il ritorno. Il primato fu stabilito da David J. Springbett e David Boyce tra l'8 e il 9 febbraio 1982.

I GIRI DEL MONDO PIÙ VELOCI IN AEREO
Michael Bartlett e David J. Springbett (GB) completarono un giro del mondo passando tra due punti agli antipodi in 62 ore e 15 minuti fra il 18 e il 21 marzo 2000. In totale effettuarono un viaggio di 41 010 chilometri toccando Londra, Ti Tree Point, Auckland, Los Angeles, Chicago, Madrid e Londra. Secondo il regolamento i concorrenti devono infatti passare attraverso due punti del globo esattamente agli antipodi, e Springbett e Bartlett avevano scelto Ti Tree Point (Nuova Zelanda) e Madrid (Spagna) come antipodi di riferimento.

L'AEROPORTO PIÙ ALTO
Nella regione montagnosa nota come "il tetto del mondo", l'aeroporto di Bangda nel Tibet orientale è a 4739 metri di altitudine sul livello del mare. Bangda ha anche la pista più lunga del mondo, di 5500 metri.

L'AEROPORTO INTERNAZIONALE SITUATO PIÙ IN BASSO
L' aeroporto internazionale di Schiphol, Amsterdam, si trova 4,5 metri sotto il livello del mare.

LA COMPAGNIA AEREA PIÙ GRANDE
La compagnia che trasporta il maggior numero di passeggeri su voli internazionali e nazionali è la Delta Air Lines, che nel 1999 ha trasportato 105 534 000 di passeggeri, la maggior parte dei quali all'interno degli Stati Uniti. Al secondo posto United Airlines con 87 049 000 di passeggeri e al terzo posto American Airlines con 81 452 000.

LA COMPAGNIA AEREA INTERNAZIONALE PIÙ ATTIVA
Secondo l'Associazione Internazionale Trasporti Aerei (IATA), la British Airways (GB) trasporta su rotte internazionali 36,609 milioni di passeggeri all'anno. Al secondo posto la compagnia aerea tedesca Lufthansa, con 27,287 milioni di passeggeri.

LA ROTTA AEREA INTERCONTINENTALE PIÙ TRAFFICATA
La rotta intercontinentale più frequentata al mondo è la Londra-New York, con oltre 3,82 milioni di passeggeri che ogni anno percorrono i 5539 chilometri che separano le due città.

LA ROTTA AEREA INTERNAZIONALE PIÙ TRAFFICATA
La rotta aerea internazionale più trafficata del mondo è la Hong Kong-Taipei, Taiwan, con 3,96 milioni di passeggeri registrati nel 1999 dall'Organizzazione internazionale dell'aviazione civile. Nel 1997, i 25 aeroporti più importanti del mondo avevano gestito un totale di 968 milioni di passeggeri.

LA STRADA PIÙ LARGA
La strada più larga del mondo è la Monumental Axis, che raggiunge la lunghezza di 2,4 chilometri, dalla Piazza Municipale alla Piazza dei Tre Poteri a Brasilia, capitale del Brasile. Il viale a tre corsie, inaugurato nell'aprile 1960, è largo 250 metri.

IL PAESE PIÙ AMATO DAI TURISTI
La Francia (a sinistra) attira più turisti di qualsiasi altro paese, con 73 milioni di turisti nel 1999 (pari all'11,2% del mercato globale e di gran lunga superiore al numero dei suoi abitanti, che sono 59 milioni).

Nell'insieme, l'Europa è la destinazione turistica internazionale più popolare del mondo con 379,8 milioni di arrivi nel 1999, equivalenti al 58,4% del totale mondiale.

Gli Stati Uniti investono nel turismo all'estero più di tutti gli altri paesi, con 54 miliardi di dollari spesi in viaggi nel 1999, una cifra però in calo rispetto ai 56,1 miliardi di dollari del 1998. Al secondo e terzo posto nella classifica delle nazioni che spendono di più per viaggiare ci sono rispettivamente la Germania e la Gran Bretagna.

www.guinnessworldrecords.com/mosttourists
ACCESS CODE: ‹46014›

LA STRADA CON PIÙ CORSIE

La Bridge Toll Plaza che collega San Francisco e Oakland Bay ha 23 corsie (17 in direzione ovest) e serve il ponte di Oakland, California, Usa.

LA STRADA PIÙ RIPIDA

La strada pubblica più ripida del mondo è Baldwin Street a Dunedin, Nuova Zelanda, con un gradiente massimo di 1:1,266 (38° o 42,2%). Baldwin Street è così ripida che diversi segnali di pericolo sconsigliano i motociclisti di percorrerla in salita. Le strade più ripide di San Francisco, Filbert Street e la 22ª strada, hanno entrambe un gradiente massimo di 1:1,853, cioè una pendenza del 31%.

LA STRADA PIÙ STRETTA

La strada più stretta è quella nota come "Vicolo della Virilità", a Ripatransone, Ascoli Piceno, con una larghezza massima di 43 centimetri.

IL TRAFFICO PIÙ INTENSO

Secondo la Federazione Stradale Internazionale, il Principato di Monaco è il paese con il maggior numero di veicoli rispetto alla rete stradale. Nel 1996, l'anno più recente per il quale sono disponibili delle statistiche, c'erano 480 veicoli per ogni chilometro quadrato di strada del Principato. Se tutti i veicoli fossero parcheggiati uno dietro l'altro sulle strade di Monaco, quasi la metà non saprebbe dove parcheggiare.

L'INCROCIO STRADALE PIÙ GRANDE

Lo svincolo stradale più complesso del mondo è lo svincolo 2/22/57 (colloquialmente noto come Orange Crush Interchange) nell'Orange County, California, Usa. È composto da 34 strade su appena due livelli e registra un flusso quotidiano medio di 629 000 veicoli. L'incrocio più complesso del sistema viario britannico è quello di Gravelly Hill, a nord di Birmingham, sulla sezione di collegamento con le Midland dell'autostrada M6, aperta il 24 maggio 1972. Chiamato familiarmente "Spaghetti Junction", questo svincolo include 18 strade su sei livelli (oltre a un canale deviato e a un fiume).

LA RETE STRADALE PIÙ VASTA

Secondo la Federazione Stradale Internazionale, il paese con la rete stradale più vasta è il complesso dei 50 Stati Uniti d'America, che nel 1999 contavano 6 348 227 chilometri di strade carrozzabili. L'India conta 3 319 664 chilometri di strade carrozzabili e il Brasile 1 724 924 chilometri.

www.guinnessworldrecords.com/spacetourist

VIAGGI NELLO SPAZIO

Si dice che l'uomo d'affari Dennis Tito (Usa, al centro) abbia pagato ai russi 20 milioni di dollari per visitare l'International Space Station in orbita intorno alla Terra. Dennis Tito decollò il 28 aprile e atterrò il 6 maggio 2001. La "vacanza" di Tito è stato il viaggio turistico più costoso del mondo dal momento che l'uomo ha pagato l'intera cifra di tasca propria. I precedenti civili ad aver effettuato un viaggio nello spazio erano o membri attivi di un equipaggio come Helen Sharman (GB) e Salman al-Saud (Arabia Saudita), oppure erano stati finanziati da un datore di lavoro, come nel caso del giornalista televisivo giapponese Yoyohiro Akiyama.

Il razzo più grande mai costruito è stato il *Saturn V*, usato per inviare astronauti sulla Luna tra il 1968 e il 1972. Era lungo 110,5 metri.

Il razzo per il lancio di satelliti più piccolo è stato *Pegasus*, un razzo vettore a tre stadi lungo 15,5 metri. Il *Pegasus* originario, ora sostituito da una versione operativa chiamata *Pegasus XL*, fu sganciato in aria da un aereo nel 1990.

ACCESS CODE: 56604

edifici e costruzioni 1

IL CINEMATOGRAFO PIÙ GRANDE

Il Radio City Music Hall di New York, Usa, fu aperto il 27 dicembre 1932 con 5945 posti a sedere, ora ridotti a 5910. Dichiarato edificio di interesse storico per la città di New York nel 1979 e a livello nazionale nel 1987, ha visto oltre 300 milioni di persone varcarne la soglia.

IL PALAZZO DEL GHIACCIO PIÙ VECCHIO

Il palazzo del ghiaccio più vecchio è l'Ice Drome di Blackpool (ora Pleasure Beach Arena), GB, aperto nel 1937 e tuttora in funzione.

L'ANFITEATRO PIÙ GRANDE

L'Anfiteatro flavio o Colosseo di Roma, completato nell'80 d.C., copre una superficie di 20000 metri quadrati e ha una capacità di 87000 spettatori. Ha una lunghezza massima di 187 metri e larghezza massima di 175 metri. Al culmine del potere di Roma, il Colosseo fu teatro di innumerevoli battaglie tra gladiatori, schiavi e belve feroci. L'arena veniva persino inondata per ricreare le battaglie navali.

IL FARO PIÙ A SUD

Nel 1884, la marina argentina costruì un faro sulla Isla de los Estados, a 100 miglia nautiche da Capo Horn, in Patagonia, come guida per navi e barche in navigazione nello stretto di Magellano. Posto in disuso nel 1902, ora il faro è stato ristrutturato e ha ripreso a funzionare.

IL TEMPIO BUDDISTA PIÙ GRANDE

Il tempio di Borobudur a Giava, Indonesia, costruito tra il 750 e l'842 d.C., ha una struttura di pietra di 60000 metri quadrati alta 34,5 metri. Il tempio è costituito da tre parti: una base piramidale con cinque terrazze quadrate concentriche, un cono con tre piattaforme circolari e, in alto, uno stupa monumentale a forma di campana.

www.guinnessworldrecords.com/borobudur
ACCESS CODE: ‹49868›

LA CHIESA PIÙ PICCOLA

La chiesa più piccola del mondo è la cappella di Santa Isabel de Hungría all'interno del Colomares, Benalmádena, Malaga, Spagna. Costruita con pietra policroma e consacrata il 7 aprile 1990, ha una superficie calpestabile di 1,96 metri quadrati. La messa è celebrata in occasioni speciali e solo una persona per volta può assistervi.

L'EDIFICIO TRASFERITO ALLA MAGGIOR DISTANZA

L'edificio di cinque piani Gem Theatre and Century Club di Detroit, Texas, Usa, è stato spostato di cinque isolati, pari a una distanza di 563 metri, sopra 72 piattaforme dotate ognuna di otto pneumatici. Ci vollero 25 giorni per spostare l'edificio di 2750 tonnellate, a partire dal 16 ottobre 1997.

L'EDIFICIO PIÙ PESANTE TRASFERITO

Il 1º marzo 1998, l'Empire Theater (3700 tonnellate) di New York fu spostato su rotaie 51,81 metri più a ovest, secondo il piano regolatore della 42ª Strada. Alla velocità di almeno 30 centimetri al minuto, fu trasferito in meno di cinque ore su fondamenta provvisorie con l'aiuto di cilindri idraulici lungo le otto rotaie.

LE STRUTTURE PIÙ ALTE

La struttura più alta mai costruita è stata l'antenna di Radio Varsavia a Konstantynow, Polonia, che prima del suo crollo, avvenuto durante i lavori di ristrutturazione il 10 agosto 1991, era alta esattamente 646,38 metri. L'antenna, progettata da Jan Polak (Polonia), pesava 550 tonnellate.

La più alta costruzione esistente è la torre di un'antenna televisiva tra Fargo e Blanchard, nel Nord Dakota, Usa, alta 629 metri.

L'IGLOO PIÙ GRANDE

FI

L'igloo più grande è l'Ice Hotel di Jukkasjärvi, Svezia (a sinistra), 200 chilometri a nord del Circolo Polare Artico. Ha una superficie di 4000 metri quadrati e può ospitare 150 persone a notte. Fu costruito per la prima volta nel 1989 per l'esposizione "Art-ic", con una galleria di 60 metri quadrati. Dal 1990 viene ricostruito ogni novembre, cercando sempre di aumentarne le dimensioni. Apre a dicembre e rimane aperto fino alla fine di aprile o l'inizio di maggio, a seconda delle condizioni climatiche. La temperatura all'interno va da -4° a -9 °C, in base alla temperatura esterna. Attualmente dispone di sculture in ghiaccio, cinema, saune, una cappella di ghiaccio e un bar di ghiaccio. Gli ospiti, che dormono su letti di ghiaccio, sono forniti di spesse pelli di renna.

www.guinnessworldrecords.com/igloo
ACCESS CODE: ‹52782›

L'EDIFICIO PIÙ ALTO

La più alta costruzione autoportante, ossia senza tiranti, è la CN Tower al Metro Centre di Toronto, Canada, alta 553,34 metri. Ha un ristorante girevole da cui lo sguardo spazia da 351 metri di altezza dal suolo fino a colline distanti 120 chilometri.

GLI EDIFICI PER IL LAVORO PIÙ ALTI

Le Petronas Towers di Kuala Lumpur, Malesia, divennero gli edifici per il lavoro più alti del mondo nel 1996, quando pinnacoli in acciaio alti 73,5 metri furono posti sopra gli 88 piani delle torri, portandone l'altezza a 452 metri. Dato che i pinnacoli non sono utilizzati, la Sears Tower di Chicago può ancora essere considerata la sede per uffici con il piano abitato più alto.

L'ALBERGO PIÙ ALTO

Il Grand Hyatt Shanghai di Pudong, Cina, è l'albergo più alto del mondo. Occupa gli ultimi 35 piani della torre Jin Mao, l'edificio più alto della Cina. L'hotel possiede anche il centro di fitness più alto, situato al 57º piano.

L'ALBERGO PIÙ IN ALTO

L'Hotel Everest View sopra Namche, nel Nepal (il villaggio più vicino al campo base dell'Everest) si trova a 3962 metri. L'hotel offre una vista eccellente sull'Himalaya, incluso il monte Everest, la montagna più alta del mondo.

IL RISTORANTE ALLA MAGGIORE ALTITUDINE

Il ristorante all'altitudine più elevata si trova nella località sciistica di Chacaltaya, Bolivia, a 5340 metri sopra il livello del mare. Dalle sue finestre è possibile intravvedere il lago Titicaca, il lago navigabile situato alla maggior altitudine.

L'UFFICIO AMMINISTRATIVO PIÙ GRANDE

La più vasta area coperta da un fabbricato adibito a uffici amministrativi è il Pentagono, ad Arlington, Virginia, Usa. Destinato a ospitare gli uffici del ministero della difesa degli Stati Uniti, misura 281 metri lungo ognuno dei cinque lati esterni, per cui il perimetro arriva a 1405 metri. I suoi cinque piani

PICCOLO È BELLO!

La casa più piccola è un cottage del XIX secolo (sopra) di un pescatore a The Quay, Conwy, Galles, GB, composta da due stanze minuscole, una scala e una camera da letto piccolissima (tutto tranne il bagno). Ha una facciata larga 1,82 metri, è alta 3,09 metri e profonda 2,5 metri. Un uomo di statura media può riuscire a malapena a sdraiarsi nel senso della larghezza. All'inizio del secolo, il suo proprietario, Robert Jones, viaggiò per tutta la Gran Bretagna misurando ogni casa di piccole dimensioni per dimostrare che la sua era veramente la più piccola.

www.guinnessworldrecords.com/tinyhouse

ACCESS CODE: ‹50055›

coprono un'area di 604 000 metri quadrati e la lunghezza totale dei corridoi è di 28 chilometri. Vi lavorano 23 000 persone tra impiegati civili e militari. Il Pentagono fu completato il 15 gennaio 1943 con una spesa di circa 83 milioni di dollari.

L'EDIFICIO INDUSTRIALE PIÙ GRANDE

Il più grande edificio industriale, nel senso di una struttura a sé stante a più piani, è quello progettato per l'immagazzinamento e lo stoccaggio di merci al Terminal 3 del porto di Kwai Chung, Hong Kong, dell'Asia Terminals Ltd. La superficie totale dei 15 piani dell'edificio è di 865 937 metri quadrati.

IL CASTELLO ANTICO PIÙ GRANDE

Il più grande castello antico del mondo è quello di Praga, Repubblica Ceca, del IX secolo. Ha la forma di un poligono oblungo irregolare con un asse di 570 metri, un diametro di 128 metri e una superficie di 72 800 metri quadrati.

LA PIÙ PICCOLA CASA INDIPENDENTE

Thimble Hall, a Youlgreave, Peak District, Derbyshire, GB, detiene il record per la più piccola casa unifamiliare: esternamente misura infatti 3,63 x 3,14 metri ed è alta 3,7 metri. Si dice che nell'Ottocento fosse occupata da una famiglia composta da otto persone.

LA MOSCHEA PIÙ GRANDE

La più grande moschea che sia mai stata costruita è la Shah Faisal presso Islamabad, Pakistan. La superficie totale del complesso è di 18 ettari, con una superficie del luogo di preghiera di 0,48 ettari. Può ospitare 100 000 fedeli nel luogo di preghiera e nel cortile, e altre 200 000 persone nelle aree adiacenti.

IL TEMPIO INDÙ PIÙ GRANDE AL DI FUORI DELL'INDIA

Il più grande tempio indù fuori dall'India è lo Shree Swaminarayan Mandir di Neasden, Londra, che copre un'area di 6000 metri quadrati ed è costituito da 23 600 blocchi di pietra. I blocchi furono intagliati da 1526 operai in India e riassemblati a Londra, un anno dopo, per arrivare all'inaugurazione il 20 agosto 1995.

www.guinnessworldrecords.com/largestwindows

ACCESS CODE: ‹49682›

LE FINESTRE PIÙ GRANDI

Le finestre più grandi del mondo sono quelle del Palazzo dell'Industria e della Tecnologia al Rondpoint de la Défense a Parigi. Le tre finestre, costituite da diverse lastre di vetro, hanno una larghezza massima di 218 metri e un'altezza massima di 50 metri. Il Palazzo dell'Industria e della Tecnologia fu costruito durante il governo del generale De Gaulle, verso la fine degli anni Cinquanta, come centro di esposizione nazionale. De Gaulle promosse lo sviluppo del quartiere La Défense, che fu presto circondato da uffici, negozi ed edifici a scopo abitativo. Le sue tre finestre, che hanno uno spessore di 15 millimetri, furono realizzate dalla fabbrica Chanterine di Thourotte, presso Parigi.

Le più grandi lastre di vetro mai lavorate furono due pannelli identici che misuravano 21,64 metri per 2,9 metri, prodotti dalla Saint Gobain e installati nell'agosto 1996 nella fabbrica Chatereine di Thourotte, appartenente alla Saint Gobain.

GUINNESS WORLD RECORDS™

edifici e costruzioni 2

IL PIÙ PICCOLO TEATRO COMMERCIALE
Il Theatre of Small Convenience di Malvern, Worcestershire, GB, un ex gabinetto vittoriano per gentiluomini, ha 12 posti a sedere e una superficie di 10,14 metri quadrati. Inaugurato il 6 novembre 1999, ospita attori dilettanti e professionisti.

IL TEATRO LIRICO PIÙ GRANDE
Il Metropolitan Opera House del Lincoln Center di New York, Usa, ha una capienza complessiva di 4065 persone. La sala è lunga 137 metri, mentre il palcoscenico è largo 70 metri e profondo 45.

L'OBELISCO PIÙ GRANDE
L'obelisco del faraone Tutmosis III fu trasportato dall'imperatore Costantino nel 357 d.C. da Assuan, Egitto, a Instanbul, e in seguito innalzato in piazza San Giovanni Laterano a Roma nel 1588. L'obelisco, alto 32,81 metri, pesa 455 tonnellate.

LA BUCA DELLE LETTERE ALLA MAGGIOR PROFONDITÀ
Una buca delle lettere subacquea si trova a 10 metri di profondità nelle acque della baia Susami, Giappone. Gli amanti delle immersioni possono impostare cartoline postali speciali impermeabili nella cassetta, che fa parte dell'ufficio postale di Susami ed è aperta ogni giorno. Durante il primo anno di funzionamento, nel 1999, sono state imbucate nella cassetta più di 4273 lettere "marine".

TRIANGOLO ETERNO
La piramide a gradoni di Gioser (a sinistra), a Saqqâra, Egitto, è la più antica del mondo. Costruita da Imhotep (l'architetto reale di Gioser) durante la Terza Dinastia (attorno al 2630 a.C.), raggiunge l'altezza di 62 metri ed è considerata la prima tomba costruita in Egitto interamente in pietra.

La piramide più grande, e anche il monumento più grande mai costruito, è quella di Quetzalcóatl a Cholula de Rivadavia, 100 chilometri a sud-est di Città del Messico. È alta 54 metri e la sua base poggia su un'area di 182000 metri quadrati. Si calcola che il suo volume sia di 3300000 metri cubi contro i 2400000 della piramide di Cheope a Giza, Egitto.

www.guinnessworldrecords.com/djoser
ACCESS CODE: ‹49728›

LA CASA CON IL MAGGIOR NUMERO DI STANZE
Knole House, a Sevenoaks, Kent (GB), aveva in passato 365 stanze, una per ogni giorno dell'anno. Costruita intorno a sette cortili, misura dalla facciata al retro 120 metri di profondità. La costruzione iniziò nel 1456 per ordine di Thomas Bourchier, arcivescovo di Canterbury, e l'edificio fu poi ampliato da Thomas Sackville, primo conte di Dorset, nel 1603. Knole House è ora amministrata dall'Ente fiduciario nazionale.

LE PORTE PIÙ GRANDI
Le porte più grandi del mondo sono le quattro del Vehicle Assembly Building presso Cape Canaveral, Florida, Usa, che misurano 40 metri di altezza. L'edificio è usato dalla Nasa per assemblare e preparare i veicoli spaziali.

IL TENDONE PIÙ GRANDE
Un enorme tendone che copriva una superficie di 17500 metri quadrati fu montato dalla ditta Deuter di Augsburg, Germania, durante la Welcome Expo di Bruxelles del 1958.

IL PONTE PREFABBRICATO ALLA MAGGIOR ALTITUDINE
Il ponte stradale più in alto è il ponte Bailey a 5602 metri di quota presso Khardung-La, Ladakh, India. Inventato da Donald Bailey e composto da sezioni prefabbricate, è in funzione dall'agosto 1982 e ha una lunghezza di 30 metri. Ponti di questo tipo furono determinanti durante la Seconda guerra mondiale, perché permisero agli Alleati di rimpiazzare velocemente i ponti fissi fatti saltare dalle truppe tedesche in ritirata.

IL PONTE PIÙ LUNGO
Il viadotto automobilistico più lungo è il Second Lake Pontchartrain Causeway che collega Mandeville a Metairie, Louisiana, Usa, e misura 38,42 chilometri. Ultimato nel 1969, il viadotto è così lungo che dal punto centrale non si scorge la terra in nessuna delle due direzioni.

IL PONTE PIÙ LUNGO CON TIRANTI DI SOSPENSIONE
Il ponte Tsing Ma di Hong Kong, aperto nel maggio 1997, possiede una campata di 1377 metri, la più lunga per un ponte auto-ferroviario.

IL PONTE PIÙ ALTO
Le torri del ponte Akashi-Kaikyo, che collega l'isola giapponese di Awaji all'isola principale Honshu, sono alte 299 metri e le fondamenta penetrano per 70 metri nel fondale marino. I tiranti di sospensione sono spessi un metro. Il ponte è stato costruito per resistere a venti di 80 chilometri orari e a terremoti di 8,5 gradi sulla scala Richter.

IL MURO DI LIBRI PIÙ GRANDE
Il 30 novembre 2000, un muro composto da 649000 libri progettato da Luz Darriba (Spagna) fu presentato al pubblico a Lugo, Spagna. Il muro aveva una superficie di 11800 metri quadrati e la sua edificazione aveva richiesto 100 giorni di lavoro da parte di 6000 persone.

IL PIÙ GRANDE TEEPEE
Il teepee più grande del mondo è alto 12,8 metri, ha una circonferenza di 76,8 metri e un diametro di 15,2 metri. È stato costruito dal dottor Michael Doss (Usa) della Crow Indian

GIARDINI
Il giardino di fronte al mare più grande del mondo (a sinistra) si estende dall'Emissario Submarino, all'altezza dell'isola Urubuquecaba, fino all'ingresso del canale del porto fra le isole Sao Vicente e Santo Amaro a Santos, Brasile. Il giardino ha una superficie di 218800 metri quadrati, 719 aiuole di fiori e 1746 alberi, e il viottolo che lo attraversa è lungo 5247 metri.

Il giardino più grande del mondo è probabilmente quello creato da Andre Le Notre a Versailles, Francia, alla fine del XVII secolo per Luigi XIV, il Re Sole. Questo magnifico complesso di giardini formali e parchi fu ricavato in quella che in passato era una palude fangosa. In tutto occupa una superficie di oltre 60700000 metri quadrati, di cui 10000 riservati al più famoso giardino formale della reggia.

www.guinnessworldrecords.com/beachgarden
ACCESS CODE: ‹52135›

www.guinnessworldrecords.com/gettymuseum

ALL'AVANGUARDIA

Il Getty Center (sotto) di Los Angeles, California, Usa, istituito grazie a un lascito di 4,3 miliardi di dollari del magnate del petrolio J. Paul Getty nel 1976, è il museo più costoso del mondo. La costruzione della struttura, su 10 acri di terreno in cima a una collina con vista sulla città e sul mare, richiese la spesa di un miliardo di dollari e 13 anni di lavoro. Il centro, di 93000 metri quadrati, è stato progettato da Richard Meier (Usa).

Getty aveva aperto al pubblico un primo museo nel 1954, nel parco della sua casa di Malibu. Le prime opere d'arte esposte erano varie antichità e dipinti e sculture di scuola francese. Poi, nel 1974, Paul Getty decise di costruire una nuova villa per esporre le proprie collezioni. La sede attuale è stata inaugurata nel 1997.

Il Getty Center detiene anche il record per la quota di bilancio destinata alle nuove acquisizioni. Dopo uno stanziamento iniziale di 700 milioni di dollari, nel gennaio 1974, oggi il museo destina ogni anno oltre 100 milioni di dollari per l'acquisto di nuove opere per le sue 38 gallerie.

ACCESS CODE: ‹50947›

Reservation del Montana, Usa, ed è una copia di un teepee tradizionale appartenente al responsabile medico degli indiani Crow (Corvi).

LA DOCCIA PIÙ GRANDE

La doccia più grande del mondo è quella nel Jones Beach State Park di New York, costruita il il 27 maggio 2000. È lunga 24,47 metri, larga 2,43 metri e alta 3,65 metri, con uno spazio sufficiente a contenere fino a 200 bagnanti contemporaneamente.

IL CENTRO COMMERCIALE PIÙ GRANDE

Il West Edmonton Mall di Alberta, Canada, copre un'area di 492387 metri quadrati. Comprende più di 800 punti vendita e di servizio, 11 grandi magazzini e un parcheggio per 20000 automobili.

Il centro contiene inoltre il parco di divertimenti al coperto, il parco acquatico al coperto e il lago artificiale più grandi del mondo.

LA CIMINIERA PIÙ ALTA

La ciminiera numero 2 della centrale mineraria per carbone in polvere di Ekibastuz, Kazakistan, è alta 420 metri. Il diametro, alla base di 44 metri, si riduce in cima a 14,2 metri.

IL PIÙ GRANDE VASO SOSPESO

Jos de Troyer (Belgio) ha creato un vaso sospeso che misura 10,5 metri di diametro e pesa 45 tonnellate a Ghent, Belgio. Il vaso è stato esposto il 20 aprile 2000 e appeso in piazza Emile Braunplein nel centro storico di Ghent. Per festeggiare l'evento fu preparata una birra speciale al profumo di fiori.

www.guinnessworldrecords.com/sports

sport

GUINNESS WORLD RECORDS

baseball

LA PIÙ ALTA MEDIA OLIMPICA DI BATTUTA

L'italiano Luigi Carrozza detiene il record olimpico per la miglior media alla battuta, con una percentuale di successo del 57,1% ottenuta alle Olimpiadi di Atlanta, Georgia, Usa, nel 1996.

INCONTRI OLIMPICI VINTI DA UN LANCIATORE

Il maggior numero di incontri vinti da un lanciatore alle Olimpiadi è tre, da parte di Chieh-Fu Kuo Lee (Cina) nel 1992, Seth Greisinger (Usa) e Omar Luis (Cuba) nel 1996 e Ryan Franklin (Usa) nel 2000. Un lanciatore è considerato vincitore se la sua squadra compie la corsa vincente in un inning in cui il giocatore ha effettuato la maggior parte dei lanci.

IL MAGGIOR NUMERO DI STRIKEOUT OLIMPICI

Il record di strikeout di un lanciatore durante un edizione dei Giochi Olimpici è 27, stabilito da Tomohito Ito (Giappone) ad Atlanta, Georgia, Usa, nel 1996.

IL MAGGIOR NUMERO DI PALLE COLPITE ALLE OLIMPIADI

Il record di palle buone battute ai Giochi Olimpici è 20, stabilito da Omar Linares (Cuba) a Barcellona, Spagna, nel 1992 e ancora ad Atlanta, Georgia, Usa, nel 1996.

IL MAGGIOR NUMERO DI FUORI CAMPO

Henry Louis 'Hank' Aaron (Usa, a sinistra) realizzò 755 fuori campo, di cui 733 con i Milwaukee Braves (1954-65) e gli Atlanta Braves (1966-74) in National League e 22 con i Milwaukee Brewers nel 1975-76 in American League. Nato nel 1943, Aaron era cresciuto in un quartiere povero a Mobile, nell'Indiana. Fin da piccolo era determinato a diventare un giocatore di baseball professionista e imparò a giocare da solo nel campo vicino a casa. Poiché non esisteva una squadra di baseball nella sua scuola, Aaron giocò in un campionato locale di dilettanti fino a quando non fu chiamato a giocare per i Milwaukee Braves, diventando uno dei primi giocatori di colore a infrangere la divisione razziale allora vigente.

www.guinnessworldrecords.com/aaron
ACCESS CODE: ‹45657›

IL MAGGIOR NUMERO DI FUORI CAMPO OLIMPICI

Il maggior numero di fuori campo battuti da un giocatore a un torneo dei Giochi Olimpici è 9 (in altrettanti incontri) da parte di Orestes Kindelan (Cuba) ad Atlanta, Georgia, Usa, nel 1996.

RECORD DI TITOLI NEGLI STATI UNITI

I campionati di baseball negli Stati Uniti sono due, gestiti dalla National League (NL), fondata nel 1876, e dall'American League (AL), fondata nel 1901. I vincitori di ogni campionato si incontrano nelle World Series e i migliori giocatori in un All Star Game tra rappresentanti delle due leghe.

Il maggior numero di titoli vinti nella American League è 26, conquistati dai New York Yankees fra il 1923 e il 2000.

Il primato del maggior numero di titoli National League, 18, appartiene ai LA Dodgers (in precedenza Brooklyn Robins e Brooklyn Dodgers).

VITTORIE ALLE WORLD SERIES

Le World Series si sono tenute per la prima volta, non ufficialmente, nel 1903, e ufficialmente nel 1905. Il maggior numero di vittorie è 26, da parte dei New York Yankees (AL) fra il 1923 e il 2000, su un totale record di 37 partecipazioni.

IL GIOCATORE PIÙ PRESENTE ALLE WORLD SERIES

Lawrence Peter "Yogi" Berra (Usa) partecipò 14 volte alle World Series giocando per i New York Yankees (AL) fra il 1947 e il 1963.

IL MAGGIOR NUMERO DI FUORI CAMPO IN UN INCONTRO DI WORLD SERIES

Il record di fuori campo in una partita delle World Series è tre, battuti da George Herman "Babe" Ruth (Usa) con i New York Yankees (AL) il 6 ottobre 1926 e una seconda volta il 9 ottobre 1928, e da Reginald Martinez Jackson (Usa), anch'egli con i New York Yenkees (AL), il 18 ottobre 1977.

FUORI CAMPO IN UN INCONTRO

Il record di fuori campo in un incontro a livello di major league è quattro, stabilito per la prima volta da Robert Lincoln Lowe (Usa) con il Boston (NL) contro il Cincinnati (NL) il 30 maggio 1984. L'impresa è stata eguagliata altre 11 volte da allora, l'ultima delle quali il 7 settembre 1993 da Mark Whiten (Usa), con il St Louis (NL) contro il Cincinnati (NL).

IL FUORI CAMPO PIÙ LUNGO

Il più lungo fuori campo è stato quello di 193 metri tirato da Mickey Mantle durante l'incontro tra i New York Yankees (AL) e i Detroit Tigers (AL) al Briggs Stadium di Detroit, Michigan, Usa, il 10 settembre 1960.

BASI CONQUISTATE IN TUTTA LA CARRIERA

Peter Edward Rose (Usa), detto "Charlie Hustle", ha conquistato nell'arco della sua carriera 4256 basi, giocando con le squadre di Cincinnati (NL), Philadelphia (NL) e Montreal (NL) dal 1963 al 1986.

BASI RUBATE IN TUTTA LA CARRIERA

Rickey Henley Henderson (Usa) ha il record per il maggior numero di basi rubate (cioè di basi raggiunte da un corridore senza l'aiuto di un'altra azione). Ha totalizzato il 1376 rubate fra il 1979 e il 2001 giocando nelle squadre di Oakland (AL), New York (AL), Oakland (AL), Toronto (AL), Oakland (AL), San Diego (NL), Anaheim (AL), San Diego (NL), Oakland (AL), New York (AL), Seattle (AL) e San Diego (NL).

IL MAGGIOR NUMERO DI FUORI CAMPO IN UNA STAGIONE

Il record stagionale di fuori campo in una major league statunitense è 70, stabilito da Mark McGwire (a sinistra) con i St Louis Cardinals (NL) in 162 incontri nel 1998. Nato a Pomona, California, Usa, nel 1963, McGwire frequentò la Damien High School, dove imparò a giocare a pallacanestro, golf e baseball. Diplomatosi nel 1981, prima di diventare professionista si iscrisse all'Università della California del Sud. Dopo aver iniziato la carriera come lanciatore, è presto passato al ruolo di terza base. È stato membro della squadra olimpica statunitense che conquistò l'argento nel 1984 e ha partecipato alle World Series tre volte con gli Oakland Athletics (AL). McGwire si dedica ora a iniziative a scopo benefico e in questa veste partecipa spesso a tornei di golf.

www.guinnessworldrecords.com/mcgwire
ACCESS CODE: ‹45653›

IL MAGGIOR NUMERO DI STRIKEOUT IN TUTTA LA CARRIERA
Nolan Ryan (Usa) con le squadre di New York (NL), California (AL), Houston (NL) e Texas (AL) realizzò il numero record di 5714 strikeout nella sua carriera, dal 1966 al 1993.

Nolan Ryan detiene anche il record per il maggior numero di strikeout in una stagione con 383, stabilito nel 1973 giocando per il California (AL).

IL MAGGIOR NUMERO DI STRIKEOUT IN UN INCONTRO
Il numero record di 20 strikeout in un incontro di major league di nove inning è stato realizzato da Roger Clemens con la squadra di Boston (AL) contro Seattle (AL) il 29 aprile 1986 e contro Detroit (AL) il 18 settembre 1996; e da Kerry Wood per Chicago (NL) contro Houston (NL) il 6 maggio 1988. Più recentemente il record è stato eguagliato da Randy Johnson per Arizona (NL) contro Cincinnati (NL) l'8 maggio 2001.

IL MAGGIOR NUMERO DI PARTITE VINTE DA UN LANCIATORE
Il leggendario lanciatore Denton True "Cy" Young vinse 511 partite in 7356 inning di 749 incontri giocati con le squadre di Cleveland (NL, 1890-1898), St Louis (NL, 1899-1900), Boston (AL, 1901-1908), Cleveland (AL, 1909-1911) e Boston (NL, 1911).

IL MAGGIOR NUMERO DI SHUTOUT NELLA CARRIERA
Il lanciatore che nella sua carriera vanta il maggior numero di shutout (o "partite cappotto", vinte senza concedere punti alla squadra avversaria) è Walter Perry Johnson (Usa), detto "Big Train, con 110 shutout dal 1907 al 1927 per la squadra di Washington (AL).

IL MAGGIOR NUMERO DI PARTITE CONSECUTIVE
Cal Ripken giocò 2632 partite consecutive per i Baltimore Orioles tra il 30 maggio 1982 e il 19 settembre 1998.

IL MAGGIOR NUMERO DI PARTITE GIOCATE
Pete Edward Rose (Usa) giocò 3562 partite e fu alla battuta per 14053 volte per i Cincinnati Reds (NL), i Philadelphia Phillies (NL) e i Montreal Expos (NL). Dopo il ritiro, portò i Reds al secondo posto in classifica in quattro campionati consecutivi.

VITTORIE IN COPPA DEL MONDO
Istituita nel 1938, la World Cup è stata conquistata per 21 volte da Cuba, nel 1939-40, 1942-43, 1950, 1952-53, 1961, 1969-73, 1976, 1978, 1980, 1984, 1986, 1990, 1994 e 1998. Il baseball fu introdotto a Cuba nel 1866 e continua a riscuotere grande successo.

www.guinnessworldrecords.com/rodriguez

IL CONTRATTO PIÙ COSPICUO
Il contratto più cospicuo, sulla base del compenso medio annuale per la durata del contratto, è stato di 25,2 milioni di dollari, guadagnati da Alex Rodriguez (Usa, a destra) dei Texas Rangers (AL) per 10 anni, con un totale di 252 milioni di dollari fino a dicembre 2000. Rodriguez debuttò nella major league nel 1994, a 18 anni, come interbase per i Seattle Mariners ed è stato uno dei giocatori più giovani ad aver iniziato un incontro in questo ruolo. Rodriguez è anche il più giovane interbase ad aver preso parte a un All-Star Game, nel 1996 a 20 anni.

ACCESS CODE: ‹45664›

football americano

IL PUNTEGGIO PIÙ ALTO (NFL)

Il punteggio più alto realizzato nella National Football League in una partita della stagione regolare è 73, segnato dai Washington Redskins contro i New York Giants (73-41) a Washington, il 27 novembre 1966. Anche il punteggio complessivo di 114 costituisce un primato.

IL PIÙ LUNGO FIELD GOAL

I goal segnati calciando la palla da più lontano sono stati quelli di 63 iarde di Tom Dempsey dei New Orleans Saints, l'8 novembre 1970, e di Jason Elam dei Denver Broncos, il 25 ottobre 1998.

IL PASSAGGIO PIÙ LUNGO

Un passaggio di 99 iarde concluso in meta è stato realizzato in otto incontri della NFL. Il più recente da parte di Brett Favre a Robert Brooks, dei Green Bay Packers, contro i Chicago Bears l'11 settembre 1995.

IL MAGGIOR NUMERO DI TOUCHDOWN IN UN INCONTRO NFL

Il record di mete in un incontro è 6, segnate da Ernie Nevers dei Chicago Cardinals contro i Chicago Bears il 28 novembre 1929; da William Jones dei Cleveland Browns contro i Chicago Bears il 25 novembre 1951; e da Gale Sayers dei Chicago Bears contro i San Francisco 49ers il 12 dicembre 1965.

IL PUBBLICO TELEVISIVO PIÙ NUMEROSO

Circa 138,5 milioni di telespettatori seguirono il Super Bowl XXX tra le squadre di Dallas e Pittsburgh del 28 gennaio 1996 (a sinistra), trasmesso dalla NBC. Ogni anno il 45% di tutte le famiglie americane seguono il Super Bowl, che raggiunge circa 100 milioni di telespettatori. Nel 1998, uno spot pubblicitario di 30 secondi trasmesso durante il 32° Super Bowl tra i Denver Broncos e i Green Bay Packers costò 1,3 milioni di dollari, cioè quattro volte il prezzo di un normale spot pubblicitario trasmesso nella stessa fascia oraria.

www.guinnessworldrecords.com/superbowl
ACCESS CODE: ‹47871›

IL MAGGIOR NUMERO DI FIELD GOAL

Il maggior numero di field goal in un incontro NFL è 7, segnati da Jim Bakken per i St Louis Cardinals contro i Pittsburgh Steelers il 24 settembre 1967 e da Rick Karlis per i Minnesota Vikings contro i LA Rams il 5 novembre 1989.

IL MAGGIOR NUMERO DI IARDE CONQUISTATE

Glyn Milburn guadagnò 404 iarde per i Denver Broncos contro i Seattle Seahawks il 10 dicembre 1996. Nel 1995, Milburn aveva ricevuto il premio Pro Bowl per la media di 27 iarde sui ritorni di kick off e per aver giocato 96 incontri consecutivi.

IL MAGGIOR NUMERO DI PASSAGGI DECISIVI

Il maggior numero di passaggi conclusi in touchdown in un incontro è sette, effettuati da Sid Luckman dei Chicago Bears il 14 novembre 1943; da Adrian Burk dei Philadelphia Eagles il 17 ottobre 1954; da George Blanda degli Houston Oilers il 19 novembre 1961; da Y. A. Tittle dei New York Giants il 28 ottobre 1962; e da Joe Kapp dei Minnesota Vikings il 28 settembre 1969.

IL MAGGIOR NUMERO DI IARDE IN UN INCONTRO NFL

Corey Dillon ha corso per 278 iarde con i Cincinnati Bengals contro i Denver Broncos il 22 ottobre 2000.

IL MAGGIOR NUMERO DI PASSAGGI RICEVUTI (NFL)

Tom Fears dei LA Rams ricevette 18 passaggi in un incontro NFL contro i Green Bay Packers il 3 dicembre 1950. Fears entrò nella Hall of Fame del football americano nel 1970.

IL MAGGIOR NUMERO DI IARDE CONQUISTATE CON PASSAGGI

Norm Van Brocklin, entrato nella Hall of Fame del football americano nel 1971, conquistò 554 iarde con passaggi per i LA Rams contro i New York Yanks il 28 settembre 1951.

IL MAGGIOR NUMERO DI IARDE CONQUISTATE IN RICEZIONE

Willie Lee Anderson dei Los Angeles Rams conquistò 336 iarde contro i New Orleans Saints il 26 novembre 1989, ricevendo 15 passaggi. Decisiva per la vittoria dei Los Angeles Rams per 20 a 17, dopo 6 minuti e 38 secondi di tempo supplementare, la ricezione da parte di Anderson di un passaggio da 26 iarde concluso poi in meta.

RAGAZZI D'ORO

Tra il 1985 e il 2000, Jerry Rice dei San Francisco 49ers realizzò 187 mete in partite NFL. Rice detiene anche i primati Super Bowl di touchdown (7), di iarde guadagnate in ricezione (512) e di passaggi ricevuti (28). Nato a Starkville, Mississippi, nel 1962, Rice divenne famoso alla Mississippi Valley State University, iniziando una carriera a livello di college nella quale totalizzò 4693 iarde come ricevitore. Entrò poi nei San Francisco 49ers nel 1985, dando vita con Joe Montana a una delle più affiatate coppie di giocatori della NFL. Rice ricevette il titolo di giocatore più prezioso (MVP) nel Super Bowl del 1989 e giocò anche con gli Oakland Raiders. I 49ers detengono inoltre il record per il pubblico più numeroso durante un incontro della stagione regolare, con 102368 spettatori presenti a una loro partita contro i LA Rams al LA Coliseum, California, il 10 novembre 1957.

www.guinnessworldrecords.com/49ers
ACCESS CODE: ‹55569›

www.guinnessworldrecords.com/dallascowboys

ACCESS CODE: ‹45813›

VITTORIE AL SUPER BOWL

Hanno vinto il Super Bowl per cinque volte i Dallas Cowboys (nel 1972, 1978, 1993-94 e 1996) e i San Francisco 49ers (nel 1982, 1985, 1989-90 e 1995). Il Super Bowl è stato giocato per la prima volta nel 1967 tra i vincitori della NFL e della AFL. I Dallas Cowboys (a destra), soprannominati la "squadra d'America", sono la squadra con il maggior numero di vittorie nella storia dell'NFL e in totale hanno partecipato otto volte al Super Bowl.

IL MAGGIOR NUMERO DI PARTITE IN CASA DI SQUADRE DIVERSE VISTE DA UN TIFOSO

Paul Sansone (Usa) si recò a vedere una partita giocata in casa per ciascuna delle 30 squadre della NFL nella stagione 1998, in un tour intrapreso a sostegno dell'American Cancer Society.

IL PUBBLICO PIÙ NUMEROSO

Al Super Bowl XIV tra i Pittsburgh Steelers e i Rams di Los Angeles al Rose Bowl di Pasadena, California, il 20 gennaio 1980, assistettero 103 985 spettatori.

IARDE CONQUISTATE CORRENDO IN TUTTA LA CARRIERA (CFL)

Fra il 1963 e il 1975, George Reed conquistò correndo nel corso della sua carriera nella Canadian Football League (CFL) 16 116 iarde con i Saskatchewan Roughriders.

TOUCHDOWN NELLA CFL

Il maggior numero di touchdown in una carriera nella CFL è 137, effettuati fra il 1963 e il 1975 da George Reed con i Saskatchewan Roughriders.

IL MAGGIOR NUMERO DI PUNTI CLF

Tra il 1976 e il 2000, Lui Passaglia segnò 3984 punti per i BC Lions e giocò il numero record di 408 partite.

GUINNESS WORLD RECORDS™

pallacanestro

IL MAGGIOR NUMERO DI PUNTI SEGNATI IN UNA PARTITA NBA
Wilt Chamberlain segnò 100 punti a favore del Philadelphia contro il New York a Hershey, Pennsylvania, Usa, il 2 marzo 1962. Negli incontri NBA (National Basketball Association), un canestro vale tre punti, eccetto quelli realizzati all'interno di un'area intorno al canestro. I tiri effettuati dall'interno di quest'area, delimitata da un semicerchio del raggio di 6,25 metri che parte dal fondo del campo, valgono due punti. Le infrazioni possono essere punite con tiri liberi, che valgono invece un punto.

I PUNTEGGI PIÙ ALTI NBA
Il 13 dicembre 1983 a Denver, Usa, i Detroit Pistons batterono i Denver Nuggets per 186 a 184, registrando un punteggio complessivo di 370 punti. Si dovettero giocare i tempi supplementari perché alla fine del tempo regolamentare le squadre erano 145 a 145.

LA MEDIA DI PUNTI PIÙ ALTA IN UNA CARRIERA NBA
La media di punti più alta tra i giocatori con all'attivo più di 10 000 punti è quella di Michael Jordan: 31,5 punti per partita, pari a 29 277 punti segnati in 930 incontri giocati con i Chicago Bulls tra il 1984 e il 1998.

IL MAGGIOR NUMERO DI PARTITE NBA
Robert Parish giocò un numero record di 1611 partite di campionato per 21 stagioni con i Golden State Warriors (1976–80), i Boston Celtics (1980–94), i Charlotte Hornets (1994–96) e i Chicago Bulls (1996–97).

IL MAGGIOR NUMERO DI PUNTI IN UNA CARRIERA NBA
Kareem Abdul-Jabbar segnò un totale di 38 387 punti in tutta la sua carriera, pari a una media di 24,6 punti a partita. Il totale include 15 837 tiri liberi in partite di campionato regolare e 5762 punti realizzati in partite di play-off.

IL MAGGIOR NUMERO DI PUNTI IN UNA STAGIONE NBA
Nella stagione 1961-62, Wilt Chamberlain segnò per i Philadelphia Warriors un record di 4029 punti.

IL MAGGIOR NUMERO DI PARTITE GIOCATE IN UNA STAGIONE NBA
Il primato per il maggior numero di partite intere giocate in una sola stagione è 79, ottenuto da Wilt Chamberlain (Usa) dei Philadelphia Warriors nel 1961-62. In questo periodo rimase in campo per un totale di 3882 minuti.

IL MAGGIOR NUMERO DI INCONTRI NBA CONSECUTIVI
Dal 19 novembre 1986 al 20 marzo 2001, AC Green (Usa) ha giocato 1177 incontri consecutivi in quattro squadre: Los Angeles Lakers, Phoenix Suns, Dallas Mavericks e Miami Heat.

PRIMATO DI VITTORIE IN UNA STAGIONE NBA
Nel 1995-96, i Chicago Bulls ottennero il maggior numero di vittorie in una stagione, 72.

IL MAGGIOR NUMERO DI VITTORIE CONSECUTIVE NBA
I Los Angeles Lakers vinsero 33 partite di seguito dal 5 novembre 1971 al 7 gennaio 1972.

IL MAGGIOR NUMERO DI TITOLI NBA
I Boston Celtics hanno vinto 16 titoli NBA: nel 1957, dal 1959 al 1966, e nel 1968, 1969, 1974, 1976, 1981, 1984 e 1986.

IL GIOCATORE NBA PIÙ ANZIANO
Il giocatore professionista più anziano è stato Robert Parish (Usa, nato il 30 agosto 1953), sceso in campo per l'ultima volta con i Chicago Bulls il 19 aprile 1997 a 43 anni e 231 giorni.

IL GIOCATORE NBA PIÙ ALTO
Il rumeno Gheorghe Muresan dei Washington Bullets è alto 2,31 metri. È professionista dal 1994.

IL GIOCATORE PIÙ ALTO DI TUTTI I TEMPI
Si ritiene che il giocatore di pallacanestro più alto sia stato Suleiman 'Ali Nashnush, che giocò per la squadra nazionale della Libia nel 1962: raggiungeva l'altezza di 2,45 metri.

IL MAGGIOR NUMERO DI MEDAGLIE D'ORO OLIMPICHE FEMMINILI SU SEDIA A ROTELLE
Il maggior numero di titoli femminili alle Paraolimpiadi di pallacanestro su sedia a rotelle è tre, vinti dal Canada negli anni 1992, 1996 e 2000.

CAMPIONATO MONDIALE MASCHILE SU SEDIA A ROTELLE
Il maggior numero di titoli mondiali è cinque, vinti dalla squadra degli Stati Uniti negli anni 1979, 1983, 1986, 1994 e 1998. I campionati maschili di pallacanestro su sedia a rotelle si disputano dal 1973. All'edizione più recente, nel 2000, parteciparono 12 squadre maschili e 8 femminili.

CAMPIONATO MONDIALE FEMMINILE SU SEDIA A ROTELLE
Il Canada ha vinto il titolo di campione del mondo due volte, nel 1994 e nel 1998. I campionati mondiali femminili su sedia a rotelle furono istituiti nel 1990.

DONNE AL TOP!
La squadra statunitense di pallacanestro femminile ha vinto l'oro alle Olimpiadi quattro volte: nel 1984, 1988, 1996 e 2000. Teresa Edwards (a sinistra) ha sempre giocato nella squadra vincitrice in tutte e quattro le occasioni.

La pallacanestro femminile è entrata a far parte delle specialità olimpiche dal 1976, a Montreal. L'Unione Sovietica si aggiudicò l'edizione inaugurale conservando un'imbattibilità a livello internazione che durava dal 1958. La squadra sovietica vinse poi l'oro anche nel 1980, a Mosca, confermando la propria supremazia con un margine di vittoria di 66 punti nella finale contro l'Italia, battuta per 119 a 53. Successivamente però la squadra statunitense si aggiudicò la medaglia d'oro olimpica nella pallacanestro a ogni Olimpiade a partire dal 1980, escluso il 1992, quando fu battuta dalla squadra dell'ex Unione Sovietica, allora Confederazione di Stati Indipendenti (CIS).

www.guinnessworldrecords.com/womensbasketball

ACCESS CODE: ‹45627›

TITOLI OLIMPICI SU SEDIA A ROTELLE

La squadra statunitense maschile di pallacanestro su sedia a rotelle (sopra) ha vinto cinque titoli alle Olimpiadi per disabili: nel 1960, 1964, 1972, 1976 e 1988. Il gioco è in gran parte identico a quello della pallacanestro normale: il canestro è alla stessa altezza e il campo è delle stesse dimensioni. La pallacanestro su sedia a rotelle richiede grande abilità e una condizione fisica eccellente.

www.guinnessworldrecords.com/chairflair

ACCESS CODE: ← ‹56470›

CAMPIONATI MONDIALI FEMMINILI

L'Unione Sovietica e gli Stati Uniti hanno vinto entrambi i campionati mondiali di pallacanestro femminile per il numero record di sei volte. L'Unione Sovietica conquistò il titolo nel 1959, 1964, 1967, 1971, 1975 e 1983. Gli Stati Uniti vinsero nel 1953, 1957, 1979, 1986, 1990 e 1998. Il primo campionato mondiale femminile fu organizzato nel 1953.

CAMPIONATI MONDIALI MASCHILI

La Jugoslavia ha vinto i campionati mondiali maschili per quattro volte, nel 1970, 1978, 1990 e 1998. Il primo campionato mondiale maschile risale al 1950.

TITOLI OLIMPICI MASCHILI

Gli Stati Uniti hanno vinto 12 medaglie d'oro olimpiche. Dal 1936, quando il gioco divenne disciplina olimpica, vinsero 63 partite consecutive alle Olimpiadi, fino alla sconfitta per 50 a 51 subita per opera della rappresentativa sovietica nella finale di Monaco nel 1972.

IL MAGGIOR NUMERO DI TIRI LIBERI CONSECUTIVI

Il 28 aprile 1996, Ted St Martin (Usa) totalizzò 5221 tiri liberi consecutivi. Il record fu stabilito a Jacksonville, Florida, Usa.

IL CANESTRO DALLA MAGGIORE DISTANZA

L'8 aprile 1996, Iain McKinney (GB) realizzò un canestro da 27,6 metri a favore degli Sheffield Sharks, nel corso di un incontro amichevole disputato a Ponds Forge, Sheffield, GB.

LA SCHIACCIATA DALLA MAGGIORE DISTANZA CON UN TRAMPOLINO

Joseph Gibby (Usa) ha realizzato una schiacciata saltando da un trampolino posto alla distanza di 5,79 metri dal tabellone del canestro. La schiacciata è stata effettuata il 21 gennaio 2001 presso l'aeroporto di Van Nuys, California, Stati Uniti.

LA SCHIACCIATA A DUE MANI PIÙ ALTA

Michael "Wild Thing" Wilson degli Harlem Globetrotters riuscì a compiere una schiacciata a due mani con un pallone da basket regolamentare in un canestro collocato a 3,65 metri di altezza, il 1º aprile 2000.

www.guinnessworldrecords.com/bryant

IL PROFESSIONISTA PIÙ GIOVANE

Il più giovane giocatore sceso in campo tra i professionisti americani è stato Kobe Bryant (Usa, sopra), figlio dell'ex giocatore NBA Joe "Jellybean" Bryant. Kobe giocò per i Los Angeles Lakers contro i Dallas Mavericks il 28 gennaio 1997, all'età di 18 anni e 158 giorni. Bryant è stato anche il più giovane giocatore convocato per una partita NBA All-Star, nel 1998, quando aveva 19 anni e 169 giorni.

ACCESS CODE: ‹56524› ←

IL PALLEGGIO PIÙ LUNGO

In 24 ore, lo statunitense Jamie Borges percorse la distanza di 155,9 chilometri continuando a palleggiare alla Barrington High School di Rhode Island, Usa, dal 3 al 4 maggio 1998.

PALLEGGI CON PIÙ PALLONI

Joseph Odhiambo di Mesa, Arizona, Usa, è in grado di palleggiare contemporaneamente con cinque palloni, due per ogni mano e uno tra i piedi.

IL MAGGIOR NUMERO DI SPETTATORI A UNA PARTITA

Un totale di 80 000 spettatori assistettero alla finale della Coppa Europea dei Campioni tra AEK Atene e Slavia Praga il 4 aprile 1968. L'AEK di Atene superò la squadra di Praga per 89 a 82.

IL MAGGIOR NUMERO DI TIRI LIBERI IN 10 MINUTI

Il 12 ottobre 1998, Jim Connolly (Usa) totalizzò 280 tiri liberi su 326 tentativi in 10 minuti alla St Peter's School di Pacifica, California, Usa.

hockey su ghiaccio

IL MAGGIOR NUMERO DI VITTORIE CONSECUTIVE (NHL)

Nella stagione 1971-72, Gerry Cheevers (Canada) vinse 32 partite consecutive NHL (National Hockey League) con i Boston Bruins.

IL MAGGIOR NUMERO DI RETI IN UNA STAGIONE (NHL)

Wayne Gretzky (Canada) segnò 92 reti per gli Edmonton Oilers nella stagione 1981-82.

IL MAGGIOR NUMERO DI RETI IN UNA PARTITA (NHL)

Joe Malone segnò sette reti per il Québec in una partita vinta per 10 a 6 contro i Toronto St Patricks a Québec City, Canada, il 31 gennaio 1920.

IL MAGGIOR NUMERO DI PUNTI IN UNA CARRIERA NHL

Wayne Gretzky (Edmonton Oilers, Los Angeles Kings, St Louis Blues e New York Rangers) totalizzò 2857 punti in 1487 partite nella NHL, un totale che comprende 894 reti e 1963 assist.

IL MAGGIOR NUMERO DI PUNTI IN UNA STAGIONE NHL INCLUSI I PLAY-OFF

Il maggior numero di punti in una stagione NHL, inclusi i play-off, è di 255, realizzati da Wayne Gretzky (Canada) per gli Edmonton Oilers nella stagione 1984-85. Il punteggio comprende 90 reti e 165 assist.

IL MAGGIOR NUMERO DI PUNTI IN UNA STAGIONE NHL

La leggenda dell'hockey su ghiaccio Wayne Gretzky (Canada) totalizzò 215 punti per gli Edmonton Oilers nella stagione 1985-86, incluso un record di 163 assist.

LA PIÙ ALTA PERCENTUALE DI VITTORIE IN UNA STAGIONE NHL

La più alta percentuale di vittorie in una stagione NHL è dell'87,5%, ottenuta dai Boston Bruin con 38 vittorie su 44 partite nel 1929-30.

LA RETE INVIOLATA PER IL MAGGIOR NUMERO DI PARTITE NHL

Terry Sawchuk, che giocò fra il 1949 e il 1970 (anno della sua morte) per Detroit, Boston, Toronto, Los Angeles e New York Rangers, conservò inviolata la propria porta in 103 incontri.

LA PARTITA CON IL PUNTEGGIO PIÙ ALTO

Il record di reti segnate durante i campionati mondiali è 58, stabilito dall'Australia in una partita contro la Nuova Zelanda conclusa per 58 a 0 a Perth, Australia, il 15 marzo 1987.

LA SQUADRA DI MAGGIOR SUCCESSO

Il maggior numero di vittorie in una stagione NHL è 62, da parte dei Detroit Red Wings (sopra) nel 1995-96. Tra il 1935 e il 1955, la squadra vinse sette volte la Stanley Cup schierando alcuni dei migliori giocatori di tutti i tempi. Dopo la vittoria del 1955, la squadra entrò in un periodo buio durato 42 anni, con un susseguirsi di giocatori e allenatori. Dal 1993 l'allenatore Scotty Bowman riuscì gradualmente a risollevare le sorti di una squadra ormai conosciuta come Detroit Dead Things ("Cose morte di Detroit") per la totale incapacità di vincere.

www.guinnessworldrecords.com/redwingwin
ACCESS CODE: ‹44947›

IL MINOR NUMERO DI SCONFITTE IN UNA STAGIONE

Nella stagione 1976-77, i Montreal Canadiens persero solo otto incontri (il numero più basso registrato in una stagione di almeno 70 incontri) degli 80 giocati e conclusero il campionato con il punteggio record di 132 (60 vittorie e 12 pareggi).

AMORE FRATERNO

I Philadelphia Flyers rimasero imbattuti in una stagione per 35 incontri consecutivi (25 vittorie, 10 pareggi), dal 14 ottobre 1979 al 6 gennaio 1980. Philadelphia è detta la "Città dell'amore fraterno" e lo stesso spirito di fratellanza anima anche la sua squadra di hockey, nata il 5 giugno 1967 da una filiazione dell'NHL. I Philadelphia Flyers ebbero un immediato successo, arrivando in cima alla classifica già nella stagione di esordio. Durante gli anni Settanta divennero famosi come "Broad Street Bullies" per la loro aggressività sulla pista di ghiaccio e si aggiudicarono anche la Stanley Cup nel 1974 e nel 1975: due vittorie consecutive che però non hanno mai avuto un seguito.

www.guinnessworldrecords.com/phillyflyers
ACCESS CODE: ‹44948›

LA PARTITA PIÙ LUNGA

La partita di hockey più lunga è durata 19 ore, 8 minuti e 44 secondi, giocata da una squadra di 34 giocatori durante la Labatt Blue NHL Pick-up Marathon a Red Deer, Alberta, Canada, tra il 23 e il 24 febbraio 2001.

VITTORIE ALLA STANLEY CUP

I Montreal Canadiens detengono il record di 24 vittorie (1916, 1924, 1930, 1931, 1944, 1946, 1953, 1956-60, 1965-66, 1968-69, 1971, 1973, 1976-79, 1986 e 1993) su 32 finali.

VITTORIE INDIVIDUALI ALLA STANLEY CUP

Henri Richard (Canada) vinse 11 volte la Stanley Cup, tra il 1956 e il 1973, con i Montreal Canadiens. Fece parte della formazione vincente nel 1956-60, 1965, 1966, 1968-69, 1971 e 1973.

IL MAGGIOR NUMERO DI RETI IN UNA PARTITA DELLA STANLEY CUP

Cinque giocatori canadesi condividono il record di cinque goal in un incontro della Stanley Cup: Newsy Lalonde per Montreal contro Ottawa il 1° marzo 1919; Maurice Richard per Montreal contro Toronto il 23 marzo 1944; Darryl Glen Sittler per Toronto contro

Philadelphia il 22 aprile 1976; Reggie Leach per Philadelphia contro Boston il 6 maggio 1976; e Mario Lemieux per Pittsburgh contro Philadelphia il 25 aprile 1989.

LE RETI PIÙ VELOCI (NHL)
Il record per il goal più veloce è di cinque secondi dall'inizio della partita, stabilito da Doug Smail per i Winnipeg Jets contro i St Louis Blues a Winnipeg il 20 dicembre 1981, e successivamente uguagliato da Bryan Trottier per i New York Islanders contro i Boston Bruins a Boston il 22 marzo 1984 e da Alexander Mogilny per i Buffalo Sabres contro i Toronto Maple Leafs a Toronto il 21 dicembre 1991.

MEDAGLIE OLIMPICHE
L'hockey su ghiaccio fu ammesso per la prima volta alle Olimpiadi nel 1920. L'Unione Sovietica ha vinto otto titoli olimpici: nel 1956, 1964, 1968, 1972, 1976, 1984, 1988 e 1992 (Csi).

La medaglia d'oro di hockey su ghiaccio femminile è stata assegnata per la prima volta alle Olimpiadi invernali del 1998 agli Stati Uniti, vittoriosi nella finale sul Canada.

ORI OLIMPICI INDIVIDUALI
Il maggior numero di medaglie d'oro vinte nell'hockey su ghiaccio è tre, conquistate dai giocatori sovietici Vitaliy Davydov, Anatoliy Firsov, Viktor Kuzkin e Aleksandr Ragulin, nel 1964, 1968 e 1972; da Vladislav Tretyak nel 1972, 1976 e 1984; e da Andrey Khomutov, nel 1984, 1988 e 1992.

VITTORIE AI CAMPIONATI MONDIALI
I campionati mondiali per dilettanti si svolsero per la prima volta nel 1920, in concomitanza con le Olimpiadi. Dal 1976, si disputa un campionato mondiale distinto e aperto ai professionisti. L'Urss ha vinto 22 volte il titolo mondiale tra il 1954 e il 1990 (e la Russia ha vinto nel 1993), compresi i titoli olimpici del 1956, 1964 e 1968.

I campionati del mondo femminili si disputano dal 1990 e sono stati vinti in ogni occasione dal Canada, nel 1990, 1992, 1994, 1997, 1999, 2000 e 2001. Di tutte le partite disputate per la conquista dei sette titoli, il Canada non ne perse neppure una.

www.guinnessworldrecords.com/roygoaltend

IL PORTIERE PIÙ VITTORIOSO
Il maggior numero di partite vinte da un portiere della NHL è 481, da parte di Patrick Roy (Canada, a destra) dei Colorado Avalanche, fino al 22 marzo 2001. Roy ha superato il precedente record di Terry Sawchuk il 17 ottobre 2000, in una partita contro i Washington Capitals, ed è tuttora in attività. Nel corso di 16 anni di carriera, Patrick Roy non ha disputato i play-off solo nella stagione 1994-95. Ha vinto la Stanley Cup due volte con i Canadiens, nel 1986 e nel 1993, e una volta con gli Avalanche nel 1996. Racconta di aver deciso di diventare un portiere di hockey a otto anni, dopo aver assistito a un incontro alla televisione, per poter un giorno indossare quella meravigliosa divisa.

ACCESS CODE: ‹55751›

GUINNESS WORLD RECORDS™

golf

IL PIÙ ALTO PREMIO IN DENARO PER UN TORNEO

Per il torneo Players Championship, svoltosi dal 23 al 27 marzo 2000 a Sawgrass, Florida, Usa, era stato fissato un montepremi di 6 113 400 dollari, dei quali 1,08 milioni andati al vincitore, Hal Sutton (Usa).

LE VINCITE PIÙ ELEVATE NEI TORNEI US LPGA

Il record per i maggiori guadagni nel circuito LPGA (l'associazione di golf professionistico femminile degli Stati Uniti) appartiene ad Annika Sorenstam (Svezia) con 6 957 044 dollari guadagnati fra il 1993 e l'aprile 2001.

IL MAGGIOR NUMERO DI TITOLI BRITISH OPEN

Harry Vardon (GB) si aggiudicò sei titoli del British Open nel 1896, 1898, 1899, 1903, 1911 e nel 1914. Harry Vardon aveva iniziato come caddy, per arrivare poi progressivamente ai vertici del golf internazionale. Sorprendentemente, riuscì a vincere due Open dopo aver contratto la tubercolosi.

VITTORIE AGLI US OPEN

Gli US Open sono stati vinti quattro volte da: Willie Anderson (1901 e 1903–05); Bobby Jones Jr (1923, 1926, 1929 e 1930); Ben Hogan (1948, 1950, 1951 e 1953); e Jack Nicklaus (1962, 1967, 1972 e 1980).

TITOLI US MASTERS

Jack Nicklaus (Usa, a sinistra) ha vinto sei titoli US Masters (più di qualsiasi altro giocatore di golf) nel 1963, 1965, 1966, 1972, 1975 e 1986. È considerato da molti il più grande giocatore nella storia di questo sport. Professionista dal 1962, Nicklaus dominò il panorama golfistico negli anni Sessanta e Settanta e fu il primo a raggiungere il traguardo dei due milioni di dollari in vincite nel 1973. Nel 1986, all'età di 46 anni, diventò il vincitore di un Masters più anziano.

Jack Nicklaus e Walter Hagan (Usa) condividono il record per il numero di vittorie sul circuito professionistico americano PGA, con cinque titoli ciascuno. Walter Hagan vinse nel 1921 e 1924–27, mentre Jack Nicklaus nel 1963, 1971, 1973, 1975 e 1980.

www.guinnessworldrecords.com/jacknicklaus
ACCESS CODE: ‹55734›

VITTORIE DI SQUADRA NELLA RYDER CUP

La biennale Ryder Cup tra Stati Uniti ed Europa (Isole britanniche o Gran Bretagna prima del 1979) fu istituita nel 1927. Gli Stati Uniti hanno vinto 24 volte contro le sette dell'Europa (con due pareggi) fino al 1999.

VITTORIE INDIVIDUALI NELLA RYDER CUP

Nick Faldo (GB) detiene il record del maggior numero di partite vinte in Ryder Cup (23 vittorie su 46 giocate). Ha anche segnato il maggior numero di punti, 25, avendo pareggiato altre quattro partite.

A livello statunitense, Arnold Palmer detiene il record per il maggior numero di incontri vinti, con 22, e Billy Casper quello di 23,5 punti in 37 incontri.

VITTORIE NELLA SOLHEIM CUP

La Solheim Cup, disputata dal 1990 tra i migliori professionisti di Europa e Stati Uniti, è stata vinta quattro volte dagli Stati Uniti, nel 1990, 1994, 1996 e 1998, e due dall'Europa, nel 1992 e nel 2000.

VITTORIE INDIVIDUALI NELLA SOLHEIM CUP

Dottie Pepper (Usa) ha vinto 13 partite su 20 disputate tra il 1990 e il 2000. Laura Davies (GB) ne ha vinte 13 su 23 nello stesso periodo. Il maggior numero di punti è 14, ottenuto da entrambe le giocatrici.

IL MIGLIOR PUNTEGGIO SU 18 BUCHE

Almeno cinque giocatori hanno concluso un percorso lungo (almeno 5950 metri) in 58 tiri. Shigeki Maruyama (Giappone) completò un round in 58 colpi (29 + 29), con 11 birdie e un eagle, il 5 giugno 2000, alla qualificazione per gli US Open sul par-71 di 5979 metri del Woodmont Country Club di Rockville, Maryland. (Un birdie è un tiro al di sotto del par, un eagle è due sotto il par e un albatros tre.) Il primato nel circuito professionistico americano (PGA) è 59, ottenuto da Al Geiberger (Usa) nel Danny Thomas Classic sul par-72 di 6628 metri del Colonial Golf Club di Memphis, Tennessee, il 10 giugno 1977; da Chip Beck (Usa) nel Las Vegas Invitational sul par-72 di 6381 metri del Sunrise Golf Club di Las Vegas, Nevada, l'11 ottobre 1991; e da David Duval (Usa) nel Bob Hope Chrysler Classic a La Quinta, California, Usa, il 24 gennaio 1999.

IL MIGLIOR PUNTEGGIO FEMMINILE SU 18 BUCHE

Il primato femminile sulle 18 buche è di 59 colpi, stabilito da Annika Sorenstam (Svezia) durante lo Standard Register PING 2001 del Moon Valley Country Club di Phoenix, Arizona, Usa, il 16 marzo 2001.

IL MIGLIOR PUNTEGGIO FEMMINILE SU 72 BUCHE

Il più basso numero di tiri in quattro round in un torneo LPGA è 261, ottenuto da due golfiste: Se Ri Pak (Corea del Sud) con 71, 61, 63, 66 nel Jamie Farr Kroger Classic, Sylvania, Ohio, Usa, dal 9 al 12 luglio 1998; e Annika Sorenstam (Svezia) con 65, 59, 65, 68 nel 2001 Standard Register PING al Moon Valley Country Club, Phoenix, Arizona, Usa, dal 15 al 18 marzo 2001.

IL ROUND DI GOLF PIÙ VELOCE DI UN GIOCATORE

Il round più veloce, giocato con palla ferma prima di ogni nuovo colpo, è durato 27 minuti e 9 secondi. Il record fu stabilito da James Carvill

I MAGGIORI GUADAGNI DI UNA GOLFISTA IN UNA STAGIONE

Nel 1999, l'australiana Karrie Webb (a sinistra) stabilì il primato per le vincite più elevate in una stagione nel circuito professionistico femminile, con la somma record di 1 591 959 dollari. Karrie gioca a golf da quando aveva 8 anni. Diventata professionista nel 1994, ha da allora rappresentato l'Australia già sei volte in competizioni internazionali. La Webb riuscì a qualificarsi per l'LPGA Tour nonostante giocasse con un osso del polso fratturato. Durante la stagione del suo debutto, il 1996, vinse quattro tornei, diventando la debuttante con il maggior numero di vittorie di tutti i tempi. Fu la prima donna a raggiungere il traguardo di un milione di dollari in una sola stagione, vincendo tale somma in soli 10 mesi e 3 giorni.

www.guinnessworldrecords.com/karriewebb
ACCESS CODE: ‹53361›

(GB) sulle 18 buche (5628 metri) del Warrenpoint Golf Course, Co. Down, Irlanda , il 18 giugno 1987.

IL ROUND DI GOLF PIÙ VELOCE A SQUADRE

L'8 settembre 1996, la squadra di golfisti Fore Worcester's Children completò 18 buche in 9 minuti e 28 secondi (70 colpi) al Tatnuck Country Club di Worcester, Massachusetts, Usa.

IL MIGLIOR CONTROLLO DI UNA PALLA DA GOLF

Il 3 febbraio 2001 Jonas Belander (Svezia) riuscì a mantenere in aria una pallina da golf per 13 minuti e 47 secondi colpendola alternativamente con due mazze sandwedge.

LA MAGGIORE DISTANZA FRA DUE PARTITE DI GOLF IN UN SOLO GIORNO

Il 20 luglio 1999, Nobby Orens (Usa) giocò sia allo Stockley Park, Uxbridge, presso Londra, sia al Braemar Country Club, Tarzana, California, Usa, a 9582 chilometri di distanza.

IL COLPO ALLA MAGGIOR ALTITUDINE

Il 9 luglio 1997, Vladímir Mysík (Repubblica Ceca) effettuò un lancio dalla vetta del Gasherbrum I (8068 metri), nella catena del Karakorum, Kashmir (al confine tra India e Pakistan).

IL BUNKER PIÙ GRANDE

Il bunker più grande del mondo è l'Hell's Half Acre (il mezzo acro infernale) alla settima buca di 535 metri del percorso di Pine Valley, Clementon, New Jersey, Usa. Tracciato nel 1912, questo percorso ha fama di essere il più difficile del mondo.

LA MAZZA DA GOLF PIÙ LEGGERA

La mazza da golf di normale misura più leggera è il driver JBeam Win.1 della Japan Golf Equipment Co Ltd di Tokyo, Giappone, che pesa solo 220 grammi. La testa in titanio pesa 160 grammi, lo stelo in fibra di carbonio 35 e l'impugnatura 25.

Il mercato del golf giapponese è il secondo al mondo per importanza, con un giro di affari di 1670 milioni di dollari nel 1998. Il golf detiene la quota maggiore di mercato nel settore delle attrezzature sportive in Giappone.

LA BUCA PIÙ LUNGA

La buca più lunga è la settima (par-7) del Satsuki Golf Club di Sano, Giappone, che misura 881 metri.

IL MAGGIOR NUMERO DI PALLE DA GOLF COLPITE IN UN'ORA

Il 30 giugno 1995, Sean Murphy (Canada) colpì 2146 palle lanciandole ad almeno 91 metri di distanza in una zona delimitata dello Swifts Practice Range, Carlisle, GB.

www.guinnessworldrecords.com/tigerwoods

ACCESS CODE: ‹53362›

CHE TIGRE!

Il record per i maggiori guadagni di tutti i tempi di un giocatore del circuito US PGA appartiene a Tiger Woods (Usa, destra) con 23 767 307 milioni di dollari dall'agosto 1996 al marzo 2001. Eldrick Woods, detto "Tiger", è nato il 30 dicembre 1975. Il suo interesse per il golf risale alla più tenera età: a sei mesi imitava i movimenti del padre che si allenava nello swing e all'età di due anni giocò con Bob Hope durante il *Mike Douglas Show*. Passato al professionismo nel 1996, Woods è emerso come uno dei giocatori di maggior talento nella storia del golf, diventando l'unico giocatore ad aver completato un grande slam, oltre che il più ricco.

A Tiger Woods appartiene anche il record di vincite in una stagione nell'US PGA Tour, con un totale di 9 188 321 dollari nel 2000.

Nel giugno 2000, Tiger Woods si aggiudicò gli US Open con un margine di 15 tiri. Si tratta anche in questo caso di un record per un torneo di massima categoria, concluso con un totale di 272 colpi, 12 sotto il par.

GUINNESS WORLD RECORDS

calcio 1

IL PIÙ GRANDE TORNEO DI CALCIO
Al secondo torneo di calcetto a squadre di sette di Bangkok, svoltosi fra il 9 gennaio e il 25 aprile 1999, parteciparono il numero record di 5098 squadre (35 686 giocatori).

IL MAGGIOR NUMERO DI SCUDETTI CONSECUTIVI IN UN CAMPIONATO NAZIONALE
Il maggior numero di scudetti consecutivi vinti da una squadra è 11, primato realizzato dallo Al-Ansar Sporting Club del Libano, dal 1988 al 1999. Per tutte le 11 stagioni, l'allenatore della squadra era Adnan Mekdashi e il presidente Salim Diab.

IL MAGGIOR NUMERO DI PRESENZE
Il portiere inglese Peter Shilton vanta 1390 presenze in campo, di cui 1005 nel campionato nazionale: 286 per il Leicester City (1966-74), 110 per il Stoke City (1974-77), 202 per il Nottingham Forest (1977-82), 188 per il Southampton (1982-87), 175 per il Derby County (1987-92), 34 per il Plymouth Argyle (1992-94), una per il Bolton Wanderers (1995), 9 per il Leyton Orient (1996-97), una nei play-off della League, 86 partite FA Cup, 102 League Cup, 13 under-23, 125 incontri internazionali, quattro partite Football League XI e altre 53 in diverse competizioni europee e di club.

IL MAGGIOR NUMERO DI RETI
Il maggior numero di reti in tutta una carriera è 1279, messe a segno da Pelé (Edson Arantes do Nascimento) in 1363 partite giocate per il Santos, il New York Cosmos e il Brasile, fra il 7 settembre 1956 e il 1° ottobre 1977. Il suo anno migliore fu il 1959, con 126 goal; la millesima rete fu segnata su calcio di rigore, concesso alla sua squadra, il Santos, allo stadio Maracaña di Rio de Janeiro, il 19 novembre 1969, nel corso della sua 909ª partita in serie A.

IL MAGGIOR NUMERO DI RETI IN UNA PARTITA
Il maggior numero di reti in partite di prima categoria è stato 36, segnate nella Scottish Cup tra l'Arbroath e il Bon Accord il 12 settembre 1885. L'Arbroath vinse per 36 a 0.

IL MAGGIOR NUMERO DI RETI IN UNA FINALE DI COPPA
Nel 1935, il Lausanne-Sports superò il Nordstern Basel per 10 a 0 nella finale della Coppa Svizzera, ma nel 1937 fu a sua volta eliminato, con lo stesso punteggio, dal Grasshopper Club di Zurigo.

IL GOAL PIÙ VELOCE
Molti giocatori rivendicano una rete segnata entro tre secondi dal calcio di inizio. Da registrazioni video, risulta che Ricardo Olivera (Uruguay) segnò una rete dopo 2,8 secondi di gioco per il Río Negro contro il Soriano allo stadio José Enrique Rodó di Soriano, Uruguay, il 26 dicembre 1998. Al fischio di inizio dell'arbitro, Olivera calciò la palla direttamente a rete, avendo notato che il portiere si trovava lontano dai pali.

LA TRIPLETTA PIÙ VELOCE
L'irlandese Jimmy O'Connor segnò tre reti in 2 minuti e 13 secondi, il 19 novembre 1967, per il Shelbourne contro i Bohemians nello stadio di Dallymount Park, Dublino, Irlanda.

IL MAGGIOR NUMERO DI TRIPLETTE CONSECUTIVE
Il record per un giocatore di prima categoria appartiene a Masashi Nakayama, della squadra giapponese Jubilo Iwata, che segnò 16 reti in quattro partite nel 1998: 5 contro il Cerezo Osaka allo stadio di Nagai il 15 aprile; 4 contro il Sanfrecce Hiroshima allo stadio di Jubilo Iwata il 18 aprile; 4 contro l'Avispa Fukuoka allo stadio di Kumamoto il 25 aprile; e 3 contro il Consadole Sapporo allo stadio di Jubilo Iwata il 29 aprile.

VITTORIE IN COPPA DEI CAMPIONI
La Coppa dei Campioni (istituita nel 1957) è stata vinta otto volte dagli spagnoli del Real Madrid (Spagna, a sinistra) nel 1955–56, 1956–57, 1957–58, 1958–59, 1959–60, 1965–66, 1997–98 e 1999–2000. Nominato Squadra del Secolo dalla FIFA nel 1998, il Real Madrid deve le origini della sua ascesa all'arrivo del suo decimo presidente, Santiago Bernabéu, nel 1943. Determinato a dar vita alla squadra più forte del mondo, Bernabéu riuscì a coinvolgere i giocatori e gli allenatori più bravi in questo suo sogno.

Il Real Madrid detiene anche il record per aver pagato la cifra più alta per un giocatore, l'ala Luis Figo, acquistato dal Barcellona per 9,90 miliardi di pesetas (52 892 754 dollari) nel luglio 2000.

www.guinnessworldrecords.com/realmadrid
ACCESS CODE: ‹45617›

LA TRIPLETTA SEGNATA DAL CALCIATORE PIÙ GIOVANE
Il più giovane marcatore di una tripletta nel Regno Unito è stato Tommy Lawton a 17 anni e 5 giorni, al suo debutto con il Burnley contro gli Spurs al Turf Moor, il 10 ottobre 1936. Il più giovane in Premier League è stato Michael Owen, a 18 anni e 62 giorni per il Liverpool contro lo Sheffield Wednesday il 14 febbraio 1998.

IL MAGGIOR NUMERO DI RETI SEGNATE DA UN PORTIERE DURANTE UNA PARTITA
Il portiere paraguaiano José Luis Chilavert segnò tre reti su rigore per il Vélez Sarsfield in una partita del campionato professionisti argentino contro il Ferro Carril Oeste, sconfitto per 6 a 1.

IL MAGGIOR NUMERO DI RETI SU CALCIO D'ANGOLO
Il maggior numero di reti segnate direttamente su calcio d'angolo in una partita è due, da parte di Luis

IL DIFENSORE E IL PORTIERE PIÙ COSTOSI
Rio Ferdinand (GB, sinistra) è stato il difensore acquistato per la cifra più alta del mondo nel novembre 2000. Il Leeds United lo rilevò infatti dal West Ham United per 25,6 milioni di dollari. Nato l'8 novembre 1978 a Londra, Rio Ferdinand aveva iniziato a giocare con il West Ham United ancora studente nel 1994. Dal suo debutto nel campionato maggiore, nel 1996, è entrato stabilmente nella squadra nazionale inglese.

Il portiere acquistato per la cifra più alta è Angelo Peruzzi, passato dalla squadra della Juventus a quella dell'Inter nel giugno 1999 per 28 miliardi di lire, una valutazione cinque miliardi superiore a quella del suo più stretto rivale, il portiere Fabien Barthez (Francia), ceduto il 30 maggio 2000 dal Monaco (Germania) al Manchester United (GB) per 11,66 milioni di dollari.

www.guinnessworldrecords.com/riogrande
ACCESS CODE: ‹54326›

"Gita" Barroso (Portogallo) per il FC de Famalicão contro SC Olhanese in una partita della Coppa del Portogallo giocata il 2 luglio1946.

IL PIÙ LUNGO PERIODO SENZA SUBIRE RETI

Thomas McKenna (GB) conservò inviolata la porta della squadra Folkestone Invicta Under-13 per 1417 minuti, dal 24 settembre 1995 al 5 maggio 1996.

LA RIMESSA LATERALE PIÙ LUNGA

La più lunga rimessa laterale è stata quella di 48,17 metri effettuata da Michael Lochner (Usa) alla Bexley High School, Ohio, Usa, il 4 giugno 1998.

IL TIRO PIÙ VELOCE AL COPERTO

Il tiro più veloce al coperto è di 109,43 chilometri orari, realizzato da Hassan Kachloul (Marocco) del Southampton FC, GB, il 27 aprile 2000.

IL MAGGIOR NUMERO DI RIGORI PER UNO SPAREGGIO

Il 10 febbraio 1987, durante i quarti di finale del Freight Rover Trophy fra l'Aldershot Town e il Fulham ad Aldershot, Surrey, GB, furono necessari 28 rigori per decidere la partita, bloccata sull' 1 a 1 dopo i tempi supplementari. L'Aldershot alla fine si impose per 11 a 10.

CONTROLLO DI PALLA

Il 15-16 luglio 1994, al Los Angeles Convention Center, California, Usa, Ricardinho Neves (Brasile) palleggiò con un pallone regolamentare per 19 ore, 5 minuti e 31 secondi, colpendolo con piedi, gambe e testa senza mai lasciarlo cadere al suolo. Il primato femminile è di 7 ore, 5 minuti e 25 secondi, stabilito dalla brasiliana Cláudia Martin, a Caxias do Sul, Brasile, il 12 luglio 1996.

IL MAGGIOR NUMERO DI PALLEGGI IN 30 SECONDI

Il maggior numero di palleggi in 30 secondi, senza lasciar cadere la palla a terra, è 136, effettuati da Ferdie Adoboe (Usa) al Fort Lowell Park, Tucson, Arizona, Usa, il 22 gennaio 1999. Nella stessa occasione, Adoboe arrivò a 262 palleggi in un minuto.

LA PARTITA PIÙ INDISCIPLINATA

Il 3 novembre 1969, in una partita tra il Tongham Youth Club e l'Hawley (GB), l'arbitro ammonì tutti e 22 i giocatori, incluso uno che finì in ospedale, e un guardalinee.

IL VIAGGIO PIÙ LUNGO PER UNA PARTITA DI CAMPIONATO

La maggior distanza che separa due squadre che giocano nello stesso campionato professionistico è quella di 4766 chilometri, nella Major League degli Stati Uniti, tra il campo del LA Galaxy, Los Angeles, California, e quello del New England Revolution, Foxboro, Massachusetts.

LA MAGLIETTA DA CALCIO PIÙ COSTOSA

La maglietta rossa indossata dal centravanti Geoff Hurst (GB) durante la finale di Coppa del Mondo del 1966 tra Inghilterra e Germania fu venduta per 91750 sterline da Christie's di Londra il 28 settembre 2000.

www.guinnessworldrecords.com/manunited

ACCESS CODE: ‹54710›

LA SQUADRA DI MAGGIOR VALORE

Il Manchester United (sotto), squadra della Premier League inglese, vanta un valore capitalizzato superiore a 1,59 miliardi di dollari (all'8 marzo 2000), una cifra finora mai raggiunta da una squadra di calcio. Il Manchester United ha raggiunto l'apice del successo nel 1999, con la vittoria sul Bayern Monaco nella finale della Coppa dei Campioni Europea, la conquista della Coppa FA e il primo posto nel campionato inglese.

GUINNESS WORLD RECORDS

calcio 2

VITTORIE IN COPPA DEL MONDO
La FIFA (Fédération Internationale de Football Association), fondata il 21 maggio 1904, istituì la prima competizione il 13 luglio 1930 a Montevideo, Uruguay. Il torneo si svolge ogni quattro anni e il Brasile lo ha vinto quattro volte, nel 1958, 1962, 1970 e 1994.

VITTORIE FEMMINILI IN COPPA DEL MONDO
Inaugurata nel 1991, anche la Coppa del Mondo femminile si svolge ogni quattro anni. Gli Stati Uniti hanno vinto nel 1991 e nel 1999 (la Norvegia nel 1995).

IL GIOCATORE PIÙ GIOVANE IN COPPA DEL MONDO
Norman Whiteside (GB) giocò nell'Irlanda contro la Jugoslavia a 17 anni e 41 giorni, il 17 giugno 1982.

PRESENZE IN COPPA DEL MONDO
Gli unici giocatori ad aver giocato in cinque edizioni della Coppa del Mondo sono Antonio Carbajal, portiere del Messico (1950, 1954, 1958, 1962 e 1966), con un totale di 11 incontri; e il tedesco Lothar Matthäus (1982, 1986, 1990, 1994 e 1998), con un totale di 25 incontri.

RECORD FEMMINILI
Il record di 225 presenze a livello internazionale di una donna in una squadra nazionale appartiene alla numero 13 Kristine Lilly (Usa, a sinistra), fra il 1987 e il 2000.

Il punteggio più alto in una partita internazionale femminile è stato 21 a 0, ottenuto più volte: dal Giappone contro il Guam a Guangzhou, Cina, il 5 dicembre 1997; dal Canada contro il Puerto Rico al Centennial Park di Toronto, Canada, il 28 agosto 1998; dall'Australia contro American Samoa al Mt Smart Stadium di Auckland, Nuova Zelanda, il 9 ottobre 1998; e dalla Nuova Zelanda contro Samoa nella stessa occasione.

www.guinnessworldrecords.com/kristinelilly
ACCESS CODE: ‹56488›

LA RETE PIÙ RAPIDA IN COPPA DEL MONDO
Dopo 15 secondi dal fischio di inizio, Vaclav Masek (Cecoslovacchia) segnò una rete contro il Messico a Viña del Mar, Cile, il 7 giugno 1962. Nelle fasi di qualificazione, Davide Gualtieri segnò una rete dopo soli sette secondi per il San Marino, in una partita contro l'Inghilterra giocata a Bologna il 17 novembre 1993.

LA RETE SEGNATA DAL GIOCATORE PIÙ GIOVANE IN COPPA DEL MONDO
Edson Arantes do Nascimento (Brasile), il leggendario Pelé, a 17 anni e 239 giorni segnò per il Brasile contro il Galles a Gothenburg, Svezia, il 19 giugno 1958.

IL MAGGIOR NUMERO DI SQUADRE PARTECIPANTI ALLA COPPA DEL MONDO
Il numero record di 198 federazioni si sono iscritte per partecipare alle partite di qualificazione per la Coppa del Mondo del 2002, che si svolgerà nella Corea del Sud e in Giappone. Fanno eccezione le federazioni calcistiche di Corea del Nord, Niger, Afghanistan, Burundi e Nuova Guinea. In termini di incassi e di numero di spettatori, la Coppa del Mondo è il più grande evento dedicato a un singolo sport.

VITTORIE IN COPPA DEL MONDO FUTSAL
Il Brasile ha vinto la Coppa del Mondo Futsal (calcio indoor), istituita nel 1989, in tre edizioni su quattro disputate, nel 1989, 1992 e 1996.

VITTORIE AI CAMPIONATI EUROPEI
La Germania ha vinto il Campionato d'Europa tre volte, nel 1972 e 1980 (come Germania Ovest) e nel 1996.

Il campionato femminile si disputa dal 1984. La Germania è l'unica squadra ad aver vinto quattro volte, nel 1989, 1991, 1995 e 1997.

VITTORIE IN COPPA DELLE COPPE
La Coppa delle Coppe, disputata fino al 1999 tra i vincitori delle più importanti coppe europee, è stata vinta quattro volte dalla squadra spagnola del Barcellona (1979, 1982, 1989 e 1997). Tra le squadre di maggior successo del mondo, il Barcelona ha vinto tutte le più importanti competizioni europee ed è l'unica squadra ad aver sempre giocato a partire dal 1955, quando le competizioni europee furono introdotte per la prima volta.

I CALCIATORI PIÙ VECCHI
Il giocatore più vecchio in Coppa del Mondo è stato Albert Roger Milla, che giocò per il Camerun contro la Russia il 28 giugno 1994, a 42 anni e 39 giorni, e segnò l'unica rete della propria squadra. Calciatore dell'anno in Africa nel 1976, Milla si trasferì in Francia nel 1977, vincendo la Coppa di Francia con il Monaco nel 1980 e con il Bastia nel 1981. Ritirato dalla scena calcistica internazionale con 81 vittorie in nazionale all'attivo, ritornò in campo con il Camerun proprio per i mondiali del 1994.

Il calciatore più vecchio sceso in campo in una partita internazionale è stato William Henry "Billy" Meredith (GB), che giocò nel ruolo di esterno destro per il Galles contro l'Inghilterra a Highbury, Londra, il 15 marzo 1920, a 45 anni e 229 giorni. Le presenze a livello internazionale di Meredith abbracciano un periodo record di 26 anni.

www.guinnessworldrecords.com/milla
ACCESS CODE: ‹54336›

www.guinnessworldrecords.com/highestscore

ACCESS CODE: <56656>

GOAL A RAFFICA

Nell'incontro dell'11 aprile 2001 fra Australia e American Samoa, l'Australia si impose con il punteggio di 31 a 0, con Archie Thompson (a destra) autore di 13 reti. Si tratta del maggior numero di reti segnate sia da una squadra sia da un giocatore in un incontro di qualificazione per la Coppa del Mondo. La partita, giocata a Coffs Harbour, Nuovo Galles del Sud, Australia, rientrava infatti nel girone di qualificazione dell'Oceania.

VITTORIE IN COPPA D'AFRICA

La Coppa delle Nazioni Africana è stata vinta quattro volte dal Ghana (1963, 1965, 1978, 1982) e dall'Egitto (1957, 1959, 1986, 1998). La Coppa d'Africa ebbe inizio nel 1957 con solo tre squadre partecipanti, diventate attualmente 49.

VITTORIE IN COPPA D'ASIA

La Coppa d'Asia è stata vinta tre volte dall'Iran (1968, 1972, 1976) e dall'Arabia Saudita (1984, 1988, 1996).

VITTORIE AI CAMPIONATI CONCACAF

Il Campionato CONCACAF (Confederation of North, Central American and Caribbean Association Football) è stato vinto 10 volte dal Costa Rica, tra il 1941, e il 1989.

Una versione femminile, istituita per la prima volta nel 2000, è stata vinta dagli Stati Uniti.

VITTORIE IN COPA AMÉRICA

L'Argentina ha vinto il Campionato Sudamericano (Copa América dal 1975) 15 volte tra il 1910 e il 1993.

IL MAGGIOR NUMERO DI RETI IN UNA PARTITA SEGNATE DALLO STESSO GIOCATORE

Il maggior numero di reti segnate da un giocatore in una partita di prima categoria è 16, realizzate da Stephan Stanis per il Racing Club di Lens il 13 dicembre 1942 contro l'Aubry-Asturies, a Lens, Francia. Sofus Nielsen segnò 10 reti in una partita internazionale alle Olimpiadi del 1908 per la Danimarca, che sconfisse la Francia 17 a 1. Anche Gottfried Fuchs segnò 10 reti per la Germania che batté la Russia 16 a 0 in una partita del girone di consolazione del torneo olimpico nel 1912.

IL MAGGIOR NUMERO DI PRESENZE A LIVELLO INTERNAZIONALE

Hossam Hassan (Egitto) detiene il record per il maggior numero di presenze a livello internazionale, avendo partecipato a 156 partite con la propria squadra nazionale fra il 1985 e il 2001.

LA TRIPLETTA PIÙ RAPIDA IN CAMPO INTERNAZIONALE

Il giapponese Masashi "Gon" Nakayama segnò tre reti nel giro di 3 minuti e 15 secondi contro il Brunei durante una partita di qualificazione per la Coppa d'Asia, il 16 febbraio 2000. Nakayama mise la palla in rete a ripetizione al primo minuto, al secondo minuto e al terzo minuto e 15° secondo di gioco.

LE PARTITE PIÙ SEGUITE

La partita con più spettatori è stata l'incontro Brasile-Uruguay di Coppa del Mondo disputato il 16 luglio 1950 allo stadio Maracanã di Rio de Janeiro, davanti a 199854 persone.

LA PORTA INVIOLATA PIÙ A LUNGO

La porta rimasta più a lungo inviolata in partite di primaria importanza è quella dell'Atlético Madrid, difesa con successo da Abel Resino (Spagna) dal 10 dicembre 1990 al 1° aprile 1991.

Dino Zoff difese la porta della nazionale italiana per 1142 minuti (quasi 13 partite) senza subire goal da settembre 1972 a giugno 1974.

Il record britannico è di 1196 minuti, dal 26 novembre 1986 al 31 gennaio 1987, e appartiene a Chris Woods (GB) dei Glasgow Rangers.

tennis

IL MAGGIOR NUMERO DI TITOLI DI GRANDE SLAM
L'australiana Margaret Court vinse fra il 1960 e il 1973 un totale di 24 tornei nel singolare (11 in Australia, cinque in Francia, cinque negli Stati Uniti e tre a Wimbledon).

IL MAGGIOR NUMERO DI TITOLI MASCHILI DI GRANDE SLAM
Il primato nel singolare maschile è 13 titoli, ottenuto da Pete Sampras (Usa) con due vittorie in Australia, sette a Wimbledon e quattro negli Stati Uniti tra il 1990 e il 2000. Sampras è stato il più giovane vincitore di un US Open, nel 1990, a 19 anni.

GRANDE SLAM MASCHILE
Il grande slam corrisponde alla vittoria nel singolare in tutti e quattro i tornei più prestigiosi del mondo, vale a dire Wimbledon, Stati Uniti, Australia e Francia. Il primo tennista a riuscire nell'impresa fu Fred Perry (GB), con la conquista del titolo francese nel 1935. Il primo tennista che conquistò tutti e quattro i titoli nello stesso anno fu, nel 1938, Don Budge (Usa), che aveva vinto a Wimbledon e negli Stati Uniti anche nel 1937, per un totale di sei tornei del grande slam consecutivi. Il primo tennista a completare due grandi slam è stato Rod Laver (Australia), nel 1962 da dilettante e nel 1969 da professionista.

GRANDE SLAM FEMMINILE
Il grande slam è stato portato a termine da quattro donne, delle quali le prime tre vinsero sei tornei consecutivi: Maureen Connolly (Usa) nel 1953; Margaret Court (Australia) nel 1970; Martina Navratilova (Usa) nel 1983 e 1984; Steffi Graf (Germania) nel 1988, anno in cui si aggiudicò anche la medaglia d'oro olimpica nel singolare. In coppia con la Navratilova, Pam Shriver (Usa) vinse otto tornei consecutivi validi per il grande slam e un totale di 109 incontri consecutivi dall'aprile 1983 al luglio 1985.

IL MAGGIOR NUMERO DI VITTORIE A WIMBLEDON
Pete Sampras (Usa) detiene il record di vittorie nel singolare maschile a Wimbledon con sette titoli (1993-1995 e 1997-2000). Il record è stato stabilito dopo l'abolizione del girone Challenge nel 1922. In precedenza, anche William Charles Renshaw (GB) aveva vinto sette titoli nel singolare maschile, nel 1881-86 e nel 1889.

Martina Navratilova (Usa) si aggiudicò il torneo nel singolare femminile il numero record di nove volte, nel 1978-79, 1982, 1983, 1984, 1985, 1986, 1987 e 1990.

I MAGGIORI GUADAGNI NEL CORSO DELLA CARRIERA
L'americano Pete Sampras (sopra) ha vinto la cifra record di 41 314 315 dollari nel corso di tutta la sua carriera fino a marzo 2001 e detiene anche i record per la più alta vincita in una sola stagione (6 498 311 dollari nel 1997) e per il singolo premio più ricco (due milioni di dollari nella Grand Slam Cup di Monaco, Germania, nel 1990). Steffi Graf (Germania) è la donna che ha guadagnato di più nel gioco del tennis, con 21 807 509 dollari vinti tra il 1982 e il 1999, mentre il primato stagionale appartiene a Martina Hingis (Svizzera) con 3 400 196 dollari nel 1997.

www.guinnessworldrecords.com/sampras
ACCESS CODE: ‹44300›

Tra il 1914 e il 1934, Elizabeth Montague Ryan (Usa) si aggiudicò 19 titoli femminili, di cui 12 nel doppio femminile e sette nel doppio misto. I sette titoli nel doppio misto costituiscono un altro primato.

Fra il 1961 e il 1979, Billie-Jean King (nata Moffitt, Usa) ottenne un totale di 20 vittorie: sei titoli nel singolare femminile, dieci nel doppio e quattro nel doppio misto. Il totale rappresenta il maggior numero di titoli vinti da una donna a Wimbledon. La King contribuì alla fondazione della Women's Tennis Association (WTA) nel 1974, di cui fu la prima presidente.

Il maggior numero di titoli vinti da un uomo a Wimbledon è 13, da parte del britannico Laurie Doherty che vinse cinque titoli nel singolare (1902-06) e otto nel doppio (1897-1901 e 1903-05). Nel doppio era affiancato dal fratello Reginald Frank Doherty (GB).

I SERVIZI PIÙ VELOCI
Il servizio più veloce misurato è quello di 239,8 chilometri orari che Greg Rusedski (GB) effettuò il 14 marzo 1998 durante l'ATP Champions' Cup di Indian Wells, California, Usa. L'anno di maggior successo per Rusedski è stato il 1997, quando fu nominato Personalità sportiva dell'anno dalla BBC e raggiunse il quarto posto nella classifica mondiale.

Il record in campo femminile appartiene a Venus Williams, con una battuta a 205 chilometri orari durante i campionati europei indoor di Zurigo, Svizzera, il 16 ottobre 1998. Nel 1997, Venus fu la prima tennista non in classifica ad arrivare a una finale degli US Open e da allora ha vinto sette titoli del grande slam.

www.guinnessworldrecords.com/rusedski
ACCESS CODE: ‹44299›

VITTORIE AGLI OPEN DI FRANCIA
Margaret Court (Australia) vinse 13 titoli dal 1962 al 1973: cinque nel singolare, quattro nel doppio e quattro nel doppio misto.

Il record maschile, nove vittorie, spetta a Henri Cochet (Francia), con quattro nel singolare, tre nel doppio maschile e due nel doppio misto dal 1926 al 1930.

Björn Borg (Svezia) vinse il titolo nel singolare maschile agli Open di Francia sei volte, nel 1974-75 e nel 1978-81.

Il record di vittorie nel singolare femminile è sette, ottenute da Chris Evert (Usa) nel 1974-75, 1979-80, 1983 e 1985-86. La Evert fu scelta dalla Women's Sports Foundation come la più grande atleta degli ultimi 25 anni nel 1985 oltre a ricevere un WTA Award nel 1992.

VITTORIE AGLI OPEN DEGLI STATI UNITI

Il record maschile di sette vittorie nel singolare appartiene a pari merito a Bill Tilden (Usa), 1920-25 e 1929; Richard Sears (Usa), 1881-87; e William Larned (Usa), 1901-02, 1907-11.

Il primato femminile di otto vittorie nel singolare è detenuto da Molla Mallory (nata Bjurstedt, Usa), nel 1915-18, 1920-22 e nel 1926.

Il maggior numero complessivo di titoli maschili Us Open è 16, conquistati da Bill Tilden (Usa), di cui sette nel singolare, nel 1920-25 e nel 1929.

Il record femminile spetta a Margaret Du Pont (Usa) che vinse 25 titoli dal 1941 al 1960, di cui un record di 13 nel doppio femminile (12 con Louise Brough, Usa), nove nel doppio misto e tre nel singolare.

VITTORIE AGLI OPEN D'AUSTRALIA

Il record di vittorie nel singolare maschile agli Open d'Australia è sei da parte di Roy Emerson (Australia), nel 1961 e 1963-67. In totale Emerson vinse 12 titoli di grande slam nel singolare e 16 nel doppio.

Il primato femminile spetta a Margaret Court (Australia) con 21 titoli: undici nel singolare (1960-66, 1969-71 e 1973), otto nel doppio femminile (1961-63, 1965, 1969-71 e 1973) e due nel doppio misto (1963 e 1964).

Il maggior numero di titoli femminili vinti nel doppio agli Open d'Australia è 16, da parte di Thelma Long (nata Coyne, Australia), di cui 12 nel doppio femminili e quattro nel doppio misto.

VITTORIE IN COPPA DAVIS

Gli Stati Uniti si sono aggiudicati il maggior numero di edizioni della Coppa Davis vincendo 31 volte tra il 1900 e il 1995. L'australiano Roy Emerson fece parte otto volte della squadra vincente, nel 1959-62 e nel 1964-67. L'americano Bill Tilden disputò 28 partite in finale vincendone 21 (17 su 22 nel singolare e quattro su sei nel doppio). Per sette volte fece parte della squadra vincitrice, nel 1920-26, e per quattro della squadra perdente, nel 1927-30.

LE PARTITE PIÙ LUNGHE

Il match più lungo in un torneo del grande slam è stato quello di 5 ore e 31 minuti tra Alex Corretja (Spagna) e Hernan Gumy (Argentina) agli Open di Francia, il 31 maggio 1998. Corretja alla fine vinse per 6-1, 5-7, 7-5, 9-7.

IL MAGGIOR NUMERO DI SERVIZI CONSECUTIVI

Il maggior numero di servizi consecutivi validi (senza un doppio fallo) è 8017, effettuati in 10 ore e 7 minuti da Rob Peterson (Usa) a Port Aransas, Texas, Stati Uniti, il 5 dicembre 1998.

www.guinnessworldrecords.com/kournikova

LA PIÙ GIOVANE VINCITRICE DELLA FEDERATION CUP

Il 25 aprile 1996, Anna Kournikova (Russia, a destra) divenne la più giovane partecipante e vincitrice della Federation Cup, a 14 anni di età, battendo la svedese Anna-Karin Svensson 6-0, 6-3, e contribuendo alla vittoria della Russia sulla Svezia per 3 a 0. La Kournikova è professionista dal 1995.

ACCESS CODE: ‹56525›

atletica

IL MAGGIOR NUMERO DI RECORD IN UN GIORNO
Il 25 maggio 1935 ad Ann Arbor, Michigan, Usa, Jesse Owens (Usa) stabilì sei primati mondiali in 45 minuti, con 9,4 secondi sulle 100 iarde alle 15.15, un salto in lungo di 8,13 metri alle 15.25, un 20,3 secondi sulle 220 iarde (più il record sui 200 metri) alle 15.45, un 22,6 secondi sulle 220 iarde a ostacoli (più il record sui 200 metri) alle 16.00.

LA PIÙ LUNGA SEQUENZA DI VITTORIE SU PISTA
Ed Moses (Usa) dominò le gare maschili dei 400 metri a ostacoli per oltre dieci anni. Il suo record di 122 vittorie consecutive nella specialità abbraccia il periodo che va dal 2 settembre 1977 al 4 giugno 1987, quando fu battuto da Danny Harris (Usa) a Madrid, Spagna. La sua supremazia era tale che a un certo punto arrivò a detenere le 13 migliori prestazioni di tutti i tempi.

LA PIÙ LUNGA SEQUENZA DI VITTORIE IN ATLETICA LEGGERA
Iolanda Balas (Romania) vinse 150 gare consecutive di salto in alto tra il 1956 e il 1967 in competizioni di livello nazionale, europeo, mondiale e olimpico.

L'ATLETA DI MAGGIOR SUCCESSO NELLA IAAF GOLDEN LEAGUE
L'unico atleta ad aver vinto due volte una parte del jackpot della IAAF (International Amateur Athletics Federation) Golden League è il mezzofondista Hicham El Guerrouj (Marocco). Per aggiudicarsi il jackpot, un atleta deve vincere cinque dei sette meeting Golden League in una stagione e rimanere imbattuto. All'inizio, il jackpot era di un milione di dollari, ma ora è stato tramutato in 50 chilogrammi d'oro.

I CAMPIONI OLIMPICI PIÙ VECCHI
Patrick "Babe" McDonald (Usa) vinse l'oro nel lancio del peso da 56 libbre (25,4 chilogrammi) ad Anversa, Belgio, il 21 agosto 1920, all'età di 42 anni e 26 giorni.

La più vecchia campionessa è stata Lia Manoliu (Romania), che all'età di 36 anni e 176 giorni vinse l'oro nel lancio del disco alle Olimpiadi di Città del Messico, il 18 ottobre 1968, con un lancio di 58,28 metri.

I CAMPIONI OLIMPICI PIÙ GIOVANI
La più giovane medaglia d'oro è stata Barbara Pearl Jones (Usa), che partecipò alla staffetta 4 x 100 a Helsinki, Finlandia, il 27 luglio 1952, all'età di 15 anni e 123 giorni.

Il più giovane campione olimpico è stato Robert Bruce Mathias (Usa), che vinse il decathlon a Londra, nel 1948, all'età di 17 anni e 263 giorni.

IL PRIMATISTA MONDIALE PIÙ VECCHIO
Il tedesco Gerhard Weidner stabilì il record delle 20 miglia di marcia in 2 ore, 30 minuti e 38,6 secondi, all'età di 41 anni e 71 giorni ad Amburgo, Germania, il 24 maggio 1974.

I PRIMATISTI MONDIALI PIÙ GIOVANI
In campo maschile il più giovane primatista è stato il britannico Thomas Ray, che il 19 settembre 1879, a 17 anni e 198 giorni, eseguì un salto con l'asta di 3,42 metri.

La più giovane è stata la cinese Wang Yan, che il 9 marzo 1986, a 14 anni e 334 giorni, stabilì il primato mondiale nei 5000 metri di marcia con il tempo di 21 minuti e 33,8 secondi.

IL MAGGIOR NUMERO DI MEDAGLIE D'ORO AI CAMPIONATI DEL MONDO DI ATLETICA INDOOR
Iván Pedroso (Cuba) detiene il record per il numero di titoli maschili, con cinque nel salto in lungo nel 1993, 1995, 1997, 1999 e 2001.

Il record per il maggior numero di medaglie d'oro femminili è quattro, conquistate da Stefka Kostadinova (Bulgaria) nel salto in alto negli anni 1985, 1987, 1989 e 1993, e da Gabriela Szabo (Romania) nei 3000 metri nel 1995, 1997 e 1999 e nei 1500 nel 1999.

IL MAGGIOR NUMERO DI TITOLI MONDIALI
I campionati del mondo furono inaugurati a Helsinki, Finlandia, nel 1983. Il maggior numero di medaglie d'oro vinte è nove, conquistate da Michael Johnson (Usa), che vinse i 200 metri nel 1991 e 1995, i 400 nel 1993, 1995, 1997 e 1999, e la staffetta 4 x 400 metri nel 1993, 1995 e 1999.

Il primato femminile, con cinque medaglie d'oro, spetta a Gail Devers (Usa), che vinse i 100 metri nel 1993, i 100 metri a ostacoli nel 1993, 1995 e 1999, e la staffetta 4 x 100 nel 1997.

IL MAGGIOR NUMERO DI TITOLI MONDIALI DI CORSA CAMPESTRE
Il titolo individuale femminile di corsa campestre è stato vinto cinque volte da Grete Waitz (Norvegia), nel 1978-81 e nel 1983.

Il primato individuale maschile spetta con cinque vittorie al keniano John Ngugi, nel 1986-89 e 1922, e a Paul Tergat nel 1995-99.

Il maggior numero di vittorie a squadre ai campionati mondiali di corsa campestre (disputati per la prima volta nel 1973) è 15, ottenute dal Kenya tra il 1986 e il 2000.

Il record femminile a squadre spetta all'Unione Sovietica, con otto vittorie nel 1976-77, 1980-82 e 1988-90.

LA CORSA PIÙ LUNGA
La gara di corsa più lunga è stata l'edizione del 1929 della Trans-Continental Race di 5850 chilometri da New York a Los Angeles. Johnny Salo (Finlandia) giunse al traguardo dopo 79 giorni di corsa (dal 31 marzo al 17 giugno). Il tempo totale ufficiale di 525 ore, 57 minuti e 20 secondi (11,21 chilometri orari di media) gli concedeva solamente 2 minuti e 47 secondi di vantaggio sul secondo arrivato, il britannico Pietro Gavuzzi.

LA PIÙ LUNGA CORSA ANNUALE
La corsa più lunga con periodicità annuale è la Sri Chinmoy, una gara sulla distanza di 4989 chilometri che si tiene su una pista di 400 metri a Jamaica, New York, Usa. Il record di 46 giorni, 17 ore, 2 minuti e 6 secondi

LE MEZZE MARATONE PIÙ VELOCI
Il miglior tempo per una mezza maratona su un percorso ufficiale è di 59 minuti e 5 secondi, stabilito da Paul Tergat (Kenya, a sinistra) a Lisbona, Portogallo, il 26 marzo 2000.

Il primato ufficiale nella mezza maratona femminile è di 66 minuti e 43 secondi, stabilito da Masako Chika (Giappone) a Tokyo, Giappone, il 19 aprile 1997.

Paul Tergat detiene inoltre il record per il maggior numero di vittorie individuali nel Campionato del Mondo IAAF di mezza maratona, con due successi nel 1999 e nel 2000.

Tegla Loroupe (Kenya) detiene il record di vittorie in campo femminile, con tre successi nel 1997, 1998 e 1999.

Il maggior numero di vittorie a squadre è sei, conquistate dalla squadra maschile del Kenya nel 1992-95, 1997 e 2000, e dalla squadra femminile della Romania nel 1993-97 e 2000.

www.guinnessworldrecords.com/halfmarathons

ACCESS CODE: ‹45718›

www.guinnessworldrecords.com/mauricegreene

IL PIÙ VELOCE DEL MONDO

Maurice Greene (Usa, a destra) si rade sempre la testa prima di ogni gara importante. Attualmente detiene il record mondiale dei 50 metri indoor, quello dei 60 metri indoor e quello dei 100 metri. Alle Olimpiadi di Sydney 2000 conquistò la medaglia d'oro nella staffetta 4 x 100 metri con la squadra degli Stati Uniti.

ACCESS CODE: ‹51642›

appartiene a Istvan Sipos (Ungheria), che corse dal 13 giugno al 28 luglio 1998, fermandosi per brevi intervalli a sua discrezione.

LA MARATONA PIÙ VECCHIA

Con 104 anni consecutivi di storia, la maratona di Boston è ufficialmente la più vecchia. La prima maratona di Boston, disputata il 19 aprile 1897, si ispirò alla maratona olimpica dell'anno precedente.

IL MAGGIOR NUMERO DI MEDAGLIE AI MONDIALI

La giamaicana Merlene Ottey (sopra) ha vinto 14 medaglie: tre d'oro (staffetta 4 x 100, 1991; 200 m, 1993 e 1995); tre d'argento (100 m, 1993 e 1995; staffetta 4 x 100, 1995); e otto medaglie di bronzo (100 m, 1987-1991; 200 m, 1987, 1991 e 1997; staffetta 4 x 100 m, 1983 e 1993).

Il record maschile è detenuto da Carl Lewis (Usa) con 10 medaglie: otto d'oro (100 m, salto in lungo e staffetta 4 x 100, 1983; 100 m, salto in lungo e staffetta 4 x 100, 1987; 100 m e staffetta 4 x 100, 1991); una d'argento (salto in lungo, 1991) e una di bronzo (200 m, 1993).

www.guinnessworldrecords.com/goldmedals

ACCESS CODE: ‹45730›

IL MAGGIOR NUMERO DI MARATONETI AL TRAGUARDO

Al centenario della maratona di Boston, il 15 aprile 1996, tagliarono il traguardo 38706 concorrenti .

LA STAFFETTA PIÙ VELOCE 100 PER UN MIGLIO

Il primato maschile sulla distanza di 100 miglia con 100 frazionisti è di 7 ore, 35 minuti e 55,4 secondi, stabilito dal Canadian Milers Athletic Club dell'università di York, Toronto, Canada, il 20 dicembre 1998.

Il record femminile è di 9 ore, 38 minuti e 39,14 secondi, stabilito dall'Anderson College Athletics Club di San Francisco presso il Foothill College di Los Altos Hills, California, Usa, il 15 giugno 1997.

LA STAFFETTA CON PIÙ PARTECIPANTI

Alla Batavierenrace da Nijmegen a Enschede (175 chilometri), Olanda, del 24 aprile 1999, presero parte 7175 frazionisti (287 squadre di 25). La gara, annuale, inizia a mezzanotte e dura circa 18 ore. I corridori indossano un microchip che registra il completamento di ogni frazione.

LA PIÙ VELOCE TRAVERSATA DELL'AMERICA

Il tempo più breve per correre da San Francisco a New York (4989 km) è di 46 giorni, 8 ore e 36 minuti, fissato da Frank Giannino Jr. (Usa) dal 1° settembre al 17 ottobre 1980.

Il record femminile è di 69 giorni, 2 ore e 40 minuti, stabilito da Mavis Hutchinson (Sudafrica) dal 12 marzo al 21 maggio 1978.

GUINNESS WORLD RECORDS™

olimpiadi

LE CARRIERE OLIMPICHE MASCHILI PIÙ LUNGHE

Il limite di durata per una carriera olimpica è di 40 anni, raggiunto da più atleti: nella scherma il record spetta al danese Ivan Joseph Martin Osiier (1908-32 e 1948); nella vela al norvegese Magnus Andreas Thulstrup Clasen Konow (1908-20, 1928 e 1936–48), al danese Paul Elvstrom (1948–60, 1968–72 e 1984–88) e al britannico Durward Randolph Knowles (1948-72 e 1988).

LE CARRIERE OLIMPICHE FEMMINILI PIÙ LUNGHE

In campo femminile il primato per la più lunga carriera olimpica è di 28 anni, detenuto dalla statunitense Anne Jessica Ransehousen (nata Newberry) nel 1960, 1964 e 1988 e dalla canadese Christilot Hanson-Boylen nel 1964-76, 1984 e 1992, entrambe nel dressage.

LA SERIE PIÙ LUNGA DI MEDAGLIE D'ORO A SQUADRE

Il maggior numero di medaglie d'oro vinte in Olimpiadi successive è sei, da parte di Aladár Gerevich (Ungheria), che fece sempre parte della squadra di scherma vincitrice dal 1932 al 1960.

IL MAGGIOR NUMERO DI PARTECIPANTI ALLE OLIMPIADI

I Giochi Olimpici estivi disputati dal 15 settembre al 1° ottobre 2000 a Sydney, Australia, contarono un numero record di partecipanti. Ai giochi (a sinistra, la cerimonia di apertura) erano iscritti 11 084 atleti, di cui 4245 donne.

Le Olimpiadi di Sydney 2000 detengono anche il record per il maggior numero di nazioni rappresentate, con 199 paesi. Come diretta conseguenza, i Giochi di Sydney hanno fatto registrare anche il record per la maggior distribuzione internazionale di medaglie, con 80 nazioni arrivate almeno una volta sul podio.

www.guinnessworldrecords.com/sydney2000

ACCESS CODE: ‹44741›

LA SERIE PIÙ LUNGA DI MEDAGLIE D'ORO INDIVIDUALI

Gli unici atleti ad aver vinto quattro Olimpiadi consecutive nella stessa specialità sono gli statunitensi Alfred Adolph Oerter (lancio del disco, 1956-1968) e Frederick Carleton "Carl" Lewis (salto in lungo, 1984-1996). Raymond Clarence Ewry vinse per quattro volte consecutive la medaglia d'oro nel salto in alto e nel salto in lungo da fermo, nel 1900, 1904, 1906 e 1908, comprendendo però nel calcolo anche i giochi del 1906. Anche Paul Elvström, Danimarca, vinse quattro medaglie d'oro consecutive (dal 1948 al 1960) in gare nautiche, ma non nella stessa classe (Firefly nel 1948 e Finn dal 1952 al 1960).

LA SERIE PIÙ LUNGA DI MEDAGLIE D'ORO FEMMINILI

Il maggior numero di medaglie d'oro consecutive vinte da una donna è quattro, conquistate da Birgit Fischer (nata Schmidt, Germania) nella canoa dal 1988 al 2000. La serie avrebbe potuto essere più lunga dato che la Fischer aveva già vinto un oro alle Olimpiadi del 1980, ma non partecipò all'edizione di Los Angeles del 1984 per il boicottaggio operato dai paesi del blocco sovietico.

OLIMPIADI ESTIVE

Gli Stati Uniti sono al primo posto nel medagliere per nazioni, con 2112 medaglie, di cui 872 d'oro, vinte dal 1896 al 2000.

Gli Stati Uniti hanno vinto anche il maggior numero di medaglie d'oro in una sola Olimpiade. Nel 1984, durante la XXIII^a edizione dei Giochi a Los Angeles, California, si aggiudicarono 83 medaglie d'oro.

Gli Stati Uniti detengono un ulteriore record per il numero totale di medaglie vinte in una sola Olimpiade. Nella III^a edizione dei Giochi Olimpici di St Louis, Missouri, nel 1904, si aggiudicarono 242 medaglie.

OLIMPIADI INVERNALI

La Norvegia ha vinto un totale di 239 medaglie nella storia dei Giochi Olimpici invernali, dal 1924 al 1998.

Il maggior numero di medaglie vinte da un paese in una sola edizione dei Giochi Olimpici invernali è 29, da parte dell'Unione Sovietica durante la XV^a edizione a Calgary, Alberta, Canada, nel 1988. Il record fu poi eguagliato dalla Germania durante la XVIII^a edizione dei Giochi a Nagano, Giappone, nel 1998.

L'Unione Sovietica ha vinto il maggior numero complessivo di medaglie d'oro, 87, di cui 13 in una sola edizione a Innsbruck, Austria, nel 1976.

ERIC L'ANGUILLA

Il 19 settembre 2000, durante i Giochi Olimpici di Sydney, Eric Moussambani (Guinea Equatoriale, a sinistra) nuotò i 100 metri stile libero in 1 minuto e 52,72 secondi, il più lento mai registrato nella storia delle Olimpiadi e di oltre sette secondi superiore a quello del vincitore dei 200 metri stile libero. Ciononostante, si aggiudicò la batteria in quanto gli altri due partecipanti erano stati squalificati per falsa partenza. Sfortunatamente, il suo tempo era superiore al tempo minimo di qualificazione ed Eric fu comunque eliminato dalla competizione. Prontamente soprannominato "Eric l'anguilla" per il suo personalissimo stile di nuoto, non aveva mai neppure visto una vasca olimpionica da 50 metri e aveva imparato a nuotare soltanto nove mesi prima, allenandosi per i giochi nell'unica piscina della Guinea Equatoriale (20 metri) e nei fiumi locali.

www.guinnessworldrecords.com/erictheeel

ACCESS CODE: ‹56613›

MEDAGLIE VINTE ALLE PARAOLIMPIADI

Dalle prime Paraolimpiadi estive, giocate nel 1960 a Roma, il medagliere più ricco è quello degli Stati Uniti con 1938 medaglie, di cui 693 d'oro.

Dalla prima edizione delle Paraolimpiadi invernali (nel 1976 a Örnsköldsvik, Svezia), l'Austria ha vinto il maggior numero complessivo di medaglie, con un totale di 250. La nazione che ha vinto il maggior numero di medaglie d'oro è invece la Norvegia, con un totale di 97 medaglie.

IL MAGGIOR NUMERO DI CONCORRENTI ALLE PARAOLIMPIADI

Ai Giochi Paraolimpici del 2000 a Sydney, Nuovo Galles del Sud, Australia, scesero in gara 3824 concorrenti, il maggior numero mai registrato, in rappresentanza di un numero a sua volta record di 125 nazioni partecipanti.

www.guinnessworldrecords.com/redgrave

ACCESS CODE: ‹55805›

CANOTTAGGIO

Il maggior numero di medaglie d'oro olimpiche consecutive in una specialità di resistenza è cinque, vinte da Steve Redgrave (sotto, al centro) nel canottaggio in cinque edizioni diverse delle Olimpiadi, dal 1984 al 2000. Redgrave ha inoltre vinto nove titoli mondiali, nel due con nel 1986, nel due senza nel 1987, 1991, 1993–95, e nel quattro senza nel 1997–99.

Redgrave iniziò a praticare il canottaggio quando era studente a Marlow, GB, dopo essersi già cimentato con successo in molti altri sport. Lasciò la scuola all'età di 16 anni per dedicarsi agli allenamenti a tempo pieno, intervallati da qualche partita di golf al circolo locale. Nel 1989 lo troviamo a bordo del bob a quattro vincitore del campionato britannico. Per i servizi resi allo sport, Steve Redgrave è stato nominato baronetto il primo maggio 2001.

IL MAGGIOR NUMERO DI MEDAGLIE OLIMPICHE VINTE DA UN UOMO

Il ginnasta Nikolay Andrianov (Urss) vinse 15 medaglie olimpiche dal 1972 al 1980 (quando aveva tra i 19 e i 27 anni di età), di cui sette d'oro, cinque d'argento e tre di bronzo.

IL MAGGIOR NUMERO DI MEDAGLIE OLIMPICHE VINTE DA UNA DONNA

La ginnasta sovietica Larisa Semyonovna vinse 18 medaglie olimpiche dal 1956 al 1964 (quando aveva tra i 21 e i 29 anni di età), di cui nove d'oro, cinque d'argento e quattro di bronzo.

automobilismo

IL MAGGIOR NUMERO DI VITTORIE IN GARE NASCAR

Nelle quattro più importanti gare della serie NASCAR (National Association for Stock Car Auto Racing), cioè Daytona 500, Winston 500, Southern 500 e Coca Cola 600, tre piloti statunitensi condividono il record di tre vittorie in una stagione: Dave Pearson (1976), Bill Elliott (1985) e Jeff Gordon (1997). Nel 1969, Lee Roy Yarbrough (Usa) vinse tutte le tre gare disputate in quell'anno (la Winston 500 fu introdotta nel 1970).

IL MAGGIOR NUMERO DI GRAN PREMI VINTI

Il francese Alain Prost (sopra) detiene il record per il numero di punti guadagnati da un pilota in tutta una carriera, con un totale di 798,5 punti accumulati in 199 Gran Premi.

Il pilota ha anche il record di 51 Gran Premi vinti e quello del numero di presenze sul podio, essendo arrivato primo, secondo o terzo in 106 occasioni. Il soprannome di "professore" è in qualche modo un riconoscimento al più grande pilota di Formula 1 di tutti i tempi.

Dopo essersi ritirato dalle competizioni nel 1992, Prost ha continuato a lavorare nel mondo della Formula 1, prima curando le pubbliche relazioni per la Renault e poi come consulente per la McLaren. Nel 1997 rilevò la Ligier, ribattezzandola e creando la scuderia Prost nel 1998.

www.guinnessworldrecords.com/prost

ACCESS CODE: ‹44854›

Richard Petty (Usa) ha conquistato il maggior numero di vittorie nella serie NASCAR, vincendo 200 gare su 1184 fra il 1958 e il 1992.

IL MAGGIOR NUMERO DI TITOLI NASCAR

Il maggior numero di titoli vinti nel campionato annuale NASCAR è sette da parte di Richard Petty (Usa), nel 1964, 1967, 1971-72, 1974-75 e 1979, e Dale Earnhardt (Usa), nel 1980, 1986-87, 1990-91 e 1993-94.

IL MAGGIOR NUMERO DI POLE POSITION NASCAR

Il maggior numero di pole position (il primo posto alla partenza dopo le prove di qualificazione) è quello ottenuto da Richard Petty (Usa), di 126 fra il 1958 e il 1992.

IL MAGGIOR NUMERO DI VITTORIE NELLA COCA COLA 600

Darrell Waltrip (Usa) ha il record per il maggior numero di vittorie alla Coca Cola 600, la gara più lunga della serie NASCAR, con cinque successi nel 1979-80, 1985 e 1988-89.

IL MAGGIOR NUMERO DI VITTORIE ALLA DAYTONA 500

Il record per il maggior numero di vittorie alla Daytona 500 (la gara più prestigiosa della serie NASCAR, con un premio di 10 milioni di dollari) è sette, da parte di Richard Petty nel 1964, 1966, 1971, 1973-74, 1979 e 1981.

VITTORIE ALLA SOUTHERN 500

Il record per il maggior numero di vittorie alla Southern 500 (la più vecchia gara della serie NASCAR, corsa per la prima volta nel 1950) è cinque, da parte di Cale Yarborough (Usa) nel 1968, 1973-74, 1978 e 1982.

IL MAGGIOR NUMERO DI VITTORIE ALLA WINSTON 500

Dale Earnhardt (Usa) si è affermato il maggior numero di volte nella Winston 500 (la più veloce delle gare della serie NASCAR), con quattro vittorie nel 1990, 1994, 1999 e 2000.

DI PADRE IN FIGLIO

Il record di guadagni per un pilota NASCAR in tutta la carriera è di 41445551 dollari, conseguito da Dale Earnhardt (Usa) fra il 1975 e il 2001. Dale rimase vittima di un fatale incidente a Daytona, durante la gara del 18 febbraio 2001. Suo figlio, Dale Jr, sta seguendo le orme del padre, come Dale aveva seguito a sua volta quelle del padre Ralph. Il nome Earnhardt continua così a vivere nei circuiti NASCAR.

Al Unser Jr (Usa, sopra) detiene il record di vincite nelle corse CART (Championship Auto Racing Teams), con un totale di 18828406 dollari alla fine della stagione 2000.

www.guinnessworldrecords.com/earnhardt

ACCESS CODE: ‹56448›

IL MAGGIOR NUMERO DI TITOLI NEL CAMPIONATO CART

A.J. Foyt (Usa) vinse il campionato CART (Championship Auto Racing Teams) sette volte, nel 1960-61, 1963-64, 1967, 1975 e 1979.

IL MAGGIOR NUMERO DI POLE POSITION IN GARE CART

Il maggior numero di pole position conquistate da un pilota nelle gare CART è 67, da parte di Mario Andretti (Usa) fra il 1965 e il 1994.

IL MAGGIOR NUMERO DI VITTORIE A UN MONDIALE DI RALLY

Il maggior numero di vittorie in una stagione del campionato mondiale di rally è sei, da parte del francese Didier Auriol, nel 1992.

IL MAGGIOR NUMERO DI TITOLI MONDIALI DI RALLY

Quattro edizioni dei campionati mondiali di rally sono state vinte dai finlandesi Juha Kankkunen, nel 1986-87, 1991 e 1993, e Tommi Makinen, dal 1996 al 1999.

IL VINCITORE PIÙ GIOVANE DEI MONDIALI DI RALLY

Colin McRae (GB) aveva 27 anni e 89 giorni quando vinse il campionato mondiale di rally nel 1995.

IL VINCITORE PIÙ GIOVANE DI UN GRAN PREMIO DI FORMULA UNO

Il più giovane campione di Formula Uno è stato Bruce McLaren (Nuova Zelanda), che vinse il Gran Premio di Sebring, Florida, Usa, il 12 dicembre 1959, a 22 anni e 104 giorni.

IL PIÙ VECCHIO CAMPIONE MONDIALE DI FORMULA UNO

Il più vecchio campione mondiale di Formula Uno è stato Juan Manuel Fangio (Argentina), che vinse il suo ultimo campionato il 4 agosto 1957, all'età di 46 anni e 41 giorni.

IL PIÙ GIOVANE CAMPIONE MONDIALE DI FORMULA UNO

Il più giovane campione del mondo di Formula Uno è stato Emerson Fittipaldi (Brasile), che vinse il suo primo titolo mondiale il 10 settembre 1972, all'età di 25 anni e 273 giorni.

LA CASA AUTOMOBILISTICA CHE HA VINTO IL MAGGIOR NUMERO DI GRAN PREMI

La Ferrari ha vinto 139 Gran Premi su un totale di 656 corse disputate. Nel 1952 si aggiudicò tutte e sette le gare in programma e quindi le prime otto (su nove) del 1953: una serie mai uguagliata da nessun'altra casa.

IL MAGGIOR NUMERO DI VITTORIE STAGIONALI DI UNA CASA AUTOMOBILISTICA

La McLaren (GB) vinse 15 dei 16 Gran Premi disputati nel 1998, con otto vittorie del brasiliano Ayrton Senna e sette del francese Alain Prost. Le McLaren, dotate allora di motori Honda, accumularono più del triplo dei punti delle loro più dirette rivali, le Ferrari.

IL DRAGSTER "FUNNY CAR" PIÙ VELOCE

Tutte le gare di dragster si svolgono su un percorso di 402 metri (440 iarde) con partenza da fermo. John Force (Usa) raggiunse una velocità di punta di 521,507 chilometri orari con una Ford Mustang del '99 a Gainsville, Florida, Usa, il 21 marzo 1999.

IL PERCORSO PIÙ VELOCE CON UNA "FUNNY CAR"

Il tempo più rapido per coprire 402 metri con una "funny car" è stato di 4,788 secondi, da parte di John Force (Usa) su una Ford Mustang del '99 a Houston, Texas, Usa, l'11 aprile 1999.

LA VELOCITÀ PIÙ ALTA CON MOTO PRO STOCK

Le moto dragster Pro Stock hanno motore a pistoni alimentato a benzina. Il 31 ottobre 1999, Matt Hines (Usa) con una Suzuki GSX-R del 1995 raggiunse i 308,15 chilometri orari

IL PERCORSO PIÙ VELOCE CON MOTO PRO STOCK

Il 19 maggio 2000, Matt Hines (Usa) completò la corsa di 402 metri in 7,138 secondi con la sua Suzuki GSX-R del 1995, a Englishtown, New Jersey, Usa.

IL DRAGSTER NHRA PIÙ VELOCE

La più alta velocità raggiunta da un dragster NHRA (National Hot Rod Association) è di 526,11 chilometri orari, per opera di Tony Schumacher (Usa), il 22 ottobre 1999.

IL PERCORSO PIÙ VELOCE CON UN DRAGSTER TOP-FUEL

Il miglior tempo di un dragster top-fuel è di 4,48 secondi, fatto segnare da Gary Scelzi (Usa), a Houston, Texas, Stati Uniti, il 31 ottobre 1999.

www.guinnessworldrecords.com/formula1

VITTORIE IN UN ANNO

Il tedesco Michael Schumacher (a destra) e il britannico Nigel Mansell si sono affermati in nove Gran Premi nei campionati, rispettivamente, del 1995 e 2000, e del 1995. Mansell lasciò la Formula 1 per la Indy nel 1993, vincendo al suo debutto il titolo IndyCar.

La carriera di Schumacher iniziò all'età di quattro anni con la scoperta dei go-kart. Giunto secondo ai mondiali juniores a 16 anni, divenne campione europeo due anni dopo. Dopo aver corso per 15 anni sui go-kart, passò alle automobili e nel 1990 entrò a far parte della squadra sportiva della Mercedes-Benz, vincendo il campionato tedesco di Formula 3. Il suo debutto in Formula 1 è del 1991, nel Gran Premio del Belgio a bordo di una Jordan, e il resto è cronaca attuale.

ACCESS CODE: <44850>

GUINNESS WORLD RECORDS

sport su due ruote

IL MAGGIOR NUMERO DI VITTORIE AL GIRO D'ITALIA

Tre corridori hanno vinto cinque volte il Giro d'Italia: Alfredo Binda (1925, 1927-29 e 1933); Fausto Coppi (1940, 1947, 1949, 1952 e 1953); e il belga Eddy Merckx (1968, 1970 e 1972-74).

IL MAGGIOR NUMERO DI VITTORIE AL GIRO DI SPAGNA

Lo svizzero Tony Rominger ottenne tre vittorie al Giro di Spagna nel 1992, 1993 e 1994.

LA MAGGIOR DISTANZA COPERTA IN 24 ORE

Il primato in 24 ore con battistrada è di 1958,2 chilometri, realizzato da Michael Secrest sul circuito internazionale di Phoenix, Arizona, Usa, il 26-27 aprile 1990.

IL MAGGIOR NUMERO DI TITOLI MONDIALI FEMMINILI

Jeannie Longo (Francia) ha vinto 12 titoli mondiali dal 1985 al 1997. In questo periodo conquistò cinque titoli di ciclismo su strada (record femminile assoluto), di cui quattro consecutivi dal 1985 al 1989. I restanti titoli riguardavano specialità a cronometro, a punti e di inseguimento.

IL PIÙ GRANDE RADUNO DI CICLISTI

Il maggior numero di partecipanti a un evento ciclistico è stato di 48615 persone, in occasione della manifestazione Udine Pedala 2000, organizzata da Rolo Banca 1473 a Udine, nei pressi del confine con la Slovenia, l'11 giugno 2000. I ciclisti completarono un percorso di 29,3 chilometri intorno a Udine.

LA TRAVERSATA DELL'AMERICA PIÙ VELOCE

Dal 22 al 30 luglio 1998, Ricardo Arap e Alexandre Ribeiro (Brasile) attraversarono l'America in bicicletta alternandosi ai pedali e percorrendo 4828 chilometri in 7 giorni, 9 ore e 56 minuti, alla media di 28,6 chilometri orari.

RECORD DELL'ORA

Il record ufficiale UCI (Union Cycliste Internationale) sull'ora con partenza da fermo è di 49,441 chilometri orari, stabilito da Chris Boardman (GB) a Manchester, GB, il 27 ottobre 2000.

Il record ufficiale femminile è di 45,094 chilometri orari, stabilito da Jeanie Longo (Francia) a Città del Messico, Messico, il 7 dicembre 2000. La Longo ha inoltre vinto la medaglia d'oro nella gara su strada alle Olimpiadi del 1996.

TITOLI MONDIALI DI SUPERBIKE

Il maggior numero di titoli vinti ai mondiali di superbike è quattro, da parte di Carl Fogarty (GB, sopra). Soprannominato "Re Leone", Fogarty esordì nelle competizioni nel 1983 e ottenne il suo primo successo nel 1985, vincendo il Manx 250GP. Correndo per la Ducati, vinse il suo primo campionato mondiale di superbike nel 1994, ripetendo l'impresa l'anno seguente. Lasciata la Ducati per passare alla Honda nel 1996, riuscì ad arrivare solo quarto nella classifica del campionato. Fogarty è ritornato alla Ducati nel 1997, finendo secondo in quella stagione, per poi vincere il titolo per due anni consecutivi nel 1998 e nel 1999.

www.guinnessworldrecords.com/superbike
ACCESS CODE: ‹52800›

IL MAGGIOR NUMERO DI TITOLI MONDIALI

Il maggior numero di vittorie nella stessa specialità è stato conseguito dal giapponese Koichi Nakano, con 10 titoli nella velocità professionisti dal 1977 al 1986.

IL MAGGIOR NUMERO DI TITOLI MONDIALI DI SPEEDWAY

Hans Hollen Nielsen (Danimarca) è stato il miglior pilota nelle gare del campionato del mondo con otto vittorie in coppia, nove di squadra e quattro individuali, per un totale record di 21 titoli mondiali.

IL MAGGIOR NUMERO DI TITOLI MONDIALI INDIVIDUALI DI SPEEDWAY

Ivan Mauger (Nuova Zelanda) vinse sei titoli ai campionati mondiali nel 1968-70, 1972, 1977 e 1979.

IL MAGGIOR NUMERO DI PRESENZE ALLE FINALI

Barry Briggs (Nuova Zelanda) partecipò alle finali 18 volte, tra il 1954 e il 1972. Vinse il titolo mondiale nel 1957, 1958, 1964 e 1966.

IL MAGGIOR NUMERO DI PUNTI AI CAMPIONATI MONDIALI

Barry Briggs (Nuova Zelanda) totalizzò il punteggio record di 201 punti in 87 gare di campionato mondiale tra il 1954 e il 1972.

IL MAGGIOR NUMERO DI TITOLI MONDIALI NEL TRIAL

Lo spagnolo Jordi Tarrés ha vinto sette campionati mondiali, nel 1987, 1989-91 e 1993-95.

RECORD DEL TOUR DE FRANCE

La velocità media più alta per tutto il Tour de France è stata di 40,276 chilometri, raggiunta da Lance Armstrong (Usa, a sinistra) nel 1999.

Il Tour de France è stato vinto cinque volte dal francese Jacques Anquetil (1957 e 1961–64), dal belga Eddy Merckx (1969–72 e 1974), dal francese Bernard Hinault (1978–79, 1981–82 e 1985) e dallo spagnolo Miguel Induráin (1991–95).

L'edizione più combattuta è stata quella del 1989. Dopo 3267 chilometri e 23 giorni di gara (1-23 luglio), Greg LeMond (Usa) completò il Tour in 87 ore, 38 minuti e 35 secondi, precedendo Laurent Fignon (Francia) a Parigi di soli 8 secondi.

www.guinnessworldrecords.com/tourdefrance
ACCESS CODE: ‹45315›

LA CASA MOTOCICLISTICA PIÙ VITTORIOSA NELLE SUPERBIKE

Il record di vittorie nelle gare di superbike spetta alla Ducati, con 161 successi fra il 1989 e il 1999. La Ducati detiene anche il primato di otto titoli mondiali di superbike vinti dal 1991 al 1996 e dal 1998 al 2000.

TITOLI MONDIALI A COPPIE DI SPEEDWAY

I campionati mondiali a coppie si tennero ufficiosamente nel 1968 e divennero ufficiali nel 1970. Diventati World Team Championships nel 1994, sono stati vinti nove volte dalla Danimarca, nel 1979, 1985-91 e 1995.

TITOLI MONDIALI DI MOTOCICLISMO CLASSE 125 CC

Il maggior numero di titoli mondiali vinti nella classe 125 cc è sette, da parte di Angel Roldán Nieto (Spagna) nel 1971, 1972, 1979 e 1981-84.

TITOLI MONDIALI NEL SIDECAR

Rolf Biland (Svizzera) ha vinto sette titoli mondiali nel sidecar, nel 1978, 1979, 1981, 1983 e 1992-94. Nel 1980 e nel 1982 si classificò secondo.

IL MAGGIOR NUMERO DI VITTORIE IN UNA SINGOLA CATEGORIA

Il maggior numero di vittorie ai campionati mondiali in una singola categoria è 79, conquistate da Rolf Biland (Svizzera) nel sidecar.

IL MAGGIOR NUMERO DI TITOLI MONDIALI NEL MOTOCICLISMO

L'italiano Giacomo Agostini ha vinto il numero tuttora insuperato di 15 titoli mondiali di motociclismo: sette volte consecutive quello delle 350, dal 1968 al 1974, e otto volte quello delle 500, dal 1966 al 1972 e nel 1975.

TITOLI NAZIONALI NEL SIDECAR

Milcho Georgiev Mladenov (Bulgaria) ha vinto 16 titoli nazionali bulgari consecutivi nel sidecar classe 500 cc, tra il 1981 e il 1999.

IL MAGGIOR NUMERO DI CORSE VINTE NEL MOTOCICLISMO

Dal 24 aprile 1965 al 25 settembre 1977, Giacomo Agostini vinse 122 corse valevoli per il campionato mondiale (68 nella classe 500 cc e 54 nella classe 350 cc).

TITOLI MONDIALI NELLE 250 CC

Phil Read (GB) vinse quattro titoli mondiali nelle 250 cc, nel 1964, 1965, 1968 e 1971.

www.guinnessworldrecords.com/poleposition

SUPERBIKE IN POLE POSITION

Il record mondiale per il maggior numero di pole position nella categoria superbike è 25, ottenute daTroy Corser (Australia, a destra) fra il 1996 e il marzo 2001. Nel 1996, Corser vinse il campionato mondiale di superbike diventando, a 24 anni, il più giovane vincitore del titolo di tutti i tempi. Da allora si è sempre piazzato al terzo posto.

ACCESS CODE: ‹52808›

sport estremi 1

LA PIÙ LUNGA DISCESA A CORDA DOPPIA

Il 2 novembre 1993, quattro Royal Marines (GB) stabilirono il record di discesa in corda doppia con 1105,5 metri, calandosi nella miniera di Boulby Potash, Cleveland, GB.

LA PIÙ LUNGA DISCESA DA UN PALAZZO

Il record di discesa da un palazzo è di 446,5 metri, effettuato da due squadre di 12 membri dei Royal Marines e della Scuola di salvataggio canadese. Tutti e 24 raggiunsero il suolo calandosi dallo Space Deck della CN Tower, Toronto, Ontario, Canada, il 1° luglio 1992.

LA PIÙ LUNGA DISCESA SCIVOLANDO SU UNA CORDA

La più grande distanza percorsa scivolando su una corda è di 1746 metri, per opera del caporale Peter Baldwin (GB) dei Royal Marines e da Stu Leggett (Canada) del corpo di addestramento della Scuola di salvataggio canadese. Partiti dalla cima del monte Gibilterra ad Alberta, Canada, il 31 agosto 1994, raggiunsero il fondo della vallata sottostante toccando velocità superiori ai 160 chilometri orari.

LA TRAVERSATA TIROLESE PIÙ LUNGA

La più lunga traversata tirolese del mondo (cioè il superamento di una spaccatura tra due montagne tramite una corda tesa) misura 953 metri e attraversa il fiume Elbe fra Belveder e Dolni Zleb, Repubblica Ceca. Messa in opera dal servizio di emergenza speleologico ceco, è stata completata da Zdenek Kadlec (Repubblica Ceca, a sinistra) a forza di braccia, con il sostegno di un'imbragatura, in 59 minuti e 6 secondi, il 3 luglio 1998. Il record precedente era stato stabilito un anno prima nella stessa zona dalla controparte slovacca.

www.guinnessworldrecords.com/tyrolrope
ACCESS CODE: ‹44786›

IL FREE CLIMBER PIÙ VELOCE

USA

Il 29 maggio 1997, Dan Osman (Usa) scalò i 120 metri della facciata del Lover's Leap presso il lago Tahoe, California, Usa, in 5 minuti e 52 secondi, senza corde né imbragature.

IL SALTO PIÙ ALTO APPESO A UNA CORDA

USA

Il 12 ottobre 1998, Dan Osman (Usa) saltò nel vuoto per 305 metri appeso a una corda dalla formazione rocciosa Leaning Tower del Yosemite National Park, California, Usa. Dan volò in caduta libera per centinaia di metri prima che una corda legata a un'imbragatura ne fermasse la discesa. Meno di tre settimane più tardi, perse la vita in un altro salto nello stesso luogo.

LA SCALATA PIÙ LUNGA CON VENTOSE

Il 25 maggio 1981, Daniel Goodwin (Usa) salì per 443 metri all'esterno del grattacielo Sears Tower di Chicago, Illinois, Usa, in stile "mosca umana", utilizzando un sistema di ventose e ganci metallici.

LO SCIATORE SU ERBA PIÙ VELOCE

Il primato di velocità su erba è di 92,07 km orari, stabilito da Klaus Spinka (Austria) il 24 settembre 1989 a Waldsassen, Germania.

RECORD DI VELOCITÀ A VELA SULLA TERRAFERMA

La velocità più elevata raggiunta da uno yacht sulla terraferma è di 187,8 chilometri orari, record stabilito da Bob Schumacher (Usa) con l'*Iron Duck* (progettato e costruito da Bob Dill) sul lago salato Ivanpah, Prim, Nevada, Usa, il 20 marzo 1999.

IL SALTO PIÙ ALTO DA UN'HALFPIPE CON PATTINI IN LINEA

FR

Il 6 dicembre 2000, Taïg Khris (Francia) effettuò un salto in alto di 3,1 metri da un'halfpipe.

RECORD DI CAPRIOLE ALL'INDIETRO CON PATTINI IN LINEA

USA

Il 20 gennaio 2001 Jason Stinsmen (Usa) ha effettuato una doppia capriola all'indietro con i pattini in linea utilizzando una rampa al Van Nuys Airport, California, Usa.

L'"AIR" PIÙ ALTO CON SKATEBOARD

Il 3 agosto 1998, Danny Way (Usa) effettuò un "method air" di cinque metri da un'halfpipe a Brown Field, San Diego, California, Usa. Un "method air" consiste nell'afferrare

LA GIRAVOLTA AEREA PIÙ LUNGA CON LO SKATEBOARD

Nel corso degli X-Games del 1999 a San Francisco, California, Usa, Tony Hawk (Usa, a sinistra) ha eseguito per la prima volta una rotazione aerea di 900 gradi con lo skateboard partendo da un'halfpipe. Il "900" prevede due rotazioni e mezzo in aria e Hawk è l'unico ad averlo eseguito durante una competizione. Da piccolo Tony Hawk non sembrava destinato a diventare un atleta, ma la passione per lo skateboard lo ha portato a superare i problemi causati dal suo esile fisico, fino al passaggio al professionismo all'età di 14 anni. Hawk è uno dei pochi skateboarders ad aver raggiunto lo status di superstar, sponsorizzando oggetti e giochi per computer con il suo nome. La sua autobiografia, intitolata *Hawk: Occupation Skateboarder*, è stata pubblicata nell'agosto 2000.

www.guinnessworldrecords.com/spinboard
ACCESS CODE: ‹52726›

www.guinnessworldrecords.com/flipboard

ACCESS CODE: ‹54689›

CAPRIOLA ALL'INDIETRO CON SANDBOARD

Il 20 maggio 2000, Josh Tenge (Usa, a destra), superò con un salto mortale all'indietro la distanza di 13,6 metri, nel corso dell'X-West Huck Fest, Sand Mountain, Nevada, Usa. Il sandboarding deriva dal surf e risale agli anni Quaranta. Le tavole hanno un fondo in laminato di termoplastica (Formica™) che, quando sciolinato, consente di raggiungere velocità di oltre 80 chilometri orari.

la tavola con la mano davanti, con entrambe le ginocchia piegate, e tirarla dietro il corpo. Con un'halfpipe, il corpo può trovarsi parallelo al terreno.

IL DROP PIÙ ALTO CON SKATEBOARD DA UN QUARTER PIPE

USA

Il 21 gennaio 2001, Jason Ellis (Australia) effettuò un drop di 8,53 metri da un quarter pipe al Van Nuys Airport, California, Usa.

IL SALTO PIÙ LUNGO CON SKATEBOARD

USA

Brian Patch di Westminster, California, Usa, effettuò un salto in lungo di 17,06 metri con lo skateboard al Van Nuys Airport, California, il 21 gennaio 2001, per il Guinness World Records.

VELOCITÀ CON SKATEBOARD

La massima velocità con l'atleta in posizione distesa è di 126,12 chilometri orari, raggiunta da Roger Hickey (Usa) a Los Angeles, California, Usa, il 15 marzo 1990.

La velocità massima in posizione eretta è di 100,66 chilometri orari, raggiunta da Gary Hardwick (Usa) a Fountain Hills, Arizona, Usa, il 26 settembre 1998.

VELOCITÀ CON SANDBOARD

Erik Johnson (Usa) raggiunse la velocità di 82 chilometri orari al Sand Master Jam di Dumont Dunes, California, Usa, il 12 aprile 1999.

La primatista femminile Nancy Sutton (Usa) raggiunse i 71,94 chilometri orari a Sand Mountain, Nevada, Usa, il 19 settembre 1998.

CAMPIONATI DEL MONDO DI DISCESA IN MOUNTAIN BIKE

Il record maschile per il maggior numero di titoli mondiali di discesa libera è sette, vinti da Nicolas Vouilloz (Francia): tre volte nella classe junior, dal 1992 al 1994, e quattro volte in quella senior, dal 1995 al 1998. Il record femminile per i titoli mondiali di discesa libera è cinque, stabilito da Anne-Caroline Chausson (Francia), che ha vinto i campionati due volte nella classe junior nel 1994 e nel 1995 e tre in quella senior dal 1996 al 1998.

IL SALTO PIÙ ALTO CON UNA MOTOCICLETTA

Il 18 agosto 2000, Tommy Clowers (Usa) raggiunse l'altezza record di 10,67 metri alla manifestazione X Games Motocross Step-Up. Essenzialmente un "salto in alto" con la moto, questa specialità prevede che i piloti riescano a superare un'asta prendendo la rincorsa da una ripida rampa. Il record di Clowers equivale a un salto sul tetto di una casa di due piani.

IL SALTO PIÙ LUNGO DA UNA RAMPA CON UNA BMX

USA

Il pilota e stuntman professionista Colin Winkelmann (Usa) ha effettuato un salto in bicicletta di 35,63 metri da una rampa, presso Agoura Hills, California, Usa, il 20 dicembre 2000. La sua BMX era stata trainata da una motocicletta a una velocità di quasi 100 chilometri orari, per poi essere sganciato appena prima della rampa.

SALTO MORTALE ALL'INDIETRO CON MONOPATTINO

USA

Al Van Nuys Airport, California, Usa, il 21 gennaio 2001, Jarret Reid (Usa) effettuò un salto mortale all'indietro partendo da una rampa all'altezza di 5,5 metri e atterrando con entrambi i piedi sul monopattino.

sport estremi 2

LO SKISURFER PIÙ RAPIDO NELLA FIGURA DELL'ELICOTTERO
UK

Il record per il maggior numero di "spin a elicottero" (rotazioni a testa in giù con la tavola ai piedi) è di 64 in 20 secondi, stabilito da Chris Gauge (GB) sopra l'aerodromo di Sierra Morena, Spagna, il 31 marzo 1999.

LA PIÙ LUNGA DISTANZA CON UN KITESURFER
Tre surfisti della casa produttrice di kite Flexifoil International hanno attraversato la Manica su tavole da kitesurf, con aquiloni da trazione a due cavi di 4,9 metri quadrati. Il 17 settembre 1999, Chris Calthrop e Andy Preston (GB) completarono i 42,9 chilometri (23,2 miglia nautiche) che separano Hythe, Kent, GB, da Wissant, Francia, in 2 ore e 30 minuti, mentre Jason Furness (GB) arrivò mezz'ora più tardi.

LA DISCESA IN PARACADUTE DI MAGGIOR DURATA
A causa di correnti termiche, William Rankin impiegò 40 minuti per toccare il suolo in Carolina del Nord, Usa, il 26 luglio 1956.

IL LANCIO PIÙ LUNGO IN CADUTA LIBERA
USA

Joseph Kittinger volò in caduta libera per 25,8 chilometri da una mongolfiera a 31 chilometri di quota sopra Tularosa, Nuovo Messico, Usa, il 16 agosto 1960. La massima velocità raggiunta nell'aria rarefatta fu di 1006 chilometri orari a 27 000 metri di quota. La caduta, prima dell'apertura automatica del paracadute, durò 4 minuti e 37 secondi.

IL MAGGIOR NUMERO DI LANCI CON IL PARACADUTE IN 24 ORE
Il maggior numero di lanci in 24 ore, secondo le norme USPA (United States Parachute Association), è 476, compiuti da Jay Stokes (sotto continuo controllo medico) a Yuma, Arizona, Usa, dal 12 al 13 novembre 1999.

IL SALTO PIÙ ALTO DA UNA PIATTAFORMA
Glenn Singleman e Nicholas Feteris (entrambi australiani) saltarono da una piattaforma alta 5880 metri dalla Torre Gran Trango, Pakistan, il 26 agosto 1992.

IL BUNGEE JUMP PIÙ LUNGO
Il 19 settembre 1997, lo stuntman tedesco Jochen Schweizer effettuò un bungee jump saltando da un elicottero SA 365 Dauphine per una distanza totale di 1012 metri. Schweizer saltò da 2500 metri di quota sopra Reichelsheim, Germania, quindi tagliò la corda, proseguendo in caduta libera, poi completò la discesa in paracadute atterrando nei pressi di Francoforte.

GIRO DEL MONDO IN DELTAPLANO A MOTORE
Colin Bodill (GB, sopra) ha circumnavigato il globo con un deltaplano a motore Mainair Blade 912 Flexwing in 99 giorni, dal 31 maggio al 6 settembre 2000, con partenza e arrivo al campo di volo di Brooklands, Weybridge, GB. Colin viaggiò per circa 35 000 chilometri, sorvolando più di 30 paesi. Nel 1997 aveva vinto la medaglia d'oro nella categoria deltaplani a motore ai primi Giochi aerei mondiali svoltisi in Turchia.

La maggior altitudine raggiunta con un deltaplano a motore è di 9720 metri, record stabilito da Serge Zin (Francia) a Saint Auban, Francia, il 18 settembre 1994.

www.guinnessworldrecords.com/microlight
ACCESS CODE: ‹52011›

IL PIÙ ALTO BUNGEE JUMP APERTO AL PUBBLICO
Il più alto bungee jump a pagamento del mondo è quello di 216 metri di altezza a Bloukrans River Bridge, Sudafrica. I saltatori saltano nel vuoto per cinque secondi prima che la corda cominci a rallentarne la caduta. Tuttavia, il salto prosegue per ulteriori quattro secondi, portando la lunghezza totale del salto fra i 160 e i 180 metri.

LA PIÙ LUNGA DISCESA DI UNA CASCATA IN CANOA
USA

La più lunga discesa di una cascata a bordo di una canoa è stata di 30 metri, per opera di Tao Berman (Usa) alle cascate dell'Upper Johnstone Canyon nel Banff National Park, Alberta, Canada, il 23 agosto 1999.

IL SALTO PIÙ LUNGO CON SCI D'ACQUA
Il record ufficiale di sci nautico è di 70,9 metri, per un salto compiuto da Jimmy Siemers (Usa) alla rassegna Tri-Lakes Late Bloomer a Zachary, Louisiana, Usa, il 22 ottobre 2000.

Il record femminile è di 52,7 metri, stabilito da Toni Neville (Australia) agli US Open di Sacramento, California, Usa, il 25 giugno 2000.

IL SALTO PIÙ LUNGO CON SCI D'ACQUA A PIEDI NUDI
Il record mondiale di salto a piedi nudi è di 25,8 metri, stabilito da Jon Kretchman (Usa) negli Stati Uniti nell'agosto 1998.

I TUFFI PIÙ VERTIGINOSI
I tuffi più alti regolarmente eseguiti sono quelli dei tuffatori professionisti di La Quebrada, Acapulco, Messico, di età compresa fra i 12 e i 50 anni. Dal 1934, gli atleti si tuffano a testa in giù da un'altezza record di 35 metri nell'acqua profonda solo pochi metri. La Quebrada (a sinistra) è una formazione rocciosa con un largo crepaccio (formato artificialmente spaccando la roccia con la dinamite) e il suo nome significa "la spaccatura nella roccia". Il salto equivale a un lancio da un palazzo di 10 piani in caduta libera, se non che i tuffatori devono anche allontanarsi di una decina di metri dalla scogliera per evitarne la base rocciosa e calcolare i tempi del flusso e deflusso dell'acqua nel canale.

www.guinnessworldrecords.com/divers
ACCESS CODE: ‹48667›

www.guinnessworldrecords.com/surf

ACCESS CODE: ‹44355›

CAMPIONI DI SURF

Il titolo femminile di surf (istituito nel 1979) è stato vinto quattro volte da Frieda Zamba (Usa) nel 1984-86 e 1988; da Wendy Botha (Australia) nel 1987, 1989, 1991 e 1992; e da Lisa Andersen ((Australia, sotto) nel 1994-97. La Andersen, ritiratasi nel 1998 per problemi cronici alla schiena, è ritornata a gareggiare a livello professionistico alla fine del 1999, finendo quarta nella stagione 2000. Per la combinazione di talento e fascino, le si attribuisce il merito di aver favorito la diffusione di questo sport fra le donne.

I campionati mondiali per professionisti, istituiti nel 1975, sono stati vinti sei volte da Kelly Slater (Usa), nel 1992 e dal 1994 al 1998.

IL VOLO PIÙ LUNGO CON SCI D'ACQUA

Il record ufficiale di ski flying (una forma estrema di salto con gli sci d'acqua) è di 91,1 metri, stabilito da Jaret Llewellyn (Canada) al Big Air Challenge a Orlando, Florida, Usa, il 14 maggio 2000.

Il record di ski flying femminile è di 66,6 metri, ottenuto da Toni Neville e Emma Sheer (Australia) all'America's Cup di West Palm Beach, Florida, Usa, nel settembre 2000.

IL MAGGIOR NUMERO DI INVERSIONI SU WAKEBOARD IN UN MINUTO

Il 30 agosto 1999, Julz Heany effettuò 15 inversioni (salti mortali) in un minuto su un wakeboard di 125 centimetri per 40. Nel wakeboarding si viene trainati da un motoscafo con entrambi i piedi su una piccola tavola che permette di effettuare evoluzioni con grande libertà.

LA VELOCITÀ PIÙ ELEVATA NELLO SCI NAUTICO

Il primato di velocità nello sci nautico è 230,26 chilometri orari, stabilito da Christopher Michael Massey, Australia, sul fiume Hawkesbury, Windsor, Australia, il 6 marzo 1983.

Il primato femminile è 178,8 chilometri orari orari, stabilito da Donna Patterson Brice a Long Beach, California, il 21 agosto 1977.

IL MAGGIOR NUMERO DI VITTORIE NEL BODYBOARD

Mike Stewart ha vinto nove campionati del mondo, otto titoli nazionali e 21 campionati pipeline.

sport invernali 1

LA DISCESA PIÙ VELOCE DI UNA PISTA DA BOB CON UNO SNOWBOARD

Reto Lamm (Svizzera) scese con uno snowboard da una pista di bob alla velocità record di 80 chilometri orari nel novembre 1998.

VITTORIE CON LO SNOWBOARD IN COPPA DEL MONDO

La francese Karine Ruby ha vinto tre campionati (inclusi i titoli olimpici): lo slalom gigante nel 1996, il titolo olimpico nel 1998 e lo snowboard cross nel 1997.

IL MAGGIOR DISLIVELLO SUPERATO SU SNOWBOARD

Il 20 aprile 1998, Tammy McMinn percorse con lo snowboard la pista di Atlin, Columbia Britannica, Canada, per 101 volte, superando in totale un dislivello verticale di 93124 chilometri.

VITTORIE US OPEN CON LO SNOWBOARD

Il maggior numero di vittorie nell'halfpipe agli US Open appartiene a Terje Haakonsen (Norvegia), che vinse la competizione nel 1992, 1993 e 1995.

I SALTI PIÙ LUNGHI CON GLI SCI

Il salto con gli sci più lungo in gara è stato di 225 metri, compiuto da Andreas Goldberger (Austria) a Planica, Slovenia, il 18 marzo 2000. Il giorno prima, il suo precedente record era stato battuto dal diciottenne austriaco Thomas Hoerl. Goldberger riconquistò il record il giorno dopo, ma ammise che durante la prova il vento aveva giocato a suo favore. Goldberger ha inoltre vinto la Coppa del Mondo tre volte: nel 1993, 1995 e 1996.

Il primato femminile è di 112 metri, stabilito il 7 gennaio 1994 a Bischofshofen, Austria, dall'austriaca Eva Ganster, che iniziò a sciare a livello agonistico all'età di 10 anni.

www.guinnessworldrecords.com/goldberger
ACCESS CODE: ‹44485›

LO SNOWBOARDER PIÙ VELOCE

La velocità più alta di uno snowboard ufficialmente cronometrata è di 201,907 chilometri orari, raggiunta da Darren Powell (Australia) a Les Arcs, Francia, il 2 maggio 1999.

RECORD DI MEDAGLIE D'ORO OLIMPICHE NEL BIATHLON

Nel biathlon (tiro al bersaglio e sci di fondo) il maggior numero di titoli individuali è due, vinti da Magnar Solberg (Norvegia) nel 1968 e 1972, e da Frank-Peter Rötsch (DDR) nel 1988 nei 10 e nei 20 km. Aleksandr Tikhonov (Urss) vinse quattro medaglie d'oro nella staffetta tra il 1968 e il 1980 e una medaglia d'argento nella 20 km nel 1968.

Anfissa Restzova (Russia) e Myriam Bédard (Canada) condividono il record di due ori olimpici nel biathlon femminile. La Restzova si aggiudicò la gara dei 7,5 km nel 1992 e la staffetta 4 x 7,5 km nel 1994; la Bédard conquistò l'oro nei 7,5 km e nei 15 km nel 1994.

TITOLI MONDIALI DI BIATHLON

Frank Ullrich (DDR) vinse sei titoli mondiali individuali nel biathlon, con quattro vittorie nella 10 km, dal 1978 al 1981, incluse le Olimpiadi del 1980, e due vittorie nella 20 km, nel 1982 e 1983.

LA MAGGIORE DISTANZA PERCORSA CON GLI SCI DA FONDO IN 24 ORE

Seppo-Juhani Savolainen (Finlandia) fra l'8 e il 9 aprile 1988 a Saariselkä, Finlandia, percorse con gli sci di fondo 415,5 chilometri in 24 ore.

Il record femminile di fondo in 24 ore è di 333 chilometri, percorsi da Kamila Horakova (Repubblica Ceca) fra il 12 e il 13 aprile 2000 presso il Canmore Nordic Centre di Alberta, Canada.

IL MAGGIOR NUMERO DI TITOLI DI SCI NORDICO

Il maggior numero di titoli mondiali vinti da uno sciatore (Olimpiadi comprese) è 17, da parte del norvegese Bjørn Dæhlie, vincitore di 12 titoli individuali e cinque staffette fra il 1991 e il 1998. Dæhlie conquistò un totale di 29 medaglie tra il 1991 e il 1999.

Il primato di titoli femminili spetta alla sovietica Yelena Välbe, che si affermò 17 volte (10 individuali e sette nella staffetta) dal 1989 al 1998. Con ulteriori sette medaglie d'argento e di bronzo, Yelena detiene anche il primato per il maggior numero di medaglie vinte da una donna nello sci nordico (24).

WINTER X GAMES

I Winter X Games sono stati lanciati dalla ESPN nel 1997 e comprendono: arrampicata su ghiaccio, mountain bike sulla neve, skiboarding, free skiing, snowboard e snowcross. Shaun Palmer (Usa, a sinistra) ha conquistato il numero record di tre medaglie d'oro nella Boarder X (una gara fra quattro concorrenti su una pista in discesa) ai giochi invernali ESPN X del 1997, 1998 e 1999. Shaun iniziò a praticare lo snowboard a 14 anni, diventando professionista tre anni dopo.

Il maggior numero di medaglie vinte da una donna nello snowboard agli X Games è sei, da parte di Barrett Christy (Usa). Ai Winter X Games del 1999 la Christy vinse la medaglia d'oro nel Big Air e quella d'argento nello Slopestyle.

www.guinnessworldrecords.com/palmer
ACCESS CODE: ‹52658›

VITTORIE IN COPPA DEL MONDO

Il primato per le singole gare spetta a Ingemar Stenmark (Svezia), che dal 1974 al 1989 vinse 86 prove (46 slalom giganti e 40 slalom) su 287 gare. Il primato include un record di 13 vittorie in un'unica stagione (1978-79). Dieci di queste facevano parte di una serie di 14 vittorie consecutive nel gigante dal 18 marzo 1978, il giorno del suo 22° compleanno, al 21 gennaio 1980.

In campo femminile Annemarie Moser (Austria) ha conquistato 62 vittorie tra il 1970 e il 1979. Dal 1972 al 1974 vinse per 11 volte consecutive la discesa libera.

TITOLI MONDIALI NELLA DISCESA LIBERA

Franz Klammer (Austria) si aggiudicò 25 gare di discesa libera dal 1974 al 1984.

TITOLI DI COPPA DEL MONDO DI FREESTYLE

La svizzera Connie Kissling ha conseguito 10 vittorie in Coppa del Mondo, dal 1983 al 1992.

Il primato maschile per il maggior numero di vittorie in Coppa del Mondo è costituito dai cinque successi del francese Eric Laboureix nel 1986-88 e 1990-91.

TITOLI MONDIALI DI FREESTYLE

Il primo campionato mondiale di freestyle ebbe luogo a Tignes, Francia, nel 1986, con medaglie assegnate nelle specialità acro, gobbe, salti e combinata. Il francese Edgar Grospiron ha vinto tre titoli ai campionati mondiali nel 1989, 1991 e 1995, oltre a una medaglia d'oro alle Olimpiadi del 1992.

Il maggior numero di titoli mondiali femminili è tre, vinti da Candice Gilg (Francia) nella specialità gobbe nel 1993, 1995 e 1997.

LA PIÙ ALTA VELOCITÀ NELLO SCI OLIMPICO

Il record olimpico per la massima velocità in discesa libera è di 107,24 chilometri orari, raggiunti dal francese Jean-Luc Cretier alle Olimpiadi invernali di Nagano, Giappone, il 13 febbraio 1998.

LA PIÙ ALTA VELOCITÀ NELLO SCI

La massima velocità ufficialmente cronometrata mai raggiunta da uno sciatore è di 248,105 chilometri orari: record stabilito da Harry Egger (Austria) a Les Arcs, Francia, il 2 maggio 1999.

Il record del mondo femminile è detenuto da Karine Dubouchet (Francia), che raggiunse la velocità di 234,528 chilometri orari a Les Arcs, Francia, il 2 maggio 1999.

COPPA DELLE NAZIONI

La Coppa delle Nazioni, assegnata in base ai migliori risultati maschili e femminili di Coppa del Mondo, è stata vinta 22 volte dall'Austria, nel 1969, dal 1973 al 1980, nel 1982 e dal 1990 al 2001.

SALTI MORTALI CON GLI SCI IN 10 MINUTI

Il 25 aprile 2000, Tommy Waltner (Usa) effettuò 23 salti mortali in avanti in 10 minuti, in occasione di una manifestazione sull'Aspen Mountain, Colorado, Usa, allo scopo di raccogliere fondi per la campagna promossa dallo stesso Waltner "Loops for Lupus" (una malattia del sistema immunitario), mirata a diffondere la conoscenza di questa malattia. Waltner ha stabilito questo record all'età di 50 anni.

www.guinnessworldrecords.com/ruby

ACCESS CODE: ‹55454›

TITOLI MONDIALI DI SNOWBOARD

Lo snowboard è diventato una disciplina olimpica nel 1998 e fa parte della Fédération Internationale du Ski. Una serie di Coppa del Mondo iniziò nel 1995, mentre i campionati mondiali furono inaugurati l'anno seguente. La francese Karine Ruby (sotto) ha vinto 11 titoli di Coppa del Mondo: assoluto dal 1996 al 1998 e nel 2001, slalom dal 1996 al 1998, slalom gigante dal 1995 al 2001 e snowboard cross dal 1997 al 2001.

Il maggior numero di titoli di Coppa del Mondo vinti da un uomo è cinque, conquistati da Mathieu Bozzetto (Francia): assoluto dal 1999 al 2000 e slalom e slalom parallelo dal 1999 al 2001.

sport invernali 2

LA VELOCITÀ PIÙ ELEVATA NELLO SLITTINO

La velocità più elevata è stata di 137,4 chilometri orari, raggiunta il 1º maggio 1982 dal norvegese Asle Strand a Tandadalens Linbana, Sälen, Svezia.

TITOLI MONDIALI NEL BOB A QUATTRO

Il titolo mondiale di bob a quattro è stato vinto 20 volte dalla Svizzera (1924, 1936, 1939, 1947, 1954–57, 1971–73, 1975, 1982–83, 1986–90 e 1993), comprese cinque vittorie olimpiche (1924, 1936, 1956, 1972 e 1988).

TITOLI MONDIALI NEL BOB A DUE

La Svizzera si è aggiudicata per 17 volte il titolo del bob a due (1935, 1947–50, 1953, 1955, 1977–80, 1982–83, 1987, 1990, 1992 e 1994), incluse quattro vittorie olimpiche (1948, 1980, 1992 e 1994).

RECORD DI MEDAGLIE D'ORO INDIVIDUALI NEL BOB

Il maggior numero di titoli mondiali individuali nel bob è 11, conquistati da Eugenio Monti (Italia) fra il 1957 e il 1968. Monti ha compiuto questa impresa vincendo otto titoli nel bob a due e tre nel bob a quattro, diventando così lo sportivo di maggior successo nella storia di queste due specialità.

VELOCITÀ IN PISTA CORTA

Il maggior numero di vittorie ai campionati di pattinaggio di velocità su pista corta è stato conquistato da Sylvie Daigle (Canada), nel 1983 e fra il 1988 e il 1990, e da Yang Yang (Cina, sinistra), fra il 1998 e il 2001.

Nei campionati maschili, il record spetta a Marc Gagnon (Canada), che ha vinto dal 1993 al 1994, nel 1996 e nel 1998.

www.guinnessworldrecords.com/daigle

ACCESS CODE: ‹44915›

MEDAGLIE OLIMPICHE INDIVIDUALI NEL BOB

Il maggior numero di medaglie vinte è sette, conquistate da Bogdan Musiol (Germania): una d'oro, cinque d'argento e una di bronzo tra il 1980 e il 1992. Durante la sua carriera di sportivo partecipò a quattro Giochi Olimpici, conquistando sempre almeno una medaglia.

MEDAGLIE D'ORO OLIMPICHE NEL BOB

Meinhard Nehmer e Bernhard Germeshausen (entrambi della Germania orientale) hanno vinto tre medaglie d'oro a testa: nella gara di bob a due nel 1976 e in quelle di bob a quattro nel 1976 e 1980. Dopo il suo ritiro nel 1991, Nehmer è diventato l'allenatore della squadra statunitense di bob.

LA PIÙ VELOCE CRESTA RUN (PERCORSO ABBREVIATO)

La corsa Cresta Run, che si svolge a Saint Moritz, Svizzera, si disputa su una pista di ghiaccio con un dislivello di 157 metri. Questa corsa ha due punti di partenza, al Junction (quando non è possibile percorrere l'intera pista a causa della neve) e al Top (l'intero percorso). Johannes Badrutt (Svizzera) ha stabilito un record dal Junction (890 metri) di 41,02 secondi il 17 gennaio 1999.

LA PIÙ VELOCE CRESTA RUN (PERCORSO INTERO)

Il primato è di 50,09 secondi, alla media di 87,11 chilometri orari, stabilito da James Sunley (GB) il 13 febbraio 1999. J.M. Baguley (GB) è stata l'ultima donna a partecipare a una gara Cresta Run, il 13 gennaio 1925. Le donne furono bandite dalla competizione il 6 gennaio 1929, perché considerata troppo pericolosa.

LA GARA CURLING PIÙ VELOCE

Il curling si gioca tra due squadre di quattro giocatori ognuna. Lo scopo è di spingere una pietra (stone) di 20 chilogrammi su una pista di ghiaccio verso un bersaglio formato da cerchi concentrici. Una squadra ottiene un punto per ogni stone più vicina al centro delle pietre avversarie. Una partita si compone di otto turni, con due tiri per giocatore, per un totale di 16. Le squadre di curling guidate da Hammy McMillan (GB) completarono la partita più veloce, in 6 minuti e 49,90 secondi, nelle 16-ender National Finals a Stirling, Scozia, GB, il 22 dicembre 1999.

TITOLI MONDIALI NEL CURLING

Il Canada ha vinto 26 volte i campionati del mondo maschili nel 1959–64, 1966, 1968–72, 1980, 1982–83, 1985–87, 1989–90, 1993–96, 1998 e 2000.

La squadra femminile canadese ha vinto 12 titoli nel 1980, 1984–87, 1989, 1993–94, 1996–97 and 2000–01.

MEDAGLIE D'ORO OLIMPICHE NEL PATTINAGGIO DI VELOCITÀ

Il primato assoluto appartiene alla sovietica Lidiya Skoblikova, con sei medaglie d'oro, due nel 1960 e quattro nel 1964.

Il primato maschile spetta con cinque medaglie d'oro al finlandese Clas Thunberg, vincitore nel 1924 e nel 1928, e allo statunitense Eric Arthur Heiden, trionfatore a Lake Placid, New York, Usa, nel 1980.

MEDAGLIE OLIMPICHE NEL PATTINAGGIO DI VELOCITÀ

Il maggior numero di medaglie vinte in campo maschile è sette, conquistate dal finlandese Clas Thunberg e dal norvegese Ivar Ballangrud. Thunberg vinse cinque medaglie d'oro, una d'argento e una di bronzo a pari merito nel 1924 e 1928. Ballangrud vinse quattro medaglie d'oro, due d'argento e una di bronzo tra il 1928 e il 1936.

TITOLI MONDIALI NEL PATTINAGGIO DI VELOCITÀ

Gunda Neimann-Stirnemann (Germania) detiene il record per il maggior numero di titoli mondiali nel pattinaggio di velocità femminile con

TITOLI MONDIALI DI SLITTINO

Il maggior numero di titoli mondiali (incluse le Olimpiadi) è sei, vinti dal tedesco Georg Hackl (DDR/Germania, a sinistra) nel monoposto nel 1989, 1990, 1992, 1994, 1997 e 1998. Stefan Krausse e Jan Behrendt (DDR/Germania) hanno vinto sei titoli nel doppio, nel 1989, 1991-93, 1995 e nel 1998.

Il maggior numero di medaglie d'oro alle Olimpiadi vinte da una donna è due. Il record appartiene a Steffi Walter (DDR), che si impose nel 1984 e nel 1988 nello slittino monoposto.

Il maggior numero di campionati mondiali femminili è stato vinto da Margit Schumann (DDR), con cinque titoli dal 1973 al 1975 e nel 1977, oltre a una medaglia d'oro olimpica nel 1977.

www.guinnessworldrecords.com/hackl

ACCESS CODE: ‹45550›

TITOLI MONDIALI NEL PATTINAGGIO DI VELOCITÀ SUL GHIACCIO

Gunda Neimann-Stirnemann (Germania, sopra) ha vinto un totale di otto titoli fra il 1991 e il 1993 e fra il 1995 e il 1999. Molto famosa in patria, è soprannominata la "Regina del Ghiaccio" e ha avuto numerosi riconoscimenti sportivi importanti in Germania, tra cui la nomina di atleta tedesca dell'anno nel 1995.

In campo maschile, cinque titoli mondiali sono stati vinti dai norvegesi Oscar Mathisen, nel 1908, 1909, 1912, 1913 e 1914, e Clas Thunberg nel 1923, 1925, 1928, 1929 e 1931.

www.guinnessworldrecords.com/niemann-stirnemann

ACCESS CODE: ‹44913›

11 successi, nei 1500 metri (1997), nei 3000 metri (1996-1999, 2001) e nei 5000 metri (1997-2001).

Il maggior numero di titoli vinti nel pattinaggio di velocità maschile è sette, conquistati da Gianni Romme (Olanda) nei 5000 metri (1998–2000) e nei 10 000 metri (1996–98 e 2000). Un nuovo tipo di pattini ha contribuito al suo successo.

TITOLI OLIMPICI NEL PATTINAGGIO ARTISTICO

Lo svedese Gillis Grafstrom ha vinto tre medaglie d'oro nel pattinaggio maschile nel 1920, 1924 e 1928; lo stesso risultato è stato ottenuto dalla norvegese Sonja Henie (allenata da Grafstrom) alle Olimpiadi Invernali del 1928, 1932 e 1936; e dalla sovietica Irina Rodnina (nella prova a coppie) nel 1972 con il sovietico Alexei Ulanov e nel 1976 e 1980 con il sovietico Alexandr Zaitsev.

La Rodnina si è ritirata dalle competizioni nel 1980 e adesso allena una squadra in California: dalla sua scuola provenivano i campioni del mondo di pattinaggio artistico del 1995.

LA DISTANZA MAGGIORE PERCORSA CON I PATTINI IN 24 ORE

Dal 12 al 13 dicembre 1988, Martinus Kuiper percorse 546,65 chilometri in 24 ore ad Alkmaar, Olanda.

ROTAZIONI SUL GHIACCIO

Il maggior numero di rotazioni ininterrotte eseguite su un solo piede sul ghiaccio è 60, effettuate da Neil Wilson (GB) presso lo Spectrum Centre di Guildford, Surrey, GB, il 1° luglio 1997.

MEDAGLIE AGLI X-GAMES NELL'ARRAMPICATA SUL GHIACCIO

Kim Csizmazia (Usa) ha vinto il numero record di tre medaglie d'oro agli X Games nell'arrampicata sul ghiaccio, quella per la difficoltà nel 1998 e nel 1999, e quella per la velocità nel 1998.

www.guinnessworldrecords.com/coomber

TITOLI DI SKELETON

Alex Coomber (GB, a destra) detiene il record per il maggior numero di titoli nello skeleton, con due Coppe del Mondo e un campionato mondiale all'attivo. Lo skeleton sarà una specialità olimpica nei Giochi invernali che si terranno a Salt Lake City, Utah, Usa, nel febbraio 2002, dopo un'assenza di 54 anni. Per la prima volta è prevista una gara femminile, che vede Alex Coomber tra le favorite. La Coomber ha difeso con successo il suo titolo di Coppa del Mondo durante la stagione 2000-01, ma non è riuscita a ripetere il successo mondiale del 2000, lasciando il titolo a Maya Pedersen (Svizzera) per soli 7 centesimi di secondo ai campionati del 2001.

Lo skeleton ha avuto origine nella stazione sciistica svizzera di Saint Moritz nell'Ottocento e si distingue per lo stile di corsa con la testa in avanti. Deve il nome alle prime slitte di metallo usate, che a qualcuno ricordavano uno scheletro (*skeleton*, in inglese).

ACCESS CODE: ‹56666›

GUINNESS WORLD RECORDS

sport d'acqua

TITOLI OLIMPICI DI NUOTO

Il maggior numero di medaglie d'oro individuali è cinque, conquistate dall'ungherese Krisztina Egerszegi nei 100 metri dorso nel 1992, nei 200 metri dorso nel 1988, 1992 e 1996, e nei 400 metri misti nel 1992. Nel 1988, all'età di 14 anni, vinse una medaglia d'oro e una d'argento ai Giochi Olimpici di Seul.

Il maggior numero di medaglie d'oro individuali maschili è quattro, conquistate dallo statunitense Charles Meldrum Daniels (100 metri stile libero nel 1906 e 1908, 220 e 440 iarde stile libero nel 1904); dal tedesco Roland Matthes (100 e 200 metri dorso nel 1968 e 1972); dallo statunitense Mark Spitz (100 e 200 metri stile libero, 100 e 200 metri farfalla, tutti nel 1972); dall'ungherese Tamás Daryni (200 e 400 metri misti nel 1988 e nel 1992); e dal sovietico Aleksandr Popov (50 e 100 metri stile libero nel 1992 e 1996).

www.guinnessworldrecords.com/egerszegi

ACCESS CODE: ‹44333›

MEDAGLIE D'ORO OLIMPICHE CONSECUTIVE NEL NUOTO

Solo due atlete hanno vinto la stessa gara in tre edizioni successive delle Olimpiadi: Dawn Fraser (Australia) nei 100 metri stile libero nel 1956, 1960 e 1964, e Krisztina Egerszegi (Ungheria) nei 200 metri dorso nel 1988, 1992 e 1996.

MEDAGLIE D'ORO FEMMINILI NEL NUOTO IN UNA SOLA OLIMPIADE

Nel nuoto femminile, il maggior numero di medaglie d'oro individuali è sei, vinte da Kristin Otto (Germania Orientale) nel 1988 nei 100 metri stile libero, dorso e farfalla, nei 50 metri stile libero e nei 4 x 100 metri stile libero e misti.

MEDAGLIE D'ORO OLIMPICHE MASCHILI NEL NUOTO

Mark Spitz (Usa) vinse nove ori olimpici nei 4 x 100 e 4 x 200 metri stile libero nel 1968; nei 100 e 200 metri stile libero, nei 4 x 100 e 4 x 200 metri stile libero, nei 100 e nei 200 metri farfalla e nei 4 x 100 metri misti nel 1972. Eccetto la prova dei 4 x 200 metri stile libero del 1968, in tutte le altre stabilì il relativo primato mondiale. Vinse anche una medaglia d'argento (100 metri farfalla) e una di bronzo (100 metri stile libero) nel 1968, per un numero record di 11 medaglie in tutto.

Il record di sette medaglie vinte da Spitz in una sola edizione dei Giochi Olimpici del 1972 fu poi eguagliato da Matt Biondi (Usa), che vinse cinque medaglie d'oro, una d'argento e una di bronzo nel 1988.

MEDAGLIE OLIMPICHE FEMMINILI NEL NUOTO

Il maggior numero di medaglie vinte da una donna è otto: Dawn Fraser (Australia), quattro d'oro e quattro d'argento dal 1956 al 1964; Kornelia Ender (Germania Orientale), quattro d'oro e quattro d'argento dal 1972 al 1976; Shirley Babashoff (Usa), due d'oro e sei d'argento dal 1972 al 1976.

TITOLI OLIMPICI MASCHILI NELLA CANOA

Gert Fredriksson (Svezia) ha vinto il maggior numero di medaglie d'oro maschili, sei dal 1948 al 1960, oltre a una d'argento e una di bronzo per un totale di otto medaglie.

TITOLI OLIMPICI FEMMINILI NELLA CANOA

La tedesca orientale Birgit Fischer (nata Schmidt) ha conquistato sette medaglie d'oro olimpiche tra il 1980 e il 2000, oltre a tre d'argento per un totale di 10 medaglie.

TITOLI MONDIALI E OLIMPICI MASCHILI NELLA CANOA

Il numero record di 13 titoli mondiali e olimpici è detenuto a pari merito dallo svedese Gert Fredriksson (fra il 1948 e il 1960), dal tedesco Rüdiger Helm (fra il 1976 e il 1983) e dal rumeno Ivan Patzaichin (fra il 1968 e il 1984).

TITOLI MONDIALI E OLIMPICI FEMMINILI NELLA CANOA

Oltre a cinque titoli olimpici, la tedesca Birgit Fischer ha vinto 29 titoli mondiali tra il 1979 e il 1998, per un totale di 34 titoli.

IL PIÙ LUNGO VIAGGIO IN CANOA CON PORTATORI

Verlen Kruger e Steven Landick (Usa) percorsero in canoa 45 129 chilometri con partenza il 29 aprile 1980 da Red Rock, Montana, e arrivo a Lansing, Michigan, il 15 dicembre 1983. Nel corso del viaggio solcarono le acque del fiume Missouri, i Grandi Laghi, la costa atlantica, il Golfo del Messico, il Mississippi, attraversarono Canada e Alaska, discesero la costa del Pacifico fino al Golfo di California e al fiume Colorado, e ritornarono infine nel Michigan. Il trasporto delle canoe sulla terraferma fu sempre effettuato a mano.

IL PIÙ LUNGO VIAGGIO IN CANOA SENZA PORTATORI

Senza portatori né aiuti di alcun tipo, il più lungo viaggio in canoa è stato quello di 9820 chilometri effettuato da Richard H. Grant ed Ernest Moose Lassy (Usa). I due circumnavigarono gli Stati Uniti orientali passando per Chicago, New Orleans, Miami, New York e i Grandi Laghi fra il 22 settembre 1930 e il 15 agosto 1931.

RECORD DI VELOCITÀ NEI 200 METRI IN CANOA

Ai mondiali del 1998 di Szeged, Ungheria, gli ungheresi in canoa a quattro vinsero i 200 metri nel tempo record di 31,155 secondi, alla media di 23,11 chilometri orari.

RECORD DI VELOCITÀ NEI 1000 METRI IN CANOA

La Germania vinse la medaglia d'oro olimpica ad Atlanta, il 3 agosto 1966, nel kayak a quattro sulla distanza di 1000 metri con il tempo record di 2 minuti e 51,52 secondi, alla media di 20,98 chilometri orari.

IL MAGGIOR NUMERO DI MEDAGLIE D'ORO OLIMPICHE NELLA VELA

Il danese Paul B. Elvström è stato l'unico velista a vincere quattro medaglie d'oro individuali in quattro Olimpiadi consecutive: nella classe Firefly nel 1948 e nella classe Finn nel 1952, 1956 e 1960. Elvström vinse anche otto titoli mondiali in sei classi differenti.

LA PIÙ LUNGA REGATA NON-STOP IN SOLITARIA

La più lunga regata non-stop in solitaria è la Vendée Globe Challenge, disputata per la prima volta il 26 novembre 1989 con partenza da Les Sables d'Olonne, Francia. La regata attualmente prevede una rotta di 22 500 miglia nautiche (41 652 chilometri) ed è riservata a barche a vela di lunghezza compresa tra i 50 e i 60 piedi (circa 15-18 metri).

STAFFETTA 4 X 100

Il record mondiale nella staffetta 4 x 100 metri stile libero femminile in vasca lunga è di 3 minuti e 36,61 secondi, realizzato dalla squadra olimpica statunitense composta da Amy van Dyken, Dara Torres, Courtney Shealy e Jenny Thompson (da sinistra a destra). Il record è stato stabilito ai Giochi Olimpici di Sydney, Australia, il 16 settembre 2000. La squadra statunitense infranse il precedente record mondiale che resisteva da sei anni. Jenny Thompson, la frazionista più veloce, è stata membro della squadra vincitrice della staffetta alle ultime tre Olimpiadi, eguagliando il record del connazionale Matt Biondi.

www.guinnessworldrecords.com/usswimteam

ACCESS CODE: ‹52934›

www.guinnessworldrecords.com/ianthorpe

IAN THORPEDO

Il miglior tempo nei 400 metri stile libero maschili è 3 minuti e 40,59 secondi, ottenuto da Ian Thorpe (Australia) ai Giochi Olimpici di Sydney, Australia, il 16 settembre 2000. Da marzo 2001, riconosciuto come uno dei più grandi nuotatori di tutti i tempi, Thorpe detiene anche il record mondiale dei 200 metri stile libero (1:44:69) e quello degli 800 metri stile libero (7:41:59).

ACCESS CODE: ‹52321›

LA NUOTATA PIÙ LUNGA IN UN FIUME CONTROCORRENTE

Il 5 giugno 1999, Thom Stanton (Usa) risalì a nuoto il James River, Virginia, Usa, per 12,07 chilometri dall'isola di Mayo alla diga Bosher. Equipaggiato soltanto con pinne e guanti palmati, Stanton nuotò e si arrampicò per superare le rapide di classe da II a IV+ del fiume, completando il percorso in 5 ore, 50 minuti e 30 secondi, compresi 29 minuti e 24 secondi di riposo.

SURF SULLE ONDE PIÙ LUNGHE

Da quattro a sei volte l'anno a Matanchen Bay, presso San Blas, Nayarit, Messico, si formano onde che consentono cavalcate con il surf lunghe fino a 1700 metri.

LA DISCESA IN SURF PIÙ LUNGA DI UN'ONDA DI MAREA

Le più lunghe cavalcate sull'onda di marea di un fiume sono state effettuate sul Severn, GB. Il record ufficiale di discesa a bordo di una tavola da surf è di 9,1 chilometri, effettuata da David Lawson (GB), tra Windmill Hill e Maisemore Weir, il 29 agosto 1996.

TITOLI MONDIALI DI WINDSURF

I campionati mondiali di windsurf si disputarono per la prima volta nel 1973 e la tavola a vela è disciplina olimpica dal 1984. Vincitore del primo oro fu l'olandese Stephan van der Berg, detentore anche di cinque titoli mondiali dal 1979 al 1983.

L'ESKIMO PIÙ A SUD

Il 3 febbraio 1998, Christopher Patalano (GB) effettuò un eskimo in canoa (una rotazione di 360°) nelle acque gelide alla latitudine 77° 0 4,8' S. La temperatura dell'acqua in questa zona è normalmente appena superiore a 0 °C.

ROTAZIONI CONTINUE SOTT'ACQUA IN APNEA

Virginie Dedieu (Francia), medaglia di bronzo nel nuoto sincronizzato alle Olimpiadi di Sydney, completò 22 rotazioni in apnea a Parigi, Francia, il 26 ottobre 2000.

rugby

I PIÙ VELOCI IN META (RUGBY LEAGUE)
La meta più veloce in una partita internazionale fu segnata a 15 secondi dal calcio d'inizio da Bobby Fulton per l'Australia contro la Francia a Bradford, GB, il 1° novembre 1970.

Lee Jackson (GB) realizzò una meta nove secondi dopo il calcio d'inizio per l'Hull contro gli Sheffield Eagles in una semifinale della Yorkshire Cup a Sheffield, GB, il 6 ottobre 1992.

IL PUNTEGGIO PIÙ ALTO IN UNA PARTITA (RUGBY LEAGUE)
Il risultato più alto in una partita di campionato è stato ottenuto dal Ngati Pikiao di Rotorua, che sconfisse il Tokoroa United per 148 a 0 in un incontro di campionato Bay of Plenty Rugby League under 17 a Pikiao, Nuova Zelanda, il 10 luglio 1994.

IL MAGGIOR NUMERO DI METE IN UNA STAGIONE DI RUGBY LEAGUE AMATORIALE
Richard Lopag (GB) ha realizzato il maggior numero di mete in un campionato di Rugby League amatoriale, con 142 nella stagione 1998-99 per i Deighton Juniors under 9, Yorkshire, GB. Richard gioca nella squadra da quando aveva cinque anni, sotto l'occhio attento del nonno che, libro dei record alla mano, tiene registrati i progressi del giovane campione.

COPPA DEL MONDO DI RUGBY LEAGUE
Dalla prima edizione del 1954, la Rugby League World Cup è stata vinta dall'Australia (a sinistra) il numero record di otto volte, nel 1957, 1968, 1970, 1977, 1988, 1992, 1995 e 2000, oltre al successo nel campionato internazionale nel 1975.

L'Australia detiene inoltre il record di vittorie nel Webb Ellis Trophy (l'equivalente Rugby Union della Coppa del Mondo), istituito nel 1987. L'Australia si è aggiudicata la vittoria nel 1991 e nel 1999, ed è l'unica squadra ad avere vinto questo torneo più di una volta. Una forma rudimentale di rugby veniva praticata in Australia già nel 1820, mentre il primo club di rugby fu fondato presso l'università di Sydney nel 1864. L'Australian Rugby Union risale invece al 1949.

www.guinnessworldrecords.com/ausrugby
ACCESS CODE: ‹44564›

IL PUNTEGGIO PIÙ ALTO IN PARTITE INTERNAZIONALI (RUGBY LEAGUE)
Hazen El Masri del Libano realizzò 48 punti (16 goal, 4 mete) contro il Marocco, durante la qualificazione per la Coppa del Mondo ad Avignone, Francia, il 17 novembre 1999.

IL PIÙ GIOVANE GIOCATORE IN SQUADRA NAZIONALE (RUGBY LEAGUE)
Paul Newlove (GB) il 21 ottobre 1989 partecipò al primo Test per il Regno Unito contro la Nuova Zelanda all'Old Trafford di Manchester, GB, all'eta di 18 anni e 72 giorni.

IL DROP GOAL DALLA MAGGIOR DISTANZA (RUGBY LEAGUE)
Joseph "Joe" Lydon (GB) segnò un goal su calcio di rimbalzo da 56 metri con il Wigan contro il Warrington, alla semifinale per la Challenge Cup a Maine Road, Manchester, GB, il 25 marzo 1989.

I PALI PIÙ ALTI (RUGBY UNION)
I pali da goal più alti misurano 33,54 metri e si trovano presso il Roan Antelope Rugby Union Club di Luanshya, Zambia: un'altezza equivalente a quella di 12 autobus uno sopra l'altro.

IL PUBBLICO PIÙ NUMEROSO (RUGBY UNION)
Il pubblico pagante più numeroso a un incontro internazionale è stato quello di 109 874 persone presenti alla vittoria per 39 a 35 della Nuova Zelanda sull'Australia allo Stadium Australia di Sydney, il 15 luglio 2000.

LA SQUADRA DI MAGGIOR SUCCESSO (RUGBY UNION)
La squadra Feilding Senior 4ths della Nuova Zelanda giocò imbattuta per 108 incontri consecutivi dal 1984 al 1989. Nella categoria juniores, il Chiltern giocò 213 incontri di mini rugby rimanendo imbattuto dalla sua nascita come squadra under 8 dal 29 settembre 1985 fino all'8 aprile 1990.

LA META PIÙ VELOCE (RUGBY UNION)
La meta più veloce fu segnata otto secondi dopo l'inizio della partita da Andrew Brown (GB) per i Widden Old Boys contro gli Old Ashtonians a Gloucester, GB, il 22 novembre 1990.

IL MAGGIOR NUMERO DI PRESENZE INTERNAZIONALI (RUGBY UNION)
Philippe Sella (Francia) giocò 111 incontri per la Francia tra il 1982 e il 1995. In 13 anni, dalla sua prima partita contro la Romania, segnò 30 mete e partecipò a tre Coppe del Mondo, vincendo una medaglia come giocatore più veloce nel 1987.

IL MAGGIOR NUMERO DI CALCI DI PUNIZIONE (RUGBY UNION)
Il maggior numero di calci di punizione realizzati in un incontro internazionale è nove, segnati da Keiji Hirose per il Giappone contro Tonga (44 a 17) a Tokyo, il 9 maggio 1999, e da Andrew Mehrtens per la Nuova Zelanda contro l'Australia (34 a 15) ad Auckland, Nuova Zelanda, il 24 luglio 1999.

IL MAGGIOR NUMERO DI METE IN GARE INTERNAZIONALI (RUGBY UNION)
David Campese (Australia) realizzò 64 mete per l'Australia in 101 partite tra il 1982 e il 1996. Campese è il giocatore australiano più titolato e nel 1996 gli fu assegnato un premio dell'UNESCO come uno dei più grandi sportivi del secolo.

RECORD FATTI CON I PIEDI
Tra il 1991 e il 2000, Neil Jenkins (GB, a sinistra) segnò 1052 punti in 86 partite per il Galles (1011 punti in 83 partite) e i British Lions (41 punti in 3 partite). La maggior parte dei punti si deve alla formidabile abilità di calciatore di Jenkins, considerato il miglior realizzatore di piede nella storia del rugby internazionale.

Il tiro più lungo andato a buon fine su calcio di rimbalzo nella storia del Rugby Union è stato quello di 82 metri calciato da Gerald "Gerry" Hamilton Brand per il Sudafrica contro l'Inghilterra a Twickenham, Londra, GB, il 2 gennaio 1932. Il tiro fu effettuato sei metri all'interno della metà campo inglese, a 50 metri di distanza dai pali, e la palla terminò ben oltre la linea di fondo campo.

www.guinnessworldrecords.com/kickrugby
ACCESS CODE: ‹52110›

RECORD DI PUNTI INDIVIDUALI IN UN INCONTRO DI COPPA DEL MONDO (RUGBY UNION)
Nell'incontro tra Nuova Zelanda e Giappone terminato 145 a 17 a Bloemfontein, Sudafrica, il 4 giugno 1995, Simon Culhane segnò 45 punti, con un ulteriore record di 20 trasformazioni. Anche i 145 punti, di cui 21 mete, segnati dalla Nuova Zelanda costituiscono un primato assoluto in Coppa del Mondo.

IL MAGGIOR NUMERO DI PUNTI INDIVIDUALI IN UN INCONTRO INTERNAZIONALE (RUGBY UNION)
Il 27 ottobre 1994, Ashley Billington (Hong Kong) mise a segno 50 punti con 10 mete nell'incontro di qualificazione per la Coppa del Mondo Rugby Union fra Hong Kong e Singapore a Kuala Lumpur, Malesia, il 27 ottobre 1994.

IL MAGGIOR NUMERO DI TITOLI NEL CAMPIONATO INTERNAZIONALE
L'Inghilterra ha vinto il Rugby International Championship più volte di qualsiasi altra squadra nazionale con 23 vincite assolute fra il 1884 e il 2000. Il totale non include i pareggi, per i quali il titolo viene assegnato a pari merito.

www.guinnessworldrecords.com/tryrugby

ACCESS CODE: ‹53873›

IL RUGBY ITALIANO ENTRA NEL GUINNESS!
Jonny Wilkinson (GB, sopra) ha il record per il maggior numero di punti in un incontro del campionato internazionale Rugby Union, con 35 segnati per l'Inghilterra contro l'Italia (80 a 23) a Twickenham, Londra il 17 febbraio 2001. Il totale comprende quattro calci di punizione (3 punti ognuna), nove trasformazioni (2 punti ognuna) e una meta (5 punti). I 13 goal da lui calciati rappresentano un altro record nel campionato internazionale, così come gli 80 punti realizzati dall'Inghilterra (e per converso gli 80 subiti dall'Italia).

Il punteggio più alto in un incontro internazionale Rugby League è rappresentato dal 110 a 4 dell'Australia contro la Russia in un incontro di Coppa del Mondo a Hull, Yorkshire, GB, il 4 novembre 2000.

VITTORIE AGLI HONG KONG SEVENS
Le Figi hanno vinto gli Hong Kong Sevens per nove volte, nel 1977, 1978, 1980, 1984, 1990-92, 1998 e 1999, oltre alla Coppa del mondo Sevens nel 1997. Si tratta della competizione internazionale di maggior prestigio a livello mondiale per squadre di sette giocatori. Il primo torneo si disputò a Hong Kong nel 1976.

VITTORIE FEMMINILI AGLI HONG KONG SEVENS
La versione femminile della competizione di rugby a sette più famosa del mondo fu disputata per la prima volta nel 1997. Da allora la Nuova Zelanda ha vinto il titolo quattro volte, nel 1997, 1999, 2000 e 2001.

cricket

IL MAGGIOR NUMERO DI PRESE IN COPPA DEL MONDO
Il record di prese di un fielder è 14, da parte di Steve Waugh (Australia) in 32 incontri fra il 1987 e il 1999.

Il record in un torneo è 8, da parte di Anil Kumble (India) nel 1996.

Il record in un incontro è quattro, da Chris Cairns (Nuova Zelanda) contro gli Emirati Arabi Uniti a Faisalabad, Pakistan, il 27 febbraio 1996.

IL MAGGIOR NUMERO DI CORSE IN COPPA DEL MONDO
Il record in tutta la carriera è 1083, stabilito da Javed Miandad (Pakistan) in 33 incontri dal 1975 al 1996.

Il record in un torneo è 523, record stabilito da Sachin Tendulkar (India) nel 1996.

Il record in un incontro è 188 colpi, stabilito da Gary Kirsten (Sudafrica) contro gli Emirati Arabi Uniti a Rawlpindi, India, il 16 febbraio 1996.

IL MAGGIOR NUMERO DI RESPINTE DI UN PORTIERE IN COPPA DEL MONDO
Il record nella carriera è 29, stabilito da Moin Khan (Pakistan) nel corso di 20 incontri fra il 1992 e il 1999.

Il record in un torneo è 16, stabilito da Jeff Dujon (Indie Occidentali) nel 1983.

Il record in un incontro è cinque, stabilito da: Syed Kirmani (India) contro lo Zimbabwe a Leicester, GB, l'11 giugno 1983; Jimmy Adams (Indie Occidentali) contro il Kenya a Pune, India, il 29 febbraio 1996; Rashid Latif (Pakistan) contro la Nuova Zelanda a Lahore, Pakistan, il 6 marzo 1996; Nayan Mongia (India) contro lo Zimbabwe a Leicester, GB, il 19 maggio 1999; e Ridley Jacobs (Indie Occidentali) contro la Nuova Zelanda a Southampton, GB, il 24 maggio 1999.

VITTORIE IN COPPA DEL MONDO
Il maggior numero di vittorie in Coppa del Mondo è due, ottenute delle Indie Occidentali nel 1975 e 1979 e dall'Australia nel 1987 e 1999.

IL MAGGIOR NUMERO DI PUNTI SUPPLEMENTARI IN GARE DI UN GIORNO
Il maggior numero di punti extra è 59, ottenuti dalle Indie Occidentali (otto bye, 10 leg bye, quattro no ball e 37 wide) contro il Pakistan a Brisbane, Australia, il 7 gennaio 1989, e dalla Scozia contro il Pakistan a Chester-le-Street, GB, il 20 maggio 1999.

IL MIGLIOR PUNTEGGIO INDIVIDUALE
Il maggior punteggio individuale è 194, ottenuto da Saeed Anwar per il Pakistan contro l'India, a Madras, India, il 21 maggio 1997.

IL PIÙ AMPIO MARGINE DI VITTORIA IN GARE DI UN GIORNO
Il maggior margine di vittoria è di 233 corse, ottenuto dal Pakistan contro il Bangladesh (320–3 a 87), a Dhaka, Bangladesh, il 2 giugno 2000.

IL MAGGIOR NUMERO DI GARE DI UN GIORNO
Tra il 1985 e il 2000, Mohammad Azharuddin (India) aveva disputato 334 incontri.

I PUNTEGGI PIÙ ALTI E PIÙ BASSI
Il punteggio più alto in un incontro di Coppa del Mondo è stato 398–5, dello Sri Lanka contro il Kenya a Kandy, Sri Lanka, il 6 marzo 1996.

Il punteggio più basso è 45, segnato dal Canada contro l'Inghilterra a Old Trafford, dal 13 al 14 giugno 1979. Il punteggio totale più basso in un One Day International è 43, segnato dal Pakistan contro le Indie Occidentali a Cape Town, Sudafrica, il 25 febbraio 1993.

IL MAGGIOR NUMERO DI PRESE IN UNA CARRIERA IN INCONTRI ONE DAY INTERNATIONAL
Il maggior numero di prese di un fielder è 156 in 334 incontri, record stabilito da Mohammad Azharuddin (India) fra il 1985 e il 2000.

IL MIGLIOR GIOCATORE
Nel corso della sua carriera Sachin Tendulkar (India, a sinistra) ha totalizzato il numero record di 28 *centuries* (100 punti o corse di un singolo battitore) in incontri One Day International. Fra il 1989 e il 2001, Tendulkar ha disputato 268 partite di cricket.

Tendulkar ha totalizzato anche il maggior numero assoluto di corse in incontri One Day International, per un totale di 10461 (con una media di 43,40) in 273 partite. Sachin Ramesh Tendulkar, nato il 24 aprile 1973 a Bombay, India, è considerato da molti il miglior battitore del mondo in attività ed è stato paragonato al leggendario giocatore australiano Don Bradman per l' eleganza e la tecnica impeccabile. Fra le sue qualità migliori, Tendulkar dimostra un perfetto tempismo e una grande potenza, oltre a una capacità di concentrazione messa alla prova con successo in numerosi incontri internazionali.

www.guinnessworldrecords.com/bats
ACCESS CODE: ‹51995›

IL MAGGIOR NUMERO DI WICKET IN GARE DI UN GIORNO
Il maggior numero di wicket in incontri One Day International è stato 440 (media 23,81), segnati da Wasim Akram (Pakistan) in 316 partite fra il 1985 e il febbraio 2001.

LA MEDIA DI BATTUTA PIÙ ALTA TRA PROFESSIONISTI
Il record per la migliore media di battuta, con 95,14, appartiene a Don Bradman (Australia), che fra il 1927 e il 1949 giocò per il Nuovo Galles del Sud, l'Australia del Sud e l'Australia (28067 corse in 338 inning).

150 CORSE CONTRO IL MAGGIOR NUMERO DI NAZIONI
Il 26 marzo 2000, contro la Nuova Zelanda, il capitano dell'Australia Steve Waugh è stato il primo ad aver segnato 150 corse in un inning contro tutte le otto nazioni del Test. Waugh condusse l'Australia alla vittoria per sei wicket, stabilendo il record di nove vittorie consecutive in incontri Test.

LA MEDIA DI BATTUTA PIÙ ELEVATA IN INCONTRI TEST
Il record per la migliore media di battuta con 99,94 appartiene a Don Bradman (Australia), che fra il 1928 e il 1948 giocò per l'Australia in 52 Test (6996 corse in 80 inning).

IL MAGGIOR NUMERO DI CORSE NEL CRICKET PROFESSIONISTICO
Jack Hobbs (GB) segnò 61237 corse (media 50,65) per il Surrey e l'Inghilterra fra il 1905 e il 1934.

IL MAGGIOR NUMERO DI CORSE IN INCONTRI TEST
Allan Border (Australia) totalizzò 11174 corse in 156 incontri Test (media 50,56) fra il 1978 e il 1994.

IL MAGGIOR NUMERO DI CORSE IN UN OVER
Il primo battitore a totalizzare 36 corse in un over di sei palle è stato Garfield Sobers (Indie Occidentali) su lancio di Malcolm Andrew Nash per il Nottinghamshire contro il Glamorgan

www.guinnessworldrecords.com/bowlers

RECORD DI LANCIO
Il miglior risultato in un incontro One Day International è 7–30, ottenuto da Muttiah Muralitharan (Sri Lanka, a destra) contro l'India a Sharjah il 27 ottobre 2000.

Wasim Akram (Pakistan) ha abbattuto 43 wicket in 32 incontri di Coppa del Mondo fra il 1987 e il 1999.

Il maggior numero di wicket in un singolo torneo è 20, da Geoff Allott (Nuova Zelanda) e Shane Warne (Australia) nel 1999.

Il miglior risultato in un incontro di Coppa del Mondo è 7–51, ottenuto da Winston Davis (Indie Occidentali) contro l'Australia a Headingley, GB, dall'11 al 12 giugno 1983.

Courtney Walsh (Giamaica) ha abbattuto 519 wicket (con una media di 24,44 corse per wicket) in 132 incontri Test dal 1984 all'aprile 2001.

ACCESS CODE: ‹45379 ›

a Swansea, GB, il 31 agosto 1968, emulato da Ravishankar Jayadritha Shastri per il Mumbai contro Baroda a Bombay, India, il 10 gennaio 1985, su lancio di Tilak Raj Sharma (India).

DUCK CONSECUTIVI
Il record di duck consecutivi (il battitore segna 0 punti) in incontri Test è cinque, stabilito da Bob Holland (Australia) fra agosto e novembre 1985 e da Ajit Agarkar (India) fra dicembre 1999 e gennaio 2000.

AL DI LÀ DELLE FRONTIERE
Dal 1973 sono state assegnate sette Coppe del Mondo di cricket femminile. Il maggior numero di titoli vinti è quattro, dall'Australia nel 1978, 1982, 1988 e nel 1997. L'Inghilterra ha vinto nel 1973 e nel 1993, mentre la Nuova Zelanda nel 2000. Karen Rolton (Australia, sopra) segnò 154 not out durinte la partita Australia contro Sri Lanka della Coppa del Mondo 2000, giocata presso l'Hagley Oval di Christchurch, Nuova Zelanda. L'Australia si impose sullo Sri Lanka per 200 corse, per essere poi a sua volta sconfitta dalla Nuova Zelanda.

www.guinnessworldrecords.com/
cricketwomen
ACCESS CODE:
‹45357 ›

LA MEDIA DI BATTUTA PIÙ ELEVATA
La media di battuta più elevata in campionato è 330, record stabilito da Colin Gill (GB) per il Plymstock 2nd XI nel 1998.

I PUNTEGGI MIGLIORI IN UN TEST INNING
Lo Sri Lanka segnò 952 punti contro l'India a Colombo, Sri Lanka, dal 4 al 6 agosto 1997.

L'Inghilterra segnò 903 corse per sette wicket dichiarati in 15 ore e 17 minuti contro l'Australia a Londra, il 20 -23 agosto 1938.

IL MINOR NUMERO DI INNING
Il minor numero di inning in un incontro Test è 26, giocati dalla Nuova Zelanda contro l'Inghilterra ad Auckland il 28 marzo 1955.

GUINNESS WORLD RECORDS

sport con la palla 1

TITOLI OLIMPICI MASCHILI DI PALLAMANO
L'Urss vinse tre medaglie d'oro olimpiche nel 1976, 1988 e 1992.

TITOLI OLIMPICI FEMMINILI DI PALLAMANO
Il record in campo femminile spetta a pari merito con due vittorie all'Urss (1976 e 1980) e alla Corea del Sud (1988 e 1992).

IL PUNTEGGIO PIÙ ALTO ALLE OLIMPIADI MASCHILI NELLA PALLAMANO
Il punteggio più alto in un incontro olimpico è 44, realizzato dalla Jugoslavia contro il Kuwait ai Giochi di Mosca (ora Russia) del 1980 e uguagliato dalla Svezia contro l'Australia alle Olimpiadi di Sidney, Australia, nel 2000.

IL PUNTEGGIO PIÙ ALTO ALLE OLIMPIADI FEMMINILI NELLA PALLAMANO
Il record olimpico femminile è di 45 punti, segnati dall'Austria contro il Brasile ai Giochi di Sidney nel 2000.

IL PUNTEGGIO PIÙ ALTO NELLA PALLAMANO
Il più alto punteggio in una partita internazionale si è registrato nell'agosto 1981, in Ungheria, quando l'Unione Sovietica superò l'Afghanistan per 86 a 2.

VITTORIE NEL NETBALL
La squadra australiana di netball (a sinistra) è tra quelle di maggior successo nella storia dello sport australiano. Le australiane hanno vinto i mondiali di netball il numero record di otto volte, nel 1963, 1971, 1975, 1979, 1983, 1991, 1995 e 1999. Le campionesse del mondo sono state anche vincitrici dell'Open e della prima medaglia d'oro ufficiale ai Giochi del Commonwealth nel 1998. Ogni anno, 20 atlete vengono scelte per la nazionale di netball australiana al termine del campionato Quantas. Dopo durissimi allenamenti, un'ulteriore selezione ne riduce il numero alle 12 destinate a rappresentare l'Australia. La squadra attuale è capitanata da Kathryn Harby, premiata come miglior giocatrice di netball nel 1995.

www.guinnessworldrecords.com/netball
ACCESS CODE: ‹44764›

TITOLI MONDIALI FEMMINILI NELLA PALLAMANO
Hanno vinto tre titoli femminili: la Romania (outdoor nel 1956 e 1960, indoor nel 1962); la Repubblica Federale Tedesca (indoor nel 1971, 1975 e 1978); e l'Urss (indoor nel 1982, 1986 e 1990).

IL PUNTEGGIO INDIVIDUALE PIÙ ALTO AI CAMPIONATI MONDIALI DI NETBALL
Irene van Dyk (Sudafrica) detiene il record per il maggior numero di punti segnati in un Campionato Mondiale di Netball. Nel corso del torneo del 1995 mise la palla in rete per 543 volte.

IL PUNTEGGIO A SQUADRE PIÙ ALTO AI CAMPIONATI MONDIALI DI NETBALL
Il punteggio più alto ai Campionati Mondiali è stato 120 a 38, nella partita in cui le isole Cook sconfissero il Vanuatu, il 9 luglio 1991, a Sidney, Australia.

FOOTBALL AUSTRALIANO
Le principali federazioni australiane sono AFL (Australian Football League), South Australian National Football League e Western Australian Football League. Il campionato AFL è stato vinto dai Carlton Blues 16 volte fra il 1906 e il 1995. Port Adelaide ha conquistato 36 vittorie nel South Australian NFL dal 1884 al 1991, e l'East Fremantle 30 nel Western Australia FL fra il 1900 e il 1998.

IL MAGGIOR NUMERO DI GOAL NELLA AFL
Tony Lockett segnò 1357 goal (alla media di cinque per incontro) tra il 1983 e il 1999, anno del suo ritiro.

SPETTATORI A UNA FINALE DI FOOTBALL AUSTRALIANO
Il pubblico più numeroso a una finale di football australiano era composto da 121 696 spettatori per la vittoria del Carlton sul Collingwood a Melbourne, Victoria, Australia, il 26 settembre 1970.

IL PIÙ ALTO PUNTEGGIO DI UNA SQUADRA NEL FOOTBALL AUSTRALIANO
Il più alto punteggio di una squadra in una partita AFL è 239 (37-17), realizzato da Geelong contro Brisbane, il 3 maggio 1992.

IL PIÙ ALTO PUNTEGGIO COMPLESSIVO IN UN INCONTRO DI FOOTBALL AUSTRALIANO
Il più alto punteggio complessivo (cioè il punteggio combinato di entrambe le squadre) in un incontro di football australiano è di 345 punti, realizzati quando il St Kilda batté il Melbourne 204 a 141, il 6 maggio 1978.

TITOLI MONDIALI MASCHILI DI PALLAVOLO
L'Urss vinse sei titoli mondiali maschili nel 1949, 1952, 1960, 1962, 1978 e 1982.

TITOLI OLIMPICI FEMMINILI DI PALLAVOLO
L'Urss vinse quattro titoli femminili nel 1968, 1972, 1980 e 1988.

TITOLI OLIMPICI MASCHILI DI PALLAVOLO
L'Urss vinse tre titoli maschili nel 1964, 1968 e 1980. Introdotta per la prima volta come specialità olimpica sia maschile sia femminile nel 1964, la pallavolo è stata dominata dai russi. A parte i Giochi del 1984, boicottati dall'Urss, soltanto due volte, nel 1992 a Barcellona e nel 1996 ad Atlanta, la squadra russa non conquistò nessuna medaglia.

VITTORIE AI MONDIALI DI PALLAMANO
Il maggior numero di titoli maschili indoor (quattro) è stato vinto dalla Svezia (a sinistra, contro l'Australia alle Olimpiadi del 2000 di Sidney) nel 1954, 1958, 1990 e 1999 e dalla Romania nel 1961, 1964, 1970 e 1974. Il titolo outdoor è stato vinto cinque volte dalla Germania tra il 1938 e il 1966. La pallamano ha avuto origine nella Germania degli anni Venti e si è sviluppata sulla base del calcio, con squadre di undici giocatori che utilizzano le mani invece dei piedi. Inizialmente si trattava di uno sport praticato all'aperto in un campo di calcio. Si è poi affermata una versione indoor con sette giocatori per squadra, rimasto l'unica praticata oggi. La versione originale apparve alle Olimpiadi una sola volta, nel 1936, mentre la versione al coperto debuttò nel 1972.

www.guinnessworldrecords.com/handball
ACCESS CODE: ‹45019›

www.guinnessworldrecords.com/beachvolleyball

ACCESS CODE: ‹53783›

MONDIALI DI BEACH VOLLEY

Il Brasile detiene il record per il maggior numero di titoli mondiali di beach volley. I campionati si disputano con cadenza biennale dal 1997 e il Brasile ha conquistato i titoli sia maschile sia femminile (sotto) nel 1997 e nel 1999. Le prime partite di beach volley risalgono agli anni Venti e si ritiene che questo sport abbia avuto origine a Santa Monica, California, Usa. Nei campi allestiti sulla spiaggia giocavano squadre di sei giocatori per parte. Lo sport si diffuse rapidamente negli Stati Uniti e poi in Europa, dove fu introdotto dai soldati americani durante la Seconda guerra mondiale. Il formato attuale del gioco, con due giocatori per squadra, risale agli anni Trenta, con il primo torneo ufficiale a State Beach, California, Usa, nel 1947. Prima di approdare alle spiagge, la pallavolo esisteva già da tempo, inventata con il nome di "Mintonette" nel 1895 da un insegnante di educazione fisica dell'YMCA come alternativa senza contatto fisico alla pallacanestro, a sua volta apparsa quattro anni prima.

IL MAGGIOR NUMERO DI RETI IN UNA PARTITA INTERNAZIONALE DI PALLANUOTO

Nel 1982, ai giochi acquatici di Guayaquil, Ecuador, Debbie Handley (Australia) segnò 13 reti per la sua squadra, vittoriosa per 16 a 10 sul Canada.

TITOLI OLIMPICI DI PALLANUOTO

L'Ungheria è l'unica nazione ad aver vinto sei volte il torneo olimpico maschile, nel 1932, 1936, 1952, 1956, 1964 e 1976. L'Ungheria è il paese in cui la pallanuoto ha avuto origine e la nazionale ungherese ha dominato la scena internazionale dagli inizi degli anni Trenta agli anni Ottanta.

TITOLI MONDIALI DI PALLANUOTO

Il maggior numero di vittorie ai campionati del mondo maschili è due, da parte dell'Urss (nel 1975 e nel 1982), dell'Italia (nel 1978 e nel 1994) e della Jugoslavia (nel 1986 e nel 1991).

IL MAGGIOR NUMERO DI GOAL IN UN CAMPIONATO DEL MONDO DI KORFBALL

Il record per il maggior numero di goal in un torneo del campionato del mondo di korfball è 191, stabilito dall'Olanda nel 1999. Il korfball fu inventato nel 1901 da Nico Broekhuysen, un maestro di scuola di Amsterdam, e giocato per la prima volta nel 1902 in Olanda. Il gioco è simile al netball e alla pallacanestro, con la differenza che le squadre devono essere miste. Broekhuysen voleva un gioco nel quale maschi e femmine potessero competere alla pari e il korfball è in effetti l'unico vero sport misto al mondo.

TITOLI MONDIALI DI KORFBALL

L'Olanda ha vinto il maggior numero di mondiali di korfball dall'inizio dei campionati nel 1978, con cinque titoli conquistati nel 1978, 1984, 1987, 1995 e 1999.

LA VITTORIA PIÙ DI MISURA AI MONDIALI DI KORFBALL

Il minor margine di vittoria in una finale di campionato del mondo di korfball è uno. Ci sono state soltanto due vittorie di tale misura, nel 1978, quando l'Olanda sconfisse il Belgio 14 a 13, e nel 1991, quando il Belgio sconfisse l'Olanda per 11 a 10.

LA VITTORIA PIÙ SCHIACCIANTE AI MONDIALI DI KORFBALL

Il margine di vittoria più ampio in una finale di campionato del mondo di korfball è 23, ottenuto dall'Olanda sul Belgio per 34 a 11 nel 1999.

WORLD GAMES DI KORFBALL

L'Olanda detiene il primato per il maggior numero di titoli ai Giochi Mondiali di Korfball, con quattro vinti nel 1985, 1989, 1993 e 1997. L'Olanda è presente nell'albo d'oro di tutti i tornei disputati fino ad oggi.

sport con la palla 2

TITOLI OLIMPICI MASCHILI DI TENNIS DA TAVOLO
Liu Guoliang (Cina) vinse due medaglie d'oro alle Olimpiadi di Atlanta nel 1996, una nel singolo e una nel doppio (con Kong Linghui).

TITOLI OLIMPICI FEMMINILI DI TENNIS DA TAVOLO
Deng Yaping (Cina) ha vinto quattro titoli olimpici, cioè il singolo e il doppio femminile (con Qiao Hang) sia nel 1992 che nel 1996. Nel corso della sua carriera ha conquistato 18 titoli mondiali.

TITOLI MONDIALI MASCHILI DI TENNIS DA TAVOLO
Le nazionali maschili cinesi e ungheresi di ping pong hanno vinto il maggior numero di titoli in campionati mondiali di tennis da tavolo. Si sono aggiudicate entrambe l'ambita Coppa Swaythling per 12 volte. La Cina è stata vincitrice nel 1961, 1963, 1965, 1971, 1975, 1977, 1981, 1983, 1985, 1987, 1995 e 1997. L'Ungheria invece vanta vittorie più datate, nel 1926, 1928–31, due volte nel 1933 (quando furono disputati due tornei), nel 1935, 1938, 1949, 1952 e 1979.

TITOLI MONDIALI FEMMINILI DI TENNIS DA TAVOLO
La Cina ha conquistato il maggior numero di titoli mondiali femminili di tennis da tavolo, con 13 vittorie della Coppa Corbillon. La prima risale al 1965, seguita da otto successi consecutivi nelle edizioni biennali dal 1975 al 1989, e da ulteriori vittorie nel 1993, 1995, 1997 e 2000.

IL MAGGIOR NUMERO DI SCAMBI IN UN MINUTO NEL TENNIS DA TAVOLO
Il record di 173 scambi di palla regolamentari in 60 secondi è stato stabilito da Jackie Bellinger e Lisa Lomas (entrambe GB) al centro sportivo di Northgate, Suffolk, GB, il 7 febbraio 1993.

TITOLI MONDIALI MASCHILI A SQUADRE DI SQUASH
Il maggior numero di vittorie maschili a squadre è sei, riportate dall'Australia (1967, 1969, 1971, 1973, 1989 e 1991) e dal Pakistan (1977, 1981, 1983, 1985, 1987 e 1993).

TITOLI MONDIALI FEMMINILI A SQUADRE DI SQUASH
Anche il maggior numero di titoli femminili a squadre è sei, vinti dall'Australia nel 1981, 1983, 1992, 1994, 1996 e 1998.

TITOLI MONDIALI FEMMINILI DI SQUASH
Susan Devoy (Nuova Zelanda) ha vinto il maggior numero di titoli individuali ai campionati mondiali di squash, riportando quattro vittorie agli Open femminili nel 1985, 1987, 1990 e 1992.

LA SCHIACCIATA PIÙ VELOCE CON UN VOLANO
Nel corso di prove al Warwickshire Racquets and Health Club, Coventry, GB, il 5 novembre 1996, Simon Archer (GB) colpì un volano facendogli raggiungere la velocità di 260 chilometri orari.

TITOLI MONDIALI INDIVIDUALI DI BADMINTON
Quattro atleti cinesi hanno vinto due titoli individuali: nel singolare maschile, Yang Yang nel 1987 e 1989; nel singolare femminile, Li Lingwei nel 1983 e 1989, Han Aiping nel 1985 e 1987, e Ye Zhaoying nel 1995 e 1997.

TITOLI MONDIALI DI BADMINTON NEL DOPPIO
Park Joo-bong (Corea del Sud) ha vinto cinque volte i campionati mondiali di badminton, nel doppio maschile nel 1985 e 1991, e nel doppio misto nel 1985, 1989 e 1991.

TITOLI MONDIALI FEMMINILI DI BADMINTON A SQUADRE
Il campionato internazionale femminile o Uber Cup è stato vinto sette volte dalla Cina, nel 1984, 1986, 1988, 1990, 1992, 1998 e 2000.

L'INCONTRO DI BADMINTON PIÙ BREVE
All'Uber Cup di Hong Kong del 19 maggio 1996, Ra Kyung-min (Corea del Sud) ebbe la meglio su Julia Mann (GB) in sei minuti, vincendo le due partite con il punteggio di 11 a 2 e 11 a 1.

IL PUNTEGGIO PIÙ ALTO IN UNA PARTITA INTERNAZIONALE DI HOCKEY SU PRATO
La squadra maschile di hockey dell'India sconfisse gli Stati Uniti per 24 a 1, durante i Giochi Olimpici del 1932 in California, Usa. L'inarrestabile squadra indiana conquistò una serie ininterrotta di sei medaglie d'oro ai Giochi Olimpici fra il 1928 e il 1956. Durante le Olimpiadi del 1936, disputate a Berlino, Adolf Hitler rimase talmente colpito dall'abilità del capitano indiano Dhyan Chand che cercò di acquistarne la mazza.

IL MAGGIOR NUMERO DI PRESENZE INTERNAZIONALI NELL'HOCKEY SU PRATO (PRIMATO MASCHILE)
Dal suo debutto nel 1985 fino al gennaio 2001, Jaques Brinkman aveva giocato 337 partite nella nazionale olandese.

IL MAGGIOR NUMERO DI PRESENZE INTERNAZIONALI NELL'HOCKEY SU PRATO (PRIMATO FEMMINILE)
Karen Brown (GB) ha giocato a hockey a livello internazionale un numero record di 355 volte per l'Inghilterra e la Gran Bretagna dal 1984 al 1999.

TITOLI MONDIALI DI BADMINTON
L'Indonesia ha vinto il maggior numero di campionati mondiali di badminton. La squadra si è aggiudicata la Thomas Cup il numero record di 12 volte, nel 1958, 1961, 1964, 1970, 1973, 1976, 1979, 1984, 1994, 1996, 1998 e 2000, con Hendrawan (sopra) determinante nella conquista degli ultimi due trofei. La Coppa Thomas è così chiamata per via di Sir George Thomas, vincitore di 21 titoli in Inghilterra, che donò il trofeo nel 1940. Tuttavia la competizione ebbe inizio solo dopo la Seconda guerra mondiale, nel 1949. Inizialmente con cadenza triennale, a partire dal 1982 il torneo si disputa ogni due anni. Vi partecipano sei squadre, che giocano cinque incontri singoli e quattro doppi durante ogni torneo. Il badminton deve il nome alla Badminton House in Gran Bretagna, dove questo sport veniva praticato dalla famiglia del duca di Beaufort nel XIX secolo. Le sue origini risalgono direttamente a un gioco per bambini con racchetta e volano, e a un gioco simile praticato in Cina oltre 2000 anni fa.

www.guinnessworldrecords.com/badminton
ACCESS CODE: ‹45671›

IL GIOCATORE DI SQUASH PIÙ TITOLATO

Il pakistano Jahangir Khan (sopra) vinse sei titoli mondiali Open, dal 1981 al 1985 e nel 1988. È considerato il miglior giocatore nella storia dello squash. Figlio di Roshan Khan, vincitore dei British Open del 1956, Jahangir iniziò a giocare a squash a 10 anni e vinse il suo primo titolo mondiale tra i dilettanti all'età di 15 anni.

www.guinnessworldrecords.com/squash

ACCESS CODE: ‹44362›

HURLING IRLANDESE

Il record di vittorie ai campionati All-Ireland è 28, stabilito dalla squadra di Cork fra il 1890 e il 1999.

IL PUBBLICO PIÙ NUMEROSO A UNA PARTITA DI HURLING

Alla finale del campionato irlandese fra il Cork e il Wexford, al Croke Park di Dublino, nel 1954, erano presenti 84 865 spettatori.

IL TIRO DI HURLING PIÙ LUNGO

La maggior distanza raggiunta con un tiro di hurling è di 118 metri, per opera di Tom Murphy del Three Castles, Kilkenny, Irlanda, durante una gara "long puck" del 1906.

LA SQUADRA DI SHINTY PIÙ VITTORIOSA

Simile all'hurling, il gioco di origine scozzese dello shinty ha una propria squadra campione dei campioni. Il Newtonmore delle Highlands, GB, ha vinto la Camanachd Association Challenge Cup il numero record di 28 volte, fra il 1907 e il 1986.

I PUNTEGGI PIÙ ALTI IN INCONTRI MASCHILI DI LACROSSE

Il record in un incontro di Coppa del Mondo maschile è 34 a 3, punteggio con cui la Scozia sconfisse la Germania a Manchester, GB, il 25 luglio 1994. Il punteggio più alto in una partita di prima divisione della Coppa del Mondo fu ottenuto dagli Stati Uniti il 21 luglio 1994, con la vittoria per 33 a 2 sul Giappone a Manchester, GB.

I PUNTEGGI PIÙ ALTI IN INCONTRI FEMMINILI DI LACROSSE

Durante un tour degli Stati Uniti nel 1967, la squadra femminile di Gran Bretagna e Irlanda sconfisse la squadra americana di Long Island per 40 a 0.

TITOLI MONDIALI FEMMINILI DI LACROSSE

La squadra statunitense femminile ha vinto cinque titoli mondiali di lacrosse, nel 1974, 1982, 1989, 1993 e 1997.

TITOLI MONDIALI MASCHILI DI LACROSSE

Gli Stati Uniti hanno vinto sette degli otto campionati mondiali di lacrosse nel 1967, 1974, 1982, 1986, 1990, 1994 e 1998. Nel 1978, persero con il Canada per un punto (16 a 17).

www.guinnessworldrecords.com/hockey

HOCKEY FEMMINILE

Il record di vittorie femminili nell'Hockey Campions' Trophy appartiene all'Australia (a destra). La squadra ha conquistato il trofeo cinque volte, nel 1991, 1993, 1995, 1997 e nel 1999. Il torneo si disputa con cadenza biennale dal 1987, con le migliori sei squadre del mondo che si affrontano per conquistare l'ambita coppa.

ACCESS CODE: ‹45007›

sport con animali

VITTORIE ALLA TRE GIORNI DI BADMINTON

La Tre Giorni di Badminton è stata vinta sei volte da Lucinda Jane Green (nata Prior-Palmer, GB) su Be Fair (1973), Wide Awake (1976), George (1977), Killaire (1979), Regal Realm (1983) e Beagle Bay (1984).

L'ALLENATORE DI CAVALLI DI MAGGIOR SUCCESSO

Wayne Lukas (Usa) iniziò ad allenare cavalli a tempo pieno nel 1967. In tutta la sua carriera, Lukas totalizzò 177 milioni di dollari vinti dai suoi cavalli da corsa. Per quattro volte ricevette l'Eclipse Award dall'Associazione Nazionale Allenatori Purosangue da Corsa come miglior allenatore dell'anno. Le sue vincite per il 1988 ammontavano a 17842358 dollari, la somma più alta mai vinta da un allenatore in un anno.

IL CAVALLO PIÙ COSTOSO

Il 23 luglio 1985, Robert Sangster (GB) e soci pagarono 13,1 milioni di dollari per il puledro Seattle Dancer a Keeneland, Kentucky, Usa.

RECORD DI VELOCITÀ

Il primato di velocità in gara è di 69,62 chilometri orari (402 metri in 20,8 secondi), raggiunti da Big Racket il 5 febbraio 1945 a Città del Messico e da Onion Roll a Thistledown, Cleveland, Ohio, Usa, il 27 settembre 1993. Il record sul miglio e mezzo (2414 metri) è di 60,86 chilometri orari, stabilito dal tre anni Hawkster (con 54,9 chilogrammi) il 14 ottobre 1989 sulla pista di Santa Anita Park, Arcadia, California, Usa, in 2 minuti e 22,8 secondi.

FANTINO MILIARDARIO

Dal 1974 fino all'aprile 2000, il fantino Christopher McCarron (Usa, a sinistra) aveva vinto 236 milioni di dollari. McCarron considera la vittoria al Kentucky Derby con Alysheba come uno dei più grandi successi della sua carriera, assieme a quelli conseguiti su John Henry. Nel 1994 siglò la sua 6000ª vittoria all'Hollywood Park, California, Usa.

www.guinnessworldrecords.com/mccarron
ACCESS CODE: ‹55548›

RECORD DI SALTO IN ALTO

Il primato di salto in alto riconosciuto dalla Fédération Equestre Internationale è di 2,47 metri raggiunti da Huaso, cavalcato da Alberto Larraguibel Morales (Cile) a Viña del Mar, Santiago, Cile, il 5 febbraio 1949.

RECORD DI SALTO IN ALTO INDOOR

Il 9 giugno 1991, Optibeurs Leonardo, cavalcato da Franke Sloothaak (Germania) a Chaudefontaine, Svizzera, saltò 2,4 metri.

IL PUBBLICO PIÙ NUMEROSO A UN RODEO

Il National Finals Rodeo (Usa), organizzato dalla Professional Rodeo Cowboys Association (PRCA) e dalla Women's Professional Rodeo Association (WPRA) è il più grande del mondo. Le finali del 1991 furono seguite da 171414 spettatori.

IL TORO DA RODEO RIMASTO PIÙ A LUNGO IMBATTUTO

Il campione dei tori, Red Rock, tra il 1980 e il 1988 disarcionò 312 cowboy prima di arrendersi il 20 maggio 1988 a Lane Frost (campione del mondo 1987), rimasto in groppa fino allo scadere dei regolamentari otto secondi. Red Rock aveva abbandonato le gare ufficiali già nel 1987, ma continuava a intervenire come ospite speciale in varie manifestazioni.

IL PRIMO PREMIO PIÙ ALTO A UNA GARA DI LEVRIERI

Il premio più alto in una gara di levrieri è stato quello di 125000 dollari vinti da Ben G. Speedboat alla Great Greyhound Race of Champions di Seabrook, New Hampshire, Usa, il 23 agosto 1986.

IL LEVRIERO PIÙ VELOCE

Il primato di velocità in gara è di 67,32 chilometri orari (366 metri in 20 secondi), stabilito da Star Title il 5 marzo 1994 sulla pista di Wyong, Nuovo Galles del Sud, Australia.

IL SALTO PIÙ ALTO DI UN CANE

Il record canino di salto in alto, con superamento di una parete verticale di legno liscio, è di 3,72 metri. Il record è stato stabilito da Stag, un pastore irlandese di 18 mesi, alla fiera annuale della contea di Cotswold a Cirencester, GB, il 27 settembre 1993.

LA PIÙ LUNGA CORSA CON CANI DA SLITTA

La più lunga corsa con cani da slitta è la Berengia Trail, inaugurata su un percorso di 250 chilometri nel 1990 e poi disputata ogni anno sui 2000 chilometri tra Esso e Markovo, Russia. L'edizione del 1991 fu vinta da Pavel Lazarev (Russia) nel tempo record di 10 giorni, 18 ore, 17 minuti e 56 secondi, alla media di otto chilometri orari.

LA PIÙ ANTICA CORSA CON CANI DA SLITTA

La più antica gara con cani da slitta è la Iditarod Trail, che si disputa sulla distanza di 1688 chilometri da Anchorage a Nome, Alaska, Usa, dal 1910 e con frequenza annuale dal 1967. Il miglior tempo, 9 giorni, 58 minuti e 6 secondi, è stato stabilito da Doug Swingley (Usa) tra il 6 e il 14 marzo 2000, alla velocità media di otto chilometri orari.

IL VOLO PIÙ LUNGO DI UN PICCIONE

La maggior distanza coperta in volo da un piccione da competizione è di 41050 chilometri, percorsi in tutta la sua carriera agonistica fra il 1990 e il 1997 da Brazilian Beauty, un piccione appartenete a Robert Koch (Sudafrica).

IL PICCIONE PIÙ VALUTATO

Un piccione di quattro anni, vincitore della gara internazionale di Barcellona del 1992 e per l'occasione ribattezzato "Spirito Invincibile", è stato venduto per la cifra record di

SPORT DA RE... RE DELLO SPORT

Delle cinque edizioni dei campionati mondiali di polo finora disputate, tre sono state vinte dall'Argentina, che detiene il record di vittorie per nazioni. L'Argentina si affermò nel 1987 in Argentina, nel 1992 in Cile e nel 1998 negli Stati Uniti. I campionati del mondo si tengono ogni tre anni sotto l'auspicio della Federation of International Polo (FIP). Mariano Uranga (a sinistra) è stato membro della squadra argentina che ha partecipato alla Coppa del Mondo di Polo tenuta in Australia nel marzo 2001.

Il punteggio complessivo più alto in un incontro internazionale è stato 30, quando l'Argentina batté gli Stati Uniti 21 a 9 a Meadowbrook, Long Island, New York, Usa, nel settembre 1936.

www.guinnessworldrecords.com/polochamps
ACCESS CODE: ‹54456›

CORSE DI FURETTI

L'11 luglio 1999, durante il campionato North England Ferret Racing di Blythe, Northumberland, GB, un furetto albino di nome Warhol (sopra), di proprietà di Jacqui Adams (GB), corse i 10 metri nel tubo nel tempo record di 12,59 secondi, battendo alla sua prima gara 150 concorrenti. Al momento della gara, Warhol registrava un peso di 2,7 chilogrammi. I furetti appartengono alla famiglia delle donnole e presentano un corpo molto allungato, gambe corte e una coda lunga e folta.

www.guinnessworldrecords.com/ferret

ACCESS CODE: ‹53067›

160 000 dollari, pagati dalla Louella Pigeon World (GB) a Martin Biemans (Olanda) nel luglio 1992.

CORSE DI CHIOCCIOLE

Il campionato mondiale di corsa di chiocciole si svolge ogni anno a luglio a Congham, Norfolk, GB, su un campo di gara circolare di 33 centimetri presso la chiesa di St Andrew. La gara si svolge dal centro al bordo del cerchio. I concorrenti devono superare diverse batterie di qualificazione per selezionare i finalisti tra gli oltre 150 partecipanti a ogni gara. Il campione assoluto rimane Archie, appartenente a Carl Bramham, che nel 1995 tagliò il traguardo in 2 minuti e 20 secondi. Come tutti i grandi campioni delle corse, è stato destinato alla riproduzione in un campo di cavoli.

www.guinnessworldrecords.com/camelfight

CAMMELLI DA COMBATTIMENTO

All'edizione del 1994 della lotta di cammelli di Selçuk, Turchia, assistette il numeri record di 20 000 spettatori. La lotta fra cammelli (sotto) è una delle più antiche forme di intrattenimento in Turchia. Un cammello maschio viene portato nell'arena, di fronte a una femmina. Come rituale di corteggiamento, il maschio si butta subito a terra e si dibatte davanti alla femmina. A questo punto la femmina viene portata via e sostituita con un altro maschio, il che scatena una battaglia per il possesso della femmina. Dato l'alto valore dei cammelli, gli animali indossano museruole per evitare danni reciproci troppo gravi. I cammelli da combattimento si chiamano *tulu* e derivano dall'incrocio di due razze.

Il proprietario del cammello vincitore ottiene un premio di 60 dollari e un tappeto. Ci sono circa 1200 cammelli in Turchia e questo sport viene praticato in molte zone costiere della Turchia, dal Mar di Marmara al Mediterraneo.

ACCESS CODE: ‹56083›

lotta e arti marziali

IL PUBBLICO PIÙ NUMEROSO A UN INCONTRO DI PUGILATO

Il primato di spettatori paganti per un match di pugilato è di 132 274 presenti allo stadio Azteca di Città del Messico il 20 febbraio 1993 per assistere a quattro combattimenti per il titolo mondiale, tra cui quello per il titolo WBC dei superleggeri difeso con successo da Julio César Chàvez (Messico) contro Greg Haugen (Usa).

Il primato di spettatori non paganti è di 135 132 per il match tra Tony Zale e Billy Pryor (Usa) al Juneau Park di Milwaukee, Wisconsin, Usa, il 16 agosto 1941.

IL PUBBLICO MENO NUMEROSO A UN INCONTRO DI PUGILATO

All'incontro per il titolo mondiale dei pesi massimi tra Cassius Clay (Muhammad Ali) contro Sonny Liston (entrambi Usa) svoltosi il 25 maggio 1965 a Lewiston, Maine, Usa, erano presenti solo 2343 spettatori.

TITOLI MONDIALI MASCHILI DI JUDO

Il francese David Douillet ha vinto sei titoli tra mondiali e olimpici: oltre 95 kg (1993, 1995, 1997), Open (1995), Olimpiadi oltre 95 kg (1996) e oltre 100 kg (2000). Yasuhiro Yamashita (Giappone), detentore di nove titoli giapponesi consecutivi tra il 1977 e il 1985, ha vinto cinque titoli mondiali e olimpici: oltre 95 kg (1979, 1981 e 1983), Open (1981) e Open olimpici (1984). Si ritirò imbattuto nel 1985 dopo 203 vittorie consecutive.

LOTTA GRECO-ROMANA

Aleksandr Karelin (Russia, a sinistra), uno studente di letteratura, opera e balletto, cominciò a praticare la lotta all'età di 13 anni, arrivando rapidamente al successo e conquistando il titolo mondiale juniores nel 1987. Dall'anno successivo fino al 1999 Karelin inanellò una serie di 12 titoli mondiali nella categoria sotto i 130 kg che non ha precedenti nella storia della lotta greco-romana, vincendo nello stesso tempo la medaglia d'oro alle Olimpiadi di Seul, Barcellona e Atlanta. Ha anche sviluppato personalmente una tecnica particolare per mettere gli avversari al tappeto.

www.guinnessworldrecords.com/karelin
ACCESS CODE: ‹44189›

TITOLI OLIMPICI DI JUDO

Il maggior numero di medaglie d'oro maschili è due, vinte da: Wilhelm Ruska, Olanda (oltre 93 kg e Open nel 1972); Peter Seisenbacher, Austria (86 kg nel 1984 e 1988); Hitoshi Saito, Giappone (oltre 95 kg nel 1984 e 1988); Waldemar Legien, Polonia 78 kg nel 1988 e 86 kg nel 1992); David Douillet, Francia (oltre 95 kg nel 1996 e oltre 100 kg nel 2000); e Tadahiro Nomura, Giappone (60 kg nel 1996 e nel 2000).

TITOLI MONDIALI FEMMINILI DI JUDO

La belga Ingrid Berghmans ha vinto sei titoli mondiali femminili: Open nel 1980, 1982, 1984 e 1986, e sotto i 72 kg nel 1984 e 1989.

ATTERRAMENTI DI JUDO IN 10 ORE

Il 30 maggio 1998, Patrick Hurley e Tony Cox (GB), del Club Leeds Central Aikido, eseguirono 46 261 manovre di atterramento di judo e aikido in 10 ore all'Aireborough Leisure Centre di Leeds, GB.

L'INCONTRO DI SUMO PERSO NEL MODO PIÙ INCONSUETO

Il 13 maggio 2000, in un torneo al Kokugikan, Sumida-ku, Tokyo, Giappone, il *sandanme rikishi* Asanokiri (Giappone) perse l'incontro contro Chiyohakuho (Giappone) per scioglimento del *mawashi*, cioè del perizoma costituito da una striscia di tessuto lunga circa otto metri e più volte avvolta intorno al corpo. In 83 anni dall'introduzione della norma relativa, non era mai successo che un incontro si concludesse in questo modo. Il combattimento fu interrotto da un giudice che aveva scorto i genitali scoperti di Asanokiri.

L'ATLETA VIVENTE PIÙ PESANTE

L'atleta vivente più pesante del mondo è il lottatore di sumo Emmanuel "Manny" Yarborough (Usa), alto 2,03 metri per 319 chilogrammi di peso.

IL CALCIO PIÙ ALTO NELLE ARTI MARZIALI

USA

Il calcio più alto nelle arti marziali è stato sferrato all'altezza di 2,94 metri da Jessie Frankson (Usa), che colpì un bersaglio facendo esplodere un palloncino il 21 dicembre 2000.

RECORD DI IMBATTIBILITÀ NEL PUGILATO

Fino a marzo 2001, Ricardo López (Messico, a sinistra) non aveva mai subito sconfitte in tutta la sua carriera da professionista, con 48 vittorie e un pareggio in 49 incontri disputati in 16 anni e 8 mesi. Nessun altro pugile è stato in grado di rimanere imbattuto per un periodo di tempo così lungo.

Joe Louis (Usa) è il campione mondiale rimasto in carica per il periodo più lungo. Il suo record nei pesi massimi di 11 anni e 252 giorni di imbattibilità vale per tutte le categorie. Alla sua morte, nel 1981, era considerato uno dei più grandi pugili della storia. Tony Canzoneri (Usa) è stato campione del mondo dei pesi leggeri per soli 33 giorni, dal 21 maggio al 23 giugno 1933.

www.guinnessworldrecords.com/ricardolopez
ACCESS CODE: ‹52552›

www.guinnessworldrecords.com/chyna

ACCESS CODE: ‹56478›

LA LOTTATRICE PIÙ RICCA
I maggiori guadagni di una lottatrice in un anno, secondo la rivista *Forbes*, sono costituiti dal milione di dollari accumulato da "Chyna" (a destra) nel 2000. Il vero nome di Chyna è Joanie Laurer (Usa). Nata il 27 dicembre 1971, iniziò a 15 anni a dedicarsi al sollevamento pesi e nel 1995 prese ad allenarsi sotto la direzione di Walter "Killer" Kowalski. Lottatrice professionista della World Wrestling Federation (WWF) dal 1997, è stata la prima donna nella storia di questo sport ad aver portato a termine il Royal Rumble Match nel 1999. Nello stesso anno diventò la prima campionessa intercontinentale oltre a essere votata come Diva del WWF dell'anno dai propri sostenitori. Al di fuori del ring, è apparsa tre volte nel programma *Rock from the Sun* della NBC. Nel settembre 2000 fu presentato il video *Chyna Fitness: More than Meets the Eye* e nel 2001 il libro autobiografico *If Only They Knew.*

TITOLI MONDIALI DI KICKBOXING
Don "Dragon" Wilson (Usa) ha vinto 11 titoli mondiali in tre diverse categorie di peso e in sei diverse associazioni (WKA, STAR, KICK, ISKA, PKO e IKF).

IL MAGGIOR NUMERO DI LASTRE DI CEMENTO SPEZZATE IN UN MINUTO SE
Il 3 febbraio 2001, Mikael Bigersson (Svezia) spezzò 21 blocchi di cemento a mani nude in un minuto a Stoccolma, Svezia. Le lastre (60 x 20 x 7 cm) erano poste in pile di uno, due, tre, quattro, cinque e infine sei elementi.

IL MAGGIOR NUMERO DI LASTRE DI CEMENTO SPEZZATE SOPRA L'INGUINE USA
Il 12 agosto 1998, due lastre di cemento appoggiate sulla zona inguinale di Cliff Flenoy (Usa) furono spezzate con una mazza da un altro esperto di arti marziali a Los Angeles, California, Usa.

IL PUBBLICO PIÙ NUMEROSO A UN TORNEO DI KARATE
La Sabaki Challenge è il torneo per eccellenza di karate "full-contact" a mani nude degli Stati Uniti, seguito in media da un pubblico dal vivo di 7500 spettatori e da milioni di telespettatori in tutto il mondo.

IL MAGGIOR NUMERO DI LASTRE DI VETRO ROTTE USA
Con un solo colpo di karate, il 12 marzo 2001, Maurice Elmalem (Usa) frantumò 50 lastre di vetro (10 x 38 x 0,4 cm) a Los Angeles, Usa. Le lastre erano state distanziate con barrette di pochi millimetri di spessore.

LA CAMMINATA TAI-CHI PIÙ LENTA
Il tempo più lungo impiegato per percorrere 10 metri praticando il tai-chi è 54 minuti e 30 secondi da parte di Ken Poole nella gara SlowDown ShowDown di Toronto, Canada, il 6 febbraio 1999.

L'INCONTRO PIÙ VELOCE DI KARATE KUMITE 100
Il 22 marzo 1995, Francisco Alves Filho (Brasile) sconfisse 100 avversari consecutivi in incontri "full-contact" in 3 ore e 8 minuti. Filho riportò 26 vittorie per Ippon (punteggio pieno), 50 per giudizio e 24 pareggi, senza nessuna sconfitta. Il Kumite con 100 avversari è la prova più impegnativa di karate *kyokushin* ed è tipica di questa disciplina. Gli incontri di lotta "full-contact" con i 100 avversari devono durare almeno due minuti ognuno e il finire a terra per più di cinque secondi causa la sconfitta, anche se si verifica nell'ultimo dei 100 confronti.

GUINNESS WORLD RECORDS

ginnastica e pesi

FLESSIONI SULLE BRACCIA IN UN MINUTO
Il 25 luglio 2000, il sergente Paul Dean (GB) dei Royal Marines effettuò 116 flessioni in un minuto presso la Marine Training Base di Lympstone, Devon, GB.

RECORD DI FLESSIONI ALLE PARALLELE IN UN'ORA
Il 5 settembre 1998, Simon Kent (GB) effettuò 3989 flessioni alle parallele presso il Farrahs Health Centre di Lincoln, GB.

IL MIGLIO PIÙ VELOCE A CAPRIOLE
Il 25 novembre 2000, Ashrita Furman percorse 1600 metri eseguendo capriole in avanti in 19 minuti e 11 secondi sulla Victory Field Track del Forest Park, New York, Usa.

SALTI MORTALI CONSECUTIVI
Il 30 aprile 1986, Ashrita Furman effettuò 8341 salti mortali in avanti lungo i 19,6 chilometri tra Lexington e Charleston, Massachusetts, Usa, in 10 ore e 30 minuti.

IL MAGGIOR NUMERO DI RUOTE IN UN MINUTO
Il maggior numero di ruote complete eseguite in un minuto è 48, record stabilito da Brianna Schroeder (Usa) presso la GymCarolina Gymnastics Academy di Raleigh, Carolina del Nord, Usa, il 1° novembre 1997.

I 50 METRI PIÙ VELOCI CON SALTI MORTALI ALL'INDIETRO
Il bielorusso Vitaliy Scherbo percorse 50 metri in 10,22 secondi il 31 agosto 1995 al Makuhar Messe Event Hall di Chiba, Giappone, con salti mortali all'indietro.

ROTAZIONI AL CAVALLO CON MANIGLIE
Il 27 novembre 1993, Tyler Farstad (Canada) completò 97 rotazioni consecutive con due gambe al cavallo con maniglie a Surrey, Columbia Britannica, Canada.

SQUAT IN UN'ORA
Il record per il numero di squat in un'ora è 3743, stabilito da Paddy Doyle (GB) alla palestra Stamina Boxing Kickboxing di Erdington, Birmingham, GB, il 4 maggio 1998.

VOLTEGGI IN UN'ORA
Il 2 dicembre 1999, un gruppo di 10 ginnaste della squadra di ginnastica artistica Blue Falcons della Chelmer Valley High School di Chelmsford, Essex, GB, completò il numero record di 4095 volteggi in un'ora (6,8 volteggi ciascuna al minuto).

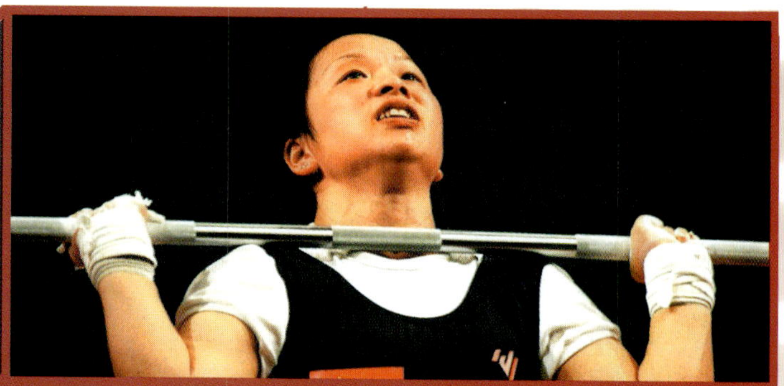

SOLLEVAMENTO PESI FEMMINILE
Il record per il maggior peso sollevato da una donna nella categoria 53 kg nella prova di strappo è di 100 chilogrammi, stabilito da Yang Xia (Cina, sopra) ai Giochi Olimpici di Sydney, Australia, il 18 settembre 2000. Nello stesso giorno Yang conquistò anche il record mondiale e olimpico di slancio con 125 chilogrammi. Dai record in entrambe le prove consegue inevitabilmente anche quello per il peso totale, con 225 chilogrammi. Yang Xia si aggiudicò quindi in un solo giorno tre medaglie d'oro olimpiche e altrettanti record mondiali.

www.guinnessworldrecords.com/barred
ACCESS CODE: ‹51810›

LA PIÙ GIOVANE GINNASTA INTERNAZIONALE
La greca Pasakevi Voula Kouna aveva 9 anni e 299 giorni all'inizio dei Giochi dei Balcani, disputati a Serres, Grecia, il 1° ottobre 1981.

MEDAGLIE OLIMPICHE DI GINNASTICA FEMMINILE
Tra il 1956 e il 1964, la sovietica Larisa Latynina vinse 18 medaglie (nove d'oro, cinque d'argento e quattro di bronzo): un primato per qualsiasi disciplina olimpica.

MEDAGLIE OLIMPICHE DI GINNASTICA MASCHILE
Il primato maschile spetta al sovietico Nikolai Andrianov con 15 medaglie (sette d'oro, cinque d'argento e tre di bronzo) vinte tra il 1972 e il 1980.

MEDAGLIE D'ORO OLIMPICHE INDIVIDUALI
Due ginnasti sovietici hanno vinto sei medaglie d'oro individuali: Boris Shakhlin ne vinse una nel 1956, quattro (di cui due a pari merito) nel 1960 e una nel 1964; Nikolay Yefimovich Andrianov ne vinse una nel 1972, quattro nel 1976 e una nel 1980.

RECORD DI SOLLEVAMENTO IN 24 ORE
Un peso complessivo di 3 137 904 chilogrammi fu sollevato da una squadra di 10 atleti allo Sports and Leisure Centre di Pontefract, GB, fra il 3 e il 4 maggio 1997.

Il record individuale di sollevamento in 24 ore è di 455 677,5 chilogrammi, stabilito da Steph Smit al Warren's Health Club di Pietermaritzburg, Sudafrica, fra il 13 e il 14 settembre 1997. In questo tipo di prova, l'atleta deve sollevare il bilanciere dal

IL MAGGIOR NUMERO DI TITOLI MONDIALI DI GINNASTICA RITMICA
Il maggior numero di titoli assoluti individuali è tre, vinti da due ginnaste bulgare: Maria Petrova (a sinistra) nel 1993, 1994 e 1995 (a pari merito) e Maria Gigova nel 1969, 1971 e 1973 (a pari merito). La competizione prevede che ogni concorrente si esibisca in almeno quattro delle cinque discipline di ginnastica ritmica, palla, nastro, cerchio, clavette e fune, ricevendo una votazione individuale in ciascuna disciplina.

Il record femminile di medaglie d'oro individuali spetta alla cecoslovacca Vera Caslavska-Odlozil con sette: tre vinte nel 1964 a Tokyo e quattro (una a pari merito) nel 1968 in Messico.

www.guinnessworldrecords.com/rhythmicgym
ACCESS CODE: ‹45037›

pavimento e riportarsi in posizione eretta. Non è richiesto di portare la sbarra al di sopra della testa né all'altezza delle spalle e le braccia possono rimanere diritte verso il basso.

SOLLEVAMENTO DI UN PESO MULTIPLO DEL PROPRIO
Nel 1985, Lamar Gant (Usa) sollevò un peso di 299,5 chilogrammi, pari a cinque volte il proprio peso corporeo (59,5 chilogrammi).

Cammie Lynn Lusko (Usa) è l'unica donna ad aver sollevato più del proprio peso con una mano sola. Il 21 maggio 1983, la Lusko sollevò 59,5 chilogrammi a Milwaukee, Wisconsin, Usa, quando lei stessa pesava 58,3 chilogrammi.

IL MAGGIOR PESO SOLLEVATO CON IL DITO MIGNOLO
Il record di sollevamento con un mignolo è di 89,6 chilogrammi, stabilito da Barry Anderson (GB) il 14 ottobre 2000 presso il Bass Museum di Burton-upon Trent, Staffordshire, GB. Barry sollevò il peso con il mignolo della mano destra gareggiando nella divisione Masters (concorrenti fra i 65 e i 69 anni di età) della classe di peso 100 chilogrammi.

www.guinnessworldrecords.com/weights

ORI OLIMPICI DI SOLLEVAMENTO PESI
Il maggior numero di medaglie d'oro olimpiche è tre, vinte da Pyrros Dimas (Grecia, destra), e da Naim Suleymanoglü (Turchia). Dimas ha conquistato l'oro a Barcellona nella categoria 82,5 kg (1992), ad Atlanta nella categoria 83 kg (1996) e a Sydney nella categoria 85 kg (2000).

SOLLEVAMENTI DEL CORPO ALLA SBARRA IN UN'ORA
Il maggior numero di sollevamenti del corpo su una sbarra da ginnastica (da sospensione in verticale alla distensione in orizzontale sulla sbarra) in un'ora è 493, record stabilito da Tomasz Szanca (Polonia) a Szczecin, Polonia, il 23 maggio 1999.

SOLLEVAMENTI ALLA PANCA IN 24 ORE
Il record di peso alla panca è di 4 748 283 chilogrammi, stabilito da una squadra di nove uomini allo Sports and Leisure Centre di Pontefract, GB, fra l'11 e il 12 aprile 1998.

TITOLI MONDIALI NEL SOLLEVAMENTO PESI
Il primato femminile è di sette titoli mondiali, vinti da Natalia Rumyantseva (Urss) negli 82,5 chilogrammi dal 1993 al 1999.

RESISTENZA CON LA SCHIENA AL MURO
Rajkumar Chakraborty, India, rimase in posizione seduta appoggiato con la schiena a un muro senza altri sostegni per 11 ore e 5 minuti al Panposh Sports Hostel di Rourkela, India, il 22 aprile 1994.

ACCESS CODE: ‹44205›

GUINNESS WORLD RECORDS

tutti i numeri dello sport

BASEBALL

AL - American League
NL - National League

IL LANCIO PIÙ LUNGO DI UNA DONNA

90,2 m, Mildred Ella Zaharias (Usa), 25 luglio 1931

WORLD SERIES

PUNTI BATTUTI A CASA

6, Robert Richardson (New York AL), 8 ottobre 1960

SERIE GIOCATE DA UN LANCIATORE

Partita: 11, Whitey Ford (New York AL), 1950–64

IL MAGGIOR NUMERO DI STRIKEOUT

Partita: 17, Robert Gibson (St Louis NL), 2 ottobre 1968

PERFECT GAME (9 INNING)

Donald James Larsen (New York AL) contro Brooklyn, 8 ottobre 1956

PREMI MVP

2, Sandy Koufax (Los Angeles NL, 1963, 1965); Bob Gibson (St Louis NL, 1964, 1967); e Reggie Jackson (Oakland AL, 1973, New York AL, 1977)

MAJOR LEAGUE RECORD DI LANCIO

NO-HIT

Carriera: 7, Nolan Ryan, 1973–91

SHUTOUT

110, Walter Johnson (Washington AL), 1907–27

PARTITE VINTE

Consecutive: 24, Carl Owen Hubbell (New York Giants), 1936–37
Stagione: 60, Hoss Radbourn (Providence NL), 1884
Carriera: 511, Cy Young (Cleveland NL, St Louis NL, Boston AL, Cleveland AL, Boston NL), 1890–1911

TOTALE INNING

7356, Cy Young (Cleveland NL, St Louis NL, Boston AL, Cleveland AL, Boston NL), 1890–1911

MAJOR LEAGUE RECORD DI BATTUTA

PUNTI BATTUTI A CASA

Inning: 7, Edward Cartwright (St Louis AL), 23 settembre 1890
Stagione: 191, Lewis Robert Hack Wilson (Chicago NL), 1930
Carriera: 2297, Henry Hank Aaron, 1954–76

PUNTI

Stagione: 196, William Robert Hamilton (Philadelphia NL), 1894
Carriera: 2245, Tyrus Raymond Ty Cobb, 1905–28

IL MAGGIOR NUMERO DI BASI

Partita: 12, James Bottomley (St Louis NL), 16 settembre 1924; Mark Whiten (St Louis NL), 7 settembre 1993
Carriera: 6856, Henry Hank Aaron, 1954–76

FOOTBALL AMERICANO

SUPER BOWL

FIELD GOAL

Partita: 4, Don Chandler (Green Bay Packers), 1968; e Ray Wersching (San Francisco 49ers), 1982
Carriera: 5, Ray Wersching (San Francisco 49ers), 1982–85

PASSAGGI COMPLETATI

Partita: 31, Jim Kelly (Buffalo Bills), 1994
Carriera: 83, Joe Montana (San Francisco 49ers), 1982, 1985, 1989–90

PASSAGGI INTERCETTATI

Partita: 11, Dan Ross (Cincinnati Bengals), 1982; e Jerry Rice (San Francisco 49ers), 1989
Carriera: 28, Jerry Rice (San Francisco 49ers), 1989–90, 1995

I PUNTEGGI PIÙ ALTI

Partita: 18, Roger Craig (San Francisco 49ers), 1985; Jerry Rice (San Francisco 49ers), 1990, 1995; Ricky Watters (San Francisco 49ers), 1995; e Terrell Davis (Denver Broncos), 1998
Carriera: 42, Jerry Rice (San Francisco 49ers), 1989–90, 1995

PREMI MOST VALUABLE PLAYER

3, Joe Montana (San Francisco 49ers), 1982, 1985, 1990

PASSAGGI IN META

Partita: 6, Steve Young (San Francisco 49ers), 1995
Carriera: 11, Joe Montana (San Francisco 49ers), 1982, 1985, 1989–90

METE

Partita: 3, Roger Craig (San Francisco 49ers), 1985; Jerry Rice (San Francisco 49ers), 1990, 1995; Ricky Watters (San Francisco 49ers), 1995; e Terrell Davis (Denver Broncos), 1998

IARDE SU PASSAGGIO

Partita: 414, Kurt Warner (St Louis Rams), 30 Jan 2000
Carriera: 1142, Joe Montana (San Francisco 49ers), 1982, 1985, 1989–90

IARDE IN RICEZIONE

Partita: 215, Jerry Rice (San Francisco 49ers), 1989

IARDE IN CORSA

Partita: 204, Timmy Smith (Washington Redskins), 1988
Carriera: 354, Franco Harris (Pittsburgh Steelers), 1975–76, 1979–80

RECORD NFL

IARDE TOTALI

Stagione: 2535, Lionel James (San Diego Chargers), 1985
Carriera: 21 803, Walter Payton (Chicago Bears), 1975–87

FIELD GOALS

Stagione: 39, Olindo Mare (Miami Dolphins), 1999
Carriera: 461, Gary Anderson, Pittsburgh Steelers (1982–94), Philadelphia Eagles (1995–96), San Francisco 49ers (1997), Minnesota Vikings (1999–2000)

PASSAGGI COMPLETATI

Stagione: 404, Warren Moon (Houston Oilers), 1991
Carriera: 4967, Dan Marino (Miami Dolphins), 1983–2000

PASSAGGI RICEVUTI

Stagione: 123, Herman Moore (Detroit Lions), 1995
Carriera: 1281, Jerry Rice (San Francisco 49ers), 1985–2000

I PUNTEGGI PIÙ ALTI
Stagione: 176, Paul Hornung (Green Bay Packers), 1960
Carriera: 2059, Gary Anderson, Pittsburgh Steelers (1982–94), Philadelphia Eagles (1995–96), San Francisco 49ers (1997), Minnesota Vikings (1999–2000)

PASSAGGI IN META
Stagione: 48, Dan Marino (Miami Dolphins), 1984
Carriera: 420, Dan Marino (Miami Dolphins), 1983–99

METE
Carriera: 180, Jerry Rice (San Francisco 49ers), 1985–99

IARDE GUADAGNATE SU PASSAGGIO
Stagione: 5084, Dan Marino (Miami Dolphins), 1984
Carriera: 61 631, Dan Marino (Miami Dolphins), 1983–99

IARDE GUADAGNATE IN RICEZIONE
Stagione: 1848, Jerry Rice (San Francisco 49ers), 1995
Carriera: 19 247, Jerry Rice (San Francisco 49ers), 1985–2000

IARDE GUADAGNATE IN CORSA
Stagione: 2105, Eric Dickerson (Los Angeles Rams), 1984
Carriera: 16 726, Walter Payton (Chicago Bears), 1975–87

PALLACANESTRO

NBA – National Basketball Association

LA MEDIA DI PUNTI PIÙ ALTA
Carriera NBA play-off: 33,4 (5987 punti in 179 partite), Michael Jordan, Chicago Bulls, 1984–98
Stagione NBA: 50,4 punti a partita, Wilt Chamberlain, Philadelphia Warriors, 1961/62

CANESTRI SU AZIONE
Partita NBA: 36, Wilt Chamberlain, Philadelphia Warriors, 2 marzo 1962
Stagione NBA: 1597, Wilt Chamberlain, Philadelphia Warriors, 1961/62

IL PUNTEGGIO PIÙ ALTO REALIZZATO DA UNA SQUADRA
NBA (in un quarto): 58, Buffalo Braves, 20 ottobre 1972
NBA (in un tempo): 107, Phoenix Suns, 11 novembre 1990
NBA (in una partita): 186, Detroit Pistons, 13 dicembre 1983

TIRI LIBERI REALIZZATI
partita NBA: 29, Wilt Chamberlain, Philadelphia Warriors, 2 marzo 1962; e Adrian Dantley, Utah Jazz, 5 gennaio 1984

MARGINE DI VITTORIA

Partita NBA: 68 punti (148–80), Cleveland Cavaliers, 17 dicembre 1991

MINUTI GIOCATI

Carriera NBA: 57 446 min, Kareem Abdul-Jabbar (Usa), Milwaukee Bucks (1969–75) e Los Angeles Lakers (1975–89)

PRESENZE AI PLAY-OFF (NBA)

Carriera: 237, Kareem Abdul-Jabbar (Usa), Milwaukee Bucks (1969–75) e Los Angeles Lakers (1975–89)

GOLF

TITOLI VINTI AI PRINCIPALI TORNEI

British Amateur: 8, John Ball (GB), 1888, 1890, 1892, 1894, 1899, 1907, 1910, 1912

US Amateur: 5, Bobby Jones Jr (Usa), 1924, 1925, 1927, 1928, 1930

US Amateur femminili: 6, Glenna Vare (Usa), 1922, 1925, 1928–30, 1935

US Open femminili: 4, Betsy Earle-Rawls (Usa), 1951, 1953, 1957, 1960; e Mickey Wright (Usa), 1958, 1959, 1961, 1964

PUNTEGGI

US Open, 18 buche: qualsiasi round 63, Johnny Miller (Usa), 17 giugno 1973; Jack Nicklaus (Usa), 12 giugno 1980; e Tom Weiskopf (Usa), 12 giugno 1980

US Open, 72 buche: 272, Jack Nicklaus (Usa), 63, 71, 70, 68, 12–15 giugno 1980; Lee Janzen (Usa), 67, 67, 69, 69, 17–20 giugno 1993; e Tiger Woods (Usa), 65, 69, 71, 67, 13–16 giugno 2000

Open, 18 buche: qualsiasi round 63, Mark Hayes (Usa), 7 luglio 1977; Isao Aoki (Giappone), 19 luglio 1980; Greg Norman (Australia), 18 luglio 1986; Paul Broadhurst (GB), 21 luglio 1990; Jodie Mudd (Usa), 21 luglio 1991; Nick Faldo (GB), 16 luglio 1993; e Payne Stewart (Usa), 18 luglio 1993.

Open, 72 buche: 267 (66, 68, 69, 64), Greg Norman (Australia), 15–18 luglio 1993

US Masters, 18 buche: qualsiasi round 63, Nick Price (Zimbabwe), 1986; e Greg Norman (Australia), 1996

US Masters, 72 buche: 270 (70, 66, 65, 69), Tiger Woods, 1997

US PGA, 18 buche: 63, Bruce Crampton (Australia), 1975; Raymond Floyd (Usa), 1982; Gary Player (Sudafrica), 1984; Vijay Singh (Figi), 1993; Michael Bradley (Usa), 1995; Brad Faxon (Usa), 1995; e José Maria Olazábal (Spagna), 2000

US PGA, 72 buche: 267, Steve Elkington (Australia), 68, 67, 68, 64, 1995; e Colin Montgomerie (GB), 68, 67, 67, 65, 1995

TENNIS

RECORD DI ETÀ

I CAMPIONI PIÙ GIOVANI

Open di Francia, doppio: 15 anni e 339 giorni, Andrea Jaeger e 16 anni e 296 giorni, Jimmy Arias (entrambi Usa), 1981

Open di Francia, singolare: 16 anni e 169 giorni, Monica Seles (Jugoslavia, ora Usa), 1990

Open di Francia, singolare maschile: 17 anni e 109 giorni, Michael Chang (Usa), 1989

Open d'Australia, singolare femminile: 16 anni e 117 giorni, Martina Hingis (Svizzera), 1997
Open d'Australia, singolare maschile: 17 anni, Rodney Heath (Australia), 1905
Wimbledon: 15 anni e 282 giorni, Martina Hingis (Svizzera), nel doppio con Helena Sukova, 1996
Wimbledon, singolare femminile: 15 anni e 285 giorni, Charlotte Dod (GB), 1887

Wimbledon, uomini: 17 anni e 227 giorni, Boris Becker (Germania Ovest), 1985
US Open: 15 anni e 139 giorni, Vincent Richards (Usa), 1918 (doppio maschile)
US Open, singolare femminile: 16 anni e 271 giorni, Tracey Austin (Usa), 1979
US Open, singolare maschile: 19 anni e 28 giorni, Pete Sampras (Usa), 1990

I NUMERO UNO PIÙ GIOVANI

Donne: 16 anni e 182 giorni, Martina Hingis (Svizzera), 31 marzo 1997
Uomini: 20 anni e 234 giorni, Marat Mikhailovich Safin (Russia), 17 settembre 2000

WIMBLEDON

Match vinto: 14 anni e 89 giorni, Jennifer Capriati (Usa), 1990

I CAMPIONI PIÙ VECCHI

Open di Francia: 42 anni e 88 giorni, Elizabeth Ryan (Usa), 1934 (doppio femminile)
Open di Francia, singolare: 34 anni e 301 giorni, Andrés Gimeno (Spagna), 1972
Open d'Australia: 46 anni e 60 giorni, Norman Everard Brookes (Australia), 1924 (doppio maschile)
Open d'Australia, singolare: 37 anni e 62 giorni, Kenneth Robert Rosewall (Australia), 1972

GRANDE SLAM

COPPIE VINCITRICI NEL DOPPIO

Donne: 20 (12 negli Usa, 5 a Wimbledon, 3 in Francia), Althea Louise Brough (Usa) e Margaret Evelyn du Pont (nata Osborne, Usa), 1942–57; e Martina Navratilova (Usa) e Pam Shriver (Usa), 7 in Australia, 5 a Wimbledon, 4 in Francia, 4 negli Usa, 1981–89

Uomini: 12, (5 a Wimbledon, 4 in Australia, 2 in Francia, 1 negli Usa), John Newcombe (Australia) e Tony Roche (Australia), 1965, 1976

ATP TOUR

VITTORIE

Doppio: 7, John McEnroe e Peter Fleming (entrambi Usa), 1978–84
Singolare: 5, Ivan Lendl (Repubblica Ceca), 1982, 1983, 1986, 1987

QUALIFICAZIONI

ATP tour: 16 (14 consecutive), Jimmy Connors (Usa), 1972–85, 1987, 1988

ATLETICA

RECORD INDOOR FEMMINILI

50 M

5.96, Irina Privalova (Russia), Madrid, Spagna, 9 febbraio 1995

50-M OSTACOLI

6.58, Cornelia Oschkenat (DDR), Berlino, Germania, 20 febbraio 1988

60 M

6.92, Irina Privalova (Russia), Madrid, Spagna, 11 febbraio 1993 e 9 febbraio 1995

60-M OSTACOLI

7.9, Lyudmila Narozhilenko (Russia), Chelyabinsk, Russia, 4 febbraio 1993

200 M

21.87, Merlene Ottey (Giamaica), Liévin, Francia, 13 febbraio 1993

400 M

49.59, Jarmila Kratochvilova (Cecoslovacchia), Milano, 7 marzo 1982

800 M

1:56.40, Christine Wachtel (DDR), Vienna, Austria, 13 febbraio 1988

1000 M

2:30.94, Maria Mutola (Mozambico), Stoccolma, Svezia, 25 febbraio 1999

1500 M
4:00.27, Doina Melinte (Romania), East Rutherford, NJ, Usa, 9 feb 1990

1 MIGLIO
4:17.14, Doina Melinte (Romania), East Rutherford, NJ, Usa, 9 feb 1990

3000 M
8:32.88, Gabriela Szabo (Romania), Birmingham, GB, 18 feb 2001

5000 M
14:47.36, Gabriela Szabo (Romania), Dortmund, Germania, 13 feb 1999

4 X 200-M STAFFETTA
1:32.55, SC Eintracht Hamm, Germania Ovest (Helga Arendt, Silke-Beate Knoll, Mechthild Kluth, Gisela Kinzel), Dortmund, Germania, 19 feb 1988; LG Olympia Dortmund, Germania (Esther Moller, Gabi Rockmeier, Birgit Rockmeier, Andrea Phillip), Karlsruhe, Germania, 21 feb 1999

4 X 400-M STAFFETTA
3:24.25, Russia (Tatyana Chebykina, Svetlana Goncharenko, Olga Kotlyarova, Natalya Nazarova), Maebashi, Giappone, 7 marzo 1999

3000-M MARCIA
11:40.33, Claudia Iovan (Romania), Bucharest, Romania, 30 gennaio 1999

PENTATHLON
4991 punti, Irina Belova (Russia), Berlino, Germania, 14–15 febbraio 1992, **60-m ostacoli:** 8.22; **salto in alto:** 1,93 m; **lancio del peso:** 13,25 m; **salto in lungo:** 6,67 m; **800 m:** 2:10.26

SALTO IN LUNGO
7,37 m, Heike Drechsler (DDR), Vienna, Austria, 13 febbraio 1988

SALTO TRIPLO
15,16 m, Ashia Hansen (GB), Valencia, Spagna, 28 febbraio 1998

SALTO IN ALTO
2,07 m, Heike Henkel (Germania), Karlsruhe, Germania, 9 febbraio 1992

SALTO CON L'ASTA
4,70 m, Stacy Dragila (Usa), Pocatello, Idaho, USA, 17 febbraio 2001

LANCIO DEL PESO
22,50 m, Helena Fibingerová (Cecoslovacchia), Jablonec, Cecoslovacchia, 19 febbraio 1977

RECORD INDOOR MASCHILI

50 M
5.56, Donovan Bailey (Canada), Reno, Usa, 9 febbraio 1996; e Maurice Greene (Usa), Los Angeles, Usa, 13 febbraio 1999

50-M OSTACOLI
6.25, Mark McCoy (Canada), Kobe, Giappone, 5 marzo 1986

60 M
6.39, Maurice Greene (Usa), Madrid, Spagna, 3 febbraio 1998 e 3 marzo 2001

60-M OSTACOLI
7.30, Colin Jackson (GB), Sindelfingen, Germania, 6 marzo 1994

200 M
19.92, Frank Fredericks (Namibia), Liévin, Francia, 18 febbraio 1996

400 M
44.63, Michael Johnson (Usa), Atlanta, Usa, 4 marzo 1995

800 M
1:42.67, Wilson Kipketer (Danimarca), Parigi, Francia, 9 marzo 1997

1000 M
2:14.96, Wilson Kipketer (Danimarca), Birmingham, GB, 20 febbraio 2000

1500 M
3:31.18, Hicham El Guerrouj (Marocco), Stoccarda, Germania, 2 febbraio 1997

1 MIGLIO
3:48.46, Hicham El Guerrouj (Marocco), Ghent, Belgio, 12 febbraio 1997

3000 M
7:24.90, Daniel Komen (Kenya), Budapest, Ungheria, 6 febbraio 1998

5000 M
12:50.38, Haile Gebrselassie (Etiopia), Birmingham, GB, 14 febbraio 1999

4 X 200-M STAFFETTA
1:22.11, Gran Bretagna (Linford Christie, Darren Braithwaite, Ade Mafe, John Regis), Glasgow, Scozia, GB, 3 marzo 1991

4 X 400-M STAFFETTA
3:02.83, Usa (Andre Morris, Dameon Johnson, Deon Minor, Milton Campbell), Maebashi, Giappone, 7 marzo 1999

5000-M MARCIA
18:07.08, Mikhail Shchennikov (Russia), Mosca, Russia, 14 febbraio 1995

HEPTATHLON
6476 punti, Dan Dion O'Brien (Usa), Toronto, Canada, 13–14 marzo 1993. **60 m:** 6,67; **salto in lungo:** 7,84 m; **lancio del peso:** 16,02 m; **salto in alto:** 2,13 m; **60-m ostacoli:** 7.85; **salto con l'asta:** 5,20 m; **1000 m:** 2:57.96

SALTO IN LUNGO
8,79 m, Carl Lewis (Usa), New York, Usa, 27 gennaio 1984

SALTO TRIPLO
17,83 m, Aliecer Urrutia (Cuba), Sindelfingen, Germania, 1º marzo 1997

SALTO IN ALTO
2,43 m, Javier Sotomayor (Cuba), Budapest, Ungheria, 4 marzo 1989

SALTO CON L'ASTA
6,15 m, Sergei Bubka (Ucraina), Donetsk, Ucraina, 21 febbraio 1993

LANCIO DEL PESO
22,66 m Randy Barnes (Usa), Los Angeles, Usa, 20 gennaio 1989

RECORD FEMMINILI OUTDOOR

100 M
10.49, Florence Griffith-Joyner (Usa), Indianapolis, Usa, 16 luglio 1988

100-M OSTACOLI
12.21, Yordanka Donkova (Bulgaria), Stara Zagora, Bulgaria, 20 ago 1988

200 M
21.34, Florence Griffith-Joyner (Usa), Seul, Corea del Sud, 29 settembre 1988

400 M
47,60, Marita Koch (DDR), Canberra, Australia, 6 ottobre 1985

400-M OSTACOLI
52.61, Kim Batten (Usa), Gothenburg, Svezia, 11 agosto 1995

800 M
1:53.28, Jarmila Kratochvilova (Cecoslovacchia), Monaco, Germania, 26 luglio 1983

1000 M
2:28.98, Svetlana Masterkova (Russia), Bruxelles, Belgio, 23 agosto 1996

1500 M
3:50.46, Qu Yunxia (Cina), Pechino, 11 settembre 1993

1 MIGLIO
4:12.56, Svetlana Masterkova (Russia), Zurigo, Svizzera, 14 agosto 1996

2000 M
5:25.36, Sonia O'Sullivan (Irlanda), Edimburgo, Scozia, GB, 8 luglio 1994

3000 M
8:06.11, Wang Junxia (Cina), Pechino, Cina, 13 settembre 1993

3000-M SIEPI
9:40.20, Cristina Iloc-Casandra (Romania), Reims, Francia, 30 agosto 2000

5000 M
14:28.09, Jiang Bo (Cina), Pechino, Cina, 23 ottobre 1997

10 000 M
29:31.78, Wang Junxia (Cina), Pechino, Cina, 8 settembre 1993

1 ORA
18 340 m, Tegla Loroupe (Kenya), Borgholzhausen, Germania, 7 agosto 1998

20 000 M
1h05:26.6, Tegla Loroupe (Kenya), Borgholzhausen, Germania, 3 settembre 2000

25 000 M
1h29:29.2, Karolina Szabo (Ungheria), Budapest, Ungheria, 23 aprile 1988

30 000 M
1h47:05.6, Karolina Szabo (Ungheria), Budapest, Ungheria, 23 aprile 1988

4 X 100 M STAFFETTA
41.37, Repubblica Democratica Tedesca (Silke Gladisch, Sabine Rieger, Ingrid Auerswald, Marlies Gohr), Canberra, Australia, 6 ottobre 1985

4 X 200 M STAFFETTA
1:27.46, Stati Uniti (LaTasha Jenkins, Chryste Gaines, Nanceen Perry, Torri Edwards), Philadelphia, Usa, 29 aprile 2000

4 X 400 M STAFFETTA
3:15.17, Urss (Tatyana Ledovskaya, Olga Nazarova, Maria Pinigina, Olga Bryzgina), Seul, Corea del Sud, 1º ottobre 1988

4 X 800 M STAFFETTA
7:50.17, Urss (Nadezhda Olizarenko, Lyubov Gurina, Lyudmila Borisova, Irina Podyalovskaya), Mosca, Russia, 5 agosto 1984

HEPTATHLON
7291 punti, Jacqueline Joyner-Kersee (Usa), Seul, Corea del Sud, 23–24 settembre 1988
100-m ostacoli: 12.69; **salto in alto:** 1,86 metri; **lancio del peso:** 15,80 m; **200 m:** 22.56; **salto in lungo:** 7,27 m; **lancio del giavellotto:** 45,66 m; **800 m:** 2:08.51

SALTO IN LUNGO
7,52 m, Galina Chistyakova (Urss), Leningrado, Urss, 11 giugno 1988

SALTO TRIPLO
15,50 m, Inessa Kravets (Ucraina), Gothenburg, Svezia, 10 agosto 1995

SALTO IN ALTO
2,09 m, Stefka Kostadinova (Bulgaria), Roma, 30 agosto 1987

SALTO CON L'ASTA
4,70 m, Stacy Dragila (Usa), Pocatello, Usa, 27 aprile 2001

LANCIO DEL PESO
22,63 m, Natalya Lisovskaya (Urss), Mosca, Russia, 7 giugno 1987

LANCIO DEL DISCO
76,80 m, Gabriele Reinsch (Repubblica Democratica Tedesca), Neubrandenburg, Germania, 9 luglio 1988

LANCIO DEL MARTELLO
76,07 m, Mihaela Melinte (Romania), Rüdlingen, Germania, 29 agosto 1999

LANCIO DEL GIAVELLOTTO
69,48 m, Trine Solberg-Hattestad (Norvegia), Oslo, Norvegia, 28 luglio 2000

RECORD MASCHILI OUTDOOR

100 M
9.79, Maurice Greene (Usa), Atene, Grecia, 16 giugno 1999

110-M OSTACOLI
12.91, Colin Jackson (GB), Stoccarda, Germania, 20 agosto 1993

200 M
19.32, Michael Johnson (Usa), Atlanta, Georgia, Usa, 1° agosto 1996

400 M
43.18, Michael Johnson (Usa), Seville, Spagna, 26 agosto 1999

400-M OSTACOLI
46.78, Kevin Young (Usa), Barcellona, Spagna, 6 agosto 1992

800 M
1:41.11, Wilson Kipketer (Danimarca), Colonia, Germania, 24 agosto 1997

1000 M
2:11.96, Noah Ngeny (Kenya), Rieti, 5 settembre 1999

1500 M
3:26.00, Hicham El Guerrouj (Marocco), Roma, 14 luglio 1998

1 MIGLIO
3:43.13, Hicham El Guerrouj (Marroco), Roma, 7 luglio 1999

2000 M
4:44.79, Hicham El Guerrouj (Marocco), Berlino, Germania, 7 settembre 1999

3000 M
7:20.67, Daniel Komen (Kenya), Rieti, 1° settembre 1996

3000-M SIEPI
7:55.72, Bernard Barmasai (Kenya), Colonia, Germania, 24 agosto 1997

5000 M
12:39.36, Haile Gebrselassie (Etiopia), Helsinki, Finlandia, 13 giugno 1998

10 000 M
26:22.75, Haile Gebrselassie (Etiopia), Hengelo, Olanda, 1° giugno 1998

20 000 M
56:55.6, Arturo Barrios (Messico, ora Usa), La Flèche, Francia, 30 marzo 1991

1 ORA
21 101 m, Arturo Barrios (Messico, ora USA), La Flèche, Francia, 30 marzo 1991

25 000 M
1h13:55.8, Toshihiko Seko (Giappone), Christchurch, Nuova Zelanda, 22 marzo 1981

30 000 M
1h29:18.8, Toshihiko Seko (Giappone), Christchurch, Nuova Zelanda, 22 marzo 1981

4 X 100 M STAFFETTA
37.40, Usa (Michael Marsh, Leroy Burrell, Dennis A Mitchell, Carl Lewis), Barcellona, Spagna, 8 agosto 1992; Usa (John Drummond Jr, Andre Cason, Dennis Mitchell, Leroy Burrell), Stoccarda, Germania, 21 agosto 1993

4 X 200 M STAFFETTA
1:18.68, Santa Monica Track Club, USA (Michael Marsh, Leroy Burrell, Floyd Wayne Heard, Carl Lewis), Walnut, CA, Usa, 17 aprile 1994

4 X 400 M STAFFETTA
2:54.20, Usa (Jerome Young, Antonio Pettigrew, Tyree Washington, Michael Duane Johnson), New York, Usa, 23 luglio 1998

4 X 800 M STAFFETTA
7:03.89, Gran Bretagna (Peter Elliott, Garry Peter Cook, Stephen Cram, Sebastian Coe), Londra, GB, 30 agosto 1982

4 X 1500 M STAFFETTA
14:38.8, Germania Ovest (Thomas Wessinghage, Harald Hudak, Michael Lederer, Karl Fleschen), Colonia, Germania, 17 agosto 1977

DECATHLON
9026 punti, Roman Sebrle (Repubblica Ceca), Götzis, Austria, 26–27 maggio 2001

1º giorno

100 m: 10.64; **salto in lungo:** 8,11 m; **lancio del peso:** 15,33 m; **salto in alto:** 2,12 m; **400 m:** 47.79

2º giorno

110-m ostacoli: 13.92; **lancio del disco:** 47,92 m; **salto con l'asta:** 4,80 m; **lancio del giavellotto:** 70,16 m; **1500 m:** 4:21.98

SALTO IN LUNGO
8,95 m (29 ft 4.5 in), Mike Powell (Usa), Tokyo, Giappone, 30 agosto 1991

SALTO TRIPLO
18,29 m, Jonathan Edwards (GB), Gothenburg, Svezia, 7 agosto 1995

SALTO IN ALTO
2,45 m, Javier Sotomayor (Cuba), Salamanca, Spagna, 27 luglio 1993

SALTO CON L'ASTA
6,14 m, Sergei Bubka (Ucraina), Sestriere, 31 luglio 1994

LANCIO DEL PESO
23,12 m, Randy Barnes (Usa), Los Angeles, Usa, 20 maggio 1990

LANCIO DEL DISCO
74,08 m, Jürgen Schult (Repubblica Democratica Tedesca), Neubrandenburg, Germania, 6 giugno 1986

LANCIO DEL MARTELLO
86,74 m, Yuriy Sedykh (Urss, ora Russia), Stoccarda, Germania, 30 agosto 1986

LANCIO DEL GIAVELLOTTO
98,48 m, Jan Zelezný (Repubblica Ceca), Jena, Germania, 25 maggio 1996

CICLISMO SU PISTA

RECORD MONDIALI FEMMINILI

PARTENZA DA FERMO
500 m: 34.017, Felicia Ballanger (Francia), Bogotá, Columbia, 29 settembre 1995
3 km: 3:30.816, Leontien Zijlaard-van Moorsel (Olanda), Sydney, Australia, 17 settembre 2000

PARTENZA LANCIATA
200 m: 10.831, Olga Slyusareva (Russia), Mosca, Russia, 25 aprile 1993

RECORD MONDIALI MASCHILI

PARTENZA DA FERMO
1 km: 1:00.148, Arnaud Tournant (Francia), Città del Messico, Messico, 16 giugno 2000
4 km: 4:11.114, Chris Boardman (GB), Manchester, GB, 29 agosto 1996

PARTENZA LANCIATA
200 m: 9.865, Curtis Harnett (Canada), Bogotá, Columbia, 28 settembre 1995
500 m: 26.649, Aleksandr Kiritchenko (Urss), Mosca, Russia, 29 ottobre 1988

INSEGUIMENTO A SQUADRE
4 km: 3:59.710 Germania (Robert Bartko, Guido Fulst, Jens Lehmann, Daniel Becke), Sydney, Australia, 19 settembre 2000

SCI

RECORD FEMMINILI

TITOLI OLIMPICI
Alpino: 3, Vreni Schneider (Svizzera) slalom gigante, slalom 1988 e slalom 1994; Katja Seizinger (Germania), discesa 1994, combinata e discesa 1998;
Deborah Compagnoni (Italia), slalom supergigante 1992, slalom gigante 1994 e slalom gigante 1998
Nordico: 6, Lyubov Yegorova (Russia), 10 km, 15 km, 4 x 5 km 1992; 5 km, 10 km, 4 x 5 km 1994

TITOLI MONDIALI DI SCI ALPINO
Assoluto: 6, Annemarie Moser-Pröll (Austria), 1971–75, 1979
Discesa: 7, Annemarie Moser-Pröll (Austria), 1971–75, 1978–79
Slalom: 6, Vreni Schneider (Svizzera), 1989–90, 1992–95
Slalom gigante: 5, Vreni Schneider (Svizzera), 1986–87, 1989, 1991, 1995
Slalom supergigante: 5, Katja Seizinger (Germania), 1993–96, 1998

TITOLI MONDIALI DI SCI NORDICO
Fondo: 4, Yelena Välbe (Urss/Russia), 1989, 1991–92, 1995

RECORD MASCHILI

TITOLI OLIMPICI
Alpino: 3, Anton 'Toni' Sailer (Austria), discesa, slalom, slalom gigante, 1956; Jean-Claude Killy (Francia), discesa, slalom, slalom gigante, 1968;
Alberto Tomba (Italia) slalom, slalom gigante 1988, slalom gigante 1992
Nordico: 8, Bjørn Dæhlie (Norvegia), 15 km, 50 km, 4 x 10 km, 1992; 10 km, 15 km, 1994; 10 km, 5 km, 4 x 10 km, 1998
Salto: 4, Matti Nykänen (Finlandia), 70 m, 1988; 90 m, 1984, 1988; a squadre 1988

TITOLI MONDIALI DI SCI ALPINO
Assoluto: 5, Marc Girardelli (Lussemburgo), 1985–86, 1989, 1991, 1993
Discesa: 5, Franz Klammer (Austria), 1975–78, 1983
Slalom: 8, Ingemar Stenmark (Svezia), 1975–81, 1983
Slalom gigante: 7, Ingemar Stenmark (Svezia), 1975–76, 1978–81, 1984
Slalom supergigante: 4, Pirmin Zurbriggen (Svizzera), 1987–90

TITOLI MONDIALI DI SCI NORDICO
Salto: 4, Matti Nykänen (Finlandia), 1983, 1985–86, 1988
Fondo: 5, Gunde Svan (Svezia), 1984–86, 1988–89; Bjørn Dæhlie (Norvegia), 1992–93, 1995–97

PATTINAGGIO DI VELOCITÀ

RECORD FEMMINILI

500 m: 37.29, Catriona LeMay Doan (Canada), Salt Lake City, Usa, 9 marzo 2001
1000 m: 1:14.13, Monique Garbrecht-Enfeldt (Germania), Salt Lake City, Usa, 10 marzo 2001
1500 m: 1:54.38, Anni Friesinger (Germania), Calgary, Canada, 4 marzo 2001
3000 m: 3:59.26, Claudia Pechstein (Germania), Calgary, Canada, 2 marzo 2001
5000 m: 6:52.44, Gunda Niemann-Stirnemann (Germania), Salt Lake City, Usa, 10 marzo 2001

IL MIGLIOR PUNTEGGIO AI MONDIALI
161,479 punti, Gunda Niemann-Stirnemann (Germania), Hamar, Norvegia, 6–7 febbraio 1999

PISTA CORTA
500 m: 43.873, Evgenia Radanova (Bulgaria), Lake Placid, New York, Usa, 18 febbraio 2000
1000 m: 1:31.991 Yang Yang (China), Nagano, Giappone, 21 febbraio 1998
1500 m: 2:25.146, Evgenia Radanova (Bulgaria), Szekesfehervar, Ungheria, 6 novembre 1998
3000 m: 5:01.976, Eun-kyung Choi (Corea del Sud), Calgary, Canada, 22 ottobre 2000
3000-m staffetta: 4:16.260, Corea del Sud (An Sang-mi, Chun Lee-kyung, Kim Yun-mi, Won Hye-kyung), Nagano, Giappone, 17 febbraio 1998

RECORD MASCHILI
500 m: 34.32, Hiroyasu Shimizu (Giappone), Salt Lake City, Usa, 10 marzo 2001
1000 m: 1:08.28, Jeremy Wotherspoon (Canada), Salt Lake City, Usa, 11 marzo 2001
1500 m: 1:45.20, Kyu-Hyuk Lee (Corea del Sud), Calgary, Canada, 15 marzo 2001
3000 m: 3:42.75, Gianni Romme (Olanda), Calgary, Canada, 11 agosto 2000
5000 m: 6:18.72, Gianni Romme (Olanda), Nagano, Giappone, 30 gennaio 2000
10000 m: 13:03.40, Gianni Romme (Olanda), Heerenveen, Olanda, 26 novembre 2000

IL MIGLIOR PUNTEGGIO AI MONDIALI
152,651 punti Rintje Ritsma (Olanda), Hamar, Norvegia, 6–7 febbraio 1999

PISTA CORTA
500 m: 41.938, Nicola Franceschina (Italia), Bormio, 29 marzo 1998
1000 m: 1:28.23, Marc Gagnon (Canada), Seul, Corea del Sud, 4 aprile 1997
1500 m: 2:15.50, Kai Feng (Cina), Groningen, Olanda, 11 novembre 1997
3000 m: 4:46.727, Kim Dong-sung (Corea del Sud), Szekesfehervar, Ungheria, 8 novembre 1998
5000-m staffetta: 6:49.618, Corea del Sud, Chang Chun, Cina, 5 dicembre 1999

PATTINAGGIO ARTISTICO

GRANDE SLAM
Il Grande Slam comprende i titoli europeo, mondiale e olimpico.

IL MAGGIOR NUMERO DI GRANDI SLAM
Donne: 2, Sonja Henie (Norvegia), 1932, 1936; e Katarina Witt (Germania Ovest), 1984, 1988
Uomini: 2, Karl Schäfer (Austria), 1932, 1936

CAMPIONATI DEL MONDO

TITOLI
Titoli individuali femminili: 10, Sonja Henie (Norvegia), 1927–36
Titoli individuali maschili: 10, Ulrich Salchow (Svezia), 1901–05, 1907–11

Titoli mondiali a coppie: 10, Irina Rodnina (4 con Aleksey Nikolayevich Ulanov, 1969–72; 6 con Aleksandr Gennadyevich Zaitsev, 1973–78)
Titoli nella danza a coppie: 6, Lyudmila Alekseyevna Pakhomova e il marito Aleksandr Georgiyevich Gorshkov (Urss), 1970–74, 1976

LA CAMPIONESSA MONDIALE PIÙ GIOVANE
Titolo individuale: 14 anni e 286 giorni, Tara Lipinski (Usa), 22 marzo 1997

RECORD DI GARA

I PUNTEGGI PIÙ ALTI
Donne: 7 sei, Midori Ito (Giappone), Mondiali di Parigi, Francia, 1989
Uomini: 7 sei, Donald George Jackson (Canada), Praga, Cecoslovacchia, 1962
Coppia (danza): 29 sei, Jayne Torvill e Christopher Dean (entrambi GB), Ottawa, Canada, 22–24 marzo 1984

NUOTO

RECORD FEMMINILI IN VASCA CORTA

DORSO
50 m: 27.25, Haley Cope (Usa), Indianapolis, Usa, 7 marzo 2000
100 m: 58.45, Mia Nakamura (Giappone), Sagamihara, Giappone, 23 marzo 2001
200 m: 2:06.09, He Cihong (Cina), Palma di Majorca, Spagna, 5 dicembre 1993

RANA
50 m: 30.60, Penny Heyns (Sudafrica), Durban, Sudafrica, 26 settembre 1999
100 m: 1:05.40, Penny Heyns (Sudafrica), Durban, Sudafrica, 26 settembre 1999
200 m: 2:19.25, Hiu Qi (Cina), Parigi, Francia, 28 gennaio 2001

FARFALLA
50 m: 25.36, Anne-Karin Kammerling, (Svezia), Stoccolma, Svezia, 25 gennaio 2001

100 m: 56.56, Jenny Thompson (Usa), Atene, Grecia, 18 marzo 2000
200 m: 2:04.16, Susan O'Neill (Australia), Sydney, Australia, 18 gennaio 2000

STILE LIBERO
50 m: 23.59, Therese Alshammar (Svezia), Atene, Grecia, 18 marzo 2000
100 m: 52.17, Therese Alshammar (Svezia), Atene, Grecia, 17 marzo 2000
200 m: 1:54.17, Claudia Poll (Costa Rica), Gothenburg, Svezia, 18 aprile 1997
400 m: 4:00.03, Claudia Poll (Costa Rica), Gothenburg, Svezia, 19 aprile 1997
800 m: 8:15.34, Astrid Strauss (DDR), Bonn, Germania, 6 febbraio 1987
1500 m: 15:43.31, Petra Schneider (DDR), Gainesville, Florida, Usa, 10 gennaio 1982
4 x 50 m staffetta: 1:38.21, Svezia (Annika Lofstedt, Therese Alshammar, Johanna Sjöberg, Anna-Karin Kammerling), Valencia, Spagna, 15 dicembre 2000

4 x 100 m staffetta: 3:34.55, Cina (Le Jingyi, Na Chao, Shan Ying, Nian Yin), Gothenburg, Svezia, 19 aprile 1997
4 x 200 m staffetta: 7:49.11, Gran Bretagna (Claire Huddart, Nicola Jackson, Karen Legg, Karen Pickering), Atene, Grecia, 16 marzo 2000

MISTI
100 m: 59.30, Jenny Thompson (Usa), Hong Kong, 2 aprile 1999
200 m: 2:07.79, Allison Wagner (Usa), Palma di Majorca, Spagna, 5 dicembre 1993
400 m: 4:29.00, Dai Gouhong (Cina), Palma di Majorca, Spagna, 2 dicembre 1993
4 x 50 m staffetta: 1:48.31, Svezia (Therese Alshammar, Emma Igelström, Anna-Karin Kammerling, Johanna Sjöberg), Valencia, Spagna, 16 dicembre 2001
4 x 100 m staffetta: 3:57.46, Università della Georgia, Usa (Courtney Shealy, Kristy Kowal, Keegan Walkley, Maritza Correia), Indianapolis, Usa, 16 marzo 2000

RECORD MASCHILI IN VASCA CORTA

DORSO
50 m: 23.42, Neil Walker (Usa), Atene, Grecia, 16 marzo 2000
100 m: 50.75, Neil Walker (Usa), Atene, Grecia, 19 marzo 2000
200 m: 1:51.62, Matt Welsh (Australia), Melbourne, Australia, 13 ottobre 2000; e Gordon Kozulj (Croazia), Berlino, Germania, 21 gennaio 2001

RANA
50 m: 26.70, Mark Warnecke (Germania), Sheffield, GB, 11 dicembre 1998
100 m: 57.66, Ed Moses (Usa), Minneapolis, Usa, 24 marzo 2000
200 m: 2:06.40, Ed Moses (Usa), Minneapolis, Usa, 25 marzo 2000

FARFALLA
50 m: 22.87, Mark Foster (GB), Sheffield, GB, 17 gennaio 2001
100 m: 50.44, Lars Frolander (Svezia), Atene, Grecia, 17 marzo 2000
200 m: 1:51.58, Franck Esposito (Francia), Antibes, Francia, 13 gennaio 2001

STILE LIBERO
50 m: 21.13, Mark Foster (GB), Parigi, Francia, 28 gennaio 2001
100 m: 46.74 sec, Aleksandr Popov (Russia), Gelsenkirchen, Germania, 19 marzo 1994
200 m: 1:41.10, Ian Thorpe (Australia), Berlino, Germania, 5 febbraio 2000
400 m: 3:35.01, Grant Hackett (Australia), Hong Kong, 2 aprile 1999
800 m: 7:34.90, Kieren Perkins (Australia), Sydney, Australia, 25 luglio 1993
1500 m: 14:19.55, Grant Hackett (Australia), Sydney, Australia, 27 settembre 1998
4 x 50 m staffetta: 1:26.78, Usa (Bryan Jones, Matt Ulricksson, Robert Bogart, Leffie Crawford), Minneapolis, Usa, 23 marzo 2000
4 x 100 m staffetta: 3:09.57, Svezia (Johan Nystrom, Lars Frolander, Mattias Ohlin, Stefan Nystrand), Atene, Grecia, 16 marzo 2000
4 x 200 m staffetta: 7:01.33, Usa (Josh Davis, Neil Walker, Scott Tucker, Chad Carvin), Atene, Grecia, 17 marzo 2000

MISTI
100 m: 52.79, Neil Walker (Usa), Atene, Grecia, 18 marzo 2000
200 m: 1:54.65, Jani Sievinen (Finlandia), Kuopio, Finlandia, 21 gennaio 1994; e Atilla Czene (Ungheria), Minneapolis, Usa, 23 marzo 2000

400 m: 4:04.24, Matthew Dunn (Australia), Perth, Australia, 24 settembre 1998
4 x 50 m staffetta: 1:35.51, Germania (Thomas Rupprath, Mark Warnecke, Alexander Luderitz, Stephane Kunzelmann) e Svezia (Daniel Carlsson, Patrik Isaksson, Jonas Akesson, Lars Frolande), Sheffield, GB, 13 dicembre 1998
4 x 100 m staffetta: 3:29.88, Australia (Matt Welsh, Phil Rogers, Michael Klim, Chris Fydler), Hong Kong, 4 aprile 1999

RECORD FEMMINILI IN VASCA LUNGA

DORSO
50 m: 28.25, Sandra Voelker (Germania), Berlino, Germania, 17 giugno 2000
100 m: 1:00.16, He Cihong (Cina), Roma, 10 settembre 1994
200 m: 2:06.62, Krisztina Egerszegi (Ungheria), Atene, Grecia, 25 agosto 1991

RANA
50 m: 30.83, Penny Heyns (Sudafrica), Sydney, Australia, 28 agosto 1999
100 m: 1:06.52, Penny Heyns (Sudafrica), Sydney, Australia, 23 agosto 1999
200 m: 2:22.99, Hiu Qi (Cina), Hangzhou, Cina, 3 aprile 2001

FARFALLA
50 m: 25.64, Inge de Bruijn (Olanda), Sheffield, GB, 26 maggio 2000
100 m: 56.61, Inge de Bruijn (Olanda), Sydney, Australia, 17 settembre 2000
200 m: 2:05.81, Susan O'Neill (Australia), Sydney, Australia, 17 maggio 2000

STILE LIBERO
50 m: 24.32, Inge de Bruijn (Olanda), Sydney, Australia, 23 settembre 2000
100 m: 53.77, Inge de Bruijn (Olanda), Sydney, Australia, 20 settembre 2000
200 m: 1:56.78, Franziska van Almsick (Germania), Roma, 6 settembre 1994

400 m: 4:03.85, Janet Evans (Usa), Seul, Corea del Sud, 22 settembre 1988
800 m: 8:16.22, Janet Evans (Usa), Tokyo, Giappone, 20 agosto 1989
1500 m: 15:52.10, Janet Evans (Usa), Orlando, Usa, 26 marzo 1988
4 x 100 m staffetta: 3:36.61, Usa (Amy van Dyken, Dara Torres, Courtney Shealy, Jenny Thompson), Sydney, Australia, 16 settembre 2000
4 x 200 m staffetta: 7:55.47, Germania Ovest (Manuela Stellmach, Astrid Strauss, Anke Möhring, Heike Friedrich), Strasburgo, Francia, 18 agosto 1987

MISTI
200 m: 2:09.72, Wu Yanyan (Cina), Shanghai, Cina, 17 ottobre 1997
400 m: 4:33.59 Yana Klochkova (Ucraina), Sydney, Australia, 16 settembre 2000
4 x 100 m staffetta: 3:58.30, Usa (Megan Quann, Jenny Thompson, BJ Bedford, Dara Torres), Sydney, Australia, 23 settembre 2000

RECORD MASCHILI IN VASCA LUNGA

DORSO
50 m: 24.99, Lenny Krayzelburg (Usa), Sydney, Australia, 28 agosto 1999
100 m: 53.60, Lenny Krayzelburg (Usa), Sydney, Australia, 24 agosto 1999
200 m: 1:55.87, Lenny Krayzelburg (Usa), Sydney, Australia, 27 agosto 1999

RANA
50 m: 27.39, Ed Moses (Usa), Austin, Usa, 31 marzo 2001
100 m: 1:00.29, Ed Moses (Usa), Austin, Usa, 28 marzo 2001
200 m: 2:10.16, Mike Barrowman (Usa), Barcellona, Spagna, 29 luglio 1992

FARFALLA
50 m: 23.60, Geoff Huegill (Australia), Sydney, Australia, 14 maggio 2000
100 m: 51.81, Michael Klim (Australia), Canberra, Australia, 12 dicembre 1999
200 m: 1:54.92, Michael Phelps (Usa), Austin, Usa, 30 marzo 2001

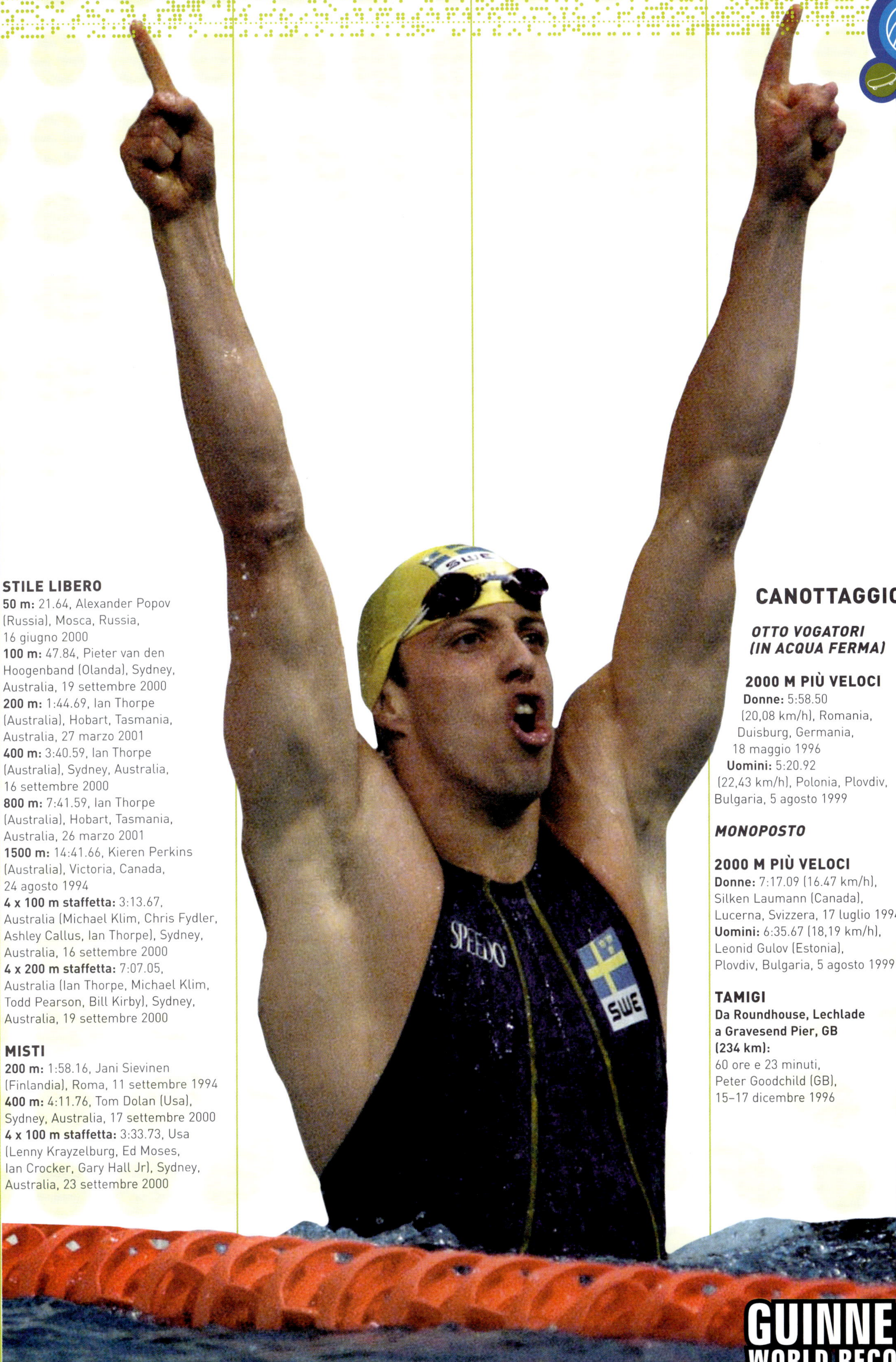

STILE LIBERO

50 m: 21.64, Alexander Popov (Russia), Mosca, Russia, 16 giugno 2000
100 m: 47.84, Pieter van den Hoogenband (Olanda), Sydney, Australia, 19 settembre 2000
200 m: 1:44.69, Ian Thorpe (Australia), Hobart, Tasmania, Australia, 27 marzo 2001
400 m: 3:40.59, Ian Thorpe (Australia), Sydney, Australia, 16 settembre 2000
800 m: 7:41.59, Ian Thorpe (Australia), Hobart, Tasmania, Australia, 26 marzo 2001
1500 m: 14:41.66, Kieren Perkins (Australia), Victoria, Canada, 24 agosto 1994
4 x 100 m staffetta: 3:13.67, Australia (Michael Klim, Chris Fydler, Ashley Callus, Ian Thorpe), Sydney, Australia, 16 settembre 2000
4 x 200 m staffetta: 7:07.05, Australia (Ian Thorpe, Michael Klim, Todd Pearson, Bill Kirby), Sydney, Australia, 19 settembre 2000

MISTI

200 m: 1:58.16, Jani Sievinen (Finlandia), Roma, 11 settembre 1994
400 m: 4:11.76, Tom Dolan (Usa), Sydney, Australia, 17 settembre 2000
4 x 100 m staffetta: 3:33.73, Usa (Lenny Krayzelburg, Ed Moses, Ian Crocker, Gary Hall Jr), Sydney, Australia, 23 settembre 2000

CANOTTAGGIO

OTTO VOGATORI (IN ACQUA FERMA)

2000 M PIÙ VELOCI

Donne: 5:58.50 (20,08 km/h), Romania, Duisburg, Germania, 18 maggio 1996
Uomini: 5:20.92 (22,43 km/h), Polonia, Plovdiv, Bulgaria, 5 agosto 1999

MONOPOSTO

2000 M PIÙ VELOCI

Donne: 7:17.09 (16.47 km/h), Silken Laumann (Canada), Lucerna, Svizzera, 17 luglio 1994
Uomini: 6:35.67 (18,19 km/h), Leonid Gulov (Estonia), Plovdiv, Bulgaria, 5 agosto 1999

TAMIGI

Da Roundhouse, Lechlade a Gravesend Pier, GB (234 km):
60 ore e 23 minuti, Peter Goodchild (GB), 15–17 dicembre 1996

CANOTTAGGIO INDOOR CONCEPT II

1 000 000 M PIÙ VELOCI
Squadra maschile (di 12): 66 ore, 44 minuti, 54 secondi, HMP Downview Team, Sutton, Londra, 3–6 agosto 1999

2000 M PIÙ VELOCI
Donne: 6:33.4, Kathrin Boron (Germania), 1998
Uomini: 5:38.3, Rob Waddell (Nuova Zelanda), 1998

CRICKET

RECORD DI INNING

IL PIÙ LUNGO DI UN GIOCATORE
16 ore, 55 minuti, Rajiv Nayyar (India), 271 punti per Himachal Pradesh, India, 1–3 novembre 1999

IL PIÙ LUNGO SENZA SEGNARE PUNTI
Prima classe: 101 minuti, Geoff Allott, Nuova Zelanda contro Sudafrica, Auckland, Nuova Zelanda, 2 marzo 1999.

I PUNTEGGI PIÙ ALTI
Punteggio: Brian Lara, 501 not out in 7 ore, 5 minuti per Warwickshire contro Durham a Edgbaston, GB, 3 e 6 giugno 1994. Inning comprendenti: maggior numero di corse in un giorno (390 il 6 giugno), maggior numero di corse da quattro o più (308, 62 quattro e 10 sei)
Test: Brian Lara, 375 in 12 ore, 48 minuti per Indie Occidentali contro Inghilterra, St John's, Antigua, 16-18 aprile 1994

RECORD DI RICEZIONE IN TUTTA LA CARRIERA

PRESE
Prima classe: 1473, Bob Taylor, Derbyshire/Inghilterra, 1960–88.
Test: 353, Ian Healy, Australia, 1988–99 (111 Test)

STUMPED
Prima classe : 418, Leslie Ames, Kent/Inghilterra, 1926–51.
Test: 52, William Oldfield, Australia, 1920–37 (54 Test)

RINVII
Prima classe : 1649, Bob Taylor, Derbyshire/Inghilterra, 1960–88
Test: 381, Ian Healy, Australia, 1988–99 (111 Test)

One Day International: 234 (195 prese, 39 stumped), Ian Andrew Healy, in 168 incontri, 1988–97

RECORD DI SERVIZIO

NUMERO DI WICKET
Inning (Test): 10–53, Jim Laker (GB), Inghilterra-Australia, 31 luglio 1956; e 10–74, Anil Kumble, India-Pakistan, Nuova Delhi, India, 7 febbraio 1999
Partita (prima classe): 19 su 90 (9–37 e 10–53), Jim Laker, Inghilterra contro Australia, 27-31 luglio 1956
Carriera (prima classe): 4187, Wilfred Rhodes (media 16,71) Yorkshire/Inghilterra, 1898-1930

IL LANCIO PIÙ VELOCE
160,45 km/h, Jeffrey Robert Thomson, Australia contro Indie Occidentali, dicembre 1975

RECORD DI BATTUTA

NUMERO DI CENTURIES
Prima classe: 197, Jack Hobbs (1315 inning), Surrey/Inghilterra, 1905-34
Test: 34, Sunil Gavaskar (214 inning), India, 1971–87

RECORD DI FIELDER

PRESE
Test: 157, Mark Taylor (in 104 Test), Australia, 1989-99

CRICKET PER NON VEDENTI
La prima Coppa del Mondo per non vedenti si è disputata a Nuova Delhi, India, nel novembre 1998.

PUNTEGGIO INDIVIDUALE
262 not out, Mansood Jan, Pakistan contro Sudafrica, 19 novembre 1998

LANCI
3–12, Bhalaji Damor, India contro Sri Lanka, 18 novembre 1998

GIOCATORI

IL CAPITANO PIÙ GIOVANE
Test: 21 anni, 77 giorni, Nawab di Pataudi (poi Mansur Ali Khan), India contro Indie Occidentali, Barbados, 23 marzo 1962

I GIOCATORI PIÙ GIOVANI
Prima classe: 11 anni 261 giorni, Esmail Ahmed Baporia (India), Gujarat contro Baroda, Ahmedabad, India, 10 gennaio 1951
Test: 15 anni 124 giorni, Mushtaq Mohammad, Pakistan contro Indie Occidentali, 26 marzo 1959.

IL GIOCATORE PIÙ VECCHIO
Paese membro dell'International Cricket Council: 65 anni 269 giorni, Wally Glynn, Malta contro Grecia, 21 agosto 1997

TIRO CON L'ARCO

Il tiro con l'arco, già disciplina olimpica nel 1900, 1904, 1908 e 1920, era poi stato escluso dai Giochi per la mancanza di un accordo tra i paesi partecipanti sulle regole da seguire. È stato reintrodotto dalle Olimpiadi del 1972 sotto l'egida della Fédération Internationale de Tir à l'Arc (FITA), che ne regola l'attività agonistica in ambito internazionale.

RECORD FEMMINILI

I PUNTEGGI PIÙ ALTI SINGOLO ROUND FITA
FITA: 1384 punti su 1440, Chung Chang-sook (Corea del Sud), Wonju, Corea del Sud, novembre 2000
Squadra: 4094 punti su 4320 punti (3 x 144), Corea del Sud (Cho Youn-jeong, Kim Soo-nyung e Lee Eun-kyung), Corea del Sud, 1992

30 m: 360 punti su 360, Ha Na-young (Corea del Sud), Wonju, Corea del Sud, agosto 1998
50 m: 345 punti su 360, Kim Moon-sun (Corea del Sud), Ch'ungjo, Corea del Sud, novembre 1996
60 m: 350 punti su 360, Kim Jo-soon (Corea del Sud), Ye-chun, Corea del Sud, settembre 1998
70 m: 345 punti su 360, Choi Nam-Nak (Corea del Sud), Wonju, Corea del Sud, agosto 2000

RECORD MASCHILI

I PUNTEGGI PIÙ ALTI SINGOLO ROUND FITA
FITA: 1379 punti su 1440, Oh Kyo-moon (Corea del Sud), Wonju, Corea del Sud, novembre 2000
Squadra: 4053 punti su 4320 (3 x 144), Corea del Sud (Oh Kyo-moon, Lee Kyung-chul e Kim Jae-pak), Giacarta, Indonesia, agosto 1995
30 m: 360 punti su 360, Han Seuong-hoon (Corea del Sud), Seul, Corea del Sud, giugno 1994; e Oh Kyo-moon (Corea del Sud), Wonju, Corea del Sud, novembre 2000
50 m: 351 punti su 360, Kim Kyung-ho (Corea del Sud), Wonju, Corea del Sud, settembre 1997
70 m: 345 punti su 360, Jackson Fear (Australia), Kyongju, Corea del Sud, giugno 1997
90 m: 332 punti su 360, Oh Kyo-moon (Corea del Sud), Wonju, Corea del Sud, novembre 2000

SPORT EQUESTRI

RECORD OLIMPICI

MEDAGLIE OLIMPICHE
Dressage: 6, Reiner Klimke (Germania), a squadre: 1964–88, individuale: 1984
Salto a ostacoli: 5, Hans Günter Winkler (Germania), a squadre: 1956, 1960, 1964, 1972, individuale: 1956

MEDAGLIE D'ORO INDIVIDUALI
Dressage: 2, Henri St Cyr (Svezia), 1952, 1956; e Nicole Uphoff (Germania), 1988, 1992

MEDAGLIE D'ORO A SQUADRE
Dressage: 10, Germania (Germania Ovest 1968–90), 1928, 1936, 1964, 1968, 1976, 1984, 1988, 1992, 1996, 2000

MEDAGLIE A SQUADRE
Salto a ostacoli (Prix des Nations): 7, Germania, 1936, 1956, 1960, 1964, 1996 come Germania, e 1972, 1988 come Germania Ovest

PERCORSO NETTO

Salto a ostacoli: Frantisek Ventura (Cecoslovacchia), 1928; Alwin Schockemöhle (Germania Ovest), 1976; e Ludger Beerbaum (Germania), 1992

RECORD MONDIALI

TITOLI MONDIALI NEL SALTO A OSTACOLI

Donne: 2, Janou Tissot (nata Lefebvre, Francia), 1970, 1974
Uomini: 2, Hans Günter Winkler (Germania), 1954, 1955; e Raimondo d'Inzeo (Italia), 1956, 1960
Squadra: 2, Francia, 1982, 1990; e Germania, 1994, 1998

TIRO

RECORD FEMMINILI

CARABINA LIBERA

50 m (3 x 20 tiri): 689,7 (592 + 97,7), Vessela Letcheva (Bulgaria), Monaco, Germania, 15 giugno 1995; e 689.7 (591 + 98,7), Wang Xian (Cina), Milano, 29 maggio 1998

CARABINA AD ARIA COMPRESSA

10 m (40 tiri): 503,5 (398 + 105,5), Gaby Buehlmann (Svizzera), Monaco, Germania, 24 maggio 1998

PISTOLA

25 m (60 tiri): 696,2 (594 + 102,2), Diana Jorgova (Bulgaria), Milano, 31 maggio 1994

PISTOLA AD ARIA COMPRESSA

10 m (40 tiri): 493,5 (390 + 103,5), Jie Ren (Cina), Monaco, Germania, 22 maggio 1998

TRAP

100 piattelli: 95 (71 + 24), Satu Pusila (Finland), Nicosia, Cipro, 13 giugno 1998; e Delphine Racinet (Francia), Sydney, Australia, 26 marzo 2000

DOUBLE TRAP

120 piattelli: 150 (115 + 35), Yafei Zhang (Cina), Nicosia, Cipro, 20 ottobre 2000

SKEET

100 piattelli: 99 (75 + 24), Svetlana Demina (Russia), Kumamoto City, Giappone, 1° giugno 1999

RECORD MASCHILI

CARABINA LIBERA

50 m (3 x 40 tiri): 1287,9 (1186 + 101,9), Rajmond Debevec (Slovenia), Monaco, Germania, 29 agosto 1992
50 m a terra: 704,8 (600 + 104,8), Christian Klees, (Germania), Atlanta, Usa, 25 luglio 1996

CARABINA ARIA COMPRESSA

10 m: 700,7 (597 + 103,7), Artem Khadjibekov (Russia), Monaco, Germania, 18 novembre 2000

PISTOLA AUTOMATICA

25 m: 699,7 (596 + 103,7), Ralf Schumann (Germania), Barcellona, Spagna, 8 giugno 1994

PISTOLA ARIA COMPRESSA

10 m: 695,1 (593 + 102,1), Sergey Pyzhyanov (ex Urss), Monaco, Germania, 13 ottobre 1989
50 m: 676,2 (577 + 99,2), William Demarest (Usa), Milano, 4 giugno 2000

BERSAGLIO MOBILE

10 m: 687,9 (586 + 101,9), Ling Yang (Cina), Milano, 6 giugno 1996

TRAP

125 piattelli: 150 (125 + 25), Marcello Tittarelli (Italia), Suhl, Germania, 11 giugno 1996

DOUBLE TRAP

150 piattelli: 194 (146 + 48), Daniele di Spigno (Italia), Tampere, Finlandia, 7 luglio 1999

SKEET

125 piattelli: 150 (125 + 25), Jan Henrik Heinrich (Germania), Lonato, Italia, 5 giugno 1996; Andrea Benelli (Italia), Suhl, Germania, 11 giugno 1996; Ennio Falco (Italia), Lonato, Italia, 19 aprile 1997; Harald Jensen (Norvegia), Kumamoto City, Giappone, 1 giugno 1999; Franck Durbesson (Francia), Sydney, Australia, 31 marzo 2000; e Mikola Milchev (Ucraina), Sydney, Australia, 23 settembre 2000

BENCH REST (CLOSEST GROUP)

10 tiri da 1000 iarde (914 m): 8,003 cm, John Voneida (Usa), Williamsport, PA, Usa, 8 luglio 1995
5 tiri da 500 m: 26,6 mm, Dave Goodridge (Australia), Canberra, Australia, 29 agosto 1998

BERSAGLI DI CRETA

500 centri su 500: 30 minuti e 31 secondi, Scott Hutchinson (Usa), Lake Placid, New York, Usa, 18 settembre 1999
Centri in un minuto: 27, Scott Hutchinson (USA), Lake Placid, New York, Usa, 18 settembre 1999

RECORD OLIMPICI

MEDAGLIE D'ORO INDIVIDUALI

3, Gudbrand Gudbrandsönn Skatteboe (Norvegia), 1906

NUMERO DI MEDAGLIE

Donne: 5 (2 oro, 1 argento, 2 bronzo), Marina Logvinenko (nata Dobrancheva, Russia), 1988–96
Uomini: 11 (5 oro, 4 argento, 2 bronzo), Carl Townsend Osburn (Usa), 1912, 1920 e 1924

SOLLEVAMENTO PESI

Dal 1° gennaio 1998, l'International Weightlifting Federation (IWF) ha introdotto modifiche nelle categorie di peso che hanno portato a una riclassificazione dei record. L'elenco che segue è compilato in base agli standard delle nuove categorie. Sono omologati come primati mondiali i risultati, in competizioni riconosciute dalla IWF, che superino il record precedente di 0,5 kg per slancio e strappo e di 2,5 kg per il totale.

RECORD IWF FEMMINILI

CATEGORIA 48 KG

Slancio: 113,5 kg, Donka Mincheva (Bulgaria), Atene, Grecia, 21 novembre 1999
Strappo: 87,5 kg, Liu Xiuhua (Cina), Montreal, Canada, 6 giugno 2000
Totale: 197.5 kg, Liu Xiuhua (Cina), Montreal, Canada, 6 settembre 1999

CATEGORIA 53 KG

Slancio: 125 kg, Yang Xia (Cina), Sydney, Australia, 18 settembre 2000
Strappo: 100 kg, Yang Xia (Cina), Sydney, Australia, 18 settembre 2000
Totale: 225 kg, Yang Xia (Cina), Sydney, Australia, 18 settembre 2000

CATEGORIA 58 KG

Slancio: 131,5 kg, Ri Song Hui (Corea del Nord), Osaka, Japan, 3 maggio 2000
Strappo: 105 kg, Chen Yanqing (Cina), Atene, Grecia, 22 novembre 1999
Totale: 235 kg, Chen Yanqing (Cina), Atene, Grecia, 22 novembre 1999

CATEGORIA 63 KG

Slancio: 132,5 kg, Xiong Meiyin (Cina), Atene, Grecia, 23 novembre 1999
Strappo: 112,5 kg, Chen Xiaomin (Cina), Sydney, Australia, 19 settembre 2000

Totale: 242,5 kg, Chen Xiaomin (Cina) Sydney, Australia, 19 settembre 2000

CATEGORIA 69 KG
Slancio: 143 kg, Sun Tianni (Cina), Atene, Grecia, 24 novembre 1999
Strappo: 112,5 kg, Erzsebet Markus (Ungheria), Sydney, Australia, 19 settembre 2000
Totale: 252,5 kg, Lin Weining (Cina), Wuhan, China, 3 settembre 1999

CATEGORIA 75 KG
Slancio: 142,5 kg, Sun Tianni (Cina), Osaka, Giappone, 6 maggio 2000
Strappo: 116 kg, Tang Weifang (Cina), Wuhan, Cina, 4 settembre 1999
Totale: 257,5 kg, Sun Tianni (Cina), Osaka, Giappone, 6 maggio 2000

CATEGORIA OLTRE 75 KG
Slancio: 160,5 kg, Ding Meiyuan (Cina), Osaka, Giappone, 6 maggio 2000
Strappo: 135 kg, Ding Meiyuan (Cina), Sydney, Australia, 22 settembre 2000
Totale: 285 kg, Ding Meiyuan (Cina), Atene, Grecia, 27 novembre 1999

RECORD IWF MASCHILI

CATEGORIA 56 KG
Slancio: 168 kg, Halil Mutlu (Turchia), Trenčín, Slovakia, 24 aprile 2001
Strappo: 138,0 kg, Halil Mutlu (Turchia), Sydney, Australia, 16 settembre 2000
Totale: 305,0 kg, Halil Mutlu (Turchia), Sydney, Australia, 16 settembre 2000

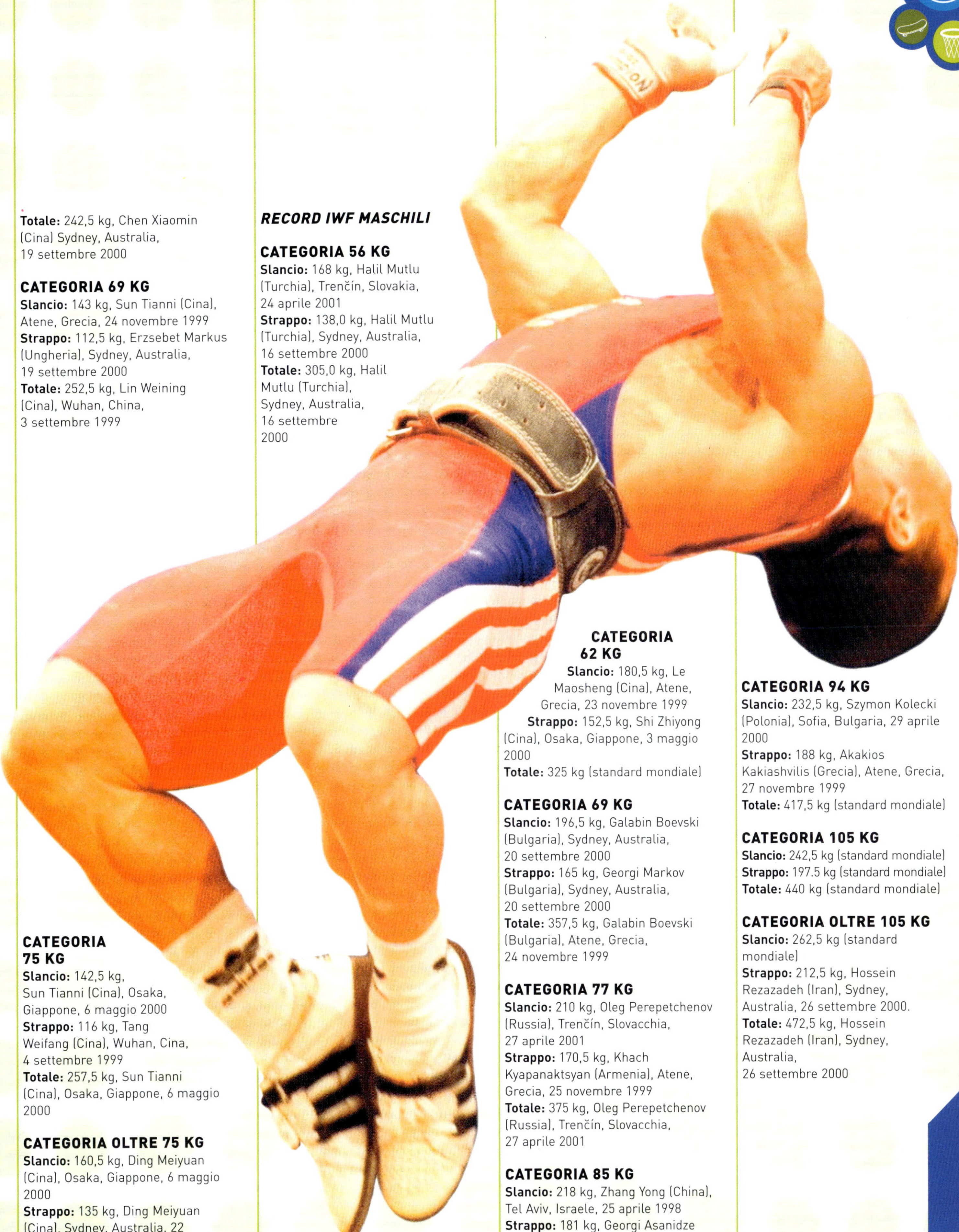

CATEGORIA 62 KG
Slancio: 180,5 kg, Le Maosheng (Cina), Atene, Grecia, 23 novembre 1999
Strappo: 152,5 kg, Shi Zhiyong (Cina), Osaka, Giappone, 3 maggio 2000
Totale: 325 kg (standard mondiale)

CATEGORIA 69 KG
Slancio: 196,5 kg, Galabin Boevski (Bulgaria), Sydney, Australia, 20 settembre 2000
Strappo: 165 kg, Georgi Markov (Bulgaria), Sydney, Australia, 20 settembre 2000
Totale: 357,5 kg, Galabin Boevski (Bulgaria), Atene, Grecia, 24 novembre 1999

CATEGORIA 77 KG
Slancio: 210 kg, Oleg Perepetchenov (Russia), Trenčín, Slovacchia, 27 aprile 2001
Strappo: 170,5 kg, Khach Kyapanaktsyan (Armenia), Atene, Grecia, 25 novembre 1999
Totale: 375 kg, Oleg Perepetchenov (Russia), Trenčín, Slovacchia, 27 aprile 2001

CATEGORIA 85 KG
Slancio: 218 kg, Zhang Yong (China), Tel Aviv, Israele, 25 aprile 1998
Strappo: 181 kg, Georgi Asanidze (Georgia), Sofia, Bulgaria, 29 aprile 2000
Totale: 395 kg (standard mondiale)

CATEGORIA 94 KG
Slancio: 232,5 kg, Szymon Kolecki (Polonia), Sofia, Bulgaria, 29 aprile 2000
Strappo: 188 kg, Akakios Kakiashvilis (Grecia), Atene, Grecia, 27 novembre 1999
Totale: 417,5 kg (standard mondiale)

CATEGORIA 105 KG
Slancio: 242,5 kg (standard mondiale)
Strappo: 197.5 kg (standard mondiale)
Totale: 440 kg (standard mondiale)

CATEGORIA OLTRE 105 KG
Slancio: 262,5 kg (standard mondiale)
Strappo: 212,5 kg, Hossein Rezazadeh (Iran), Sydney, Australia, 26 settembre 2000.
Totale: 472,5 kg, Hossein Rezazadeh (Iran), Sydney, Australia, 26 settembre 2000

fermate la stampa!

I record vengono battuti in continuazione e il nostro meticoloso processo di verifica implica che a volte non sia possibile includere le imprese più recenti nel corpo principale del libro. Qui sono riportati alcuni record confermati poco prima di andare in stampa.

LA CITTÀ CON IL MAGGIOR NUMERO DI DISCHI SINGOLI PRIMI IN CLASSIFICA

Secondo la classifica British Hit Singles di Guinness World Records, la città con più dischi di successo per numero di abitanti è Liverpool (461 481 abitanti), con band locali arrivate al primo posto 53 volte, una ogni 8707 abitanti. Il più recente numero uno è stato *Whole Again* degli Atomic Kitten. Liverpool ha ricevuto il premio relativo dalla Guinness il 28 giugno 2001.

IL MAGGIOR NUMERO DI CANTANTI DI CLASSIFICA INSIEME SUL PALCO

53 artisti che hanno conquistato il primo posto nella classifica Billboard si sono esibiti insieme al "Beatstock 2000" di Staten Island, New York, Stati Uniti, il 19 agosto 2000. Fra gli altri, Pink, Outhere Brothers, C+C Music Factory, Thelma Houston e Deborah Gibson.

IL GELATO PREPARATO PIÙ VELOCEMENTE

Il 10 giugno 2001, Peter Barham (GB) preparò un litro di gelato in 54,5 secondi durante l'Ice Cream Sunday, organizzata dalla Royal Institution e dalla Royal Society of Chemistry. Gli ingredienti (panna magra, panna, zucchero da glassa ed essenza di vaniglia) furono miscelati con azoto liquido a circa −196 °C, fino al raggiungimento della giusta temperatura e consistenza.

LA CROQUEMBOUCHE PIÙ GRANDE DEL MONDO

Il 23 marzo 2001, gli chef del World Trade Centre di Dubai, Emirati Arabi Uniti, prepararono una una torre di *profiteroles (croquembouche)* alta cinque metri e contenente 137 000 bignè, per un peso complessivo di circa nove tonnellate.

BOMBOLONI MANGIATI IN TRE MINUTI

Il 7 marzo 2001, Ben Munday-Chanin (GB) mangiò due bomboloni alla marmellata in tre minuti, senza leccarsi le labbra, durante il programma televisivo *The Big Breakfast* di Channel 4, Londra, GB.

FISH AND CHIPS PER TUTTI

Tadeusz Hupa (Polonia), chef dell'Hotel Wroclaw, il 1° dicembre 2000 cucinò 5505 chilogrammi di pesce (una volta battuto e fritto) e 5435 chilogrammi di patatine.

IL PIÙ GRANDE "CONO DI NEVE"

L'11 novembre 2000, la località sciistica Mammoth Mountain creò il cono di neve più grande del mondo, per un peso di 2104,66 chilogrammi con 322,77 litri di sciroppo (all'aroma di cherry, uva e limone) presso i Mammoth Lakes, California, Usa. Ci vollero quasi cinque ore per riempire il cono di 3,43 metri con ghiaccio e sciroppo. Il contenuto fu poi servito a 1000 sciatori ospiti.

L'ANGURIA PIÙ COSTOSA

Nel giugno 2001, alcuni membri di un'associazione di coltivatori di Zentsuji, nell'isola di Shikoku, Giappone occidentale, vendettero circa 400 angurie quadrate al prezzo di 85 dollari ognuna. L'insolita forma, scelta per permettere un più facile immagazzinamento del frutto, è stata ottenuta ponendo un segmento della pianta con un germoglio in un contenitore quadrato di vetro flessibile. Durante la crescita, il vetro ha costretto il frutto ad assumere la forma quadrata, producendo inoltre un effetto serra che ha favorito e incrementato la crescita del frutto stesso.

LA KING CAKE PIÙ GRANDE DEL MONDO

Fra il 3 e il 4 marzo 2001, la divisione di New Orleans del SAV-A-CENTER Food Market, in collaborazione con la Pillsbury Bakeries Food Service, preparò presso il Lakeside Mall di Metairie, Louisiana, Usa, una torta "king cake" 56,76 metri, larga 22,86 centimetri e pesante 464,79 chilogrammi. La king cake è una torte in pan di Spagna che si prepara a New Orleans per festeggiare il martedì grasso.

RECORD DI CANDELINE SU UNA TORTA

Il 23 marzo 2001, gli chef dell'Hotel Al Bustan Rotana di Dubai, Emirati Arabi Uniti, prepararono una torta con 2100 candeline in onore del numero di stanze dell'hotel.

LA PIÙ GRANDE CENA CON SERVIZIO D'ARGENTO

La più grande cena del mondo servita con stoviglie d'argento è stata quella offerta il 28 aprile 2001 dal Vodafone Group presso l'Earls Court di Londra, GB, a 11 483 ospiti. L'organizzazione era a cura dello Skybridge Group e il catering della Beeton Rumford Ltd.

IL PIÙ GRANDE SHOT SLAM

190 persone presero parte allo slam a base di Scotch JB presso l'Hotel Delta King di Sacramento, California, Usa, il 9 aprile 2001.

LA PIÙ GRANDE TORRE DI ZOLLETTE DI ZUCCHERO

Il 27 giugno 2001, Dean O'Loughlin (GB), un concorrente di *Big Brother* in onda su Channel 4, Londra, costruì una torre di singole zollette di zucchero alta 1,20 metri, superando il precedente record di 18,1 centimetri.

MAIS MANGIATO IN TRE MINUTI

Il 5 luglio 2001, Paul Ferguson(GB), un concorrente dell'edizione inglese di *Big Brother*, mangiò 185 chicchi di mais in tre minuti prendendoli uno per volta con uno stuzzicadenti. Il record è stato stabilito presso gli studi televisivi di *Little Brother* a Bromley-on-Bow, Londra. Ferguson ha superato il proprio record britannico di 20 chicchi e quello mondiale di 16.

LA PIÙ GRANDE BORSA DELLA SPESA

La borsa della spesa più grande del mondo misura 1,80 metri di altezza, 1,20 metri di larghezza e 20 centimetri di profondità. È stata realizzata dal negozio di articoli di lusso Paris Gallery e presentata il 23 marzo 2001 durante lo Shopping Festival di Dubai, Emirati Arabi Uniti.

L'ETICHETTA PIÙ GRANDE

Il 1° maggio 2001, la società Germark SA con sede a Cornellà de Llobregat, Barcellona, Spagna, ha creato l'etichetta più grande del mondo, di 100 metri per 29 centimetri. Una volta stampata, ci sono volute circa 100 persone una a fianco all'altra per sostenerla.

IL CHIMONO PIÙ GRANDE

Il più grande chimono del mondo è quello realizzato nell'ambito della festa del chimono di Cho Kagoshima, Giappone, il 23 marzo 2001. Misura 11,72 metri di larghezza, 12,80 metri di altezza e pesa circa 100 chilogrammi.

MARATONA ALLA TASTIERA

Fra il 30 marzo e il 1° aprile 2001, Ginés Borges Belza (Spagna) suonò una tastiera elettronica Yamaha MC-600 per 49 ore e 15 minuti (incluse sei pause di 15 minuti) presso il Royal Nautical Club di Santa Cruz, Tenerife, Canarie, Spagna.

LA FOTO CON IL MAGGIOR NUMERO DI NUDI

Il 5 maggio 2001, più di 2500 persone si sono spogliate in nome dell'arte, posando completamente nude nelle vie di Montreal, Quebec, Canada, per il fotografo statunitense Spencer Tunick, malgrado una temperatura esterna di soli 13 °C. Il progetto di Tunick vuole illustrare la vulnerabilità del genere umano.

LA PIÙ GRANDE MOSTRA FOTOGRAFICA ALL'APERTO
Il 23 marzo 2001, 10 610 fotografie sul tema "Una famiglia" sono state esposte nella "Kodak DSF Wall of Fame" durante lo Shopping Festival di Dubai, Emirati Arabi Uniti.

IL PIÙ GRANDE INCENSIERE
Il 23 marzo 2001, un incensiere fabbricato a mano in frassino e ottone (*mabkhara*), alto tre metri e pesante 1000 chilogrammi, è stato presentato dalla società produttrice di profumi AJMAL allo Shopping Festival di Dubai, Emirati Arabi Uniti.

LA PIÙ ALTA TORRE DI SOSTEGNI PER CAMMINARE
Il 21 ottobre 2000, il personale e gli ospiti del Royal Palm Retirement Center di Port Charlotte, Florida, Usa, eressero una torre alta 9,1 metri utilizzando 103 deambulatori.

IL GIOCATORE DI POOL PIÙ VELOCE
Il minor tempo per imbucare le biglie su due tavoli da biliardo è stato un minuto e 36 secondi, fatto segnare da Dave Pearson (Usa) il 12 marzo 2001. Dave è un giocatore professionista e campione del mondo di Las Vegas.

FLESSIONI SUL DORSO DELLE MANI IN UN'ORA
L'8 marzo 2001, presso l'Hotel Sol Park di Rovinj, Croazia, Mario Sirotiæ (Bosnia-Erzegovina) eseguì 671 flessioni in un'ora appoggiando solo il dorso delle mani.

IL MINOR TEMPO PER SFONDARE A PUGNI DIECI TELEVISORI
Il 3 febbraio 2001, a Stoccolma, Svezia, Mike Yikealo (Giappone) prese a pugni dieci televisori da 21 pollici, posti su un tavolo, in 7,66 secondi. Yikealo indossava guantoni da box.

CAPELLI LAVATI E ASCIUGATI IN OTTO ORE DA 60 PARRUCCHIERI
Il 15 gennaio 2000, 60 parrucchieri lavarono e asciugarono i capelli di 948 persone in otto ore nel corso della "Rejoice Shampoo-a-thon" organizzata dalla Procter & Gamble a Singapore. L'evento attirò una folla numerosa, in fila per lo shampoo gratuito offerto dai quattro saloni partecipanti alla manifestazione.

LO STUDIO SCIENTIFICO PIÙ SISTEMATICO IN LOCALITÀ INFESTATE DAI FANTASMI
Fra il 4 e il 17 aprile 2001, lo psicologo Richard Wiseman (GB) condusse un esperimento scientifico per verificare le reazioni di oltre 250 volontari in case che si suppongono infestate dai fantasmi a Edimburgo, Scozia, GB. Gli strumenti utilizzati includevano un magnetometro, un apparecchio termofotografico, sensori del movimento e un misuratore di luce, oltre a videocamere e fotocamere.

IL FELINO A MAGGIOR RISCHIO DI ESTINZIONE
Secondo stime del 2000, pare che il numero di linci iberiche *(Lynx pardinus)*, diffuse in passato in tutta la Spagna, si sia ridotto ad appena 600 esemplari. La causa principale del calo è stata l'introduzione della mixomatosi per ridurre la popolazione dei conigli, dal momento che i conigli rappresentano la principale fonte di cibo per le linci iberiche. Il felino è ora legalmente protetto e si sta cercando di aumentarne il numero di esemplari.

IL CANIDE A MAGGIOR RISCHIO DI ESTINZIONE
Nel 2000 esistevano meno di 400 caberù o lupi rossi del Simien *(Canis simensis)* in Etiopia, il loro habitat principale. Il loro numero si è fortemente ridotto, fino al rischio di estinzione, a causa dell'ampliarsi delle attività agricole e ora i lupi etiopi sopravvivono soltanto in alcune zone montuose.

LA COMPOSIZIONE FLOREALE PIÙ ALTA
Il 3 giugno 2000, la campagna per la promozione di fiori e piante portò alla creazione di una composizione floreale a Cadiz, Spagna, alta 13 metri e pesante 170 000 chilogrammi. La composizione, che richiese 3000 ore di lavoro da parte di 40 fioristi, era composta da 31 500 fiori.

L'ALBERO PIÙ ALTO TRAPIANTATO
Nel gennaio 2001, David Fountain e l'ex pop star Kim Wilde (GB) trasportarono un platano *(Platanus acerifolia)* di 60 anni, alto 17,5 metri, dalla The Big Tree Company Ltd di Houtvenne, Belgio, a Warrington, Lancashire, GB.

IL GIRASOLE CON PIÙ FIORI
Rose Marie Roberts di Waterford, Michigan, Usa, ha coltivato un girasole gigante di 2,4 metri che ha fatto fiorire il numero record di 129 boccioli nell'ottobre 2000.

IL MAGGIOR NUMERO DI BICCHIERI IN EQUILIBRIO SUL MENTO
Il 26 aprile 2001, Ashrita Furman (Usa) ha tenuto in equilibrio sul mento 75 bicchieri di birra da una pinta per 10,6 secondi nel cortile della sua abitazione a Jamaica, New York, Usa.

LA PIÙ GRANDE SEDIA A DONDOLO
Una sedia a dondolo gigante in legno, alta 3,9 metri, larga 2,4 metri e pesante 771 chilogrammi, è stata costruita dalla The Solid Wood Bed and Table Company, Ontario, Canada, nel febbraio 2001.

LA PIÙ GRANDE BANDIERA DI LEGO®
Il 29 luglio 2000, 12 000 bambini costruirono una bandiera dell'Arabia Saudita che misurava 4,62 x 7,57 metri utilizzando 470 000 mattoncini LEGO®, presso il museo della scienza e della tecnica di Jeddah, Arabia Saudita.

IL VOLO PIÙ LUNGO SULL'ACQUA DI UN PARAPENDIO A MOTORE
Il volo più lungo sull'acqua compiuto da un parapendio a motore è stato quello di 264 chilometri effettuato da Haim Raveh (Israele) il 12 maggio 2001 fra Haifa, Israele, e Larnaca, Cipro. Il parapendio a motore è un normale parapendio con un leggero telaio a tre ruote appeso sotto. Sul telaio è montato un piccolo motore che consente di raggiungere una velocità massima di circa 50 chilometri orari. Il parapendio di Haim trasportava attrezzatura di emergenza e abbastanza carburante per un volo di 12 ore.

IL PIÙ VECCHIO VINCITORE IN UNA GARA DI ACROBAZIE AEREE
Ian Metcher (Australia) aveva 85 anni quando vinse nella categoria per principianti i campionati acrobatici per velivoli leggeri dell'Australia occidentale presso il Jandakot Airport, Fremantle, Australia, il 24 febbraio 2001.

LA DISTANZA MAGGIORE PERCORSA SULLE MANI IN OTTO ORE
Il 17 marzo 2001, Roger Rank (Usa) percorse camminando sulle mani 640,08 metri fra le 9,30 e le 17 presso il Wal-Mart Super Center di Pittsburg, Kansas, Usa.

LA PIÙ GRANDE STRUTTURA MOBILE MOTORIZZATA
Il radiotelescopio Green Bank Robert C. Byrd, situato presso il National Radio Astronomy Observatory nella Virginia, Usa, è completamente mobile e nel punto più alto misura 146 metri. La parabola misura 100 x 110 metri e può essere spostata per osservare l'intera volta celeste da cinque gradi sopra la linea dell'orizzonte.

IL PIÙ GIOVANE VIAGGIATORE IN TUTTI I CONTINENTI
Nel dicembre 2000, all'età di 12 anni, Mario Casuga II (Usa), aveva visitato tutti e sette i continenti del mondo. Insieme ai genitori Mario e Rebecca, Mario Jr era già stato in circa 40 paesi prima di completare il suo record in Antartide.

diventa un primatista!

Siamo sempre alla ricerca di categorie interessanti per nuovi record, quindi se ritenete di poter infrangere un vecchio primato o stabilirne uno nuovo, mettetevi in contatto con noi e vi diremo se la vostra idea è fattibile e che cosa dovete fare. Cercate di contattarci per tempo, per consentirci di consultare i nostri esperti e stilare le norme da seguire se necessario.

Contattarci non è mai stato così facile: potete farlo via web, per lettera, fax o telefono. Noi esamineremo la vostra richiesta e vi manderemo tutte le indicazioni e le norme pertinenti, oltre a un elenco della documentazione necessaria per comprovare la vostra impresa da record.

Ricordatevi che è necessario seguire le nostre indicazioni, altrimenti il vostro tentativo di stabilire un nuovo primato non sarà accettato dai nostri scrupolosissimi giudici!

Una volta a conoscenza di ciò che dovete fare per stabilire o infrangere un record del mondo, mettetevi in contatto con noi poco prima di effettuare il tentativo, per verificare che nessun altro abbia battuto proprio quel record nel frattempo.

COME CONTATTARCI

• Visitate il nostro sito web all'indirizzo:
http//www.guinnessworldrecords.com.

Il nostro servizio online rappresenta una soluzione rapida per presentare la vostra domanda: basta compilare il modulo e vi verrà assegnato un numero identificativo personale con cui potrete monitorare i progressi della vostra richiesta sul sito web.

• Scrivete a:
Records Research Services
Guinness World Records
338 Euston Road
London NW1 3BD
GB

• Telefono/fax
Per contattarci dall'Italia, chiamate il numero 0044 870 241 6632.

Il costo delle chiamate è pari alle tariffe internazionali in vigore.

Per inviarci un fax dall'Italia, componete il numero 0044 20 7891 4509.

Se ci contattate tramite posta, fax o telefono, i tempi di risposta potranno essere più lunghi che non via Internet.

La torta gelato più grande del mondo (a sinistra).

GUINNESS
WORLD RECORDS

referenze fotografiche e ringraziamenti

FOTOGRAFIE

4 Vincent Yu / AP
4 Kevork Djansezian / AP
4 Fox Broadcasting
5 TFI / SIPA / REX
5 Brain Surlock / Empics
5 Clive Brunskill / Allsports
5 REX
5 Fox Broadcasting (4)
6 One Bad Monkey
8 Brett Coomer / AP
8 Lon Beale / Sandboard.com
9 Playstation
9 Tom Hauck / Allsport
12 Ron Tom / Fox Broadcasting
12 Thaddius Harden
13 Ross Parry
14 Mr Mahendra
14 Corbis
15 Rex
16 Hasan Jamah/ AP
16 David Scott
17 Antonio Todde
18 Mike Jones / Fox Broadcasting
18 Rex
19 Rex
20 Rex
20 Rex
21 James Webb / Robert Harding
22 Rex
22 Popperfoto / Reuters
23 Axel Koester
21 Gregory Smith / AP
21 Hank Morgan / SPL
25 Rex
26 Nancy Palmeri / AP
26 Corbis
27 Bill Janscha / AP
30 Rex
30 Rex
31 Lucy Nicholson / AFP
31 Gregorio Borgia / AP
32 Rex
33 Brooke Bond
33 Rex
34 Rex
34 Rex
35 Corbis
36 Rex
36 Garth Vaughan / AP
37 Mark J.Terrill / AP
38 Rex
38 Rex
39 Rex
39 Torsten Blackwood/AFP
40 Corbis
40 Rex
41 Mike Derer / AP
42 Tom Ewart / AP
42 Rex
43 Corbis
44 Christie's South Kensington
44 Playmaxx
45 Rex
46 Popperfoto / Reuters
46 Rex
47 Vincent Yu / AP
48 Rex
48 Corbis
50 Matt Campbell / AFP
52 Bob Martin/Allsport
53 Tom Bennett
53 Eric Jamison / AP
54 Barry Norman / WKVL
54 James Janssen
55 Fiona Hanson / PA
56 Kim Stallknecht / AFP
56 Ted Stevens
57 Stone
58 Ramon de la Rocha / AP
58 Donald Stampflis / AP
59 Rex
59 Franck Prevel / AP
60 McKinlay & Murrie
60 Corbis
61 TF1/Sipa/Rex
62 Steven Darvill
62 Abakash
63 Gary Wixom
63 John Stillwell / PA
64 Mike Jones / Fox Broadcasting
64 Dave Harris/Picture Link
65 Mike Jones / Fox Broadcasting
66 Corbis
67 Sutton Motor Sports Images
67 Rex
68 Peter Poole
68 Rhett Bobzien
69 TF1/Sipa/Rex
70 Stacey Studio
70 Taipei Twins Association
71 Denis Doyle / AP
72 Stuart Claxton
73 Carlos Virgili Ribe
73 The Independent/ Syndication/ Tom Pilston
76 NASA
76 Anglo-Australian Observatory
77 Science Photo Library
78 NASA
78 NASA
79 NASA
80 Paulo Santos / AP
80 Carol Kane
81 Still Pictures
82 Bruce Coleman
82 Theresa Schuch / AP
83 Matt York / AP
83 Corbis
84 NASA
85 NASA
85 Corbis
86 Rex
86 Hulton Archive
87 Still Pictures
86 Patrick Valasseris / PA
86 Ch. Roshan
87 Getty / Image Bank
90 Corbis
90 Corbis
91 FLPA
92 Corbis
92 Corbis
93 Corbis
94 Corbis
95 Rex
96 Corbis
96 Corbis
97 PA Photos
98 Rex
98 Oxford Scientific Films
99 The Gorilla Foundation
100 Jeff Morris
100 Dr Chai Khanchanakom
101 Rex
104 Popperfoto / Reuters
104 Honda
105 Edson Silva-Gazeta de Povo / AP
106 Katsumi Kashara / AP
106 Pat Wellenbach / AP
107 Still Pictures
108 Popperfoto / Reuters
108 Rex
109 Corbis
110 Newspix / News Limited
113 Toshihiko Sato / AP
114 STR / AP
114 Hulton Archive
114 Hulton Archive
115 Koji Sasahara / AP
116 Kampgrounds of America
116 Gremi Provincial de Patisseria, Confiteria I Bolleria School
117 Corbis
118 Monika Gumm/White Star, Hamburg
118 David Leeson
119 Bethel Chamber of Commerce
120 Science Museum, London
120 Sergio Rodriguez Villarreal
121 Rocketbuster Boots, Texas
122 Neil Barnes
122 Ramesh Chand Dhiman
123 Supercircuits, Texas
124 Suhail Mohd. Al Zarooni
124 Jeri Pace
125 The Gnome Reserve
126 John Reznikoff
126 Peter Lavinger
127 Graham Barker
130 The Ronald Grant Archive
133 Rex
131 Universal Pictures
132 The Ronald Grant Archive
132 The Ronald Grant Archive
133 PA Photos
134 HO / Apple / AP
135 Warner Bros. Television
136 AP
136 Popper/Reuters/Kieran Doherty
137 NBC Photo
138 Fox Broadcasting
138 Miramar Air Show
139 The Ronald Grant Archive
140 Corbis
141 Pictorial Press
141 Popperfoto / Reuters
142 Popperfoto / Reuters
142 Popperfoto
143 Pictorial Press
144 Corbis
144 Mark J Terrill / AP
145 Corbis
145 Rachel Johnson
145 Rex
146 Stefan Hesse / AFP
148 Shochiku Co. Ltd.
149 Fox Broadcasting
149 Rex
150 Bankers Audition Ltd.
150 Corbis
151 Cliff Wright/Harry Potter & the Prisoner of Azkaban
152 Sigma-Tau Pharmaceuticals Inc.
152 Rex
153 Still Pictures
154 The Ronald Grant Archive
155 Carole Kane
155 Corbis
156 AS Rekato Ltd.
156 SAC Neil Armstrong/RAF Leeming
157 Lazaros Pilarinos / Audio Visual Ent.
158 Rex
158 Rolf Kay Photography
159 Corbis
160 Corbis
160 AP Photo/TimFleck/ Sandusky Register
160 Tania Gardner
161 Nagashima Kanko Kaihatsu
164 Popperfoto / Reuters
164 Popperfoto / Reuters
165 Playstation
165 Compaq
166 Corbis
166 AP
167 Carole Kane
168 Panasonic
168 Jonas Ekstromer / AFP
169 AP
169 Corbis
170 Barry Sweet / AP
170 Easy Everything
171 Blizzard entertainment
172 Casio
172 Sony
173 Smal Camera Technologies
174 Barrett Technology Inc.
174 Randy Montoya
175 Brett Coomer / AP
176 NASA
176 NASA
177 NASA
178 NASA
179 Rex
179 NASA
180 Star Clippers
180 Radisson SAS Hotels
181 Mario Tama / AFP
182 Isle of Man Transport
182 Christopher Seydel
183 Rex
184 Bugatti Trust
184 Duncan Mortimer
185 Ford
186 Bay de Noc Community College
186 Emap Automotive
187 Emilio Scotto
188 Robert and Carmen Becker
188 Rex
189 Mikhial Metzel / AP
190 Rex
190 Rex
191 Rex
191 Corbis
192 Rex
192 Tadeu Nascimento
193 Corbis
196 AP
196 Andy Lyons / AP
197 Mike King / AP
198 Al Bello / Allsport
198 George Nikitin / AP Photo
199 Brian Bahr / Allsport
200 Mark Dadswell / Allsport
201 Adam Pretty / Allsport
201 Brian Spurlock / Empics
202 Donald Miralle / Allsport
202 Brian Bahr / Allsport
203 Andy Lyons / Allsport
204 Don Morley / Empics
204 Jon Buckle / Empics
205 Harry How / Allsport
206 Empics
206 Empics
207 Laurence Griffiths / Allsport
208 Jon Buckle / Empics
208 Tony Marshall / Empics
209 Darren England / Allsport
210 Jon Buckle / Empics
210 Steve Mitchell / Empics
211 Mike Egerton / Empics
212 Tom Honan / Empics
213 Corbis
213 Tony Marshall / Empics
214 Mike Powell / Allsport
214 Ulf Palm / Empics
215 Mike Hewitt / Allsport
216 Mark Thompson / Allsport
216 Jamie Squire / Allsport
217 Pascal Rondeau / Allsport
218 Jed Leicester / Empics
218 Doug Pensinger / Allsport
219 Steve Mitchell / Empics
220 Milan Kapusda
220 Corbis
221 Lon Beale / Sandboard.com
222 Frederick M. Brown / AFP
222 Corbis
223 Rob Griffith / AP
224 Clive Brunskill / Allsport
224 Long Photography / AP
225 Allsport
226 Jon Buckle / Empics
226 Clive Brunskill / Allsport
227 Tony Marshall / Empics
227 Doug Pensinger / Allsport
228 Tony Marshall / Empics
229 Al Bello / Allsport
229 Al Bello / Allsport
230 Phil Walter / Empics
230 Phil Cole / Allsport
231 Tony Marshall / Empics
232 Hamish Blair / Allsport
233 Scott Barbour / Allsport
233 Stu Forster / Allsport
234 Scott Barbour / Allsport
234 Hamish Blair / Allsport
235 Tony Marshall / Empics
236 Mike Hewitt /Allsport
237 Craig Prentis / Allsport
237 Darren McNamara / Allsport
238 Andy Lyons / Allsport
238 Darren McNamara / Allsport
239 Jacqui Adams
239 Murad Sezer / AP
240 Michael Steele / Empics
240 Al Bello / Allsport
241 Tina Fineberg / AP
242 Empics/Jon Buckle
242 Popperfoto / Reuters
243 Corbis
244 Allsport
244 Todd Warshaw / Allsport
244 Todd Warshaw / Allsport
245 Stephen Dunn / Allsport
245 Braib Bahr / Allsport
246 Erza Shaw / Allsport
246 Johnathan Daniel / Allsport
246 Andrew Redington / Allsport
247 Jon Buckle / Empics
247 Jon Buckle / Empics
247 Michael Steele / Allsport
248 Michael Steele / Allsport
248 Sean Garsworthy / Allsport
248 Andy Lyons / Allsport
249 Michael Steele / Empics
249 Adam Pretty / Allsport
250 Jon Buckle / Empics
250 Jon Buckle / Empics
251 Neal Simpson / Empics
252 Tony Marshall / Empics
252 Nick Wilson / Allsport
252 Tony Marshall / Empics
253 Tony Marshall / Empics
254 Jamie Squire / Allsport
254 Darren England / Allsport
254 Shaun Botterill / Allsport
255 Hamish Blair / Allsport
256 Hamish Blair / Allsport
256 Ross Kinard / Allsport
256 Craig Prentis / Allsport
257 Darren McNamara / Allsport
257 Tony Marshall / Empics
258 Jamie Squire / Allsport
258 Gary M. Prior / Allsport
258 Adam Pretty / Allsport
269 Confcommercio Pescara
270 Rai Educational
271 Gabriele Paolini
272 Mauro Rebeschini
273 Digit Studio/Cantina Produttori Cormòns
279 Foto Capri

RINGRAZIAMENTI

Guinness World Records desidera ringraziare per il loro contributo al *Guinness World Records 2002*:
Airports Council International (ACI)
Al Turner, World Waterparks Association
Andy Milroy
Ashrita Furman
Attilio Costaguta, ICAO
Barry Norman, WKVL Amusement Research Library
Bill Palantonio, Marty Tenney e Eric Schotz di LMNO Productions
British Antarctic Survey
Christie's
Clive Everton
Craig Hilton Taylor, Coordinatore del Red List Program, UK
Darrell Kirk Nordstrom e Charles Alpers, US Geological Survey
Dave McAleer
Dave Roberts
David Wallechinsky
Emma Dixon
Eric Schlosser
Estève Font Canadell
Ewan Vinnicombe
Forbes
Fortune
Fox Television
Giles Marion
Guinness – Die Show Der Rekorde, ARD
Guinness Rekord TV, TV3
Guinness World Records, Channel 4
Guinness World Records, ITV
Guinness World Records, NTV
Guinness World Records: Primetime, Fox Television
Hoover's
Ilumi
International Road Federation (World Road Statistics 2000)
International Union for the Conservation of Nature
James Carlyle, Casella CEL Inc.
Jeff Sniegowski
Jill Paski, North Coast Redwood Interpretive Association, USA
Jo Steel
Karl Shuker
Karola Gadja
Kate Stuart-Cox
Kevin Warwick
L'Émission des Records, TF1
L.M. Cunningham
Malcolm Smith
Mark Carwardine
Mark Hertsgaard
Maureen Kane
Mike Cowley
Mike Foster, Jane's Information Group
Munich Re
NASA
National Science Foundation
NetNames
Nigel Richards
Nik Bambrick
One Bad Monkey Limited
Peter Matthews
PPARC
Rebecca Adcock
RIAA
Roger Hawkins
Roger Launius
Salvador Pujol
Simon Gold
Sir Peter Johnson
Sotheby's
Stan Greenberg
Suzanne Collins
The Economist
Tim Footman
World Tourism Organisation
World Wildlife Fund
W.B.J. Rees
Yamaha

ITALIA

l'italia nel guinness

l'italia nel guinness

LA GROTTA PIÙ GRANDE
La più grande caverna turistica è la Grotta Gigante presso Opicina, Trieste, aperta al pubblico dal 1908. È lunga 280 metri, larga 65 e alta 120, per un volume intorno ai 600000 metri cubi. La grotta è gestita dal gruppo speleologico più antico del mondo, la Commissione Grotte Eugenio Boegan del Club Alpino Italiano, costituita il 23 marzo 1883.

L'ISOLA LACUSTRE PIÙ GRANDE
Monte Isola (Brescia), occupa un'area di 4,3 chilometri quadrati nel lago d'Iseo, o Sebino.

IL FIUME PIÙ CORTO
Il titolo di fiume più corto d'Italia viene rivendicato a favore dell'Aril, un corso d'acqua perenne che attraversa Cassone, in provincia di Verona. Lungo solo 75 metri, riesce comunque a dare origine a una piccola cascata e a un laghetto.

IL TERREMOTO PIÙ GRAVE
Il più pesante bilancio di vittime in Italia si deve al terremoto di Messina del 28 dicembre 1908, che provocò 83000 morti. Solo il 9% degli edifici riportarono danni lievi o riparabili, mentre il rimanente 91% della città fu raso al suolo.

VALANGHE
Le più grandi valanghe naturali si verificano nella catena dell'Himalaya, ma raramente tali fenomeni risultano osservabili né sono state mai divulgate notizie sul loro volume. È stato invece calcolato che una valanga precipitata nel 1885 sul versante italiano delle Alpi fosse composta da circa 3,5 milioni di metri cubi di neve. Durante la Prima guerra mondiale le valanghe provocate dalle esplosioni delle bombe causarono la morte di 40000-80000 uomini sulle Alpi Tirolesi, in Italia e in Austria.

Il 20 gennaio 1951, in un tratto delle Alpi tra Svizzera, Austria e Italia restarono isolate più di 45000 persone a causa di valanghe provocate da una combinazione di forte vento e fitte nevicate.

LA TEMPERATURA PIÙ ELEVATA
La temperatura più alta registrata in Italia è stata di 49,8 °C a Messina nel luglio 1885, quando in varie località siciliane furono probabilmente addirittura superati i 50 °C.

PERMANENZA IN GROTTA
Maurizio Montalbini rimase in isolamento spazio-temporale per 366 giorni, dal 6 dicembre 1992 al 7 dicembre 1993, in un laboratorio sotterraneo in una grotta nel Monte Nerone, Piobbico, Pesaro, nell'ambito del progetto di ricerca Underlab. Cristina Lanzoni trascorse 9 mesi nella stessa base Underlab, dal 26 luglio 1994 al 21 aprile 1995.

LA ZUCCHINA PIÙ LUNGA
Alla 17ª Sfida della Zucca di Sale Marasino, Brescia, la giuria del Club Maspiano, organizzatore della manifestazione, registrò la lunghezza di 256 centimetri per una zucchina della varietà "Trombetta d'Albenga" coltivata da Romeo Martinello di Maser, Treviso.

LA NONNA PIÙ GIOVANE
Il record in epoca recente, anagraficamente documentato, appartiene a Immacolata Irmo, di Napoli, diventata nonna a 34 anni e 10 mesi alla nascita della nipotina Nunzia, avvenuta il 5 agosto 2000. Nella foto, la nonna è al centro con la nipotina in braccio, accanto alla figlia Assunta.

LA BARBABIETOLA PIÙ GRANDE
Una barbabietola di 12,7 chilogrammi (altezza 50,8 centimetri per 53,5 centimetri di circonferenza massima) è stata raccolta nel 1995 da Fausto Fustini a Budrio, Bologna.

LA ZUCCA PIÙ GROSSA
Sergio Moretti di Cologne, Brescia, ha vinto l'edizione 1999 della "sfida delle zucche" di Sale Marasino con una zucca di 336,8 chilogrammi, stabilendo il primato europeo. La manifestazione, curata dal Club Maspiano, accoglie coltivatori da tutta Italia ed è riconosciuta dalla World Pumpkin Confederation di Collins, NY, Usa.

GRAPPOLI D'UVA
Il 10 settembre 1995 a Santa Maria della Versa, Pavia, fu assemblato un "grappolo" d'uva pesante 1462 chilogrammi.

IL FUNGO PIÙ GRANDE
Il 1º novembre 1988, Beni Tobia di Sigillo, Perugia, raccolse in Val di Ranco di Monte Cucco un fungo commestibile *(Polyporus frondosus)* pesante 51,5 chilogrammi.

IL QUADRIFOGLIO PIÙ GRANDE
Un quadrifoglio con una larghezza massima di 13,8 centimetri è stato trovato l'11 ottobre 1997 da Lydia Cascarino di Cervaro, Frosinone.

IL CESTO FIORITO PIÙ GRANDE
Il 19 luglio 1992, a Marina di Massa, un cesto di 10 metri di diametro e altrettanti di altezza fu riempito con una composizione formata da 1100000 fiori da un gruppo di 24 fioristi coordinati da Giuseppe Andrea Lazzini.

LA COMPOSIZIONE FLOREALE PIÙ ALTA
Il 26 settembre 1996 è stata eretta nel Palazzo Ducale di Genova, in occasione della manifestazione "30 ore per la vita", una composizione floreale a forma di candelabro, alta 13,624 metri e composta da 300 chilogrammi di bosso, 100 di pittosporo e da 20000 rose.

IL PRIMO ORTO BOTANICO
L'orto botanico di Pisa, fondato nel 1543, è il più antico del mondo.

IL PARCO NATURALE PIÙ GRANDE
Il più grande parco naturale italiano è il Parco Nazionale dello Stelvio. Istituito nel 1935, occupa un'area di 134620 ettari tra le province di Sondrio, Brescia, Trento e Bolzano.

IL ROSETO PIÙ GRANDE
Il roseto di Cavriglia, Arezzo, ospita più di 7500 differenti varietà di rose.

I GIRASOLI PIÙ ALTI
I girasoli più alti sono quelli olandesi, con record di oltre 7,5 metri. Il miglior risultato ottenuto in Italia è di 4,15 metri, per merito di Roberto Marescotti di Copparo, Ferrara.

IL TACCHINO PIÙ GROSSO
Nel 1999, in occasione della 167ª edizione della Fiera di Santa Elisabetta a Romans d'Isonzo, Gorizia, Alberto Scapicchio presentò alla Mostra Tacchino Gigante un esemplare di 31,4 chilogrammi.

IL COLOMBO PIÙ LONGEVO
Il colombo viaggiatore chiamato Bigione, nato il 14 febbraio 1978 e appartenente a Rodolfo Ferrarini di Reggio Emilia, nel 2001 ha superato il traguardo dei 23 anni di vita.

GATTI: LA CADUTA DALLA MAGGIOR ALTEZZA
Il 23 giugno 1990, Serafino, un gatto di Angelo Trinca Colonel di Grosotto, Sondrio, si lanciò dal cornicione di un campanile malgrado l'intervento dei vigili del fuoco di Grosio guidati da Guido Raoss: atterrò incolume sul selciato davanti alla chiesa dopo un volo di 45 metri.

IL GATTO PIÙ GROSSO
Attila, un soriano appartenente a Sara Gamberini di Milano, pesava 21,8 chilogrammi (lunghezza 89 cm, circonferenza 88 cm, collare 38 cm).

L'UOVO PIÙ PICCOLO
Mary, una gallina di Valter De Franceschi di Castiglione Olona, Varese, il 10 marzo 1992 depose un uovo di 22,5 per 17 millimetri.

LA DONNA PIÙ LONGEVA
Secondo il gerontologo Vittorio Nicita Mauro, la donna più longeva d'Italia è stata Chelidonia Merosi Lollobrigida di Subiaco, Roma, prozia dell'attrice Gina Lollobrigida. Nata il 10 ottobre 1883, morì a oltre 112 anni il 10 dicembre 1995.

LA PARRUCCA PIÙ GRANDE
Marisa Malagoli di Cento, Ferrara, il 6 marzo 2001 presentò presso il Teatro Comunale di Cento una parrucca realizzata con diversi stili di acconciatura alta 11,35 metri.

SOPRAVVIVENZA IN UN POLMONE D'ACCIAIO
Eletta "Donna d'Europa" nel 1990 dal parlamento europeo e autrice di libri, dall'età di 14 anni Rosanna Benzi (nata a Morbello, Alessandria, il 10 maggio 1948) visse per 28 anni e 321 giorni in un polmone d'acciaio all'ospedale San Martino di Genova, dal 20 marzo 1962 al 4 febbraio 1991.

TRAPIANTO CARDIACO
Il primo trapianto cardiaco in Italia fu compiuto il 14 novembre 1985 a Padova da Vincenzo Gallucci. Ilario Lazzari di Vigonovo, Venezia, sopravvisse fino al 12 giugno 1992 con il cuore di Francesco Busnello, morto in seguito a un incidente stradale.

TRAPIANTO DI MIDOLLO OSSEO
Il primo trapianto di midollo osseo al mondo fu eseguito in Italia il 2 settembre 1959. L'intervento fu effettuato con successo dal professor Mazzingo Donati presso il Policlinico di Careggi, Firenze, su un malato di leucemia. Il donatore volontario, il torinese Antonio Urso, risulta quindi essere il primo donatore al mondo di midollo osseo.

IL TUMORE PIÙ GROSSO
La più grossa massa cistica fu rimossa nell'agosto 1992 presso l'ospedale di Magenta, Milano, dal professor Bergamini e dalla sua équipe medica. La massa cistica, localizzata nelle ovaie della paziente, pesava complessivamente 37 chilogrammi.

IL PAZIENTE PIÙ ANZIANO
Rosalia Abbenante fu sottoposta alla riduzione di una frattura del femore all'età di 104 anni e 228 giorni. L'intervento fu eseguito dal dottor Vito Tricarico presso il CTO di Bari, il 25 settembre 1985.

LA PIÙ GRANDE COLLEZIONE DI APPARECCHI PER TELECOMUNICAZIONE
La collezione più completa appartiene al generale Francesco Cremona di Rocca di Papa, Roma, con 1071 strumenti e cimeli di varie nazionalità e periodi storici, tra cui numerosi pezzi rari o unici. La collezione è stata recentemente affiliata alla Fondazione Guglielmo Marconi.

IL MAGLIO PIÙ GRANDE
Il maglio operante alle acciaierie di Terni tra il 1887 e il 1910 aveva una mazza di 108 tonnellate. La colata di 1000 tonnellate di ghisa per realizzare la sottoincudine durò per quattro giorni e richiese circa sei mesi di tempo per raffreddarsi.

LA PISTA PER BIGLIE PIÙ LUNGA
Il 26 agosto 1998, a Laigueglia, Savona, fu allestita da 1200 volontari una pista per biglie di 3462 metri che attraversava 49 stabilimenti balneari.

IL MAPPAMONDO PIÙ GRANDE
Il più grande mappamondo rotante è il Mappamondo della Pace, presentato ad Apecchio, Pesaro, nel 1988. La sfera di 30 tonnellate e 10 metri di diametro, in legno e vetroresina, fu costruita in 6 anni da Orfeo Bartolucci, con l'impiego tra l'altro di 10 quintali di chiodi, per un totale di 6 milioni di martellate.

LA MERIDIANA PIÙ GRANDE
La meridiana solare del Castello degli Agolanti di Riccione, progettata dallo gnomonista bolognese Giovanni Paltrinieri, ha un quadrante semicircolare di 22,8 metri e uno gnomone alto 6,5 metri.

L'ALBERO DI NATALE PIÙ GRANDE
Il più alto artificiale è allestito nel periodo natalizio a Bussero, Milano, nel giardino di Pietro Cucchi ed è in crescita di anno in anno. Quello eretto nel 2000 era alto 70,3 metri, con un diametro di 25 metri alla base e illuminato da 156 700 lampadine.

LUMINARIE
A Gubbio, Perugia, durante il periodo natalizio viene allestita una decorazione luminosa a forma di albero di Natale, composta da oltre 500 fari collegati da 12 000 metri di cavo, che riveste un versante del Monte Ingino, da circa 550 a 900 metri di altitudine.

IL FALÒ PIÙ ALTO
Il 5 gennaio 1999, a Muzzana del Turgnano, Udine, fu dato fuoco a un falò alto 41,55 metri e composto da 781 rotoballe e 7410 balle di soia, per un totale di 2793 quintali di materiale compresso in 1170 metri cubi. Il falò, organizzato dal Gruppo Team, continuò a bruciare per sei giorni.

I CAPELLI PIÙ LUNGHI
I capelli di Dorina Menardo di Varese a maggio 2001 avevano raggiunto la lunghezza di 165 centimetri. Non se li taglia da poco più di una decina d'anni e sono tuttora in crescita.

IL VIADOTTO PIÙ LUNGO
Il viadotto più lungo d'Italia, di 10,4 chilometri, è quello che attraversa il fiume Fichera sull'autostrada tra Palermo e Catania.

LA SALA DA TÈ PIÙ FORNITA
Presso la Casa del Tè di Raddusa, Catania, un museo dedicato alla cultura del tè creato da Salvatore Pellegrino, sono raccolti 540 tipi di tè provenienti da piantagioni di tutte le parti del mondo.

l'italia nel guinness

LA COSTRUZIONE DI LATTINE PIÙ GRANDE

Nel dicembre 1997, circa 40 volontari costruirono una riproduzione in scala 1:5 della basilica romana di San Pietro utilizzando oltre 10 milioni di lattine di alluminio vuote, principalmente le rosse della Coca-Cola. L'impresa fu realizzata a favore delle associazioni di donatori di organi e di sangue AIDO e AVIS. La costruzione misurava 48 per 95 metri di base, 29 metri di altezza ed era sormontata da una cupola del diametro di 20 metri. Esposta per due mesi nei dintorni di Roma, fu poi venduta all'asta a beneficio delle due associazioni. Queste avevano già organizzato eventi analoghi con riproduzioni del Colosseo, dell'Arena di Verona e della basilica di Sant'Antonio di Padova.

L'OSTERIA PIÙ ANTICA

La prima documentazione scritta dell'enoteca Al Brindisi di Ferrara, in origine Hostaria del Chiucchiolino, è del 1435, anno in cui l'osteria era già famosa. La frequentarono Cellini, Tiziano, Ariosto, Tasso e forse Copernico, che abitò tre anni sopra l'osteria.

LA SCALA PIÙ LUNGA

La scala più lunga in Italia è quella di 4444 gradini, detta "Calà del Sasso", tra la frazione Sasso di Asiago, Vicenza, e Valstagna, in Valsugana.

LA STATUA PIÙ ALTA

La statua di San Carlo Borromeo in Arona, Novara, sul Lago Maggiore, eretta nel 1624, raggiunge l'altezza di 35 metri (compreso il basamento di 11,7 metri).

IL VIAGGIATORE PIÙ GIRAMONDO

Giorgio Ricatto di Torino ha visitato tutti gli stati sovrani e, tranne sei, tutti i paesi non sovrani e altri territori viaggiando per 5,5 milioni di chilometri.

VOLI SUPERSONICI

Il primo pilota italiano a volare oltre la barriera del suono fu il capitano Umberto Bernardini, il 26 novembre 1953 con un F86E della Canadian Air Force. Il primo volo supersonico con pilota e velivolo italiani fu compiuto il 4 dicembre 1956 dal tenente colonnello (ora generale di squadra aerea) Giovanni Franchini nel cielo di Pratica di Mare, Roma, con un caccia Aerfer Sagittario 2° progettato dall'ingegnere Sergio Stefanutti.

IL PRIMO VOLO NELLO SPAZIO

Il primo astronauta italiano è stato il genovese Franco Malerba, rimasto in volo a bordo dello Space Shuttle *Atlantis* dal 31 luglio all'8 agosto 1992.

AEREI A REAZIONE

Il primo volo di un aereo a reazione italiano fu compiuto dal colonnello Mario De Bernardi (1893-1959) il 30 novembre 1941 tra Milano-Taliedo e Guidonia. L'apparecchio era un Campini-Caproni C.1, collaudato per la prima volta il 30 aprile 1940.

LA PRIMA COMPAGNIA AEREA

La Società Italiana Servizi Aerei inaugurò il suo primo volo di linea il 1° aprile 1926, sulla rotta Torino-Trieste.

AEROMODELLISMO: DISTANZA

Il primato di distanza su circuito chiuso è di 1239 chilometri, fissato il 26 luglio 1986 da Gianmaria Aghem di Moncalieri, Torino. Aghem detiene un record personale di 14 primati mondiali stabiliti tra il 1986 e il 1994.

LE PRIME DONNE PILOTA

Il primo brevetto di pilota a una donna italiana fu rilasciato il 3 gennaio 1913 a Rosina Ferrario (a sinistra, sopra), nata il 28 luglio 1888 a Milano. La prima donna pilota di elicotteri in Italia è stata Maria Concetta Micheli (prima donna insignita del titolo di Pioniere dell'Aeronautica), che ottenne il brevetto l'8 ottobre 1971. La prima donna pilota di linea è stata Fiorenza De Bernardi (a sinistra, sotto), decollata da Milano Linate il 16 giugno 1967. È stata anche la prima e finora unica donna a ottenere il titolo di comandante, nel 1969.

AEROMODELLISMO: L'ALIANTE PIÙ GRANDE

Il modello di aliante più grande ha un'apertura alare di 11 metri e un peso di 23,5 chilogrammi. L'apparecchio, radiocomandato, è stato costruito da Guido Zovetti di Abbiategrasso, Milano.

AEREI DI CARTA: DISTANZA

Il primato italiano è di 48,6 metri per un lancio effettuato da Giovanni Amato il 20 agosto 1992 a Palermo nel corso del primo campionato di tiro del razzetto di carta, organizzato dalla Polisportiva Europa.

L'AUTOMOBILE ELETTRICA PIÙ VELOCE

Il record per la più elevata velocità raggiunta da un veicolo elettrico è di 301,515 km/h sul chilometro lanciato. Il primato è stato stabilito da Oscar De Vita il 21 maggio 1995, a bordo del veicolo Zer di Bertone.

L'AUTOMOBILE A PEDALI PIÙ LUNGA

Carlo Ceci di Roma ha costruito un'automobile a pedali lunga 11,21 metri e pesante 183 chilogrammi, in grado di viaggiare a una velocità di qualche metro al giorno.

LA FILA DI CAMPER PIÙ LUNGA

Dall'11 al 26 settembre 1993, una colonna di 95 camper (denominata Icaro '93) percorse i 6364 chilometri tra Milano e Rossosch, Russia, e ritorno, per l'inaugurazione di un asilo donato alla cittadina russa dall'Associazione Nazionale Alpini.

IL PIÙ GRANDE RADUNO DI FUORISTRADA

L'8-10 dicembre 2000, al XI Raduno Internazionale 4 x 4 di Gradisca d'Isonzo, Gorizia, organizzato dal Gruppo Fuoristradistico Isontino e dal GFI Alpe Adria Off Road, parteciparono 806 veicoli a quattro ruote motrici.

L'AUTOMOBILISTA PIÙ VECCHIO

L'italiano Guido Baldi di San Giovanni Valdarno, Arezzo, prese la patente nel 1917 e nel 1996, fino a poco

LA PIÙ GRANDE BICICLETTA DI PANE
Per festeggiare la partenza dell'84º Giro d'Italia, il 19 maggio 2001, la Confcommercio di Pescara espose nell'atrio della stazione ferroviaria di Pescara Centrale una bicicletta lunga 7,5 metri e alta 4,5, costituita da una struttura di 230 chilogrammi di ferro (200 metri di sviluppo lineare) e 250 chilogrammi di pane.

prima della morte, avvenuta a 101 anni di età, guidava ancora la sua Fiat 1100 D del 1958.

CAMION SU "DUE RUOTE"
Holer Togni guidò per 151 metri su tre ruote un camion Iveco Eurotech con semirimorchio di 13 tonnellate, il 15 luglio 1995, all'autodromo di Nürburgring, Germania.

LA PISTA PER AUTOMOBILINE PIÙ GRANDE
Presso il parco Mirabilandia di Ravenna, in collaborazione con Polistil, è stata allestita una pista elettrica per automobiline di 96 metri quadrati. Il plastico è di 16 per 6 metri. Il circuito, in scala 1:32, è lungo 4000 metri.

LA BICICLETTA PIÙ GRANDE
La bicicletta costruita da Pietro Lucchino nella sua officina di Roata Rossi, Cuneo, e guidata in pubblico per la prima volta il 6 giugno 1993 con l'ausilio di una coppia di ruote stabilizzatrici, ha ruote di 3,12 metri di diametro, raggiunge i 3,5 metri d'altezza e pesa 130 chilogrammi.

La serie di quattro cambi sincronizzati consente di scegliere tra 1920 rapporti di velocità.

LA BICICLETTA PIÙ LUNGA
Giuseppe Berra e Luciano Quaglieri, presso la loro officina di Cavezzo, Modena, costruirono da gennaio a marzo del 1987 una speciale bicicletta con telaio a forma di pantografo che è lunga 8 metri quando è "chiusa", mentre raggiunge i 17,9 metri con il telaio alla sua massima estensione. Le ruote hanno un diametro di 2,52 metri, mentre il manubrio si trova a 3,7 metri dal suolo.

IL TRICICLO PIÙ GRANDE
Il triciclo più grande misura 9,45 metri di lunghezza, 5,32 metri di altezza e ha la ruota anteriore di 3,61 metri di diametro. È stato costruito da Giuseppe Berra, Luciano Quaglieri, Ermes Marchetti e Artemio Ronchetti di Cavezzo, Modena.

TANDEM
Il Super Tandem Club di Ceparana, La Spezia, ha costruito un tandem a due ruote lungo 25,88 metri. Il 20 settembre 1998, il tandem effettuò il suo viaggio inaugurale percorrendo 112 metri grazie agli sforzi congiunti di 40 ciclisti, impegnati a far muovere oltre quattro tonnellate di peso a pieno carico (1750 chilogrammi a vuoto).

IMPENNATE IN BICICLETTA
Paolo Cagol di Ellera Umbra, Perugia, ha percorso 25,5 chilometri in un'ora sulla pista ciclabile di Pian di Massiano, il 15 luglio 1995, viaggiando su una sola ruota della sua mountain bike.

IL MAGGIOR NUMERO DI PASSEGGERI SU UNA MOTO
Il 2 ottobre 1992, nel corso della trasmissione televisiva di Canale 5 *La Grande Sfida*, 19 persone viaggiarono insieme su uno scooter Cosa, pilotato da Luciano Romeo e di proprietà di Nicola Furci, Reggio Calabria.

LA MOTOCICLETTA PIÙ ACCESSORIATA
Dal 1961 a oggi, il bolognese Giancarlo Nanni ha dotato la sua Lambretta di oltre 600 accessori, tra i quali: radio, registratore, televisore, ricetrasmittente, bar con macchinetta per il caffè e per il popcorn, sirene e fanali di tutti i generi, doccia con acqua calda e distributore di shampoo, rasoio elettrico, ventilatore a energia solare e "generatore" di bolle di sapone.

IN MOTO SULLA RUOTA ANTERIORE
Il 10 maggio 1992 a Taverne di Corciano, Perugia, Nicola Buonopane di Roma percorse 71,70 metri viaggiando sulla sola ruota anteriore della sua moto Beta da trial.

I PARACADUTISTI PIÙ ANZIANI
Ettore Mariano, nato a Cuneo, fece il primo lancio all'età di 79 anni, 6 mesi e 15 giorni, il 25 ottobre 1987. Lo svizzero Mario Borradori, nato l'11 gennaio 1899, si lanciò per la prima volta a 90 anni e 115 giorni in tandem con un istruttore.

Il paracadutista più anziano regolarmente in attività è il generale Giuseppe Palombo, di Roma, nato il 22 luglio 1915 e ancora avvistato in caduta libera nei cieli sopra Latina nel maggio 2001.

LANCIO IN TANDEM DALLA MAGGIOR ALTEZZA
Claudio Malez e Silvia Girocchi (trasportata) si lanciarono da 10000 metri sopra la zona di Vercelli. Al momento del lancio la temperatura esterna era di 50 gradi sotto lo zero.

IL MAGGIOR NUMERO DI PAESI VISITATI IN TRENO IN 24 ORE
Il primato italiano appartiene a Francesco Magri ed Enrico Valvo, di Milano, che il 19-20 agosto 1993 in 22 ore e 16 minuti visitarono 10 paesi: Olanda, Belgio, Lussemburgo, Francia, Svizzera, Liechtenstein, Austria, Italia, Germania e Repubblica Ceca.

LA VIA PIÙ STRETTA
La strada più stretta è probabilmente quella conosciuta con il nome di "Vicolo della Virilità". Si trova a Ripatransone, Ascoli Piceno, e ha una larghezza massima di 43 centimetri.

IL PUBBLICO PIÙ NUMEROSO A UN CONCERTO
Il primato italiano spetta ad Antonello Venditti con 300000 spettatori che l'11 ottobre 1992 presero parte al suo concerto gratuito contro il razzismo al Circo Massimo di Roma.

MARATONA DI PIANOFORTE
Silvano Marchese di Rende, Cosenza, rivendica un primato per una non-stop di 54 ore, 53 minuti e 10 secondi senza mai staccarsi dal pianoforte, tra il 14 e il 16 febbraio 1990 presso il ristorante La Prateria di Roma.

GLI STRUMENTI PIÙ PICCOLI
Piero Brianza, un liutaio di Sulzano, Brescia, ha realizzato una serie di strumenti musicali in miniatura: tra gli altri, un violino lungo 26 millimetri, una chitarra e un mandolino entrambi di 32 millimetri, e un pianoforte largo 30 millimetri con una tastiera di due ottave.

l'italia nel guinness

IL CONCERTO ALLA MAGGIORE ALTITUDINE

Il 24 ottobre 1998, presso il Laboratorio-Osservatorio Piramide Ev-K2-CNR, a 5050 metri di altitudine nella catena dell'Himalaya, in Nepal, Ombretta Maffeis e Giovanni Bergamelli si esibirono a flauto e tastiera in un concerto dedicato a Gaetano Donizetti nel 150° anniversario della morte.

LA BANDA MUSICALE PIÙ NUMEROSA

Il 19 luglio 1997, il maestro Beppe Vessicchio diresse contemporaneamente 1882 musicisti, appartenenti a 50 diverse bande, nell'ambito di una rassegna bandistica organizzata dalla città di Bibione, Venezia.

IL SUONATORE DI BANDA PIÙ ANZIANO

Ivo Filippucci dal 1930 suona il flicorno nella Corpo Bandistico Colombarone di Fiorenzuola di Focara, Pesaro, attualmente diretto dal maestro Renato Baronciani.

LA VINCITA PIÙ ALTA A UN TELEQUIZ

La somma più elevata a un telequiz è stata vinta da Isabella Lama, arrivata a un totale di 995 milioni di lire nel corso della puntata di *Telemike* mandata in onda da Canale 5 il 27 febbraio 1992.

IL PITTORE PIÙ RAPIDO

Salvatore Spano, pittore di San Teodoro, Nuoro, è in grado di dipingere un quadro in tempi brevissimi, grazie alla sua particolare tecnica nell'uso della spatola. Il 31 dicembre 1988, nel corso della trasmissione televisiva *Odiens*, dipinse due paesaggi di 50 per 70 centimetri in 2 minuti e 35 secondi.

LE CARRIERE TELEVISIVE PIÙ LUNGHE

Mike Bongiorno iniziò la sua carriera il 7 febbraio 1946 come conduttore di una trasmissione di quiz alla radio WOM di New York e la sua prima trasmissione televisiva alla Rai, *Arrivi e partenze*, è del dicembre 1953.
Il festival della canzone per bambini *Lo Zecchino d'Oro*, ideato da Cino Tortorella e trasmesso regolarmente dalla Rai, è sempre stato presentato dallo stesso Tortorella, per 40 anni consecutivi.

REGISTI-ATTORI

Nel film *Il silenzio dei prosciutti* di Ezio Greggio, distribuito nel 1994 in 46 diverse nazioni, recitavano il maggior numero di registi-attori finora riuniti in un solo film: oltre allo stesso Greggio, Joe Dante, John Carpenter, Dom De Louise, John Landis, Jeff Celentano, John Astin e Mel Brooks.

OPERE LIRICHE: IL MAGGIOR NUMERO DI REPLICHE

Al Piccolo Teatro di Milano, dal 23 gennaio al 22 marzo 1998, fu messa in scena per 43 repliche consecutive l'opera *Così fan tutte* di Mozart: la regia era stata curata dallo scomparso direttore del teatro, Giorgio Strehler.

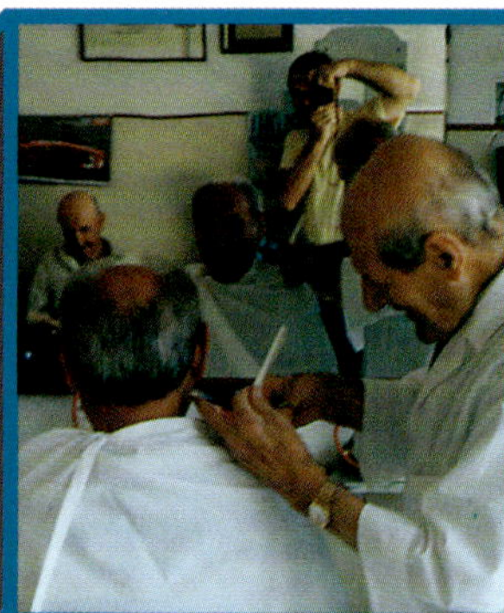

IL BARBIERE IN ATTIVITÀ DA PIÙ TEMPO

Guerrino Olivi, nato il 16 agosto 1918, lavora regolarmente, anche se solo mezza giornata, nel suo negozio di barbiere a Massenzatico, Reggio Emilia, aperto dal 1932.

LE RADIO PIÙ PICCOLE

Valerio Bertani di Piacenza possiede una collezione di 40 repliche in miniatura di apparecchi radio degli anni '30 e '40, tutti funzionanti e costruiti interamente a mano. Il modello più piccolo misura 3,2 per 1,6 per 1,6 centimetri.

IL DIPINTO PIÙ GRANDE

Per iniziativa del comune di Trieste, in quattro settimane tra marzo e aprile 2000 fu realizzato da Bruno Chersicla con la collaborazione di 4572 volontari un graffito che rappresentava simbolicamente la città come porta d'Oriente per l'Europa. L'affresco, di 72 per 144 metri, con un'area effettivamente dipinta di 9323 metri quadrati, ricopriva quasi interamente piazza dell'Unità d'Italia con tre tonnellate di vernice.

IL MURALE PIÙ LUNGO

Per iniziativa dell'associazione culturale Gruppo 2000 di Piombino, tra il 1997 e il 1999 un tratto della statale Aurelia tra Livorno e Grosseto è stato decorato da un murale costituito da 293 pannelli alti 2,25 metri che si sviluppano in lunghezza per un totale di 1077 metri.

IL DIPINTO PIÙ LUNGO

Il 28 maggio 2000 a Chieri, Torino, un unico telo senza giunzioni lungo 260,30 metri per 65 centimetri di altezza fu dipinto da 150 partecipanti alla manifestazione "Fustagno d'autori", organizzata dalla Fondazione Chierese per il Tessile e per il Museo del Tessile con il comune di Chieri.

LA MOSTRA ALLA MAGGIOR ALTITUDINE

La seconda edizione della manifestazione vignettistica internazionale "Fumetti di frontiera", organizzata dalla località valdostana di La Salle il 2-4 giugno 2000, ospitò una mostra dedicata a Walt Disney nella Sala dei Cristalli a Punta Helbronner, a 3462 metri di altitudine, sotto la vetta del Monte Bianco.

IL CORO PIÙ NUMEROSO

L'8 aprile 2001 presso il PalaEur di Roma, 9000 giovani cantori di età compresa tra 6 e 15 anni si esibirono su musiche di Verdi e Haendel, diretti dal maestro Sergio Siminovich. La manifestazione, chiamata "Verdincanto" e organizzata da Rai Educational in collaborazione con il Ministero della Pubblica Istruzione, era stata realizzata a coronamento di un corso di canto corale seguito a distanza da 16000 studenti via Internet e tramite 7000 antenne paraboliche installate dalla Rai in altrettante scuole italiane.

LA STORIA A FUMETTI PIÙ PICCOLA
Sul numero 2185 di *Topolino*, in edicola l'8 ottobre 1997, è stata pubblicata la storia a fumetti più piccola del mondo. Le 25 tavole di "Storia di Topolino, ino, ino" erano tutte contenute in una singola pagina della rivista. Per facilitare la lettura del fumetto, al numero era allegata una lente d'ingrandimento come gadget.

IL TEATRO PIÙ PICCOLO
A Vetriano di Pescaglia, Lucca, si trova la Bomboniera, un teatro di 52 metri quadrati. Ha un palcoscenico di 4 per 6 metri, due ordini di palchetti in legno, una platea e un sipario dipinto. Attualmente è però inagibile per motivi di sicurezza.

I DIRETTORI DI GIORNALE IN CARICA PER PIÙ TEMPO
Monsignor Andrea Spada, nato il 24 gennaio 1908, diresse il quotidiano *L'Eco di Bergamo* dal 30 novembre 1938 al 28 ottobre 1989. Angela Sorgato, nata il 14 ottobre 1894, diresse il settimanale femminile *Alba*, di Milano, dall'aprile 1928 al dicembre 1986.

EX LIBRIS
Mario De Filippis, di Arezzo, possiede la più grande collezione di ex libris, composta da oltre 130000 esemplari, di cui 12000 espressamente dipinti da artisti italiani e stranieri a suo nome.

NOMI ANAGRAMMATI
Al 2 luglio 2001, Esulino Sella di Caldogno, Vicenza, aveva composto 2074 anagrammi del proprio nome e cognome, tutti di senso compiuto. I primi 2055, illustrati da 500 opere di 50 artisti, sono raccolti nel libro *Il gioco dell'oco*, mentre i più recenti hanno contribuito alla stesura di un *Inno all'anno nuovo*, composto in forma di biglietto d'auguri per il 2002

MARATONA DI BARZELLETTE
Alberto Fait di Folgaria, Trento, alternò barzellette e pezzi teatrali per 110 ore e 30 minuti al teatro Vittoria di Folgaria, dal 28 novembre al 3 dicembre 1992.

Il 9 e il 10 ottobre 1996, a Ragusa Ibla, Elio Sortino elaborò e scrisse 1216 freddure e giochi di parole in 24 ore nel corso della manifestazione Ibla Buskers 1996, organizzata a favore delle associazioni Alzheimer Iblea e Sclerosi Multipla.

LA FRANA PIÙ DISASTROSA
Il 9 ottobre 1963, 240 milioni di metri cubi di roccia franarono dal fianco del monte Toc finendo nel bacino idrico della diga del Vajont. La diga di 267 metri non accusò danni, ma un'onda d'acqua alta 100 metri fuoriuscì e sommerse Longarone, Pordenone, provocando la morte di 2500 persone.

RADUNO DI RECORDMEN
Il 15-16 maggio 1999 a Baselga di Pinè, Trento, l'Azienda di Promozione Turistica locale organizzò la manifestazione "La notte dei Guinness", con la partecipazione dei personaggi italiani detentori di primati. Per l'occasione furono proposti diversi record, tra cui una gerla di bambù alta 6,64 metri e di 6,44 metri di diametro (1,80 alla base), costruita dal Gruppo Amici del Bleggio; un rastrello di legno lungo 11,98 metri, largo 3,91 e con denti da 90 centimetri, costruito da Egidio Petri; e una forca con manico di legno lungo 10-56 metri e tridente di acciaio largo 149 centimetri.

VITE SALVATE
Il primato italiano spetta a Giorgio Perlasca di Como, che tra il novembre 1944 e il gennaio 1945, a Budapest, salvò la vita a 5200 ebrei sotto le mentite spoglie di diplomatico spagnolo.

LA BALSAMERIA PIÙ GRANDE
La Balsameria più grande appartiene all'Azienda Agricola Midolini. Si trova a Manzano, Udine, su un'area di 95 ettari, con una superficie totale coperta di 455,3 metri quadrati che contiene circa 1000 botti e botticelle di legni diversi, dal gelso al ginepro.

IL MATRIMONIO PIÙ LUNGO
Mario Santandrea (nato il 21 gennaio 1891) e Maria Ferri (nata il 13 agosto 1898) di Castelbolognese, sono sposati dal 3 febbraio 1919.

COLLEZIONE DI BANCONOTE
Alberto Toesca, di Roma, dal 1980 a oggi ha raccolto 7000 banconote emesse da 400 paesi.

BANCONOTE PERSONALIZZATE
La più grande collezione di banconote recanti scritte o disegni anonimi è quella di Oscar Sacchi di Carpi, Modena, con 53293 banconote da mille lire e altre di vario taglio per un valore totale di 100001000 lire.

MATRIMONIO IN VOLO
Il 1° maggio 1997, don Giovanni Bellò celebrò su un parapendio a 1600 metri di altezza sul Monte Grappa, Treviso, le nozze tra Cosetta Cerchiaro e Diego Cecchetto, a loro volta su un parapendio biposto.

LA MEDAGLIA PIÙ CARA
La Exclusive Plus coniata dall'Istituto Poligrafico e Zecca dello Stato, in oro e platino con incastonati 20 diamanti e un frammento di meteorite tratto dal cratere Barringer, è la più preziosa di una serie di 21 medaglie emesse per celebrare l'arrivo del terzo millennio. La medaglia, a forma di icoesaedro a 20 lati, contiene quello che è probabilmente l'ologramma più piccolo del mondo, di 1,5 millimetri di diametro. La serie Progetto 2000 completa ha un valore di 121800000 lire.

LE DINASTIE INDUSTRIALI PIÙ ANTICHE
Gli atti ufficiali di fondazione della fabbrica d'armi Beretta risalgono al 1680, ma l'attività della famiglia è documentata fino al fabbricante di canne Bartolomeo di Bereti (1490-1567 circa).

La famiglia Barovier è attiva nel settore vetrario a Murano, Venezia, dal XIV secolo. Il più antico rappresentante conosciuto della famiglia è Jacobello, nato nel 1295.

SANTI
Il più breve intervallo di tempo fra la morte di un santo e la sua canonizzazione riguarda San Pietro da Verona, morto il 6 aprile 1252 e canonizzato dopo 337 giorni, il 9 marzo 1253. L'attesa più lunga riguarda San Leo III papa, morto il 12 giugno 816 e santificato nel 1673, a distanza di 857 anni.

PRESENZIALISMO IN TV
Gabriele Paolini (sopra, con Giovanni Paolo II), noto come "profeta del condom" per la sua battaglia civile contro la diffusione dell'Aids, da gennaio 1997 a gennaio 2001 è stato ripreso dalle telecamere di reti televisive nazionali in almeno 13068 occasioni documentate, per un totale di 18765 apparizioni televisive (repliche incluse).
Alessandro Cocco di Gornate Olona, Varese, fino al 31 dicembre 2000 è stato spettatore di 6529 manifestazioni teletrasmesse (repliche escluse) e possiede una collezione di 4331 fotografie (al 20 giugno 2001) in cui è ritratto a fianco di personaggi famosi.

LA PERPETUA PIÙ ANZIANA
Francesca Abbà (nata il 13 maggio 1907 a Verzuolo, Cuneo) presta servizio come perpetua da 74 anni presso la parrocchia di Sant'Anna ad Avigliana, Torino.

l'italia nel guinness

LO SCIOPERO PIÙ LUNGO
Lo stato di agitazione sindacale della Polizia Municipale presso il comune di Cormòns, Gorizia, si protrasse per circa tre anni e mezzo, dal 1° agosto 1991 al 27 dicembre 1994.

I COMUNI PIÙ PICCOLI
Il più piccolo comune d'Italia per numero di abitanti è Morterone, Lecco, con 30 abitanti. Il più piccolo per dimensioni è Vajont, Pordenone, con un'area di 1,58 chilometri quadrati.

L'INSEGNANTE E LO STUDENTE PIÙ ASSIDUI
Aldo Alessandrini di Fano, Pesaro, nel 1985 si ritirò dall'insegnamento dopo 40 anni di carriera senza un solo giorno di assenza. Dall'altra parte della cattedra, Simone Pascale di Roma, fu sempre presente sui banchi scolastici nei 13 anni di studi, da settembre 1984 a luglio 1997.

L'INSEGNANTE DI RUOLO PIÙ ANZIANA
Lina Grillo Cosma, nata il 9 marzo 1939 a Bolzano, è diventata insegnante di ruolo il 1° settembre 1999, all'età di 60 anni e 6 mesi.

IL MAGGIOR NUMERO DI LAUREE
Luciano Baietti di Rocca di Papa, Roma, il 28 giugno 2001 ha conseguito la sua nona laurea, in Scienze Motorie, presso l'Università degli Studi di Roma "Tor Vergata". In precedenza, dopo un diploma rilasciato dall'Istituto Superiore di Educazione Fisica (equiparato a livello universitario) nel 1972, si era laureato in Pedagogia (1974), Lettere (1975), Sociologia (1976), Giurisprudenza (1978), Scienze politiche (1981), Geografia (1996) e Filosofia (1999).

LA MATRICOLA UNIVERSITARIA PIÙ ANZIANA
Aldo Ferrero di Milano (nato a Cuneo il 20 agosto 1912) fu immatricolato presso la facoltà di scienze politiche dell'Università Statale di Milano il 29 aprile 1987, all'età di 74 anni, 8 mesi e 9 giorni, e conseguì la laurea 3 anni e 7 mesi più tardi, il 10 dicembre 1990, all'età di 78 anni, 3 mesi e 20 giorni.

L'EVASIONE FISCALE PIÙ MODESTA
Il 10 novembre 1986, Giovanni Battista Rizzani, di Como, pagò una cartella esattoriale per tributi comunali arrotondando l'importo per difetto di una lira. Il 9 febbraio 1987, gli fu notificato l'avviso di mora e l'intimazione al pagamento di lire 1, pena l'esecuzione forzata con eventuale pignoramento di beni.

IL COTECHINO PIÙ LUNGO
Il Circolo Sportivo Alberonese di Alberone di Cento, Ferrara, il 21 agosto 1999 organizzò in collaborazione con il Salumificio Valpa la preparazione di un cotechino che, dopo la cottura, misurava 137,5 metri di lunghezza per 485 chilogrammi di peso.

BOTTIGLIE DI BIRRA
Maurizio Tiraboschi di Dalmine, Bergamo, possiede una collezione di bottiglie di birra composta, a giugno 2001, da 6006 bottiglie tutte diverse fra loro.

IL MAGGIOR NUMERO DI PETIZIONI
A giugno del 2001, le petizioni inoltrate al parlamento italiano da Salvatore Acanfora di Roma avevano superato il numero di 4000 nell'arco di 14 anni, di cui 600 negli ultimi 12 mesi.

IL CAMPANILE PIÙ ALTO
Il Campanile più alto d'Italia è quello di Mortegliano, Udine, inaugurato nel 1959. Raggiunge un'altezza di 113,20 metri e ha un diametro di 13 metri.

LA FETTA DI PROSCIUTTO PIÙ LUNGA
Una fetta di prosciutto lunga 106,38 metri fu tagliata a mano da Pietro Passeri il 31 marzo 1996 nell'ambito della manifestazione Agriumbria organizzata a Bastia Umbra dall'Unione del commercio turismo servizi e dai Sindacati alimentaristi e macellai della provincia di Perugia.

LA BISTECCA PIÙ LUNGA
Il 5 maggio 1996, i macellai della Confesercenti di Altamura, Bari, tagliarono una bistecca lunga 107,75 metri senza interruzioni.

LA FILA DI CACCIATORINI PIÙ LUNGA
Il 12 maggio 2000, per iniziativa del Gruppo Alpini e del Comune di Travagliato, Brescia, fu presentata e distribuita al pubblico per beneficenza una fila di cacciatorini lunga 1186,5 metri e composta da 6176 salamini.

I SALAMI PIÙ LUNGHI
Il più lungo salame appeso è stato issato sulla torre campanaria di Pompiano, Brescia, il 28 novembre 1999 e misurava 31,6 metri per 10 centimetri di diametro.

Il 5 giugno 1999, in occasione di una manifestazione organizzata dal gruppo Carnevale Benefico la Marediga di Balerna, Svizzera, Federico Francini presentò un salame che, dopo 40 giorni di stagionatura, misurava 118,60 metri di lunghezza per 19 centimetri di circonferenza e pesava 222 chilogrammi.

LA LUGANIGHETTA PIÙ LUNGA
Il 1° ottobre 2000, a Treviso, fu preparata sotto la direzione di Bruno Bassetto una luganighetta lunga 5083 metri senza interruzioni, poi distribuita 21 000 porzioni vendute per beneficenza.

Il 9 agosto 1998, a Cusignana di Giavera del Montello, Treviso, Armando De Marchi del salumificio S. Rocco aveva presentato una luganighetta lunga 2878,26 metri di 3 centimetri di diametro.

LA MORTADELLA PIÙ GRANDE
Il salumificio F.lli Veroni di Correggio, Reggio Emilia, continuando la propria serie di salumi di dimensioni eccezionali, ha prodotto una mortadella pesante 2680 chilogrammi e di 230 centimetri di circonferenza, esposta al Cibus 1996 di Parma.

LO SPIEDINO PIÙ LUNGO
L'Associazione Giovani di Meano, Perosa Argentina, Torino, il 1° maggio 2000 preparò uno spiedino lungo 140,30 metri, equivalente a 1280 porzioni singole infilate su un filo d'acciaio disposto a serpentina.

LO ZAMPONE PIÙ GROSSO
Uno zampone gigante viene preparato ogni anno a Castelnuovo Rangone, Modena, rispettando le proporzioni tra gli ingredienti e le procedure di cottura tradizionali. Il 23 dicembre 1991, sotto la direzione di Sante Bartolomase, Saverio Cioce e dei fratelli Cavani, ne fu cucinato uno di 300 chilogrammi dal quale si ricavarono 3000 porzioni.

L'HAMBURGER PIÙ GRANDE
Un hamburger di 3301 chilogrammi fu cucinato il 3 luglio 1994 su una graticola di oltre 10 metri di diametro dai cuochi del ristorante *All'acero* di Isola Vicentina, coordinati da Pier Luigi Dall'Igna.

IL WÜRSTEL PIÙ LUNGO
Il würstel più lungo, 421,40 metri, è stato realizzato il 28 febbraio 1998 dal Comitato Gran Carnevale di Arco, Trento, in collaborazione con il Salumificio Trentino di Nago.

LO YOGURT PIÙ GRANDE
Un "vasetto" con 1382 chilogrammi di yogurt ai frutti di bosco realizzato dalla Danone Italia fu presentato a Tenerife, Canarie, Spagna, il 26 gennaio 2000.

I COCKTAIL PIÙ GRANDI
Roberto Tonnarelli di Ancona, il 29 settembre 1993 preparò in una botte un cocktail a base di vino e frutta per un totale di 5125 litri, di cui la parte preponderante era costituita da quasi 42 quintali di Verdicchio delle cantine Vallerosa di Cupramontana.

Il 4 ottobre 1989, Ettore Diana miscelò un cocktail di oltre 3000 litri a Lazise, Verona. Specialista in bevande giganti, Diana ha tra l'altro realizzato una tazza di tè da 2000 litri a Manerba del Garda, Brescia, il 30 luglio 1993.

BOTTIGLIE DI GRAPPA
La più completa collezione di grappe era costituita al 25 giugno 2001 da 3095 esemplari da monovitigno e appartiene a Corrado De Crescenzo di Salerno. La collezione comprende prodotti di tutte le regioni italiane e selezioni in vetri e cristalli di particolare pregio.

ETICHETTE DI BOTTIGLIE DI VINO
Camillo Peterlongo, di Milano, ha raccolto in oltre vent'anni 15000 etichette di vini italiani e stranieri. Buona parte della collezione è dedicata alle etichette d'autore, opera di pittori famosi di tutti i tempi.

IL MAGGIOR NUMERO DI GUSTI DI GELATO
Il 22 settembre 2000, nell'ambito della manifestazione "30 ore per la vita", per iniziativa dell'AIL (Associazione Italiana contro le Leucemie) gli artigiani gelatieri di Padova, Verona, Trento, Bolzano e Vicenza distribuirono in uno stand a Prato della Valle, Padova, gelati di 273 gusti differenti.

IL BABÀ PIÙ LUNGO
Alla prima edizione della Fiera Concorso dell'Arte Pasticcera Napoletana, tenuta a Marano di Napoli il 18-20 febbraio 2001, la Pasticceria Ippolito in collaborazione con l'Associazione Pasticcieri Campani preparò un babà lungo 355 centimetri.

TAPPI DI BOTTIGLIA
Franco Ferretti di Scandiano, Reggio Emilia, possiede una raccolta di 131250 tappi corona per bottiglie punzonati e litografati. I tappi, provenienti da 193 paesi, sono tutti diversi tra loro.

ETICHETTE DI ACQUA MINERALE
Anche grazie al fatto che l'Italia è il maggior consumatore mondiale di acqua minerale e alla conseguente diversificazione della produzione nazionale, Lorenzo Pescini di Sesto Fiorentino, Firenze, è riuscito a raccogliere 1340 etichette diverse di acque minerali italiane.

LA TAVOLETTA DI CIOCCOLATO PIÙ GRANDE
La tavoletta di cioccolato Novi lunga oltre tre metri, presentata alla Fiera Internazionale del Cioccolato di Torino del 16-19 marzo 2000, conteneva 600 chilogrammi di nocciole e sfiorava le 2,3 tonnellate di peso (vedi pag.118). Per la seconda edizione di Eurochocolate Torino, il 22-27 febbraio 2001, la Novi preparò un "Maxi Gianduiotto" da 35 quintali lungo 4,07 metri e alto 1,95 metri. Il gianduiotto fu poi esposto nella piazza San Carlo di Torino e spezzettato in 45000 porzioni distribuite al pubblico durante la festa "Dolce Stil Novi".

LA SCACCHIERA DI CIOCCOLATO PIÙ GRANDE
L'11 dicembre 1999, Sergio Bertaccini di Santa Maria della Versa, Pavia, presentò in occasione di Telethon 1999 una scacchiera di cioccolato fondente e al latte, pedine comprese, pesante 557 chilogrammi con una superficie 18,82 metri quadrati.

LA COPPA DI FRAGOLE PIÙ GRANDE
Il 4 giugno 2000, il comune di Nemi, Roma, organizzò il riempimento di una coppa di plexiglas appositamente costruita con oltre una tonnellata di fragole condite con 72 litri di spumante. Le fragole furono poi suddivise in 7000 porzioni e distribuite gratuitamente.

LA TAZZA DI CIOCCOLATA PIÙ GRANDE
Il 19 maggio 1991 a Coccaglio, Brescia, Alfredo Pontoglio preparò un'unica tazza di 500 litri di cioccolata, poi suddivisa in circa 5000 singole porzioni distribuite per raccogliere fondi a favore dell'Avis-Aido.

LA CHIACCHIERA PIÙ LUNGA
La più lunga chiacchiera in un pezzo unico senza spaccature fu preparata da Antonio Strada e cotta presso il Palazzo Esposizione di Pavia il 21 settembre 1998. La striscia di pasta ininterrotta misurava 69,35 metri di lunghezza per 42 centimetri di larghezza media.

BRINDISI
Il 30 maggio 1992 a Cormòns, Gorizia, 3492 persone brindarono alla pace disposte lungo un tratto di 2780 metri di strada ribattezzata da allora Via della Pace. Il vino versato era il Vino della Pace della Cantina Produttori Cormòns, ottenuto dalla vinificazione di 400 vitigni di tutte le parti del mondo (saliti a 500 negli ultimi anni) e spedito ogni anno dal 1985 ai capi di stato di tutte le nazioni. Nella foto, la bottiglia di spumante Melchisedec da 30 litri della Cantina Produttori Cormòns.

LA COLOMBA PASQUALE PIÙ GRANDE
Il 14 aprile 1990 a Borsea, Rovigo, il Centro Commerciale Tredici preparò e distribuì a 8000 persone una colomba pesante oltre sei quintali.

l'italia nel guinness

IL CROCCANTE PIÙ LUNGO
Il 23 luglio 1995, in occasione della festa di Sant'Anna a Ponte a Signa, Firenze, Venturino Venturini di Lamporecchio, Pistoia, realizzò un croccante lungo 32,10 metri.

IL LECCA-LECCA PIÙ GROSSO
Il 27 maggio 1991, la fabbrica di caramelle Perucchi di Locarno, Svizzera, preparò un lecca-lecca pesante oltre una tonnellata (1031 chilogrammi senza bastoncino), presentato alla trasmissione *Big-Box* della Televisione della Svizzera Italiana.

IL PANETTONE PIÙ GROSSO
Il 21 dicembre 1995, Gian Carlo Russo di Bellaria, Forlì, preparò un panettone di 220 chilogrammi, con un diametro di 86 centimetri e un'altezza di 106 centimetri.

IL TORRONE PIÙ GRANDE
Il 23 novembre 1997, i pasticceri del Centro Commerciale Mugnano, Napoli, prepararono un torrone al cioccolato di una tonnellata e mezza (1510 chilogrammi con le decorazioni), lungo 60 metri.

L'UOVO DI PASQUA PIÙ GRANDE
Il 14 aprile 2001, un uovo di 160 chilogrammi di cioccolato alto 200 centimetri, preparato dalla scuola di pasticceria "La mia Arte" di Viterbo, fu esposto e quindi distribuito al pubblico presso il centro commerciale Tuscia.

LA CIAMBELLA PIÙ GRANDE
Il 30 maggio 1999, la Pro Loco di Cento e la trattoria Il Testamento del Porco di Ferrara prepararono con 11 quintali di farina e 4000 uova una ciambella il cui percorso ovale misurava 1015 metri.

LA PIÙ GRANDE BATTAGLIA A TORTE IN FACCIA
Il 26 luglio 1997, durante il Festival dei Fumetti di Acquaviva Picena, Ascoli Piceno, dedicato ai comici Stanlio e Ollio, fu organizzata una battaglia di torte in faccia alla quale parteciparono quasi 80 persone che, nel tempo di due ore, si lanciarono in faccia circa 2000 torte.

LA TORTA PIÙ LUNGA
Il 16 giugno 1996, un gruppo di pasticceri di Parma prepararono una torta lunga 2390,66 metri in occasione di una manifestazione a scopo benefico promossa dall'associazione Orizzonti Nuovi. Gli ingredienti comprendevano 2400 chilogrammi di farina, 900 di zucchero, 1300 di burro, 2500 di marmellata e 14000 uova.

LA PROFITEROLE PIÙ GRANDE
L'8 giugno 1997, a Parma, la ditta Arte Dolciaria preparò una profiterole di 119,65 metri quadrati pesante 19 quintali. Per la realizzazione della maxiprofiterole, destinata a una festa benefica organizzata da Orizzonti Nuovi, Il Truciolo e AltraMarea, furono usati 52000 bigné, otto quintali di cioccolato fondente e otto di crema.

LA TORTA DI FRUTTA PIÙ LUNGA
La crostata di frutta più lunga è stata preparata dalla Pasticceria di Gerardo Mario Carrella per la Fiera Vesuviana di San Gennaro Vesuviano, Napoli, il 14 settembre 1997. Misurava 899 metri per una larghezza di 31 centimetri. Alla realizzazione parteciparono 50 persone e circa 300 al taglio.

LO STRUDEL PIÙ LUNGO
Il 12 agosto 2000 a Bibione, Venezia, fu affettato e distribuito a 40000 turisti lo "strudel del millennio", lungo 2001,4 metri e pesante 7 tonnellate, di cui oltre una tonnellata di burro e quasi tre quintali di uva sultanina.

LA TORTA DI FRUTTA PIÙ GRANDE
Una torta di frutta di 129 metri quadrati di superficie fu preparata il 30 aprile 2000 a Viterbo per opera della scuola di pasticceria La mia Arte con la collaborazione di 15 pasticceri. Tra gli ingredienti, 3060 uova, 415 chilogrammi di zucchero e oltre due tonnellate di frutta.

IL MAGGIOR NUMERO DI CONI DI GELATO
Alla festa del gelato artigianale di Vittorio Veneto, Treviso, del 27-28 maggio 2000 furono prodotti 25 quintali di gelato distribuiti gratuitamente in 30000 coni ai partecipanti.

LO ZUCCOTTO PIÙ GRANDE
Uno zuccotto pesante 17 quintali fu presentato il 17 agosto 1991 a San Vito Chietino, Chieti. Per la sua realizzazione Linda e Nino D'Alessandro si alternarono per cinque giorni in una cella frigorifera alla temperatura di 32 gradi sotto lo zero.

LA FAGIOLATA PIÙ GRANDE
La fagiolata più grande (piatto carnevalesco piemontese costituito da minestra a base di fagioli e salame) è stata quella di 9000 chilogrammi preparata nel febbraio 1994 per il Carnevale di Chiavazza, Biella. La minestra fu cotta in 115 paioli di rame e suddivisa in 10300 razioni.

LA MOZZARELLA PIÙ GRANDE
Il 5 agosto 2000, in occasione della XXIII Festa della Mozzarella di Bufala Campana a Cancelo Arnone, Caserta, fu presentata una mozzarella pesante 256 chilogrammi.

LE RISOTTATE PIÙ GRANDI
Il 18 giugno 1998, la Pro Loco di Gallarate, Varese, cucinò 300 chilogrammi di riso in un'unica pentola appositamente costruita del diametro di 3,30 metri in puro acciaio inox. Per far cuocere il riso occorsero 648 litri di brodo.

Il 14 giugno 1997, a Lugano, Guido Marcheggiani e la sua équipe di cuochi prepararono 480 chilogrammi di risotto in più pentole, distribuito poi in 4800 porzioni.

I PANINI PIÙ GRANDI
Un panino imbottito lungo 332,426 metri fu realizzato da Carlo Marciano con il Gruppo Panificatori di Bedonia e Compiano, Parma, l'8-9 agosto 1998. I 10 quintali di farina per la panificazione furono cotti in un forno a tunnel costruito per l'occasione.

Il 26 giugno 1991, a San Lazzaro di Savena, Bologna, il panificio Corticella presentò una "crocetta" ferrarese (pane tipico a forma di croce) con i bracci lunghi 6,3 metri, cotta in un unico pezzo in forno.

Il 24 settembre 2000, nell'ambito della manifestazione "30 ore per la vita", l'AIL (Associazione Italiana contro le Leucemie) organizzò la preparazione di un panino imbottito che si snodava per 4829 metri per le vie di Padova, assemblato con più pezzi di pane fornito da panifici dell'Associazione Commercianti Turismo e Servizi di Padova.

IL GRISSINO PIÙ LUNGO
Un grissino lungo senza interruzioni 35,78 metri fu cotto il 30 settembre 1998 da Paolo Dalle Molle a Vicenza.

LA PENTOLATA DI PESCE PIÙ GRANDE
La più grande pentolata di pesce è stata preparata il 19 giugno 1999 dal Comitato San Giovanni e Tradizioni Onegliesi di Oneglia, Imperia, in una pentola di tre metri di diametro costruita per l'occasione. Sei quintali di stocafisso furono cucinati secondo una ricetta tradizionale del luogo con patate e altri ingredienti per un peso totale di 1117 chilogrammi.

IL MAGGIOR NUMERO DI RICETTE PER PASTA E SPAGHETTI
Alla spaghetteria "La Cantinella" di Viterbo il tradizionale piatto italiano viene servito in 245 modi diversi, tutti sempre disponibili. Il 21 settembre 2000, nell'ambito del Settembre Viterbese, Cinzia Carosi e Domenico Vittori, titolari della spaghetteria, distribuirono piatti conditi in 300 modi diversi.

LO SPAGHETTO PIÙ LUNGO
Il 22 maggio 1987, al Ristorante Arcobaleno di Olivone, Ticino, Svizzera, Pierino Maestri ricavò da 700 chilogrammi di impasto un unico spaghetto lungo 93220 metri. A un ritmo di uscita dall'impastatrice di circa un metro al secondo, l'intero spaghetto vide la luce dopo 26 ore e 37 minuti di lavoro.

LA POLENTA PIÙ GRANDE
Il 24 maggio 1998, a Bergamo, l'Associazione Paolo Belli Lotta alla Leucemia preparò una polenta di 27 quintali, cotta in cinque ore e mezza in un unico pentolone di 2,23 metri di diametro e 130 centimetri di altezza da 30 persone munite di mestoli di legno lunghi tre metri.

LA TAVOLATA PIÙ LUNGA
Il 21 giugno 1989, a Firenze, fu imbandita una tavola lunga 4402 metri per una cena alla quale presero parte 12548 persone in sostegno alla Lega per la Lotta contro i Tumori e all'Aido.

IL BUFFET PIÙ GRANDE
Il 20 giugno 1993, per il 150° anniversario dell'apertura del primo stabilimento balneare nella città di Rimini, il comune organizzò una festa gastronomica allestendo sulla spiaggia una tavolata di 14 chilometri, da Torre Pedrera a Miramare, ininterrotta tranne che per un tratto di 150 metri.

CARTE DI CREDITO
Il primato italiano ed europeo per il maggior numero di carte di credito spetta, con 724 carte, a Rodolfo Di Maggio, di Milano.

DISCHI COLORATI
Alessandro Benedetti di Monsummano Terme, Pistoia, possiede una collezione composta da 894 dischi di vinile colorato, tutti diversi l'uno dall'altro.

BOTTIGLIE DI WHISKY
La più grande collezione di bottiglie di whisky, formata da 5502 bottiglie di marche diverse, è stata raccolta da Edoardo Giaccone di Varazze, Savona. La collezione è esposta presso la Taverna del Comandante di Gardone Riviera, Lago di Garda.

L'ABITO PIÙ PREZIOSO
L'atelier della stilista Alexandra Fede ha realizzato un vestito valutato un miliardo di lire e composto da 1004 lamine d'oro puro, sfruttando una tecnologia spaziale sviluppata dalla Mitsubishi Materials Corporation. Le lamine sono state ricamate con 50 chilometri di filo d'oro (ogni filo a sua volta composto da 12 fili intrecciati, per uno sviluppo totale di 600 chilometri).

ETICHETTE DI ABITI
Angela Bettelli di San Cesario, Modena, possiede una collezione di 2686 cartellini di abiti di stilisti italiani, francesi e tedeschi.

L'AQUILONE PIÙ LUNGO
"Arturo", un aquilone costruito dall'associazione Bobokiteam di Perugia, diretta da Roberto Bocchini, era lungo 714,2 metri e si alzò per la prima volta in volo il 1° luglio 1986 nella vallata di Castelluccio di Norcia, Perugia.

LA BANDIERA PIÙ LUNGA
Il 10 gennaio 1999, fu dispiegata da circa 3000 persone per le vie di Roma, dal Colosseo al Campidoglio, una bandiera italiana lunga 1570 metri (7536 metri quadrati di superficie), opera dell'Associazione Nazionale Reduci dalla Prigionia, dall'Internamento e dalla Guerra di Liberazione.

LE BUSTE PIÙ GRANDI
Le più grandi sono costituite dalla serie di buste chiamate Regina, Principessa e Re, realizzate dal Sacchettificio Monzese di Monza, Milano, con carta appositamente prodotta dalla cartiera finlandese Veitsiluoto Oy. Presentate il 13 gennaio 1992, riproducono i tipi classici di buste (commerciali, con finestra trasparente e a sacco) e misurano nell'ordine 736 per 516, 865 per 414 e 757 per 755 centimetri.

I CAPPELLI DI PAGLIA PIÙ GRANDI
Una "paglietta" fabbricata nel 1910 a Marostica, Vicenza, dalla ditta Filippo Beltrame, per l'Esposizione Internazionale di Bruxelles aveva una cupola di due metri di diametro e una tesa di tre metri.

Il 29 settembre 2000 alla Festa della Vendemmia di Lugano è stato esposto un cappello di foggia femminile di 3,20 metri di diametro, realizzato da un gruppo di disabili della Fondazione La Fonte di Agno, Lugano, Svizzera.

LA CACCIA AL TESORO PIÙ GRANDE
La più grande caccia al tesoro a livello nazionale, con 18000 iscritti e circa 40000 persone coinvolte operativamente, si è svolta il 13 aprile 1997 nelle 255 concessionarie Lancia italiane. Il primo premio in palio era costituito da un'automobile Lancia Y.

LA PASTASCIUTTA PIÙ GRANDE
Il 9 settembre 2000, nel corso dell'Antica fiera del mestolo di Arezzo, il Comitato Autonomo per la Lotta Contro I Tumori (CALCIT) organizzò la cottura di 437 chilogrammi di penne rigate in una pentola di 215 centimetri di diametro per 200 di altezza, per un totale di 787 chilogrammi di pasta scolata e quindi condita con ragù. La pasta fu mescolata con un forchettone lungo 7,24 metri ricavato da un unico pezzo di legno dai maestri d'ascia del Quartiere Porta Santo Spirito.

IL CAVALLO A DONDOLO PIÙ GRANDE
Il 18 luglio 1997 a Faido, Svizzera, il club ippico Leventina eresse un cavallo a dondolo alto 16,43 metri, lungo 14,40 metri e pesante 10500 chilogrammi. Per realizzare coda e criniera occorsero 6000 metri di corda.

l'italia nel guinness

IL CESTO DI VIMINI PIÙ GRANDE
Il primato italiano è stato stabilito a Balbido di Bleggio, Trento, con un cesto alto 10 metri (6,4 senza manico) e con assi maggiori di 4,5 per 9 metri alla base (7 per 12 alla sommità), costruito da maggio a settembre 1990 da Giangiustino Tosi e altre 10 persone. Il 31 gennaio 1993, alla manifestazione "Un cesto di amici" tenutasi a Balbido di Bleggio, Trento, entrarono nel cesto 298 persone, compresa una banda musicale.

DISTINTIVI
Adalberto Bianchin di Treviso ha radunato una collezione composta, a giugno 2001, da 21 284 distintivi di vario genere, tra cui militari, sportivi e politici, provenienti da 99 nazioni.

IL GIROTONDO CON IL MAGGIOR NUMERO DI PARTECIPANTI
Il 7 maggio 1994, a Lucca, le associazioni Amici del Cuore e Don Franco Baroni organizzarono un girotondo sulle mura della città con 5583 partecipanti alla partenza e 5548 all'arrivo.

LA PIPATA PIÙ LUNGA
Il primato ufficiale di durata riconosciuto dal Comitato Internazionale dei Pipa Clubs è di 3 ore, 9 minuti e 3 secondi, stabilito dal fabbricante bolognese di pipe Claudio Cavicchi ad Amsterdam nel corso della Coppa del mondo del 1993. Le regole prevedono l'uso di tre grammi di tabacco e due fiammiferi utilizzabili soltanto entro il primo minuto di gara.

LA PADELLA PIÙ GRANDE
L'officina di Enrico Fior di Rapallo, Genova, terminò di costruire alla fine del 1990 una padella di 5,9 metri di diametro, pesante 4,5 tonnellate e con un manico lungo 8,5 metri. La padella, la più grande costruita in Italia, era stata commissionata dalla Nichii International Corporation giapponese per una sagra del pesce in occasione del capodanno 1991.

LA COLLEZIONE DI PACCHETTI DI SIGARETTE PIÙ GRANDE
La più grande collezione privata di pacchetti di sigarette vuoti appartiene a Claudio Rebecchi (un non fumatore) di Modena, che dal 1962 a oggi ha raccolto 145 439 pacchetti provenienti da 278 paesi. I pezzi più antichi della raccolta risalgono al 1885 e sono di fabbricazione austro-ungarica.

LA PANCHINA PIÙ LUNGA
Silvano Valle di Folgaria, Trento, ha ricavato da un abete rosso alto 40 metri una panchina in un unico pezzo lunga 20,89 metri e pesante 2,5 tonnellate, esposta a Folgaria il 28 luglio 1996. Dai resti della lavorazione, Silvano Valle ha intagliato uno stuzzicadente di 2,5 millimetri di spessore e lungo 11,08 metri.

LE SCOPE PIÙ GRANDI
Il 2 gennaio 2000, il Comitato Autonomo per la Lotta Contro I Tumori (CALCIT) di Arezzo presentò un modello di scopa domestica di saggina lungo 13,57 metri, di cui 9,47 di manico. Il 6 gennaio 2001, l'associazione culturale La Fabbrica delle Idee di Viareggio e il Comune di Forte dei Marmi, Lucca, realizzarono la replica di una scopa da stradino (nella foto) lunga 20,66 metri, dei quali 11,36 di manico.

IL PUPAZZO ANIMATO PIÙ LUNGO
Il 14 febbraio 1988, 201 persone diedero vita a un bruco di stoffa che percorse un tragitto di due chilometri per le strade di Santa Margherita Ligure, Genova. Il bruco, costruito da studenti della scuola media Vittorio G. Rossi in collaborazione con alcuni artigiani locali, era lungo 270,6 metri.

RACCOLTA DI RIFIUTI
Alle operazioni di pulizia dei fondali marini condotte a Chiavari il 21 maggio 1995 per iniziativa della Nord Padania Sub di Varedo, Milano, parteciparono 365 subacquei.

LA SCARPA PIÙ GRANDE
In occasione di fiere e mostre sono state fabbricate diverse calzature di dimensioni eccezionali. La più grande scarpa costruita in Italia è lunga 2,93 metri ed è opera di Augusto Luciano di Montecatini Terme, Pistoia.

SCOPPIO DI BORSE DI ACQUA CALDA
Nicola D'Ambrosio di Angri, Salerno, è in grado di far scoppiare, soffiandoci dentro, una comune borsa Pirelli in 25 secondi.

TRALCIO FIORITO IN CERAMICA
Il più lungo tralcio di fiori in ceramica ha uno sviluppo totale di 127,55 metri ed è stato realizzato, interamente a mano, dall'associazione Nove Verra di Ceramica di Nove, Vicenza. Fu esposto al pubblico il 14 settembre 1986, dopo 1427 ore di lavoro complessive, ed è adornato da 2340 fiori.

LA SEDIA PIÙ GRANDE
Una tipica sedia friulana in scala ingrandita (23:1) è stata costruita dalla Promosedia di Udine ed esposta al pubblico per la prima volta il 7 ottobre 1995: è alta 20 metri, con pianta quadrata di 9,75 metri di lato, e il suo peso sfiora le 23 tonnellate.

LA SEDIA A SDRAIO PIÙ GRANDE
La più grande sedia a sdraio è stata costruita dalla Luigi Bernasconi & Co di Mendrisio, Svizzera, ed esposta al pubblico dall'11 al 13 aprile 1987. Misura 12,71 metri di altezza per 7,26 metri di larghezza.

LA TROTTOLA PIÙ GRANDE
La trottola più grande in Italia è stata realizzata dai Trottolai di Roccavignale, Savona: ha un diametro di 0,843 metri e un'altezza di 1,378 metri.

IL VELO DA SPOSA PIÙ LUNGO
Il 6 dicembre 1996, in Piazza Plebiscito a Napoli, fu presentato un velo da sposa, indossato dalla show-girl Carmen Russo e realizzato dallo stilista Gianni Molaro, lungo 530 metri, largo 3 metri e bordato con 1066 metri di chantilly ricamato in oro. Il velo fu poi venduto a piccoli pezzi e il ricavato, circa 40 milioni di lire, devoluto in beneficenza.

IL VENTAGLIO PIÙ GRANDE
Ivo Marcon di Schio, Vicenza, ha costruito un ventaglio in legno pirografato che, aperto, è largo 4,4 metri e alto 2,2 metri.

CORSE IN SALITA: MONVISO
Dario Viale di Cuneo, il 6 settembre 1986 salì in cima al Monviso (3841 metri) da Pian del Re (2020 metri) in 1 ora, 48 minuti e 54 secondi.

CORSE IN SALITA: GRAN PARADISO
Valerio Bertoglio, di Torino, il 6 agosto 1991 raggiunse la vetta del Gran Paradiso (4061 metri) da Valsavarenche (1960 metri) e ritorno in 2 ore, 32 minuti e 6 secondi.

CORSE IN SALITA: 24 ORE
Il 26 agosto 1994, Valerio Bertoglio percorse tre tragitti completi di salita

IL COLTELLO PIÙ GRANDE
Una copia in scala 1:26 di un tipico coltello gallurese a serramanico chiamato "corrina", lungo 5,63 metri e pesante 265 chilogrammi, con lama in acciaio (lunghezza totale 2,91 metri e peso 73,5 chilogrammi) e manico di legno, è stato fabbricato nel 2001 da Gianmario Tedde della società Ammenthos di Olbia, Sassari.

e discesa da Susa alla cima del Rocciamelone (3583 metri), più una parte più breve del percorso, coprendo complessivamente 20 460 metri di dislivello nel tempo di 23 ore, 32 minuti e 34 secondi.

IL PRIMO CIECO SUL MONTE BIANCO
Valerio Berri di Vogorno, Svizzera, è stato il primo non vedente ad aver effettuato la traversata completa del Monte Bianco, il 5-6 settembre 1986. Berri, membro del Gruppo Ticinese Sciatori Ciechi, era accompagnato da Alberto Polli, Gianni Quirici, Mirco Soldati, Hermes Guidi e Noè Guerra.

1000 ORE DI CORSA
Fabrizio Pompily di Marina di Grosseto percorse 3507,275 chilometri in 1000 ore tra il 5 maggio e il 15 giugno 1996.

GIRO D'ITALIA A PIEDI
Lamberto Milani di Sermoneta, Latina, detentore di vari primati italiani nel gran fondo, vanta tra le sue imprese un Giro d'Italia in 59 giorni, dal 31 luglio al 28 settembre 1986. Il percorso, ufficialmente di 3766 chilometri che diventarono 4275 con i circuiti urbani, comprendeva tra i molti passi da superare anche lo Stelvio e il Gavia.

Mario Pisani di Zola Predosa, Bologna, ha corso da Palermo a Torino per promuovere l'attività dell'Associazione Nazionale Tumori, percorrendo 1809 chilometri in 45 tappe dal 16 febbraio al 1º aprile 2001.

STAFFETTA 100 X 1000 METRI
Il 14 marzo 1999, il Centro Universitario Sportivo di Bari stabilì il primato nazionale della 100 x 1000 metri nel tempo di 5 ore, 13 minuti e 21,9 secondi. Il frazionista più giovane era Arcangelo Morizio, 12 anni, il più anziano Pippo Carnimeo, 61 anni, e l'unica donna partecipante Vittoria Gernone.

STAFFETTA 1000 X 1000 MIGLIA
Il primato su 1000 miglia (1609 chilometri), con 1000 frazionisti di una stessa società, è di 95 ore, 31 minuti e 52,2 secondi, stabilito il 13-17 agosto 1988 dal gruppo sportivo della Guardia di Finanza (Fiamme Gialle) alla quarta edizione della Millemiglia presso il centro sportivo della Scuola Sottufficiali della Guardia di Finanza di Ostia, Roma.

CORSA ALL'INDIETRO
Il 18 novembre 1995, durante la trasmissione *Scommettiamo che?*, Stefano Morselli di Reggiolo, Reggio Emilia, corse gli 800 metri all'indietro in 2 minuti e 57,39 secondi.

AUTOMOBILISMO: MONTECARLO
Il Rally di Montecarlo è stato vinto quattro volte da Sandro Munari, Italia, nel 1972, 1975, 1976 e 1977, primato successivamente uguagliato da Walter Röhrl, Germania Est, nel 1980, 1982, 1983 e 1984.

IL MAGGIOR NUMERO DI TITOLI MONDIALI DI BILIARDO
Gustavo Zito, nato in Argentina il 17 ottobre 1971 e di cittadinanza italiana, è stato il più giovane campione italiano nella specialità a cinque birilli, con la conquista del titolo nel 1991, e poi il più giovane campione mondiale con la vittoria in Coppa del Mondo nel 1994 e ai Campionati Mondiali del 1995. Fino al 1999, Zito aveva vinto quattro titoli mondiali nel biliardo "all'italiana": un'impresa in precedenza mai riuscita a nessun altro biliardista.

BOCCE: IL CAMPIONE ITALIANO PIÙ VECCHIO
Mario Stasi (nato a Galatina, Lecce, il 6 giugno 1913) il 18 settembre 1993, in occasione del 3º campionato italiano di bocce per portatori di handicap tenutosi a Cecina (organizzato dalla Federazione Italiana Sport Disabili), conquistò il titolo nazionale di bocce all'età di 80 anni, 3 mesi e 12 giorni.

BOCCIATE
Giuliano Ferluga di Trieste il 13 dicembre 1991 al Palabocce di Pordenone colpì al volo per 342 volte in un'ora il pallino posto alla distanza minima di 13 metri.

CALCIO: LA PARTITA CON PIÙ GIOCATORI
Il 31 maggio 1998, sul campo dell'aeroporto di Verzago, Como, le città di Como e Lecco schierarono due squadre di 220 giocatori ciascuna su un terreno di gioco lungo 260 metri e largo 115. Le porte, grandi il triplo delle dimensioni normali, erano difese da 5 portieri, impegnati a parare altrettanti palloni contemporaneamente in gioco. La partita, diretta da un superarbitro posto su una piattaforma a 25 metri dal suolo con l'aiuto di 10 arbitri e otto guardalinee, si concluse sul punteggio di 11 a 5 per il Como.

IL MAGGIOR NUMERO DI RUOLI
Nel corso della sua carriera, Piero Magni (nato a Varese il 20 marzo 1919) giocò in tutti i ruoli possibili, indossando, nel corso di otto campionati e 192 partite, tutte e 11 le maglie.

PALLEGGI
Mauro Parravicini di Varedo, Milano, il 31 maggio 1989, a 13 anni di età, palleggiò per 5 ore e 47 minuti, per un totale di 33 680 palleggi consecutivi.

PORTIERI
Il primato mondiale di imbattibilità in partite internazionali appartiene a Dino Zoff, che difese con successo la porta della nazionale italiana per 1142 minuti consecutivi tra il settembre 1972 e il giugno 1974. Il primato in partite del campionato di serie A appartiene a Sebastiano Rossi, portiere del Milan (nato a Cesena il 20 luglio 1964), rimasto imbattuto per 929 minuti (dal 19 dicembre 1993 al 27 febbraio 1994).

DILETTANTI
Andrea Lodovini, della Sestese Calcio di Sesto Fiorentino, rimase imbattuto per 2243 minuti nel campionato regionale di promozione 1987-88.

IL MAGGIOR NUMERO DI RETI DELLA NAZIONALE
Il punteggio più alto ottenuto dalla nazionale italiana è l'11 a 3 con cui l'Italia batté l'Egitto durante una partita svoltasi ad Amsterdam il 10 giugno 1928.

l'italia nel guinness

CANOA: TRAVERSATA DEL MEDITERRANEO
Tra il 12 e il 14 luglio 1990, Giorgio Bachi e Silvano Lagomarsino, con una speciale canoa canadese dotata di bilancieri, effettuarono la traversata di 180 chilometri e 107 metri da Punta Canelle presso St Florent, Corsica, a Genova-Sestri Ponente in 27 ore e 8 minuti. Al termine della prova, i colpi di pagaia conteggiati erano oltre 65000 per ogni canoista.

Il 19-20 luglio 1995, Giorgio Bachi completò una traversata in solitaria da Bastia a Chiavari (180 chilometri) in 34 ore e 15 minuti.

24 ORE
Il record senza l'aiuto della corrente è di 222,858 chilometri, percorsi dall'11 al 12 luglio 1997 presso l'idroscalo di Milano da Roberto Porchera.

100 MIGLIA
Il primato nel doppio sulle 100 miglia marine spetta a Roberto Barbieri e Diego Nazzari, che il 13 luglio 1997 coprirono tale distanza nell'Adriatico in 26 ore e 38 minuti a bordo di un kayak K2. Nel corso della stessa prova percorsero 200,5 chilometri in 27 ore, 47 minuti e 30 secondi.

CARTE: IL TORNEO CON PIÙ PARTECIPANTI
Alla decima edizione della gara di "scala quaranta" di Erbusco, Brescia, disputata tra l'11 novembre 1999 e il 19 febbraio 2000 presso l'Osteria La Smorfia, parteciparono 32000 giocatori per contendersi un monte premi di 150 milioni di lire.

CICLISMO: GIRO E TOUR
Marco Pantani, nel 1998, è stato il primo italiano a vincere nello stesso anno Giro d'Italia e Tour de France dai tempi di Fausto Coppi, che riuscì nell'impresa per due volte, nel 1949 e nel 1952.

24 ORE IN BICICLETTA
Il 21 agosto 1997, Michele Astegiano percorse senza battistrada, su circuito misto, 759,1 chilometri in 24 ore, alla media di 31,6 km/h. L'8-9 ottobre 1988, Andrea Bresolin arrivò al traguardo dei 1000 chilometri in 31 ore, 54 minuti e 38 secondi, alla media di 31,33 km/h.

SALITE IN 24 ORE
Il 3-4 novembre 2000, Alessandro Forni, di Trento, salì e scese in bicicletta per 21 volte sul monte Bondone, percorrendo un totale di 439,24 chilometri di strada e superando un dislivello di 16036 metri.

IL MAGGIOR NUMERO DI PASSI ALPINI IN 24 ORE
Gianluca Caldarini di Salsomaggiore, Parma, il 22-23 giugno 1999 attraversò 17 passi dolomitici superando un dislivello totale di 9646 metri su un percorso di 340 chilometri.

SURPLACE
L'8 maggio 1998, Salvatore Colosimo di San Pietro in Guarano, Campobasso, rimase fermo in bicicletta senza mai appoggiare i piedi al suolo per 3 ore, 5 minuti e 25 secondi, nel corso del programma televisivo *Casa Mosca*. Usando una bici da trial, Alberto Limatore riuscì a rimanere in surplace per 4 ore, 1 minuto e 12 secondi, in una pubblica esibizione al Teatro Accademia di Conegliano Veneto, il 26 ottobre 1998.

Il 21 ottobre 1997, Alberto Limatore era salito in bicicletta per i 4444 gradini della scalinata Calà del Sasso, sull'altopiano di Asiago, Vicenza, senza mai appoggiare un piede a terra, superando il dislivello di 651 metri in 5 ore e 16 minuti.

CICLISMO SOTT'ACQUA
Il 4 giugno 2000, Vittorio Innocente di Carro, La Spezia, percorse 1000 metri sott'acqua nel Naviglio di Milano in 13 minuti e 49 secondi in sella a una bicicletta zavorrata e modificata per favorire l'idrodinamica. (Vedi pag. 60.)

CAYAK: IL MAGGIOR NUMERO DI DISCESE FLUVIALI
Francesco Balducci di Lavagna, Genova, in 22 anni di attività sportiva ha disceso a bordo di un kayak le acque del numero record di 537 fiumi diversi in cinque continenti.

CONCORSI A PREMI: IL MAGGIOR NUMERO DI VINCITE
Al 31 maggio 2001, Carlo Menozzi di Rivalta, Reggio Emilia, aveva vinto 2456 premi partecipando a concorsi di tutti i generi. Nel corso dell'ultimo anno ha totalizzato 452 vincite, tra cui 9 viaggi, 8 macchine fotografiche e 35 orologi. Le automobili vinte finora sono in tutto 12, con un incredibile ambo costituito da due Fiat Cinquecento messe in palio come primo e secondo premio nello stesso concorso.

EQUITAZIONE: IL MAGGIOR NUMERI DI TITOLI NEL DRESSAGE
Il 7 ottobre 1995, Fausto Puccini di Roma vinse per la sesta volta i campionati italiani di dressage all'età di 62 anni e 338 giorni. Puccini è stato membro della squadra nazionale italiana per 46 anni e 308 giorni, dal 24 maggio 1952 al 4 aprile 1999.

GOLF: IL MAGGIOR NUMERO DI TITOLI
Isa Goldschmid (nata Maria Teresa Bevione, 15 ottobre 1925) si affermò in 22 campionati nazionali (di cui 15 consecutivi) su 30 disputati tra il 1947 e il 1976.

HACKY SACK: IL MAGGIOR NUMERO DI PALLEGGI
Il 21 gennaio 1989, nel corso della trasmissione televisiva *Alla ricerca dell'arca*, Antonio Barlotti, di Napoli, palleggiò per 5 ore, 52 minuti e 13 secondi, per un totale di 36500 palleggi.

KARATE
Tra l'8 e il 9 giugno 1996, in occasione dei mondiali di karate di Johannesburg, Sudafrica, Roberta Sodero, di Udine, vinse 3 titoli nella categoria femminile juniores, di cui: un titolo individuale Kumite (Open di peso), uno individuale Kata e uno a squadre Kumite.

LANCIO DI UOVA
Il primato italiano è di 70 metri, stabilito il 17 settembre 1990 dai giocatori di baseball Claudio Tirelli (lanciatore) e Sergio Beccarini

GUIDA SENZA MANI
Giuliano Calore, di Padova, il 20 luglio 1985 a 47 anni di età scese per i 48 tornanti dello Stelvio senza mani e senza freni, con una bicicletta priva di manubrio. Coprì la distanza di 20 chilometri e 100 metri, con un dislivello di 1510 metri (da 2760 a 1250), nel tempo di 28'55,8", alla media di 41,686 chilometri orari. In precedenza aveva compiuto altre imprese analoghe, sempre senza mani, tra cui una salita e discesa dallo Stelvio suonando quattro strumenti a rotazione e una salita con la strada ricoperta di neve ghiacciata. Qui è impegnato in uno slalom sulla pista dello stadio del ghiaccio di Auronzo di Cadore, Bolzano, dove il 20 marzo 2001, a 63 anni di età, è riuscito a percorrere 57 giri della pista in 30 minuti superando un totale di 228 porte.

(ricevitore) nel corso della sesta edizione dei campionati di lancio dell'uovo di Quartiano di Mulazzano, Milano.

Nel corso di un'altra edizione dei campionati di lancio dell'uovo di Quartiano di Mulazzano, il 20 settembre 1998, Corrado Ghiardi (lanciatore) e Gian Luca Vercelli (ricevitore), a una distanza di 20 metri uno dall'altro, eseguirono in un minuto 29 lanci e prese al volo di uova, di cui 24 rimasero intatte.

MOTOCICLISMO: CAMPIONATI MONDIALI
Giacomo Agostini (nato il 16 giugno 1942) ha vinto 15 titoli mondiali: sette volte quello delle 350cc dal 1968 al 1974 e otto volte quello delle 500cc dal 1966 al 1972 e nel 1975. Agostini è l'unico motociclista ad aver vinto due campionati mondiali per cinque anni consecutivi (nelle 350 e nelle 500 cc dal 1968 al 1972).

IL CAMPIONE MONDIALE PIÙ GIOVANE
Loris Capirossi (nato il 4 aprile 1973) è il più giovane pilota che abbia mai vinto un campionato mondiale. Aveva 17 anni e 165 giorni quando si aggiudicò il titolo nelle 125 cc, il 16 settembre 1990.

MOTONAUTICA: COWES-TORQUAY
Il maggior numero di vittorie è quattro ottenute da Renato della Valle nel 1982-85. La più alta velocità media è di 148 chilometri orari, raggiunti da Sergio Mion a bordo di *SM Racer* il 29 agosto 1993.

NUOTO SU LUNGA DISTANZA
Il primato mondiale femminile appartiene all'italiana Sonia Rosini, che nuotò per 158 chilometri nel fiume Paranà tra le città di La Paz e Paranà il 28-29 febbraio 1988.

STAFFETTA DI NUOTO 100X100
Il miglior tempo per una staffetta di 100 x 100 di nuoto pinnato è di 1h 27' 42,1", stabilito il 17 aprile 1993 dalla squadra di nuoto pinnato dell'associazione sportiva Nord Padania Sub, Seveso, nel corso di una gara presso la piscina Lido Azzurro di Varedo, Milano, alla quale parteciparono quattro squadre di 100 frazionisti ognuna.

STAFFETTA 1000X100
Nei giorni 22 e 23 maggio 1982, a Verona, ebbe luogo una staffetta 1000 x 100 metri durata 31 ore. I mille nuotatori, con frazioni di cento metri ciascuno, vi parteciparono per contribuire alla lotta contro il cancro.

LE IMMERSIONI IN APNEA ALLE MAGGIORI PROFONDITÀ
Umberto Pelizzari ha raggiunto 80 metri di profondità in assetto costante (zavorra fissa e immersione e risalita affidate alla sola forza delle gambe) e 150 metri in assetto variabile assoluto (discesa con zavorra di qualsiasi peso e risalita con pallone autogonfiabile). Gianluca Genoni è sceso fino a 122 metri in assetto variabile regolamentato (zavorra fino a 30 chilogrammi e risalita con l'aiuto della braccia lungo un cavo).

IMMERSIONI IN GRUPPO
Il 26 giugno 1998, nelle acque presso La Marmorata di Santa Teresa di Gallura, Sassari, 276 subacquei si immersero insieme in apnea, in occasione della seconda edizione della Coppa del Mondo di apnea per nazioni, vinta dalla squadra azzurra capitanata da Umberto Pelizzari.

Il 1° maggio 2000, per iniziativa di Legambiente Sub Scuba Diving Promotion di Lentini, Siracusa, 238 subacquei con autorespiratore formarono una "Catena subacquea per i parchi marini" tenendosi per mano nelle acque antistanti la spiaggia dei Sette Scogli di Siracusa.

IN APNEA SOTTO IL GHIACCIO
Nicola Brischigiaro di Aosta ha nuotato in apnea sotto la superficie ghiacciata del lago di Verney, presso il Piccolo San Bernardo, coprendo la distanza di 85 metri in 1 minuto e 40 secondi.

IL MIGLIOR REALIZZATORE NELLA PALLACANESTRO
Al termine della stagione 1999-2000, giocata nella squadra Canturina Servizi, Antonello Riva di Rovagnate, Lecco, aveva segnato 13963 punti in 23 campionati di serie A. Ha anche il primato di 3785 punti segnati con la nazionale e di 46 in una sola partita, contro la Svizzera nel 1986.

PATTINAGGIO A ROTELLE: SALTO IN ALTO
Il 31 maggio 1998, a Verbania, Gian Marco Rivella superò l'asticella posta a 2,50 metri di altezza prendendo lo slancio da un trampolino di 40 centimetri.

SALTO IN LUNGO
Il 19 ottobre 1997, a Torino, Roberto Armosino, pattinatore della società sportiva CUS Torino, superò con un salto la distanza di 7,85 metri con pattini in linea.

PATTINAGGIO SU GHIACCIO: RECORD DELL'ORA
Roberto Sighel di Baselga di Pinè, Trento, il 24 marzo 1999 ha stabilito il primato dell'ora con 41040,545 metri percorsi sulla pista Olimpic Oval di Calgary, Canada. Nella brillante carriera di Sighel spicca la serie di titoli italiani vinti ininterrottamente dal 1986 al 1995.

24 ORE
Il primato italiano spetta a Lucio Plebs, con 590,328 chilometri percorsi il 15-16 febbraio 1992 in occasione della 24 ore che dal 1990 si disputa regolarmente sulla pista olimpica di Baselga di Pinè, Trento.

PESCA
Marino Manzini di Pont St Martin, Aosta, il 2 marzo 1999 pescò nelle acque della Dora Baltea presso Ivrea una trota marmorata pesante 10,2 chilogrammi.

SCACCHI: IL MAGGIOR NUMERO DI SCACCHISTI
Il 28 maggio 1995, a Castellanza, Varese, in occasione del XIV° Campionato italiano semilampo, 926 giocatori giocarono contemporaneamente nel palazzetto dello sport in cui si svolse la gara. Fra i giocatori anche il campione del mondo Anatoly Karpov.

l'italia nel guinness

SCACCHI ALLA CIECA
Il 20 dicembre 1987 a Mazara del Vallo, Trapani, Riccardo Guerci di Palermo giocò 10 partite simultanee alla cieca, vincendone nove e pattandone una.

SCHERMA: TITOLI OLIMPICI
Nedo Nadi (1894-1952) conquistò tre medaglie d'oro individuali, una nel 1912 e due nel 1920. Nel 1920 vinse anche tre medaglie d'oro a squadre, realizzando così il primato di cinque medaglie d'oro in una sola edizione delle Olimpiadi.

Edoardo Mangiarotti (nato il 7 aprile 1919), con sei medaglie d'oro, cinque d'argento e due di bronzo, detiene il primato per il totale di medaglie olimpiche: 13, vinte nel fioretto e nella spada fra il 1936 e il 1960.

SCI ALPINO: LA GARA PIÙ LUNGA
La gara di discesa Azzurrissimo, che si disputa a Cervinia, Valle d'Aosta, dal 1987, è lunga 11 chilometri. Il maggior numero di partecipanti si ebbe nel 1991 con 1745 concorrenti. Il primato della pista spetta al norvegese Kjetil Andrée Aamodt, che lo stabilì con 5 minuti e 21,25 secondi nell'edizione del 1990. Pierino Gaspard, portatore di handicap di Valtournanche, Aosta, stabilì il miglior tempo con uno sci solo con 8 minuti e 41,07 secondi il 29 aprile 1991.

GLI SCI PIÙ LUNGHI
L'8 aprile 2000, 101 maestri della Scuola di Sci Selva Gardena, Bolzano, percorsero oltre 300 metri di pista con ai piedi tutti un solo paio di sci di legno lunghi 104,8 metri, costruiti dalla ditta austriaca Kaufmann.

GLI SCI MONOPOSTO PIÙ LUNGHI
I più lunghi usati in gara sono quelli di cinque metri con cui Giovanni Bianco partecipò alla quinta edizione dello Slalom Azzurrissimo sulla pista Ventina di Cervinia, Valle d'Aosta.

SKATEBOARD: LO SLALOM PIÙ VELOCE
Nel corso di una gara di Coppa Europa a Parigi, il 10 settembre 1995, Luca Giammarco di Torino si aggiudicò la prova di slalom tra 100 coni (170 centimetri di distanza l'uno dall'altro) nel tempo record di 20,56 secondi.

SOLLEVAMENTO PESI
L'8 agosto 1962, Italo Grasso (nato il 26 settembre 1937) sollevò 4000 volte un bilanciere di 15 chilogrammi in due ore allo stadio Flaminio di Roma. Il 17 aprile 1984, Giuliano Rebonato in 63 secondi sollevò in distensione su panca per 100 volte consecutive un bilanciere pesante 80 chilogrammi, pari al proprio peso corporeo.

TENNIS: IL MAGGIOR NUMERO DI VITTORIE
Il maggior numero di vittorie individuali in Coppa Davis è stato riportato da Nicola Pietrangeli (nato a Tunisi l'11 settembre 1933), che partecipò a 66 incontri di Davis fra il 1954 e il 1972, giocando in tutto 163 partite e vincendone 120. In particolare, Pietrangeli disputò 109 incontri di singolo (78 vinti) e 54 di doppio (42 vinti).

TIRO ALLA FUNE: IL PIÙ LUNGO
Il 26 giugno 1994 a Fano, Pesaro, fu organizzato un tiro alla fune con una corda lunga 3,15 chilometri, contesa tra due squadre in costume, per celebrare il 2200° anniversario della battaglia del Metauro tra Romani e Cartaginesi.

TIRO AL PIATTELLO: 24 ORE
Salvatore De Padova di Grottaglie, Taranto, il 29-30 maggio 1999, affrontò 93 serie di piattelli, nella specialità fossa olimpica, centrando 1892 bersagli su 2325.

TIRO CON L'ARCO: 24 ORE
I migliori risultati all'aperto (bersagli da 122 centimetri a 30 metri di distanza) sono i 63968 punti nel doppio ad arco nudo di Giorgio Armeni e Primo Assirelli e i 34511 punti di Giuseppe Orbiglioli nel singolo, entrambi conseguiti a Forlimpopoli, Forlì, il 7-8 settembre 1991 nell'ambito di una manifestazione organizzata dalla Compagnia Arcieri Quarry di Forlì.

TOMBOLA
La tombola più grande fu organizzata a Cuneo il 10 novembre 1996 dall'Arci. Alla super tombola parteciparono 11890 persone.

TRAMPOLINO: SALTI MORTALI
Il primato in un minuto è di 87 salti, eseguiti da Gianluca Russotto di Lucca il 12 novembre 1994 presso il palasport di Lucca.

VELA: MODELLISMO
Sergio Bonaventura, del Gruppo Modellisti LNI di Torino, ha progettato e costruito una barca a vela radiocomandata, la *Great Adventure Viro Lucchetti Mare*, lunga due metri e in grado di navigare in mare aperto a 3-3,5 nodi. L'1-2 maggio 1999, la *Great Adventure* percorse 48,4 miglia nautiche in 22 ore e 27 minuti lungo la rotta tra Viareggio e la Corsica.

LE REGATE CON PIÙ PARTECIPANTI
Il maggior numero di barche in gara si ha alla Coppa d'Autunno - Barcolana, organizzata ogni anno dalla Società Velica di Barcola Grignano nel golfo di Trieste. Alla 32ª edizione della regata, l'8 ottobre 2000, presero parte 1750 barche.

Il maggior numero di partecipanti a una regata nella classe Optimist, riservata ai giovani da 8 a 15 anni di età, si ha al meeting internazionale del Garda, manifestazione organizzata dalla Fraglia della vela Riva del Garda. Alla decima edizione, disputata il 16-19 aprile 1992, presero il via 435 imbarcazioni.

VOLO ACROBATICO ROVESCIATO
Il primato italiano, rimasto per decenni anche primato mondiale, spetta al tenente Tito Falconi che, il 27 agosto 1933, volò in rovesciata per 3 ore, 6 minuti e 39 secondi sul percorso St. Louis-Chicago, a bordo di un Caproni 113.

RECORD DELL'ORA SU PATTINI A ROTELLE
Il 21 luglio 2000, Mauro Guenci percorse 36493 metri in un'ora con pattini a rotelle in linea su un circuito stradale a Senigallia, Ancona. Nella foto, Andrea Guenci, fratello di Mauro, è trainato da una moto che lo porterà a toccare la velocità di 130,274 chilometri l'8 giugno 2001.

indice

D

E

F

M

N

O

P

Q

R

S

T